2013
北京广播影视年鉴
Beijing guangboyingshinianjian

《北京广播影视年鉴》编辑委员会 编

中国广播电视出版社
CHINA RADIO & TELEVISION PUBLISHING HOUSE

图书在版编目（C I P）数据

2013北京广播影视年鉴 / 《北京广播影视年鉴》编辑委员会编. -- 北京 : 中国广播电视出版社, 2013.12
ISBN 978-7-5043-7088-4

Ⅰ. ①2… Ⅱ. ①北… Ⅲ. ①广播事业—北京市—2013—年鉴②电影事业—北京市—2013—年鉴③电视事业—北京市—2013—年鉴 Ⅳ. ①G229.271-54②J992-54

中国版本图书馆CIP数据核字(2013)第307666号

2013北京广播影视年鉴

（2005年创刊）

《北京广播影视年鉴》编辑委员会 编

责任编辑 林曦
装帧设计 一北工作室

出版发行 中国广播电视出版社
电　　话 010-86093580 010-86093583
社　　址 北京市西城区真武庙二条9号
邮　　编 100045
网　　址 www.crtp.com.cn
电子信箱 crtp8@sina.com

经　　销 全国各地新华书店
印　　刷 廊坊市精彩印刷有限公司

开　　本 787毫米×1092毫米 1/16
字　　数 658（千）字
印　　张 34.5
版　　次 2013年12月第1版 2013年12月第1次印刷

书　　号 ISBN 978-7-5043-7088-4
定　　价 128.00元

编 辑 说 明

一、《北京广播影视年鉴》是一部综合性资料工具书和史料文献的大型年刊，由北京市广播电影电视局主持编纂，北京广播电视台、北京人民广播电台、北京电视台、中国电影博物馆、各区县文化委员会、各区县广电中心等协助编纂。

二、本年鉴全面反映北京市广播影视的基本情况和发展变化，客观记录上一年全市广播影视业各方面的新情况、新变化。特殊事项，在前后年份上有所延伸。

三、本年鉴以马克思列宁主义、毛泽东思想、邓小平理论、“三个代表”重要思想为指导，认真贯彻落实科学发展观，坚持实事求是的编辑方针，贯彻“贴近实际，贴近生活，贴近群众”的宣传原则，为广播影视从业人员、教学科研人员、决策管理人员以及社会各界了解和研究北京市广播影视提供可靠信息。

四、本年鉴自2005年起，每年编印一卷。2013年版为第九卷，全书共有17个栏目：图片、专项纪事、概况、频率频道、节目栏目、产业发展、新媒体、技术、电影、电视剧、书报刊出版、受众调查、组织机构、获奖作品、经验、统计、大事记。

五、本年鉴采用规范语体文，行文力求朴实、简洁、通畅，以记述文章体裁为主体。

六、本年鉴计量单位按照1984年2月27日公布的《中华人民共和国法定计量单位》执行。

七、本年鉴统计数字以统计部门公布的为准。统计部门缺遗的数字，以各单位的为准。

八、本年鉴稿件由各单位、各部门确定专人（特约编辑）撰写（特殊约稿除外），经各单位、各部门主要领导审核盖章后提交，最后由年鉴编委会总审。

九、本年鉴的编辑工作得到各撰稿单位、部门及各方面的热情关怀和大力支持，在此深表感谢。由于水平有限，对本书的疏漏之处与不足，恳请各界批评指正，以利于今后改进。

北京市广播电影电视局史志办（本刊编辑部）

联系电话：010-65157478　　2013年12月

委　员：

李　伟　北京市广播电影电视局办公室（安全监管办公室）主任
单志忠　北京市广播电影电视局政策法规处（产业促进处）处长
韩云升　北京市广播电影电视局宣传管理处处长
王　健　北京市广播电影电视局电影管理处处长
马德献　北京市广播电影电视局传媒机构管理处处长
丁　梅　北京市广播电影电视局网络视听节目管理处处长
陈　煜　北京市广播电影电视局科技处处长
秦　华　北京市广播电影电视局计划财务处处长
秦固生　北京市广播电影电视局组织人事处处长
杨春青　北京市广播电影电视局机关党委专职副书记
王学理　北京市广播电影电视局工会副主席
刘学文　北京市监察局驻北京市广播电影电视局纪监处处长
钱富奎　北京市广播电影电视局离退休人员管理中心主任
王　晶　北京市广播电影电视局后勤服务中心主任
郑新梅　北京市广播电影电视局信息中心主任
魏利明　北京市广播电视监测中心主任
袁正领　北京音像资料馆馆长、研究中心主任
智黎明　北京市广播影视作品审查中心主任
黄　培　北京国际影视交流促进中心主任
张常珊　北京广播电视台办公室主任
李秀磊　北京人民广播电台副总编辑
孙　巍　北京人民广播电台总编室主任
冯　平　北京电视台史志办主任
陈　工　北京歌华文化发展集团副总经理研究宣传办公室主任
刘晓辉　北京歌华有线电视网络股份有限公司办公室主任
张　平　北京电视艺术中心有限公司总经理
尤小刚　北京中北电视艺术中心有限公司总导演
许建海　北京紫禁城影业有限责任公司总经理
李　浩　北京广播电视报社社长
颜丙利　北京音像公司总经理
郭长征　北京广播电视台服务中心主任
何公明　北京北广传媒数字电视公司总经理兼瑞特影音贸易公司总经理
罗晓军　北京北广传媒移动电视公司董事长兼总经理
刘亚辉　北京北广传媒影视公司副总经理
张学朝　北京北广传媒城市电视公司总经理
阎伟力　北京北广传媒地铁电视有限公司常务副总经理
蔡恒平　鼎视数字电视传媒有限公司总经理
裴成虎　北京北广置业有限公司总经理
陈炳岩　北京中广传播有限公司副总经理
李承刚　北京市东城区文化委员会主任
张云裳　北京市西城区文化委员会书记、副主任
李　洋　北京市朝阳区文化委员会书记
刘建朝　北京市海淀区文化委员会书记
周衔临　北京市丰台区文化委员会书记
翟培新　北京市石景山区文化委员会书记
闫洪亮　北京市门头沟区文化委员会书记、主任
李立新　北京市房山区文化委员会主任
王　健　北京市大兴区文化委员会书记、主任
杜德久　北京市通州区文化委员会书记、主任
王　颖　北京市顺义区文化委员会书记、主任
王振国　北京市平谷区文化委员会书记、主任
吕晓国　北京市怀柔区文化委员会主任
刘全新　北京市昌平区文化委员会主任
李洪仕　北京市密云县文化委员会主任
刘永强　北京市延庆县文化委员会主任
郑海涛　北京经济技术开发区社会发展局局长
潘　竞　北京市朝阳区广播电视新闻中心主任
牛爱忠　北京市海淀区新闻中心主任

何岳飞　北京市丰台区广播电视中心主任
魏志安　北京市石景山区广播电视中心主任
宋　奇　北京市门头沟区广播电视中心主任
李中华　北京市房山区广播电视中心主任
巴洪栓　北京市大兴区广播电视中心主任
陈立军　北京市通州区广播电视中心书记
黄海鹏　北京市顺义区广播电视中心主任
刘义华　北京市平谷区广播电视中心主任
刘晓红　北京市怀柔区广播电视中心主任
刘晓梅　北京市昌平区广播电视中心主任
孙明朝　北京市密云县广播电视中心主任
郭东亮　北京市延庆县广播电视中心主任
王长田　北京光线传媒股份有限公司总裁
王中军　华谊兄弟传媒股份有限公司董事长
刘燕铭　海润影视制作有限公司董事局主席
腾　站　金英马影视文化股份有限公司总经理
王正华　北京京都世纪文化发展有限公司总经理
丁　芯　北京鑫宝源影视投资有限公司总经理

主编　副主编

主　　编：　洪　兵　北京市广播电影电视局巡视员
执行主编：　袁正领　北京音像资料馆馆长、研究中心主任
副 主 编：　张常珊　北京广播电视台办公室主任
孙　巍　北京人民广播电台总编室主任
冯　平　北京电视台史志办主任
马广胜　北京市广播电影电视局史志办原主任
王廷富　北京市广播电影电视局史志办高级编辑（特聘）
段燕燕　北京音像资料馆副馆长、研究中心副主任

编辑部编辑与特约编辑

编辑部编辑：　闫姝行　北京市广播电影电视局史志办责任编辑
许曼丽　北京市广播电影电视局史志办编务
张　雯　北京市广播电影电视局史志办特约编辑
刘书峰　北京市广播电影电视局史志办特约编辑

特约编辑：

洪华中　北京市广播电影电视局办公室(安全监管办公室)副主任
吴　彤　北京市广播电影电视局政策法规处副调研员
崔　乐　北京市广播电影电视局宣管处干部
韩云杰　北京市广播电影电视局电影管理处干部
钟立红　北京市广播电影电视局传媒机构管理处副调研员
王　乐　北京市广播电影电视局网络视听节目管理处干部
申国政　北京市广播电影电视局科技处副调研员
张秋生　北京市广播电影电视局计划财务处副处长

杨志平　北京国际影视交流促进中心副主任
路　梅　北京市广播电影电视局信息中心副主任
苗本长　北京市广播电影电视局工会调研员
冯　颢　北京市监察局驻北京市广播电影电视局监察处干部
郑　兵　北京市广播电影电视局离退休人员管理中心副主任
孙　双　北京市广播电影电视局后勤服务中心干部
田杰鹏　北京市广播电影电视局信息中心干部
马　丽　北京市广播电视监测中心干部
檀鲁敏　北京音像资料馆（研究中心）干部
马晓宇　北京市广播影视作品审查中心干部
贾　梓　北京国际影视交流促进中心干部
张　莉　北京市广播电视学会干部
邢　焱　北京电影协会
刘　洋　中国电影博物馆研究部干部
李　剑　北京广播电视台办公室副主任
刘　莹　北京人民广播电台总编室主任助理兼宣管科科长
史博华　北京人民广播电台媒体资料与版权部台史资料科科长
唐晓燕　北京电视台史志办编辑
魏向东　北京电视台史志办编辑
刘　敏　北京紫禁城影业有限责任公司办公室主任
蒋舒涵　北京歌华文化发展集团研究中心副主任
丁颖磊　北京歌华有线电视网络公司办公室干部
吕　妍　北京电视艺术中心有限公司干部
马晓晨　北京中北电视艺术中心有限公司办公室
杨　林　北京广播电视报社办公室干部
郝振林　北京音像公司办公室干部
赵丽艳　北京瑞特影音贸易公司办公室主任
孙　云　北京广播电视台服务中心办公室干部
郑向英　北京北广传媒数字电视有限公司干部
闫育军　北京北广传媒移动电视有限公司办公室副主任
杨兴辰　北京北广传媒影视有限公司办公室干部
崔娟娟　北京北广传媒城市电视有限公司办公室主任
杨　磊　北京北广传媒地铁电视有限公司办公室主任
安　野　鼎视数字电视传媒有限公司办公室干部
彭穗新　北京北广置业有限公司办公室主任
张　宁　北京中广传播有限公司干部
吴洁莎　北京市东城区文化委员会干部
周爱平　北京市西城区文化委员会主任科员
何　晶　北京市朝阳区文化委员会干部
李广敏　北京市海淀区文化委员会干部
王　蕊　北京市丰台区文化委员会干部
张桂霞　北京市石景山区文化委员会主任科员
张　晨　北京市门头沟区文化委员会干部
白　杨　北京市房山区文化委员会干部
李晓雷　北京市大兴区文化委员会干部
邱　巍　北京市通州区文化委员会干部
刘岱松　北京市顺义区文化委员会干部
刘东盈　北京市平谷区文化委员会科员
雷文雅　北京市怀柔区文化委员会科员
白玉峰　北京市昌平区文化委员会办公室副主任
高文满　北京市密云县文化委员会文化市场科科长
徐柏枝　北京市延庆县文化委员会政办室副主任
郑　浩　北京经济技术开发区社会发展局
邱　阳　北京市朝阳区广播电视新闻中心总编室
刘丹丹　北京市海淀区新闻中心办公室干部
阎　昕　北京市丰台区广播电视中心干部
张　凡　北京市石景山区广播电视中心干部
高艳蕊　北京市门头沟区广播电视中心办公室干部
常云鸽　北京市房山区广播电视中心
王开余　北京市大兴区广播电视中心研发培训部主任
高　巾　北京市通州区广播电视中心办公室干部
白京川　北京市顺义区广播电视中心办公室干部
朱京平　北京市平谷区广播电视中心办公室主任
任　虹　北京市昌平区广播电视中心办公室
王少南　北京市怀柔区广播电视中心办公室
石晓访　北京市密云县广播电视中心总编室主任
胡　洋　北京市延庆县广播电视中心办公室
陈雪飞　北京光线传媒股份有限公司
李树峰　华谊兄弟传媒股份有限公司
王存林　海润影视制作有限公司
李俊宏　北京金英马影视文化公司
焦云飞　北京鑫宝源影视投资有限公司
饶　军　北京京都世纪文化发展有限公司

2012北京市广播影视数字

机 构

市级广播电台1座，电视台1座，区县广播电台9座，电视台10座，近郊电视播出平台4个；全市持有广播电视节目制作经营许可证机构1678个。

人 员

全市广播影视从业人员3.93万人。

覆 盖

广播综合人口覆盖率100%，电视综合人口覆盖率100%。

网 络

有线广播电视网络干线总长16.9万公里，
其中光缆4.17万公里，电缆12.73万公里，
有线广播电视用户498.6万户，
其中数字电视用户345.48万户，高清交互用户310.85万户。

资 产

全市广播影视总资产801亿元，增加值94.42亿元。

创 收

广播影视创收258.47亿元，其中广告收入108.19亿元，电影票房收入16.12亿元。

节 目

全年制作广播节目13.51万小时，制作电视节目23.62万小时。

电视剧

全年制作电视剧98部，3048集。

动画片

全年制作动画片23部，735集，9952.5分钟。

电 影

北京地区全年生产影片243部，放映电影119.87万场。

北京广播影视

年鉴

2013

BEIJING
GUANGBOYINGSHI
NIANJIAN

2012年10月下旬，北京歌华文化发展集团受中共中央宣传部的委托，圆满完成“科学发展，成就辉煌”大型图片展搭建工作。中共中央政治局常委李长春（右三），政治局委员、中央书记处书记、中宣部部长刘云山（右二）考察展览布展工作。

2012年4月24日，中共中央政治局委员、北京市委书记刘淇（左）在第二届北京国际电影节上会见著名电影导演詹姆斯·卡梅隆。

2012年4月22日，全国人大常委会副委员长路甬祥（左三）到中国电影博物馆考察。

2012年4月24日，北京市委副书记、市长郭金龙（中）在第二届北京国际电影节上会见著名电影导演詹姆斯·卡梅隆。

2012年12月21日，北京市委书记郭金龙，市委副书记、代市长王安顺参观第七届中国北京国际文化创意产业博览会北京广播电视台展区。

2012年11月29日，中国文联党组书记、副主席、全国妇联副主席赵实（左），北京市委副书记、代市长王安顺出席《2012北京国际幽默艺术周暨北京喜剧幽默大赛》开幕式。

2012年9月28日，北京歌华文化发展集团承办的北京国际设计周隆重开幕，北京市委副书记、代市长王安顺致辞。

2012年8月26日，由北京广播电视台、北京奥运城市发展基金会、北京市体育总会发起的北京市数独运动协会成立。市人大常委会主任杜德印（右二）和北京奥运城市发展基金会理事长、北京市数独运动协会会长张风朝揭牌。

2012年4月24日，国家广电总局副局长张丕民（左）在第二届北京国际电影节上会见著名电影导演詹姆斯·卡梅隆。

2012年元旦，北京市委常委、宣传部部长、副市长鲁炜(中)到北京电台调研，并到电台体育广播直播间向工作人员了解情况。

2012年7月22日，北京市委常委、宣传部部长、副市长鲁炜(左)到北京电视台慰问 “7·21”特大暴雨灾害中直播的工作人员。

2012年9月，北京市委宣传部、北京市广播电影电视局召开电视剧《北京青年》研讨会，北京市委常委、宣传部部长、副市长鲁炜（前右一）到会参加研讨。

2012年11月2日，北京歌华文化发展集团大山子文化保税中心一期建设启动，北京市委常委、宣传部部长、副市长鲁炜，副市长程红（左）为大山子文化保税中心揭牌。

（领导关怀图片：由北京市广播影视相关单位提供）

2012年4月23日，北京市广电局党组书记、局长李春良在第二届北京国际电影节华北五省区市电影发展合作签约仪式上致辞。

2012年7月20日，北京市广电局党组成员、副局长臧增祥部署全局下半年工作。

2012年4月26日，北京市广电局党组成员、副局长庞微在第二届北京国际电影节电影洽商新闻发布会上致辞。

2012年7月10日，北京市广电局副局长杨培丽(左三)在局政务信息化联络员培训会上讲话。

2012年8月，北京市广电局党组成员、纪检组长王立平在广电系统行风建设座谈会上讲话。

2012年7月6日，北京市广电局党组成员、副局长丁百之到北京大唐辉煌传媒股份有限公司调研。

2012年4月24日，北京市广电局党组成员、副局长王霞（左一）在第二届北京国际电影节上接待著名导演詹姆斯·卡梅隆一行。

北京市广电局党组成员、副局长韩昱（右二）到北京电视台检查安全工作。

2012年1月12日，北京市广电局党组成员、总工程师何桂芝（前右一）到北广传媒移动电视检查安全播出工作。

2012年4月1日至4日，北京市广播电影电视局巡视员洪兵（右）率团参加戛纳电视节，参展一批电视作品。

2012年10月，北京市广电局副巡视员赵志勇（左）在全国广电系统后勤协作会上，与国家广电总局机关服务局局长刘成斌交流后勤工作。

2012年9月，北京市委宣传部、北京市广电局召开电视剧《北京青年》研讨会，推进精品创作。

2012年10月，北京市委宣传部、国家广电总局电视剧管理司、北京市广电局联合举办“北京电视剧辉煌30年”主题晚会。

2012年10月至11月15日，北京市广电局举办“党在我心中”国产影片展映活动，发放观影券10万张，组织福利院、打工子弟、航天人模范党员、武警四个放映专场。

2012年7月，北京市广电局召开区县电影发展和管理工作座谈会。

2012年7月3日，北京市广电局召开电影审查座谈会。

2012年4月，北京市广电局组织全市12家影视机构赴戛纳电视节参展，展出电视剧31部、纪录片16部、动画电影1部，达成合作（含意向）约440万美元。

2012年10月12日，北京市广电局召开电视剧《山河恋》修改方案沟通会。

2012年8月7日，北京市广电局、市广电学会联合主办“广播电视形态创新座谈会”。

2012年12月20日，北京国际电影节展台在第七届北京文博会上首次亮相。

2012年11月8日，丰台区草桥191号楼居民为感谢市广电局安装的直播卫星接受设备赠送锦旗一面，图为副局长臧增祥（左二）在接旗。

2012年7月6日，北京市广电局组织召开市三网融合协调小组第六次副组长会。北京电视台与中国网络电视台、北京联通公司在会上签署IPTV合作协议。

2012年12月25日，2012年度北京市广播电视节目制作经营机构管理工作会议召开。

2012年7月19日，北京市广电局举办2012年信息网络视听节目服务持证单位培训班。

2012年5月23日，北京市广电局科技委二届三次会议召开，部署科技创新工作。

2012年10月27日，北京市广电局承办的北京地区2012年广播电视编辑记者、播音员主持人资格考试圆满结束。图为总局、市委宣传部、市广电局相关领导进行考点巡视后合影。

行业管理

← 2012年5月7日，北京市广电局为对口支援的拉萨市广播电视技术人员举办为期25天的培训班开班。

↑ 2012年8月30日，北京市广电局召开防范非法无线广播电视信号插播应急演练会议。

↑ 2012年10月23日，北京市广电局举办有线广播村村响工程广播设备操作使用业务培训班。

↑ 2012年6月14日，天津广播电视台一行到北京市广播电视监测中心参观交流。

↑ 2012年10月11日，2012《北京广播影视年鉴》评稿会召开。

（行业管理图片：由北京市广电局及直属单位提供）

北京国际电影节
BEIJING INTERNATIONAL FILM FESTIVAL

第二届北京国际电影节成功举办

由国家广电总局和北京市人民政府主办，国家广电总局电影局和北京市广电局承办的第二届北京国际电影节，以“融汇国内国际电影资源，搭建展示交流交易平台”为主旨，以“国际性、专业性、创新性和高端化、市场化”为定位，于2012年4月23日至28日在北京成功举办。出席国内外嘉宾4000多人，走红地毯的中外著名嘉宾300多人，参与洽商影视机构640家，签约交易额52.73亿元，有246家中外媒体、901名记者注册报道。电影节场地面积达到7.7万平方米，群众参与人数从第一届的10万人次增长到百万人次；上千家海内外主流媒体和网站给予充分报道。

↑ 2012年4月23日晚，第二届北京国际电影节在国家会议中心举行盛大开幕仪式。

↑ 第二届北京国际电影节开幕式由“红毯仪式”和“光影流金”开幕晚会两个环节组成。图为一批外国嘉宾入场。

↑ 第二届北京国际电影节举办“精彩在沃 · 电影嘉年华”大型活动，分表演放映、电影科技体验等六大板块，为期7天。

↑ 在第二届北京国际电影节红毯仪式上，刘德华等一批香港嘉宾入场。

电 影 节

↑ 2012年4月24日，第二届北京国际电影节举行中外电影合作论坛。

↑ 第二届北京国际电影节电影交流交易洽商活动现场。

↑ 2012年4月26日，第二届北京国际电影节举行电影洽商签约仪式在国家会议中心举行， 21个项目达成签约，签约总额52.73亿元。

↑ 第二届北京国际电影节举行十九届大学生电影节颁奖典礼。

← 2012年4月28日，第二届北京国际电影节在国家体育馆隆重闭幕。闭幕式包括“闭幕仪式”、“音乐会”两个环节。

（电影节图片：由北京国际影视交流促进中心提供）

BMN
北京广播电视台

2012年2月23日至24日，2012年北京广播电视台工作会议召开。

北京广播电视台党委书记刘志远在2012年北京广播电视台工作会议上讲话。

在2012年北京广播电视台工作会议上，优秀员工和十佳员工获表彰。

北京广播电视台台长兼北京电视台台长王晓东（右）在2012年电视台广告推介暨客户答谢会上为客户代表抽奖。

2012年8月11日，北京广播电视台常务副台长兼北京电台台长汪良在电台第五届“听众喜爱的名牌栏目”颁奖典礼上致辞。

2012年11月2日，北京广播电视台副台长兼歌华集团董事长王建琪在大山子文化保税中心一期建设揭牌仪式上致辞。

2012年2月27日，北京广播电视台第一届工会委员会成立，台纪委书记王伟当选主席。

2012年7月4日，中央文资监管办公室副主任高书生（左一）到歌华有线调研，北京广播电视台副台长兼歌华有线公司董事长郭章鹏陪同。

2012年8月22日，北京广播电视台副台长苏仁先在第21届北京国际广播电影电视设备展览会上体验Wi-Fi新业务。

2012年2月22日，北京人民广播电台总编辑席伟航在“北京最美乡村路”大型宣传评选活动启动仪式上致辞。

2012年12月28日，北京电视台总编辑赵多佳（右）在“2012中国时尚大典” 颁奖典礼上为年度全能跨界艺人颁奖。

2012年8月14日至15日，北京广播电视台上半年经营工作会议召开。

2012年10月18日至19日，北京广播电视台2012年度创新节（栏）目奖评选终评会召开。

2012年12月18日至19日，北京广播电视台年度工作务虚会召开。

2012年8月22日，北京广播电视台在第21届北京国际广播电影电视设备展上集中展示歌华飞视、菠萝台、交广传媒新媒体机等最新业务。

2012年10月15日，北京广播电视台"第7届世界数独锦标赛和第22届世界谜题锦标赛"总结会集体合影。

2012年8月17日，北京广播电视台与顺义区杨镇举行共建结对仪式。

市级广电

↑ 2012年7月19日，北京北广传媒影视公司与安徽省铜陵市签署影视基地合作意向书。

↑ 2012年11月23日，北京电视艺术中心有限公司剧本创研中心成立。

↑ 2012年5月23日，北京电视艺术中心有限公司举办纪念中心成立30周年暨《新渴望》创作研讨会。

↑ 2012年10月31日，北京紫禁城影业公司出品的33集电视剧《怪医文三块》举行首映新闻发布会。

↑ 2012年，北京瑞特影音贸易公司加强卫星接收电视维护工作力度，确保卫星接收单位的安全播出。图为召开卫星接收电视维护会议。

↑ 2012年1月16日，北京广播电视台服务中心2011年度工作表彰大会召开。

（市级广电综合图片：由北京广播电视台及直属单位提供）

RBC 北京人民广播电台

2012年8月11日，北京电台第五届“听众喜爱的名牌栏目”颁奖典礼举行。

北京电台9套无线广播节目：
新闻广播（AM828/FM100.6/
有线调频90.4）
城市服务管理广播（AM1026/FM107.3
有线调频91.9）
故事广播（AM603/有线调频89.1）
体育广播（FM102.5）
音乐广播（FM97.4/有线调频94.6）
文艺广播（FM87.6/有线调频93.8）
交通广播（FM103.9/有线调频95.6）
外语广播（AM774/有线调频97.8）
爱家广播（AM927/有线调频92.7）

2012年5月30日，北京电台台长汪良（中）、总编辑席伟航（右）、常务副台长王秋在2012年电台下半年标版广告招标会上分别致词。

2012年9月10日，北京电台常务副台长王秋在新疆和田托万肖尔巴格村希望小学捐助仪式上接受学生代表佩戴红领巾。

2012年2月21日，北京电台召开获奖听众表彰会，130名热心听众获得奖励和表彰。

2012年1月21日，北京电台举行长达5个小时的视听“春晚”——“和美北京人，广播过大年”。

2012年5月6日，北京电台举办的“广播新声代主持人大赛”圆满落幕。

2012年6月6日，北京电台领导和主持人集体回访河北省阜平县马兰小学，与孩子们进行结对子见面及家访活动。

2012年6月21日，北京电台端午特别节目“古韵京风端阳情”在东城区菖蒲河公园东苑戏楼进行。

2012年4月1日，北京电台和北京大学团委共同策划的“缅怀先贤，燕园立志”北京打工子弟清明咏颂会在北京大学百年讲堂上演。

↑ 2012年11月14日，北京电台新闻广播记者在人民大会堂前采访党的十八大代表。

↑ 2012年2月22日，北京市农委、北京电台交通广播联合推出 “北京最美乡村路”评选活动启动。

↑ 2012年4月1日，北京电台文艺广播主持人和热心听众一起看《开心麻花》，共庆文艺广播18周年台庆。

↑ 2012年1月19日，北京电台音乐广播举办的 “北京流行音乐典礼”众星云集。

↑ 2012年12月29日，北京电台第20届《中国歌曲排行榜》颁奖典礼在台北举行。

↑ 2012年7月31日，北京电台城市服务管理广播《城市零距离》节目组走进房山洪寺镇安置房施工现场做节目。

↑ 2012年10月18日，北京电台故事广播主办的"讲故事的人"选拔活动分赛区比赛"书店里的故事"走进王府井图书大厦。

↑ 2012年5月31日，北京电台爱家广播推出"毛毛狗请你帮帮忙"活动，主持人小群走进培华实验幼儿园与小朋友们欢度"六一"儿童节。

↑ 2012年1月10日，由北京电台体育广播主办的"第二届京都球侠"评选活动举行颁奖仪式。图为向北京首钢男篮球员马布里颁奖。

↑ 2012年7月至9月，北京电台外语广播推出"感动非洲的中国人"系列报道。图为外语广播记者和中赞友谊农场非洲员工及家属举行联谊活动。

↑ 2012年4月至7月，北京电台北京广播网推出"第三届亲亲宝贝网络征集活动"。

（市级广电广播图片：由北京电台提供）

2012年2月28日，北京电视台召开2012年工作会议，总结部署工作，表彰先进。

北京电视台12套节目：

BTV北京卫视
BTV文艺
BTV科教
BTV影视
BTV财经
BTV体育
BTV生活
BTV青年
BTV新闻
BTV卡酷少儿
BTV纪实高清
长城平台BTV频道（国际频道）

北京电视台领导在2012年工作会议上为先进集体和优秀员工颁奖。

2012年“7·21”特大自然灾害发生后，北京电视台派出多路记者多角度、多侧面联动报道，全面、及时地报道抗洪救灾情况。

2012年4月27日，团市委、北京电视台联合打造青年频道协议签订仪式举行，团市委副书记常宇、北京电视台总编赵多佳（右）共同启动“一本书计划”。

2012年3月8日，北京电视台组织部分部门负责人赴新华社参观学习。

2012年11月19日，台湾文化主管机关规划司团组到北京电视台参观访问。

2012年6月12日，中国科协“紫荆·绿荷计划”港澳大学生到北京电视台实习。

2012年10月18日，卡梅隆·佩斯集团高层到北京电视台考察交流。

2012年3月1日，越南广播电视代表团到北京电视台考察交流。

2012年6月14日，韩国广告公关学会代表团到北京电视台参观访问。

↑ 《2012北京电视台春节联欢晚会》现场。

↑ 《2012北京电视台环球春节联欢晚会》现场。

↑ 《2012北京电视台网络春晚》现场。

↑ 《2012北京电视台中秋晚会》现场。

↑ 2012年9月8日，《永远跟党走》——首都老干部喜迎党的十八大文艺晚会在北京电视台播出。

↑ 2012年2月18日，《北京之夜——2012两岸城市文化互访系列北京文化周开幕式晚会》现场。

2012年7月23日至8月20日，北京电视台全方位报道伦敦奥运会，每天回传30分钟新闻，图为记者在街头采访。

2012年6月17日，北京电视台全方位报道2012年欧洲足球锦标赛，图为记者采访当地球迷。

2012年10月9日至13日，北京电视台直播2012年环北京职业公路自行车赛比赛现场。

2012年7月8日，由北京电视台参办的“2012北京海洋沙滩狂欢节” 开幕式——佤族喷火表演。

2012年12月22日，第七届北京文博会上北京电视台主持人向观众展示新媒体互动手段。

2012年12月22日，第七届北京文博会上北京电视台主持人利用iMap技术展示体育频道节目内容。

（市级广电电视图片：由北京电视台提供）

2012年，数字电视《公益播报》节目在播出。

北京北广传媒数字电视有限公司

Beijing All Media and Culture Digital TV Co.,Ltd

2012年6月6日，数字电视公司向总局安全播出检查组汇报工作。

办有数字电视频道11套
集成音频广播节目2套
每个频道每日24小时循环播出

付费电视及广播

《京视剧场》、《爱家购物》、《动感音乐》、《车迷频道》、《考试在线》、《优优宝贝》、《四海钓鱼》、《弈坛春秋》、《环球旅游》、《新 娱 乐》、《置　　业》、《戏曲广播》、《爵士音乐广播》

图文信息平台：

《北京之窗》设“公益北京”、“首都政务”和“生活资讯”系列节目和5个图文栏目

2012年5月12日，数字电视公司《六一爱心汇》演出现场。

2012年10月9日，数字电视公司《爱心雨花》总决赛现场。

北京移动电视

2012年，移动电视《我的小康计划》节目在播出。

移动电视每天播出17小时

2012年，北京北广传媒移动电视有限公司进一步加强节目建设和技术创新力度，推动了移动电视事业可持续发展。节目建设上，打造《北京好人》、《职场猎头》、《网事》3档新栏目，对原有《百姓就业》、《教育纵横》、《96310》、《畅行北京》等节目进行优化。同时，引进新华社08财讯的《新华A股收评》、中央电视台的《文化中国》等节目，并首次播出《微电影》、《悠悠团》系列，有效提升了节目品质，节目可视性进一步增强。

2012年5月28日，移动电视公司召开第四届第二次董事会。

2012年8月30日，由移动电视、北京联通、腾讯微博共同主办的《盛夏节拍》活动举行颁奖仪式。

2012年11月8日至11月17日，移动电视参与第八届北京国际体育电影周暨米兰国际体育影展活动。

CityTV 城市电视

2012年，城市电视《我家有明星》节目在播出。

城市电视每天播出15小时

2012年，北京北广传媒城市电视有限公司进一步加强节目建设和技术创新力度，推动了新媒体电视事业可持续发展。节目建设上，新增《法制进行时》、《今天》、《路况直通车》、《文化中国》、《绿动北京》、《我家有明星》、《美丽俏佳人》、《剧情推动力》、《娱乐现场》、《北京好人》等十余个节目栏目。《城市播报》、《体育新闻》、《演艺罗盘》、《城市之家》、《96310纪事》等评为年度优秀节目栏目。

2012年6月20日，城市电视与广州冠众电子科技有限公司正式签约，采购新型32吋液晶屏整机共计10000台。

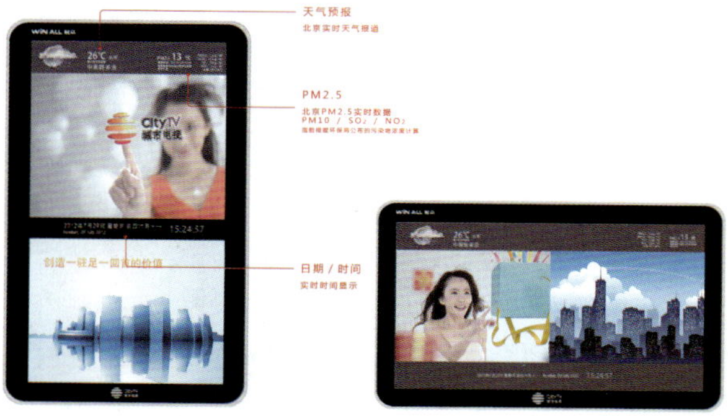

新型32吋液晶竖、横显示屏

2012年12月，城市电视坐落在北京双井桥富力城广场的大屏幕电视在播出。

↑ 2012年，地铁电视《潮流现场》栏目在播出。

地铁电视

地铁电视每天播出18.5小时

2012年，地铁电视开通8号线二期北段、10号线二期、6号线和9号线；新增、调整《十分开心》、《闪天下》、《潮流现场》、《奇艺环球影讯》、《环球财讯》、《剧情推动力》、《小羊肖恩》、《快乐生活一点通》、《微电影》等十几个节目栏目；公司获 “金长城传媒奖·2012中国最具影响力移动电视奖”。

↑ 2012年8月29日，地铁电视公司召开半年工作会。

↑ 2012年1月9日，地铁电视公司召开成立5周年暨新春联谊会。

↑ 2012年，地铁电视公司记者在采访。。

TOP V 鼎视传媒

↑ 2012年3月21日，鼎视数字电视展台亮相中国国际广播电视信息网络展览会。

2012年，鼎视数字电视传媒有限公司共集成传输33套数字标清、7套高清卫视节目、8套购物节目；付费频道在全国落地销售区域211个，覆盖用户10218.31万户；电视购物频道在全国落地销售区域 84个，覆盖用户 4787万户。

传输的33套标清节目有："鼎视多"节目包、"鼎视家和"节目包、"鼎视风尚"节目包、"鼎视单选频道"和"鼎视自选套餐"等，包含《四海钓鱼》、《收藏天下》、《证券资讯》、《央广健康》、《时代家居》、《时代美食》、《时代出行》、《时代风尚》、《碟市》、《职业指南》、《家庭理财》、《车迷》、《读书》、《新娱乐》、《环球旅游》、《人物》、《考试在线》、《快乐宠物》、《优优宝贝》、《财富天下》、《家政》、《电子体育》、《数码时代》、《中国气象》、《百姓健康》25个数字付费频道。

↑ 鼎视公司员工在中国国际广播电视信息网络展览会集体合影。

↑ 鼎视传媒付费频道在全国已开通地区示意图

↑ 2012年1月，鼎视公司召开年会总结部署工作，并研讨开拓项目。

北京中广传播有限公司
China Broadcasting BeiJing Co.,Ltd

↑ 2012年，CMMB手机电视“睛彩北京”频道在播出。

2012年，CMMB手机电视在北京地区建成大功率单频网站点17处，累积发展双向终端用户69.4万户，在网付费用户39.1万户，新增单向终端用户10万户。

↑ 品种多样的CMMB手机

2012年，北京人民广播电台DAB节目多媒体广播继续保持《行走天下》、《城市零距离》、《1039都市调查组》、《中国歌曲排行榜》、《演艺群英会》、《1039交通服务热线》等15档节目，每天早6点至24点播出。

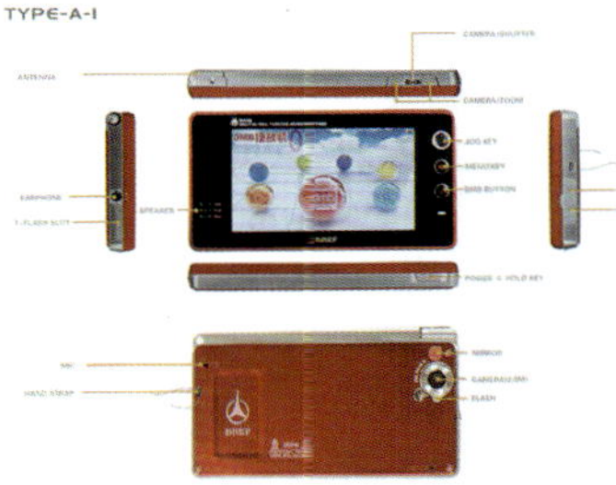

↑ DAE媒体机

↑ 北京电视台新媒体基地互动体验厅。

2012年，北京电视台BTV手机电视继续直播10套节目，点播影视、娱乐、新闻、体育、音乐、财经、动漫、生活、法治、综艺10个分类，并与中国网络电视台、北京联通正式签署IPTV业务合作协议。

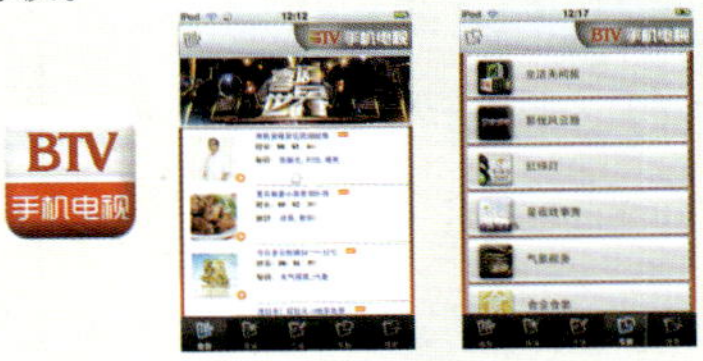

↑ BTV手机电视页面

（市级广电新媒体图片：由北京广播电视台直属单位提供）

歌华有线
BGCTV

↑ 2012年11月8日，“十八大”开幕，北京广播电视台党委书记刘志远（右二）、歌华有线公司董事长郭章鹏（右三）、总经理卢东涛（右一）等在歌华有线公司总前端机房现场指挥安全传输工作。

2012年，北京歌华有线电视网络股份有限公司（以下简称“歌华有线公司”）网络集成数字广播电视节目168套、数字广播节目16套；有线网络总长16.9万公里，其中光缆干线4.17万公里、电缆干线12.73万公里；有线电视注册用户数498.6万户，其中数字电视用户345.48万户，高清交互数字电视用户310.85万户；个人宽带用户19万户，飞视家庭用户12万户，集团数据业务2万线以上。经营收入22.03亿元，增长16.06%，利润2.97亿元。

↑ 2012年9月20日，歌华有线公司召开“十八大”安全保障工作动员部署会议。

↑ 2012年10月16日，歌华有线公司与首钢总公司正式签署《首钢有线电视高清交互数字化建设合作协议》和《有线电视委托维护管理协议书》。

↑ 2012年5月8日，歌华有线公司和华数数字电视传媒集团有限公司签署战略合作协议。

2012年北京市“7·21”特大自然灾害发生后 房山区有线网络遭到大面积损坏，歌华有线公司迅速启动应急机制，组织员工抢修被洪水冲断的有线电视干线。

2012年7月25日，歌华有线公司董事长郭章鹏（左三）在房山区抢修一线指导有线电视网络抢修工作。

2012年8月5日，歌华有线公司完成房山区4处受灾安置房、约3000户有线电视网络设施建设任务。图为市广电局、广播电视台领导在指导救灾工作。

2012年8月16日，歌华有线公司与广东省广播电视网络股份有限公司签署战略框架合作协议。

2012年4月11日，贵州省政协副主席、民进贵州省委主委左定超（左一）率贵州省政协、广电局、有线网领导一行12人到歌华有线公司考察。

↑ 2012年4月5日，歌华有线公司召开“服务质量建设年”活动启动暨十佳十优员工表彰大会。

↑ 2012年2月11日，“歌华有线2011年度营业厅服务之星总决赛暨优秀服务营业厅表彰会”举行。

↑ 2012年2月23日，北京市“数字文化社区”启动仪式在朝阳区潘家园街道图书馆举行。

↑ 2012年7月10日，歌华有线公司与苏宁电器共同举办“歌华飞视携手苏宁电器启动彩电补贴”媒体通报会。

↑ 2012年8月30日，北京市有关部门一行到歌华有线公司检查网络防插播等工作。

↑ 2012年10月15日，北京市昌平区领导一行到歌华有线公司考察。

网 络 传 输

↑ 2012年5月9日，歌华有线 “电视图书馆”栏目在高清交互数字电视平台上线播出。

↑ 2012年8月8日，歌华有线 “北广高清”付费节目包在高清交互数字电视平台上线播出。

↑ 2012年8月31日，歌华有线第一个自主品牌栏目 “新闻纵览”在高清交互数字电视平台上线播出。

↑ 2012年9月1日，歌华有线高清交互数字电视平台 “北京数字学校”栏目上线播出。

↑ 2012年11月26日，歌华有线自主品牌栏目 “综艺荟萃” 在高清交互数字电视平台上线播出。

← 2012年9月，歌华有线公司被评为全国文化体制改革工作先进单位。

2012年12月31日，“北京歌华有线数字媒体有限公司”被国家广电总局评为全国广播电影电视系统先进集体。 →

（网络传输图片：由北京歌华有线电视网络股份有限公司提供）

中国电影博物馆
CHINA NATIONAL FILM MUSEUM

2012年12月26日，中国电影博物馆举办“纪念中国电影诞生107周年暨中国电影（2006−2015）十年成就展研讨会”。

2012年，中国电影博物馆接待观众57.8万人，组织参与各项活动203场。全年为观众讲解2818场，服务观众总人数6万人。全年电影放映4774场，观影21.5万人。举办社教专场活动和基地交流活动58次，有59所大中小学校的8768名青少年和馆会员、影迷等参加活动。

2012年9月22日　在纪念新中国电影教育开拓者田风同志诞辰一百周年大会上，中国电影博物馆馆长杨永安（右）接受田风同志的夫人于华（中）捐赠的油画等物品。

2012年5月18日，中国电影博物馆第六届青年论坛之青年电影美术人论坛举行。

2012年4月28日　中国电影博物馆接待希腊大使、大使夫人、文化参赞等一行14人观看北京国际电影节——“北京展映”单元希腊电影《穆斯塔法的梦想》。

← 2012年4月24日，第二届北京国际电影节中外电影合作论坛在中国电影博物馆隆重举行。

↑ 2012年4月24日，中央电视台在中国电影博物馆录制《对话》节目，导演詹姆斯·卡梅隆（中）与张艺谋（右）就电影专业问题展开深入探讨。

↑ 2012年4月28日，“全国少年儿童电影才艺展示活动暨第三届少年儿童电影配音大赛”在中国电影博物馆正式启动。

↑ 2012年12月1日，中国电影博物馆和《人民日报》文艺部共同举办《一九四二》影评人观影评论活动。

↑ 2012年10月16日，“电影文化交流——苏格兰影片《幸福家园》观摩研讨会”在中国电影博物馆举行。

↑ 2012年3月3日至4日，中国电影博物馆推出“学习雷锋精神电影展映”、“电影音乐欣赏”、“影博爱心之旅”和“学雷锋志愿活动日专题活动”。

↑ 2012年4月12日，中国电影博物馆举行“从电影藏品忆王滨”活动。

↑ 2012年8月1日，《八一礼赞——中国优秀军事题材影片巡回展》在永定河文化博物馆开幕。

↑ 2012年8月9日，全国少年儿童电影才艺展示活动暨第三届少年儿童电影配音大赛颁奖典礼在中国电影博物馆举办。

↑ 2012年9月21日，中国电影博物馆举办“从电影藏品忆崔嵬”捐赠展揭幕仪式。

↑ 2012年10月27日至28日，由中国电影博物馆和北京大学艺术学院共同主办的“2012中国（北京）电影学术年会”举行。

↑ 2012年10月15日，中国电影博物馆三名讲解员在北京第一届讲解员大赛上获“十佳讲解员”荣誉称号。

↑ 2012年1月23日至1月28日，中国电影博物馆举办2012年影博新春嘉年华系列活动。图为小观众在猜灯谜。

↑ 2012年3月29日，中国电影博物馆“社会大课堂——电影课堂”举办清明文化活动。

↑ 2012年4月7日，中国电影博物馆举办“红色电影与廉洁文化——北京市廉政教育基地建设座谈会”。

↑ 2012年10月30日，北京市“党在百姓心中”宣讲团第十八分团报告会在中国电影博物馆举行。

← 中国电影博物馆馆刊——《影博·影响》第四期封面封底。

中国电影博物馆馆刊——《影博·影响》第九期封面封底。→

（影视场馆图片：由中国电影博物馆提供）

歌华集团
BEIJING GEHUA CULTURAL DEVELOPMENT GROUP
北京歌华文化发展集团

北京歌华文化发展集团成功举办2012年“北京之光”新年系列活动、北京国际设计周、北京国际乐谷流行音乐季、北京国际电影节等大型展览和文艺演出活动，举办2012台湾“北京文化周”、《科学发展·成就辉煌》大型主题展览等重大会展活动，举办世界艺术展览全国巡展、国际演出项目全国巡演、创客嘉年华等大型主题展览，取得良好的社会效益和经济效益。

2012年12月31日晚，由北京歌华文化发展集团主办的“北京之光”迎新年倒计时活动在中华世纪坛成功举办。

2012年3月11日，北京歌华文化发展集团在天竺保税区举行国家对外文化贸易基地揭牌暨北京国际文化贸易中心奠基仪式。

2012年5月30日，北京歌华文化发展集团与香港信德集团有限公司、瑞士欧亚投资公司等9家机构签订协议，协议总额22.6亿元。

2012年4月8日，北京歌华文化发展集团合唱团演出在中央电视台音乐频道播出。

歌华文化

← 2012年3月2日，北京歌华文化发展集团与秦皇岛市政府举行建设“歌华北戴河国家文化创新产业园区”合作签约仪式，图为歌华董事长王建琪致词。

↑ 2012年，“秦皇岛 · 歌华营地”荣获“2012 WA中国建筑奖优胜奖”和“2012第三届中国建筑传媒奖最佳建筑奖”。

↑ 2012年8月27日，由国台办批准的国内首个“两岸文化创意人才服务基地”正式揭牌并落户北京歌华文化发展集团。

↑ 2012年4月24至26日，北京歌华文化发展集团承办的第二届北京国际电影节电影洽商(电影市场)在国家会议中心举办。

↑ 2012年6月18日，北京歌华文化发展集团设计馆公益性设计图书阅览室免费对公众开放。

↑ 2012年9月28日至10月6日，由北京歌华文化发展集团主承办的2012北京国际设计周在京举行，图为北京设计周论坛。

↑ 2012年9月14日，《美国当代写实油画展览》在中华世纪坛世界艺术馆开幕。

↑ 2012年5月30日至7月15日，中华世纪坛世界艺术馆举办《西班牙艺术大师-胡安·里波列斯的世界》主题展览。

↑ 2011年底至2012年11月，由中华世纪坛世界艺术馆组织的“古典与唯美——西蒙基金会收藏雕塑、绘画展”在深圳、重庆、杭州、武汉和郑州等地成功巡展。

↑ 2012年11月15日，《走向现代——英国美术300年》在中华世纪坛世界艺术馆开幕。

歌华文化

← 2012年5月18日至20日，由北京歌华文化发展集团承办的“2012中国乐谷·北京国际流行音乐季”在平谷举行。

↑ “2012中国乐谷·北京国际流行音乐季”为人们带来精彩演出。

↑ 2012年8月4日，北京歌华莱恩文化体育发展有限公司主办的“韩国BIGBANG 2012演唱会”成功举办。

↑ 2012年9月27日，苏富比（北京）拍卖有限公司成立揭牌仪式暨首场拍卖会在中华世纪坛世纪大厅举行。

↑ 2012年春节前夕，北京歌华文化发展集团员工在歌华大厦布置大型活动布景。

（歌华文化图片：由北京歌华文化发展集团提供）

2012年11月25日，电影《一九四二》首映礼全体演员合影。

华谊兄弟、中影公司、重庆电影集团、英皇影业、寰亚电影、银都机构、一壹投资基金、浙江影视、安徽广播电视台、上海尚世影业、北京电视台联合出品的电影《一九四二》海报。

华谊兄弟传媒股份有限公司、红豆制作股份有限公司等联合摄制的电影《爱》剧照。

星美(北京)影业、北京热麦国际传媒联合出品，渔阳集团、福德(天津)投资集团联合摄制的电影《爱情不NG》海报。

北京紫禁城影业公司、中国电影股份有限公司、麦颂影视投资（上海）有限公司、大盛国际传媒（北京）有限公司、青年电影制片厂等联合摄制的电影《飞跃老人院》海报。

↑ 2012年12月12日，影片《十二生肖》首映礼主创团队合影。

↑ 东阳一房子影视、华谊兄弟、成龙影业、英皇影业、上海电影集团、北京唐德国际、北京耀荣国际、北京龙苑唐影视联合出品的电影《十二生肖》海报。

↑ 银都机构、泽东电影、保利博纳、华夏等联合出品的电影《一代宗师》剧照。

← 北京乾坤星光文化、华谊兄弟传媒、英皇电影、北京麦特文化联合摄制的电影《逆战》海报。

↑ 中国电影家协会、北京魔山影视联合出品的电影《小小升旗手》剧照。

华谊兄弟、上海馨石文化、湖南富坤传媒联合出品的电影《太极1从零开始》海报。

中影公司、浙江凤仪影业、北京紫禁城影业公司、北京传世荣耀传媒、深影厂、北京百合在线、北京聚思传媒联合出品的电影《我愿意》海报。

华谊兄弟、上海馨石文化、湖南富坤传媒联合出品的电影《太极2英雄崛起》海报。

宁夏电影集团、鼎龙达（北京）、华谊兄弟、麒麟网（北京）影视联合出品的电影《画皮II》海报。

云南电影集团、北京诚信联盟、学者国际多媒体、北京光线影业、南京仙中影视、北京紫禁城影业公司、浙江天鹏传媒、奥山影视、北京国映盛世传媒联合出品发行的电影《大海啸之鲨口逃生》海报。

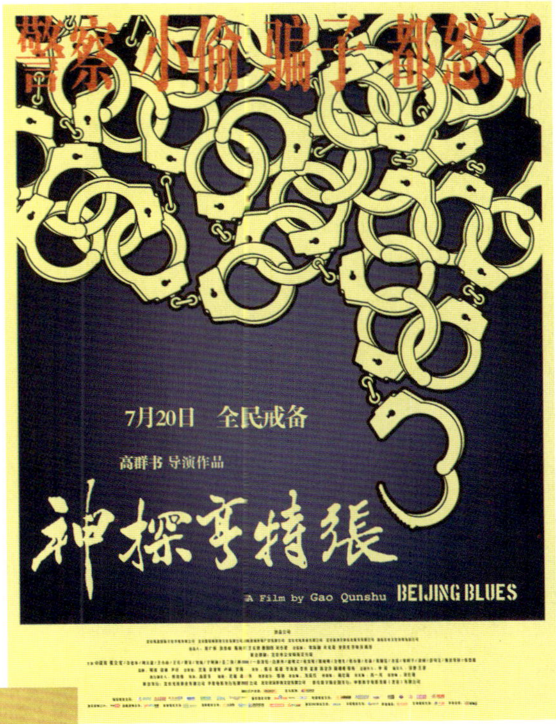

北京缘鑫国际传媒、北京盟将威影视、上海银润传媒、北京光线影业、北京新浪、湖南若水传媒联合出品发行的电影《神探亨特张》海报。

星光国际传媒、北京金鹰芒果映画传媒联合出品发行的电影《乐翻天》海报。

潇湘电影制片厂、香港思远影业联合摄制发行的电影《新龙门客栈》海报。

欢乐电影(上海)、太阳娱乐、北京欢乐文化、央视电影频道联合出品发行的电影《情谜》海报。

星美(北京)影业、柏合丽影业、安徽广播电视台、北京光线影业、宽银幕电影制作、台湾文创一号联合出品发行的电影《新天生一对》海报。

全景影业、北京光线影业、逆光影视、永续影视联合出品发行的电影《匹夫》海报。

北京歌亮传媒、乔尼影视（上海）、华强方特影业联合出品发行的电影《百万巨鳄》海报。

北京电视艺术中心有限公司、北京电视台、东阳市花儿影视公司等联合出品的40集电视连续剧《新编辑部故事》海报。

北京广播电视台、北京电视台、北广传媒影视公司、浙江燕风影视等联合出品的34集电视连续剧《买房夫妻》海报。

电视连续剧《女人帮》新闻发布会。

北京电视艺术中心有限公司、北京西影汉唐传媒公司领衔出品的36集电视连续剧《女人帮》剧照。

北广传媒影视有限公司、上海颁德影视有限公司等联合出品的35集电视连续剧《姥爷的抗战》剧照。

北京中北电视艺术中心有限公司出品的31集电视连续剧《内线前传》海报。

电广传媒、北京友联兄弟传媒、北京鑫宝源影视、北京卓越东方联合摄制的40集电视连续剧《青瓷》剧照。

电视连续剧《怪医文三块》首映发布会。

北京市委宣传部、北京市广电局、北京电视台、完美世界(北京)影视、北京鑫宝源影视、上海宝宏影视联合摄制的36集电视连续剧《北京青年》海报。

北京紫禁城影业公司、西安金画面影视、北京宏宝源影视联合摄制的33集电视连续剧《怪医文三块》海报。

2012年1月16日，海润传媒与香港有线电视运营商NOW TV在香港举行新闻发布会，宣布成立Now海润电视台。

Now海润电视台标牌。该台落户香港标志着内地首家民营影视企业成功拓展海外市场。

海润影视、广东阳美满堂彩影视、北京兄弟时代影视、金斗影视联合出品的35集电视连续剧《艾乐乐的罗曼蒂克》剧照。

海润影视出品的34集电视连续剧《爱的相对论》海报。

海润影视出品的集40电视连续剧《狼烟》海报。

海润影视出品的40集电视连续剧《向着炮火前进》海报。

海润影视出品的35集电视连续剧《走，打鬼子去》海报。

海润影视出品的45集电视连续剧《向着胜利前进》剧照。

北京星光联合传媒、衡阳市委宣传部联合出品的30集电视连续剧《铁血男儿夏明翰》剧照。

北京星梦工场文化传媒、海政电视艺术中心联合出品的33集电视连续剧《火蓝刀锋》剧照。

海润影视、云南润视荣光影业联合出品的32集电视连续剧《劝和小组》海报。

北京大唐辉煌传媒等出品的30集集电视连续剧《幸福向前走》剧照。

北京朝盛文化传播公司等出品的31集电视连续剧《青海花儿》剧照。

海润影视、上海克顿影视联合出品的42集电视连续剧《武工队传奇》海报。

海润影视等出品的35集电视连续剧《下辈子还嫁给你》海报。

北京华谊兄弟、云南电视台、江西电视台联合摄制出品的39集电视连续剧《连环套》海报。

北京华谊兄弟、河南电视台、北京电视台联合摄制出品的30集电视连续剧《生死归途》海报。

北京华谊兄弟、四川电视台、南方电视台、浙江电视台联合摄制出品的30集电视连续剧《追捕》海报。

北京华谊兄弟、湖北电视台、河北电视台、山东电视台、辽宁电视台联合摄制出品的38集电视连续剧《唐山大地震》海报。

北京华谊兄弟、安徽电视台、安徽华星传媒联合摄制出品的40集电视连续剧《秀秀的男人》海报。

北京华谊兄弟、安徽华星传媒联合摄制出品的44集电视连续剧《我们的生活比蜜甜》海报。

北京华谊兄弟、浙江华谊兄弟影业出品的40集电视连续剧《石光荣和他的儿女们》海报。

北京华谊兄弟、四川电视台、辽宁电视台联合摄制出品的40集电视连续剧《我的孩子我的家》海报。

北京银河昊星文化传媒等摄制出品的32集电视连续剧《岳母的幸福生活》海报。

北京小马奔腾壹影视等摄制出品的33集电视连续剧《民兵葛二蛋》海报。

北京中联华盟等摄制出品的36集电视连续剧《正者无敌》剧照。

金英马影视、金好风影视、成都广播电视台、武汉流金文化传媒、凤凰传奇影业等联合摄制出品的36集电视连续剧《独刺》海报。

北京华风气象影视、北京儒意欣欣影业联合摄制出品的36集电视连续剧《前妻的车站》剧照。

北京中联华盟文化传媒出品的32集电视连续剧《枪神传奇》剧照。

北京电视艺术中心有限公司出品、北京瓯越文化传媒摄制的40集电视连续剧《刀出鞘》剧照。

北京电视艺术中心有限公司出品、北京美环球文化传媒摄制的28集电视连续剧《冬雪》剧照。

中国国安文化传媒摄制的32集电视连续剧《誓言今生》剧照。

北京大唐辉煌传媒出品的30集电视连续剧《大家庭》剧照。

（影视艺术图片：由北京市影视制作相关单位提供）

2012年6月2日，朝阳区广电新闻中心参与承办的首届"快乐将台"广场文化节暨"践行北京精神，携手传递文明"朝阳传媒社区行在将台乡举行。

2012年2月19日，朝阳区广电新闻中心召开总结表彰会。

2012年7月14日，朝阳区广电新闻中心召开半年工作总结会。

2012年8月16日，朝阳区广电新闻中心与前来参观访问的外国媒体进行交流。

2012年11月9日，朝阳区广电新闻中心举办业务培训班。

2012年7月10日，海淀区新闻中心与驻区大学电视台举行新闻工作者联谊会。

2012年2月29日，海淀区人大常委会主任关成启到海淀区新闻中心调研。

2012年1月28日，海淀区政协主席彭兴业（右二）到海淀区新闻中心调研。

2012年1月19日，海淀区委常委、宣传部部长陈名杰（左二）到海淀区新闻中心调研。

2012年5月23日，海淀区新闻中心主持人佟迪（右）与北京电视台主持人贺贝奇共同主持“第六届中国自主创新评选颁奖典礼”。

2012年8月31日，丰台区广电中心落实“走转改”，图为主持人到“二七”车辆厂实地采访。

2012年9月2日，丰台区广电中心全程报道北京第26届卢沟桥醒狮越野跑“诺德杯”比赛。

2012年10月22日，丰台区广电中心《幸福生活大讲堂》栏目在演播室录制节目。

2012年7月27日，丰台区广电中心记者雨夜拍摄全区抢险救灾情况。

2012年12月20日，丰台区广电中心参展第七届中国北京国际文化创意产业博览会广播电影电视展。

区县广电

2012年5月9日，石景山区卫生局主办、区广播电视中心承办的纪念"5·12"国际护士节100周年《天使之歌》晚会成功录制。

2012年11月1日，石景山区委常委、宣传部部长王文光（左二）、副区长司马红（左三）到区广电中心检查安全播出工作。

2012年7月21日，石景山区广电中心多路记者报道特大暴雨抢险救灾现场情况。

2012年5月16日，石景山区广电中心召开《石景山有线电视》通讯员座谈会。

2012年8月22日，石景山区广电中心与门头沟区军庄镇香峪村开展共建帮扶活动，三年帮扶资金15万元，并建成同心园基地。

2012年9月16日至21日，门头沟区广电中心组成“第三届北京国际山地徒步大会”宣传报道团队，对赛事进行全面报道。图为报道组合影。

2012年3月28日，门头沟区广电中心2012年广播电视中心工作会召开。

2012年9月16日，门头沟电视台记者对特色农产品商家进行采访。

2012年9月5日，门头沟电视台组织高清摄像设备培训。

2012年8月2日，门头沟区广电中心接受北广科技股份有限公司为门头沟区“7.21”受灾地区群众捐赠收音机600台，价值5万余元。

2012年7月27日，北京市广电局局长李春良（右）一行到房山区广电中心向灾区捐赠一批收音机。

2012年7月21日，房山电台、电视台多路记者报道特大暴雨抢险救灾现场情况。

2012年7月21日，房山区广电中心技术人员到受灾的闫村镇抢修广播站机房。

2012年8月，房山区广电中心《法治与生活》栏目开播。

2012年10月1日，房山区广电中心在录制《健康一点通》栏目。

2012年11月26日，大兴区委常委、副区长邵恒（左三），大兴区委常委、宣传部长姜泽廷（左二）、大兴区副区长俞华峰（左一）到区广电中心调研。

2012年3月29日，大兴区广电中心首次独立直播安定镇河北梆子剧团演出取得成功。

2012年2月4日（立春），大兴区广电中心组织常态化帮扶农村学生的公益活动“春雨行动”在庞各庄镇启动。

2012年5月4日，大兴区广电中心联合千龙网为榆垡镇崔指挥营回民小学捐建“春雨书舍”，开办“春雨学堂”栏目，并利用手机进行直播取得成功。

2012年3月6日，大兴区广电中心开展的“走转改”——“新区边缘行”大型采访活动在青云店镇启动。

2012年1月20日，平谷区委书记邱水平(右一)，区委常委、宣传部长韦小玉(右二)到区广电中心慰问全体职工。

2012年10月17日，平谷电视台“政府与市民”栏目录制现场。

2012年2月6日，平谷区广电中心报道组全方位报道“平谷区第二届中国乐谷欢乐节”。

2012年5月19日，平谷区广电中心报道组在国际流行音乐季活动现场进行拍摄。

2012年8月2日，平谷区广电中心技术人员在景台山转播站进行防非法插播演练。

2012年8月8日，怀柔区委书记张建东（右三）到区广电中心调研。

2012年1月12日，怀柔区政协主席武占刚慰问旦子山转播站职工。

2012年1月16日，怀柔区委常委、宣传部长彭丽霞（左四）参加区广电中心2012年迎新春联欢会。

2012年7月3日，怀柔区政协副主席史宗祥到区广电中心调研。

2012年2月13日，怀柔电视台“怀柔环境”栏目开播。

2012年12月24日，怀柔区广电中心进行高清演播室导播间操作培训。

2012年4月26，昌平区委书记侯君舒（左）、区长金树东（右一）到区广电中心调研。

2012年9月20日，昌平电视台《真情故事》栏目荣获“2011–2012中国最具品牌价值电视栏目”奖。

2012年11月7日，昌平区委宣传部在区广电中心举办“2012年昌平新闻奖优秀新闻工作者颁奖典礼暨第13个记者节文艺汇演”。

2012年11月2日，昌平区广电中心《视角》栏目记者在采访。

2012年11月21日，昌平区广电中心记者在拍摄区直机关工委学习宣传贯彻十八大精神辅导报告会。

2012年12月2日，昌平区广电中心记者在拍摄世界魔术大会实况。

↑ 2012年12月31日，密云县县长王海臣在审看密云电视台重点电视节目。

↑ 2012年9月15日，密云县广电中心聘请专家对新闻报道工作进行专题辅导。

↑ 2012年1月15日，密云县广电中心召开乡镇新闻工作会。

↑ 2012年10月19日，密云电视台开办新栏目——《密云文化名人录》。

↑ 2012年2月10日，密云电视台节目主持人在采访。

↑ 2012年11月9日，密云县广电中心庆祝第十三个记者节并举行颁奖典礼。

区县广电

2012年11月8日，延庆县委书记李志军（前排左一）到县广电中心慰问干部职工并与抗雪救灾一线记者交谈。

2012年11月3日，暴雪后延庆县广电中心记者深入最偏远山村千家店茨顶村采访。

2012年6月16日，延庆县广电中心记者拍摄骑游大会。

2012年10月11日，延庆县广电中心全方位报道“2012年环北京职业公路自行车赛”。

2012年5月26日，延庆县广电中心记者报道“消夏避暑节暨柳沟豆腐文化开幕”。

2012年5月29日，延夫县广电中心举办“知时政、学国学、爱家乡”知识竞赛。

（区县广电图片：由各区县广电单位提供）

2012年3月13日，北京市广电局召开2012年党建工作会。

2012年10月24日，北京市广电局召开党组中心组学习会。

2012年11月22日，北京市广电局召开政风行风监督员座谈会。

2012年9月25日，北京市广电局召开新入局干部集体廉政谈话会。

2012年12月12日，北京市广电局召开市属视听节目服务网站学习贯彻党的十八大精神报告会。

队伍建设

2012年11月13日，北京市广电局召开2012年度绩效管理考评自查部署会。

2012年9月6日，北京市广电局举行青年业务交流论坛。

2012年11月18日，北京市广电局和顺义区广电中心举行“走转改”、“一助一”活动座谈会。

2012年7月6日，北京市广播电视监测中心党支部开展党日活动——参观中国抗日纪念馆。

2012年9月10日，北京国际影视交流促进中心成立后第一次会议合影。

2012年10月30日，北京广播电视台党委中心组扩大会议成员参观“科学发展，成就辉煌”图片展。

2012年8月30日，北京广播电视台举办党支部书记培训班。

2012年4月19日，北京广播电视台总部选举台第一次党员代表大会代表。

2012年5月22日，北京广播电视台举办“学习身边榜样·践行北京精神”宣讲会。

2012年2月27日，北京广播电视台工会第一次代表大会召开。

2012年6月25日，北京电台召开纪念中国共产党成立91周年大会。

2012年5月9日，北京电台举办党支部书记培训班。

2012年11月22日，北亰电台组织"青春电波，欢乐无限"青年欢乐营活动。

2012年3月2日，北京电台召开2012年思想政治工作会议。

2012年8月24日，北京电台召开团员大会，选举产生新一届团委委员。

↑ 2012年7月31日，北京电视台召开市第十一次党代会及“7·21”特大自然灾害宣传报道工作总结表彰大会。

↑ 2012年3月29日，北京电视台举办BTV夜校系列讲座。

↑ 2012年3月27日，北京电视台召开公文培训暨信息工作总结表彰会。

↑ 2012年11月8日，中国电影博物馆干部员工百余人集中收看党的十八大开幕式。

↑ 2012年6月，中国电影博物馆党委理论学习中心组和员工代表到延安进行 “弘扬延安精神，推动科学发展”学习教育活动。

↑ 2012年11月至12月，中国电影博物馆“策展人培训班” 赴美国进行为期21天的培训、学习和考察。

2012年7月1日，北京歌华文化发展集团召开《纪念建党91周年暨创先争优活动总结表彰大会》。

2012年9月25日，北京歌华有线电视网络股份有限公司召开支部书记培训暨创先争优总结及经验交流会。

2012年6月29日，北京广播电视台服务中心组织主题党日活动——参观白乙化烈士纪念馆。

2012年9月26日，北广传媒移动电视公司开展读书、学术沙龙、学术论文“三个一”工程。

2012年3月31日，北广传媒城市电视公司团支部到昌平区小汤山镇北京农家女实用技能培训学校慰问。

2012年11月1日，北广传媒地铁电视公司召开党支部成立会议。

2012年6月27日，海淀区新闻中心全体党员及积极分子瞻仰毛主席纪念堂。

2012年12月22日，丰台区广电中心组织党员、团员到中国电影博物馆参观。

2012年4月13日，石景山区广电中心召开开展基层组织建设年活动动员会。

2012年4月7日，门头沟区广电中心组织党员参观李大钊烈士陵园。

2012年11月17日，大兴区广电中心联合全国记协国内工作部在京举办“行走在路上——基层媒体践行‘走转改’论坛”。

队伍建设

2012年4月27日，顺义区广电中心青年团员参与社会服务活动。

2012年6月29日，怀柔区广电中心召开2012年庆七一暨表彰优秀党员大会。

2012年7月1日，平谷区广电中心举行特色党日活动。

2012年8月28日，昌平区广电中心组织职工参观党风廉政建设警示教育展览。

2012年9月5日，密云县广电中心与县地税局联合举办演讲比赛。

2012年7月20日，延庆县广电中心在西柏坡举行发展新党员和重温入党誓言活动。

（队伍建设图片：由市、区县广电系统相关单位提供）

↑ 2012年1月15日，首都影视界到京郊开展春节大拜年活动，知名导演、编剧、演员、播音员、主持人分别表演京剧、歌舞、相声、魔术等文艺节目。

↑ 2012年10月20日，北京市广电局参加市宣传系统第一届职工运动会队员。

↑ 北京市广电局队员获市宣传系统第一届职工运动会男子四乘一百米接力赛第一名。

↑ 2013年1月17日，北京国际影视交流促进中心召开年终总结暨新春动员会。

↑ 北京国际影视交流促进中心年终总结暨新春动员会上职工表演《红绸舞》。

↑ 北京国际影视交流促进中心年终总结暨新春动员会上职工表演《千手观音》。

文体活动

2012年10月20日，北京市宣传系统第一届职工运动会北京广播电视台方队在入场。

2012年4月14日，北京歌华文化发展集团举办第二届职工乒乓球比赛。

2012年6月13日至14日，北京电台开展为期两天的广播操展演活动，全台近500名员工参与。

2012年12月8日，北京电视台举行2012职工羽毛球团体赛。

2012年2月3日，北京电视台举行职工春节联欢会。

2012年5月23日，北广传媒数字电视公司开展健身活动。

↑ 2012年5月19日，海淀区第二届运动会区新闻中心方队在入场。

↑ 2012年6月9日，丰台区运动会区广电中心方队在入场。

↑ 2012年9月8日，石景山区金秋运动会区广电中心方队在入场。

↑ 2012年4月14日，密云县广电中心举行七彩空间俱乐部职工羽毛球比赛。

↑ 2012年3月2日，延庆县广电中心举办庆“三八”T台秀时装展示活动。

↑ 2012年10月20日，昌平区广电中心参加北京市宣传系统第一届职工运动会托球项目比赛。

（文体活动图片：由市、区县广电系统相关单位提供）

目 录

专项纪事

概 况

频率频道

节目栏目

产业发展

新媒体

技术

电 影

电视剧

书报刊出版

受众调查

组织机构

获奖作品

经 验

统　计

大事记

索引

专项纪事

打造国际水平、中国特色、北京风格的文化盛会

——第二届北京国际电影节成功举办

国内外电影界和首都各界广为关注、广泛参与的第二届北京国际电影节，于2012年4月23日至28日成功举办。

第二届北京国际电影节瞄准高端文化活动形态，着眼国际一流电影节定位，以更为国际化的视野，更为全球化的眼光，更为专业化的标准，更为精细化的服务，认真践行“北京精神”，扎实组织各项活动，实现了从第一届高端起步到第二届跨越提升的新发展：出席国内外嘉宾4000多人，走红毯中外著名嘉宾达到300多人，参与洽商影视机构数达到640家，签约交易额达到52.73亿元，共有246家中外媒体、901名记者注册报道，均比第一届翻了一番；电影节场地面积达到7.7万平方米，比第一届扩大了3倍；群众参与人次从第一届的10万人次增长到百万人次；上千家海内外主流媒体和重点网站将目光投向北京、投向北京国际电影节，给予充分报道、广泛赞誉。

第二届电影节以海纳百川的胸襟汇聚世界多样文化，以务实创新的理念推进电影交流合作，充分彰显了“爱国、创新、包容、厚德”的北京精神，着力推进了全国文化中心和中国特色世界城市建设，显著增强了首都文化产业发展的动力，进一步加快了中国电影“走出去”步伐，有力提升了中华文化的国际影响力和竞争力，成为全国影迷和首都居民的一次重大节日，成为全城、全民总动员的一次电影盛会，成为全社会瞩目、全社会热议的一种文化现象，为北京与世界、中国电影与全球电影进行多方面、多层次交流合作，让世界进一步了解中国、了解北京带来了重要机遇、产生了深远影响。

一、活动高端，内容丰富，取得六大丰硕成果

第二届北京国际电影节紧紧围绕北京城市功能定位，紧紧围绕电影产业发展趋势和国际电影节运行规律，紧紧围绕“国际水平、中国特色、北京风格”的发展目标，强化顶层设计，加强统筹协调，坚持高标准要求、高起点谋划、高水平运作，共举办7项主体活动、6项相关活动、27项单项活动，活动高端，内容丰富，取得了六大成果。

一是开闭幕式群星闪耀，电影魅力精彩绽放。红毯仪式和开闭幕式是检验一个电影节国际影响力的风向标。4月23日晚，第二届北京国际电影节红毯仪式盛大揭幕， 300多位中外著名电影人盛装出席，打造了阵容空前的星光大道；“开幕仪式——光影流金”充分利用国际元素、电影元素、科技元素，气势恢弘，博大厚重，充分彰显了国际水平、中国特色和北京风格。对5名中国电影人伯乐、1名电影杰出贡献者、10部2011年度中国电影走出去工作贡献突出影片隆重表彰，讴歌了中国电影人薪火相传、德艺双馨的品格，表达了中国电影走向世界的信心和决心；闭幕仪式与一场国际水平电影交响音乐会合并举办，由英国皇家爱乐乐团领衔演出20首中外电影名曲，在为到场嘉宾带来具有国际高品质的视听享受的同时，实现了本届电影节的完美谢幕。

二是电影展映佳片云集，中外作品异彩纷呈。电影展映是一个电影节的核心要素。第二届北京国际电影节立足于进一步满足首

都市民精神文化需求、提升市民生活品质的目标，着眼于国际一流电影展映活动定位，精心遴选出54个国家和地区的260部精品佳作，设立了8个展映单元，在全市20家影院展映504场，惠及首都广大电影观众。国际重要电影节（奖）上近年来获奖的众多影片，中国2011年以来最新、最受欢迎、最有特色的优秀影片，世界众多国家和地区最有代表性的电影，均在本次展映之列。

三是电影洽商成果显著，再创国内节展记录。电影市场是一个电影节的生命力。本届电影洽商共有来自世界各地640家影视机构、2000多位业内人士参加。新设项目创投环节，遴选20个成长性较强的项目给予扶持与推介，为电影产业可持续发展助力；配套组织了12场项目路演，切实提高了项目向影片的转化率；促成21个项目签约，签约额达52.73亿元，比上届增长88.7%，再次刷新中国电影节展交易额记录；将“中外电影合拍项目洽谈会”品牌纳入电影洽商统一规划，集中场地，共享资源，精选出来自12个国家和地区的32个优秀项目，搭建洽谈平台，共有8个项目达成合作意向；第16届“北京放映”有130多位全球电影片商对60余部国产优秀新作进行选购，共有18部影片达成交易意向。

四是电影论坛高端深入，前瞻求实成效显著。专业论坛承载着一个电影节的核心理念和主张。“国际著名电影企业高峰论坛”云集了9个电影大国11家著名电影企业的高管，从全球电影发展的高度审视如何提升电影企业的核心竞争力、如何在差异性中寻找合作与发展的新机遇；“中外电影合作论坛”由11位国际著名导演、电影企业高管、制片人，紧紧围绕合作制片对世界电影发展的推动作用、电影与科技的融合发展趋势等主题，进行了深入交流探讨，搭建了中国电影与国际接轨、实现中外电影共同繁荣的优质平台；“电影音乐论坛”共有9位国内外著名的电影音乐创作者、制作者、导演，围绕“探寻光影中的音乐之美”主题，探讨中外电影音乐创作的现状和趋势。

五是电影嘉年华互动亲民，打造群众狂欢节日。“精彩在沃·电影嘉年华”是北京国际电影节立足于扩大电影节群众性特色，加快推进电影公共文化服务体系建设，更好地满足首都群众文化权益，创新性推出的一项电影公共文化活动。在4月22日至28日的7天时间里，在奥林匹克公园中心区4万平方米的开阔区域内，举办了展览展示、综合演出、露天放映、科技体验、主题留影、衍生产品销售等6大版块、7个主题日、12部影片放映的综合体验互动活动，真正让市民、影迷成为了活动的主角，数十万市民和中外游客踊跃参与、络绎不绝，把奥林匹克公园中心区打造成了一个璀璨绚丽、时尚活泼的狂欢节般氛围的地方。

六是相关活动内容丰富，营造浓郁文化氛围。除了七大主体活动外，电影节还举办了众多相关活动。签署了“华北五省区市电影发展合作合作协议”，对提高电影区域整体发展水平将起到积极作用；组织了12场新片发布、战略发布等高规格的企业活动，体现了电影节服务行业、开放办节的特点；第19届北京大学生电影节、第8届北京青少年公益电影节、北京民族电影展继续纳入北京国际电影节，很好地实现了资源的融汇、品牌的整合。

二、目标清晰，定位明确，打造十大突出特色

第二届北京国际电影节，以创新求突破，以服务求效益，以创新驱动可持续发展，以品牌带动国际化水平，寻求差异化发展，呈现出十大鲜明特色。

1.资源融汇更加深化，国际化水平不断提高。本届电影节在各方面进一步引入国际标准，汇聚了全球最有影响力、最权威

的电影机构和人士，最受国际好评的电影新片，最前沿的论坛议题，高演奏水平的电影乐团，借鉴了国际运行惯例，打造了高端优质的展示平台、展映平台、论坛交流平台、市场交易平台、群众参与平台。紧密依托北京作为首都的优势，统筹配置优质资源，通过电影资源的深度集聚，形成影视之都强大的核心竞争力、整体影响力；重视扩散辐射效应，充分发挥示范带动作用，推动首都电影资源向国际、国内的开放共享，使北京国际电影节成为中外电影交流联系的窗口和纽带，成为促进中外电影产业繁荣发展的高端牵引，进一步凸显国际性定位。

2.**展映影片更加丰富，文化多样性充分体现。**本届电影节展映活动创新邀片渠道和排片思路，影片的多国别、多地区、多民族、艺术水准、展映场次、排映方式、观影服务等大幅提升，文化的多样性得到充分体现。通过搭建展映平台，全面展示了世界电影在题材类型、艺术风格、文化诉求等方面的品格和风貌，促进了不同文明交流对话，互相包容，尊重差异，增进沟通，推动了世界电影艺术的繁荣发展。

3.**中外交流更加深入，“中国制造”令人期待。**本届电影节搭建了中外电影交流与合作的高端平台，中国电影机构和人士以开阔的胸怀与积极的态度，加强与全球电影产业的合作。出席电影节的中外影人一致认为，中国电影在全球电影中越来越扮演着举足轻重的角色。无论是新片发布、电影展映、项目合作、交流洽谈，还是中国电影的海外营销，无不体现出中国电影企业参与国际合作的信心，无不体现出中国电影作品的国际吸引力和凝聚力，无不体现出中国电影文化的国际传播力和影响力。“中国制造”，正在成为全球的期待，世界电影离不开中国电影的参与，特别是中国首都北京的参与。

4.**论坛交流更加务实，共享机遇共赢未来。**本届电影节论坛活动在尊重差异中扩大了认同，在包容多样中形成了共识，呈现出三个显著特点：一是论坛嘉宾更加突出规格的高端性和国别的丰富性；二是论坛主题更加突出国际性和权威性，突出对世界电影产业发展规律与趋势的把握；三是论坛交流更加契合产业需求、注重实效，对产业发展的引领带动作用更加凸显。

5.**洽商地位更加巩固，交易品牌不断强化。**本届电影洽商活动以企业为主体、以项目为载体、以市场化运作为主要方式，参展阵容更加强大，洽谈实效更加突出，交易成果更加丰硕，国内外影响更加深远，呈现出“三个特点”，达到了“三个转化”、“六个对接”。三个特点是：中外电影合作势头更为强劲，合作更加凸显精细化、多样性、宽领域，大项目、大手笔更加突出。三个转化是：促成了电影创意转化为生产、资源转化为资本、资源聚集转化为产业实力；六个对接是：推动了电影项目与资本对接、产品与市场对接、产业上游与下游对接、电影与技术对接、电影产业与周边产业对接、国内循环与国际循环对接。进一步确立了电影洽商作为国内第一、亚洲领先、国际知名电影市场的重要地位。

6.**场馆布局更加优化，集中分散相得益彰。**本届电影节在场地安排上充分体现既高度集中、又适度分散的布局。主会场、主体活动集中在奥林匹克中心区这一首都高端产业功能区，以场地集中推动了活动聚集，以活动聚集推动了资源共享，活动的规模效应、聚集效应更为突出。同时，充分利用中国电影博物馆、北京电影学院、中央音乐学院等业内重要机构场所，充分利用全市影院和农村公益放映系统，实现电影节活动对全北京市的覆盖，扩大活动外延，提高整体影响。

7.**市场化运作更加成熟，战略合作实现突破。**本届电影节把市场模式引进到电影节中，引入中国联通作为独家战略合作伙伴。除了常规的宣传合作，电影嘉年华以联通“精彩在沃”冠名方式举办，联通凭借自身的技术与网络优势，专门为电影节提供宽带服务并开通手机官网，标志着北京国际电影节又一次迈出了市场化运作的关键步伐，对增强组委会办节实力、提升市场化水平具有重要意义，是本届电影节的重要突破之一。

8.群众参与更加广泛，电影盛会全民共享。本届电影节最大限度地调动了市民参与，满足了群众多样化的文化需求。一方面，全面提升了展映、论坛规模，提高观众和专业人士参与范围。另一方面，精心组织电影嘉年华等全民性活动，汇集影片观摩、音乐欣赏、知识普及、演艺旅游、体验互动等多种活动形态，覆盖主场地、主城区、远郊区县、农村基层等全市不同区域，并且运用电视、网络、手机等多种媒体进行直播或转播，扩大社会覆盖，提升社会影响，掀起全民关注、全民参与、全民分享电影节的巨大热潮。

9.辐射带动更加明显，强力促进文化产业发展。本届电影节通过集中开展电影节各项活动以及高密度的媒体宣传，营造出浓厚的电影文化氛围，形成了强大的视听冲击力，对进一步培育人们观影的消费习惯，激活文化消费潜力，拓展文化市场空间，产生了积极的促进作用。同时，活动的举办和各类人群的聚集也有效带动了会展、旅游、设计、餐饮、物流等相关行业的融合发展、创新发展。随着电影节的不断成长，其在增加文化消费总量，培育新的文化消费增长点，提高对国民经济发展贡献率方面的作用将更加突出。

10.文化品格更加鲜明，充分体现北京特色。本届电影节把“绿色、科技、人文”的奥运理念和“爱国、创新、包容、厚德”的“北京精神”融入电影节的全过程。充分发挥奥运场馆规模化效应，在多个活动融入奥运元素，并以其发展绿色经济、彰显人文精神、推动科技融合的特征，呼应奥运理念，传承奥运精神遗产。不断推动理念、机制、内容和形式的全面创新，以宽广的胸怀和开放的心态，融汇了多个国家和民族的文化成果，体现了北京尊重差异、包容多样、和谐发展的博大胸怀。开创性地推出“中国电影人伯乐”荣誉表彰，弘扬尊师重道的优秀传统文化，担负起了电影节的社会责任。

三、高度评价，广为赞誉，产生多方社会影响

千年古都史，百年电影情。第二届北京国际电影节，以其丰富的内容、多样的形式、丰硕的成果而广受好评。

1.电影节得到了中央和北京市领导的充分肯定。刘淇同志在会见卡梅隆时说，通过举办国际电影节这样的国际文化活动，更好地发挥首都国家文化中心作用，为建设中国特色世界城市奠定基础。他还在全市一季度经济形势分析会上指出，第二届北京国际电影节的成功举办，增强了首都文化产业发展的动力；郭金龙同志说，(将通过电影节）着力打造靓丽生动的城市文化名片，彰显国家文化中心的无限生机和无穷魅力，努力为促进世界电影交流、繁荣世界电影文化做出新的贡献；张丕民同志说，北京国际电影节为世界增添了一扇分享中国电影文化的窗口，打造了一个全面展示世界各国电影艺术成果的舞台，为广大电影爱好者提供了美轮美奂的重要盛会。

2.电影节得到了业内领军人物的充分肯定。世界著名导演詹姆斯·卡梅隆说，今年的电影节将会成为中国电影的里程碑，北京国际电影节将会在未来几年成为国际电影界越来越重要的盛事。著名导演罗伯特·明可夫说，如今的北京正迎来她的世界性时刻。

作为电影人，如果你尚未踏入北京，这意味着，你正在远离电影事业的真正发生地。中国电影家协会主席李前宽说，本届电影节处处彰显着国际视野、中国特色与北京风格，这是它日渐成熟的重要标志。

3.电影节得到了中外媒体的高度好评。本届电影节得到了中外媒体的高度关注和深入持续报道，赞誉北京迎来电影世界性时刻。中央和市属新闻单位共刊出专栏30余个、专题20余个、专版150余个，刊发稿件2000余篇，图片800余幅，广播电视直播、转播时长1200余分钟；京外媒体刊发稿件200余篇；美联社、法新社、路透社等近30个国家和地区的60家境外媒体、153名记者参加采访报道，盛赞电影节，刊发稿件50余篇；网络媒体纷纷转载主流媒体报道。电影节报道方式灵活、载体多样、效果显著，包括了消息、访谈、评述、专题报道等形式，覆盖了报纸、期刊、广播、电视、网络、新媒体等媒介，形成强大宣传声势。《人民日报》说，北京国际电影节是一个见证中国电影实力的舞台，一个展示各国电影魅力的舞台，推动着中外电影的交流与合作，更为努力前行的中国电影集聚着智慧与能量；《洛杉矶时报》说，第二届北京国际电影节开幕式上的一切，无不是主办方国际视野和远大抱负的集中体现。

4.电影节得到了各界群众的积极响应。本届电影节参与人数达上百万之众。众多群众性活动得到中外游客和首都市民的踊跃参与。许多影片出现了排队购票、一票难求的情景。电影嘉年华现场排起了数百米的长队，观众络绎不绝。北京市民感叹："这里的一切让我突然之间觉得电影的世界离得自己那么近。"网友们纷纷留言赞美电影节："这次电影节好像一个大卖场，喜欢什么'淘'什么。比去年的电影季内容更加丰富，也更加亲切了，对明年的电影节更加期待。"把满足人民群众精神文化需求作为电影节重要的出发点和落脚点，让电影节变得更具生命力。

以上四个方面赞誉和数据充分说明，北京国际电影节正在成为世界电影节体系中重要的组成部分，成为中国最具影响力的影视节展之一，成为北京最具标志性的文化品牌之一。

（北京市广播电影电视局电影管理处）

北京电台报道党的十八大传播时代最强音

准确、及时、全面、生动地报道好党的十八大，是北京人民广播电台作为党的喉舌的重要使命。北京电台新闻广播、城市服务管理广播、交通广播、文艺广播、音乐广播、外语广播等专业广播的重点时段、重点新闻、专题、访谈、资讯节目以及北京广播网，全方位、多角度、大篇幅聚焦党的十八大，将会上新闻、报告解读和会外反响有机结合起来，充分发挥了主流媒体的主阵地作用，全台共推出相关栏目近70个。

一、会前报道：

进入2012年9月以后，北京电台迎接党的十八大宣传报道工作进入了高潮期，各专业广播把迎接党的"十八大"的新闻宣传报道和走转改结合起来，不断深化记者在一线的采访，通过小切入反映大主题，结合最新发生的新闻事件，从老百姓切实感受到的变化出发，反映北京市各领域取得的新成就、新发展。

新闻广播在继续做好"喜迎十八大，

记者走国企”、“党建巡礼”、“我们的党代表”、“创造良好环境，喜迎十八大”等迎接党的十八大的系列报道外，为了让主旋律报道“接地气、有生气”，新闻广播创新作品评价机制，引导记者用音响说话，用故事讲道理，让群众用独特的视角、生动的语言、感人的故事把党的先进性润物细无声地表达了出来。结合最近评选的“北京美丽乡村”，新闻广播推出了“喜迎十八大，记者走基层——北京最美乡村行”以及“喜迎十八大，记者走基层——走新农村，看新气象”两个系列报道，让记者走进农村的田间地头，走进农民的家庭院落，近距离记录和感受北京农村的新变化，新气象，新风尚；《资讯早八点》栏目推出“喜迎十八大·社区蹲点日记”，记者深入北京8个社区，按照走转改的要求深入采访，体验并记录社区工作者的工作和生活细节，反映社区工作者为民服务的真实状态。

城市服务管理广播《市民热线》节目组走转改，创新开办“我们在现场”。节目组和社区居民直接接触并联系街道、居委会等工作人员，和居民见面，提出社区的难点和热点问题，求解决促沟通。《七点早新闻》节目喜迎十八大走转改特别报道专栏连续推出6个特别策划——“城市行走看变化”、“水从汉江来”、“平房区能源清洁，走西城看变化”、“科技增强社区生活幸福感”、“为老年人服务再进一步”、“中轴线上看变化”。

交通广播不断深化记者在一线的采访，通过小切入反映大主题，结合最新发生的新闻事件，从老百姓切实感受到的变化出发，反映本市交通领域取得的新成就、新发展。节目以“喜迎十八大，一线看变化”为总栏目，以《透过数字看民生》、《群众眼里的党代表》、《乡村路上看发展》为子系列，初步形成一个主题鲜明、内容鲜活、色调祥和、布局立体的新闻叙事框架，以交通民生和谐进步为切入点，以深入一线“走转改”为采访调查方式方法，全面深刻地反映党的“十六大”以来，北京城市交通、城乡交通以及中国铁路民航等大交通领域发生的巨大变化，揭示这些变化对改善交通社会民生的意义。

故事广播《故事大全》节目播出8期“走转改”系列新闻特写——“他们这样当老师”，通过对北京市优秀教师的跟踪采访，展现他们教书育人的品德、不断探索的艰辛、热爱学生的真情和新时期党和政府对教育事业的重视以及教育工作者的风采；《人物空间》播出“筑梦航天，中国航天专家系列访谈”，展现航天领域的科技精英以实际行动迎接党的十八大的召开；《今晚拍案》、《快读时刻》、《娱乐档案》等都结合栏目特点推出了一系列特别节目。

文艺广播《空中笑林》节目推出“喜迎十八大·曲艺下基层”系列，体现党和政府对文艺事业的支持，对基层百姓文艺需求的关注；《广播剧场》展播最新一届“五个一工程”获奖的广播剧作品；《演艺群英会》推出喜迎党的十八大优秀剧目的深度访谈。

爱家广播《家里家外》推出了“喜迎十八大，生活有变化”系列节目，邀请文化学者探讨十年间传统文化的回归、请经济专家讲述过去十年我国的经济生活发生了哪些变化。

二、会期报道：

党的十八大召开期间，北京电台推出“我在十八大现场”、“党代表时间”、“解读十八大报告系列访谈”、“市民寄语十八大”、“大使眼中的十八大”等11个专栏，全台共播出节目时长125小时，派出记者300多人次，播发十八大报道600多篇，其中包括十八大代表同期声的录音报道230多条，各界群众热议十八大的报道240多条，北京广播网共发布图片新闻14组，原创音频报道51篇，浓墨重彩营造盛大祥和的舆论氛围。全台宣传报道工作主要呈现出以下几个特点：

1．全频率参与，多媒体展现，十一档特别节目全方位营造强劲宣传声势

北京电台在十八大报道上紧紧抓住党带领全国人民继往开来、创造新的辉煌这一主题，全台一盘棋，统筹考虑，周密安排，在十八大召开期间，结合各专业广播特点，有节奏，分层次的在不同的时间节点推出11档全新特别策划 ，从社会各界期盼大会开幕、收听收看大会开幕式和会后反响、党代表风采、北京团活动等不同侧面展现中国十年巨变、百姓的美好愿景。

2．强力发挥广播同期声报道特色，以声传情，以情动人

着力突出广播特色，高密度、多角度的用丰富的同期声音响聚焦北京代表团分组讨论和代表对胡总书记报告的解读成为北京电台此次十八大报道的一大鲜明特色，创造了北京电台历年来会议报道中，同期声录音报道之最。

十八大会议期间，北京电台共播发十八大代表同期声的录音报道230多条，仅新闻广播的《北京新闻》节目在短短的8天时间当中，就播发了90多条代表的同期声，既有胡锦涛同志作报告的声音，北京市委书记郭金龙、市长王安顺等党政部门代表的声音；也有国企代表、专家学者代表的声音，还有农民工代表、公交司机等基层代表的声音，丰富的音响多角度、多侧面展现了代表对国有企业、教育、食品安全、城乡统筹等方面的思考。同时这些原汁原味的十八大代表同期声有画面感，生动有趣，魅力胜过了千言万语，他们汇集成的一个个生动鲜活的录音报道，通过广播和网络、报纸，多形式、多渠道共同播发，形成资源共享，全媒体、立体化覆盖，大力度推介的强劲宣传态势，使听众感到真实可信，鲜活、感人、抓人，达到了听众愿听、乐听、爱听的效果。

3．庞大的记者队伍走基层、访民情、汇民意、传民声

北京电台坚持“三贴近”、“三深入”，记者通过走转改的方式，深入基层，关注普通人，用独特的视角，通过微观典型，展现时代的主题。十八大会议期间，新闻广播、城市服务管理广播、交通广播先后共派出记者300多人次，到天安门广场、新华书店、市公园管理中心、卫生局红十字会、交警执法岗、北京建筑企业、北京卫戍区、市直机关、公交集团、地铁7号线施工现场、中关村高新技术企业等地挖掘会场外人民群众对十八大报告的热议反响，播发各界群众热议十八大的报道240多条，这些报道热点抓得准，涉及范围广，将广大干部群众真诚、质朴的心里话通过电波传递到千家万户，具有强劲的感染力和可听性。

4．利用多方资源，多种形式解读十八大报告

北京电台充分挖掘、利用多方资源，力争以平实易懂、贴近生活的语言将十八大报告的内容及时、准确地传递给听众。在十八大召开期间，北京电台对十八大报告的解读形成了一定规模，成为很多听众定时必听的热播节目。

5．报道好丰富多彩的文化活动，展现盛大祥和的气氛

文艺广播《早安北京》、《876资讯》和音乐广播《974信息网》在十八大期间对我国十年来文化领域的各项成就进行盘点，每天高密度、多频次播发十八大献礼作品和群众性文化活动的消息；体育广播推出专栏“北京体育这十年”，回顾十年来北京市体育工作的成就，展现北京市民投身体育运动开展全民健身活动的热潮；故事广播《娱乐档案》节目“红色音影系

列”；北京广播网菠萝台建立“喜庆十八大”菠萝台，内容包括全台包含十八大报道内容的重点新闻节目、经典红色歌曲、红色文艺作品等。

6．记者的敬业精神和突出的业务能力，保证了节目的速度和质量

为了高质量地完成十八大报道任务，台领导提前周密部署，亲自坐镇指挥；各频率、各部门齐心协力，形成了有效的联动机制，记者热情高涨，不辞辛苦，积极主动地投入到十八大宣传报道的热潮中。全台上下的努力使北京电台高质量的十八大报道得到了领导和听众的高度评价。

三、会后报道：开设新专栏，深入走基层，挖掘新亮点

十八大胜利闭幕后，北京电台各频率策划推出20余个新专栏或专题，积极采访报道各行业各系统基层干部群众认真学习贯彻十八大精神的新面貌、新举措。专栏稿件录音丰富，有点有面，内容多样，涵盖学习贯彻十八大精神、学习贯彻十八大精神大型主题采访活动、十八大精神宣讲、报告解读、科学发展、提振信心等内容。

北京电台在学习宣传贯彻十八大精神的阶段，一方面着力突出广播特色，记者发扬走转改精神，深入一线采访，高密度、多角度的利用丰富的同期声音响，现场感强，成为一大鲜明亮点。如《郭金龙在与十八大精神宣讲团成员座谈时勉励大家用群众听得懂的语言生动活泼地开展宣讲活动》等稿件，郭书记等领导同志的同期声生动洪亮有力，为全市掀起学习十八大精神热潮进行了很好的动员和激励。《实验二小用朗读静心》等新闻，音响翔实，使百姓形象了解到一个本市中小学发挥资源优势，努力创新的实践典型，富有画面感。

另一方面，北京电台各频率整合资源、互为补充，同时，发挥自身跨媒体传播优势，在网络链接播出自采录音，拓展广播传输渠道。外语广播及外语广播网络电台推出的特别策划“大使关注十八大”，访谈对象高端，访谈内容丰富，覆盖听众、网民等，拓展了受众范围，是十八大报道工作的一次创新尝试。该访谈的精华剪辑版还同时在新闻广播的《北京新闻》播出，从而共享了资源，形成了合力，造成了声势。此外，北京广播网每日加工专业广播原创音频内容，链接播出，台网共傲，为学习贯彻落实十八大精神营造了良好的跨媒体氛围。

（北京人民广播电台）

坚持首善定位　传承家国情怀

——北京电视台党的十八大宣传报道特色鲜明

中国共产党第十八次全国代表大会是全球媒体2012年最为关注的大事，新闻竞争极为激烈。北京电视台作为地方媒体，在十八大报道中面临很多课题：在牢牢把握政治导向的前提下，各项宣传报道必须到位又不能越位，既要体现首都特色，还要彰显大台风范。纵观十八大整体宣传报道，北京电视台坚守“首善媒体”的定位，以“科学发展　成就辉煌”为主题，以北京卫视和新闻频道为龙头，唱响主旋律，打好主动仗，实现了宣传有声势、报道有特色、直播有突破，在拼抢新闻的同时，更注重展现家国情怀，在国内外众多媒体的新闻大战中，以轻骑兵的姿态脱颖而出，受到了社会各界的关注与好评。

一、争分夺秒，时效第一，开幕式、闭幕式报道连创纪录

作为地处首都的地方媒体，北京电视台在党的十八大期间，虽然不具备进入会场直播的条件，但在会外报道方面却大有文章可作。北京电视台提前策划，另辟蹊径，一组组及时、生动、鲜活的现场报道让人眼前一亮。

11月8日8:00开始，北京卫视和新闻频道与央视综合频道并机直播了十八大开幕式盛况。为充分报道首都各界对开幕式的热烈反响，11月8日6:00，全台30余组新闻记者就奔赴全市各个采访点，其中一组时政记者克服种种困难，提前到达人民大会堂东门外，在代表纷纷进入大会堂的大背景下，北京电视台主持人王晓佳站在了人民大会堂外的台阶上，独家采访了与会代表，并在随后的新闻直播中播出，创下了第一个领先于其他地方媒体的报道纪录！

10:30，前方记者第一批稿件通过3G方式顺利传回台内，后方编辑迅速开始后期制作；11:30，根据上级紧急通知，北京卫视和新闻频道并机直播的《特别关注》，将播出时间从12:30提前到12:05，此时距直播开始仅剩半小时；12:05，《特别关注》十八大报道特别节目在北京卫视和新闻频道顺利播出，前方记者共抢发新闻近40条，全面反映了在京中外人士关注大会的新闻，营造了社会各界喜迎十八大开幕的浓厚氛围！北京电视台成为全国卫视频道中最快报道各界收看开幕式盛况的电视媒体，创下了第二个报道纪录！

11月14日上午，十八大胜利闭幕。北京电视台在当日中午的《特别关注》栏目中，抢发了闭幕消息，并先于其他媒体，通过3G方式直播了对刚刚走出人民大会堂的北京团代表的采访，创下了第三个报道纪录！

当日午后，记者跟随十八大代表回到其供职单位，报道了他们第一时间在学校、工厂等地传达十八大精神的情况，新专栏《把十八大精神带回来》率先在《北京新闻》开播，成为市属媒体第一家报道代表返回工作岗位传达精神的专栏，创下了第四个报道纪录！

在重大新闻面前，北京电视台打破常规，实行动态编排，大体量、多角度、浓墨重彩地宣传报道十八大，连创报道纪录，受到了各级领导的好评。北京市委常委、宣传部长、副市长鲁炜对北京电视台十八大报道专门作出批示：“电视台关于十八大报道及配合报道投入了大量人力、物力，特别是开幕当天的各地各界收听收看情况反映和北京团的各项活动、代表访谈等，及时、准确、有声势，有效地引导了舆论。”

二、聚焦基层，关注民生，全景报道凸显以人为本的价值取向

千秋伟业，以人为本。北京电视台以主题专栏、系列报道、大型新闻行动、系列专题片、纪录片、宣传片等多种形式宣传十八大，在全景式、多维度、立体化的报道中，北京电视台将镜头对准基层代表，对准普通群众，充分反映百姓心声，增强了报道的感染力。

为了加大对十八大的报道力度，从11月9日起，新闻节目中心每晚19：35在北京卫视推出《十八大特别报道》，盘点北京10年的辉煌成就，反映百姓心声，展现社会各界热议十八大的情况。例如谈及医改，展现的是全民医保网、社区服务站、动态电子健康档案、家庭医生等。专栏“百姓心声”通过百姓质朴的语言传递来自民间的真情实感，没有加工粉饰，具有真实的力量。

《北京新闻》、《北京您早》、《锐观察》等新闻栏目纷纷推出“喜庆十八大”、“稳增长　提信心”、“百姓心声”、“代表心声”、“代表风采”、“解读报告”、“聚

焦盛会”、“网民微博寄语”等十多个主题专栏，充分报道十八大会议情况。《北京新闻》中，不论是程序性报道《北京团向中外记者开放》、《盛赞报告基层代表吐心声》，还是特写式报道《让每个孩子成为有用之才》、《农民工的哽咽》等，记者大量运用同期声，用真实的记录打动人心。如参加十八大的基层代表展望未来农村生活时，乡音十足的老北京话生动直率，让与会者不禁会心一笑；《晚间新闻报道》推出“十八大与我”、“网络互动，连线百姓观察员”等专栏，侧重用群众的语言和容易接受的方式，通过市民热议报告、畅谈身边变化等方式，报道中国的发展和变化。

9月10日起至十八大闭幕期间，北京电视台在黄金时段隆重推出《“党在百姓心中”百姓宣讲系列片》，每一位宣讲人都是来自北京各行各业的党员、群众，包括艾滋病患者的知心大姐、勇夺残奥会奖牌的残疾人，扎根乡村的大学生村官等，他们用群众的话语为大家讲述发生在百姓身边的真实故事，体现党爱人民、人民爱党的深情厚谊。

十八大期间，北京卫视《身边》栏目推出十集系列片《家国十年》，通过北京各领域中的代表人物，反映北京十年来的发展成就。其中有网球冠军李娜的洋教练、回国创业的海外高级人才谢良志、农民和伐木工出身的平谷制琴师、要让中国医学立于世界强手之林的凌峰、著名导演赵宝刚等典型人物实现人生梦想的故事。节目从个体视角切入，不同的故事给观众一个共同的启示：个人的命运与国家发展相辅相成；国家的兴旺发达为每个有梦想的人提供了发展机遇和展示才能的舞台；个人梦想的实现又成为国家发展不竭的动力与源泉。

三、报告解读，权威生动，专家访谈凸显新闻立台的大台风范

在中国成为全球第二大经济体、改革进入深水区之后，十八大不仅要选出新一届党中央的领导班子，还要回答中国举什么旗、走什么路等一系列关系国计民生的重大问题。如何做好十八大报告的深入解读，是对媒体实力的考验。北京电视台以《聚焦十八大》为主阵地，各档栏目寻找特色，充分配合，认真做好十八大精神的宣传解读。

11月8日起，北京卫视和人民网联合推出十八大精神解读系列节目《聚焦十八大》，每晚黄金时段播出。节目抓住十八大的重要精髓，邀请专家学者进行深入浅出地解读。十八大报告进一步树立了科学发展观的重要地位，《聚焦十八大》邀请中共中央党校社会发展中心主任庞元正解读“科学发展观”，让观众进一步了解到科学发展观是全党全国人民经过长期实践得出的丰硕成果；胡锦涛同志在报告中提到：“发展社会主义政治文明，要更加注重改进党的领导方式和执政方式，保证党领导人民有效治理国家”；专家联系实际解读报告，例如人民大学经济学教授李义平从经济学角度解读“有效的政府必须是有限的”；北京大学马列主义学院院长郭建宁提出文化软实力的五个指标；中央党校谢春涛教授谈及收入分配制度改革时提出收入翻两番必须有效控制物价上涨等，这些观点既高屋建瓴，又有“接地气”的平实。

各档新闻节目也迅速推出各具特色的十八大精神解读板块。十八大开幕当天，《都市晚高峰》及时推出了“十八大报告解读”，就“2020年我国将全面建成小康社会”这一目标邀请专家进行解读；《晚间新闻报道》播出了“报告解读：全面建设小康社会”、“外国友人盛赞十八大”等；《首都经济报道》以“多谋民生之利，多解民生之忧”为题，结合北京实际通过专家解读十八大报告，精炼、准确、权威，给人启迪，催人奋进。

《盛世财经》邀请北京市社科院副院长

赵弘和CCTV证券资讯频道总编辑钮文新，从财经专家的角度解读十八大报告，让百姓提振信心，看到了中国经济的美好未来。

在解读报告的过程中，北京电视台注意增强节目的感染力，专家解读过程辅以形象生动的图示、数字，穿插街头采访等，增强了传播效果。节目主持人注意从百姓身边的事情入手，如在“主持点评”版块中，把十八大描述为“更接地气的十八大”， 很有现实感，加深了观众对报告的理解。

四、配合报道，烘托气氛，全台各频道策划推出特色节目，汇聚成喜庆十八大的大合唱

十八大期间，为营造喜庆气氛，北京卫视在每晚红星剧场安排播出电视剧《媳妇的美好宣言》，并在次黄金时段播出大型文献纪录片《红色传奇》和获全国精神文明建设“五个一工程”奖的优秀电视剧《媳妇的美好时代》。

文艺频道推出“百姓文化录”、“回眸流金岁月”等系列节目，重播了纪念中国共产党成立90周年“党在百姓心中”主题晚会，讲述了一个个共产党员平凡而又感人的故事。

科教频道《法治进行时》推出“学报告见行动”节目，既宣传了政法干警学习党的十八大报告，又具体报道了交警的感人事迹。

财经频道《首都经济报道》推出“首经记者在基层”、“提振信心”、“首经送暖”等专栏，报道北京市经济领域的发展成就和市委市政府关注民生、将温暖送入千家万户的情况。

生活频道《生活2012》推出“庆祝十八大胜利召开”特别报道，内容包括“京城百姓齐祝福”、“公交纪念车票发售”、“纪念邮票发售”、“小邮票展现大变化”等。

青年频道《北京青年》和《军情解码》栏目开设“青春聚焦十八大”和“祖国在我心中”系列节目，报道年轻人扎根基层、奉献青春的风采。

纪实高清频道推出为期一个月的国产精品纪录片展播活动，展播片目包括《科学发展铸辉煌》、《人民大会堂》、《人民的艺术》、《祖国至上》等，全景展现中国共产党领导全国各族人民开创社会主义伟业的恢弘画卷和壮丽史诗。

总编室在全台各频道安排播出《空中看北京》等多部以喜庆十八大、展现首都近年来发展成就为主题的宣传片。特别是《空中看北京》以精美画面多维度展现首都各个时期的标志性建筑和最新风貌，浓缩了北京震撼人心的巨大变迁，为十八大召开烘托了喜庆的气氛。

（北京电视台总编室）

确保“十八大”安全播出百日竞赛活动成效显著

在全市广电系统开展的“确保党的十八大安全播出百日竞赛”，是北京市委宣传部和北京市广电局联合组织开展的一项活动。活动从2012年7月20日0时开始到11月16日24时结束，历时120天。参赛单位包括全市广播电视直接参与播出和传输工作的部门共计96个，参赛个人1770人。竞赛活动圆满成功，卓有成效。

一、各级领导高度重视

确保党的十八大期间广播电视安全播出，是一项重大的政治任务。市委市政府领导高度重视，批准市委宣传部和市广电局联合开展安全播出百日竞赛活动，并成立了由市委宣传部和市广电局领导组成的竞赛领导小组，由市委宣传部副部长严力强和市广电局局长李春良担任竞赛领导小组组长，由有关领导担任副组长。在竞赛活动中，竞赛领导小组多次召开会议，及时发现解决工作中出现的问题，努力将技术保障工作做严、做细、做深、做实，确保党的十八大安全播出。

北京市广电局始终将安全播出工作作为全局工作的重点，年初出台了《北京市2012年确保党的十八大广播电视安全播出管理工作意见》，提出全年安全播出工作要紧紧围绕确保党的十八大安全播出无事故这个目标开展，并将举办确保党的十八大安全播出百日竞赛纳入工作计划，抓紧、抓实、抓出成效。

各参赛单位高度重视安全播出百日竞赛活动，将竞赛活动列入重要工作议事日程，成立竞赛活动组织机构，主要领导亲自抓，层层动员，落实责任，迅速将竞赛活动布置到各参赛部门、参赛人员，并结合实际采取灵活多样的形式，增强活动的实效性。

二、坚持科学规范管理

2010年和2011年，北京市广电局组织在全市广电系统开展了安全播出管理体系建设，引入ISO9000标准的管理理念和方法，建立以预防为主的安全播出管理体系，科学规范地进行安全播出管理。通过管理体系运行，各单位自觉和主动地识别、控制广播电视节目制作、播出和传输过程中的风险，有效提升了安全播出管控能力，为开展百日竞赛活动奠定了坚实的基础。

一是排查风险点，实施有效预防。各单位根据安全播出管理体系要求，深入查找风险点，并将所有风险点列表，逐一制定全面的管控措施，将其消灭在萌芽状态，有效预防事故的发生。北京电台开展了安全播出风险识别评估，制定了《安全播出风险一览表》，对风险进行分级管理。北京电视台重新梳理制定了各系统的应急预案、规章制度、岗位职责和工作流程等，并按部门分印成册发至各部门实施。歌华有线公司、城市电视公司，朝阳、海淀、昌平、延庆广电中心等单位分析梳理安全播出风险点，逐一制定风险防范措施，确保安全播出。

二是完善预案，保证快速处置。市广电局委托专业公司对原有的安全播出应急预案进一步梳理、完善，使应急预案规范化。同时，部署各单位完善本单位应急预案，并将各单位应急预案汇总作为《北京市广播电视安全播出应急预案》的专项预案，编辑成册，印发各单位执行。

三是全力以赴，抗击自然灾害。竞赛活动开始第二天，北京遭受特大暴雨袭击，致广播影视设施，尤其是有线电视网络受损情况严重。灾害最严重的房山区，有线电视收视受影响用户达13.6万户，占全区有线电视总用户的80%。灾情发生后，歌华有线公司举全公司之力，协助房山分公司进行有线电视设施抢修工作，房山分公司全体职工投入抢修工作。7月26日，除分布在灾情最严重山村约3000户外，其余13.3万户收视受影响用户都看到了有线电视节目。房山广电中心保证了安全播出，没有出现停播事故。

三、狠抓工作落实

竞赛工作办公室为加强竞赛工作的落实，与各单位建立了联络员联系制度，每周一汇总各单位报送的前一周竞赛活动开展情况，及时了解竞赛开展动态，保证竞赛取得好效果。

一是隐患整改力度大。北京市广电局督促各单位加快隐患整改进程，9月15日前落实全国安全播出大检查提出的19个问题的整改工作，确保安全播出。

二是专业培训范围广。各单位都十分重视对播出一线人员的培训、考核，除开展安全播出责任意识教育及应知应会培训外，还特别加强了各专项技术方案、设备操作和应急处置的培训。据统计，竞赛活动期间各单位、部门组织的各类培训共计2000次，覆盖所有播出、传输技术保障人员，为安全播出提供了强有力的队伍保障。

三是专项演练形式多。北京市广电局组织北京广播电视台、北京电台、北京电视台、歌华有线公司及新媒体公司参加的安全播出指挥调度桌面推演，组织14个区县广电中心、文委开展了防范处置非法无线插播广播电视信号的野外实战演练，组织歌华有线公司进行了处置非法有线插播广播电视的实战演练，组织开展了北京电台异地容灾备份应急播出演练和转播站突发事件应急演练。通过一系列的演练活动，使相关单位熟练掌握了应急处置流程、事故报告流程，提高了快速反应、相互配合能力。

竞赛活动开展120天，全市21个播出传输单位总停播时间下降了26%，其中北京电视台下降了99.2%，北京电台下降了70.8%，14个区县广电中心总停播时间下降了90%；移动电视公司、数字电视公司（包括鼎视集成平台）、城市电视公司没有发生一起停播。党的十八大期间全市各播出传输单位实现安全播出零事故，圆满完成了党的十八大广播电视安全播出保障任务。

（北京市广播电影电视局科技处）

第七届中国北京文博会开幕式广播影视展览和论坛成功举办

第七届中国北京文化创意产业博览会广播电影电视项目取得了圆满成功，开幕式、广播电影电视展览、广播电影电视产业发展论坛品牌效应和影响力进一步提升，广播电影电视项目成为北京文博会最亮丽的名片。

一、文化创意产业博览会开幕式闪亮登场

2012年12月19日晚，由北京市广电局承办的第七届中国北京国际文化创意产业博览会开幕式在国家体育馆举行，4500多人参加了开幕式并观看文艺演出。文化部部长、文博会组委会主席蔡武，广播电影电视总局局长、文博会组委会主席蔡赴朝，北京市委副书记、代市长、文博会组委会主席王安顺，新闻出版总署党组书记、副署长、文博会组委会副主席蒋建国启动开幕式启动台，北京市委常委、宣传部部长、副市长、文博会组委会副主席鲁炜主持开幕式。

第七届文博会开幕式“沐浴阳光，创意远航”文艺演出体现了创新、创意、创造理念，舞台设计、灯光音响、视频大量运用科技元素，营造出缤纷绚烂的舞台视觉效果。著名歌手毛阿敏演唱了由著名音乐人小柯为本届文博会量身打造的主题歌《沐浴阳光 创意远航》；“最炫流行风”歌曲组合把人气超高的歌曲和歌手进行了全新包装，令人耳目一新；来自世界五大洲的歌手共同演绎的《鸿雁》，中国好声音歌手魏语诺翻唱的经典老歌《花房姑娘》，赢得阵阵喝彩；来自新疆的歌舞小达人带领一群可爱的孩子表演的《江南style》，充满了令人忍俊不禁的童趣；舞蹈《荷塘》演绎了京城“芙蓉向脸两边开”的优雅和“秋荷一滴露，清夜坠玄天”的灵动；中国杂技团表演的杂技《拍球》、《空山竹语》和西班牙、奥地利艺术家表演的歌舞和空中杂技，让观众大呼过

瘾；原创武术舞蹈表演《海天穿越》表现了神九飞天创举；新视觉舞蹈《光阴的故事》利用创意光影，展现了北京人幸福的一天；中国香港著名歌手容祖儿演唱的经典歌曲《挥着翅膀的女孩》，让人回味无穷；著名歌唱家黄英、莫华伦共同演唱的《我爱你中国》将晚会推向了高潮。

二、广播电影电视展览特色鲜明

广播电影电视展览历时4天，接待观众21万人，主要特征和突出成效是：

一是影视科技集中展示。围绕“文化融合科技，创新引领转型”的主题，明确招展方向和重点企业名单，小马奔腾、龙象太合、四达时代等重点影视科技企业均参加了展览，充分体现了影视文化与科技融合发展的态势。由北京市广电局主导设置的虚拟现实增强技术、人机镜面互动技术实现了与现场观众互动，深受欢迎。

二是走出去企业整体亮相。蓝海电视、海润影视、四达时代、华韵尚德、小马奔腾等影视出口企业集体登台亮相，充分彰显了北京民营影视走出去企业的综合实力和国际影响力。北京华韵尚德国际文化传播公司在文博会第一天举行新闻发布会，由其主创的欧洲一档德语日播中国专题电视栏目《来看吧——美丽中国》将与德语电视观众见面，蓝海电视在文博会期间推出了最具世界价值的中国文化产品评选活动等，深受观众喜爱和欢迎。北京影视企业走出去展区受到郭金龙书记等市领导的高度肯定，引起了社会广泛关注。

三是区县广播电视中心由幕后走向前台。2012年，14家区县广播电视中心首次登台亮相文博会，真正实现了从幕后走向前台的转变。大兴区广电中心和顺义区广电中心分别展示了自主研发的全媒体电视直播系统、村村通广播系统等，郭金龙书记在视察期间利用全媒体电视直播系统与大兴瓜农进行了亲切交流，互相问候，成为展览的一个热点。

四是项目宣传推介力度加大。本届文博会期间共举办各类活动10余场，现场签约金额15.2亿元，签约项目内容涉及影视制作、产业基地开发等。

五是展览展示内涵不断扩大。展览内容不仅包括广播电台、电视台、影视剧、新媒体等内容，其中许多机构都是首次参展，如中国国际广播电台、爱奇艺、区县广电中心、首都影视产业联盟和首都影院联盟，展览内容和形态进一步丰富。

三、广播电影电视产业发展论坛热点突出

12月21日，第七届中国北京国际文化创意产业博览会广播电影电视产业发展论坛在中华世纪坛当代艺术剧院成功举行。本届文博会广播电影电视产业发展论坛由中国北京国际文化创意产业博览会组委会办公室和北京市广播电影电视局主办，北京北奥会展有限公司承办。该论坛由香港卫视副总裁兼执行台长、资深媒体人杨锦麟和北京电视台知名主持人向真共同主持，导演郑晓龙、阎建钢，业内资深人士慈文影视董事长、国家一级编剧马中骏，派格太合环球文化传媒投资有限公司总裁孙健君作为主讲嘉宾，新影联院线副总经理、北京盛世华锐电影投资管理有限公司总经理高军，共同围绕贯彻十八大精神，加快影视产业与其他产业融合发展，加快文化创新与科技创新进行了深入探讨，围绕影视题材选择、影视创作生产、影视营销发行、影视产品出口等热点话题进行了热烈讨论，并介绍了即将出品的最新影视作品。北京市广播电影电视局、北京广播电视台、区县文委、区县广播电视中心、首都影视产业联盟会员机构、专业院校师生、首都新闻媒体等300余人出席了论坛活动。

（北京市广播电影电视局政策法规处）

"北京电视剧辉煌30年"系列活动成功举办

30年来，北京电视剧的发展经历了从无到有、从少到多，取得了举世瞩目的成就。为全面回顾北京电视剧发展30年的辉煌历程，展现改革开放30年来北京在政治、经济、文化等方面所取得的辉煌业绩，北京市委宣传部、国家广电总局电视剧管理司、北京市广电局联合主办了"北京电视剧辉煌30年"系列活动。

"北京电视剧辉煌30年"系列活动，自2012年7月份启动以来，得到了各界领导的大力支持和行业内的积极响应。本次活动通过评选活动、拍摄专题纪录片、节目访谈、撰写专著以及主题晚会等形式，总结梳理了30年来北京电视剧的发展脉络、成功经验和艺术成就，充分展现了北京电视剧艺术繁荣发展的足迹，彰显了"爱国、创新、包容、厚德"的北京精神，对于促进北京影视文化大发展大繁荣具有重要的意义。

在30年的繁荣发展历程中，中央及北京市属众多电视剧制作机构全面贯彻"二为"方向、"双百"方针和"三贴近"原则，始终坚持以人民为中心的创作导向，生产创作了一部部如《红楼梦》、《西游记》、《长征》、《大宅门》等脍炙人口、广为流传的精品力作，共铸了北京电视剧的辉煌。特别是第一部长篇电视连续剧《四世同堂》、第一部大型室内长篇电视连续剧《渴望》、第一部电视幽默轻喜剧《编辑部的故事》、第一部在境外拍摄的电视剧《北京人在纽约》、第一部编年体电视剧《一年又一年》的创作成功，开创了全国电视剧艺术的先河。30年的繁荣发展，北京还造就了一大批优秀的电视剧工作者，为繁荣影视艺术创作奠定了雄厚的人才基础。

"北京电视剧辉煌30年"系列活动，在广泛征求相关领导、业内最具权威的专家和电视剧创作者意见的基础上，设置了四个表彰项目，分别是35部"经典电视剧"、32个"经典荧屏形象"、30名"优秀电视剧工作者"、30首"经典电视剧歌曲"。经专家评委严格评选了从30年3000余部作品中评选出了精品。

"春华秋实——北京电视剧辉煌30年主题晚会"于10月26日晚在北京卫视频道播出。晚会对《四世同堂》等35部"经典电视剧"、杜建春等32个"经典荧屏形象"、王铁林、王丽萍等30名"优秀电视剧工作者"、《一支难忘的歌》等30首"经典电视剧歌曲"进行了表彰。

（北京市广播电影电视局宣传管理处）

秋季（第十一届）首都电视节目推介会圆满成功

2012年9月10日至11日，由北京市广播电影电视局、怀柔区政府联合主办的秋季（第十一届）首都电视节目推介会在北京会议中心隆重举行。

"首都电视节目推介会"是北京市广播电影电视局近年来努力落实科学发展观，积极探索构建秩序规范、竞争有序、统一开放的电视剧交易市场的成功实践。经过五年的发展建设，其品牌效应不断彰显，凝聚力不断增强，创新、务实、理论与实践紧密结合的特色，受到业内普遍欢迎，已成为国内最为高效、最富活力、最有影响的电视节目交流、合作平台。推介会每年春、秋两季各举办一次，每届推出的电视剧节目约6000至8000小时，占国内同期节目生产总量的70%以上。

本届推介会吸引了全国96家主流电视台（频道）的350位代表，15家网络媒体的52位代表和26家海外电视节目播出机构的50位嘉宾参加。集结了200余家制作机构展出的430部、约15000集电视剧作品，其中推介新剧340余部，约占剧目总数的80%，涵盖了各类型题材电视剧，其中当代题材占51%、现代题材占21%、近代题材占17%、古代题材占11%，北京地区国产电视剧占53%，与上届相比参展电视剧部、集数分别增加16%和32%。达成合作意向金额40亿元。

本届推介会继续秉承“繁荣精品创作，共谋产业发展”的理念，努力创新发展方式和项目推介模式。在突出原有推介模式的基础上，充分发挥网络信息技术优势，推出网上交易推介模式，通过“网上展台”为参展单位实现可更新的会前宣传和节目展示，为购销双方提供会前交流沟通的机会，实现与国际先进展会接轨的目标。

本届推介会电视剧产业发展论坛邀请了清华大学新闻与传播学院副院长兼影视传播研究中心主任尹鸿、中国传媒大学文化发展研究院院长范周、克顿传媒董事长兼首席执行官吴涛等三位业内知名专家学者，针对当前中国电视剧产业发展现状，客观分析了新形势下制约中国电视剧产业可持续发展的瓶颈，为转变电视剧产业发展方式，提供了科学的理论支撑，为首都广大影视从业者认清形势、梳理思路、探索举措、谋求发展提供了有益的帮助，为中国电视剧产业未来发展之路厘清了思路，企业代表普遍反映良好。

秋季（第十一届）首都电视节目推介会在与会代表的热情参与下经过两天紧张有序的推介交易已圆满结束。国家广电总局、北京市委宣传部及来自全国电视剧制播双方的代表对本届推介会务实、高效的展会模式给予了高度评价，对推介会为中国电视剧事业产业发展所做出的突出贡献以及对推动中国影视文化大发展大繁荣所起到的作用给予了充分肯定。

（北京市广播电影电视局宣传管理处）

电影公益放映工程深入人心

2012年，北京市广电局加大对农村电影公益放映工作指导和管理力度，以保障农村群众、低收入群体和不方便进影院观影的群众基本文化权益为重点，积极推进和实施电影公益放映工程，不断提高供片水平和放映质量，不断满足群众的观赏需求。

春节期间开展光影盛宴电影惠民活动，向农村提供了一批农民群众喜闻乐见、类型多样的影片，放映1.42万场，惠及32.78万人，营造了欢乐祥和的节日氛围；组织开展“在希望的田野上”、“六一”儿童影片展映活动，推动农村电影公益放映系统“六一”放映活动；组织开展“党在我心中”国产影片展映活动，共安排2万场；与市委宣传部、市教育工委联合举办“领航工程”活动。加强电影公益放映和放映资金管理，做好双节公益放映组织及2012年总结、2013年工作安排等进行了部署。

各区县文化委员会和电影公益放映实施部门，积极了解群众的观影需求，及时向供片方反馈，以确有需求和基本满意为原则，精心安排放映方向和影片，力求让观影群众满意。世纪东方和奔小康两家供片院线积极选配影片，充分考虑基层群众的多样化需求，精心安排影片供应，努力使公益放映影片基本满足多数群众需求。

2012年，北京市电影公益放映21.64万场，观影人次1314.33万人。国产新片放映率明显提高，观影效果进一步改善，公益放映水平继续位居全国前列。

（北京市广播电影电视局电影管理处）

北京卫视两档栏目展现首都十年变化和百姓爱党之情

自2012年9月10起，北京电视台北京卫视于每晚21:30播出《党在百姓心中——百姓宣讲系列片》，邀请了来自首都的工人、农民、知识分子等各界普通百姓代表，结合百姓宣讲的现场片段及其工作生活各个方面的细节表现，抒发对党的热爱和感激之情。此外，每日18:20播出的《今日京华》栏目，则结合时代背景，展现出首都十年来的发展变化。两档节目细节丰富，具体而微，折射出在党的领导下首都近年来的辉煌建设成果。

第一，节目内容“接地气”，摆脱“假大空”的窠臼，真正用百姓的声音说话，有血有肉。在10月9日播出的《今日京华》中，节目通过对朝阳区潘家园街道图书馆的介绍，为观众展现出北京市数字文化社区建设的成果。尽管如此，该期节目没有单纯堆叠成就数字和枯燥解说，而是首先通过镜头生动地展现出图书馆丰富的藏书、舒适的环境和便捷的数字文化资源应用设施，然后结合读者的真实阅读体验和感受，表达出“在党的领导下，社区居民真正享受到快捷便利的公共文化服务”之内涵。在该期节目中，有读者表示“这是全北京乃至全国最好的社区图书馆”“（潘家园图书馆）离家近，环境舒适，政府为百姓做了一件好事”。普通百姓的真实声音，尽管只有寥寥数语，但却让节目有血有肉、生动可感，同时也意味着北京市政府惠民工程真正落到了实处。

第二，真正落实“走转改”精神，访遍首都各阶层百姓，有人物、有故事、有细节，生动展现出时代背景下普通人的经历，在增强节目可看性的同时，也抒发了百姓对党的深情。10月9日播出的《党在百姓心中——百姓宣讲系列片》中，讲述人为清华大学年度“自强之星”、机械工程系博士研究生闫文韬。家境贫寒的他在进入清华大学之后，遭遇爷爷突发脑出血住院、妈妈罹患T细胞淋巴瘤的横祸。他在宣讲中提到，学校的党委和领导得知此事后，纷纷对他施以援手，为他提供了不少勤工助学的机会；而院系辅导员也在2009年底转交他一笔由某老师捐赠的钱款，缓解了燃眉之急。闫文韬在勤工助学、改善经济环境的同时，在学习上也没有落下，且在清华“自强不息”精神鼓舞下；从“受助”转向“自助”和“助人”，并提交了入党申请书，发誓以实际行动和出色成绩报答所有帮助过他的人。至此，节目勾勒出一个自强不息的上进青年形象，真实感人；在10月8日播出的《党在百姓心中——百姓宣讲系列片》中，一位来自新发地农产品批发市场的河南保安吴松旭，因为写作方面的才华得到领导的赏识和提拔，当上了新发地市场报纸的主编直至被提拔为中层干部。他在宣讲中表示：“在新发地，像我一样从基层干起来的外地人还有不少。我愿意和他们一起，为首都北京农产品的安全稳定供应贡献自己的力量，来回报这个伟大而美好的时代。”

（北京电视台卫视节目中心）

“最美桃花海——第十四届北京平谷国际桃花音乐节”直播活动圆满完成

2012年4月19日至21日，北京电视台新闻节目中心在京郊平谷完成了3天4档、共计9小时的直播报道“最美桃花海——第十四届北京平谷国际桃花音乐节”。此次大型直播报道，在报道方式和内容上进行了大胆创新，编辑记者深入基层、服务基层，用创新的方式助力京郊区域经济发展，既是北京电视台深入践行“走转改”的新举措，也是加强与各区县合作，推动区域经济发展的又一次有益尝试。

一、创新报道方式，大力服务基层、助力区域经济发展

“最美桃花海——第十四届北京平谷国际桃花音乐节”直播活动，以“桃海”和“音乐”为依托，创新传播模式，多层次、立体化、全方位地反映了平谷区加快生态文明建设、发掘历史文化内涵、提升城市环境质量的新举措，并结合文化、旅游、体育等重点活动，树立了平谷区的新形象，为区域经济发展营造有力的舆论氛围。在平谷桃花音乐节开幕的前3天，在直播报道的带动下，全区共接待游客45.5万人次，比去年同期增长119%；实现总收入2,324万元，比去年同期增长136.4%。

二、积极践行“走转改”，加强策划，锻炼队伍

为了做好此次桃花音乐节的直播报道，北京电视台周密筹备，提前派出编辑记者到平谷区安营扎寨，采访、拍摄、编辑完成了近60个背景资料片。直播首次将大型演播室搬到了万亩桃花海中，将600平方米的制作、演播平台搭建在田间地头，并通过270度钢化玻璃的通透效果，让电视观众更直观地欣赏到绚丽花海的盛况。

直播过程中，编辑记者走到桃花海深处，用直播摄像机镜头去观察、用直播话筒去倾听、用参与者的思维去挖掘，将原汁原味的新平谷展现给广大电视观众。演播室不仅精心设置了实时连线、嘉宾访谈、微博互动、路况播报等环节，还对交流互动环节进行了大胆创新，增加了小提琴现场演奏、增设了室外第二演播室，实现了主持人与相关领导、学术权威、演艺名人、现场观众的零距离交流。在3天共计9小时的直播中，节目收视率和占有率同比增长30%以上。

三、主题鲜明，融直播的新闻性与现场报道的观赏性为一体

直播主题鲜明、突出。北京电视台以国际桃花音乐节直播为切入点，围绕幸福平谷、五谷丰登的主题，展现了平谷区的新成就、新形象、新区域以及平谷区亲民、乐民、富民的和谐发展战略，用电视化手法描绘了平谷区“十二五”规划的美好蓝图，为平谷区经济社会更好更快发展营造了有力的舆论氛围。

文艺活动丰富新闻报道，报道模式立体多元。为丰富节目形态，在直播节目中策划推出了“百名平谷小提琴手花海演奏”、“艺术家花海写生”、“闪客热舞桃花海”等10大品牌活动，整个报道呈现出全方位、立体化、多层次的传播特点。本次直播，实现了几十个专题小片与直播的有机融合，演播室访谈与田间地头艺术表演的有机融合，创新了报道模式，这在北京电视台直播报道中是首次，同时也是助力区域营销的创新实践。

演播室设计精致、唯美。此次直播的演播室设计充分结合桃花海的大背景，无论是小提琴四重奏的设置，还是演播室外访谈的设计，充分融入了花海、音乐、春色等浪漫元素，营造了畅游花海、倾听音乐的美好氛围，用春天的气息展现平谷人民的快乐和幸福。

（北京电视台新闻节目中心）

北京电视台“新春走基层”活动异彩纷呈

2012年春节期间，北京电视台通过丰富多彩的节目形式，精彩纷呈的荧屏呈现满足广大观众的收视需求，在营造喜庆、热烈、欢乐、祥和的节日氛围的同时，彰显主流文化魅力，传递温暖与幸福，充分体现了北京电视台“首善媒体，大美品质”的战略目标。

1月16日，“新春走基层”——BTV新闻频道春节“温暖新发现”记者行动正式启动。《北京您早》、《晚间新闻报道》、《北京新闻》相继开辟“新春走基层——BTV温暖新发现记者行动”专栏，以“走基层、转作风、改文风”活动为载体，以践行“北京精神”的人物故事为线索，在展现喜庆节日氛围的同时，展示首都各行各业工作者的良好精神风貌以及首都经济社会发展的成就。

文艺节目践行群众路线，喜庆之余体现平民视点。《2012北京电视台春节联欢晚会》强化平民视点，以“平凡人给我最多感动”为情感基准，立足国际视点，增强平民节目特点，体现“走基层、转作风、改文风”给春晚带来的全新活力；《荧屏内外齐贺岁 欢歌笑语幸福年》，组织主持人除夕走基层，通过“主持人与明星拜年”和“经典作品回顾”，为京城百姓的年夜饭增添一道欢乐、温馨的荧屏大餐；“我在北京过年”春节系列特别节目，关注在京过年的外地人群；文艺节目中心《我爱我家》、《光荣绽放》、《影视风云》、《星夜故事》等6档节目围绕“我在北京过大年”，以访谈、综艺等节目形式，为在北京过年的外地人全方位、多角度地介绍北京过年的风俗习惯；并邀请明星与观众欢聚一堂，一同分享团圆、喜庆的气氛，感受春节特有的节日魅力；《龙年星贺岁，北京一家亲》走进北京普通人家，依托北京春节民俗，以京味儿文化为基调，融合传统习俗与多元化的综艺形式，幽默生动地展现北京人的生活智慧和美好情感，弘扬北京精神和传统文化。

日常栏目策划推出特别节目，服务基层

百姓。北京卫视频道推出《新春身边行》，展示市民良好精神风貌，回顾他们的先进事迹和感人故事，用真情实感打动观众；科教频道《魅力科学》新春走基层，联合中国科技馆制作特别节目，采用挑战赛的形式，使观众在观看比赛的同时，参与现场互动，了解科学知识；财经频道《首都经济报道》推出8集系列节目《走转改，区县行》，记者深入到朝阳、崇文、石景山、大兴等8个区县，进行基层体验采访，从细微之处反映各区县发生的变化；卡酷动画频道《幼乐园》、《七色光》节目主持人与北京各大幼儿园小朋友一起做游戏，欢度新春。

（北京电视台总编室）

歌华有线公司积极开展“服务质量建设年”活动

2012年，北京歌华有线电视网络股份有限公司连续第二年被纳入全市公共服务窗口行业“民主评议基层站所（窗口）”的评议单位。这一年北京歌华有线公司以开展“2012服务质量建设年”为主线，举全公司之力，全面提升服务质量，在2012年度北京市民主评议基层站所（服务窗口）评比活动中，以总分81.08分的成绩获得10个参评公共服务单位第2名，比2011年度的第7名进步显著。

一、制订计划，明确职责，全面部署

2012年3月，接到市纠风办下发的《2012年北京市民主评议基层站所（服务窗口）工作实施方案》后，公司上下高度重视、迅速部署，召开了“服务质量建设年暨2012年度纠风工作启动会”，将2012年定为“公司服务质量建设年”，成立了由董事长、总经理担任组长的专项工作领导小组，制定了公司民主评议基层站所工作计划，将与服务质量相关的工作细化为“营业厅服务质量建设”、“客服中心及其他电子渠道质量建设”、“安装服务和运维质量建设”、“数字电视产品质量建设”、“个人宽带产品质量建设”、“集团数据产品质量建设”等六大类61小项工作，并明确了每项工作的目标、职责分工、完成时限，从而确保了全年的民主评议基层站所和服务质量提升工作有章可循、令行禁止。

二、以服务质量建设为核心，全面落实民主评议基层站所各项工作

一是加强营业厅服务质量建设。公司制定了《营业厅服务管理体系（V3.0）》，实现了城区及远郊旗舰营业厅的统一服务标准、统一服务规范、统一服务考评；全面引入暗访机制，加大暗访力度和范围，实现了对城区及远郊31个区域旗舰营业厅服务质量的暗访监督，全年按营业厅实施暗访208次；聘请了16名公司行风监督员，以分区负责的方式实现了对所有营业厅的服务监督；形成了以暗访为核心、年度现场考评、网上业务考试、责任投诉、公司行风监督员考评等五部分组成的完善的营业厅服务质量考评体系，做到了对营业厅服务质量问题的及时发现、及时反馈、及时整改；组织了“2012年度营业厅服务明星评选”活动，起到了激励一线员工积极性、提升整体服务形象、促进服务品牌有效传播的效果。在营业厅硬件建设方面，完成了7个营业厅的装修改造，为部分远郊区域旗舰营业厅新添置排号机、评价器、电子显示屏等硬件设备，个别营业厅还增加了3D电视、iPad等体验设备。针对部分中

老年用户到营业厅不便的情况，公司开展了“送服务进社区”的活动，全年共进驻600个社区，投入2116人次。

二是加强客服中心及电子渠道质量建设。为了保障整体服务质量，提高用户报修电话接通率，公司建立了客服怀柔分部，并通过加强管理、动态排班、开展“提高服务水平，保热线畅通”岗位技能竞赛活动等方式，努力实现96196热线畅通。公司客服每天对投诉类诉求实行100%回访，跟踪督办久办不结、超服务时限类诉求，消除了产生久办不结的隐患。在客服系统建设方面，实现了通过短信、互动式语音补授权功能，增加了短信通知功能，将用户咨询问题的答案以短信的形式发送到用户手机上，提高了受理效率；在电视营业厅建设方面，实现了“交通罚款功能”、“宽带业务续费功能”和“业务账户支付渠道”，方便了用户缴费；在网上营业厅建设方面，实现了数字电视、宽带、VOD等全业务网上自助服务。

三是加强安装服务和运行维护质量建设。公司加强维护工作流程制度建设，制定了《城区分配网络全业务维护管理模式实施细则》、《分配网络运维服务考核管理办法》、《个人宽带数据业务/高清交互通道维护流程》等制度。推动主动维护工作，全年主动维护派单11582条，降低了网络故障率，提升了用户服务。招标采购8000端高清交互系统反向噪声监控设备，覆盖了城区及部分远郊共32个机房，总计完成10200节点的监控系统，提高了双向网络日常故障处理的效率。组织专业维护知识培训1166人次，全面提高一线维护人员的业务技能，推进全网全业务的“一站式”运维服务。组织开展了以“投诉零容忍，百日控久办”为主题的全业务维护百日服务竞赛活动及维护技能大比武活动，切实提高一线维护员工的服务意识和服务水平。为提升高清交互机顶盒安装服务水平，2012年共入户抽查3896户，安装质量检查入户不合格率相比2011年下降1.5%。

四是加强数字电视、个人宽带等产品质量建设。在数字电视产品方面，完成了全部九款高清交互机顶盒（约310万）性能升级，解决机顶盒死机、黑屏等软件问题；缩短开机、切台时间，提高了主页按键响应速度；继续丰富高清交互平台内容服务，新上线了北广高清节目包以及“新闻纵览”、“综艺荟萃”等歌华自主品牌栏目。在高清交互界面的改进方面，结合不同应用栏目特点进行模板化定制，统一规范了技术标准，不断优化和改进栏目界面，使高清交互各栏目界面更加友好、易用和方便。在个人宽带产品方面，公司在宽带出口采购成本较高的情况下完成了带宽免费升级工作，惠及13.8万宽带用户，受到用户的广泛好评。在CM终端质量建设方面，解决了4款博通7019芯片机顶盒CM终端稳定性问题并使其具备实现内置Wi-Fi无线上网功能。

三、积极接受督导和评议

2012年3月份，接到北京市纠风办反馈的2011年度服务质量方面的285条意见后，公司立即召开服务工作专题会，诊断问题点、提出整改措施并明确责任单位、工作时限，积极进行整改。截至2012年6月底，问题基本得到解决，整改率达到92%（未解决的问题大多是用户对公司的相关政策规定不理解或客观条件不具备）。

为全面落实民主评议基层站所工作要求，公司与市纠风办及督导组积极沟通，围绕纠风工作组织开展了各项活动，如组织召开“2012年度民主评议基层站所工作座谈会”，邀请北京市纠风办及督导组人员到公司指导工作，同时还召开了2012年度基层站所民主评议大会。2012年，公司共邀请市纠风办及督导组领导组织开展了公司级别的纠风活动8次，分公司级别的纠风活动30余次，向北京市纠风办报送纠风工作简报24期，使市纠风办、督导组对公司服务质量工作有了深入的了解，也促进了公司基层站所（服务窗口）和服务质量建设工作。

（北京歌华有线电视网络股份有限公司）

延庆县广电中心在抗雪灾中践行“走转改”

2012年11月初，北京突降大雪。延庆县遭遇自1959年以来最大暴雪，导致交通中断、树木倒伏、高压供电线路出现故障，部分地区供电中断，全县经济和人民群众生产、生活受到严重影响。延庆县广电中心发挥地方主流媒体优势，立即启动应急预案，打破科室及栏目界限，统一调配人员、设备，组织记者第一时间奔赴抗灾一线，采访、报道抗击雪灾情况，在抗击雪灾中践行“走转改”，为快速恢复生产、生活助力。

新闻“特种兵”冲在抗灾第一线。11月4日清晨，居住在县城的采编播人员，踏着积雪汇集到广电中心，领命奔赴抗雪救灾一线；家住县城外的记者也从四面八方往单位赶。家住延庆镇老白庙村的王磊，天刚蒙蒙亮就深一脚浅一脚地出发了。路面滑、光线不好，脚一滑，栽进了排水沟。在冰天雪地里，挣扎了两小时终于赶到单位，接到任务立即外出采访。王振兴被大雪困在了康庄，连搭车带步行，几小时后赶到单位，立即和实习生张延飞一起为北京新闻广播记者提供设备技术支持。整整忙了一夜，第二天接着外出采访。同事劝他歇会儿，他眨了眨疲乏的眼睛笑道：“我怕一歇就起不来了。”黑龙江姑娘满桐轩去采访武警官兵时，采访车实在走不了，她只能下车步行。走在膝盖深的雪里，鞋湿透了，脚也冻僵了，大风吹得睁不开眼，几次差点摔倒。忍着饥饿与寒冷，她成功地完成了采访任务。初为人母的女记者王爱华，将紧紧抱着自己哭喊妈妈的孩子一把推给了婆婆，自己抹掉眼泪奔赴灾情一线。有的编辑利用工作间隙自觉地补充到采访队伍里……他们中有的是“70后”，大多为“80后”，大灾面前，他们冲锋陷阵，年轻的肩膀扛起媒体的责任与担当。

哪里最艰难，哪里就有记者的身影。11月3日的暴雪，导致京新、京藏高速公路交通中断，滞留大量车辆，滞留司乘人员约3000余人。对滞留人员如何营救、安全转移与妥善安置，是各界都关注的事件之一。对此，延庆广电记者全程跟踪，按照时间节点，及时报道滞留人员转移进展情况。当日晚8点县委、县政府主要领导带着药品、保暖用品、食品和热水亲临现场，连夜组织调用S2线输运，将滞留的1444人妥善安置在县城7家宾馆，次日9点，滞留人员乘坐大巴安全返城，全程报道真实、感人，充分展现了县委、县政府以人为本、应对突发事件的能力，呈现了“北京速度”，展现了“北京精神”。

暴雪造成部分城乡供电、供暖、供水中断。记者与维修人员一起赶赴抢修现场，向观众展现职能部门的积极作为。在《供电抢修不眠夜》的现场报道中，记者选取了24小时接待室、供电应急中心和事故抢修现场。报道生动地展现了抢修面临的重重困难，以及供电人员不畏困难积极抢修的状态。积雪太厚，作业车辆不能到位，只能先清理道路再进行抢修，清理了1个多小时，路开了，但电杆湿滑，作业人员攀爬艰难，上杆作业不容易。大树倾倒压在事故线路上，人工牵拉树枝也很难，但供电职工克服困难，有条不紊地抢修供电设备。在海拔1080米的桨棚山转播站，在最后通路、通电的边远山区，在被困旅游人员的解救现场，出镜记者将现场的情况，真实地传递给电视机前的广大观众。记者在用户和服务部门之间搭建了一座沟通的桥，将社会舆论引向相互理解、相互支持的层面上来。

被大雪阻断的路什么时候通，是大家最关心的。肖克、陈立强等记者与公路局扫雪铲冰一线人员吃住在一起。路开到哪里，他们就跟踪采访到哪里。为了拍摄机械铲雪画面，在临近大腿深的雪地里前行，拍一个镜头擦一下机器，手脚冻得没了知觉。

总编室主任段学锋与年轻记者申冰堂、付昂，跟随供电查线员，攀着山路奔赴深山区采访。由于积雪太厚，分不清道路，一不留神，他们都掉进了沟里。下山时，小申一不小心又摔了一跤，他右手下意识地把摄像机高高举起。带着伤痛，他出色地完成了一个又一个采访任务，多篇报道被中央电视台播出，让外界了解到延庆人民在生产、生活自救中的精神面貌。

及时发布信息，主导社会舆论。雪灾涉及民生，若报道不及时、不充分、不准确，极易引起群众恐慌，还有可能出现负面社会舆论。为此，延庆广电媒体全力出击，主导社会舆论。采取记者现场报道、广播播报、电视字幕滚动、电视专题报道等手段，及时发布雪情和抗灾信息，满足公众的知情权，尤其把权威信息快速传递给百姓，让群众在第一时间了解县委、县政府的应对措施，增强全县人民的信心，为夺取抗雪救灾最后胜利起到了无可替代的作用。

11月5日上午，副市长夏占义带领市相关部门到延庆视察，现场指导抗雪救灾工作；市各相关部门和兄弟区县，分别以不同方式，给予延庆大力支持和帮助。延庆广电媒体对此逐一作了报道，全面反映党和政府的关怀及社会各界的援助。大型电视专题报道《风雪同行，温暖妫川》，真实报道了在市委市政府的正确指导下，在县委县政府的有力指挥下，全县军民同心协力抗击暴雪，互助自救，恢复生产、生活的进展情况，让百姓有了主心骨。

冰雪灾害，报道有温度。 暴雪封堵了道路，偏远山区的村民家里米菜粮油备得充足吗？老旧房屋有没有倒塌的危险？大雪压塌了很多设施大棚，家里的经济损失严重吗？部分地区出现了供水、供电故障，人们是怎么度过这几个夜晚的？交通、供水、供电又何时能恢复正常？这是媒体人的一份牵挂。3名记者第一时间赶赴到离县城最远的茨顶村。“老人家没水、没电、路不通的日子不好过吧？”一句贴心的问候，打开了昝德稳大爷的话匣子，他真情地说：“路不通、黑点儿不怕，水停了还有雪。这么大的天灾，没有一户人家挨饿、受冻，党和政府给我们送来了米和面，要是旧社会不一定要饿死多少人啊！”

大雪无情人有情。在采访报道过程中，时刻关注着残疾群体。刘斌堡乡上虎叫村是这次降雪量最大的村，村里有两位八旬的聋哑五保户。记者用镜头依次展现了这样的场景：全村房屋顶上都堆着厚厚的积雪，而山坡上两位老人的房顶上却没有积雪，村支书带领村里的党员为老人清除了积雪；专门负责两位老人饮食起居的韩凤英拄着拐杖，按时上山送饭；屋外冰天雪地，屋里老人吃着热腾腾的饭菜，这样一组镜头打动了很多观众的心。

拓展媒体援助功能，解决群众燃眉之急。此次暴雪，全县有1061栋温室、2874栋钢架大棚倒塌，种植户、养殖户、工商业户损失惨重。相对来说，农民群体更需要关注与支援。如延庆镇广积屯村的彩椒大棚倒塌后，村民积极实施自救，保持彩椒的新鲜，防止被冻，但由于道路不通，销售渠道受阻，菜农面临巨大的经济损失。了解此情后，记者全力报道、多方联系，呼吁县内各机关食堂纷纷购买“爱心菜”，并通过县外媒体，向全社会呼吁。朝阳区农委、市青联等社会各界闻讯纷纷伸出援手，3天之内，20多万斤彩椒销售一空。

（延庆县广播电视中心　张树清）

“和美北京人　广播过大年”
——北京电台2012春节大联欢精彩上演

2012年1月21日，农历腊月廿八，13点至18点，一台长达5个小时的全新视听“春晚”——“和美北京人，广播过大年”2012北京电台春节大联欢在北京电台九个专业广播和北京广播网、新浪网同步音视频直播。春节大联欢以京城十个“和美”家庭为主线贯穿全场，通过不同民间小家庭以及社会大家庭的互动访谈，充分展现了首都北京和谐幸福的民生画卷；期间还穿插有演艺明星和民间才艺高手表演的歌曲、相声、小品、舞台剧、戏曲等精彩节目，为北京市民奉上了迎接农历龙年的一道文化大餐。

作为北京电台春节期间打造的重磅节目，这次春节大联欢拓宽历年“文艺”过年、“娱乐”过年的创作思路，立足地方媒体本职，深度结合首都新闻战线“走基层、转作风、改文风”主题教育活动，加大了对“爱国、创新、包容、厚德”的北京精神和自身城市民生现状、普通市民日常生活的关注与关照，形成“文娱+民生”的具有广播媒体鲜明特色的春节大联欢。

北京电台九个专业广播和北京广播网从12月初就展开了以“寻找和美北京人”为主题的大型新闻行动，采取征集、走访、探寻等多种方式，深入挖掘体现“和美幸福”的普通市民家庭。2011年12月20日至2012年1月9日，共计58个和美家庭故事在北京电台九个专业广播及北京广播网播出，最终，大联欢导演组参考听众和网友的反馈意见，从中精挑细选了10个有代表性的家庭登上春节大联欢的舞台。其中既有“和谐小家庭”，如“神八家庭”、“一家三代首钢人”、“法国小伙朱利安的幸福生活”、“母子的艺术情缘”、“盲人陈燕一家的幸福生活”、“绿色出行小夫妻的低碳理想”；也有“和谐大家庭”，如“国安球迷一家亲”、“快乐的老爷车乐队”、“关爱学校是我家”、“北漂文艺青年的小剧场大梦想”等。在大联欢现场，北京电台主持人与这十个家庭倾情互动，帮助每个家庭实现了一个新年愿望，让听众和网友们一同陪伴他们度过难忘的龙年春节。

这台5个小时的春节“广播大餐”在十个和美家庭串联的基础上，共穿插设计各类文艺节目30余个，参演演员达到近两百人。为突出广播特性，利于声音呈现，节目类型主要集中在歌曲、相声、小品、戏曲方面，大部分节目来自民间的才艺高手。从2011年11月开始，北京电台面向社会征集精品节目，通过系列大型海选活动，细说新北京发展变迁的双人快板《北京人》、“周杰伦”超级模仿秀、“馒头大姐”付江南的戏曲串烧、糖蒜网络广播中文老歌金曲盘点灌口、一水儿由“304050后”老小伙儿们组成的“老爷车”乐队带来的热情奔放的吉他演奏等民间节目脱颖而出，登上大联欢的舞台。除此以外，著名相声演员应宁、王玥波、高小攀、尤宪超等带来的相声制造多重笑料；张蔷、牛奶咖啡、山野等众多歌手、乐队演唱了脍炙人口的歌曲；而相声演员王文林父子带来节目《淮河营》，王老爷子说RAP，儿子唱京剧，爷俩反串表演十分有看点。

北京电台21位主持人以《故乡是北京》、《北京土著》、《一个北京人在北京》等一系列京味浓郁的经典歌曲联唱形式拉开了本届春节大联欢的大幕，其后由主持人王为、李莉、林贺表演的小品《新车发布》、爱家广播经典小品《任仁好爱范美丽》等一系列展示北京电台主持人才艺的特色节目也在大联欢中陆续登场。

与往年春节特别节目安排有所不同，本次春节大联欢设置两个演播现场，由七位主持人参与主持工作。其中北京广播大厦一号演播厅是主现场，北京电台四位名嘴大鹏、雅娟、盛博、园园作为总主持人串联整场大联欢，而相声演员徐德亮以串讲人的身份，以新颖的评书形式串联引出十个和美家庭；同时交通广播直播间设立第二现场，1月21日12点，由北京电台新锐活力主播麦麦和刘甜甜开启大联欢的序幕，率先进行一小时预热直播，揭秘节目亮点，并在5小时大联欢期间与听众、网友进行短信、微博互动，当天抽出的幸运听众获得北京电台送出的完美世界网游超值大礼包。

（北京人民广播电台总编室）

《2012新年环球大直播》亮点突出

在2012年到来之际，北京电视台精心打造的《2012新年环球大直播》，以全球化的视角、独辟蹊径的创意和丰富的人文情怀，给观众奉上一道视听盛宴。这期节目有以下两个亮点：

一、全景式直播报道，体现全球视野

该节目持续直播12小时，是2012年所有跨年节目中持续时间最长的。节目关注全球各国的迎新时刻，展现世界各地人民对新年美好的祝福和憧憬。例如，观众们通过荧屏即时目睹了悉尼港新年焰火、东京塔倒计时、开普敦新年狂欢节、维也纳新年音乐会、伦敦新年大游行、纽约时报广场迎新倒计时等世界著名的迎新活动。同时，这些盛大活动的一些幕后故事也被一一揭秘，使观众如临其境。尤其是摄制组跟踪拍摄的奥地利维也纳爱乐乐团和维也纳童声合唱团的联袂演出，让广大观众大饱耳福。

不仅如此，一些带有典型地域特色的时尚盛典也在节目中被即时传送，如日本NHK红白歌会、奥地利新年马术盛装表演、苏格兰火节、南非小姐选美等，节目还专门探访了伦敦西区剧院和纽约百老汇，把一票难求的新年剧目呈现到了中国观众眼前。此间，荧屏上展现出的澳洲新年龙虾大餐、日本传统新年年糕、奥地利家庭新年大餐、南非葡萄园的浪漫美酒，以及世界四大时装周的最新发布、纽约第五大道的时尚购物、“非洲之傲”列车的新年之旅、伦敦的新年溜冰派对等，都使观众足不出户就过上了一个环球新年。

二、荟萃中西艺术，彰显中国的世界影响力

这台节目着力表达了中国与世界的融合。如在非洲津巴布韦和尼日利亚的两个中国医疗队送上的新年祝福，全英中国留学生会的新年汇演等，都让中国观众感受到了一种广阔的世界情怀。瑞典著名摇滚钢琴家罗伯特·威尔斯、加拿大八彩虹乐团、瑞士著名魔术师皮特·马韦等国际艺术家也通过这台节目，展现了他们专门为中国观众奉献的精彩演出。伦敦奥组委主席塞巴斯蒂安·科、世界著名音乐剧作曲大师韦伯以及日本影星中野良子等，都接受了节目的独家专访，向中国观众祝贺新年。节目还特意为生活在海外的中国华南虎和大熊猫专门拍摄了大量珍贵镜头。

此外，北京的迎新年活动也是这台跨年节目的精彩之处。在跨年的那一刻，北京天坛的3D灯光秀、世纪坛激光秀以及三场多米诺接力迎新活动成为了亮点。这次直播节目还在中国国际电视网络台同步播出，并通过61种语言广播、38种外文报纸以及互联网电视、视频网站、手机视频等进行了多渠道传播，不仅促进了中西文化交流，也彰显出当今中国的世界影响力。

（北京电视台青少年节目中心、海外节目中心）

第五届“听众喜爱的名牌栏目”大型评选朝阳公园宣传日活动举办

5月19日，北京电台93个参评栏目组采编播人员齐聚朝阳公园，通过才艺展示、有奖问答、发放选票和宣传品等多种形式，与广大听众、现场的朋友进行一场精彩纷呈的大型互动交流活动，宣传北京电台的节目，邀请各界朋友参加本届名牌栏目评选活动。这是北京电台举办的第五届“听众喜爱的名牌栏目”评选落地推介宣传活动中规模最大的一次，除93个参评栏目外，9个专业广播、北京广播网、悦龙数字广播、北京交广传媒有限公司、《音乐周刊》及《新广播》报也全线出动，和听众面对面交流。总编辑席伟航、副总编亢亚志亲临现场，各专业广播台长、副台长、台长助理和北京广播网领导，带领公关策划人员和各栏目主持人来到朝阳公园活动现场，和听众面对面交流，耐心回答问题，帮助听众填写选票。

本次活动从9:00至17:00，现场共发放选票及宣传报纸共计3.5万余张，数量较上届活动相比有明显增加。当天早上7：30左右，策划中心的工作人员还在忙着布置展台，不少听众就已经赶到朝阳公园，生怕错过这一年一度和电台采编播人员直接交流的机会。有不少热心听众全程参与互动一直到活动结束，有人还帮助工作人员一起摆椅子。他们之中，既有七八十岁的耄耋老人，也有刚开始识字的小学生；有坐着轮椅的残疾人，也有来自通州、大兴、昌平等郊区县的听众，有的中午还要赶回去给儿孙做饭或者接孩子。他们对电台各个专业广播的节目、主持人都如数家珍，风尘仆仆赶到现场除了为自己心仪的节目投下一票表示鼓励和支持之外，还带来不少意见、建议。值得一提的是有一位18岁的小伙子，从5岁开始就收听交通广播的节目，一直坚持了13年，称得上是绝对的忠实听众。

这次宣传日活动现场布置更加人性化，细节考虑更加周到。从场地设施来看，往届的展位均是利用桁架来搭建，这次则是采用轻便的白色篷房，材料更环保，外观时尚具有视觉冲击力，安全系数更高。另外，与往届最大不同之处就是在场地中央特为现场观众搭建了一个长10米宽12米的遮阳帐篷，安排了足够的座椅，为观众提供了周到的服务，使听众免受烈日暴晒之苦。

文艺广播、外语广播和数字广播公司还邀请了部分专业的乐队及歌手，部分主持人亲自上阵，载歌载舞，表演了歌舞、小品，现场气氛热烈，高潮不断，使平时习惯饱耳福的听众有了大饱眼福的机会。来自新疆的年轻听众马阳首次现场演唱了特为文艺广播《空中笑林》开播16年创作的主题曲《空中笑林乐去吧您》，令主持人雅娟十分感动。雅娟说：“这首最新的主题曲是在推广活动头一天晚上创作出炉的，歌词饱含深情地记录了《空中笑林》16年的成长，是节目风格的另一种展现，歌曲相声范儿十足，充满时尚的音乐元素，更符合当下年轻人的需求，使人一听就能感受到节目的特色。”

数字广播公司邀请的西游乐队也是非常吸引眼球的亮点之处，该乐队的特点就是传承了老北京的传统文化，把京腔京韵的民俗文化融汇到歌曲中，同时与时尚的数字广播听立方巧妙结合，用朗朗上口的旋律传递给听众，得到了听众的认可和喜爱。

在第五届“听众喜爱的名牌栏目”宣传推广活动上，刚刚印制成册的2012年《听评月宣传手册》专刊在总编室展区发放，受到了听众的广泛欢迎。这是总编室听众服务中心连续第四年修订后推出的。这本手册记录了“听评月”的活动历程、“听评月”优秀评议稿件、参与方式等，为准备参加“听评月”活动的热心听众撰写听评意见提供了很好的帮助和参考。听众服务中心工作人员全天现场发放《听评月》专刊，并为听众答疑解惑，同时为2012年6月开展的“听评月”活动进行宣传。

（北京人民广播电台总编室）

交通广播推出重阳节“敬老爱老”系列报道

2012年10月23日是九九重阳节，也是中国传统的“敬老节”。北京电台交通广播把推动记者深入“走转改”和倡导“交通社会敬老爱老”结合起来，创新报道模式，在早间收听率最高的《交通新闻热线》、《今日交通》和《一路畅通》节目中，联合推出为期一周的“银发一族的出行之路”特别节目，深入调查城市交通领域的诸多细节，贴心关注老年人的出行变化。

一、创新模式，打造精品

10月22日至26日，《交通新闻热线》节目集中播出五期体验式热线调查，选题分别是“出门打车：满头白发站路边，几人愿给优先权？”、“公共交通：上车让座较普遍，上下楼梯太困难”、“徒步出行：交通环境风险多，设施仍需人性化”、“休闲生活：场所有限项目单一，老有所乐究竟该怎样乐”、“外出旅游：组团普遍年轻化，腿脚不便服务差”。这组报道从观察体验老年出行细节入手，肯定了这些年交通领域建设无障碍设施、服务老年出行的成绩，同时也客观地提出了问题和不足。参与报道的各位记者不但要体验并采制热线节目，还要参与当天早间版的《一路畅通》话题讨论，播出后在听众当中引起良好的反响，不少听众打来电话或者通过短信和节目互动，表达了今后要敬老爱老护老，尽可能为老年人提供方便的想法。

10月27日、28日的《今日交通》栏目中，分别播出记者肖若昕采制的《“无所谓养生，只喜欢自在”——记年近八旬的环塔拉力赛女摄影师王淑琴》、记者张琪悦采制的《夕阳辉映东直门——记十年如一日坚守义务指路点的老人们》。这两个专题重点突出老人“老有所乐、老有所为”的精神风貌。

二、多点互动，深入讨论

记者、主持人、听众相互配合，多角度、多层次、多方面探讨节目主题。多位记者从不同方面亲自体验老年人的生活，像张琪悦关注的“老年人打车难”、郑婉乔关注的“老年人乘坐公交地铁”、王琛琛关注的“老年人步行环境”、朱艳婷关注的“老年人的休闲娱乐”、肖若昕采访的“银发一族的旅游生活”，等等，结合记者的调查采访，当天的《一路畅通》节目设置相关话题，记者走进交管局直播间参与话题讨论，和主持人一起完成节目，听众同时参与到节目中来，表达自己的真实想法和观点。

听众朋友积极参与。10月22日上午“关注老年人打车”的节目中，尾号1221的听众说“我认为老人打车难，政府应该出台政策以及打车优惠政策。像公交车只要有老年证，老年证里面有智能卡，持证人员可以享受优惠政策”；10月24日上午“关注老人步行出行”的节目中，尾号0200 的听众说“我觉得在路上不光老人小孩，遇到前面有行人，鸣笛提示时不要长按，轻轻的按一下起到提示作用就可以了，这也是对别人的尊重和礼貌”；10月24日上午“说说老年人的休闲娱乐生活”的节目中，尾号5627 的听众说“我家老人退休后比上班还忙，每周和驴友爬山，有时候还去KTV ，去公园拍片可滋了”……听众从自己的角度表达观点，在节目中可以借鉴，更好地服务于节目，使主持人、记者对于话题的讨论更加深入、更加全面。

三、多点配合，深化主题

《一路畅通》“我爱北京”栏目也从不同的点选取不同的人物配合重阳节“敬老爱老”的主题，10月22日上午“的士司机刘红四年如一日接送老人透析”的故事，10月24日上午播出“协管员张庆新帮助老人过马路”的故事，10月25日上午讲述了三个老年人不同的休闲生活，有“踢毽子的高绍武”、“抖空竹的吴铁生”、“秧歌队的王秀芳”。正是这样多点、多角度、多层次的配合，让节目更加真实、形象、生动，深化了节目主题。

（北京人民广播电台交通广播）

诵读经典　声动清明

——北京打工子弟学生2012北京大学清明咏诵会‘声”动上演

“好雨知时节，当春乃发生。随风潜入夜，润物细无声……”轻柔稚嫩、抑扬顿挫的童声和热烈的掌声从北京大学百年大讲堂传出，4月1日，“缅怀先贤　燕园立志”——北京打工子弟学生2012北京大学清明咏诵会在这里上演。席伟航、亢亚志、陈晓海等台领导参加清明咏诵会。

百年北大春意盎然，未名湖畔花草芬芳。咏诵会前，参加咏诵会的孩子们在北大学生志愿者和北京电台主持人的带领下举行了“清明怀古，燕园踏青”活动。李大钊纪念碑、静园草坪、钟亭、博雅塔、图书馆、理科楼群……孩子们参观游览北大校园，感受北大浓郁的人文气息和深厚的历史氛围。北京新闻广播、交通广播、文艺广播通过记者电话连线的方式对此做了现场报道。

下午3点，“缅怀先贤　燕园立志”——北京打工子弟学生2012北京大学清明咏诵会拉开帷幕。咏诵会由北京电台、北京大学团委共同策划，110多名打工子弟学校的学生登上北京大学百年大讲堂的舞台，朗诵和演唱了经典名篇。这些参加演出的孩子们来自昌平雨竹学校、海淀振兴学校、通州七彩学校、大兴行知新公民学校、延庆庆源学校、石景山台京学校、房山京蓼学校、朝阳半壁店小学、顺义光爱学校9所为来京务工人员子女及流浪儿童提供上学机会的学校。这9所学校的部分学生以及学生家长、北大学生和老师、北京电台主持人、爱心捐助企业和个人代表等300多人观看了演出。

咏诵会上还举行了爱心捐赠仪式。此前，北京电台发起了咏诵会现场“爱心座位认领热线”活动，致力于帮扶打工子弟学校的个人和团体，都可以通过捐款或捐物的形式报名认领“爱心观众席”。这一活动得到社会各界积极响应和参与，中国少年儿童出版总社为这些学校捐赠了1万本适合小学生阅读的课外读物，中国狮子联会派出了10名专业人员组成的摄像团队，为所有参加演出的孩子留下精彩的瞬间，并现场洗印照片送给孩子们。

北京新闻广播、北京广播网全程现场直播了这次清明咏诵会，故事广播清明节当天重播了咏诵会实况。

（北京人民广播电台总编室）

动画节目中心精心策划“童乐六一”欢乐季

2012年“六一”期，北京电视台动画节目中心精心策划，重磅打造了“童乐六一”欢乐季，为少儿观众献上100小时超大体量、精彩纷呈的《童乐六一——我们一起成长》大型特别系列节目，同时推出弘扬“北京精神”的儿童舞台剧《想飞的孩子》，为孩子们的节日奉上精彩的视听盛宴。

一、100小时互动大联欢：同庆同乐同成长

5月30日到6月3日，BTV卡酷少儿卫视倾力推出《童乐六一——我们一起成长》大型特别系列节目，总时长100小时，以“同庆、同乐、同成长”为理念，以六大特别动画剧场和五大黄金档特别节目为立体架构，以系列主题频道包装为节日荧屏装扮，为孩子们营造一场兼具公益性、趣味性和知识性，并且立足北京、辐射全国的互动大联欢。

“童乐六一”系列包含《爆笑剧场》、《魔幻剧场》、《励志剧场》、《梦想剧场》、《欢乐剧场》和《中国创造》六大剧场，覆盖全天早、中、晚各时段，联袂献映《喜羊羊与灰太狼之给快乐加油》、《猪猪侠勇闯未来之城》等近10部制作精良、积极向上的优秀国产动画片。

5月30日起，BTV卡酷少儿卫视将连续5天每晚19：30——21：00推出90分钟特别节目，包括经典相声欢乐爆笑内容的《童乐同乐》；为学龄前儿童定制的专属晚会《童乐同趣》；不同肤色、不同地域的孩子共度国际儿童节的《童乐同欢》；展播“喜羊羊”系列动画集锦的《童乐同笑》等。6月1日晚，隆重推出了弘扬中华传统文化的大型综艺晚会《童乐同庆》。

二、儿童剧《想飞的孩子》：BTV首演梦想起航

除了精心打造的电视节目内容，北京电视台还走出方寸荧屏，走近儿童身边，送去欢乐与梦想。6月1日至3日，由北京电视台与北京儿艺共同出品的儿童舞台剧《想飞的孩子》在BTV大剧院举行首轮公演。该剧以神舟九号发射升空为背景，讲述北京小男孩“强子”，用热情感染沉寂的村庄，努力追逐飞翔梦想的故事，内容寓教于乐，巧妙融合立志与励志、父子亲情等多种德育元素，蕴含了“爱国、创新、包容、厚德”的北京精神内涵。

北京电视台卡酷少儿频道是国内影响力最大的动画少儿媒体之一，此次与北京儿艺强强联合，推出精品舞台剧，是发挥自身优势与品牌影响力，全新开拓少儿领域合作渠道的有益尝试。

（北京电视台动画节目中心）

《选择》栏目受到国家广电总局领导高度评价

2012年，北京电视台生活频道《选择》栏目受到中宣部副部长、国家广电总局局长蔡赴朝的表扬。《选择》栏目是一档真实相亲栏目，开播三年以来，坚持公共服务理念，积极倡导健康的婚恋、家庭道德伦理观念，深受北京地区观众喜爱。在国家广电总局相关研讨会上，《选择》被推为全国相亲类节目榜样，并多次受到国家广电总局及市局阅评员的表扬。《选择》节目理念和内容呈现出如下特点：

一、坚守媒体责任，创建和谐社会

在一些媒体相亲类电视节目出现过度商业化倾向下，《选择》栏目以社会公共服务为首要任务，以单身中老年人（离异、丧偶）为主要服务对象，关注他们的情感生活，尽可能满足单身中老年人渴望感情、渴望幸福的需求。栏目始终以坚持对观众负责、坚守媒体社会责任的态度制作每一期节目，将倡导良好的社会风尚，创建社会主义和谐社会为己任，成功塑造了实用、健康的“红娘”形象，截至2012年底，参与征婚数量已超过2500人，通过《选择》成功牵手的伴侣达52对，其中有6对已经生儿育女，有了下一代。另外，节目中嘉宾评论也鲜明地坚持服务性和公益性特点，使节目成为了人生的指南、情感的家园、沟通的桥梁。

二、坚持真实理念，服务真实需求

在电视节目娱乐泛滥的大环境中，《选择》栏目独树一帜，以“真实信息、真心服务”为宗旨，坚持“真”和“实”。节目与每位嘉宾都签订真实协议，确保在场上的所有表现和资料真实可信。开播三年来节目始终坚持不与婚恋网站、婚介单位合作，所有当事人全部来自观众热线，确保对有实际需求人士的服务性最大化。在节目形态上则坚持朴实、自然、真诚的风格。

三、传递温暖真情，引领社会风尚

《选择》栏目在解决中老年群体再婚问题的同时，还努力赋予了节目多重价值承载。参与节目的嘉宾大部分是中老年人或大龄青年，人生阅历让他们倍加珍惜来之不易的情感与缘分。在这里，不玩“过家家”式的相亲游戏，不以争相秀口才和才艺博看点，没有嘉宾之间的尖锐对答和互相围攻；在这里，听到的是温暖感人的情感故事，看到的是平凡人的生活感悟，感受到的是对未来美好生活的憧憬和信念。节目在真实自然的风格、真诚友好的气氛中，引领了积极向上的生活态度、健康的婚恋家庭观和勇敢追求幸福的时代风尚。

（北京电视台生活节目中心）

“7·21”特大暴雨广播影视设施受损严重

北京市广电局圆满完成灾后恢复重建

2012年7月21日北京遭受特大暴雨袭击，对广播影视设施，尤其是有线电视网络造成了很大破坏，受灾范围覆盖城六区及远郊10个区县，其中灾害最严重的房山区，有线电视收视受影响用户达13.6万户，占全区有线电视总用户的80%。有线电视网络受损涉及十渡镇、河北乡等13个乡镇，直接财产损失达5600 余万元。灾害发生后，市广电局紧急部署，局科技处在主管领导何桂芝总工程师的带领下，积极投入到“7.21”广电设施抢险救灾和灾后恢复重建工作中去。

一、担负重任，投入救灾工作

灾害发生后，市委宣传部成立了北京市抗击“7·21”特大自然灾害宣传报道工作领导小组及工作组，市广电局局长李春良出任广播电视信号传输保障组组长，局总工程师何桂芝任副组长，局科技处牵头会同有关处室负责受灾地区广播电视信号和设施的服务保障工作。局长李春良主持召开了工作部署会议，要求及时了解基层广播电视设施受损情况，积极抢修，确保广播电视安全传输。局科技处制定了工作计划，明确了责任分工，确定专人每天按时报送信息，全力以赴做好电视信号恢复的服务保障工作。

二、深入一线，实地调查灾情

局科技处成立了四个小组，分赴受灾严重的房山、门头沟、通州、密云等区县，实地查看、了解广电设施受灾情况及灾后广播电视信号、设施保障工作。局总工程师何桂芝两次到重灾区房山实地了解、调研受灾情况。7月26日，在歌华有线房山分公司听取了有关负责人汇报有线电视设施损坏情况及抢修工作进展，实地到房山区河北镇查看有线电视远郊环网损毁及抢修工作情况，协调解决抢修工作中的问题。8月3日，再次赴房山区受灾最严重的张坊镇，了解条件最艰苦的最后300余户有线电视信号抢修情况，指导抢修工作并慰问一线施工人员。针对多处有线电视线路在恢复重建中需要在高山上架设杆路的特殊情况，要求歌华有线公司要按照有关建设标准认真制定重建方案，确保有线电视传输安全。

三、快速调配，保障收听收看

为使房山区3000多户一时未恢复有线电视信号的群众能及时听到党和政府的声音，按照局领导指示，科技处连夜联系，从广东生产厂家紧急购置4000台高灵敏度收音机。27日下午，局长李春良带队赴房山向受灾群众捐赠了收音机，让灾区群众及时了解党和政府的关怀，感受到了党和政府的温暖。

为使各区县防汛救灾新闻及时回传到北京电视台，局科技处加强全市媒资交换平台新闻回传系统的畅通保障工作，紧急召开会议部署加强维护和加强值班工作。积极协调，抓紧抢通房山区广电中心至北京电视台的回传通路。仅7月21日、22日两天，10个区县雨情、汛情应对、雨后抢修等相关新闻素材共计23条，通过媒资平台回传到北京电视台新闻中心，为“雨中进行时”等直播节目提供了大量的一线素材。

四、履职尽责，及时报送信息

按照市委宣传部的统一部署，局科技处承担每天准时向宣传部抗击“7·21”特大自然灾害宣传报道工作领导小组报送广播电视信号恢复进展情况及广播电视信号传输保障组开展工作情况。科技处人员分工合作，各尽其责，及时了解广播电视信号恢复进展情况，每天收集汇总工作信息，每日12时前按要求及时报送。

五、协调善后，组织重建

为做好广播影视的善后重建工作，根据市“7.21”特大自然灾害善后工作领导小组《关于报送救灾善后工作计划的紧急通知》要求，局科技处详细了解了歌华有线公司有线电视网络情况，各区县广电中心广播电视转播站与行政村发射站情况，村村通、村村响及直播卫星情况，区县影剧院及农村电影公益放映设施等受损情况，组织起草了北京市广播影视救灾善后重建工作计划，为尽快进行广电设施善后重建工作，恢复并进一步完善广播影视网络提供了第一手材料。

（北京市广播电影电视局科技处）

北京电台"7·21特大自然灾害"报道声势大效果好

2012年7月21日，北京遭遇61年不遇特大暴雨侵袭，这是一场惊心动魄的抢险救灾斗争，同时也是一次声势浩大的新闻宣传战役。北京电台组建了60人的报道组，确立了以新闻、城市服务管理、交通广播三个频率为主，文艺、音乐、外语、爱家、故事、体育广播及北京广播网配合宣传的总体安排，涉及《北京新闻》、《整点快报》、《新闻2012》、《资讯早八点》、《新闻天天谈》、《七点早新闻》、《问城时间》、《市民热线》、《中国财经60分》、《交通新闻》、《1039新闻早报》、《交通新闻热线》、《一路畅通》、《新闻直通车》等重点栏目20多个，内容丰富，形式多样。

据统计，7月21日至29日，北京电台共派出记者近206人次在一线采访报道"7·21"灾情，每天在一线持续蹲点的记者达到5人以上。全台共计播发稿件2236条，播出时长约155小时，其中自采稿件高达近千条，形式覆盖消息、录音报道、记者连线口播、录音特写、访谈话题、新闻专题、直播、系列报道、评论等多种体裁；新闻广播和城市广播还分别连续推出了特别直播节目。"北京暴雨，我们风雨同舟"和"关注救灾进展，风雨你我同行"；北京广播网7月24日起设置网络专题"北京不会忘记——暴雨之后说英雄"。北京电台这次抗灾报道，较好地发挥了广播在突发事件中快速及时、伴随性强的优势，为北京市抢险救灾营造了良好的舆论环境。

一、统筹部署，强力整合报道力量

精心策划，及早行动。突如其来的灾害发生后，北京电台快速反应，紧急行动，准确定位，主动筹划，及时启动了突发应急报道预案：将《一路畅通》节目提前到下午3点开播，直到凌晨12点40分左右，创纪录地连续直播11.5小时；新闻广播打破常规，推出4小时的大雨直播特别节目，随时播报政府部门的权威信息，随时传递雨情进展及灾情救助信息，利用广播传播迅速、传播面广的特点，及时传递了党和政府与人民心连心、人与人互相关心的大量信息，传播了社会正能量。

新闻广播在20日晚间的会商时，对21日将出现的大暴雨进行提前的预计和安排。《整点快报》开辟专栏"今日聚焦"，专门报道有关大雨的汛情。采访部、特别报道部派出十几路记者分别赶往市防汛办、应急办、气象台、机场等部门进行采访报道。《新闻2012》在两个小时的直播中不断插播有关雨情的提示。同时，反复多次连线气象专家介绍当天雨情的进展和未来趋势的变化，同时提醒大家尽量减少外出。在晚上7点40和8点40左右，新闻广播打破常规，在录播节目中穿插介绍最新的有关本市降雨的消息，以及记者见闻，并联系交管局警官介绍最新路况。21：30至次日凌晨1：06，新闻广播推出了近4个小时的大雨特别直播。编辑部在发稿时不断地帮助联络相关人员和信息，为直播提供支持。特别节目在4小时中分别连线了16位记者、主持人，做了近40次现场连线报道。

21日上午11点，市气象台发布暴雨蓝色预警信号，交通广播马上决定启动突发天气应急报道预案。当城区西部刚刚飘起雨滴时，交通广播记者就发出第一组连线报道，介绍最新的降雨情况，市区道路通行情况和首都机场航班起降情况，提示市民提前准备，减少出门或者不出门。中午过后，大雨逐渐由西南向东北蔓延，并逐步演变成暴雨，市气象台发布暴雨黄色预警信号。交通广播毅然决定，将《一路畅通》节目提前到下午3点开播。节目一开始，交通广播一线记者就详细介绍了暴雨对交管、防汛、民航、路面积水等各方面造成的影响。《一路畅通》特别节目继续延迟到晚上11点。《有我陪着你》节目随后接力，直至次日凌晨1点。长达11.5个小时、近70条的现场连线报道，交通广播超过20名采编播团队共同用海量的资讯，贴心的服务，温馨的陪伴，践行着“深入一线走转改，责无旁贷保交通”的诺言。

城市服务管理广播当天也对天气情况进行了即时播报。累计提示信息约160条次，连线30多个，录音报道6个。

周密安排，指挥到位。从7月24日开始，每天晚间总编辑席伟航、副总编辑陈晓海都召集新闻广播、交通广播、城市服务管理广播以及总编室负责人召开“7•21”特大自然灾害报道会商会，总结各专业广播当天的报道情况、传达宣传精神，并对翌日抗灾救灾各个侧面各个角度进行精心策划，对抗灾救灾的新闻宣传工作的导向、重点、组织、协调、纪律等方面做出明确要求。建立了报道组，由台领导和新闻广播、交通广播、城市服务管理广播三台领导及采编播人员共计60人组成，总编辑席伟航任组长，副总编辑陈晓海任副组长。

在周密有效的领导下，北京电台“7•21”重大自然灾害的后续报道及时跟进，采访有序开展，充分发挥了主流媒体正面引导的作用。

二、报道内容丰富，急群众之所急

北京电台在“7•21”特大自然灾害报道中，构建了多层次、全方位的宣传报道格局，有效实现了新闻资源的共享和报道内容的多样化、对象化。新闻广播、城市服务管理广播、交通广播的《北京新闻》、《整点快报》、《新闻2012》、《资讯早八点》、《新闻天天谈》、《七点早新闻》、《问城时间》、《市民热线》、《中国财经60分》、《交通新闻》、《1039新闻早报》、《交通新闻热线》、《一路畅通》、《新闻直通车》等重点栏目以及“北京暴雨，我们风雨同舟”、“关注救灾进展，风雨你我同行”等特别节目较为全面地涉及市政府领导活动、天气预报及解析典型人物、急救逃生知识、救灾知识、快速理赔知识、捐赠情况、中央媒体对北京救灾工作的报道等，较好地满足了听众及时了解相关资讯信息的需求。

积极报道领导干部指挥抢险救灾、党组织在灾情面前发挥的积极作用。灾害发生后，电台积极宣传深入一线，靠前指挥，组织群众，发动群众，对口帮扶，帮助群众解决实际困难的领导干部典型、党员模范人物典型。

7月22日《北京新闻》对头一天夜里的暴雨全面关注，几乎全版报道暴雨信息，播发市领导应对暴雨工作的指示、指导、视察的消息。此后，新闻广播记者郭攀跟随郭金龙在门头沟等地调研，记者郭雅婧跟随副市长陈刚去房山河北镇调查房屋受损情况，记者霍玥跟随鲁炜部长在房山“走转改”，记者左天驰跟随副市长丁向阳、记者魏尔康跟随李士祥、夏占义去房山视察灾情等，及时播发了市领导活动情况。

城市服务管理广播《七点早新闻》、《问城时间》也播发了副市长丁向阳、程红赴门头沟区调研抢险救援情况，市委书记、市长郭金龙主持召开市委市政府领导干部会议，部署“7•21”特大自然灾害救灾善后工作，市委常委、副市长陈刚来到在“7•21”特大自然灾害中受灾最严重的房山区检查人员和房屋情况等。

交通广播、文艺广播、音乐广播等频率

也第一时间对领导干部、党员干部带头抢险救灾的情况作了报道，这些报道极大地鼓舞了人心，凝聚了干劲儿。

启动“1039青年公益基金”，发起“留住爱、传递爱”帮扶行动。交通广播与共青团北京市委启动“1039青年公益基金”，发起救助活动，注入启动资金10万元，同时以北京交通广播名义捐款10万元，并号召交通广播全体员工捐款奉献爱心，首批善款将全部用于“7·21”特大暴雨自然灾害中受灾家庭的救助。

同时，由什邡人发起的北京感恩公益基金会划拨120万元设立“7·21”暴雨灾害救助专项基金，帮扶此次北京暴雨中受灾的家庭尽快恢复生活和生产，北京交通广播对此大力支持，及时、多频次发布志愿者招募信息。

倾力报道救灾中的感人事迹。城市服务管理广播7月23日特别节目《关注救灾进展，风雨你我同行》播出录音消息，展现了京港澳高速抢险、密云县大城子镇镇长李建民牺牲、燕山分局向阳路派出所所长李方洪牺牲、环卫英雄高大辉等感人故事。

7月22日新闻广播《新闻大视野》头条集中报道这场特大暴雨，时事点评第一时间播发了本台编辑撰写的评论《特大暴雨见证京城正能量》，这在所有主流媒体中创造了第一。新闻广播7月24日早8点推出特别直播节目《北京暴雨，我们风雨同舟》，陆续报道了抗洪救灾的最新情况，并重点播发房山十渡伸出援手的人们、京港澳抢险舍小家顾大家、“英雄永生”李方洪、韩红爱心行动送温暖等动人事迹。《北京新闻》播发的重点稿件有《密云县大城子镇镇长李建民因公殉职》、《大雨中的坚守》、《雨中的爱心，身心的榜样》、《京港澳高速抢险首次启用潜水员》等，突出宣传了大灾面前有大爱的奉献精神。

及时播发城市交通运行恢复情况。7月22日开始，新闻广播、城市服务管理广播、交通广播、文艺广播、音乐广播等新闻资讯节目进行了特别组稿，多角度、多层面反映了市委市政府领导下的科学预警布防以及各方应对情况及城市交通运行恢复情况。如《问城时间》在雨后第一时间连线防汛办、水务部门、机场、城管、电力等部门进行运行盘点，交通广播及时播发《北京西站停运列车恢复运行》、《京原线经全力抢修已全线开通》、《地铁房山线、9号线恢复正常运营》等相关交通信息。

京港澳高速公交全线恢复运营后，新闻广播《整点快报》、《北京新闻》，城市服务管理广播《七点早新闻》、《问城时间》，交通广播《交通新闻》、《一路畅通》文艺广播《876资讯》，音乐广播《974信息网》等节目及时做了连线、消息、录音等报道。

积极报道灾区重建及恢复再生产工作。新闻广播、城市服务管理广播、交通广播派出蹲点记者，前往房山、门头沟等重灾区，吃住山里，连续直击现场的救援安置情况，并及时发回报道。

新闻广播特别节目《北京暴雨　我们风雨同舟》、《北京新闻》、《整点快报》等节目从救援工作、灾后防疫、灾后安置、保险理赔、文物抢险、地质构造等方面着手，做好灾区重建报道工作。

城市服务管理广播特别节目“关注救灾进展，风雨你我同行”围绕“大雨后的重建”为主题，邀请市民政局副局长陈百灵、北京市红十字会副会长刘娜，以及门头沟民政局局长张翠平、红十字会蓝天救援队后方负责人访谈。《市民热线》播出“暴雨后房屋漏雨修复问题”等热线专题。

交通广播发挥频率特点，联系北京铁路局，了解列车接送滞留游客和救灾物资运输情况，还积极与北京市农委、房山区农委实时沟通信息，了解受灾村庄、周边道路、校舍情况，掌握一手资料，了解受灾群众所需，备好数千台收音机等应急物资，力争尽快实现一对一的定点资助和帮扶。

关注汛期接下来的降雨信息提示。新闻广播、城市服务管理广播、交通广播等九个频率积极做好准备，及时播发宣传部、防汛办等传递的天气预警信息，如7月25日，在上级部门发布暴雨蓝色预警信息后，北京电台各频率新闻资讯节目迅速进行了插播，新闻广播《新闻2012》播发8条连线，分别采访北京市专业气象台高级工程师郭建兴、北京市气象台的高级工程师张明瑛、密云县水务局局长高瑞安、汽车维修专家、汽车驾驶专家等人，介绍并传递晚间即将到来的大雨跟踪情况、预警级别的相关概念、交管和排水以及安监部门做了哪些准备和相关预案、雨天驾驶须知等信息。

三、报道形式多样，宣传效果显著

在报道中，北京电台记者发扬“走转改”精神，坚持深入一线挖掘，在报道角度上动脑筋、创新形式上下工夫，显著提高了宣传效果。

连线报道让广播新闻提速。此次“7·21”特大自然灾害，来自灾情一线的最新、及时报道北京电台大都通过连线报道完成的。记者通过电话连线报道能够及时播报灾区灾情和抗灾自救的情况，其中7月21日暴雨来临那天，仅新闻广播就播出60条连线，在第一时间传递暴雨信息中连线的作用得到了淋漓尽致的发挥。通过它把暴雨导致的灾情以及群众的状况最真实最快地传递给了广大路上听众，同时还增强了在家听众防灾减灾的防范意识，彰显了广播的社会服务性与人文关怀。

特别直播节目积极引导舆论。新闻广播7月24日起制作播出特别直播节目《北京暴雨，我们风雨同舟》，采用录音报道、连续采访、消息播报等方式，聚焦专门议题或事件，报道了以下丰富内容：市领导检查房山抢险救灾活动情况；水利和气象部门专家解析暴雨原因；房山采访见闻；暴雨中感人事迹；身边的榜样；市住建委公布防汛情况；抢险最新情况；捐赠情况等。

城市服务管理广播7:00—9:00、12:00—13:00、17:00—18:00等时段推出特别直播节目《关注救灾进展，风雨你我同行》，以“走转改”的形式，集中播出各区县救灾感人事迹暴雨中涌现出的好人好事以及安全常识救助知识等，全力聚焦救灾。

城市服务管理广播7月26日至27日特别直播节目访谈北京市防汛办新闻发言人刘洪伟和市气象局总工程师孙继松以及市疾控中心主任邓瑛，连线各受灾区县和前方记者，工作人员等，新闻广播并机联合直播。

系列报道让记者沉下心走下去。新闻广播《北京新闻》栏目推出特别报道《北京不会忘记——暴雨之后说英雄》，将持续关注暴雨灾害事件中涌现出的好人好事以及各区县自救互救的感人事迹，并以走转改的形式深入采访报道。播出的选题有：密云县大城子镇镇长李建民因公殉职；大雨中的坚守；雨中的爱心，身心的榜样；京港澳高速抢险首次启用潜水员。

7月26日，《北京新闻》又开专栏“灾情日记”，持续播发蹲点记者的采访手记，讲述采访过程中遇到的感人事迹。

城市服务管理广播《七点早新闻》推出“暴雨过后的思考”、“暴雨过后北京没有停下脚步”，以新的视角对“7·21”特大自然灾害进行评论式报道。

广播网等新媒体配合宣传。北京广播网7月24日起设置网络专题“北京不会忘记——暴雨之后说英雄”，整合了新闻广播、交通广播、城市服务管理广播的《北京新闻》、《整点快报》、《交通新闻》等栏目，采用音频与文字、图片相结合，满足不同层次受众的需求。24日下午嵌套推荐到千龙网站，千龙网在首页给予推荐。专题在广播网首页和专题页重点位置予以推荐。同时，广播网首页配合报道，突出服务性、贴近性和地域性。

（北京人民广播电台总编室）

北京电视台“7·21”特大暴雨灾害报道配合救灾发挥重要作用

2012年7月21日至22日，北京突降暴雨。北京电视台领导高度重视，成立了以总编辑赵多佳为组长的抗洪救灾宣传报道领导小组，多次召开统筹策划会，全面部署“7·21”特大自然灾害宣传报道工作。全台以北京卫视和新闻频道为主要报道平台，以其他各频道为信息补充，形成强大的报道合力和声势，对北京特大暴雨事件给予了全方位关注。

7月21日至8月8日，北京电视台以北京卫视、新闻频道为主要平台，文艺、科教、财经、生活、青年频道为辅助，全台共有7个频道投入到抢险救灾报道中，累计派出编辑记者1300余人次，播发相关新闻报道1200余条，推出直播特别节目9个，专题节目15个，宣传片9部，另有全天6档主要新闻栏目集中播发雨情及救灾资讯和近20个日常栏目进行联动配合报道，直播特别节目总时长24小时，日常新闻栏目中播出的相关报道总时长100小时。

一、多档大型直播特别报道，直击抗洪救灾第一线

7月21日下午15:00至22日晚，北京卫视、新闻频道连续播出了“雨中进行时”、“风雨同舟 众志成城”、“雨中尽显北京精神特别节目”等大型直播特别报道，近10小时并机直播、近19小时持续关注一场雨和一个城市的博弈，成为北京电视台历史上应对突发事件连续直播时间最长的一次。此次直播全台抽调新闻、卫视等节目中心记者及后方演播室编辑、技术保障人员近400人，在近19个小时的直播及特别节目中，来自一线的降雨信息和救灾报道等现场报道超过150条。

7月23日21:33至22:30，北京卫视和新闻频道并机直播了《房山聚焦抢险救灾最前线》特别节目。7月24日开始每晚21：33至22：30，推出由北京卫视与新闻频道并机直播的抗洪救灾专题节目《直击抗洪救灾第一线》（每期时长1小时），对抢险救灾进行集中报道，并于7月25日上午起，开始在“BTV在线”进行网络同步直播，共直播4场。

二、全天6档新闻栏目为主要平台，集中报道各项资讯

大雨期间，北京电视台以《北京新闻》、《北京您早》、《特别关注》、《都市晚高峰》、《锐观察》、《晚间新闻报道》6档新闻栏目为主要平台，集中发布、报道雨情及抗洪救灾资讯累计达1000余条，内容主要集中在：发布雨情，提供最新资讯，缓解市民焦躁情绪；报道政府处置，讲述感人事迹，展现政府出色的行动力；颂扬见义勇为、守望家园的互助精神以及抗灾工作、灾后重建、卫生防疫、自救常识、交通服务、气象服务、灾后生活服务等。

三、重点栏目推出专题节目，强化抗洪救灾专题报道

7月22日至8月8日，北京电视台《身边》、《温暖》、《锐观察》、《好人故事》、

《魅力科学》等重点品牌栏目先后推出《十里河桥 莲花桥16小时抢险全纪录》、《大雨抢险纪录》、《亲历房山救援》、《暴雨天气平安自救》、《红旗在灾区飘扬专题报道》、《暴雨中汽车自救秘籍》等抗洪救灾专题节目15个，呈现抢险实况，报道典型人物和事迹，并引导市民在危急情况下如何自救。

四、日常栏目采取联动机制，深入开展配合报道

北京卫视《身边》、《好人故事》，文艺频道《每日文娱播报》，科教频道《法治进行时》、《魅力科学》、《非常向上》、《奇妙实验室》、《健康北京》，财经频道《首都经济报道》、《理财》，生活频道《生活2012》、《生活面对面》，青年频道《北京青年》、《军情解码》、《青年榜样》、《探索》，新闻频道《温暖》、《这里是北京》等栏目也立足自身定位，对雨情、灾后重建自救等方面展开了全方位、多角度的报道。

五、全天多时段、多频道滚动播出宣传片

7月24日开始，北京电视台陆续推出由北京卫视制作的《“7·21”特大自然灾害现场版》、《“7·21”特大自然灾害记者版》、《“7·21”特大自然灾害雨中情》，科教频道制作的《急救在雨中》、《温馨提示：北京易积水路段》，总编室制作的《抗洪抢险》等宣传片共9部，在全台各频道滚动播出，累计日播出量达60余次。

六、启动相关故事、图片及视频征集活动

7月24日晚，北京电视台启动“抗洪救灾——我们在行动”故事、图片及视频征集活动，在北京卫视、新闻、文艺、青年等多个频道滚动播出征集字幕，引起网民关注，截至8月1日16时，网友通过征集页面上传图片达163张，访问量达7320次。

（北京电视台总编室）

概况

北京市广播影视概况

一、基本概况

2012年，全市拥有市级广播和电视台各1座，市级数字付费、公交移动、城市楼宇、地铁移动、手机电视、户外大屏幕电视，以及DAB、RBC数字广播等多个新媒体；拥有区县级（远郊）广播电台9座、电视台10座，近郊广播电视站4座。

全市拥有广播影视节目制作经营机构1678家，网络视听网站129家。全市广电行业从业人员3.93万人，经营创收达258.47亿元，同比增长41.2%，其中广告创收108.2亿元，同比增长41%；电影票房收入16.12亿元，同比增长19.4%。资产总额801亿元。

北京人民广播电台办有9套无线广播节目，日播出192.8小时；移动多媒体广播（DAB）播出17套广播节目和12套电视节目；北京电视台办有12套电视节目，其中4套为无线、8套为有线，日播出254.6小时；办有移动电视节目1套，日播出17小时，终端屏幕2.4万块；办有城市楼宇电视节目1套，日播出15小时，终端屏幕0.8万块；办有地铁电视节目1套，日播出18.5小时，终端屏幕2.17万块；办有数字电视付费频道11套，每个频道每日24小时循环播出；付费频道在全国落地销售区域211个，覆盖用户4787万户。广播电视有线传输网集成数字广播电视节目168套、数字广播节目16套；有线网络总长16.9万公里，其中光缆干线4.17万公里、电缆干线12.73万公里；有线电视注册用户数498.6万户，其中：高清交互数字电视用户310.85万户。京产电视剧98部3408集；京产动画片23部735集9952.5分钟；京产故事影片243部。电影院线17条，电影院135家，银幕726块，IMAX巨幕5块，座位12.84万个。全年电影放映119.87万场，观影3752.61万人次。

二、宣传工作情况

1．圆满完成年度宣传报道任务

全市广播电视播出机构坚持正确舆论导向，创新宣传理念、内容形式和方法手段，圆满完成党的十八大宣传报道工作，完成全国和北京市“两会”、市第十一次党代会、京交会、北京国际电影节、纪念毛泽东同志《在延安文艺座谈会上的讲话》发表70周年、上合组织北京峰会等一系列重大宣传报道任务，组织开展了“科学发展、成就辉煌”主题宣传，为首都工作大局营造了良好舆论氛围。

围绕党的十八大和市第十一次党代会、全国和北京市“两会”，推出了《基层看变化·喜迎十八大》等25个专栏、《党在百姓心中》等5个专题节目和《空中看北京》等2部专题片，形成了频道与频道和频率与频率协调联动、传统媒体与新媒体互动、新闻报道与大型专题、纪录片与广播影视剧展播相结合的宣传报道体系。

围绕重要节日和重大活动，全面做好宣传报道和资讯信息服务，圆满完成了世界草莓大会、首届京交会、京广高铁通车等60多场重大活动的大型新闻直播报道任务，推出了《和美北京人·广播过大年》及系列电视晚会。十一黄金周北京交通广播早晚黄金时段集中直播“‘中秋’‘国庆’两节交通特别节目”，连线北京及外地现场报道首个“重大节假日高速路免费政策”实施交通情况，动态插播京津冀晋四省市高速公路路况信息。2012年北京电视台春节联欢晚会收视率、市场份额创历年新高；“天涯共此时——卢沟晓月2012年中秋晚会”首次北京、香港、澳门、台北四地电视同步直播。

围绕抗击“7·21”暴雨、“11·4”雪灾等自然灾害，推出大型直播报道，做好信息发布、新闻报道和科学引导工作。北京电台、北京电视台及房山区、延庆县广电中心等单位及时、准确、全面、客观地报道“7·21”暴雨事态进展，确保社会和谐稳定。其中北京电台建立60人的报道组，派出记者300多人次在一线采访报道，播发稿件3800多条，播出约230小时。北京电视台推出连续17小时的大型直播报道，创突发事件连续直播时间最长纪录；7个频道累计派出编辑记者1000余人次，播发相关新闻报道1000余条。

围绕社会主义核心价值体系建设，推出《践行北京精神·传承中华美德》等专栏，制作播出《榜样——2012首都弘扬雷锋精神文艺晚会》、“雷锋精神”主题歌曲征集评选活动等5个专题节目，全年播发300多条16万余次公益广告，大力宣传普及北京精神。北京电台新闻广播等推出“2012北京榜样评选”等多个大型主题活动。北京电视台新闻频道和北京卫视分别策划推出了“续写雷锋日记”、《雷锋·身边》等大型活动。全市视听节目服务持证网站推出“弘扬中华优秀传统文化、践行北京精神”主题宣传活动,组织《身边的感动》网络视频作品征集评比。

围绕政府关注、市民关心的住房、教育、交通、收入分配等热点问题，深入开展“走转改”活动，推出了《市民对话一把手》等系列访谈节目，准确解读政策，回应社会关切，化解社会矛盾，培育良好社会心态。

2．广播影视进一步繁荣发展

内容创作生产呈现创意活跃、类型丰富、佳作不断、持续繁荣的良好态势。北京地区全年电影剧本（梗概）备案公示835部；其中：故事片75部；动画电影备案20部；电影纪录片备案9部。电视剧备案公示289部；电视动画片备案公示30部。共生产电视剧98部3408集，电影243部，动画片23部9952.5分钟。北京广播电视台举办首届创新节（栏）目奖评选活动，对20部获奖作品予以重奖。《请带我回家》、《日坛边上的大型会所，你到底从哪来？》、《北京告别91年钢铁生产历史》、《无名小镇变身国际乐谷》获中国新闻奖；广播剧《伟大的转折》,歌曲《阳光路上》、《国家》、《卢沟谣》及电影《惊沙》、《第一书记》、《杨善洲》获得第十二届精神文明建设“五个一工程”奖；《文物安全会开成了“瞌睡”会》等3个电视节目获2009—2010年度中国广播影视大奖优秀电视节目奖；《听，春天来了》等广播电视作品荣获2012中国播音主持金话筒奖；纪录片《人民大会堂》等7部电视节目获第二十六届中国电视金鹰奖。

3．开创高端国际交流合作新平台

加强与海外广播电视主流媒体的合作。北京电台外语广播频率与联合国电台等建立了合作关系，radio774、网络电台、海外合作电台三个平台联动播出。美国中文电视英语频道每天1小时向纽约观众播出北京电视台的优秀栏目；BTV国际频道在长城平台所有地方台评比中名列第一；制作反映北京风貌的英语新闻、栏目、系列短片并在CNN、美国广播公司公共电视台及其他境外媒体播出。动画片《我们小孩有力量》出口至马来西亚、文莱等地区IPTV。

拓展海外制作传播渠道。鼓励民营公司在海外设台及合作，俏佳人、海润传媒、万达集团等7家民营影视企业以收购、兼并、租赁等方式在境外开展广播影视业务。

推动产品和服务走出去。北京市广电局组织全市12家影视企业赴戛纳电视节参展，共展出电视剧31部、1010集，纪录片16部，动画电影1部，达成合作金额（含意向）约440万美元。组织18家电影企业、30部北京产影片参加美国电影市场活动。首次组织6家影视文化制作、传播单位参加班芙世界媒体节。

三、事业产业发展情况

1. 加快数字、网络、高清化进程

落实文化创新、科技创新“双轮驱动”战略，积极推动广播影视与科技融合。北京广播电视台建成新媒体直播中心，实现移动电视、地铁电视、城市电视和手机电视节目的统一收录、制作和播出；建成数字电视播出系统和鼎视数字电视节目集成平台。北京电台实施“数字音频广播无线覆盖三期项目”，在密云、怀柔、通州、房山四个郊区广播电视发射站点新建数字音频广播发射系统，投入资金1520余万元。北京电视台与十四个区县广电中心之间实现高、标清节目素材的传输、共享和交换。大兴区广电中心研发的“基于多种媒体的互动式应急采集发布平台”达到国内领先水平。

北京电台“媒体资产管理与版权保护系统”确定了音频资料编目规范及著录标准体系，开始推进技术平台的搭建和功能模块研发工作，档案管理业务系统、节目制播接口系统等模块初步完成。北京电视台启动媒资系统办公网查询检索功能，完善了3D电视节目生产流程，每天向中央电视台3D试验频道提供1小时3D节目，全年完成144小时3D节目储备，全国第一辆3D电视转播车交付使用。

高清交互工程任务超额完成。截至12月底，双向网改造452万户，全市高清交互机顶盒用户达到310.85万户，成为全国高清交互数字电视用户最多的城市，同时做好宾馆、饭店、三甲医院有线电视数字化的推进工作。

推进三网融合试点工作。中国网络电视台、北京电视台和北京联通公司签署IPTV业务三方合作协议，IPTV监管平台建设与北京IPTV集成播控平台对接，实现对北京IPTV集成播控平台的安全播出情况监测。

2. 加快公共服务体系建设

完成门头沟等6个区县和国有林场4500户直播卫星工程建设，在春节前让山区群众收看到了信号稳定、图像清晰的57套电视节目；对广播电视覆盖和用户收视情况进行了专题调研，为丰台等4个区县282个用户安装直播卫星户户通设备，实现了全市广播电视户户通。门头沟等4个区县9个乡镇155个行政村有线广播工程建设如期完成。

以推动国产影片观影为重点，积极开展惠民观影活动，全年电影公益放映21.64万场，观影人次1314.33万。组织开展“党在我心中”国产影片展映活动，组织老年福利院、打工子弟等慰问专场放映；开展“光影盛宴百部影片春节惠民”和影视界知名人士京郊“春节大拜年”活动，惠及群众近33万人；5万人次参加“六一”期间的“在希望的田野上”儿童影片低价展映活动，是北京集中放映影片最多、规模最大的一次儿童影片优惠展映活动；与市委宣传部、市教育工委联合举办“领航工程”放映活动；举办了北京大学生电影节、青少年公益电影节、民族电影节、国际体育电影周等活动。

3. 转变发展方式加速产业发展

全市广播电视节目制作持证机构发展到1678家，比上年增加26.2%，广播影视产业发展继续保持稳步增长的态势。据统计，广播影视累计创收258.47亿元，同比增长41.2%，其中，广告收入108.2亿元，同比增长41%；省级排名第一。电影票房收入16.12亿元，同比增长19.4%，继续领跑全国城市。

北京广播电视台深化经营机制改革，加强产业经营管理，优化产业结构布局，充分发挥品牌和区位优势，全年营业收入80.39亿元，企业利润总额4.95亿元，上缴税费10.25亿元，比上年增加19.2%。其中，北京电台收入达到12.63亿元，北京电视台收入达到34.16亿元，歌华有线收入达到21.47亿元。通过重组北广传媒集团，构建了台属、台管、台控的产业拓展平台和资本运营平台，规范台属企业法人治理结构，建立和完

善董监事管理机制，确保股东各项权利，歌华有线、移动电视等8家公司分红1.27亿元。

坚持重大广播影视产业项目带动战略，充分发挥节展的拉动作用。朝阳区三间房动漫产业园获批国家动画产业基地。争取中央文化产业发展专项资金3050万元、北京市文化创意产业专项资金9000余万元对北京影视项目予以支持；18家企业和7个项目被认定为2011－2012年度国家文化出口重点企业和重点项目。成功举办第二届北京国际电影节，展映经典影片260部，电影洽商成交总额达52.73亿元，创国内电影节展签约交易额之最。成功举办春、秋两季“首都电视节目推介会”，两季共展出作品795部。北京广播电视台举办2012北京国际数独大奖赛、中国数独锦标赛，首次代表中国组队参加第7届国际数独锦标赛、第21届世界谜题锦标赛。

四、行业管理情况

1．强化依法行政

北京市广电局简化行政许可流程，共受理政务事项2928件，主动公开政府信息790条；开发建设了新版政务网站，3月起正式开通“首都广电”政务微博。编制完成《北京市“十二五”时期广播影视发展规划》，编发了《北京广播电视台制度汇编》。加强互联网视听节目内容管理，重点开展视听网站自制类节目、直播类节目和影视剧的内容审查工作，下线违规影视剧1200多部150000多集（部）。共查处违规网站88家，关闭及列入黑名单管理的网站119家。加强对广播电视节目制作经营持证机构的管理，完成2011年度机构业绩审核工作，审核不合格的152家。对许可证过期的252家节目制作经营机构、146家民营卫星地面安装服务机构进行了注销。严格查处非法接收和传输境外卫星电视节目行为。

2．实现安全播出和安全监管

确保党的十八大安全播出，从细、从实、从严做好各项播出和传输工作。成立督查领导小组和督查工作组，开展“确保十八大安全播出百日竞赛”活动，实现了十八大广播电视安全播出零事故，市广电局被国家广电总局评为十八大安全播出先进集体。全年电台停播率为0.09秒/百小时、电视台停播率为0.05秒/百小时，确保了重要会议、重大活动和重要节日等保障期的广播电视安全播出传输“零事故”。加大对全市电影放映场所经营单位的安全监管力度，签订安全责任书，会同有关部门对全市影院进行安全检查，对有问题的影院责令整改；开展影院安全应急疏散演练，确保了电影放映场所安全无事故。

注：此文为《中国广播电视年鉴》、《中国新闻年鉴》特供专稿（马广胜　李剑　吴彤）

北京市广播电影电视局概况

北京市广播电影电视局是负责本市广播电影电视事业管理工作的市政府直属机构，成立于1979年9月，原名北京市广播事业局，1984年5月改为北京市广播电视局，2009年2月改称北京市广播电影电视局。

2012年，北京市广播电影电视局按照高举旗帜、围绕大局、服务人民、改革创新的要求，紧紧围绕迎接、宣传、贯彻党的十八大，深入贯彻落实科学发展观，认真执行党的路线方针政策，扎实推进广播影视各项工作，为实现首都经济社会发展、加快建设中国特色世界城市提供有力的舆论支持。

一、坚持正确舆论导向，唱响时代主旋律

1.圆满完成重大宣传任务。紧扣主题主线，唱响主旋律、打好主动仗，发挥主流媒体的作用，圆满完成迎接学习贯彻党的十八大各阶段宣传报道工作，完成全国和北京市“两会”、市第十一次党代会、京交会、北京国际电影节、纪念毛泽东同志《在延安文艺座谈会上的讲话》发表70周年、上合组织北京峰会等一系列重大宣传报道任务。组织开展“科学发展、成就辉煌”主题宣传，全面展示北京建设发展的新变化、新成就，为首都工作大局营造良好舆论氛围。

2.突发事件报道及时准确。针对重大突发事件和自然灾害，全力以赴做好信息发布、新闻报道、科学引领等工作，及时、准确、全面、客观地报道事态进展，确保社会和谐稳定。“7·21” 特大自然灾害发生后，北京电台、北京电视台及房山、延庆广电中心等单位迅速整合频道资源，各栏目整体互动，集中优势力量投入抗洪救灾宣传战役中，实现多渠道、全覆盖、立体式的宣传报道格局，为抗洪救灾做出贡献。

3.宣传创新亮点纷呈。创新宣传理念、内容形式和方法手段，把“三贴近”原则落到实处。在视听节目服务持证网站推出“弘扬中华优秀传统文化、践行北京精神”主题宣传活动，组织《身边的感动》网络视频作品征集评比。深入开展“走转改”活动，制作播出一大批群众喜闻乐见的节目；组织开展“送专家下基层”活动，近千人参加培训，提升区县节目整体制作水平；大兴区广电中心探索手机新闻直播的新模式，并联合中国记协举办“行走在路上——基层媒体践行‘走转改’论坛”。顺义、房山、平谷等区县创新农业科技科普类节目内容和形式，受到农村观众的喜爱。

二、提升保障能力，确保广播影视安全

1.高度重视，确保广播电视安全播出。把确保党的十八大安全播出作为重点，从细、从实、从严做好各项播出和传输工作。完成全市广电系统安全播出管理体系建设，全面规范安全播出管理工作。开展防范非法有线电视信号插播突发事件应急处置演练、无线转播站安全播出指挥调度应急演练。基本建成集监测监控、指挥调度、预警应急等功能于一体的广播电视安全播出保障体系，保障能力、应急能力和管理水平大幅提升。同时，开展安全播出自查、检查和督查，从系统配置、技术保障等方面查找薄弱环节。开展“确保十八大安全播出百日竞赛”活动，全市广电系统22个单位、96个集体、近1800人参加竞赛活动，实现十八大广播电视安全播出零事故，市广电局被国家广电总局评为十八大安全播出先进集体。

2.强化监管，确保电影放映场所安全无事故。落实安全监管属地职责，加大对全市电影放映场所经营单位的安全监管力度，签订安全责任书，会同有关部门对全市影院进行安全检查，对有问题的影院责令整改；开展影院安全应急疏散演练，促进影院消防、应急疏散等工作扎实开展，确保电影放映场所安全无事故。

三、加强引导扶持，精品创作再上新台阶

1.加强题材规划。以迎接党的十八大为重点，推动以弘扬社会主义核心价值观为重点的影视剧创作生产，鼓励原创、当代、体现北京精神的现实主义题材，对青少、老年、女性、农村题材及贺岁剧目予以特别支持。组织召开各种类型、题材影视剧创作座谈会，为制定相关推优扶持政策提供依据。

2.加强宣传推介。举行青少题材影视作品、优秀贺岁影片推介会，组织“北京电视剧辉煌30年”系列活动。举办“精品电视剧创作沙龙”、“优秀电视剧研讨会”、“学习贯彻党的十八大精神，推动首都影视精品创作”座谈会等，为精品创作搭建交流互动平台，促进创新创优。

3.加强内容生产。推动影视剧由数量向质量提升，呈现出创意活跃、类型丰富、佳作不断、持续繁荣的态势。全年电影剧本（梗概）备案公示835部，占全国42.7%；动画电影备案20部，占全国28.6%；电影纪录片备案9部，占全国25.7%。电视剧备案公示289部，占全国26.3%；电视动画片备案公示28部。生产电视剧98部3408集，电影243部，动画片23部9952.5分钟，一批思想性、艺术性、观赏性俱佳的剧目取得社会与经济效益双丰收，3部电视剧被中宣部和国家广电总局列为迎接党的十八大重点剧目，《杨善洲》、《惊沙》、《媳妇的美好时代》等7部作品获得第十二届全国精神文明建设“五个一工程”奖。

四、实施重点工程，着力提升公共服务水平

1.电影公益放映工程深入人心。全年放映21.64万场，观影人次1314.33万。开展“党在我心中”国产影片展映活动，组织老年福利院、打工子弟等慰问专场放映，提升电影公共服务水平。开展“光影盛宴百部影片春节惠民”和影视界知名人士京郊“春节大拜年”活动，惠及群众近33万人。“六一”期间，组织“在希望的田野上”儿童影片低价展映活动，观影人次达5万，为北京有史以来集中放映影片最多、规模最大的一次儿童影片优惠展映活动。与市委宣传部、市教育工委联合举办“领航工程”放映活动。举办北京大学生电影节、青少年公益电影节、民族电影节、国际体育电影周等活动。

2.户户通、村村响工程扎实推进。在全国率先完成门头沟区等6个区县和国有林场4500户直播卫星工程建设，赶在春节前让山区群众收看到信号稳定、图像清晰的57套电视节目。为丰台区等4个区县282个用户安装直播卫星户户通设备，实现全市广播电视户户通。门头沟区等4个区县9个乡镇155个行政村有线广播工程建设如期完成。

3.高清交互工程任务超额完成。截至年底双向网改造达到452万户，全市高清机顶盒用户达到310.85万户，为全国高清电视用户最多的城市，提升了公共文化供给和信息化服务水平。同时做好宾馆、饭店、三甲医院有线电视数字化的推进工作。

五、转变发展方式，产业发展取得新进展

1.市场管理规范有序。推动影院建设，影院布局日趋合理。推进新建影院补贴发放工作。与民生银行达成合作意向，为北京影视动画协会及所属会员提供金融服务。积极开展首都影视产业联盟、影院联盟工作，创办《首都影视快报》。建立重点企业认证机制，支持有条件的企业上市融资，有7家影视企业进入资本市场，多家影视企业进入上市审批流程。

2.重大项目扶持有力。围绕北京国际影视中心、中国（怀柔）影视基地、北京市广播电影电视监管大楼、中国北京视频产业基地等重大项目调研，推进建设。朝阳区三间房动漫产业园获批国家动画产业基地。争取中央文化产业发展专项资金3050万元、北京市文化创意产业专项资金9000余万元支持重点项目。完成2011－2012年度国家文化出口重点企业和重点项目的申报工作，18家企业和7个项目被分别认定为国家文化出口重点企业和重点项目。

3.节展活动带动效应突出。成功举办第二届北京国际电影节，上千家海内外主流媒体和重点网站予以关注。电影洽商成交总额达到52.73亿元，再创国内电影节展签约交易额之最，成为国际重要交流交易平台。成功举办春、秋两季“首都电视节目推介会”，经过五年的精心培育，成为国内最富活力的交流合作平台。

2012年，全市拥有广播电视节目制作持证机构1678家，视听节目服务持证网站129家，电影院线17条、电影院135家、银幕726块，车载移动电视2.4万块、楼宇电视8000余块、户外大屏10余块、地铁电视2.17万块，产业发展

继续保持稳步增长的态势。全年广播影视创收258.47亿元，同比增长41.21%，资产总额 801亿元。其中，民营企业创收160.67亿元，同比增长85.2%，占总创收的62.2%；广告收入108.19亿元，同比增长40.96%；电影票房收入16.12亿元，同比增长19.4%，连续6年全国城市票房排名第一。

六、坚持创新，科技发展取得新进步

1.提高科技创新能力。落实文化创新、科技创新“双轮驱动”战略，积极推动广播影视与科技融合。举办高新技术培训班，开展技术能手竞赛，跟踪新技术发展，提升科技创新能力。对科技项目进行专家鉴定，评选市广电局2012年科技创新奖，鼓励各单位积极开展技术革新、科技创新，开拓新业态，开创新服务。

2.推动数字化、网络化和新媒体发展。加强媒资共享平台系统升级改造和运行维护工作，实现北京电视台与十四个区县广电中心之间高、标清节目素材的传输、共享和交换，促进广播电视高清化、网络化进程。北京广播电视台建成新媒体直播中心，实现移动电视、地铁电视、城市电视和手机电视节目的统一收录、制作和播出；建成数字电视播出系统和鼎视数字电视节目集成平台。大兴区广电中心研发的“基于多种媒体的互动式应急采集发布平台”达到国内领先水平。

3.推进三网融合试点工作。中国网络电视台、北京电视台和北京联通公司签署IPTV业务三方合作协议，IPTV监管平台建设与集成播控平台对接，实现对北京IPTV集成播控平台的安全播出情况监测。梳理三网融合双向业务申报情况，积极协调双向进入工作。着眼丰富市民精神文化生活、带动相关企业发展、提升首都信息化水平，制定2012—2015年高清机顶盒200万户推广方案，扩大三网融合范围。

七、加快“走出去”，国际传播取得新突破

1.加强对外宣传。精办外宣节目，加强与海外广播、电视主流媒体合作，不断巩固和拓展外宣阵地，加大首都重大活动宣传报道力度。北京电台外语广播频率与联合国电台等多个国际传媒建立合作关系，radio774、网络电台、海外合作电台三个平台联动播出。北京电视台开辟美国中文电视英语频道为新外宣平台，进一步拓展国际传播渠道；制作反映北京风貌的英语新闻40条，在CNN及其他境外媒体播出；英语栏目《这里是北京》在美国联邦广播公司公共电视台播出，节目覆盖全美；反映外国人在北京的系列短片《我在北京》，在国外主流媒体播出，制作的《幸福绽放》宣传片登陆香港轩尼诗大道，展示北京的建设成就和良好形象。

2.拓展海外制作传播渠道。有7家民营影视企业以收购、兼并、租赁等方式在境外开展广播影视业务。其中，俏佳人在美国收购大纽约乔声广播电台，拥有16个频道、5套节目，收视人群超过1亿；普罗派乐卫视卫星节目信号覆盖到45个欧洲国家；华韵尚德与德国北威州NRW-TV 等6家电视台达成租买电视频道时段合作意向；海润传媒与香港最大有线电视运营商NOW TV联合成立合资公司；四达时讯在尼日利亚等13个非洲国家开展了数字电视系统建设与运营，在9个国家获得移动多媒体运营牌照和多个频点资源；万达集团并购美国AMC公司，成为全球规模最大的电影院线运营商；小马奔腾收购美国著名特效制作公司数字王国，落户北京。

3.推动产品和服务走出去。组织全市12家影视企业赴戛纳电视节参展，展出电视剧31部1010集，纪录片16部，动画电影1部，达成合作金额（含意向）约440万美元。组织18家电影企业、30部北京产影片，参加美国电

影市场活动交流交易。组织6家影视文化制作、传播单位首次参加班芙世界媒体节，受到国际关注。

八、转变职能，行业管理呈现新局面

1.强化节目播出管理。加强与社会专业机构合作，对北京地区广播电视节目及广告实施24小时监控。着力加强北京电台、北京电视台重点栏目节目收听收看工作，不断研究推进对区县广电节目及新媒体的内容管理。探索创立 “四位一体”节目评议监督模式，全年刊发《收听收看报告》355期，确保节目政治、价值和审美导向正确，受到国家广电总局等上级的好评。

2.强化影视剧管理。履行属地电影剧本（梗概）备案、电影片审查和拍摄管理工作,推行网上申报制度；加强电视剧（动画片）的备案和审查管理。开展电影专项资金征缴，完成中外合资影院审批，换发电影放映许可证等。加强境外人员参与广播电视节目和电视剧制作的管理，加强引进广播影视节（剧）目的审查，共受理境外人员参加拍摄112批次。

3.强化网络视听管理。着力做好网络视听节目监管工作，重点开展视听网站自制类节目、直播类节目和影视剧的内容审查，下线违规影视剧1200多部15万多集（部）。开展整治网络政治谣言和打击网络淫秽色情低俗信息专项行动，查处违规网站88家，关闭及列入黑名单管理的网站119家。

4.强化经营机构管理。加强对广播电视节目制作经营持证机构的管理，完成2011年度机构业绩审核工作，审核不合格的152家。行政许可工作依法有序实施，建立持证机构退出机制，对许可证过期的252家节目制作经营机构、146家民营卫星地面安装服务机构进行注销。严格查处非法接收和传输境外卫星电视节目行为。

5.强化依法科学行政。编制印发《北京市广播影视法制宣传教育第六个五年规划》，加强知识产权保护。简化行政许可流程，全年受理政务事项2928件，主动公开政府信息790条，群众满意率100%。开发建设新版政务网站，开通“首都广电”政务微博。编制《北京市“十二五”时期广播影视发展规划》。出版学刊《北京广播影视》、《北京广播影视研究》，编辑《北京广播影视研究文集》、《2012影视剧评析》，为广播影视发展提供智力支持。

九、加强党的建设，为各项工作提供坚实的组织保障

1.加强学习型党组织建设。结合工作和党员干部思想实际，继续组织“学习三人行”活动，深入开展争先创优和创建学习型党组织活动。突出抓好中心组学习，切实提高思想政治素质。通过组建“党在我心中”北京广电宣讲团、开展结对共建活动、学雷锋教育活动、参观革命圣地、举行摄影比赛等形式多样的党支部活动，营造良好的宣传教育氛围。全力抓好“组织建设年”各项工作，开展党支部的分类定级、晋位升级工作。

2.加强党风廉政工作。认真落实党风廉政建设责任制，加强作风建设、以完善惩治和预防腐败体系为重点的反腐倡廉建设，有力地保障各项工作的健康发展。制定行政问责规定，完善廉政风险防控管理实施细则，在6个重点部门、重点单位进行试点。围绕“三重一大”制度落实，加强监督监察工作，较好地发挥纪检监察服务大局的作用。扎实做好信访案件工作，发挥政风行风监督员和党员群众党风廉政监督员队伍作用，努力提升局的服务水平和政风行风建设水平。加强预算管理，修订局《预算管理实施细则（试行）》，制定局《项目采购管理规定（试行）》，提高了财务管理水平，构建反腐倡廉长效机制。

十、加强人才培养，队伍建设呈现新面貌

1.适应发展需求，优化人才队伍结构。制定《首都“十二五”人才建设规划》。通过社会公开招考、竞争（聘）上岗、接收安置军转干部、引进优秀人才、干部交流任职和挂职锻炼等多种途径，不断充实干部队伍力量。圆满完成北京地区广播电视编辑记者、播音主持人资格考试。编辑记者执业资格证延续注册2158人，播音员、主持人延续注册90人。

2.完善管理体系，增强培训实效。加强干部（公务员）管理工作，落实个人报告重大事项“两项法规制度”。探索加强干部考核机制。加大培育培训力度，年内组织一期广播影视业务境外培训班和三期局机关干部（公务员）能力建设暨党员教育湖南、井冈山培训班。开展首都人才管理改革调研和新媒体人才队伍的统计分析，加强系统内和社会影视制作单位的业务培训。积极协调北京电影学院等院校，探索培养适应影视产业发展需要的专业人才的途径。

此外，在信息报送、绩效管理、提案建议议案办理、工会、共青团、老干部、综合行政、后勤保障、史志和援藏援疆工作均取得良好成绩，保障了中心工作的顺利进行。北京市广播影视学会、北京影视艺术家协会、首都广播电视节目制作业协会、北京市影视动画协会等社团组织，为促进广播影视业繁荣发展做出积极贡献。

（北京市广播电影电视局办公室）

北京市广播电影电视局工会概况

北京市广播电影电视局工会成立于2006年9月。2012年主要工作：

一、做好互助保障工作

落实市总工会关于开展在职职工互助保障计划的工作，年内完成局机关和局属单位的职工保险续保工作。开展“送温暖”活动，坚持元旦、春节、中秋、国庆重要节日慰问干部职工。坚持为机关会员送生日祝福,发放生日蛋糕卡，对7名困难职工和在职劳模、伤残革命军人进行走访慰问。

二、举办各类文体活动

成功举办新春联欢会。开展职工书画摄影活动，收到摄影作品134件，书画、篆刻作品16件，其中精选10幅优秀摄影作品和10幅书画作品参加市直机关第三届文化艺术节参展。组织职工参加北京市宣传系统第一届职工运动会和国家广电总局乒乓球比赛，乒乓球比赛荣获精神文明奖。组织机关单身干部职工 “玫瑰之约”联谊活动。

三、工会经费公开透明

完成工会经费的相关审查，坚持经费审查的透明、公开，确保工会经费的正常使用。完成局工会和机关工会、北京海外广播影视交流中心的法人、组织代码年检，以及局和机关工会统计年报调查，准确及时地掌握工会组织建设及工会工作的开展情况。

四、抓好工会自身建设

抓好工会自身建设，及时组织工会两委委员学习党的十八大精神，贯彻执行党风廉政建设有关规定要求。定期召开工会两委会、小组长会议，将上级工会相关文件精神及时传达贯彻。准确把握干部职工思想状况和利益诉求，做好干部职工的思想工作，保持队伍和谐与稳定。

（北京市广播电影电视局工会）

北京市广播电影电视局离退休人员管理服务中心概况

北京市广播电影电视局离退休管理服务中心成立于2000年11月，前身为北京市广播电视局老干部活动站。2009年3月31日，更名为北京市广播电影电视局离退休管理服务中心。主要职责是：负责离退休人员的日常管理和服务工作；负责离退休人员的政治学习和思想教育工作；负责离退休人员政治待遇、生活待遇的落实及协调工作；负责组织离退休人员开展各种文化体育活动和其他有关工作。

2012年主要工作：

一、认真落实各级老干部工作会议精神

学习贯彻全市第26次老干部座谈会和宣传系统老干部工作会议精神，成立以局长为组长的老干部工作领导小组；依据宣传系统《老干部工作领导责任制》，结合实际，制定《关于进一步加强和改进老干部工作的实施意见》。

二、抓好走访慰问工作

在春节期间共慰问离退休人员101名，其中直接管理的86名，间接管理的（局属事业单位）15名，主要采取以下方法：

通过新春团拜会进行集体慰问，发放慰问信、慰问品，包括小型团拜慰问演出；对不能参加团拜会的人员进行家访，共家访35人，其中包括局领导班子慰问12名局职和4名享受副局待遇的人员；对11名长期病号给予一定的困难补助。

三、进一步加强离退休党支部组织建设

在充分酝酿的基础上，增补离退休党支部支委和书记，明确工作分工，履行党内民主，落实各项程序，强化离退休全体党员的党性观念。

四、严格执行政策，确保“两项待遇”落实

在落实政治待遇方面，组织离退休人员代表参加局2012年广播影视工作会议，了解首都广播影视发展情况；先后两次集中学习“十八大报告”和2012年全国两会精神，以及学习市第二十六次老干部座谈会精神，通过观看录像辅导报告，帮助大家不断加深对党的十八大精神的理解。

在落实生活待遇方面，按照文件规定，及时与局有关部门为部分老干部调整护理费标准；按政策规定，为离退党支部支委发放电话补助费；平时能够及时看望慰问生病住院的离退休人员，全年共看望病号70余人；重要节日为大家送上节日礼品；协助局有关部门及时为老离退休人员报销医药费等事宜。

（北京市广播电影电视局离退休人员管理服务中心）

北京市广播电影电视局后勤服务中心概况

北京市广播电影电视局后勤服务中心成立于2006年8月，前身为北京市广播电视局机关后勤服务部。主要职责：指导全局各单位安保、消防工作，建立健全安保、消防工作制度；对全局的房管、房改工作进行政策指导、咨询、落实；负责全局车辆管理、调配以及交通安全管理；负责局机关的政府采购和固定资产管理；负责局机关医疗、绿化、印刷、办公用品等日常服务管理。2012年主要工作：

一、做好综合服务

完成固定资产日常的入库登记、转移、处置，以及固定资产账物核实、报表填制和相关资料搜集、整理、上报等。组织全局职工体检、办理医保卡，完成2011年度公费医疗报销。完成1500余次各种大小会议的服务保障工作。维修办公设备近500次，印制大中小手提袋、信封等4万余件，档案盒2000个。组织义务植树、职工义务献血。

二、完成房管房改

完成租用并装修改造广播大厦1607房间用于北京国际影视交流中心办公用房，整理所有租用的办公用房相关资料，并完成上报。完成无房职工在市房改办的备案以及未达标职工住房补贴等工作。

三、强化安全保卫

在重要节日、重要活动期间对建外办公大楼进行多次安全检查，印发《关于加强重大节日期间安全工作的通知》，做好防火防盗工作。办理工作证、出门证、更换年度临时出入证、会客证等700余个。对建外安保监控系统进行二期更新改造。

四、加强车辆管理

加强车辆的保养维修，全年车辆安全行驶90万公里，实现无重大责任事故，较好地完成全局工作用车的保障工作。完成局属单位公务用车清查治理工作。

（北京市广播电影电视局后勤服务中心）

北京市广播电影电视局信息中心概况

北京市广播电影电视局信息中心成立于2007年1月18日。主要职责：负责全局网络信息化建设工作，承担局机关电子政务、网络运行的技术保障工作；承担本市有线电视、共用天线以及地面接收卫星电视节目新建工程的检验检测工作。

2012年的主要工作：

一、抓好重点项目建设，推进政务信息化进程

建立“一站式”服务平台，优化网上公共服务功能。局新版政务网站上线并运行良好，网站影视剧介绍、办事大厅、北京地区电影院查询等栏目受到关注，页面布局、栏目设置较为科学，整体信息量和栏目服务水平较往年明显提升。设计开发综合服务平台（二期），包括与局政务网站的数据对接以及公文收发、财务管理等12个业务子系统。加强安全运行维护，建立数据机房综合环境监控体系。完成机房扩容建设，实现核心设备双机热备运行模式。建立机房环境综合监控体系、信息化资产电子台账。改造财政专网线路，确保财务系统安全使用。

二、制定电子政务顶层设计，完善业务信息系统建设

按照市经信委、市密码管理局要求，召开全局电子政务顶层设计工作部署会，协调局机关处室和局属单位制定电子政务顶层设计总体框架，以“智慧北京”总体框架推动全局电子政务工作。对全局电子政务绩效工作进行自查和总结，在技术防护手段和制度规范方面加强管理，顺利完成市经信委组织的年度电子政务绩效考核。

三、加强技术保障，提高信息化应用水平

年初，在局办公室的牵头组织下，全员参与，圆满完成北京市“两会”代表与委员网上在线咨询的技术服务工作。年内，按照市经信委《北京市“十二五”时期城市信息化及重大信息基础设施建设规划》的部署，完善局政务信息化“十二五”规划。建立技术服务岗位责任制，每人负责三、四个部门的技术服务。邀请电子政务专家对全局干部进行授课，介绍云计算等前沿技术的应用以及电子政务的建设和发展情况。

四、以党风廉政为准则，强化风险防范意识

梳理《北京市广播电影电视局事业单位职权目录》，以及项目招投标等各项工作流程，制定完善《党风廉政建设责任制》、《反腐倡廉宣传教育基本制度》、《监督制约基本制度》、《领导干部廉洁自律基本制度》、《内部管理制度》，查找外部环境和内部环境风险点，签订责任书，规范项目环节和程序，达到防范目标。

五、开展创先争优活动，提高队伍整体素质

认真学习贯彻党的十八大精神，每周例会拿出半个小时学习有关文件，不断提高干部的政治素质。开展创先争优活动，制定党支部工作制度。组织党员及入党积极分子参观焦庄户地道战遗址纪念馆。围绕全局电子政务建设的发展，结合业务特点，组织开展信息技术及安全保障业务培训以及系列岗位练兵等活动，不断提高业务素质。

（北京市广播电影电视局信息中心）

北京市广播电视监测中心概况

北京市广播电视监测中心成立于2006年，前身为北京广播电视技术监测台。加挂北京市广播电影电视局信息网络视听节目监管中心和北京市广播电视安全播出调度中心的牌子。

主要职责：负责对本市广播电台、电视台以及有线电视网络的播出、传送及运行情况进行监测；负责本市互联网传播视听节目的监测工作；受北京市广播电影电视局委托，承办有关广播电视节目安全播出调度指令的发布、安全信息预警，承担广播电视节目传播突发事件处置的技术保障工作；承担本市广播电视无线覆盖转播站的相关服务与管理工作。

2012年主要工作：

一、完成广播电视监测任务

根据《广播电视安全播出管理规定》，广播信号监测15套（44路），全年监测31.72万小时；电视信号监测16个站点129套（912路），全年监测780.59万小时。发现广播、电视播出及传输异态805次，提醒各播出、发射、网络传输机构避免长时间异态141次。通过预警信息平台收发短信8417条。

二、完成安全播出技术保障任务

先后开展防范非法无线广播电视信号插播应急演练、无线转播站安全播出指挥调度应急演练。每月对可视指挥调度系统终端进行联调、试通和巡检维护工作，全年外出进行故障处理30余次。

每日对各VOD运营商和宾馆饭店的系统设备运行情况逐一进行测试，及时对故障问题进行检修处理。完成《高清及鼎视平台电视监测系统》、《广播电视移动测试系统》项目验收。抽验新建商品住宅小区有线广播电视网络工程49个，对其中13个不合格工程下达整改通知。

开展《远郊区县无线转播站DAB监测》系统软件测评以及《视听网站综合管理系统》优化工作。对《IPTV监管平台建设》、《公共广播信号监测系统》制定技术方案，进行项目可行性论证。完成《有线广播电视网络工程验收》项目招标、《有线广播电视网络工程验收信息管理系统》与局综合业务平台对接调试工作。

三、获得多项荣誉

在“安全播出百日竞赛”活动中，中心被评为先进集体，3人被评为先进个人。“宾馆饭店视频点播监管系统”项目获国家广电总局2011年度科技创新奖“工程技术类”三等奖。“WAP网站手机视听节目传播监管系统”项目获市广电局2012年度科技创新奖“科技成果应用于技术革新奖”二等奖。“无线转播站监测监控”项目获市广电局2012年度科技创新奖“工程技术奖”三等奖。中心评为市广电局2011年度广播电视技术维护先进集体。中心党支部被评为市广电局先进基层党组织。

四、加强队伍建设

制定党建工作计划，加强党员队伍建设，与平谷区山东庄镇鱼子山村党支部共同开展“学党史 颂党恩 促党建——创先争优 和谐共建”党日活动。编制职权目录和权力运行流程图，梳理完善基本制度，落实廉政风险防范管理工作制度，确保在执行项目招标、邀标等重点工作时采取有效的廉政风险防范措施。开展岗位公开竞聘，面向社会公开招聘的8名工作人员。

（北京市广播电视监测中心）

北京音像资料馆（北京广播电影电视研究中心）概况

北京音像资料馆成立于1987年，主要从事音像资料译制、收藏、观摩、制作等工作。2008年9月加挂“北京广播电视研究中心”的牌子。

主要职责：承担本市广播电视方面的政策研究和重点课题的研究工作，承担有关音像资料的收集、整理、研究以及挖掘和补救工作。2009年9月“北京广播电视研究中心”更名为“北京广播电影电视研究中心”。拥有两套线性编辑设备，1套数字录音设备，一套媒资管理设备。馆藏各种载体的音像资料3万余部集。其中，录像资料1.5万余部集，录音带1.5万余盘。译制国外影视资料片200余部。编辑《首都影视快报》、《北京广播影视研究》月刊和年度《北京广播影视研究文集》等刊物。

2012年主要工作：

一、推进研究工作

做好刊物编印工作。每日按时向市委宣传部上报《首都影视快报》，全年完成200期。每月编辑出版《北京广播影视研究》1期，全年完成12期。完成《北京广播影视研究文集（2012）》的编辑出版和发放工作，优选全市广播影视系统的优秀研究成果及重大课题74篇、63万字。开展同业交流活动，赴国家广电总局和北京人民广播电台研究中心进行调研，了解行业研究单位的职能界定、队伍建设、业务发展和政策扶持等相关情况，就本单位定位、研究工作现状、研究队伍人才培养、课题申报等问题学习探讨。

年内，协助局宣管处完成北京电视剧辉煌30年系列活动评选工作。

二、做好资料工作

加强音像资料管理，制定《音像档案资料管理系统》（含软件定制开发），并编目录入 3000部集音像档案，对音像档案实施抢救性保护，进行档案资料数字化的存储和编目。完成40余次的各类会议的资料拍摄，并制作 DVD光盘共60余张，拍摄照片共3000余张。完成自有版权《空中看北京》、《北京奥运记忆》拍摄及专题片上载工作，共计12小时。修订完善档案资料管理相关制度和音像资料库房的整顿。完成2006年到2011年6年间所有照片的筛查、冲印、信息整理及照片登册等全部工作，累计检索照片近2万张，整理近600张照片信息并登册在案。完成2007年到2011年5年间35次各类会议、活动视频的整理工作。完成18盒255件文书档案的归档工作。

三、加强队伍建设

完成领导班子、各部（室）负责人及各工作岗位年度述职、考核，评出3名优秀工作者。两名预备党员转为正式党员。进行党风廉政建设职权梳理相关工作，结合各部门岗位分工，完成局关于党风廉政职权目录表及政府采购、财务、出版印刷风险点防控流程图，再次明晰各部门各岗位的职责。

四、完善行政工作

制定《北京音像资料馆市内公务交通费报销管理办法》，修订《北京音像资料馆财务管理办法》等制度。完成资产清查工作。完成工会预决算和审计、部门决算、服务业统计年报、广播电视统计年报统计上报工作。完成上报事业单位基本情况（人事、职能、社保、财务等方面）调查报表，完成人事信息更新。工会努力做好元旦春节等各大节日的相关福利工作。

（北京音像资料馆/北京广播电影电视研究中心）

北京市广播影视作品审查中心概况

北京市广播影视作品审查中心成立于2006年，由前北京市电视节目供片中心改建而成。主要职责：承担组织北京地区新出品及引进的广播影视节目内容的审查、复审的相关工作，收集、加工、整理广播影视作品各类信息以及有关公益性宣传资料片，建立和维护影视作品数据档案库；局交办的其他有关工作。另外，承担北京市广播电视学会秘书处日常工作，北京市广播电视编辑记者、播音员主持人资格考试和影视节展选片等任务。

2012年主要工作：

一、履行作品审查职能

全年组织审查国产电视剧106部3645集，审读电视剧剧本11部340集；审查动画片24部857集9616分钟，审读动画片剧本4部74集；审查送审电影250部，审查电影剧本305部次。整体数量较2011年有较大幅度增长。

二、完成两项局委托任务

1.顺利完成北京市广播电视学会秘书处日常工作。在各会员单位推荐上来的2011年度近500个作品中，共评选出优秀作品211件，广播电视节目类作品199个，报刊类作品12个，经学会推荐，45个作品获得“北京新闻奖”，向“中国广播影视大奖”推荐参评作品12件，向中国新闻奖推荐8件参评作品。贯彻落实“走基层、转作风、改文风”精神，开展5次专家走基层活动。完成中广协会以及其他部门组织的各类作品推荐上报和相关活动等工作。2012年全年《北京广播影视》共编印12期，稿件300余篇，照片800余张，总字数百万余字。举办广播电视形态创新和广播影视产业新增长点研讨会。

2. 顺利完成2012年北京地区编辑记者、播音主持人资格考试。受市广电局委托，按照国家广电总局26号令的要求，顺利完成“2012年度全国广播电视编辑记者、播音员主持人资格考试”（北京考区）组织工作。组织编辑记者2083人，播音员主持人578人，共2661人参加报名、考试。

三、抓好队伍建设和行政工作

加强思想教育，认真组织学习胡锦涛在中国共产党第十八次全国代表大会上关于《扎实推进社会主义文化强国建设》的报告，继续与大兴区砂子营村结对共建。加强制度建设，完善并严格执行中心议事制度、公开制度、财务补充制度和廉政风险防范制度。党支部不断增强凝聚力和党员战斗力，年内注重党员发展，关心职工生活，两名积极分子通过学习及考核成为预备党员。微调工作职能，按照局党组的要求，信息资料科的工作职能调整为建设及运行电视剧电影审查信息编目及查阅系统。较好地完成人事、财务、资产、文秘、安保等行政后勤管理工作。

（北京市广播影视作品审查中心）

北京国际影视交流促进中心概况

北京国际影视交流促进中心成立于2012年2月2日。主要职责：受北京市广播电影电视局委托，承担北京国际电影节筹备、举办的具体组织、协调工作，承担北京市影视文化对外交流与合作的具体工作。

2012年主要工作：

一、夯实基础工作

1.建章立制。制定《第三届北京国际电影节部门设置及职责》、《第三届北京国际电影节各部门工作人员分配表》、《因公外出交通管理办法（试行）》、《长途电话使用管理规定（试行）》、《财务管理规定（试行）》，另有《 公务用餐制度（试行）》、《考勤、加班管理制度（试行）》、《聘用、借用人员管理规定（试行）》、《绩效工资分配方案（含绩效工资分配表）》、《绩效考核管理办法（试行）》等25项制度。签约法律顾问。

2.办理运行手续。完成单位法人证书、组织机构代码证书以及电影节组委会、组委会办公室、交流中心等公章的办理。建立健全财务工作运作体系，开立财政授权支付零余额账户、基本存款账户、经常项目美元账户、经常项目欧元账户，办理税务登记证等基础工作。

3.完善办公场所。将办公场所进行全新规划与装修，购置办公家具、办公用品，完成网络运行安装工作。

二、筹办第三届北京国际电影节

1.寻求项目承办方。研究起草总体方案，并在市政府专题会获得通过。履行项目承办方招投标程序，基本确定各个项目承办单位，为各项目顺利实施奠定基础。初步完成开、闭幕式、电影市场、论坛、嘉年华活动和项目方案。

2.落实场地和申请资金。落实开闭幕式、评奖地点等场地，完成场地预估、预算。预订嘉宾接待酒店。落实第三届北京国际电影节各部门倒排期表。申请电影节资金并召开项目资金切块论证会。明确细化接待标准。

3.广泛联系相关机构。借鉴国际惯例，

推进邀片、选片、评选等各项工作，组委会工作人员走访在京各大使馆进行邀片工作，拓展人脉、广拓渠道、深度挖潜，寻求更多资源。向国际电影节主席、行业协会代表发出邀请，并跟踪回应。积极联系国际制片人协会，寻求相关机构的支持，推动申请A类电影节工作。与法国电影联盟、美国电影协会、香榭丽舍公司、基美集团积极洽谈，为电影节创造更多机遇，拓展市场。

4.展映与评奖协调推进。制定选片经费预算和专家分组表，启动选片工作。截至年底，共收到境内外影片样品541部，涉及56个国际和地区。海关及拷贝运输、片库、字幕翻译服务、放映技术保障、观影地图、分会刊及排片、宣传品涉及制作等已由各项目承办方按照中国政府采购网上相关要求做好投标工作。

5.宣传推广逐步展开。进行“天坛奖”奖杯和北京国际电影节标志、核心图形及形象标志设计。召开第三届北京国际电影节新闻发布会。电影节网站改版，配合评奖展映工作，完成注册系统上线。完成展台设计与搭建、组织人员宣传引导培训、展览图片选择与设计制作。

6.拓展市场资源。制订电影节企业赞助合作方案，完成与联通公司的合作方案。确定相关赞助商品提供商，洽谈有关公司，达成合作意向。与安利基金会关于志愿者的合作进行协议起草工作，电影节市场初见成果。

三、抓好职工队伍建设

进行外聘人员招募，划分部门任务，为各项工作有序开展奠定基础。组织多次培训，包括观看往届电影节视频资料、工作纪律要求培训、公文写作培训、新入局人员廉政谈话、保密工作培训、外事工作礼仪培训、电影摄影赏析等。

召开党支部第一次会议，以抓好党建工作为重心，加强党员干部队伍建设。认真学习贯彻落实党的十八大精神，建立健全廉政体系，积极参与全国广播影视学法用法网上竞赛活动。团员青年积极参与学习十八大报告知识竞赛、十八大精神百姓宣讲团报告活动，承担并完成市宣传系统运动会广播操比赛。

（北京国际影视交流促进中心）

北京市广播电视学会概况

北京市广播电视学会成立于1987年7月15日，是北京市地方广播电视学术团体，社团组织，主管单位是北京市广播电影电视局。2012年，北京市广播电视学会为第五届理事会。

学会职能任务：推动广播电视工作者学习马克思列宁主义、毛泽东思想、邓小平理论和“三个代表”重要思想，贯彻执行党的路线、方针、政策和国家的法律、法规，坚持正确的舆论导向，发扬广播电视工作的优良传统，不断提高广播电视工作水平；开展调查研究和广播电视学术研讨活动，编辑出版学术期刊，为发展具有中国特色的社会主义广播电视理论做出贡献；协同有关部门组织广播电视评奖活动，组织广播电视优秀论文评奖，促进多出精品，多出人才，推动广播电视节目质量的提高和学术理论研究的开展；协同有关部门培训干部，为建设一支政治强、业务精、纪律严、作风正的广播电视队伍服务；开展同国内外有关学术团体的学术交流与合作。

2012年主要工作：

一、加强学术研究工作

《北京广播影视》作为北京市广播电影电视局的机关刊物和北京市广播电视学会的学术刊物，始终密切配合北京广播影视行业的重点工作和不同时间段的中心工作，密切关注广播影视行业发展的新课题。学刊常设有“本期关注”、“声屏华彩”、“媒介管理”、“名家视点”、“传媒科技”、“业者探究”和“走笔京华”等近10个专栏，每期刊登稿件约25篇，行业信息20余条，总字数在9至10万字左右，配发照片约70幅。2012年《北京广播影视》共编印12期，稿件300余篇，照片800余张，总字数百万余字。

党的十八大前，《北京广播影视》开辟专栏，及时刊登全市广播、电影、电视和新媒体为迎接十八大、为十八大召开营造良好舆论氛围的文章。十八大召开后，又组织各管理机构、各媒体单位如何学习、贯彻、落实十八大精神以及宣传十八大精神的稿件。

《北京广播影视》第四期至第六期对第二届北京国际电影节进行重点关注，共刊登稿件7篇、3万多字。除刊发相关报道的稿件外，还对电影行业普遍关注的热点问题进行梳理。

《北京广播影视》共刊登“走转改”相关稿件60多篇。其中既有记者亲临一线，走进百姓身边的切身体会，也有媒体管理者对“走转改”重大意义的理性总结。

在媒体理论前沿的研究方面，传统媒体向新媒体的借鉴与融合、管理模式的创新、节目形态的创新、传播理念的创新、广播影视产业业态的新变化和新的经济增长点等仍然是《北京广播影视》关注的重点，相关理论的研究文章占有较大的比重。

二、评选推选和表彰优秀作品

1.评选优秀作品。2011年度北京市优秀广播电视节目评选工作历时两个半月，在各会员单位推荐上来的近500个作品中，共评选出获奖作品211件，广播电视节目类作品199个，报刊类作品12个。在获奖作品中，经学会推荐，45个作品获得“北京新闻奖”，向“中国广播影视大奖”推荐参评作品12件，向中国新闻奖推荐参评作品8件。

2.完成优秀作品推荐上报工作。按时完成中国广播电视协会以及其他部门组织的各类评奖的初评工作，包括：“第二十一届北京新闻奖”、“关于2011年度中国广播影视大奖广播电视节目奖”、“第二十二届中国新闻奖”、“第十二届全国广播电视学术论文评选”等。

三、组织专家下基层等活动

继续组织“送专家下基层”活动。根据各区县广电中心工作中需要解决的问题，由学会秘书处约请有关专家到区县中心授课，全年约请专家10余人次，授课5次，听课人数达到2000多人次。授课内容主要涉及新闻写作、新闻摄像、广播电视节目评析和工作中的难题等，深受基层一线人员的欢迎。

四、举办创新和产业研讨会

分别在8月、10月先后举办广播电视形态创新和产业新增长点研讨会，一面从国内外广播电视节目制作存在的误区、新时期广播电视节目呈现的新特点、需要借鉴的几类优秀国内外广播电视节目等三个方面对节目形态创新做了深入探讨。一面从广播影视发展入手，深入探讨产业创收和事业发展的新增长点以及实现路径和办法。有关学界、业界的领导、专家出席会议，相关内容在学刊上刊发，受到好评。

五、筹备换届会务工作

第五届理事会四年任期已满，做好换届大会的筹备工作，包括更名为“北京市广播影视协会”等事项。截至年底，已完成大会的各项准备工作，拟定学会新一届理事、常务理事人员名单；向各会员单位确认新一届理事、常务理事候选人名单；向各省市兄弟协（学）会发出邀请；草拟新的协会章程；完成理事会、监事会工作报告稿等。

六、完成业内资格考试

完成2012年“全国广播电视编辑记者、播音员主持人资格考试”（北京地区）考务工作。受北京市广播电影电视局委托，按照国家广电总局26号令的要求，于2012年7月上旬至10月下旬顺利完成“2012年度全国广播电视编辑记者、播音员主持人资格考试”（北京考区）考务工作。组织编辑记者2083人，播音员主持人578人，共2661人参加报名、考试。10月27日考试当日，国家广电总局及市广电局有关领导到考点巡视检查。

（北京市广播电视学会）

北京电影协会概况

北京电影协会组建于2011年12月13日。现有会员238家，其中从事电影制作、发行、放映的单位会员176家，从事电影职业的个人会员62位。上级业务指导单位是北京市广播电影电视局。

北京电影协会的宗旨是：遵守宪法、法律、法规和国家政策，遵守社会道德准则。充分发挥政府与行业之间的桥梁和纽带作用，推动北京电影业的繁荣发展，通过制定行业规范、维护会员的合法权益，实行行业自律，进行业务研究、信息交流、专业培训等活动，为北京电影行业的发展创造良好的环境，促进北京电影行业健康、规范、稳定的发展。

北京电影协会的主要职能是：

（一）宣传、执行相关法律法规和政策；

（二）制定行业行为规范，协调行业发展与经营，发挥行业监督与自律作用；

（三）承担政府委托的行业管理职能，承办政府主管部门委托的工作事项；

（四）开展调查研究，及时搜集、整理、汇总各种行业信息，为会员提供咨询服务；

（五）向政府提出工作建议，促进行业发展和环境改善；

（六）举办与本行业相关的各种活动，组织推荐、表彰和奖励在电影事业发展中有突出贡献的单位和个人；

（七）积极为会员提供业务指导和服务，维护会员合法权益；

（八）积极推动行业内相关标准的制定和普及，做好星级评定、技术级别考核、信息交流、专业培训等工作；

（九）积极创造条件，组织会员开展对外交流和行业联系。

2012年，北京电影协会主要完成以下工作：

建立、完善了协会的组织架构和工作架构。选举产生了会长、副会长、秘书长、监事长，建立了会长办公会议、理事会会议等会议制度，落实了协会秘书处等工作机构，建立了和主管机关广播电影电视局、市社团办的联系渠道，为协会的正常运转提供了组织保障。制定了《北京电影协会议事程序》、《北京电影协会会议制度》、《北京电影协会秘书处管理制度》、《北京电影协会财务管理制度》、《北京电影协会秘书处人事管理制度》等有关协会工作程序和规范，并下发到理事单位。

利用座谈、调研、培训等方式开展会员

活动，交流、探讨北京电影市场在迅速发展中不断出现的新形势、新动向、新问题。针对一些需重点解决的问题进行探讨、协调，推进行业发展。

2012年10月，受北京广播电影电视局委托，组织北京电影企业赴美国洛杉矶参加美国电影贸易市场，进一步了解国际电影市场情况，推动北京出品的电影走出国门。十余家会员单位报名参加了这次活动。部分会员在活动中完成了输出、引进电影项目工作。

（北京电影协会）

中国电影博物馆概况

中国电影博物馆是经国务院批准，国家广播电影电视总局和北京市人民政府共同建设的大型公共文化设施，世界上最大的国家级电影专业博物馆，是纪念中国电影诞生100周年的标志性建筑，是爱国主义教育基地和科普教育基地，成立于2005年，2007年2月10日正式对外开放。

2012年，中国电影博物馆接待观众57.8万人，组织参与各项活动203场。全年为观众讲解2818场，服务观众总人数6万人。全年电影放映4774场，观影21.5万人。举办社教专场活动和基地交流活动58次，有59所大中小学校的8768名青少年和我馆会员、影迷等参加活动。

一、“六个中心”功能和作用进一步突显

（一）活动方面

1．高端重点活动成果丰硕。圆满完成第二届北京国际电影节中“中国电影人伯乐”推选、辉煌·跨越第二届北京国际电影节主题影像展”、“中外合作之路论坛”、“北京展映”、“2012中国（北京）电影学术年会”、“第六届青年论坛之青年电影美术人论坛”、“中外电影文化交流——苏格兰影片《幸福家园》观摩研讨”等重要项目活动。完成的大型公益电影文化品牌活动“全国少年儿童电影才艺展示活动暨第三届少年儿童电影配音大赛”，历时近4个月，吸引全国29个省市自治区近50万少年儿童和家长的关注，有6万余名小选手参加各赛区的初赛、复赛以及相关的电影主题活动，为历年活动规模最大、持续时间最长、影响范围最广、参与人数和支持机构最多的一次。

2．推出形式多样，内容丰富的节日主题文化活动。先后举办“新春嘉年华系列活动”、“让电影作证：有情人相会影博”、“粽香飘　龙舟渡——端午节主题文化活动”、“22大电影明星”剧照展、迎国庆三维立体画展、“电影音乐展示欣赏活动”、新年喜乐会等主题各异的文化活动。

3．不断加强电影文化公益性传播推广工作。举办“优秀电影美术获奖影片”社区展映活动和“弘扬北京精神，共享科技文化”——第二十二次全国助残日盲人听电影公益活动，“电影惠民，文化共建”——露天电影招待专场活动。共吸引驻地居民、农民和外地民工7870人次观影，比上年增加5645人次。

4．影迷会员服务管理体系进一步完善，形成稳定的服务模型。全年入会总数为4798人次，其中续会会员为2603人次。会员观影总数为84291人次，会员到馆观影比例连续占到观影总数的4成以上。

（二）展陈方面

“风清气正扬宗旨——北京市反腐倡廉教育影像展览”圆满落幕。展览由市纪委、

市委宣传部主办，中国电影博物馆承办，历时一年，共接待观众17.95万人，提供讲解1159场。同时，还举办主题影展、公益观影团活动和“红色电影与廉洁文化——北京市廉政教育基地建设座谈会”。组织召开“纪念中国电影诞生107周年暨中国电影（2006—2015）10年成就展研讨会”。《八一礼赞——中国优秀军事题材影片巡回展》圆满谢幕，历时124天，活动参与总人数达19.4万人，放映电影61场，是第四次成功外出办展。在市委宣传部组织的“党在百姓心中宣讲比赛”活动中，有3名讲解员荣获“优秀宣讲员”称号，1名讲解员荣获“优胜奖”；在“北京第一届讲解员大赛”中，有1名讲解员被授予“十佳讲解员”荣誉称号，有2名讲解员荣获“优秀讲解员”称号。

（三）放映方面

除日常放映，还陆续举办反腐倡廉主题影展、北京大学生电影节往届获奖作品展、节日电影展映、儿童电影展映、公益影展观影团和电影主创见面会等特色的影展放映活动。此外，引进《珠穆朗玛峰》、《尼罗河之谜》、《大峡谷》和《世界奇观》等4部巨幕科教影片。全年电影放映4774场，观影21.5万人。

（四）社会教育

以“迎接党的十八大系列讲座：新世纪中国电影的繁荣与发展”为重点，先后举办20期“电影大讲堂”，邀请尹力、张扬、陈苗、王浙滨、颜丙燕等著名影人主讲。以“弘扬电影文化，践行北京精神系列主题活动”为重点，举办23期“社会大课堂——电影课堂”，开展“两基地”等社会教育基地交流活动17次。全年志愿者来馆服务912人次，累计服务7296小时。

（五）藏品方面

全年征集电影物品4316件套，6288件，藏品总数达到13463件套，38810件。注重影人影像资源的留存，录制20多位老影人采访视频。补充馆藏电影放映机规格、型号空白，完成国产8.75毫米、16毫米、35毫米、70毫米、16/35毫米等规格放映机的征集工作。加强藏品的有效利用，先后举办“从电影藏品忆王滨”、“电影美术作品捐赠展”、“从电影藏品忆崔嵬”等活动。策划“天山电影制片厂捐赠拷贝影片展映”和“谢晓东捐赠影片展映”活动。

（六）科研与馆刊

完成《首都居民电影消费行为研究》、《3D电影发展趋势研究》等省部级课题，以及《中国电影博物馆“十二五”业务发展构想》、《博物馆基金会运行模式研究》等重点课题。其中，2011年观众满意度报告的主要数据、结论在《中国文物报》上发表。公开出版《全媒体传播视野下的电影生态——2011中国（北京）电影学术年会成果汇编》，鲁炜部长作序，全书40万字，收录年会精华观点和论文38篇。汇编馆科研成果集七册，共计70万字。完成2011年度员工课题评审，9项课题结项。开展2012年度员工课题申报，10项课题获准立项。与北京大学联合举办2012中国（北京）电影学术年会，被评为全市宣传系统年度优秀工作。馆刊《影博·影响》适度改版，进一步提升品质，特色更加鲜明。举办《白鹿原》等16次影评人观影评论活动，评论影片17部。邀请章柏青、雷达等著名评论家参加活动。首次与《人民日报》文艺部合作开展观影评论活动，成果在《人民日报》摘要刊发。举办 “2012年度影人公益行动”推举活动，与中国艺术研究院影视所合办结果发布暨研讨会。

还积极做好对外宣传，接待电影频道、中国电影报、光明日报、人民网、新浪网等媒体约150余家次，报道百余次。

二、安全工作"零事故、零投诉"

坚持"安全第一、预防为主、综合治理"的方针，通过签订年度安全责任书、举办消防安全培训、印发"消防宣传"小报等方式，确保全年未出现安全事故。对全馆重点设备设施维修1462项次，及时清理馆内外环境卫生死角，定期组织人员灭鼠、灭蟑、消毒等。组织固定资产自查工作。在馆能源统计方面，共记录日能源消耗统计180余项，数据4000余个。组织专家实地勘察，形成《中国电影博物馆设施设备体检报告》。完成观众应急医疗救护29人次。同时，做好传染病的防控，建立预警机制，开展公共办公区域的预防性消毒工作。

三、内部管理完善细节、强化效能

组织召开馆第五届干部理论研讨会和2012年重点工作研讨会，制定重点工作项目。制定《接待服务运行质量考核办法（试行）》、《开放运行状态实时反馈制度》等制度，完善接待服务运行质量的程序。开展"环境景观整治月"活动，全馆环境美观程度和员工环境美观意识得以提升。按时、准确地反映和编报2011年度财务决算。第一次以一级预算单位身份参加市财政决算会审，并顺利通过审核。年内首次被列入全市80家预算公开的单位范围，通过网站向社会公开2012年预算收入、支出、"三公"经费等相关信息。

四、加大人事制度改革力度，实施竞争上岗

实行研究部主任、副主任、活动管理部（网络信息中心）副主任3个岗位面向社会进行招录。按照干部选拔任用条例，加大干部公开选拔、民主推荐竞争上岗工作力度，人事改革做到"人岗相宜，用当其时，人尽其才"。开展赴美策展人培训和英语人才培养。组织第二批员工参加为期4个月的脱产学习培训。完成企聘员工分级分类管理工作，完成毕业生招聘及人才储备工作。

五、完成信息化项目及多项基础建设工作

馆网站全面改版为"影博网"。微博客"影博汇"在新浪微博等开通。全面启动数字电影博物馆建设（一期）工作。完成中国电影博物馆数字电影博物馆建设（一期）申报工作，形成方案。完成多功能厅升级改造，增加电影银幕及多媒体放映功能；升级舞台区配合灯光音响；完成北大厅服务台和售票系统升级改造项目，提升现有系统及设备的使用效能。

六、以迎接十八大为主线，开展创先争优活动

将创先争优活动与馆中心工作相结合，继续推进各项工作上台阶。组织参加并完成党的十八大候选人提名推荐工作和市第十一次党代会联合选举单位党员代表的选举工作。积极开展"共产党员献爱心"和"7·21"特大自然灾害捐献活动，共捐款17186元。发挥领导干部带头示范作用，坚持党委中心组学习制度、领导干部撰写理论文章制度、主要领导讲党课等相关制度。组织召开纪念中国共产党成立91周年暨表彰大会，对1个先进党支部、8名优秀共产党员和3名优秀党务工作者进行了表彰。组织40名党员、入党积极分子赴西安、延安两地进行革命传统和党性教育。制定《2012年党风廉政建设责任分工》，进一步明确工作职责。分别签订党风廉政建设责任书。完善专项资金评审制度，进一步推进纪检监察对重要工作项目的监督。

（中国电影博物馆）

北京广播电视台概况

北京广播电视台成立于2010年5月31日，是在原北京北广传媒集团、北京人民广播电台、北京电视台的基础上组建而成的大型传媒机构，是市委、市政府直属事业单位。

2012年，北京广播电视台围绕迎接学习宣传贯彻落实党的十八大和市第十一次党代会这条主线，贯彻落实全市宣传部长会议、全市广播影视工作会议和全台工作会议精神，坚持深化改革、融合发展不动摇，全面推动事业产业协调发展，圆满完成各项任务，全台总资产达到267.78亿元，经营收入88.61亿元（其中广告收入42.59亿元），利润4.95亿元，上缴税费10.25亿元。

一、新闻宣传舆论导向正确

围绕迎接学习宣传贯彻党的十八大和市第十一次党代会、全国和北京市“两会”，统筹全台宣传资源，精心策划编排节目，推出《基层看变化·喜迎十八大》等25个专栏、《党在百姓心中》等5个专题节目和《空中看北京》等2部专题片，形成频道与频道和频率与频率协调联动、传统媒体与新媒体互动、新闻报道与大型专题、纪录片与广播影视剧展播相结合的宣传报道体系。完成世界草莓大会、首届京交会、京广高铁通车等60多场重大活动的大型新闻直播报道任务，推出《和美北京人·广播过大年》春节广播特别节目和《第五届清明诗会》、《天涯共此时——卢沟晓月2012年中秋晚会》、《2012年BTV春节联欢晚会》等系列电视联欢晚会。围绕“7·21”暴雨、“11·4”雪灾等重大自然灾害，推出大型直播报道。围绕政府关注、市民关心的住房、教育、交通、收入分配等热点问题，推出《市民对话一把手》等系列访谈节目，解读政策，回应社会关切，化解社会矛盾。围绕社会主义核心价值体系，推出《践行北京精神 传承中华美德》、《好人故事》、《文明使城市更美好》等专栏，制作播出《榜样——2012首都弘扬雷锋精神文艺晚会》、“雷锋精神”主题歌曲征集评选活动等5个专题，全年播发300多条16万余次公益广告。

二、媒体建设取得新的进展

频率频道专业化建设和栏目节目改版调整不断推进，广播电视和新兴媒体频率频道、栏目节目定位更加准确，在北京地区市场份额稳步提升。完成新媒体制播中心建设，实现移动电视、地铁电视、城市电视和手机电视节目的统一收录、制作和播出。建成数字电视播出系统和鼎视数字电视节目集成平台，实现50个标清、10个高清频道播出和60个标清频道、12个高清频道的节目集成，提高了播出安全和质量。北京广播网菠萝台通过国家广电总局技术鉴定，数字音频广播无线覆盖三期项目完成。北京网络广播电视台装修工程已经完工，技术系统建设有序推进。北京电视台高清建设二期工程进展顺利，3D电视分阶段发展顺利实施，技术应用水平保持全国领先地位。3G回传技术广泛应用，建设云计算技术架构，加快硬件改造和媒资系统建设。歌华有线建成IP语音及多媒体通信试验平台，探索开展集团融合通信业务，为进一步IP语音业务创新发展奠定基础。移动电视、城市电视、地铁电视国标转换全面展开，户外电视终端总量达到4.8万个、大屏电视9块（自建5块）；国标单频网六环内覆盖试运行良好，传播能力持续提升。

三、内容创作生产效益显著

全面贯彻“二为”方向和“双百”方针，立足反映时代、反映百姓生活的广播影视题材，重点打造一批符合首都地位、具有鲜明时代特色的精品节（栏、剧）目。建立节目创新创优激励机制，举办首届创新节（栏）目奖评选活动，对20部获奖作品予以重奖，激发员工的创新活力。党的十八大重点献礼电视剧《五湖四海》、大型纪录片《人民的艺术》、《文化：中国的故事》获得社会广泛好评。《请带我回家》、《日坛边上的大型会所，你到底从哪来？》、《北京告别91年钢铁生产历史》获得中国新闻奖；《听，春天来了》、《车来车往、服务无限》、《〈有一说一〉——〈大众电影〉谁在乎》等作品获得2012中国播音主持金话筒奖；广播剧《伟大的转折》，歌曲《阳光路上》、《国家》、《卢沟谣》，电影《惊沙》、《第一书记》、《杨善洲》等获得第十二届全国精神文明建设“五个一工程”奖；纪录片《人民大会堂》、《辛亥》，电视剧《甄嬛传》、《金婚风雨情》、《永不磨灭的番号》，电视形象片《这里是北京》、电视文艺节目《2011北京电视台春节联欢晚会》分别获得第二十六届中国电视金鹰奖。推进节目版权推广营销，广播节目发行覆盖26个省区市76家电台，实现节目版权销售收入达到35.25万元；电视节目发行覆盖23个省级电视台、29个地市台、11个主流网站，实现版权经营签约额3022万元。全年拍摄完成电视剧《南国有佳人》、《女人帮》、《买房夫妻》等6部217集，投资出品电影《飞跃老人院》、《大海啸之鲨口逃生》等3部，实现销售收入14326.64万元，其中电视剧9328.14万元，电影4998.5万元。

四、机制改革有序推进

完成北广传媒集团组建，构建北京广播电视台台属、台管、台控产业拓展平台和资本运营平台。规范企业法人治理结构，建立和完善董监事管理机制，发挥董事会作用，确保股东对重大事项的决策权、经营情况的知情权以及盈利的分红权，实现歌华有线、移动电视等8家公司分红1.27亿元。启动企业全面清理工作，计划清理的50家企业中，已清理完成9家，进入清理阶段的企业31家。北京电视台经营管理部与北京电视产业发展集团、动画节目中心与北京卡酷传媒有限公司分设工作准备就绪，北京紫禁城影业有限公司改革发展规划制定完成。歌华文化积极调整产业结构，发展以中华世纪坛世界艺术中心为平台的文化中心，以歌华天竺文化保税区为平台的贸易中心，以歌华北戴河国家文化融合发展创新示范区为平台的投融资中心。北京广播电视报社转企改制方案已上报市委宣传部，改制准备工作基本就绪。北京电视艺术中心有限公司实现转制后新公司与研究中心的一体化管理。北京广播电视媒资信息中心项目规划工作稳步推进。

五、经营创收迈上新台阶

北京电台、电视台发挥品牌和区位优势，创新广告经营机制、经营模式，分别实现广告收入7.24亿元和31亿元。北京广播公司探索产业经营新模式，着力打造内容产业，实现经营收入7.82亿元，同比增长19.2%，利润2867万元，是2011年的9.5倍。北京电视台整合产业资源，做强核心业务，台属全资、控股企业实现经营收入3.26亿元。歌华文化北京国际文化贸易服务中心建设有序推进；大山子文化保税中心一期建设顺利启动；北戴河国家文化融合发展创新示范区项目实施顺利，北戴河体验中心一期建成运营，实现产业化项目长期投资3亿元，经营收入5.6亿元，利润3100万元。歌华有线电视用户达到498万户，高清交互数字电视用户达到310万户，个人宽带用户19万户，飞视家庭用户12万户，集团数据业务超过2万线，新增高清交互业务广告经营收入1.1亿元。城市电视加大大屏建设和小屏业务拓展，实现经营收入4887万元、利润908万元。影视公司加大影视剧的营销力度，实现经营收入5535.12万元、利润934万元。音像公司开发音像礼品制作业务，承接城市电视终端维修、仓储、安装工程，实现营业收入583.7万元、利润16.3万元。置业公司理顺管理、降低人员成本，实现经营收入484.6万元、利润118.1万元。中广传播争取市文化产业支持资金，开拓终端市场，实现经营收入1012万元、利润65万元。北艺、中北、移动电视、地铁电视、鼎视、数字电视、瑞特、服务中心均完成全年经营指标。参股的人民网成功上市，市值翻5.11倍。全台实现经营收入88.61亿元，企业利润总额4.95亿元，上缴税费10.25亿元。

六、交流合作呈现新局面

开展对外交流合作，全面提升品牌影响力，完成北京广播电视台视觉标志工商注册，以北京广播电视台整体形象参加第七届北京文化创意产业博览会、第21届广播电影电视设备展、深圳文化创意产业博览会。落实《华北五省区市省级电视台发展战略协议》，举办品牌栏目制片人论坛；加强与中国传媒大学等高校科研机构和境外媒体的交流合作，提升节目的创意水平和节目质量。歌华文化与延庆县、秦皇岛市签署战略合作协议，与故宫博物院、国家对外演出集团合作开发大型城市主题文化剧目《紫禁城》。歌华有线与华数数字电视传媒集团、河北广电网络集团、广东广电网络公司等签署战略合作协议；推进与北京地铁运营有限公司的项目合作。

七、创意会展产业蓬勃发展

广播电视台成功举办2012北京国际数独大奖赛、中国数独锦标赛，成立北京市数独运动协会，被世界智力谜题联合会授权为中国唯一会员；首次代表中国组队参加第7届国际数独锦标赛、第21届世界谜题锦标赛，取得2013年第8届国际数独锦标赛主办权；出版数独书籍20余种，创办数独专业网站。数独运动市场化运作累计实现创收588万元，成为推进创意产业发展的新的经济增长点。歌华文化成功举办2012年“北京之光”新年系列活动、北京国际设计周、北京国际乐谷流行音乐季、北京国际电影节等大型展览和文艺演出活动，举办2012台湾“北京文化周”、《科学发展·成就辉煌》大型主题展览等重大会展活动，举办世界艺术展览全国巡展、国际演出项目全国巡演、创客嘉年华等大型主题展览，实现经营收入1.4亿元。

八、人才队伍素质不断提高

实施人才强台、人才兴台、人才立台战略，大力推行竞争性选拔任用工作，选人用人民主化、科学化程度得到提升；推进岗位管理工作，建立完善动态考核奖励机制；加快专业人才队伍建设，建立特约评论员队伍，提升主持人队伍素质，探索建立从业人员专业化、职业化上升通道；依托首都高校人才资源汇聚优势，推进台校合作，畅通人才引进渠道，扩大人才选拔范围；建立完善人才培训机制，制定实施各类人才培训计划，建设海峡两岸文化创意人才服务基地，全年共举办各类人才培训270项600期2.4万人次；坚持在实践中培养锻炼人才，推进“走、转、改”活动常态化，建立基层联系点445个，开辟专栏专题145个，参加“走、转、改”采编人员达到13750人次。在全年各类社会评奖中，全台所属单位和个人共荣获超过420个省部级以上奖项，获奖数量再创历史新高。

九、管理科学水平得到提升

全面落实广播电视播出传输的人防物防技防措施和值班值守、巡查维护、安全保卫等规章制度，全年电台停播率为0.09秒/百小时、电视台停播率为0.05秒/百小时，确保了重要会议、重大活动和重要节日等保障期的广播电视安全播出传输“零事故”。编发《北京广播电视台制度汇编》，建立比较完善的管理制度体系。完善对北京广播电视台直属单位的综合考评工作，将思想政治考核、经营绩效考核、领导干部年终述职述廉和民主测评情况相结合。加强审计工作，将除两台事业部分以外的所有企、事业单位合计115户纳入统一审计范围集中审计整改。推进质量管理认证工作，举办电台ISO9001质量管理体系认证做法、成效和经验交流推广会，移动电视公司通过ISO9001认证，成为全国首家获此认证的移动电视公司；歌华有线开展“服务质量建设年”活动。2012年，除电台、电视台和中广传播外的15家台直属单位的亏损面由46.7%下降到13.3%。

十、党的建设得到全面加强

台党委紧紧围绕加强党的先进性建设和基层党组织建设，以确保正确改革方向、推动健康发展为目标，把党的建设与改革发展紧密结合起来，做到同步规划、同步推进、同步落实。以迎接学习宣传贯彻党的十八大和市第十一次党代会为主线，结合北京市“五位一体”建设和文化创新与科技创新“双轮”驱动战略为重点，联系北京广电传媒业改革发展实际，全年共组织党委中心组理论学习18次。不断健全完善各级领导班子的议事规则、决策程序和工作制度。扎实推进干部管理制度建设，出台《台属事业单位领导干部选拔任用工作规定（试行）》、《台属企业单位领导干部选拔任用工作规定（试行）》、《领导干部选拔任用流程（试行）》等文件，对台属企业、事业单位领导干部实行分类管理，明确干部管理权限、选拔任用工作程序和工作流程，实行干部选拔任用工作纪实制度。先后对歌华文化副总经理等5个重要岗位进行竞争上岗、差额考察。推进基层党组织建设，全年推出“四强”党组织20个，“四优”党员40名、优秀党建工作创新项目5个。深入开展创先争优活动，开展 “立足本职岗位创佳绩，践行北京精神当先锋”主题实践活动。举办 “十佳员工”评选表彰活动，开展“学习十佳员工，践行北京精神”活动；落实党风廉政建设责任制，推进廉政风险防控和制度建设。

（北京广播电视台办公室）

北京人民广播电台概况

北京人民广播电台成立于1949年2月2日，原称北平新华广播电台、北平人民广播电台、北平新华广播电台第二台、北京市人民广播电台，1951年3月11日，改为北京人民广播电台，是北京市属的重要新闻机构之一，英文缩写为“RBC”。

拥有9套开路广播、15套有线调频广播、13套数字音频广播，试验播出4套数字视频广播、2个数据服务频道，每天播出346小时，其中无线播出189.8小时，总发射功率227.9千瓦。开办北京广播网、《音乐周刊》、《新广播》报、青檬网络电台、DAB移动多媒体广播、外语广播网络电台、广播网菠萝台，形成广播、网络、报刊互补的传播格局。

2012年主要工作：

一、宣传报道亮点频现，重点任务圆满完成

1.精心策划，完成重点主题宣传。紧紧围绕党的十八大、北京市第十一次党代会、“走转改”、经济文化体制创新等中央和北京市的中心工作以及群众关注的热点开展宣传报道，突出广播媒体的特色，圆满完成宣传任务。各专业广播及北京广播网先后开展全国与北京市“两会”、春节文化活动、学雷锋、旧城改造、植树造林、第二届北京国际电影节、抗击“7·21”特大自然灾害、伦敦奥运会、“神九”特别报道、记者走基层等重大主题宣传报道36项。

2.报道十八大，传播时代最强音。党的十八大宣传报道力度大、形式新，在会前、会

中、会后三个报道阶段各有侧重，体现“全频率参与、多媒体展现”的特点，发挥广播同期声报道特色，编排精心，感染力强，营造了学习、宣传、贯彻党的十八大精神的良好舆论氛围。截至11月底，全台推出相关栏目60多个，涌现出一批优秀作品。

3.报道民生，服务广大人民群众。《市民对话一把手》访谈节目以“说民生汇民意”为主题，约请39位市委办局、区县和有关国企一把手与市民对话，解答疑问，解决问题，受到市民和听评专家的肯定。《教育面对面》首次将直播间搬到校园和街道社区，把高招咨询服务送到考生和家长身边。“京津冀交通广播信息合作平台”9月12日启动，促成三地交通广播在公路、民航、铁路的信息共享。“十一”黄金周期间，交通广播20多位编辑记者主持人早晚集中直播“‘中秋’‘国庆’特别节目”，时长60小时，在全天各个时段播出交通广播及外地电台记者连线报道424条，采制录音消息24条，动态插播京津冀晋四省市高速公路路况信息634条，首个“高速路免费”报道取得成功。

4.宣传北京精神，承担媒体社会责任。与市委宣传部共同主办“雷锋精神”主题歌曲征集评选和推广活动，举办“榜样——2012首都弘扬雷锋精神”文艺晚会；新闻广播、交通广播、故事广播陆续推出“2012北京榜样评选”、“书写北京榜样、感受身边雷锋”、“帮助的力量”等大型主题活动，解读“北京精神”内涵，报道典型人物故事。整合九个专业广播及北京广播网、DAB多媒体广播等播出资源，多频率联播、多媒体同步直播，境外媒体跨地域播出，倾力打造11小时《“地球日”连线地球》特别节目，51个国家的驻华大使通过北京电台传播环保理念。启动 “京华四季美，声动中国节”传统节日特别策划，围绕清明、端午节等分别设计相关的主题活动和特别节目，立体、深入、生动地展现并弘扬中国传统文化风貌和内涵。

加强未成年人思想道德建设方面，先后举办“缅怀先贤，燕园立志”清明咏诵会、主持人与马兰小学学生一帮一结对子回访活动、第四届青少年外语艺术大赛北京邀请赛等关爱未成年人健康成长的宣传活动。年内，共组织“与马兰小学学生结对子”、向灾区捐赠数字收音机、救助白血病患儿等帮扶活动24次，募集钱物130多万元，受益群众3900多人，收到各方锦旗9面，表扬信百余封。

5.多方配合，形成宣传报道合力。抗击“7·21”特大自然灾害报道中，建立60人的报道组，派出记者300多人次在一线采访报道，播发稿件3800多条，播出时长约230小时。伦敦奥运会报道首次完成境外直播，并通过移动WIFI进行转播信号备份。组成13人的前方奥运报道组和20多人的北京报道团队，前后方通力配合，圆满完成任务。在伦敦直播间每天直播3.5小时的《龙腾不列颠》节目，与此相呼应的《奥运冲击波》节目从每天晚8点至次日凌晨6点播出。18天的奥运报道期间，每天播出17小时的特别节目，累计从前方发回录音新闻296个，与体育、交通、新闻广播连线158次，与中央电台及江苏、上海、湖南等电台连线33次，向中国广播联盟平台供稿60条，直接带动体育广播在奥运期间的收听率，市场份额上升至北京广播市场的第五位。11月3日至4日，北京部分地区突降暴雪，迅速启动应急预案，新闻、城管、交通广播共派出记者30多人次深入延庆等地连续采访报道70多个小时，共播发稿件450多条，北京广播网在第一时间推出网络专题，通过多媒体形式同步报道抗灾情况，中宣部新闻局给予高度肯定。

6.深入“走转改”，加强基层报道力度。各专业广播“走转改”常态化，开办专栏66个，播发稿件5328篇，北京广播网“走转改”专题新增音频文字报道191篇，图片博文62篇，视频报道29个。《走上京原铁路防洪线》、《“喜迎十八大、记者走基层”之文化北京万里行》等16篇作品被市委宣传部评为“走转改”优秀作品。各部门建立基层联系点43个，参加“走转改”达5148人次。

7.重视宣传管理，节目质量不断提高。组织节目评奖10余项，编发《监听报告》31期；版权管理出台12个范本合同。高效的管理带动节目质量的提升，《请跟我回家》节目获中国新闻奖一等奖，《日坛边上的大型会所，你到底从哪儿来？》和《如何在广播新闻报道中运用目标管理——北京新闻广播管理模式的新突破》获中国新闻奖二等奖；获全国精神文明建设“五个一”工程作品奖四项，占全市所有获奖作品的40%；《毛毛狗的故事口袋》栏目获全国少儿精品栏目发展专项资金的优秀少儿广播栏目一等奖及2012年广播电视创新创优广播栏目奖。

二、技术保障坚强有力，安全播出毫不松懈

全台累计播出时间70547.5小时，停播率为0.09秒/百小时。高标准完成全国和北京市两会及党代会、伦敦奥运会等大型报道的技术保障，并开展党的十八大安全播出大检查。更新网络机房音频服务器、主控机房停播告警器、微波机房同步发射机备机等设备，对804发射台的中波天线进行全面检查和维护，提高发射台自动化监控水平，确保安全播出。实施“数字音频广播无线覆盖三期项目”，在密云、怀柔、通州、房山四个郊区广播电视发射站点新建数字音频广播发射系统，资金投入1520余万元。

三、品牌活动丰富多彩，社会影响不断提升

举办第五届“听众喜爱的名牌栏目”评选、第五届全球华语广播栏目大赛、第七届原创新春祝福短信微博大赛、北京旅游人气榜、“北京最美乡村路”大型评选、第四届青少年外语艺术大赛北京邀请赛等数十个品牌活动。特别是2012年中歌榜群星演唱会，克服困难在台北小巨蛋体育馆成功举办，受众遍及各地，极大提升北京电台的品牌价值。这些品牌活动吸引各地、各界人士前来交流访问，全年接待考察访问80多批、1000余人次。据有关统计，北京电台收听率4.165%，市场份额达到72.401%，较2011年平均水平上升3.173个百分点，创2004年有数据记录以来市场份额的最高值。

四、新媒体建设取得新进展，台网融合继续深化

1.网站影响力不断扩大。进一步提升视频制作水平，制作各类网络专题70多个，创建公益频道，上线特色视频节目《播播会客厅》。北京广播网全年独立用户数达1263.1万人，同比增长10.3%。推出《北京电台网络数据月报》作为全台收听数据的重要补充。

2.新媒体发展有新突破。北京广播网菠萝台成为拓展市场空间的重要组成部分，参加北京文博会、深圳文博会、BRITV展等多个展会。强化“收听”与“互动”功能，已有11100多位网友注册为菠萝台用户，4600多个风格各异的菠萝台吸引28万次的播放量，专题页面访问量超过400万次。菠萝台获北京市广播电影电视局科技创新一等奖。悦龙数字广播公司完成推送式广播相关应用软件的升级开发，并研发新一代接收终端“听立方”，产品逐渐获得市场认可。

3.媒资版权管理系统稳步推进。进行“媒体资产管理与版权保护系统”开发，确定音频资料编目规范及著录标准体系，推进技术平台的搭建和功能模块的研发，档案管理业务系统、节目制播接口系统等模块初步完成。

五、广告经营平稳顺利，产业运营稳中求进

通过开发广告新产品、推出活动营销、为客户定制个性化服务等手段，确保全台经营创收顺利进行，全年总收入9.35亿元，其

中广告创收7.24亿元，资产总额19.62亿元，同比增长1%。北京广播公司稳妥推进公司本部及子公司业务的开展，进行企业清理。继续进行公司主体可经营资产剥离上市工作。探索新的产业经营模式，发展有资产支撑的实体经营，着力打造内容产业。全年实现经营收入7.82亿元，较上年增加19.2%，是2011年的9.5倍，资产总额5.73亿元，较2011年增加6.2%。节目制作中心外销项目35.25万元，销售范围覆盖全国26个省（区、市）的76家广播电台。

六、思想政治工作深入扎实，服务保障作用发挥明显

1.加强领导班子建设。落实党委中心组理论学习制度，积极组织班子成员参加上级的各种培训、轮训及市委宣传部双周五宣讲堂活动。贯彻民主集中制，落实“三重一大”制度，在重大决策、重要干部任免、重要项目安排和大额资金的使用上坚持集体研究决定。召开民主生活会，开展批评与自我批评，班子团结和谐。坚持每月一天台领导接待群众日制度，自觉抓整改，增强班子的凝聚力、向心力。

2.抓好员工的学习教育。制定《党员干部理论学习安排》和《党委中心组理论学习计划》，以学习贯彻党的十七届六中全会、市第十一次党代会和党的十八大精神为重点，加强理论武装。党的十八大召开后，及时用党的十八大精神统一员工思想，在全台掀起学习贯彻十八大精神的热潮。扎实开展学习践行“雷锋精神”、“北京精神”和向北京广播电视台“十佳”员工学习活动，深入推进企业文化建设，编辑出版《历程——北京人民广播电台历史影集》，“传承电台文化”主题教育活动，有效提高员工思想素质。

3.做好干部选拔和教育管理工作。按照《党政领导干部选拔任用工作条例》和干部工作有关规定选拔任用干部，通过竞争上岗、民主推荐、选举等方式，全年提拔任用9名副处级领导干部。加强后备干部队伍建设。做好处级领导干部年度、任期考核和试用期领导干部半年跟踪考察工作。

4.提高基层党建工作水平。组织党支部换届改选、量化考核和2011－2012年度党内先进评选工作，举办党支部书记培训班，完成党支部分类定级，开展创先争优活动。采取集中学习、参观见学、观看电教片等形式抓好党员经常性学习教育。

5.扎实推进党风廉政建设。制定《2012年反腐倡廉工作要点》及《2012年反腐倡廉建设主要任务分工》，组织各部门廉政风险自查，对25项防控制度进行修订，严格内部审计工作。

七、规章制度日臻完善，内部管理高效规范

1.质量管理工作有序进行。修订作业指导书63个。12月19日至21日，方圆标志认证集团专家审核组经过全面再认证审核，同意继续拥有ISO9001质量管理体系认证资格。

2.员工招聘及培训顺利完成。组织采编播人员业务、人力资源管理及团队建设、卡内基“高效能领导人”、员工职业生涯规划等培训讲座21次，外请专家及讲师14人、内请讲师35人。推荐下发书籍160多册。做好新员工岗前教育和赴井冈山44天业务培训。组织开展“英语角”活动47次。播放优秀电影156次。全年培训人数4352人次，总学时1140.5学时。

3.基础建设成果显著，安全保卫常抓不懈。新建804发射台食堂和酒仙桥宿舍区停车场，完成无锡古韵坊、无锡南丰御园及井冈山等培训基地的装修及验收，并规范相关管理制度。将固定资产管理全面纳入市财政局指定的固定资产管理动态系统，完成盘亏及报废设备、新资产录入等工作，合理调整全台的固定资产存量。更新证件管理和证卡识别系统，支持驻台武警“四防一体化”和“三共”建设，采取人防和技防相结合的措施，

确保各项安保任务的完成。

4.多项工作荣获表彰。荣获全国及北京市奖励的有19个集体、51名个人，130件（项）节目、广告、课题研究报告、技术成果等237人次获奖。北京广播公司被中宣部、文化部、广电总局、新闻出版总署授予“全国文化体制改革工作先进单位”称号，台党委荣获“北京市创先争优先进基层党组织”称号等。

（北京人民广播电台）

北京电视台概况

北京电视台成立于1979年5月16日，是北京市属的重要新闻机构之一，英文缩写“BTV”。

北京电视台已开办了BTV北京卫视、BTV新闻、BTV文艺、BTV科教、BTV影视、BTV财经、BTV体育、BTV生活、BTV青年、BTV卡酷少儿、BTV纪实等15个频道、播出12套节目，其中包括8个标清频道、4个高清频道、2个数字频道和1个外宣频道，每天播出时间近330个小时，全年播出时间120000个小时，是全国省级电视台节目播出量最多的电视台之一。北京卫视实现上星播出，截至2012年底，已在31个省会、直辖市全部落地，333个地级城市的覆盖率超过70%，区县级城市的覆盖率超过95%，覆盖总人口约8.6亿人。开办手机电视、IPTV、BRTN网站等新媒体，形成多媒体互补的传播格局。

2012年主要工作：

一、党的十八大等重点报道广受好评

党的十八大宣传报道持续深入。紧紧围绕迎接学习宣传贯彻党的十八大这条主线，统筹资源，精心策划，形成以北京卫视和新闻频道为龙头、各频道协调联动，新闻报道与大型专题片、纪录片和影视剧展播等多种形式相结合的宣传报道体系。以“科学发展，成就辉煌”为主题，深入开展迎接十八大“走转改”大型采访活动，推出《基层看变化，喜迎十八大》等7个专栏、《党在百姓心中》等3个系列节目，策划大型新闻行动“绿色的召唤”。开辟“十八大特别报道”新闻板块，推出《家国十年》、《聚焦十八大》等专题节目，制作播出《空中看北京》航拍专题片，受到上级好评。展播红色纪录片和全国精神文明建设“五个一工程”奖电视剧，为深入学习宣传贯彻十八大精神营造良好的舆论氛围。

组建200多人的报道团队全程报道市第十一次党代会，首次搭建前方演播室，创市党代会报道多项纪录。做好全国和北京市“两会”报道工作，播发新闻、专题近300条。做好“7·21”抗洪救灾宣传报道，推出连续17小时的大型直播节目，创应对突发事件连续直播时间最长纪录；新闻等7个频道累计派出编辑记者1000余人次，播发相关新闻报道1000余条。圆满完成世界草莓大会、首届京交会、科技周、京广高铁通车、四条地铁开通等60多场大型新闻直播任务。

核心价值体系宣传报道生动鲜活。弘扬社会主义核心价值体系，推出一大批专题专栏和公益广告。《北京新闻》开设“践行北京精神，传承中华美德”专栏，北京卫视推出《好人故事》栏目，弘扬道德典范。各频道品牌栏目分别策划推出相关专题专栏，宣传社会各界对北京精神的认识和实践。新闻频道和北京卫视分别推出“续写雷锋日记”、《雷锋 身边》等大型活动，以“弘扬北京精神，做文明有礼的北京人”为主线，公共文明引导和“绿色出行”等主题报道，营造文明城市氛围。成立公益广告策划制作团队，全年播出公益广告200余版4万余次。

二、内容生产迈上新台阶

品质媒体建设取得新进展。与中国传媒大学共同研究制定内容生产格局与节目改版优化方案，推出《北京电视台节目创新工作办法》，推动节目创新常态化；启动播音员、主持人管理体系建设，探索开展播音、主持业务监评工作。2012年北京电视台节目在北京地区收视份额为38.59%，保持收视领先优势。

频道品牌形象得到彰显。各频道认真落实自身定位理念，调整栏目设置，突出频道特色，品牌形象建设取得重要进展。

北京卫视：按照"新闻立台、文化立台、深度立台、精品立台"理念，不断推进频道改版和节目升级，初步形成新闻与文化节目"双驱动"格局。品牌栏目《养生堂》、《档案》全国影响力进一步增强，新推出"走转改"新闻纪实栏目《身边》、新闻访谈栏目《全景对话》和城市形象宣传栏目《今日京华》，打造高品质纪录片平台，开展综艺节目创新，并策划推出"春华秋实——北京电视剧颁奖晚会"及系列访谈等多个大型文化活动和节目，成功举办奥运主题晚会，综合品质和整体形象不断提升。

文艺频道：立足"轻松、快乐、好看"的频道定位，制作播出66台文化深厚、艺术精湛的晚会和大型活动。其中"2012年北京电视台春节联欢晚会"收视率合计达19.13%，市场份额47.61%，创历年新高；携手港澳台媒体共同打造"天涯共此时——卢沟晓月2012年中秋晚会"，首次实现北京、香港、澳门、台北四地电视同步直播。采用差异化竞争策略调整频道格局，策划创办《脱口而出》、大型互动音乐节目《荣耀唱响》、全景式访谈《春妮的周末时光》，节目品质与品位明显提升。

科教频道：创建社会"大教育"课堂，实施午间法治节目时段资源整合，强化"科教"特色，策划推出全频道联动式"北京科技周"主题报道和系列特别活动，社会反响良好；改版推出《大讲堂》、《奇妙实验室》等新栏目，提升了节目品质与社会影响。

影视频道：加强首都剧场主题化编排，播出《一个鬼子都不留》、《黑虎》等多部收视超过7.0%的优秀作品；开发影视资源，推出影视资讯栏目《天天影视圈》，丰富内容结构，实现频道收视稳中有升。

财经频道：增强专业性、高端性和国际性，与新华社合作推出《环球财讯》，策划"中国经济新春论坛"活动，凸显全球视野；新推《财经锋汇》、《首都经济报道》等栏目加强基层经济领域主题策划，节目样态进一步升级。

体育频道：深挖赛事资源，圆满完成伦敦奥运会、欧锦赛等国际重大比赛报道，紧扣首都体育成绩，创频道收视新高；转播技术、在线包装取得长足进步，足球转播成为全国第一品牌；第二届环京赛顺利完成1850分钟国际信号传送，成功实现面向近百个国家和地区的现场直播。

生活频道：着力搭建都市生活服务平台，新推出的生活资讯旗舰栏目《生活2012》和深度访谈《生活面对面》，强化婚恋节目《选择》的"真实"与"服务"理念，策划推出"生活八大员"、"大爱正心"等多个品牌和公益活动，凝聚了频道人气。

青年频道：推出成熟栏目品牌产品群、大型活动频道资源群，《军情解码》打造国防教育优质平台，受到国家广电总局高度评价；《环球春晚》、《光影流金——第二届北京国际电影节开幕式》文艺晚会等多项大型高端晚会，在国内外产生广泛影响。

新闻频道：着力打造"北京新闻"频道品牌，新闻报道容量、常态直播能力和深度评论水平显著提升，推出《本周锐评》、《北京新发现》等五档新栏目，策划"美丽乡村"、

“温暖一家亲”等多个活动，制作播出庆祝北京人民艺术剧院成立60周年人文纪录片《人民的艺术》及大型直播节目，彰显主流价值与独特新闻气质。

卡酷少儿频道：定位“我们一起成长”理念，继续领跑全国同类媒体，动画剧场迈向片源类型化、排片主题化，新推行为实验节目《和自己对话》、手偶综艺节目《蹦蹦跳跳》、低幼节目《幼乐园》，策划“童乐六一”100小时特别节目，提升了频道品牌影响力。

纪实高清频道：构建高端纪实文化平台，纪录片资讯栏目《全景》获国内外业界高度评价，推出午间纪实栏目《昨天的故事》，与中视协共同发起并联合承办《文化：中国的故事》纪录片展映活动，创建北京国际纪实影像创意产业基地，与团市委共同推出首届“首都大学生纪录片节”活动，彰显文化影响力。

大力实施精品战略。推出一批叫得响、留得住、传得开、卖得好的精品力作。全台近200个节目奖项，其中国家级奖项13个。在第22届中国新闻奖评比中，《北京告别91年钢铁生产历史》获电视消息二等奖；《无名小镇变身国际乐谷》获国际传播电视专题三等奖。在“2012年中国电视金鹰奖”评选中，《2011北京电视台春节联欢晚会》获优秀电视文艺节目；张栗坤获优秀电视节目主持人；《人民大会堂》、《辛亥》获优秀电视纪录片；《这里是北京》获优秀电视形象片；《永不磨灭的番号》获优秀电视剧。《文物安全会，开成了“瞌睡”会》、《档案》、《吴玉禄和他的“孩子们”》获2009—2010年度中国广播影视大奖优秀电视节目奖。张栗坤、王向真分别获得2012年度“金话筒”电视播音员主持人奖和电视主持作品奖。2012年“主春晚”获中视协“2012全国春节文艺晚会最佳作品”，环球春晚、网络春晚、动画春晚等获多项优秀奖。由北京紫禁城影业公司投资出品的《惊沙》、《第一书记》、《杨善洲》等影片获第十二届全国精神文明建设“五个一工程”奖。

三、媒体传播力影响力显著增强

开辟外宣新平台“美国中文电视英语频道”，每天1小时向纽约观众播出北京电视台12档优秀栏目。BTV国际频道在长城平台地方台评比中评为双A级别，名列第一。制作反映北京风貌、时代脉搏和国际特色的英语新闻50条，在CNN等境外媒体播出。开展双向文化交流，做好《环球春晚》、《你好，俄罗斯》等特别节目，制作反映外国人在北京的系列短片《我在北京》在国外主流媒体播出，制作反映首都劳动者的《幸福绽放》宣传片在香港户外播放。动画片《我们小孩有力量》出口至马来西亚、文莱等地区IPTV。

举办首届华北五省区市省级电视台品牌栏目制片人论坛，开展华北板块媒体合作交流。与全国各省、市级电视台新闻资源合作共享，被中国公共电视新闻网授予年度最佳协作奖。全年接待140余批国内外考察交流访问团。向中央电视台报送新闻6000余条，播出1200余条次，其中《新闻联播》播出142条，比2011年提升50%，《京城暴雨夜：流淌温暖与感动》作为《新闻联播》头条播出。

提升精细化营销水平，成功将9个频道46档节目发行到全国23个省级台、29个地市台和新浪、搜狐、土豆等32个新媒体。推进互动新媒体业务和全国电视栏目版权交易电子商务平台开发，对外传输2000小时、存储8000小时，初步建立新媒体版权发行媒资库。《星游记》、《嘻哈乐翻天》等多部动画片销售到上海、江苏等卫视，与爱奇艺、厚德资本等达成合作意向。动画衍生产业 “BTV卡酷App Store电子书库”在北美上线，主投网页游戏《超音马力》，与新世界出版社等多家图书音像出版单位建立合作意向。

四、技术改造和创新稳步提升

安全生产播出目标圆满实现。全年14个播出频道播出110023.7小时，停播率为0.05秒/

百小时，比2011年降低91%。确保十八大等重要时期播出安全零事故，获得市广电局等单位联合举办的“十八大安全播出百日竞赛”先进单位。高标清节目制播体系运行平稳，日首播量、备播库及媒资系统存储量比2011年均有不同程度提升；全台节目后期制作量约112万小时，比2011年提升25.5%。

技术创新应用取得重要成果。圆满完成高清一期工程建设目标，高清二期完成总工程的70 %。体育频道成功转入高清制作，具备高标清同播的技术条件。媒资系统完成近25万盘磁带的数字化转换，保存节目素材33.3万小时。3G回传平台、在线虚拟包装系统得到充分运用。完善3D电视节目生产流程，完成每天向中央电视台3D试验频道提供1小时的制作任务，全年储备节目144小时；全国电视台第一辆3D电视转播车交付使用；3D电视技术应用水平保持全国领先。全年技术类获奖63项，其中国家级奖项55个。

五、新媒体建设快速推进

整合新媒体资源，工作基地基本落成。成立新媒体发展中心，探索新兴媒体内容生产、运营创收和队伍建设等模式。北京网络广播电视台装修工程完工，技术工程有序推进，多项硬件改造和系统调试圆满完成。改版BTV在线网站，创办“滚动新闻”频道，网络视频直播量增长52%。

北京IPTV各项开播准备完成。与中国网络电视台、北京联通签署三方合作协议，IPTV业务实现测试播出。年内下发电视直播频道80路，为全国最全集成平台，加载点播内容逾10000小时，推出10余路IPTV轮播频道。IPTV播控平台系统测试运维平稳，完成EPG系统改版升级，确定IPTV增值业务与产品上线流程，已上线测试增值应用约30款，为推进IPTV商业化运营奠定基础。

BRTN网站建设有序推进。完成BRTN网站内容框架、逻辑框架及互动产品的设计、系列中英文域名及无线网址的设置管理，完成相关统计分析服务、搜索引擎优化、页面及移动互联网内容设置规划与产品应用规划，BRTN网站基本完成上线准备。

六、经营创收迈上新台阶

调整广告经营思路，以“客户开发”和“资源销售”为主线，以“研究市场”和“广告前移”为营销手段，全面提升创收能力。首次举行大型开放式广告招商会，吸引700余位客户代表参加，推出“签约预售”方式，现场销售额近亿元；针对优质资源创新广告招标模式，实现4570万元签约额，平均溢价超过50%；规范植入广告经营，推动节目生产与广告经营融合增效；走访百家重点客户；实现广告创收31亿元。整合产业经营资源，理顺事业、产业的关系，开展台属企业财务专项审计，规范议事决策审批流程，修订公司章程及重大事项报告制度等。全年台属全资、控股企业实现创收32631万元。

推动影视剧本储备、拍摄制作和发行销售工作，北京紫禁城影业公司投资出品的电影《我愿意》、《飞跃老人院》、《大海啸之鲨口逃生》等票房超过2亿元；将《隐婚男女》等多部电影发行至欧洲、东南亚等国家和地区，创收1635万元；推进电影《狼图腾》、《孙悟空大闹天宫》、《小时代》，动画电影《摩尔庄园2：海妖宝藏》及真人电影《我爱灰太狼》，以及电视剧《丰泽园》、《永不低头》的投资拍摄。其中儿童电影《我爱灰太狼》以7000多万元摘得2012年同类片票房之冠。

七、人才队伍建设力度加大

“走转改”活动不断深化。继续开展走基层活动，全年采编人员深入一线采访报道8500人次，开办《我在基层》等专栏70多个，播发稿件2000余篇。全台建立基层联系点380个，基层联络机制进一步完善。全年组织开展教育引导、节目策划、健全机制、研究总结等方面18项工作任务，推动“走转改”常态化。推出《绿染京城》、《老楼新生记》等10余个“走转改”专题专栏，包括《身边蹲点日记——生命缘》节目，获得广泛好评。开展两次“走转改”新闻作品“最难忘的镜头”评选活动，评出获奖作品30件。

人才队伍建设有序推进。全年调整中层干部32人次，其中提拔任用8人，岗位交流15人，开展6个中层干部职位竞争上岗，26人进行试用期满考核。出台“定岗、定编、定员”方案，深化岗位管理和收入分配制度改革，启动薪酬和绩效管理体系设计工作。首次开展“十佳”系列员工评选活动。

教育培训力度加大。举办9期科长、制片人岗位能力培训班。加大对核心岗位人才的培养力度，组织58名业务骨干参加境外培训；首次举办播音主持双语人才培训，选拔8名人员赴美国进行理论学习和实战训练。举办BTV夜校系列讲座10期、采编业务类培训14期、播音主持类培训5期、技术类培训44期、管理类培训41期，全台7000余人次参加培训。

（北京电视台　冯平）

北京歌华文化发展集团概况

北京歌华文化发展集团成立于1997年12月，是北京市的大型文化机构。拥有中华世纪坛世界艺术中心、国家对外文化贸易基地（北京国际文化贸易服务中心）、歌华大厦投融资中心三大平台，构建文化创意设计服务、文化内容集散服务、文化贸易服务、文化金融服务、文化信息服务、文化设施运营服务六大文化服务体系。

2012年是集团实施跨越式发展的第一年，主要工作：

一、坚持创新发展，完成全年工作目标

重点围绕三条主线：一是产业化带动项目的推进；二是重大品牌项目的引领；三是自有文化设施的经营。通过努力，各项工作均完成总体的目标，产业化项目取得阶段性进展，品牌项目赢得巨大的社会声誉，经营基础进一步加强。全年通过多渠道筹集资金的方式实现产业化项目长期投资近3亿元，保证了产业化项目的全面启动实施，实现经营收入5.6亿元，利润3100万元，超额完成年度经营计划。

二、深化企业改革，初步形成跨越式发展架构

推进体系化建设，形成集团、中心、专业化公司三级协同的专业化管理体系，为集团化管理、决策、服务、运行机制的优化进行积极的探索。推进绩效考核，调动员工的积极性。及时调整集团的管理架构，将原三个中心调整为新的三个中心，形成以文化内容集成运营为主的文化中心，操作载体是建设中华世纪坛世界艺术中心；以文化贸易为主营业务的贸易中心，操作载体是国家对外文化贸易基地（北京国际文化贸易服务中心）；以文化投融资为核心业务的投融资服务平台，操作载体是歌华大厦投融资中心。企业的清理整顿全面推进，按“三定一明确”的原则对60家企业进行梳理，确定保留35个。列入清理整顿25个，实现清撤的3家、办理转股手续的4家、进入审批程序的3家。历史遗留问题的清理有重大进展，华北大酒店“贷款担保案”彻底解决，挽回损失约6000万元；歌华大厦资产无偿划归集团，为集团缓缴、免缴大量清税资金。人力资源管理工作扩展高端人力资源服务平台，建设海峡两岸文化创意人才服务基地。

三、发挥协同优势，用品牌提升文化服务专业力

2012年是集团操作大型项目最多的年份之一。标志性活动和品牌项目有：北京

国际设计周、北京国际电影节电影洽商、中国乐谷国际流行音乐季、《科学发展·成就辉煌》大型主题展览、"北京之光"新年系列活动、世界艺术展览全国巡展、国际演出项目全国巡演、创客嘉年华等。项目操作水平比往年均有较大的提升：集团统筹、一体化操作的能力进一步加强，如北京国际设计周、《科学发展·成就辉煌》大型主题展览、"北京之光"新年系列活动等，充分发挥了集团各专业化公司、各部门协同作战的优势。大项目资金规模增加， 其中6个重点项目业务收入达1.4亿元，对集团主管业务收入和利润增长做出较大贡献。项目创意设计能力有较大提升。如北京国际设计周项目策划以"设计改善民生"为切入点的12间室内设计项目、云设计平台——知识产权保护系统、创意策划嘉年华和新年活动"北京之光"等，都体现创意策划的价值。文化服务能力有所提升，《古典与唯美》等艺术展览、BIGBAND2012等现场演出项目全国巡展、巡演的举办，积累相应的经验和能力。重视项目的宣传，取得较好的效果。《人民日报》、央视新闻联播和境外主流媒体对集团业务和项目的报道篇幅和时长达到新高。据不完全统计，以歌华集团为主操作的项目上中央电视台新闻联播的超过8次，媒体覆盖范围、品牌影响力大大提升。

四、锐意进取，产业化项目取得重大进展

在北京市委宣传部、北京广播电视台的倾力支持下，完成国家对外文化贸易基地（北京国际文化贸易服务中心）项目规划、建设、业务体系搭建、投融资等目标。明确四个发展定位。文化部批准为国家对外文化贸易基地、北京市走出去重大平台。完成三个功能区的规划，体量与功能达到世界先进水平。形成四位一体的文化贸易中心的格局，即天竺文化保税区、大山子文化保税中心、北京文化艺术保护中心、北京艺术品联合交易中心。完成2012年的土地购置、规划设计、建设施工任务。集聚区建设的18万平方米实现正负零，部分建筑出地面。园区的运营板块和艺术品产业板块与国际领军企业的合作，按世界一流标准规划保税区业态。多渠道筹集资金，解决项目所需资金问题。实验性开展文化保税业务，为保税区运营积累了经验。

歌华营地是歌华集团完成文化融合创新发展的试验性项目，作为剧场院线的模式进行实验，取得阶段性进展，得到中央和北京市、河北省领导的肯定。

（北京歌华文化发展集团）

北京歌华有线电视网络股份有限公司概况

北京歌华有线电视网络股份有限公司成立于1999年9月。 2001年，在上海证券交易所上市（股票代码600037）。2002年在全国率先实现 "一市一网"。"歌华有线"拥有15家分公司和5家子公司，连续三届入选全国文化企业30强，连续六年被评为上交所上市公司治理样板企业。2012年被中宣部等四部门评为全国文化体制改革工作先进单位。

网络集成数字广播电视节目 168套、数字广播节目16套；有线网络总长 16.9万公里，其中光缆干线4.17万公里、电缆干线12.73万公里；有线电视注册用户数498.6万户，其中高清交互数字电视用户310.85万户；个人宽带用户19万户，飞视家庭用户12万户，集团数据业务2万线以上。2012年，经营收入22.03亿元，增长16.06%，利润2.97亿元。

2012年，主要工作：

一、圆满完成安全传输保障任务

成立党的“十八大”安全传输保障组织机构，启动应急机制，全年组织3次全网安全传输隐患排查整改工作，加强代表驻地服务保障，逐一排查驻地网络情况，组织《十八大警企联动工作部署会》，圆满完成“十八大”安全传输保障工作。

二、推进基础网络和技术建设

网络基础设施建设方面：累计开通双向网450余万户；完成城区169条道路的架空线入地工作。完成10余个二级机房的整备、扩容和UPS系统升级；为179个新建住宅项目办理《信号接入证明》。完成数据业务接入任务近1400项。完成直播卫星“户户通”工作，涉及6个区县、4500余户。完成有线广播“村村响”工程，涉及4个区县、155个行政村。

技术研发和系统平台建设方面：完成支持330万用户规模的高清交互数字电视平台系统的优化扩容工作。综合业务运营支撑系统（IBOSS）二期投入使用。开通工行、农商行自助缴费终端缴纳个人宽带业务和付费节目费用的渠道。完成GIS二期系统与GIS一期系统的整合工作。办公自动化系统（OA）项目进入试运行阶段。

三、推进高清交互推广工作

制定2012—2015年高清交互推广方案，获市政府批准。积极开展非居民用户数字化工作。截至2012年底，累计实现358家宾馆酒店、医院的数字化工作。同时，积极推动与电视机厂家合作开发一体机，取得阶段性进展。

四、做大做强做优高清平台

高清交互平台在线视频节目超过2.1万小时，新增“北广高清”付费节目，新增“北京数字学校”、“新闻纵览”、“综艺荟萃”、“交通罚款”、“数字文化社区”、“街道资讯”、“电视银行”和“读书林”等应用栏目，累计上线应用30余项。完成“收视统计系统”的开发部署工作。数据统计显示 “歌华点播”日点击量达到70余万次，“电视回看”的日点击量突破190余万次。全业务体验厅正式建成并投入使用。完善广告运营体制，优化广告产品，开发新广告产品，建立收视数据监测服务体系。

五、稳妥推进三网融合工作

申请有关电信业务牌照，工信部批复同意歌华有线开展基于有线电视网的互联网接入业务、互联网数据传送增值业务、国内IP语音业务。对宽带进行免费升级，适应市场需求推出30M高带宽和两年长账期等产品，个人宽带业务实现突破。完成多个专网项目的签约和建设，全年实际开通2000多条线路，集团数据业务稳步发展。飞视家庭业务正式走向市场，已自主建设300余个飞视热点，并与广东省网、河北省网达成飞视合作协议。“数字学校”在高清交互平台正式上线，栏目总播放次数160万人次，总播放时长37万小时。将有线网络引入街道社区文化站，数字文化社区建设稳步推进。已搭建IP语音及多媒体通信试验平台，试验可视电视电话业务。

六、全面提升用户服务水平

启动 “服务质量建设年”活动。完成高清交互平台及应用系统的升级优化；完成全部机顶盒性能优化升级。进一步安装回传通道监测系统，覆盖用户300余万户；加强缓存及镜像建设，丰富内网资源。制定《营业厅服务管理体系V3.0》；建立健全营业厅服务质量考评体系；开展“服务进社区”等多项活动。完成自助语音服务流程优化和短信平台建设，实现网上报装、电视营业厅交通罚款缴费、宽带业务续费和业务账户支付等功能。制定、完善《城区分配网络全业务维护管理模式实施细则》等制度办法；实现分配网络“一站式”运维服务。

七、做好公司运营管理工作

制定《内部控制发展规划（2012—2016年）》，内控制度全面运行。召开股东大会、董事会、监事会，完成30多项信息披露等证券事务工作。制定招标采购和物资管理制度，全年完成各类招标项目46个，比预算节省21.2%。加强投融资工作，获得上市公司AAA级最高评级，增资入股上海文广互动公司。加强人力资源管理，组织各类培训30期、2600人次，制定《分公司组织机构设置及人员管理暂行规定》、《分公司全成本绩效考核办法》。启动“营改增”试点工作，制定《公司全成本核算办法》。制定《科技创新奖励管理办法》、《实验测试管理制度》，完成10项科技项目的立项。

八、加强思想政治工作

以迎接、学习、贯彻党的十八大为主线，充分发挥党组织核心作用，在党建和思想政治工作方面，组织党员干部员工专题学习党的十八大和市十一次党代会精神并配发各类学习书籍材料；扎实推进基层党组织建设年活动，开展分类定级民主评议工作；大力推进惩治和预防腐败体系建设，逐层签订廉洁从业责任书；积极开展企业文化建设，获得“首都文明单位”称号。

（北京歌华有线电视网络股份有限公司）

北京电视艺术中心有限公司概况

原北京电视艺术中心是北京市属生产电视剧的专业艺术机构之一，成立于1982年9月。2010年8月4日转企改制，更名为北京电视艺术中心有限公司，主要从事影视创作、策划、制作、营销等业务。

拥有剧本创研中心、导演和编剧工作室。下属公司为北京电视艺术中心音像出版社有限公司。截至2012年，共生产电视剧196部、3203集，译制片百余部千余集，及一大批专题片。多部优秀作品获得多个“金鹰奖”、“飞天奖”、全国精神文明建设“五个一工程”奖，并取得连获全国大奖的四连冠佳绩。2012年主要工作：

一、艺术生产

继续实施精品战略，题材探索多样化风格。主要有6部：与苏州盛典文化投资合伙企业、北京北奥影视传媒有限公司合作拍摄长篇悬疑情感电视剧《诱惑》；与安徽广播电视台、秦海影业文化传播（上海）有限公司合作拍摄电视剧《头牌》；与海军政治部电视艺术中心和海上思路国际影视文化传媒（北京）有限公司合作拍摄16集电视剧《刘少奇故事续集》；与东阳市花儿影视文化有限公司合作拍摄40集电视剧《新编辑部故事》进入发行阶段；与安徽广播电视台华星投资传媒有限公司、广东电视台广视传媒有限公司、深圳长征影视文化传播有限公司合作拍摄36集电视剧《杀尽豺狼》；与上海银润传媒广告有限公司、海宁银润影业有限公司合作拍摄35集电视剧《婚前协议》。

二、筹拍剧目

继续抓精品创作，抓剧本储备。做好电视剧《负二代的幸福生活》、《新渴望》、《金融街》、《铁道卫士》、《铁血军歌》、《女大当孕》、《含苞欲放的年代》的剧本创作和筹拍工作。

三、经营销售

主要进行电视剧《房战》、《新编辑部故事》、《女人帮》3部以及有关二轮剧的销售，全年总销售额度近1500万元。

四、获奖情况

1．艺术总监、导演郑晓龙凭借电视剧《甄嬛传》获得第十八届上海电视节白玉兰奖电视剧单元“最佳导演奖”。

2．电视剧《金婚风雨情》和《甄嬛传》摘得第九届全国十佳电视制片“优秀电视剧奖”。

3．电视剧《甄嬛传》荣获第二十六届中国电视金鹰奖“优秀电视剧奖”。

4．在“北京电视剧辉煌30年”活动中，有7部电视剧获得“经典电视剧”殊荣，分别为《四世同堂》、《渴望》、《北京人在纽约》、《编辑部的故事》、《便衣警察》、《贫嘴张大民的幸福生活》、《金婚》；9首主题曲获“经典电视剧歌曲”奖，分别为《千万次的问》、《渴望》、《好人一生平安》、《投入的爱一次》、《日子》、《少年壮志不言愁》、《重整河山待后生》、《月亮之歌》、《爱如空气》获30首“经典电视剧歌曲”；艺术总监郑晓龙、创作总监李晓明获30名“优秀电视剧工作者”。

5．电视剧《甄嬛传》获得第八届华鼎奖“最佳制作机构奖”，签约演员李立群获得第八届华鼎奖“老百姓最喜爱十佳电视明星奖”。

6．电视剧《甄嬛传》获第四届澳门国际电影节暨第三届澳门国际电视节“最佳电视剧奖”，导演郑晓龙获“最佳电视剧导演奖”。

（北京电视艺术中心有限公司）

北京中北电视艺术中心有限公司概况

北京中北电视艺术中心有限公司是北京市属生产电视剧的专业艺术机构之一，成立于2003年7月，是由1995年成立的北京中北电视艺术中心转制重建，产业化改革试点单位之一，主要从事影视创作、策划、制作、营销等业务。

2012年主要工作：

调整战略部署，确立目标任务。更新观念，调整提升队伍的政治思想业务素质，激发员工积极性与创造力，深入研究影视节目市场需求和品牌战略，全力以赴谋发展，坚持创作优秀的作品，在精品力作上狠下工夫，积极开拓新型受众市场，力求在主营业务上取得重大突破。投资拍摄的39集电视连续剧《南国有佳人》，内涵深刻丰富，可看性强，向全国发行销售。投资拍摄的31集电视连续剧《内线前传》为《内线》姐妹篇，完成制作并安排发行销售。认真抓好跨年度电视连续剧《儿女成群》、《金蝴蝶》等剧本创作与制作生产规划的落实。

加强队伍建设，开展“创先争优”活动。深入贯彻党的十八大精神，认真抓好政治理论和业务学习，抓好各级干部的廉洁自律教育和监管，在工作实践中力求严格把关，不断健全完善适应市场的监管方法，不断完善人财物管理流程，实施领导干部分工负责制，制定党风廉政建设和反腐败工作任务分工表，定期检查不断改进；领导班子坚持用“五个好”、“五带头”培养全体员工创先争优，确保事业有序持续发展。年内，公司荣获“2011年度文化创意十佳企业”。

（北京中北电视艺术中心有限公司）

北京广播电视报社概况

北京广播电视报社成立于1988年9月，是北京市属广电系统的传媒机构。办有《北京广播电视报》系列周报、《北京电视》周刊、《北京房地产》杂志（月刊）；下辖北广报刊网及数字电视《置业频道》。

《北京广播电视报》的前身，是北京人民广播电台1953年4月12日创办的《广播周报》。1988年9月成立北京广播电视报社。1989年1月，实行自办发行。最高单期曾创115万份的发行记录。1995年创办《北京电视》周刊。2002年9月创办《北京广播电视报人物周刊》。2005年，取得数字电视《置业频道》的经营权并正式开播。同年还创建北广报刊网。

2012年主要工作：

开设迎接党的“十八大”“走转改”主题版面，以“读百姓故事，看今昔变化”为主题，走近京城普通百姓，先后刊发《我家换车记》、《老知青圆了幸福梦》、《笔记本进入寻常百姓家》等20多篇民生报道。坚持践行“走、转、改”，把目光和笔触对准“两台”一线人员、对准京城普通百姓；宣传北京精神，宣扬真善美和社会新风尚，推出4期“北京精神系列报道”；深入“两台”一线，报道屏幕背后的普通人；开设《情暖社区》版，刊发多篇独家采访社区“北京好人”的稿件，开设读者评论版——《众评》，记者走进百姓家庭，在《边访边论》和《观众口碑》中倾听观众听众对广播电视的真知灼见；组织“读者观察团”每期就广播影视现象或热点话题定向对读者进行采访，发布读者的观点。

在加强业内服务方面，大力宣传“两台”，强化对“两台”大型活动、名栏目、节目及主持人的报道。全年独家采访19位电视主持人、12位广播主持人。策划推出新媒体系列报道《走近京城新媒体——系列报道》，为歌华有线、城市电视、移动电视、北京电台等合作单位做《解密机顶盒》、《移动电视讲述温暖的城事》、《广播可以这样听》、《移动电视，流动的温暖》、《手机电视：掌上视频新时代》等专题报道。

根据市场形势变化，调整经营战略，亏损额度有所下降。主营报刊维持上年广告经营额度和发行规模，尽管整体经营环境不利，全年广告收入有所增加。充分利用平面媒体的平台及资讯资源，与社会文化娱乐公司开展宣传合作，开辟书画文化类专版；与凤凰网达成协议，作为娱乐资讯提供商在无需增加任何投入的情况下，为报社增加40万元收入；与北京中广传播公司进行项目合作，为晴彩手机报平台提供新闻及生活服务内容编辑制作服务，开辟新的收入来源。同时还探索与一些产品商家合作，利用各自资源优势，创新平面媒体经营模式，开辟报纸平面购物平台。在发行上除邮局销售主渠道之外，开辟新渠道，与法制晚报签订2013年度报纸夹带合作协议，二报一刊订阅数量与2011年基本持平。

（北京广播电视报社）

北京音像公司概况

北京音像公司是北京广播电视台的全资子公司，始建于1979年，原称北京市广播电视服务公司。1985年7月，北京市广播电视服务公司与北京音像出版社合并成立北京音像公司。2006年5月，在全国出版行业中率先完成“事转企”体制改革，是具有音像制品出版发行、录音录像、节目复制、境外音像制品引进出版和影视节目制作、电视剧（乙级）拍摄等多种经营范围的国有企业。

30多年来，始终以弘扬民族传统文化为宗旨，录制上万小时的包括民族声乐、器乐、戏剧、曲艺、通俗歌曲、外语教学、少儿节目等方面的节目，出版、发行上千品种的音像制品，拍摄《姊妹行》、《军魂》、《康熙大帝》等多部电视连续剧，以及《成语故事》、《星星点灯》、《张灯结彩》等电视系列短剧和《雍和宫》、《孙中山在北京》、《侯宝林》等专题片，其中有些电视剧和专题片还远销海外；同时，还引进出版美国、加拿大、法国、俄罗斯、日本、香港、台湾等国家和地区的优秀作品，在业内形成自己独特的内容风格和良好出版资质。近年来，重点录制反映改革开放成果和百姓喜爱的影视流行歌曲系列《时光倒流二十年》、《张勇吉他》系列专辑、赈灾公益歌曲《汇爱成川　点燃希望》、《中国时尚民乐》专辑和国庆60周年大庆献礼作品、北京市出版工程项目《歌声回首六十年》经典歌曲专辑，出版发行由著名导演张艺谋导演的鸟巢版大型景观歌剧《图兰朵》DVD和电视连续剧《最后的王爷》、《老师错了》、《原谅》等。公司多次获得国家和北京市颁发的奖项。

2012年，承揽大型企业和机关团体音像产品、礼品制作任务，重点加强与张艺谋团队印象艺术有限公司合作，采访制作《印象》系列产品。中标承担北京市广播电影电视局《2012年影视剧精品》制作和《影院安全宣传片》动漫制作项目。与北京北广传媒城市电视有限公司合作，承接维修终端视屏、数字机顶盒及仓储业务，并承接新国标屏的换装工程。通过开展新业务，全年经营收入583.7万元，利润16.3万元。

（北京音像公司）

北京瑞特影音贸易公司概况

北京瑞特影音贸易公司成立于1993年，是全国最早成立的专业境外电视经营管理公司。主营业务为代理境外影视节目，兼营卫星电视和有线电视的工程业务，拥有HBO、CNN、STAR-MOVIES、SONY-AXN、凤凰电影等34套亚太6号卫星平台上的境外加扰卫星电视节目的北京地区独家代理权。

2012年，认真贯彻执行北京市广电局和北京广播电视台的部署，加强终端电视巡检和维护工作力度。对重点持证用户进行培训，内容主要以卫星接收工作的重点注意事项、卫星接收的法规介绍等。全年维修摄像头5554个次，包括为日本使馆等重点监控位置提供应急保障。完成光缆抢修任务1343次（其中光缆故障482次，光机故障616次，供电器故障245次），确保党的十八大期间以及平时合法用户的播出安全。取得中视传媒股份有限公司授予的“2012年北京地方服务机构境外卫星电视服务授权书”。取得《卫星地面接收设施安装服务许可证》的正本、副本。“7·21”特大自然灾害后，分别于7月25日、29日派抢修人员两次赴房山参与抢修工作，并在随后送上救援物资。年内经营收入11371万元，利润233万元。

（北京瑞特影音贸易公司）

北京广播电视台服务中心概况

北京广播电视台服务中心是北京市广播影视系统后勤管理与服务的专业机构，成立于1990年12月。主要职责和业务范围：办公用房管理、职工住房管理服务、绿化管理、大学生户口管理、供电、供暖、空调、通讯服务及办公区域环境卫生服务、职工餐饮服务、对外接待等。

服务中心管理房屋面积约25万平方米。主要负责：建外和安乐林、皂君庙、歌华有线总部基地办公区、延庆培训中心经营管理、北京北发大酒店空调维保、酒仙桥、礼士路、东铁营、德外麻花宿舍区，以及拥有北京广视华融经贸中心、北京广播电视招待所、北京声屏苑培训中心3家企业。

2012年，服务中心继续围绕安全、服务、管理、经营、创新等方面开展工作，确保工作区域的后勤保障以及供电、供暖、供冷、消防监控、电话总机、保洁、职工食堂安全无事故，并圆满完成绿化基地年度植树任务。

（北京广播电视台服务中心）

北京北广传媒数字电视有限公司概况

北京北广传媒数字电视有限公司成立于2003年7月25日，定位于数字付费电视节目集成商，为数字电视用户提供视频、广播、数据业务等三大类服务。主要股东包括北京北广传媒集团有限公司、北京歌华有线电视网络股份有限公司、北京电视台、北京人民广播电台、北京歌华文化传播中心有限公司。

视频服务：开办自办付费电视频道《京视剧场》、《爱家购物》、《动感音乐》、《车迷频道》、《考试在线》、《优优宝贝》、《四海钓鱼》、《弈坛春秋》、《环球旅游》、《新娱乐》、《置业》11套。代播《城市建设》、《宝贝家》、《读书》、《收藏天下》、《快乐宠物》、《家政》、《东方物流》7个频道。每个频道每日24小时循环播出。付费电视重点栏目有：新闻资讯栏目《公益播报》、《彩讯及时通》、《爱心公益行》，科普节目《科技生活》，专题栏目《海钓玩家》，以及专题节目《“爱心雨花”北京首届老年才艺大赛》等。

音频服务：开办戏曲广播、爱家广播等2套付费广播频道。主要栏目有《评述联播》、《梨园金曲》、《爵士经典》、《爵士列车》等。

数据服务：开办北京之窗和电子节目指南（EPG）等信息服务。主要栏目有“公益北京”系列节目：《公益播报》、《真情手递手》、《彩讯及时通》、《彩票收藏》等，“生活资讯”系列节目：《美食汇》、《玩乐集》、《演艺罗盘》等。

2012年，继续加大力度将《北京之窗》建设成为专业化、数字化公共信息服务平台。通过合作推出大型互动活动，如与北京市福利彩票发行中心合作开办的宣传公益理念和彩票文化的互动娱乐节目《彩票大擂台》，以及举办的首届《爱心雨花》老年人才艺秀活动，与九华山庄联合制作的《九华温泉大闯关》节目等，成功地宣传了《北京之窗》品牌，提升了平台的知名度。

在各股东单位的支持下，北京北广传媒高清电视有限公司历时半年筹建，完成工商注册及营业执照办理并正式成立。该公司于8月8日在歌华有线播出“北广高清”品牌付费点播节目包。“北广高清”节目包以特有的“3D”节目为特色，片库节目存储达到1000小时，每周内容更新80小时。节目包推出当日点播量超过1700次，这是北京广电第一个自有的高清商业品牌。

（北京北广传媒数字电视有限公司）

北京北广传媒移动电视有限公司概况

北京北广传媒移动电视有限公司是北京市属开发运营广播电视新媒体的专门机构之一，成立于2003年8月，由北京北广传媒投资发展中心、北京电视产业发展集团、北京广播公司、北京歌华有线网络电视股份有限公司和北京歌华传播中心有限公司共同组建。

北京移动电视日播出17小时，终端屏幕2.4万块。重点栏目有：《整点播报》、《北京好人》、《卡惠民生》、《百姓就业》、《饭饭团》、《悠悠团》等。

2012年主要工作：

一、坚持正确舆论导向，深入贯彻服务理念

1.传递正能量，聚焦“十八大”。集成《科学发展，辉煌五年》专题报道20余期，《基层看变化，喜迎十八大》40余期。圆满完成“十八大”转播任务。制作《卡惠民生》系列节目12期，《我的小康计划》10期在移动电视、城市电视、地铁电视等媒体播出。

2.强化管理防线，确保播出安全。全年公交电视频道安全播出6054小时，地铁电视频道安全播出6222小时，安全播出零事故。

3.侧重温暖调性，深入开展“走转改”。除在《整点播报》中集成相关新闻外，围绕“温暖的城事”频道定位进行报道，在《教育新闻》、《百姓就业》、《绿动北京》、《96310纪事》等栏目报道教育、社保、节能减排、产业结构调整等内容。制作播出 “走转改”专题节目22版。

4.突出媒体特点，完成重点报道。“7·21”特大自然灾害期间，集成相关新闻151条，加强预警、防灾减灾、自救逃生等知识普及。制作播出“消防队员雨中救援”，“901路雨中受困，司乘舍身救人”等节目。与地铁电视联合推出《奥运直播间》，转播赛事28场，制作《奥运播报》70余档，策划“盛夏节拍”、“北京 伦敦 奥运连线”等。

5.不断推陈出新，提升节目可视性 。打造《北京好人》、《职场猎头》、《网事》3档新栏目，向各委办局合作栏目派驻主编共同策划的方式，对原有《百姓就业》、《教育纵横》、《96310》、《畅行北京》等节目优化。引进新华社《新华A股收评》、中央电视台的《文化中国》等节目，首次播出微电影系列。

二、整合资源强化品牌，精彩活动贯穿全年

1.全新改版，完善包装，建立品牌视觉效应。推进CI体系建设和品牌规范，“温暖的城事”作为频道核心理念和频道宣传语推出。新的标志以四组ID宣传片进行新LOGO演绎，编写VI手册规范运用。新包装采用“橙色”为主体色，更换12组品牌节目片头。多档新栏目推出。新的频道吉祥物 “巴斯”诞生五“新”。

2．强化创意，丰富主题，发挥品牌叠加效应。推进“饭饭团”、“悠悠团”等活动，打造观众免费体验活动，推动品牌活动常态化、互动化、社区化。除原有网站论坛板块供观众报名、互动外，还利用微博、QQ等开展网络营销。

3．着眼公益，依托政府，打造品牌聚合效应。与市总工会及首都职工素质建设指导委员会推出“劳动创造幸福”、“大学梦北京梦”巴斯走进农民工特别活动。与奥促会合作实施第八届北京国际体育电影周、米兰国际体育电影展映观影活动；与怀柔区杨宋镇推出“九九百叟宴重阳敬老情”活动。与科协策划实施全国科普日“科学嘉年华”系列主题活动。策划实施“盛夏节拍”及“北京伦敦奥运连线”等公益主题活动。策划“绿脚印”绿色出行环保主题活动等。

三、创新终端管理模式，积极探索技术突破

全年监测车辆9558辆次，挖掘终端数据库功能应用，实现终端分线路查询和区域查询。落实北京广播电视台关于实施地面数字电视单频网国标转换招标，完成通州、大兴、良乡、昌平和顺义5个郊区发射台基础设计工作。

四、扎实完善基础工作，不断促进管理升级

完成ISO9001质量管理体系文件（2012年A版）注册认证，成为全国同行首家单位。完成职位、绩效及薪酬管理改革。开发第三代智能互动机顶盒“全媒体智能交互系统”、“节目共享整合营销平台”，获得北京市500万元文创资金支持。探索电视直销业务，《惠购物》于12月24日上线试播。

五、推动基层党组织建设，持续改进企业文化

深入开展思想政治教育工作，扎实推进党风廉政建设，“党群结对子，全员走转改”活动被评为党建创新项目。与怀柔区杨宋镇耿辛庄村举办多个主题共建活动。做好学习型企业建设，全年举办学术沙龙、讲座及各类培训47项，参与者达850人次。

年内，公司获得全国影视系统先进集体、金长城传媒奖·2012中国年度影响力移动电视、2011—2012中国最具品牌价值户外传媒、2011年首都文明单位、“确保十八大安全播出百日竞赛”先进集体、全国广播影视系统2006—2010年法治宣传教育先进单位、创先争优“四强”党组织、抗击“7·21”特大自然灾害宣传报道工作先进集体等多个奖项。

（北京北广传媒移动电视有限公司）

北京北广传媒影视有限公司概况

北京北广传媒影视有限公司成立于2003年12月，由北京北广传媒投资发展中心、北京电视产业发展集团、北京人民广播电台、北京歌华有线电视网络股份有限公司和北京歌华传播中心有限公司共同出资组建。公司拥有丰富的影视策划、制作、营销经验，独特的媒体优势和较强的投资、生产能力。在影视生产中坚持精品战略方针，注重节目质量，精心制作，不断推出影视精品。

截至2012年，共出品《苍天有眼》、《行走的鸡毛掸子》、《杨三姐告状》、《最后的王爷》、《爱了散了》、《雾柳镇》、《风车》、《五湖四海》、《买房夫妻》、《姥爷的抗战》等10余部近500集电视连续剧。这些作品受到专家好评和观众喜爱，多部电视剧荣登国内电视台收视榜前列，在电视台和广大观众中享有较高的美誉度，初步形成“北广传媒影视”的良好品牌。

2012年，进一步发挥人才优势，精心运作每一个项目。年初与浙江燕风影视制作有限公司联合摄制的32集电视剧《买房夫妻》如期完成前后期的生产制作，制作水平获得同业的一致认同，该剧登陆8个地面台，并作为北京电视台第一部定制剧上星播出，受到好评。年底与上海颁德影视有限公司联合摄制的35集电视剧《姥爷的抗战》顺利开机，该剧由蒋钦民担任导演，演员王学圻、蒋勤勤担纲男女主角，反一号由香港演员李子雄鼎力加盟。同时，继续抓精品创作，抓剧本储备等环节，积极筹备《二锅头传奇》（40集剧本）与《天香世家》（40集剧本）一批项目，为持续生产奠定基础。

年内，党的“十八大”献礼电视剧《五湖四海》获得社会好评。38集电视剧《风车》获第七届北京市文学艺术奖、“2011年北京广播影视优秀电视剧奖”、北京地区30部“经典电视剧”作品等多个奖项。2012年经营收入5535.12万元，利润934万元。

（北京北广传媒影视有限公司）

北京北广传媒城市电视有限公司概况

北京北广传媒城市电视有限公司是北京市属开发运营广播电视新媒体的专门机构之一，成立于2004年12月16日，是服务楼宇与户外流动人群的户外电视媒体。

北京北广传媒城市电视建有楼宇电视联播网、户外大屏电视联播网，日播出15小时，终端屏幕近8000块。楼宇电视联播网、户外大屏电视联播网已成为政府公共信息和城市应急预警信息发布平台。重点栏目有：《城市播报》、《图片新闻》、《体育新闻》、《演艺罗盘》、《我的工会我的家》、《书香北京》、《城市之家》、《百姓就业》、《中国歌曲排行榜》、《教育新闻》、《环球财讯》、《96310纪事》等。2012年全年实现营业收入4890万元、利润908万元。

2012年主要工作：

一、节目宣传

北京市“两会”和全国“两会”期间，城市电视共转播重要会议4次，集成制作《两会新闻报道》和《两会专题报道》共60余期。北京市第十一次代表大会期间，城市电视转播大会开幕式，集成制作专题节目《党代会特别报道》、《科学发展辉煌五年》、《我这五年》、《党旗下的风采》100余期。为配合中国共产党第十八次全国代表大会的顺利召开，城市电视集成制作专题栏目《基层看变化喜迎十八大》、《数字十年》、《十八大代表风采》、《数字看变化喜迎十八大》等相关栏目80余期，多角度、全方位报道十八大相关新闻信息。

5月8日，节目内容全新改版亮相。改版后的城市电视栏目由以前的18个增加到30个，以更加贴近受众需求的内容和新颖的表达方式诠释“城市改变生活”的频道节目理念。既有国际国内和本市新闻资讯，又有受众高度关注的环保、教育、就业等民生领域的新闻专题，也有大量包括衣食住行游购娱等各个方面的生活实用信息，同时专门设置展现道德模范典型优秀事迹专题的优秀报道，力求创造温暖和谐的社会氛围。新上播栏目：《法治进行时》、《今天》、《路况直通车》、《文化中国》、《绿动北京》、《剧情推动力》、《娱乐现场》、《北京好人》等。

二、国标转换

4月份完成终端机顶盒软件开发的签约；7月初第一台新型终端样机到位，经过测试，实现国标信号接收、本地图片内容播出、多画面播出等功能，WI-FI技术也通过初步测试；9月份正式安装第一台国标终端，国标转换工作跨出实质性的一步。

新国标机包括32寸竖屏、32寸横屏及42寸落地式竖屏三种机型，通过软件进行画面分割。竖屏显示屏上部实时播放精彩节目，下部播放本地个性化内容，其中WI-FI数据分发技术的植入成为城市电视在国标转换项目中的最大亮点。

三、大屏建设

对大屏业务有序地进行战略调整，将个别点位较差、技术陈旧落后或有违章嫌疑的加盟联播大屏解约（如保利大屏、大观园大屏），降低管理成本，把更多的精力放在自建大屏的经营和管理上来，使大屏业务发展更加健康稳定。

富力广场大屏项目从谈判到亮屏历时两年多，中间遇到各种困难，经多方协调，最终完成项目营建。富力广场大屏幕的亮屏，预示着城市电视在中汇广场大屏之后又多了一处极具市场竞争力的大屏点位，为之后的广告招商与市场运营增添了利润空间，同时，城市电视户外大屏联播网又多了一块在朝阳区的自建屏幕，极大地提高了城市电视的品牌影响力。

自主开发建设的另一处大屏——春平广场大屏已于9月中旬完成合同签署工作，10月15日，举行了春平广场户外LED大屏幕系统采购项目竞争性谈判。

四、队伍建设

制订《城市电视党支部整改提高晋位升级工作实施方案》，查找不足，积极整改，使党支部建设水平在原有基础上有新的提高。深入推行职位、绩效与薪酬三项管理体系建设工作，建立基于工作分析的岗位价值体系，科学评估每个岗位价值，并在全员推行绩效管理，奖优罚劣。通过实施全员绩效管理，对公司战略、重点工作及业务考核目标（KPI）有效分解、考评，激励员工提升个人业绩，为企业创造更大价值，促进公司与个人共同成长。

组织召开广告部、技术部经理岗位公开竞聘答辩会，经过竞聘者陈述、现场答辩、现场打分，城市电视公司工会委员监票即时统计，最终评选、聘任广告部、技术部部门经理，加强中层干部队伍建设。

（北京北广传媒城市电视有限公司）

鼎视数字电视传媒有限公司概况

鼎视数字电视传媒有限公司成立于2005年12月8日，由北京北广传媒数字电视有限公司、山东广播电视台、安徽广播电视台、天津时代天创传媒发展有限公司、央广传媒发展总公司共同投资组建，是全国性数字付费电视集成运营机构，向全国数字电视用户家庭提供付费电视节目。

截至2012年底，鼎视数字电视传媒有

限公司继续巩固节目落地区域，共集成合作33套数字付费电视频道、7套高清卫视节目、8套购物节目。付费频道销售业务共计落地211个地区，覆盖数字电视用户10218.31万户，占全国现有数字电视用户13296.2万户的76.8%；电视购物频道发行共计落地84个地区，覆盖数字电视用户4787万户，占全国现有数字电视用户13296.2万户的36%。

传输的33套数字标清节目有：《四海钓鱼》、《收藏天下》、《证券资讯》、《央广健康》、《时代家居》、《时代美食》、《时代出行》、《时代风尚》、《碟市》、《职业指南》、《家庭理财》、《车迷》、《读书》、《新娱乐》、《环球旅游》、《人物》、《考试在线》、《快乐宠物》、《优优宝贝》、《财富天下》、《家政》、《电子体育》、《数码时代》、《中国气象》、《百姓健康》等25个数字付费频道。同时，还为《快乐购物》、《央广购物》、《优购物》、《时尚购物》、《风尚购物》、《家有购物》、《家家购物》、《环球购物》等10个数字电视购物频道提供集成传输及发行服务。传输的7套数字高清卫视节目有：北京卫视、湖南卫视、深圳卫视、广东卫视、黑龙江卫视、山东卫视、湖北卫视。

（鼎视数字电视传媒有限公司）

北京北广传媒地铁电视有限公司概况

北京北广传媒地铁电视有限公司（以下简称地铁电视公司）成立于2007年，是由北京北广传媒移动电视有限公司和北京市地铁运营有限公司共同组建，并打造成为政府公共信息、城市应急预警、乘客生活资讯和企业广告宣传平台。

地铁电视节目播出时间与地铁运营时间同步，日播出18.5小时，终端屏幕2.17万块。主要是通过在北京市地铁运营有限公司具有运营权的地铁线路上的列车车厢、站台和站厅内的电视终端来接收、播放。地铁电视公司在歌华大厦投资建设了独立的节目播控中心，并独家经营地铁电视广告业务（包括地铁电视节目的策划、制作、代理、发布等）。播出的主要栏目：《环球财讯》、《十分开心》、《潮流现场》、《奇艺环球影讯》、《剧情推动力》、《快乐生活一点通》、《微电影》等。

2012年主要工作：

继续加大地铁电视的建设力度，在原有线路1、2、5、8、10、13号线、八通线、亦庄线、昌平线、房山线、15号线的基础上，又开通8号线二期北段、10号线二期。

在节目制作上不断创新，按照“短、平、快”的原则，在原节目均为引进节目的基础上，增加集成、自制节目，集成、自制节目已经占到播出节目的70%。年内，顺利完成党的“十八大”、北京“两会”、全国“两会”、中央电视台春节联欢晚会等重大活动的实时转播任务和宣传报道任务，实时转播任务达到15次、2347分钟；配合北京市委宣传部、各委办局及双方股东的各类宣传片128个、7062分钟；配合双方股东的中心工作，自制各类新闻150余条。同时根据地铁电视的特点，新增、调整十几个节目栏目，播放各类天气等文字预警出行信息160余次。在伦敦奥运会期间，临时开辟《直击奥运》、《奖牌榜》、《赛事预告》、《体育新闻奥运版》、《奥运直播间》5档新栏目，共集成奥运相关新闻及赛事近500分钟，转播相关赛事近2700分钟。

公司不仅在地铁事业总部开展的劳动竞赛等活动中多次获奖，而且因为其经营业绩和在行业中的影响力，而成为中国广播电视协会交通宣传委员会移动电视分会副会长单位，总经理阎伟力当选为副会长。在由中国人民大学、复旦大学、北京大学、清华大学、厦门大学、中国传媒大学、武汉大学、华中科技大学、暨南大学、南京师范大学等10所国内顶级大学的新闻学院联合主办的中国传媒2012评选活动中，公司获得“金长城传媒奖·2012中国最具影响力移动电视奖”。此外，公司还获得高新技术企业证书。2012年经营收入6628.75万元，比上年增长10.21%。

（北京北广传媒地铁电视有限公司）

北京北广置业有限公司概况

北京北广置业有限公司成立于2006年12月15日，是由北京广播电视台和北京北广传媒投资发展中心共同出资组建。公司以开发北京影视城项目，整合北京广播电视台房地产资源，按照集影视制作、文化创新、艺术教育、文化商品交流、影视文化观光等为一体的多元化经营战略进行开发建设。北京影视城项目是北京市的重大文化产业项目，项目一期占地面积930亩，已经建成的项目包括中国电影博物馆、影视节目制作中心。

2012年主要工作：

重新组建森润公司，启动西方城市景区项目。森润公司的法律纠纷和历史遗留问题基本解决。重新组建森润公司，开始办理恢复影视城一期西方城市景区开发建设手续。

对影视城项目定位和功能规划调整进行研究。根据新的形势和要求，对项目定位和规划功能进行研究论证，拟进行适当调整。

做好北京影视城征地的看护、整治和利用工作。做好北京影视城征地的看护、整治和利用工作，做好农转工职工的管理工作。

2012年经营收入484.6万元，利润118.1万元。

（北京北广置业有限公司）

北京中广传播有限公司概况

北京中广传播有限公司（China Broadcasting Beijing Co.Ltd.）成立于2009年12月，由中广传播集团有限公司、北京北广传媒投资发展中心、北京人民广播电台、北京电视台共同出资组建，主要承担移动多媒体广播项目（CMMB）在北京地区的建设和运营。

采用中国自主研发的移动多媒体广播（CMMB）技术，通过自身运维的多媒体广播覆盖网向在北京地区的手机、PDA、MP4、GPS、笔记本电脑等小屏幕接收终端传送高质量广播电视节目和提供数据增值服务。内容上实现对CCTV-1、CCTV-5、CCTV-新闻、北京卫视、精彩电影、睛彩北京、中央人民广播电台、中国国际广播电台视听节目的传送。

2012年，加大发展用户力度，截至12月25日，累积发展双向终端用户694658 户，在网付费用户391329户，新增单向终端用户10万户。年内，全面承接北京地区17处大功率站点的网络运行维护工作，完成网络运维团队和空调运维团队的建设。与各发射站点落实并签署站点租赁及电费合同，与各链路提供商落实并签署链路租赁合同。做到党的十八大、全国和北京市“两会”等重点时期的网络安全保障工作。全年经营收入1012万元，利润65万元。

（北京中广传播有限公司）

北京紫禁城影业有限责任公司概况

北京紫禁城影业有限责任公司成立于1997年，是一家集影视策划、制作、营销为一体的大型专业影视制作公司。成立15年来，经营业绩一直稳居中国电影生产企业前列，多部影片票房居当年年度票房冠亚军地位，总票房超过18个亿，影片还行销到美国、日本、韩国、香港、台湾等多个国家和地区。

北京紫禁城影业公司共摄制影片66部，电视剧千余集。其中既有《甲方乙方》、《不见不散》、《没完没了》、《刮痧》、《红色恋人》、《谁说我不在乎》、《赤壁》、《倩女幽魂》、《大海啸之鲨口逃生》等商业大片，也有《离开雷锋的日子》、《张思德》、《生死牛玉儒》、《背起爸爸上学》、《法官妈妈》、《紫日》、《嘎达梅林》、《香巴拉信使》、《山乡书记》、《一个人的奥林匹克》、《铁人》、《万家灯火》、《第一书记》、《杨善洲》等主旋律影片，均取得社会效益和经济效益的双丰收。摄制出品的《重案六组》、《玉观音》、《少年天子》、《天下第一楼》、《牟氏庄园》、《人是铁饭是钢》、《李春天的春天》、《双城生活》、《怪医文三块》等电视连续剧在中央电视台和各地电视台播出后，均创造很高的收视率。获得过“华表奖”、全国精神文明建设“五个一工程奖”、“金鸡奖”、“百花奖”、“金鹰奖”、“百合奖”等多个国家级大奖，以及开罗、莫斯科、东京等国际电影节的大奖。

北京紫禁城影业公司具备一支由一流专业人士组成的制作及发行队伍，并融入国际化的制片营销理念，建立庞大的明星网络。

2012年，在各股东单位的支持下，继续坚持正确导向，尊重市场规律，以建立具有国内和国际领先水平的影视企业、制作高品质的民族影视作品为目标，力求在抓好传统主旋律电影的同时，大力开拓市场，积极投入商业电影的拍摄中。以优秀的品牌效应和市场形象，不断开拓，在取得好的社会效益的同时，取得较好的经济效益。全年拍摄完成的影片有《飞越老人院》、《大海啸之鲨口逃生》、《我愿意》等作品。其中电影《我愿意》一片在情人节投放，公司负责影片的宣传发行工作，最终取得全国院线8548万元的票房成绩，在同期上映的影片中具有较好的口碑。电影《飞跃老人院》宣传发行工作由北京紫禁城影业有限责任公司全权负责，该片描写老年人的生活，品质及口碑都获得业内专家及广大观众的认可，在第十一届中国长春电影节获得评委会特别荣誉奖。公司参与合作的3D合拍片《大海啸之鲨口逃生》于10月12日起在全国上映，该片准确的灾难、惊悚类型定位，使其在市场上表现不俗，取得1.6亿元票房成绩。公司参与合作的3D动画电影《孙悟空大闹天宫》基本完成前期的人物形象设计及相关各项准备工作，从7月开始逐步进入全面制作阶段。公司联合其他出品方开始启动3D影片《狼图腾》的全面筹备工作，该片导演在中方编剧完成剧本的基础上完成导演剧本的修改创作，基本通过审查，并已经于7月6日在北京开机。公司参与合作的《小时代》（上下部）于11月17日在上海开机，该片改编自著名小说家郭敬明的同名小说，并由郭敬明担任导演，曾经拍摄过《那些年我们一起追的女孩》等影片的台湾知名制片人柴智屏担任监制。公司协助发行的电影《搞定岳父大人》于8月起在全国上映，在同期上映的中小成本影片中取得较好的成绩，票房为

1500万元。

2012年，还摄制出品、发行电视连续剧《怪医文三块》、《养母》、《三十岁你好》等作品。其中《怪医文三块》在北京电视台影视频道播出后，取得最高收视率10.37，平均收视率7.5的好成绩，排名同时段收视第一，并在北京电视台全年影视剧收视排名中列第三位；在天津电视台文艺频道播出也取得最高收视率10，平均收视率9，同时段收视第一，天津台全年影视剧收视第三的好成绩。电视连续剧《人是铁饭是钢》在深圳、河南、河北、黑龙江、吉林、天津等省市地面频道播出。电视连续剧《永不低头》于11月26日在北京开机。

2012年，电影《惊沙》、《第一书记》、《杨善洲》等获得第十二届精神文明建设“五个一工程”奖。

（北京紫禁城影业有限责任公司）

北京市朝阳区广播电视新闻中心概况

朝阳区广播电视新闻中心成立于2003年6月，拥有《朝阳报》、朝阳有线电视和朝阳新闻网三个媒体平台。《朝阳报》每周一、三、五出报，对开四版，发行量为5万份；《北京社区报　社区生活》每周一期，对开八版；两报向全区各单位和部分驻区企业免费投递。朝阳有线每天早中晚三个时段播出4.5小时，801朝阳数字频道覆盖全区70万户。朝阳新闻网日均更新文字1.5万字、视频新闻60分钟，日均点击率2000次以上。

2012年主要工作：

一、加强新闻策划力度，提升舆论引导能力

以党的十八大、商务节、京交会、“走转改”等大事、要事，加强与中央电视台、《人民日报》、《北京日报》、北京电视台等媒体的联络，扩大对朝阳的报道。全年策划反映朝阳区经济发展、社会民生等新闻发布会60场次，在中央、市属媒体发稿达2.5万篇次，同比2011年增加5000多篇次。其中成就和经验性报道达2.3万篇次，占报道总量的92%，在《北京日报》头版报道数量居区县之首。

朝阳报围绕全区中心工作，针对民生开设《实事连民心》、《关注民生》、《身边幸福事》栏目；针对公共服务体系建设、文化惠民工作开设《文化朝阳》和《基层文化建设巡礼》专栏；针对北京精神、文明城区创建成果的宣传开设《北京精神在朝阳》专栏；针对党的十八宣传报道，开设《科学发展，辉煌五年——奋进中的朝阳》专栏；针对7月21日北京特大暴雨抢险救灾工作开设“记者亲历”、“雨中见闻”、“新闻特写”等栏目。《朝阳报》全年出刊140期；社区生活副刊全年出版47期、专版专刊105个。朝阳有线相继开辟《聚焦十八大》、《劳动者之歌》、《科学发展，辉煌五年》、《身边的博物馆》等十多个板块，突出主题，针对不同时期不同重点开展深入报道，全年采编新闻近3500条，制作播出《朝阳新闻》近260期，《一周新闻综述》46期。

二、强化服务意识，提升服务能力

朝阳有线为区委、区政府重要活动拍摄电视专题片40多部，为有关部门拍摄资料120次、录制任务50多次。并与多家单位进行合作，制作播出《和谐在线》、《与法同行》、《人力社保》、《走进朝阳教育之名师名校》、《幸福2+1》、《人口视窗》、《迈向城市化》、《聚焦电子城》、《地税你我他》等11个栏目、380期节目，总时长1万多分钟。

朝阳报与和平街、酒仙桥、团结湖、区慈善协会、朝阳二院、区残联等13家单位合办报纸。根据各单位的需求，对版面内容和栏目设置进行改进和设计。如朝阳二院报开设《病房里的故事》、《医患之间》等栏目，让群众更多的了解医护人员的工作状况，缓解医患矛盾。区残联主办的《春雨》读者主要是残疾人，先后增设"励志故事"、"回音壁""骥语良言""楠言心语"等栏目，受到合作单位的好评。

三、落实"走转改"，转作风，改文风

朝阳报、朝阳有线电视先后走入区绿化局、人力社保局、小关街道等部门和街乡进行集体采访，主动服务基层，挖掘新闻线索。以"记者走一线"的方式，深入到抗震节能改造试点的居民家中、暴热和暴雨中的社区街头，挖掘报道鲜活的新闻事件和普通劳动者的闪光点，采写一批有影响力的新闻作品。同时，开展朝阳传媒进社区活动，以"践行北京精神，携手传递文明"为主题，先后走进亚运村、将台、麦子店3个地区。每次活动中不仅有文艺汇演，还设置免费义诊、爱心募捐等环节。

四、加大培训力度，提升业务水平

先后安排"新闻写作与存在问题"、"如何写好新闻"、"区情"三场全员培训。在此基础上，加大骨干人员的培养，先后安排8人、分4批次参加国家广电总局、北京电视台的业务培训；组织骨干人员到外省市电视台学习考察两次。为保障培训的针对性，朝阳报、有线坚持和完善每周例会制度，评点当周新闻、策划重点选题，进行业务研讨，实现以会代训的目标。

五.完善制度建设，提升管理水平

全年修改完善10余项制度，增设《科级干部选拔任用办法》、《专业技术人员证书管理办法》、《实习人员管理规定》、《社保实施办法》、《老干部与离退休人员工作制度》、《招聘》、《辞职》、《资料室管理制度》、《档案管理制度》以及《应急值班制度》、《审稿审片制度》、《播出岗位职责》、《后期制作岗位职责》等。

六、改变运营机制，增强创收能力

定福庄影视技术服务中心独立运营第一年实现盈利。中心以500平方米高清演播室为技术平台，先后为深圳卫视、河南卫视、浙江卫视、北京卫视等完成访谈、综艺、产品发布等节目录制，并为GTV电子竞技频道提供技术保障，完成演播室录制80次，演播室有效使用率达67%，创收195万元。为进一步提升演播室收益，与GTV电子竞技频道成功签约，整租演播室1年收入达400万元。

（北京市朝阳区广播电视新闻中心）

北京市海淀区新闻中心概况

北京市海淀区新闻中心是在原海淀区广播电视中心和原《海淀报》社改制的基础上，于2006年2月28日成立。辖海淀区有线广播电视网络信息中心（加挂北京市海淀传媒中心牌子）。

2012年主要工作：

一、宣传工作再上新台阶

截至年底，有线电视播出电视节目8212.5小时，制作播出新闻5475条，栏目208期，专题片32个。在中央级媒体刊发文章50

余篇、市级媒体刊发稿件120余篇、各级广播电台采用稿件近200篇。《海淀报》出版报纸186期，刊发文字约700万字，图片1300多幅。《城市周刊》完成40期680个版面，刊发消息、通讯、评论和图片新闻3600多篇（幅）、近140万字。网站更新海淀要闻2600条、海淀快讯2600条、视频报道365条、友好往来120条、专题报道130条、图片新闻260条，以及其他信息等。

1．开设专题专栏，突出主题宣传。对电视栏目及报纸版面进行改版、整合，《海淀报》新增《核心区视察》、《服务区域经济发展》、《优质服务年》、《我爱我家》等栏目；在《海淀新闻》节目中开辟“海淀高校”板块、与区统计局联办“数说海淀”板块、与区文明办合作推出新栏目《文明海淀》、与区消防支队合作推出新栏目《火线》、与区农林委合作农科普系列节目《农科采摘园》12月与农民观众见面。11月8日恢复《园区周刊》，更名为《中关村导刊》，重新编制改版规划，进一步增强权威性、指导性和服务性。

2．丰富节目内容，增加社会新闻量。根据核心区建设提出的新要求、新标准，对《海淀新闻》节目进行全面改版，在播发海淀新闻基础上，增加公益广告、天气预报，对区委常委会、政府常务会、区长专题会的报道由原来的画面、字幕组合变成播音员口播加字幕的形式出现，使时政性会议新闻更加庄重规范，内容简洁明了。

二、试行采编合一新机制

对有线电视的工作机制进行改革，实行采编播合一，量化管理。播音员除做好播音工作外，还找选题参与新闻采访。量化管理使编导们多劳多得，充分调动大家的积极性。据不完全统计，全年编导采制以社会、民生类报道为主的新闻达到1200多条。在工作流程上增加编导、部门领导审片制度，中心主要领导终审制。

三、确保广播电视安全播出

1．进一步落实安全播出责任制。严格执行最新出台的机房值班制度以及值班员工作制度，完善安全播出应急预案，加强设备日常的周检和月检以及重要播出保障期前的大检查，使设备始终处在最佳的运行状态。安全播出的日常运行和应急保障的有机结合，形成安全播出综合防范机制。

2．全力维护网络安全传输。配合相关单位进行对农村地区有线电视数字化改造。实施局部骨干光缆网改造和局部网络改造，全部光纤到村、到楼，取消同轴电缆射频信号放大器，将一部分架空线改造入地，增加备份路由；楼房配置高清双向机顶盒，平房村配置标清双向数字机顶盒。

四、强化行政后勤管理

1．完善规章制度。对原有的128项制度规定中的40余项进行完善、修改或更新。对总编室和编导部进行整合，成立大总编室，把控宣传工作。媒体资料管理向使用、录入、存储转化，实现资源共享使用。进一步修改完善岗位绩效考评制度，工资和福利结构体系逐步合理。中心财务做到年度有预算，支出手续齐全，凭证规范，确保了各项工作的进展。

2．注重人才队伍建设。推行新闻从业人员职业资格制度，通过资格考试人数超过60%。中心49名采编人员换发新闻总署记者证。严把进人关，坚持逢进必考和公开招录的原则，精心组织正科级岗位竞聘上岗、副科级岗位全区公选等工作，2名副科级干部被聘为正科级，2名年轻的专业技术人员通过全区统一考试走上副科级岗位。

3．经营创收稳步提升。规范经营创收渠道，开拓新的经营创收点，圆满完成全年创收任务，全年完成20余部电视汇报片、宣传片、制作转播片的制作任务。以专业水平为区属机关以及下属乡镇提供服务、为各个单位提升形象加强宣传的同时，也取得一定的经济效益，获得双赢的效果。

五、加强党建工作

组织党员干部和群众开展红色之旅活动，为党员献爱心活动进行捐款，共捐款17510元。对第一支部党小组人员进行换届改选。组织中心组及科以上干部学习习近平在党的十八届中央政治局第一次集体学习时的讲话精神，并购买用书，为制作“党员岗位标牌”，接受群众监督。对支部委员、总支委员进行业务培训。组织党团员青年深入开展“讲文明树新风”主题活动，中心记者全程拍摄并在海淀有线电视进行宣传。全年报道文明单位及活动共38条新闻。

（北京市海淀区新闻中心）

北京市丰台区广播电视中心概况

北京市丰台区广播电视中心前身是丰台区广播站，成立于1957年2月。2001年11月更名为丰台区广播电视中心。下辖北京市丰台区有线电视网络中心、丰台区广播电视服务部。

2012年，丰台有线电视从不同层面、不同视角宣传报道区域经济建设、政治建设、社会建设、文化建设等方面的情况，并在北京电视台BTV新闻频道和丰台有线803数字频道播出，全天播出18小时。

一、围绕中心工作，做好宣传保障

承担并完成区政府折子工程、办实事项目。丰台有线电视数字频道高标清同播系统建设是区政府“折子工程”，提前完成方案设计、设备选型、经费预算等工作。与区科委合作开办《科普讲堂》栏目，已完成全部5期节目的拍摄、制作和播出。组织“科学发展，辉煌成就”主题宣传，在《丰台新闻》开设“喜迎十八大”、“党代会回眸”等专栏，在丰台803数字频道播出迎接十八大宣传片。开展“创建文明区”主题宣传，在《丰台新闻》开设“创建文明区”、“身边好人”专栏，重点报道创建文明区的相关活动。完成《我的丰台我的家》等8条“创建文明区公益广告”的制作播出。配合区环境办制作环境整治工作专题片31部。与区委宣传部共同策划、制作完成《幸福生活大讲堂》，全年录制4期。配合区发展规划和重大活动的公益宣传，制作、播出一批丰台形象、丰台logo、环境美化等宣传片和公益广告。其中“丰台形象”宣传片全年累计播出1800余次700多分钟，“文明创建”宣传片累计播出800余次300多分钟。

在“7·21”特大自然灾害中，完成全区抢险救灾、灾后重建工作的宣传报道。《丰台新闻》播发相关新闻稿件72条、357分钟。开播特别专栏《风雨同舟众志成城》。《丰台警方》、《政协视窗》等栏目同步宣传行业和各界积极抢险救灾等情况。派出记者深入河西再生水厂采访南岗洼桥大营救当事人，制作《生死大营救》专题片。及时调整频道节目编排赶制《守望相助，在一起》等四部宣传片。中心成为启动应急宣传工作预案最早、实现区领导与北京电视台连线直播最早、上传稿件被采用最早最多的北京记者站之一，被北京电视台授予“‘7·21’特大自然灾害宣传报道突出贡献奖”。

二、新闻突出主题，栏目创新创优

全年《丰台新闻》制作、播出254期、1900余条，总时长6350分钟。《聚焦丰台》

制作、播出50期，总时长1000分钟。各栏目制作106期，总时长1650分钟，同比增加120分钟。现场录制各类大型活动、文化演出和报告会27场、2405分钟。制作各类专题片66部511分钟，拍摄各类资料8560分钟。推出 “寻访文化”系列报道20期。开设《聚焦园博会》、《绿化美化丰台》、《劳模风采》、《幸福丰台过大年》等专栏。自办、合办栏目14档，推出《幸福生活大讲堂》等四档新栏目，其中文化类新栏目《花卉与文化》方案，通过市广电局组织的专家评审，签约获得专项购买经费57万。为花乡制作的《情满花乡》专题片（中文、匈牙利语）两个版本，被作为纪念中匈友好50周年主要纪念礼物送往匈牙利。拍摄制作的丰台区工会春节团拜会在中央电视台播出。

三、提升频道形象，实现安全播出

完成频道、栏目、专题片等整体包装设计及制作时长2000余秒，第一次参加第七届中国北京国际文化创意产业博览会被组委会授予“最佳组织奖”。规划引进新节目16档，引进与自办、合办节目形成互补。在北京市广电局的安全播出榜上月月有名，安全播出全年无事故。全年完成378.15万元高清设备政府采购，实现前期设备和后期部分设备高清化。

四、加强组织建设，重视人才培养

完成基层党组晋位升级。完成北京市第十一次党代会代表推选、党建创新和党内统计等工作。通过梳理风险点、细化流程图，进一步明确廉政防控的重点、难点和防控的具体方法。先后选派20余人次参加全国广播影视系统高级别的专业培训，安排记者轮流参加专业课程学习。召开全区通联工作会，对21个街乡镇、相关委办局通讯员进行培训。开展党建带团建、党建带工建各项工作，先后参加区直机关运动会、城市清洁日活动、走访慰问儿童福利院、“三八妇女节”才艺大赛（并获奖）、参观798艺术区、中国电影博物馆等各类活动。

五、推进改革创新，取得可喜成绩

按照区委区政府统一部署，所属自收自支事业单位撤编工作稳步进行。经办企业脱钩进入清算、注销阶段。增加新媒体部以及计财科更名获区编办批准。改变部门预算意见建议获财政局支持。启动绩效工资工作，并制定考核实施办法。中心全年获得市、区级集体奖项或荣誉11项，市、区级个人奖项或荣誉17项。

（北京市丰台区广播电视中心）

北京市石景山区广播电视中心概况

北京市石景山区广播电视中心成立于2001年10月，前身是石景山区广播事业管理科、石景山区广播电视局，拥有石景山有线电视媒体平台。

2012年主要工作：

一、全力做好各项宣传报道工作

把迎接党的十八大、学习宣传党的十八大精神作为全年的重要任务，按会前的预热报道、会中的动态报道和会后的学习宣传报道三个阶段逐步深入。

十八大召开前，在《石景山新闻》中推出“看身边变化，喜迎十八大”主题新闻，对区内近40家重点单位进行采访报道，为十八大的召开营造良好的舆论氛围。

十八大召开后，在《石景山新闻》中推出“青青点读十八大”专题和“科学发展谱新篇”系列访谈节目，关注经济、民生、诚信、环保、教育等热门话题，解读大会精神。

十八大胜利闭幕以后以“学习贯彻落实十八大精神”、“学习党的十八大报告”、“重点工程完成时”、“文化志愿者在社区”等主题板块宣传全区党员干部学习贯彻落实十八大精神的情况。

二、围绕中心，服务大局，为区域发展服务

全年制作播发《石景山新闻》新闻2256条，制作专题片 30部。制作播发自办专题栏目996期，其中《石景山新闻》255期，新闻专题栏目《记者视线》250期，社教类电视栏目制作播出178期，生活服务性栏目52期，区县合作栏目《区县风采》247期，《百姓明星》12期。在市以上电视媒体播发新闻410条。其中：在中央电视台播发15条 、北京电视台播发395 条，创造良好舆论氛围。全年新闻宣传有以下特点：

1.围绕主题抓重点，做好换届宣传。先后在新闻栏目中推出“回眸2011”、“新征程，新思路”两个主题板块，解读石景山区城市建设和社会发展远景。换届后，又利用新闻、专题、栏目等大量报道大会精神，聚焦新一届区委、区政府的新思路、新举措。

2.围绕区域经济发展、城市建设开展系列宣传。紧扣区委、区政府中心工作和全区重点工作，围绕经济发展、城市建设推出系列宣传。如：永定河绿色生态发展带、中关村石景山园区建设、新首钢高端产业综合服务区建设、苹果园交通枢纽商务区等。跟踪宣传区“十项重点工程建设”、“便民工程”、“济困工程”进展情况。

3.坚持“三贴近”，践行“走转改”。全年在《石景山新闻》中推出 “身边的榜样”、“身边的感动”等系列报道，制作人物专题10余部在《记者视线》中播出。下半年开办《百姓DV》栏目，把老百姓的真实生活、真实情感，呈现给广大观众。

三、攻坚克难，推进各项事业发展

1.高清化建设取得新成效。全年投入专项资金60万元搭建具有五个站点的高清非编工作站，实现新闻的采集、制作、存储全部高清化，为下一步实现全台高清化奠定良好基础。

2.完善栏目形式，丰富节目内容。开发新栏目，顺利开播《工商视点》、《石景山服务》、《少图花苑》等三档栏目，开办DV爱好者位主角的《百姓DV》栏目。

3.加大创收力度，收入平稳增长。全年实现总收入1678万元，其中经营创收1028.5万元，与2011年相比增长8%，全年缴纳营业税所得税70多万元。

4.实现安全播出无事故。进一步落实安全播出责任制，加强监管。实行节目播发稿件领导签发制度，对播出节目的播前、播中、播后严格把关。全年两个频道实现安全播出17568小时。特别是在全国“两会”、北京市“党代会”、“党的十八大”等重点时期，实现转播上级新闻的零差错，圆满完成重点时期的安全播出任务，并获得五个市级奖项。

四、严格管理，打造过硬的队伍

开展“我是党员我承诺”、“共建双承诺”活动和精神文明创建活动，为共建单位十万平社区安装有线电视，赠送彩电。与门头沟区军庄镇香峪村签订三年共建帮扶协议。面对7月21日突发的自然灾害，及时启动新闻宣传采访应急预案，各级领导、编辑、记者第一时间冲在采访报道第一线，连续奋战17个小时，及时、准确地报道石景山区险情和抢险救灾的感人事迹。通过开展丰富多彩的职工文化活动和献爱心活动，丰富中心的文化内涵，营造和谐工作氛围，增加了内聚力。

（北京市石景山区广播电视中心）

北京市门头沟区广播电视中心概况

北京市门头沟区广播电视中心的前身是门头沟区广播站，成立于1958年7月， 2002年5月更名为区广播电视中心。

2012年是新一届门头沟区委、区政府届首之年，也是门头沟区实现跨越式发展的关键之年。《门头沟新闻》全年共播出3620条，在新闻节目中开辟各类专栏26个，完成电视外宣121条、广播外宣107条。开设专题栏目16个，拍摄电视专题片202部（期），其中《视点关注》104期，全年播出影视剧26部。主要工作：

一、做好十八大宣传报道

精心策划党的十八大成就性宣传报道，在重要时段适时推出一批有特色的专题栏（节）目，在新闻节目中开设“科学发展成就辉煌，喜迎十八大特别报道”和“喜迎十八大，党在我心中”栏目，制作播出“科学发展，成就辉煌”——《视点关注》系列报道共18期，为党的十八大的召开营造良好的舆论氛围。

二、强化对内宣传

围绕门头沟区党代会、两会等中心、重点工作做好成就宣传报道，在《门头沟新闻》中开设“回眸2011 展望2012”、“区党代会特别报道”、“人大政协两会专题报道”等专栏，在《视点关注》栏目播出10期成就性报道。

围绕功能定位，宣传新城区现代化滨水山城的新形象，宣传山区全域景区百里画廊的新理念，开设《山水相约，绿海畅游》栏目，制作“推动经济转型 实现跨越发展”系列访谈节目，广泛宣传“北京之巅、绿海家园”的区域形象，全面提升门头沟区的知名度和吸引力。

围绕重点工程建设、城乡环境整治、为民办实事项目、旧城改造、沟域经济、产业结构调整加大宣传报道力度。

围绕解放思想大讨论活动开设《创造发展新优势，稳中求进促发展》专题栏目，对各单位促进工作的创新做法和典型经验进行宣传报道。

围绕社会管理与创新，对为民服务信息平台建设加大宣传力度，自61696156为民信息服务平台开通以来，制作播出7期《视点关注》专题片，在新闻节目中开设《96156需求与反馈》栏目，播出相关新闻50余条，制作走飞字幕，对为民信息服务平台的作用、服务方向等内容进行宣传。

围绕两万户整体征收，在《门头沟新闻》中开办“将棚改进行到底”栏目，从2012年5月21日开始到6月7日共播出新闻125条，每天在《门头沟新闻》后加播2万户棚改房屋征收宣传口号及政府通告，制作播出10期《视点关注》两万户整体征收特别节目。《门头沟新闻》从原来的15分钟延长到30分钟左右。

围绕棚户区改造，在《来自重点工程的报道》、《关注改善民生 推进棚户区改造》、《视点关注》等栏目里加大宣传力度，开辟“全力推进潭柘寺房屋整体征收”、“攻坚克难全力推进2万户房屋整体征收”等栏目。

围绕“7·21“特大自然灾害，对全区抗洪救灾及灾后重建工作形成持续报道，抗洪救灾宣传工作及时、深入、全面，中心新闻部荣获北京电视台“7·21”新闻宣传突出贡献奖。

围绕第三届北京国际山地徒步大会、环北京自行车赛等品牌活动，充分利用《门头沟新闻》、《视点关注》栏目等形式，对赛事活动的筹备与举办进行跟踪报道，形成持续、集中报道的特点。

三、积极开展对外宣传

积极与市级以上媒体联络沟通，开展全方位、多层次的对外宣传工作，大力挖掘具有地区特点、符合区域功能定位的特色新闻，适时向市级媒体选送电视外宣素材，全面完成电视外宣和广播外宣双百任务。

四、基础工作不断夯实

确保全年安全播出，在春节、区两会、全国两会、党的十八大等重要时间节点多次召开播出部门全体人员工作会，严格落实安全责任，建立和完善播出设备应急故障处理程序及上载应急办法等，进一步强化安全播出工作，提升应急处置能力，做到重大播出传输无事故。

积极参与第三届北京国际山地徒步大会和环京自行车赛重要赛事活动的筹备和举办，完成招商引资、景观布置、电视直播、服务接待等一系列服务保障工作，提升媒体的经营能力。

加强频道整体包装。结合北京电视台“走转改”活动，邀请北京电视台制作人员对门头沟电视台整体频道进行重新制作和包装，包装后的频道整体吸引力和感染力得到增强，定位更加明确。

（北京市门头沟区广播电视中心）

北京市房山区广播电视中心概况

北京市房山区广播电视中心成立于2001年11月。前身由房山县广播站、房山县人民政府广播科、房山区广播电视局几经变革。拥有房山人民广播电台和房山电视台。

2012年主要工作：

一、宣传工作

1.着力宣传“打造首都高端制造业新区和现代生态休闲新城”“一区一城”新房山建设。对房山中央休闲购物区（CSD）等重点功能园区项目建设与投产、2012春季北京国际长走大会、中央电视台“心连心”艺术团慰问演出、市领导调研等重大活动进行重点宣传报道。

2.结合学习型房山建设，深入宣传、践行“北京精神”。

3.安排区主要领导在北京新闻的同期声采访，宣传市十一次党代会相关报道。

4.做好“党的十八大”宣传报道，展示五年来房山区在经济建设、社会发展等方面的成果。先后制作以“喜迎十八大——百姓说变化”为主题的10期系列报道，围绕医疗、教育、就业、功能园区发展等五大方面，体现房山的新发展为百姓带来的生活变化。策划推出《全力以赴，护航十八大》、《十八大群防群治》、《11.9火灾预防演习》5期专题性节目。房山电台每天三个时段播出房山新闻“FUNHILL在线”，播报党的十八大相关新闻资讯70余条、100多分钟。开设《聆听发展的声音喜迎十八大专题报道》栏目，制作播出15期260分钟。

5.打通时政要闻、社会新闻、专题访谈原有的独立栏目形式，建立节目联动，精彩呈现区委全会及“两会”宣传报道。

6.分批分期分片安排采编播人员深入基层，深化“走转改”宣传报道活动，完成区内20余个专题片。

7.细化内容，整合资源，不断丰富荧屏内容，推出《健康一点通》、《法治与生活》专题栏目，同时陆续开办一批主题性专栏。

8.以服务为方针 ，众志成城抗击洪灾。

"7·21"特大自然灾害期间，中心及时成立应对灾害领导小组，实行24小时值班和领导带班制度。房山电视台各栏目整体互动，推出《风雨同舟，众志成城——房山区应对"7·21"特大自然灾害、灾后重建特别报道》节目，制作播出28期、节目时长达1120分钟；播发飞播字幕17250条次、公告1265条次。同时积极配合中央电视台、北京电视台等提供大量宣传素材。

二、技术发展

1．城乡数字广播信息平台二期建设进展顺利。一期工程已经顺利完工，8个乡镇（街道）及所辖村庄与社区及房山良乡两地三条大街的线路铺设、设备安装、平台的联调测试等进展顺利。5月，房山电台在2012春季北京国际长走大会中首次成功利用城乡数字广播信息平台系统，实现整个长走沿线全程覆盖收听。

2．房山电视台高清数字化建设项目稳步推进。全年先后投资140万元，购置松下高清摄录一体机AJ-HPX3100MC及配套设备2套、Autodesk Smoke on mac 2013非线性编辑系统一套。

3．确保"十八大"期间播出零失误。成立安全播出领导小组，制定和完善安全播出应急预案，严格执行24小时领导带班和值班制度，对于非法信号防范工作第一时间到达现场，组织开展培训和演练，及时发现并排除隐患。为达到安全播出三级保障要求投资100余万元对系统进行整改。据统计，电台全年安全播出6588小时，电视台全年安全播出6404小时，有线台全年安全播出6450小时。

三、产业经营

大力拓展市场资源，推广城乡数字广播和楼宇电视，增加宣传及创收的窗口。改造演播室，加强现场互动，提升两台的品牌影响力。通过制定年度经营计划，合理下达经营任务指标，建立奖惩制度等一系列措施，充分调动广大职工的积极性，确保完成全年任务。

四、队伍建设

通过内部岗位竞赛，岗位争优，专业培养及外部交流培训的双重方式，提高人才队伍实力。组织全区通讯员培训班，为建立健全网络，提高信息对称性打下基础。以创先争优活动为载体，积极开展争创工程，形成比业务、比效率、比贡献的浓厚务实氛围。建立节目月评制度，鼓励创作优秀节目、精品节目，推动节目质量提升。加大报送中央电视台和北京电视台等新闻的力度，截至年底，报送市级以上媒体新闻节目80多条。

（北京市房山区广播电视中心）

北京市大兴区广播电视中心概况

北京市大兴区广播电视中心成立于2001年10月，前身是大兴区广播站、大兴县人民政府广播科、大兴县广播电视局。拥有大兴人民广播电台、大兴电视台、大兴手机台和中华兴网。

2012年，大兴区广播电视中心荣获国家人力资源和社会保障部、国家广电总局联合颁发的"全国广播电影电视系统先进集体"称号，实现全国广电系统先进集体"两连冠"。

一、宣传工作

党的十八大召开前，开办《科学发展 辉煌五年》系列报道，十八大召开后，开办《书记访谈录》系列报道，全年圆满完成十八大宣传报道任务。

大兴电视台、大兴电台、大兴手机台、大兴报、中华兴网联手千龙新闻网，隆重推出大型采访活动“新区边缘行”，在为期3个月的活动中，记者深入全区，以徒步的方式走完新区的所有边缘村镇和街道，创办大型访谈型节目《爱我新区大讲堂》，每期节目45分钟。

配合区委、区政府的部署，开辟《拆违打非专项行动系列访谈》，大力宣传“拆违打非”专项工作。帮助旅游部门精心策划打造广播旅游互动直播节目《寻宝总动员》取得成功。以《身边的感动》为主题，开展网络视频作品征集参评活动，中华兴网获得北京市广电局和北京视协网络视听节目分会颁发的最佳宣传推广奖和优秀作品奖。

对“7·21”特大暴雨，迅速通过广播、电视、网络、手机等媒体发布预警信息，并派出多路记者分别赶赴城镇农村，对防汛、市政、交通和农业等方面进行现场采访、及时报道。

发起“走转改”的理论研讨，联合中国记协国内工作部在京举办“行走在路上——基层媒体践行‘走转改’论坛”，提升基层新闻队伍素质和基层媒体核心竞争力。

二、技术发展

1．“基于多种媒体的互动式应急采集发布平台”通过专家论证。经市广电局科技处组织国内专家、知名学者鉴定，历经多年自主研发的，具有跨媒体、跨行业的全新技术平台——“基于多种媒体的互动式应急采集发布平台”通过论证，获北京市广电局“2012年度科技创新与技术革新一等奖”，申报国家广电总局科技创新一等奖，并参加第七届中国北京国际文化创意产业博览会展示活动。

2.启动电视高清数字化建设项目工程。分高清前期设备采购和电视高清数字一体网两个项目，总投资3500万元。

3.首次电视直播取得圆满成功。协调千龙网和中华兴网，大兴电视台和大兴手机台对安定镇徐柏村河北梆子剧团的一场演出进行联合现场直播并取得成功。

4.首次利用手机进行电视直播取得圆满成功。与千龙网合作捐建、首批图书超过1000册的“春雨书舍”在榆垡镇崔指挥营小学正式成立，“春雨学堂”也首次开课。千龙网进行同步直播。中宣部、国家广电总局、市委宣传部、市广电局等信息均刊发这一信息。

5.推出三人制互动主持模式。大兴电视台全面改版，《大兴新闻》和《女子别动队》两档新闻栏目率先实现直播，并推出“2名场内主播+1名在线互动主持人”的三人制主持新模式。

6.推出零距离演播室。提出“零距离演播室”的概念并付诸实践，《女子别动队》把周末版的演播室放到田间地头，由普通受众与主持人共同主持节目并取得成功。

7.手机新闻直播实现常态化。利用手机电视直播每周一次手机直播新闻，实现常态化。

三、服务社会

以“融合、突破、跨越”为主题，以茶话会的形式，圆满承办2012年大兴区迎春团拜会。大兴西瓜节期间，播发新闻261条次，总时长288分钟，还精心制作西瓜节电视专题宣传片、录制开幕式实况等。在春节前一天顺利将兴丰大街户外地图灯箱全部安装到位并投入使用。制作大型城市景观雕塑“北京精神”；承接新源大街、兴华大街更换现有围挡的紧急任务。承办以“爱在新区 我们在行动”为主题的首场慈善晚会，晚会所有的演员都来自群众，节目都是原创。推出公益活动“春雨行动”，一对一帮助农村贫困学生健康成长完成学业。

（北京市大兴区广播电视中心）

北京市通州区广播电视中心概况

北京市通州区广播电视中心成立于2001年10月。前身是通县广播站、通县人民政府广播科、通县广播电视局、通州区广播电视局。拥有通州人民广播电台、通州电视台和大运通州网。

2012年，主要工作：

一、宣传工作

1．宣传新城建设，全方位展现通州。结合党的十八大精神和为市、区“两会”的召开，推出系列报道《坚实的印记——通州区重点工程建设巡礼》。制定新城建设宣传报道方案，以《聚焦新城》、《通州城建》、《就业保障》、《民政民生》等栏目对新城建设进行重点报道。聚焦宋庄文化创意产业建设和发展情况，开播《艺术宋庄》栏目。

2.推进“走基层、转作风、改文风”活动。分批安排编辑、记者走入乡村、社区、企业、医院、学校、军营体验基层工作和生活，推出“幸福在身边”、“记者基层行”、“喜迎十八大，记者走基层”等系列报道。与区文委联合举办“通州区第二届百姓戏曲大赛”，并以《周末大舞台》栏目的形式走进马驹桥镇郭村、北京预备役高炮师、永顺镇语岸澜花社区等地，群众反映良好。《通州故事》栏目把视点对准普通居民，推出“走基层，寻找身边好人”特别节目。结合区文明办举办的第二届“道德模范”评选活动和区纪委主办的“勤廉之星”先进典型表彰活动，采访播出20多期节目。开办农业科普类专题电视节目——《运河科苑》，采取“常态节目+特别节目”方式播出。举办以“多彩新城”为主题的采风活动，在《通州广电情况》开辟专栏《“走转改”在行动》。

3.重点活动扩大中心影响力。承接并播出“通州区第二届道德模范颁奖典礼”、“通州区首届勤廉之星颁奖典礼”，两场活动从前期策划到文案创作，从节目创编到舞美设计，从活动彩排到现场录制，均在较短时间完成，播出后反响良好。据统计，两场活动主副屏包装节目达88个。此外，还组织策划世界团体台球锦标赛、国际食用菌大会、艺博会等一系列重点活动的宣传报道。

二、事业发展

1．大运通州网开通运行。该网为全区首个新闻门户网站。广电中心形成“一报两台一网”的新格局。网站按市场化模式运营，广电中心负责把握舆论导向。据统计，网站开通已发布各类信息达20万条，日均点击量突破20万人次，会员注册人数近4万人，日均发布新闻数量5000条，日均论坛发帖数量3000条。

2．通州传媒大厦立项。通州传媒大厦被列入区行政办公区第一批启动项目，与通州档案馆合建，建筑规模1万平方米，主体建筑包括一个1000平方米的大演播厅、一个300平方米小型演播厅和两个150平方米的专业演播室。

3.建成高清节目演播室。完成三讯道高清电视节目演播室建设，实现触屏读报等功能，形成系统高清制作能力。同时，利用原有基础骨干建成4个工作站的高清非线性编辑网络，形成中等规模的高清制作系统，完成向北京电视台传送高清节目的任务。

三、队伍建设

制定不同层次、不同形式的培训计划，组织一线业务人员参加市广电局广播电视新闻业务远程教育培训和2012年全国编辑记者资格证的考试。参加区委宣传部组织的《针对新形势下政府如何面对新闻媒体》培训。邀请中国化妆协会高级讲师、服装设计师潘维静做“如何展示新面貌，画好新闻妆”的交流活动。邀请索尼公司梁基毅工程师讲解高清设备的使用技巧，以提高人员总体素质。

四、党风廉政建设

继续在党员中开展“以党建、促广电、谋发展、创辉煌”为主题的系列教育活动，对评选出的两名“先锋岗”优秀党员和12篇“我为广电发展做贡献”优秀征文作者进行表彰。

五、安全工作

对重要工作、重点部门进行重新部署，如在市广电局组织的“确保党的十八大安全播出百日竞赛”活动中，认真抓好培训、演练、隐患排查、整改落实等工作，实现安全播出零事故，被评为党的十八大安全播出百日竞赛先进集体。全年电视综合频道完成安全播出约4900小时，新闻频道安全播出1642.5小时，影视频道安全播出约4000小时，调频广播安全播出6752.5小时。同时，还在财务室、播出机房安装红外报警系统，在制作大厅、播出机房安装了门禁、通风系统。

（北京市通州区广播电视中心）

北京市顺义区广播电视中心概况

北京市顺义区广播电视中心成立于2002年，前身是顺义县广播站、顺义县人民政府广播科、顺义区广播电视局。拥有顺义广播电台、顺义电视台、《顺义时讯》报社、视频网站、户外大屏五种媒体。

2012年主要工作：

一、宣传报道质量有新的提升

1.圆满完成一批重大活动的宣传报道工作。以宣传贯彻党的十八大精神，配合北京国际长走大会、郁金香文化节、北京国际车展、首届京交会、第二十一届燕京啤酒节、第四届北京端午文化节等重大活动，提前策划，做足准备，以专题和系列报道圆满完成宣传任务。尤其在9月26日到10月15日期间，完成顺义区首届文化艺术节、中国（北京）菊花展览会倒计时一周年、第四届道德模范评选活动三项活动的承办，受到区委、区政府的好评。

2.圆满完成全区重点工作的宣传报道工作。推出系列报道或专版，如《2012港城顺义新步伐》、《平原造林工程》、《幸福在社区绽放》、《顺义崛起空港城》，展现全区重点工程、便民工程、折子工程的全景和进展，多角度再现顺义发展成果。

3.持续强化对保障和改善民生的报道。开办一批专题、专栏，围绕“学有所教、劳有所得、病有所医、老有所养、住有所居”五大民生工程，持续加大对民生的关注力度，对教育、就业、医疗、社会保障、保障性住房建设、便民工程等进行宣传。

4.着力做好社会管理宣传服务。积极联系在网格化管理、农村社区化管理、外来流动人口管理与服务的好典型，先后对胜利街道、北小营镇、牛栏山镇、空港街道等开展跟进报道，展示效果。尤其是在对北小营镇“1+1+15”模式的经验做法加以细致报道。

5.有的放矢，亮剑“打非治违”战场。深入挖掘各单位在“打非治违”中形成的经验和长效机制，两台一报开设《坚决制止违法建设和非法生产经营》专题报道，并从高度关注违法建设的拆除工作，密切配合城管及各镇政府、街道办事处做好违法建设拆除的及时宣传报道，高度关注对无证照生产经营的整治行动，及时准确地报道工商部门对无照经营、假冒伪劣商品、食品安全等领域的非法违法生产经营建设行为的打击行动，增加对建筑施工领域的关注，对非法施工、违规操作等行为进行曝光等三个方面展开宣传。

6.圆满完成“7·21”特大暴雨的防汛救灾报道。7月21日，出动60余人次在第一时间奔赴区内各主要防汛现场，并在随后的一段时间展开宣传报道。播出刊发新闻200余条，记录音视频资料500余分钟，拍摄照片100余幅。《一周新闻综述》改为当日新闻，全面反映全区防汛工作以及救灾、捐款中的感人事迹。同时与北京电视台直播现场连线，快速报送新闻。

二、落实“走转改”宣传出现新气象

按照各级主管单位的部署积极开展专项工作，策划报道“走转改”选题近百个，开办新栏目8档，播出、刊发新闻2400余条，10万余字，照片500余幅，专题30期，使全体编辑记者在思想上受到教育，在基层得到锻炼，在工作中实现转变。宣传中呈现三个特点：

1.开办新栏目，夯实“走转改”活动宣传阵地。顺义电视台《顺义新闻》栏目开设《走基层》专栏，下设三个子栏目——“一线体验”、“记者视点”、“百姓故事”，以及《情动绿港》、《是非方圆》栏目，把镜头对准最普通的劳动者；顺义电台开设《顺义大地行》栏目；顺义时讯报社推出《记者周记》栏目。

2.建立新机制，服务基层通讯员队伍。为推动“走转改”活动的深入开展，加大服务基层力度，区委宣传部和广电中心联合建立以各镇、街道的村官及通讯员为主体的新闻宣传培训机制，已在杨镇、木林镇陆续开展。

3.收获新成绩，激励广大记者再创佳绩。“走转改”活动中，记者采写的作品获得各级荣誉40余项，包括《多亏这张“活地图”——记区供电公司退休职工王进华》、《把自信留给自己》、《社会工作者的一天》、《地铁文明新干线之一 ——用心传递地铁文明》等获得市委宣传部 “走转改”优秀作品奖。采写的《顺义大地行——说身边小事 做顺义好人》系列报道获北京广播影视奖一等奖。

（北京市顺义区广播电视中心）

北京市平谷广播电视中心概况

北京市平谷区广播电视中心前身是平谷县广播电视局，成立于1987年8月7日。2002年4月8日，新组建平谷区广播电视中心。拥有平谷人民广播电台和平谷电视台，广播节目每天播出5.3小时，电视节目每日播出6小时，世纪广场大屏幕安全播出910小时。

2012年，《平谷新闻》播出消息各5500条，市级以上媒体发稿80多篇，制作各类专题235期、专题片16部，录制大型活动实况4场次，自制“区县风采”15期。“农村产权公开交易——‘民’‘政’双赢”荣获广播新闻作品三等奖；“科技领路人——记平谷区果品办公室闫凤娇”荣获电视连续（系列）专题片三等奖。广电中心荣获“确保党的十八大安全播出百日竞赛”先进单位、首都文明单位标兵、交通安全管理优秀单位等12项殊荣。主要工作：

一、宣传工作

1.开办《政府与市民》节目。大型访谈节目——《政府与市民》由各单位一把手和观众面对面的交流，解答百姓关心的热点难点问题。每周一期，就保障房建设、大学生就业、老旧小区改造、沟峪开发等相关的话题，回答群众的疑问。

2.加大对全区重点工作宣传。在《平谷新闻》中开设“国际桃花音乐节特别报道”专栏，播出“北京电视台直播最美桃花海”、“中国最有魅力休闲乡村发布活动暨国际桃花音乐节开幕式举行”等新闻近70条。《旅游精点》等栏目推出“第七届农家饭菜大赛”等10期。桃花音乐节期间，配合北京电视台完成9小时的现场直播，为北京电视台提供素材画面240分钟、文字资料1万余字。协助北京电视台完成“平谷——一个可以自由呼吸地方”等25个电视小片的制作。《唱响中国　平谷演唱会》、《中国乐谷首届国际青少年音乐夏令营》大型活动，进行多形式、多视角进行报道，播出《万人唱响激情心声，好歌欢动中国乐谷》等多条新闻。在夏各庄新城拆迁中，《平谷新闻》开设“来自夏各庄新城的报道”专栏，先后播出“集体土地房屋拆迁纠纷依法裁决强制执行”等新闻200多条。录制“建设生态新城，共享幸福生活”、“幸福从这里起步”等7部夏各庄村新城建设特别节目和一部宣传片。在马坊镇回迁楼建设的攻坚阶段，电台、电视台播发“马坊回迁小区居民回迁选房”、“史家胡同小学发放分校开学”等新闻。平谷遭遇“7・21”特大自然灾害，及时启动应急预案，期间播发“区党政领导深入一线，全力防汛确保安全”、“区四大门党员干部主动捐款，用于全区生产自救”等多条新闻。围绕“十二五”目标，播出《路网密度位居首都生态涵养发展区第一》等新闻400多条。

3.喜迎十八大胜利召开。《平谷新闻》先后开办“科学发展，辉煌五年”、“深入走转改喜迎十八大”栏目，播出“平谷经济社会领跑生态涵养发展区”、“农业现代化水平走在全市前列”等新闻，制作播出7期“科学发展，辉煌五年”节目。

4.深入开展走转改活动。《平谷新闻》中　“记者走基层”专栏先后播出“平谷绽放‘北京灯彩’国家级非遗献礼春节”、“让经营更有秩序”等报道160多期。

二、基础建设

全年投入70余万元，完成设备的升级改造和维护。安装播出监测系统，更新UPS电源，完成电视发射塔发电机组安装，双路电源改造，确保证不间断供电；完成对发射机检测维护，对制播存一体网和摄像机等设备进行维修维护。

三、安全措施

落实24小时值班制度。完成演播大楼、电视发射塔机房、世纪广场大屏幕避雷工程。定期对灭火器等消防设施进行检测、更新。对消防系统进行水压和吹烟测试，确保电台、电视台、世纪广场大屏幕、电视发射塔、景台山无线转播站的播出安全。

四、内部管理

有效实施广播电视安全播出ISO9000认证管理体系。加强固定资产登记，进行贴标扫码工作，明确管理责任人，固定资产的管理更加规范有序。

五、培训工作

邀请中广电专业教师，对部分员工进行现场录制设备知识培训。专业性强的岗位人员采取送出去参加短期培训或到上级台进修培训。以会代训的方式加强学习。

六、队伍建设

围绕区委开展的“基层组织建设年”、“五星级基层组织创建”创先争优活动，为基层搞好优质服务献计献策活动，顺利通过验收。加强廉政风险防范管理工作，签订《党风廉政建设责任书》，建立健全党务公开制度，完善各项工作制度，开展“请进来、走出去”方式加强业务培训，提升员工的整体素质。

（北京市平谷区广播电视中心）

北京市怀柔区广播电视中心概况

北京市怀柔区广播电视中心成立于2001年9月，前身是怀柔县广播站、怀柔人民政府广播科、怀柔县广播电视局、怀柔区广播电视局。拥有怀柔人民广播电台和怀柔电视台。怀柔电台每天播出14.5小时，怀柔电视台首播1.5小时，次日重播两次。

2012年主要工作：

一、宣传工作

1．年度主题宣传精心组织。制作51集系列报道《记者走基层 喜迎十八大——科学发展，成就辉煌》，首播后又出版书稿及光盘。开设《喜迎十八大，共建新怀柔》、《走转改——十八大精神在基层》、《报告中的数字关键词》等专栏。开办《解读十八大，憧憬新怀柔》系列访谈节目，推出《十八大学习贯彻在一线》、《学习十八大，建文化强区》、《美丽中国，美丽心灵》等节目。

2．重大活动报道基调鲜明。开办《话开局成就，传三会强音》、《绿化美化环境，建设宜居怀柔》、《美丽乡村》等专栏。同时，还对全国汽车场地越野锦标赛、区群众艺术节、夏日文化广场等重大活动进行及时的报道。

3．品牌栏目求实求新。加强新闻和专题节目策划，落实新闻“一日一议”和专题策划“一周一议”制度。推行新闻编辑制作责任制，开展节目点评工作。在市广电局开展的“走转改”节目专项评奖中获得优秀节目，《全国第一个取得独立民事主体资格的业主大会在怀柔诞生》分别获得北京新闻奖一等奖、北京广播影视奖“华彩杯”广播新闻一等奖，《成长》栏目荣获优秀栏目奖。

4．制播公益广告力度加大。制作近30条自主创意公益广告，对违规广告节目进行清理，净化电视荧屏。

5．对外宣传突出特色。在市级以上媒体播出怀柔新闻、专题节目140余条（期）。《京郊大地》栏目还推出以怀柔文化旅游为主要内容的系列报道7期，总时长140分钟。

二、技术保障

1．推进重点工程建设。推进汤河口南山无线覆盖转播站道路、引水上山等配套工程，完成道路征地，10月实现开工，年底路基全线贯通，引水上山工程按期竣工。大屏幕完成迁移安装，进入试播阶段。高清演播室、虚拟演播室搭建工程年底竣工并投入试运行。

2．强化安全播出管理。签订《安全播出责任书》，完善应急预案，加强播出机房管理，开展安全播出演练，全方位做好党的十八大期间安全播出工作。加快推进ISO9001安全播出质量管理体系认证。

3．强力推进安全播出技术改造。对怀柔电台和弹子山发射台设备进行升级改造，电台、电视台添置主备自动切换功能的监听、监看系统，实现播出系统的数字化，确保信号源的备份和自动切换，降低了故障风险。依托中国联通的路由实现传输至发射台的双路由。更新改造广播电视服务器等老旧设备部件。在中心机房和弹子山发射台各添置一部柴油发电机组。

4．巩固小调频和“村村通”成果。对62个小调频覆盖点进行运行测试，协助市广电局完成全部勘察测试工作，解决大部分山区接收不到北京新闻广播和城市管理广播的问题。全面完成“村村通”维修和无线覆盖转播站维护工作，确保广播电视村村通、户户通、长期通。

5．圆满完成广告创收工作。采取提升广告质量，主时段与次时段配套捆绑，特殊时段低价位等方式，广告创收工作实现经济和社会效益的双丰收，广告经营收入与去年同期相比有新的提升。

三、队伍建设

全年举办政治理论和业务培训近30期，培训人员480人次。编写《党的十八大精神辅导》、《党风廉政知识学习手册》等教材，抓好党组织的分类定级工作。扩大党务公开范围，对人事任免、绩效工资改革等重大事项及时进行公示。开展“亮身份，展风采，提素质，聚合力”为主题的党建创新活动，被区委评为优秀主题教育活动。评选出7名优秀党员在七一进行表彰。首次通过竞聘方式聘用7名科级干部。

四、党风廉政建设

贯彻落实党风廉政建设责任制，落实“五个亲自”，“三个抓好”制度，层层签订《党风廉政建设责任书》、《重点工程廉洁保证书》和《科级干部廉政承诺书》。定期学习党风廉政方面的文件规定，加强廉政风险防范管理工作。建立健全党务公开、学廉、述廉、评廉、节日送廉等13项制度。

五、体制机制建设

实施项目工作法，健全台账、监察“纵向到底，横向到边”的绩效考核体系。跟踪督办重点项目，理顺专题栏目从属关系，重新调配各栏目人员，梳理修订各项管理制度。

（北京市怀柔区广播电视中心）

北京市昌平区广播电视中心概况

北京市昌平区广播电视中心成立于2001年10月。前身是昌平县广播站、昌平县人民政府广播科、昌平县广播电视局、昌平区广播电视局。拥有昌平人民广播电台、昌平电视台和昌平广播电视网。

2012年，采编播出《昌平新闻》3500条，其中经济新闻播发总量占56%；采制播出各类专题栏目15档，共计1129期。主要工作：

一、强化宣传报道质量

1．做好区党代会、区人大、区政协“两会”的宣传报道。制作播出《走过这五年　我的幸福生活》20期、《走过这五年　聚焦发展亮点》10期。开播“连线党代会”、“党代会印象”、“党代表声音”、“贯彻党代会精神，迈向新征程”等多个板块。开辟《迎接区“两会”召开》系列报道，增设“两会进行时”、“关注民生，汇聚民意”、“数字五年间”、“两会同期声”等10多个板块。两会采访党代表、人大代表、政协委员140多人，制作节目40期，会后推出《贯彻党代会，两会精神》、《政府工作报告解读》、《走过这五年》新一轮系列报道。

2．党的十八大报道强化深度和广度。为迎接十八大的胜利召开，在《昌平新闻》中开播《喜迎十八大　展示新成就》系列报道；先后播出相关新闻48条。在《视角》、《百姓话题》栏目中播出“昌平各界聚焦十八大”、“新起点，新征程　聚焦党的十八大”专题节目。昌平人民广播电台制作播出10余组歌曲专栏。

3．《走基层、转作风、改文风》加大广度报道。《昌平新闻》先后播出“记者走基层”、

“我在基层”、“一线见闻”、“走基层，进企业”、“走基层，进农村”、“我在草莓园”、“记者新发现”等多组系列报道，播发“走转改”新闻稿件近200条，专题栏目近80部。

4．全力宣传好第七届世界草莓大会。开播《草莓——让生活更甜美》系列报道，先后推出“康康播报”、“喜迎草莓盛会”、“探访草莓博览园”、“每日盛况”、“记者新发现”、“我在草莓园”、“游园小贴士”、“明日游园早知道”等板块，共播发相关新闻117条。

5．做好“环北京职业公路自行车赛”和“首届中国北京国际魔术大会”报道。11月30日至12月2日，利用视频、广播、文字、图片等多种形式对首届中国北京国际魔术大会进行宣传报道，播发相关新闻近36条、拍摄照片2000余张，上传图片140余张。

二、专题节目风格多样

1．发挥广播优势，架起与听众沟通的桥梁。广播节目全天播音16个半小时，栏目定位以“新闻、文化、娱乐”三大类型为主，近30档节目，形成整点评书小说，半点文艺娱乐的节目格局。截至11月31日，共播出自办节目《与法同行》、《戏曲天地》等节目900余期。《红色故事》、《环球旅行家》、《金手指乐翻天》、《音乐风情之旅》、《双城情歌》等文化娱乐类节目2000余期。评书小说类节目《评书开讲》、《名家书场》、《经典小说》、《长书剧场》、《晚间书场》、《空中笑林》2000余期。广告专题类节目共计播出1800多期（组），制作《健康罗盘》节目40余期。

2．《真情故事》以“讲述百姓故事、传递人间真情”为主旨。全年播出52期；《法治纪事》制作播出法治专题节目48期；《百姓话题》全年播出52期。《时空关注》与昌平区各委办局联办播出节目395期。《相约》专访30多位各领域的专家学者。《古今昌平》拍摄制作播出52期十三陵、居庸关历史及建筑文化的系列报道，完成《探秘十三陵》122集系列片。《天下第一雄关》系列计划制作播出35集。《科技在身边》播出58期。《全民健身路径》播出24期。从5月份开始，专题节目加大针对“三农”的宣传力度，增加周播栏目《走进三农》和农业信息节目《信息直通车》，全年播出对农节目425期。

三、安全播出体系完善

制定预案，细化措施，完善规章，狠抓落实。对播出矩阵和生活频道备用播出工作站、非编上载服务器硬盘及电台主播出工作站显卡进行更换。对播出机房供电线路进行改造。对发射机房、播出机房、服务器室的接地进行防雷检测。对播出机房和服务器室UPS电源电池进行更换。对永安大屏电源和监控系统进行维修更换。更新转播车电源线200米、购置400米音频线、200米视频线。增设数字微波传输系统。将带宽增加到60M保障网络通畅。北京电视台BTV公共 新闻频道昌平时段安全播出1642.5小时，转播BTV公共频道5292.5小时；电视无线13频道播出3285小时；昌平生活频道播出4745小时，转播BTV公共频道2190小时；广播电台播出5840小时；永安大屏播出《昌平新闻》912.5小时，转播北京新闻台2007.5小时。

四、加强人才队伍建设

择优招聘15名业务较全面、有工作经验的人员。拓宽科级干部选拔任用渠道，对9个科级职位实施竞争上岗。对广播电视采编人员进行业务培训，对一线新闻记者进行高清摄像机使用培训，对全体职工进行消防安全培训。

（北京市昌平区广播电视中心）

北京市密云县广播电视中心概况

北京市密云县广播电视中心成立于2001年，前身是密云县广播站、密云县人民政府广播科、密云县广播电视局。拥有密云人民广播电台、密云电视台和密云广播电视台网站。

2012年主要工作：

一、突出宣传重点提升舆论引导能力

1．加强新闻专题报道。以《密云新闻》为主，着力突出重点工作、重大项目的宣传，圆满完成宣传贯彻党的十八大精神、党代会、人大会、政协会、京港洽谈会等各项工作的采访任务，制作播出专题片22部。

围绕“经济建设、社会建设、生态建设”三大目标，突出78项重点工程、18项政府为民办实事的报道；增强对生态环境建设的宣传，相继推出《密云品牌》、《招商引资》、《重点关注》、《精彩密云》等栏目。《密云品牌》充分展示传统产品的独特魅力。《招商引资》翔实报道全县招商引资取得的成效。《金色密云，党务阳光》、《黄金周快递》等及时、快速、准确地提供适时信息。加强与中央电视台、北京电视台的联动，《区县巡礼——密云：保水护生态 发展谱新篇》等一批新闻在北京电视台《北京新闻》头条播出。据统计，有98条密云新闻在北京电视台播出，有2条新闻在中央电视台播出。

2．打造精品栏目。一批有影响、受欢迎节目增多。如《区县风采》、《檀州大舞台》、《事事关心》、《百姓DV》、《凝心聚力抓民俗，打造精品快致富》、《冬季旅游好去处——北京 密云 河南寨》、《培育农村实用人才，推进新型农村建设》节目和系列报道，受到听观众的普遍好评。又如《檀州大舞台》栏目坚持“三贴近”原则，策划播出《百年檀营蕴华章》、《冰花绽放，墨韵飘香》、《游山水石城 品古韵民风》、《古今神韵 京东北口》等69期节目，时长2560分钟，节目不断创出新意，受众率高。

3．做活经济节目。《经济一刻钟》栏目大胆进行调整与创新，改进报道方式，将过去的每期十五分钟、每期一个选题进行合理划分，开设“经济发展镇村行”、“重点工程巡礼”、“农家乐、乐农家”、“财富人生”等板块。以都市型农业、生态环保型工业、休闲旅游业、建筑建材等支柱产业的发展成果为报道主题，全年制作播出45期，反响良好。

4．做稳广告节目。以优质服务为先导，以市场为坐标，同老客户稳定长期合作的同时，积极开拓新领域，培植新客户。利用《密云新闻》前后的黄金段位，与奥金达蜂合作社、新郎希努尔、百年栗园等客户合作，使其广告在《密云新闻》前后进行贴片播出。同时加强《消费金桥》、《就业直通车》、《七彩荧屏》专题栏目的策划、拍摄、制作，取得良好的经济收益。

5．获奖节目增多。《法治在密云》栏目获2011年度北京市法制宣传教育十佳媒体法制栏目奖。获2011年度北京广播影视奖“华彩杯”的有：《八旬离休老人义务编写密云交通便览，方便市民乘车》获广播新闻类节目三等奖，《唤醒——十三年村官带领村民走向致富路》获广播社教类节目三等奖，《王恩礼：山村里永远年轻的宣传员》获电视新闻类节目三等奖，《执着的付电影》获电视社教类节目二等奖，《养殖能手成为我市首位农民“碳汇”购买者》获广播新闻类节目一等奖，《檀州大舞台》栏目获优秀电视栏目奖。《“7·21”大雨直播》获2011-2012年北京电视台记者站优秀作品奖。《小夫妻无偿献血三年发扬新时代雷锋精神》和《赵氏五兄弟和两位老人“超越血缘”的亲情》在“身边的感动”网络视听节目优秀作品征集评选活动中分获视频优秀微专题。

二、技术保障和安全播出工作

完成县政府折子工程——密云电台制播系统建设工程，开始试运行。完成白土沟转播站和行政村无线发射站点各项安全播出保障工作。完善各项技术管理制度和应急预案，细化相关内容，积极组织预案演练。重新制定《中心网络及信息安全管理制度》，与职工签订《网络及信息安全承诺书》。排查隐患，积极采取整改措施，技术工作全面落实“不间断、高质量、既经济、又安全”的要求，安全播出工作取得新的成绩。

三、扎实做好队伍建设工作

以“创先争优”为契机，充分发挥党总支、共青团、工会、女工委的作用，开展争创先进基层党组织，开展多项政治理论培训，积极参与帮村扶户，组织多项社会活动和文体活动，努力提高员工的政治素质。加强员工的业务培训，努力提高采编播人员的业务水平。把2012年作为“广电专业化提升年”，分别邀请中央民族大学文学与新闻传播学院、中国传媒大学、清华大学新闻学院教授举办广播电视业务知识讲座，进一步促进业务技能，提高采编播人员的整体素质。

（北京市密云县广播电视中心）

北京市延庆县广播电视中心概况

北京市延庆县广播电视中心的前身是延庆县广播站，始建于1958年。2001年成立延庆县广播电视中心。拥有延庆人民广播电台、延庆电视台、延庆县电视转播站、延庆县广播电视记者站、北京市延庆县广播电视服务部。

2012年主要工作：

一、围绕中心工作开展宣传报道

《延庆新闻》推出“回顾2011”和“温暖2011 起航2012”两个系列八期特别节目。对2011年延庆十大时政和十大社会新闻进行梳理、归纳、总结，从民生的角度反映过去一年延庆发生的变化。之后又相继推出“学习贯彻党代会精神”、“延庆十大道德模范评选展播”、“践行北京精神”、“骑游延庆”、“走近世葡会”、“喜迎十八大，聚焦为民办实事工程”等系列报道。

二、深入开展“走转改”活动

在电视台、电台《延庆新闻》中同步推出“记者走基层”系列报道。《生活全方位》重点打造“记者牵手”、“记者在一线”板块。《延庆新闻》中开设的《百姓直通车》全年接听社会来电500余个，开通三部新闻热线：69103948、51052345、69145559，确保新闻信息通畅。

三、专题宣传助推文化繁荣发展

在“第二届北京国际自行车骑游大会”、“端午文化节”、“消夏避暑节”、“2012葡萄文化节”、“2012环京赛”等大型活动报道中，播出专题性新闻。《延庆新闻》制作播出“第十七届消夏避暑季暨柳沟豆腐文化开幕”、“端午文化节”、“自行车骑游大会”等专题性新闻20余条次。圆满完成北京交通台（103.9）长达1小时、北京电视台长达3小时直播节目的前期策划和接待任务。

四、应对突发事件彰显媒体应急机制

“7·21”特大自然灾害发生后，40余名记者奋战在一线，报道社会各界应对暴雨、积极抢险救灾的新闻，被北京电视台评为优秀记者站。

“11·4”特大暴雪灾害发生后，及时启动宣传应急机制，派出多路记者第一时间现场拍摄，实时播发暴雪天气滚屏字幕，向群众传达最新的消息。外宣记者连夜向北京电视台晚间新闻节目传送延庆遭遇暴雪天气的新闻，向外界及时发布延庆遭受暴雪侵袭的情况。11月4日，紧急调动新闻、专题、编播、广告、技术、总编室等科室50余人，组建起抗雪救灾一线采访队伍。从11月3日晚至13日，累计出动记者近千人次，一线采访行程达到1万余公里。及时推出《风雪同行，温暖妫川》60分钟专题报道以及《“11·4”特大暴雪纪实》。在此期间，新闻节目由原来的每天15分钟延长到60分钟左右，播出频率从每天3次增加到每天6次。

五、完成党的十八大安全播出任务

加强安全播出体系建设，对浆棚山转播站播出设备重点部位和薄弱环节逐项排查，更换广播92.8兆赫兹天馈管，安装4台机房专用空调。更换播出服务器硬盘6块，完成100.6兆赫兹功放和解码器的修理、调换，解决92.8兆赫单声道问题。对浆棚山发射天线桥架和发射塔进行加固。全年电视无线转播20542.75小时，广播无线转播12829小时，电视播出16974.25小时，广播安全播出5381小时。底飞字幕输入编辑播出1888条。实现全年安全播出无事故。

六、加强党风廉政和队伍建设

做好科级及以下干部教育培训工作，完成培训台账、全员教育数据库的建立工作。开展批评与自我批评，制定廉政风险防范手册，按时召开党组会、民主生活会，开展理论学习，签订廉政责任书，上报领导干部收入和重大事项。发展党员一名，所有党员重温入党誓言。招聘3名播音专业和文字功底较高的应届毕业生。

（北京市延庆县广播电视中心）

频率频道

2012年北京市属广电机构频率频道设置情况

北京人民广播电台频率一览表

频率名称	开办时间	播出时间	主要栏目设置	2012年新增节目栏目
新闻广播 FM100.6 AM828	1993年3月1日	0：00—24：00	《健康有约》、《新闻晨报》、《新闻热线》、转播中央人民广播电台《新闻和报纸摘要》、《北京新闻》、《气象服务》、《新闻大视野》、《资讯早八点》、《整点快报》、《夹叙夹议》、《议政论坛》、《生态北京》、《警法在线》、《记者视线》、《话里话外》、《新闻天天谈》、《健康乐园》、《今日财经》、《大城小事》、《新闻2012》、转播中央电视台《新闻联播》、《纪实广播小说连播》、《新闻面对面》、《世界纵览》、《新闻故事》	
城市服务管理广播 FM107.3 AM1026	2005年3月1日	5：00—次日1：00	《健康加油站》、转播中央人民广播电台《新闻和报纸摘要》、《七点早新闻》、《市民热线》、《城市零距离》、《安全新干线》、《健康加油站》、《问城时间》、《京城帮帮团》、《社区大舞台》、《1073法律调解室》、《茶余饭后话北京》、《老年之友》、《都市生活汇》、《社区书场》、《中国财经60分》、《财富星空》	《社区大舞台》、《1073法律调解室》、《社区书场》
故事广播 AM603	2009年1月1日	5：00—次日1：30	《健康晨曲》、《故事大全》、《知识开讲》、《阳光茶园》、《翔康健康快车》、《笑谈古今》、《纪实传奇》、《品读时分》、《读史有学问》、《长书天地》、《娱乐档案》、《人物空间》《快读时刻》、《今晚拍案》、《故事恳谈会》、《读书俱乐部》、《夜相伴》、《评书大连播》	

续 表

频率名称	开办时间	播出时间	主要栏目设置	2012年新增节目栏目
体育广播 FM102.5	2002年1月1日	0：00—24：00	《健康绿洲》、《体育新世界—雄鸡唱晓》、《完全体育手册》、《体育新闻》、《广播体操》、《数码动生活》、《1025嘉年华》、《时尚玩家》、《体育新世界—喜鹊登枝》、《奇趣运动秀》、《百姓健康大讲堂》、《饭点儿说吃》、《体育新世界—金戈铁马》、《体坛夜话》、《星光体育》、《今夜私语时》	《数码动生活》、《1025体育纵横》
音乐广播 FM97.4	1993年1月23日	0：00—24：00	《美丽清晨》、《记忆的唱片》、《先听为快》、《歌飞扬》、《边走边唱》、《带你聆听》、《永恒的魅力》、《古典也流行》、《欧美歌曲排行榜》、《午后大道东》、《全球华语歌曲排行榜》、《我的音乐生活》、《就听好歌不听话》、《中国歌曲排行榜》、《爱得更久点》、《国家大剧院》、《男左女右》、《特别创意》、《零点乐话》	《带你聆听》、《爱的更久点》
文艺广播 FM87.6	1994年4月1日	0：00—24：00	《午夜拍案惊奇》、《今晚我们说电影》、《天天向上》、《评书连播》、《养生之道》、转播中央人民广播电台《新闻和报纸摘要》、《空中笑林》、《早安北京》、《天下行》、《幽默集装箱》、《健康乐园》、《评书演义》、《笑语欢歌》、《快乐超级旅行》、《小说连播》、《音乐一线牵》、《新音乐风暴》、《娱乐72变》、《白话文艺》、《戏迷乐》、《开心茶馆》、《吃喝玩乐大搜索》、《环球旅行家》、《爱星满天》、《876时尚秀》、《演艺群英会》、《说学逗唱》、《话说天下》、《广播剧场》、《武林天下》、《专题文艺》、《子夜柔情》	《知道不知道》

续 表

频率名称	开办时间	播出时间	主要栏目设置	2012年新增节目栏目
交通广播 FM103.9	1993年12月18日	0：00—24：00	《迷幻时空》、《1039环球音乐航班》、《娱乐大篷车》、《音乐旅途》、《一笑堂》、《激情岁月》、《1039新闻早报》、《交通新闻》、《警官出行提示》、《交通新闻热线》、《今日交通》、《一路畅通》、《欢乐正前方》、《汽车天下》、《警法时空》、《旅途》、《单聊那些事》、《警官出行提示》、《百姓TAXI》、《长书连播》、《1039交通服务热线》、《音乐来了》、《行走天下》、《新闻直通车》、《1039都市调查组》、《蓝调北京》、《徐徐道来话北京》、《有我陪着你》、《1039新闻时刻》	《1039新闻时刻》
外语广播 AM774	2004年9月17日	6：00—24：00	《北京英语水平考试系列辅导讲座》、《开放英语》、《环球30分》、《留学时间》、《感受北京》、《英语广播剧场》、《咚咚腔儿》、《私房拷贝》、《每日一招说英语》、《英语PK台》、《名师在线》、《听世界》（下午版）、《小鬼当家》、《英语学习机构合办节目》、《东京音乐广场》、《趣味青春英语》、《听世界》（晚间版）	《听世界》、《英语广播剧场》、《趣味青春英语》、《英语学习机构合办节目》、《澳大利亚广播英语讲座》
爱家广播 AM927	2009年1月18日	5：30—24：00	《任仁好爱范美丽》、《我和健康有个约会》、《健康喜来乐》、《快乐合家欢》、《宝贝计划》、《爱家帮你忙》、《装点好生活》、《爱家故事连播》、《家里家外》、《爱家静夜思》《毛毛狗的故事口袋》	《装点好生活》

续 表

频率名称	开办时间	播出时间	主要栏目设置	2012年新增节目栏目
有线教学广播 FM99.4	2002年1月1日	6：00—24：00	《现代汉语》（一）、《现代汉语》（二）、《现代汉字学》、《现当代文学专题研究》、《中国现当代文学名著选讲》、《古代汉语》、《汉语专题2》、《比较文学概论》、《美学专题》、《逻辑学》、《经济应用文写作》、《外国文学》、《非言语交际》、《唐诗宋词选讲》、《老年科学健身》、《老年心理》、《中国古代文学》（上）、《中国古代文学》（下）、《广告经营》和《中国近现代史》、张道真《自学英语》（第一、二、三、四册）、《每日一招说英语》（10分钟、25分钟）、《空中英语教室》（初级版、中级版）、《学英语话文明》、《英语300句》、《日语300句》、《德语300句》、《法语300句》、《俄语300句》、《法律知识讲座》、《英语快行线》、《英语2008》	
有线古典音乐广播 FM98.6	2002年5月1日	0：00—24：00	《钢琴世界》、《华夏神韵》、《新CD橱窗》、《HIFI时间》、《POPS音乐》、《听室内乐》、《现场魅力》、《交响空间》、《歌舞剧场》、《历史回眸》、《精品收藏》	
有线通俗音乐广播 FM97.0	2002年5月1日	0：00—24：00	《柔情主义》、《极限失真》、《另类空间》、《Hot—Pop》、《Rock八九十》、《老歌也疯狂》	
长书广播 FM104.3	2002年5月	0：00—24：00	《广播剧欣赏》、《经典戏剧故事》、《武林天下》、《言情小说》、《拍案惊奇》、《小说连播》、《精品小说》、《诺贝尔获奖小说》	
有线戏曲曲艺广播 FM105.1	2002年5月	0：00—24：00	《长安大戏院》、《梨园金曲》、《评剧大观园》、《戏剧空间》、《电影录音剪辑》、《空中曲苑》、《地方戏》	

续　表

频率名称	开办时间	播出时间	主要栏目设置	2012年新增节目栏目
欢乐时光广播 FM106.5	2006年9月6日	6:00—24:00	《欢乐无限》、《纪实广播小说连播》、《幽默集装箱》、《娱乐大篷车》、《迷幻时空》、《百年笑声》、《欢乐故事》、《娱乐档案》	
怀旧金曲广播 FM107.5	2006年9月6日	6:00—24:00	《经典走四方》、《旧单车老情歌》、《下一站的回味》、《金曲无终点》、《音乐在旅途》	

北京电视台频道一览表

频道名称	开办时间	播出时间	主要节目栏目设置	2012年新增节目栏目
BTV北京卫视	1979年5月16日北京电视台开播，2012年1月1日起综合频道标志由“BTV北京”变更为“BTV北京卫视”	06:00—次日06:00	《身边》、《养生堂》、《档案》、《好人故事》、《大戏看北京》、《天下收藏》、《全景对话》、《今日京华》、《博览》、《光阴》	《全景对话》、《今日京华》、《博览》、《光阴》
BTV文艺	1988年12月30日	06:00—次日02:00左右	《每日文娱播报》/《文娱午报》、《笑动2012》、《我爱我家》、《光荣绽放》、《影视风云》、《星夜故事》、《我家有明星》、《周末喜乐汇》、《超级播出季》、《欢天戏地》、《文化之约》、《古典也流行——国家大剧院周末音乐会》、《音乐风云榜》、《最佳现场》、《脱口而出》、《荣耀唱响》	《文娱午报》、《星夜故事》、《文化之约》、《古典也流行——国家大剧院周末音乐会》、《脱口而出》、《荣耀唱响》

续 表

频道名称	开办时间	播出时间	主要节目栏目设置	2012年新增节目栏目
BTV科教	1999年12月27日开播，其前身为1993年11月1日开播的以教学节目为主的二十七频道	06:00—次日02:00左右	《法治进行时》、《大家说法》、《现场说法》、《第三调解室》、《魅力科学》、《健康北京》、《非常记忆》、《非常说名》、《非常接触》、《非常夫妻》、《非常父母》、《非常向上》、《非常往事》、《奇妙实验室》、《大讲堂》、《大家会大家》、《晚晴》、《警法目录》、《非常时空》（后更名为《新纪录》）、《看点》、《真相》、《欢乐星期六》/《欢乐星期天》	《奇妙实验室》、《大讲堂》、《大家会大家》
BTV影视	1992年5月4日	06:00—次日06:00	《天天影视圈》（委托文艺节目中心制作）	《天天影视圈》
BTV财经	2001年7月1日	06:00—次日02:00左右	《天下财经》（早间直播）/(午间直播)/(下午版）、《首都经济报道》、《经济法眼》（日常版）/（法眼看剧）/(精编版）、《财富故事》、《理财》、《谁在影响我》、《财经锋汇》、《盛视财经》、《成长在北京》、《数说北京》、《问鼎世界》、《拍宝》、《超级访问》、《一周财经综述》、《名人堂》、《财富晚间道》	《经济法眼之法眼看剧》、《财经锋汇》、《盛视财经》、《一周财经综述》
BTV体育	1986年12月30日	06:00—次日06:00	《体坛资讯》、《足球100分》、《步步为赢》、《体育议起来》、《京彩时刻》、《天天体育》、《快乐健身一箩筐》、《体坛荟萃》、《BTV赛场》	

续 表

频道名称	开办时间	播出时间	主要节目栏目设置	2012年新增节目栏目
BTV生活	1996年11月8日	6:00—次日2:00左右	《食全食美》、《生活2012》/《生活2012精编》、《生活面对面》、《生活调查》、《大城小事》、《生活+》、《咱爸咱妈的美好时代》、《我爱我车》、《生活实验室》、《四海漫游》、《时尚装苑》、《美食地图》、《北京话话北京》、《生活无间报》、《幸福厨房》、《健康生活》/《生活特供》、《快乐生活一点通》/《快乐周末》、《选择》、《生活广角》、《魅力周末》	《生活2012》《美食地图》、《北京话话北京》、《幸福厨房》
BTV青年	前身为2002年1月1日开播的BTV青少频道，2012年1月1日起调整为青年频道，频道标志变更为“BTV青年”	6:00—次日2:00左右	《军情解码》、《北京客》、《北京青年》、《书香北京》、《SK状元榜》、《动物乐园》、《最强阵容》、《青春风格汇》、《青年公益心》（后更名为《青年公益》）、《青年榜样》、《青年探秘者》、《谁在说》、《探索》、《青年电影手册》	《青春风格汇》、《青年公益心》、《青年榜样》、《青年探秘者》、《青年电影手册》
BTV新闻	前身为2003年1月1日开播的BTV公共频道。于2011年1月1日推出BTV公共·新闻频道。2012年1月1日起调整为新闻频道，频道标志变更为“BTV新闻”	6:00—次日2:00左右	《红绿灯—早直播》/《红绿灯—平安行》、《红绿灯》、《京郊大地》、《这里是北京》、《北京新闻》、《北京您早》、《特别关注》、《新闻手语》、《都市晚高峰》、《晚间新闻报道》、《新闻热线》、《锐观察》、《晚间媒体全搜索》（后并入《晚间新闻报道》）、《有话就说》、《本周锐评》、《下周锐议》（后更名为《环球时评》）、《温暖》、《北京新发现》、《北京议事厅》、《都市阳光》、《人才》、《消费观察》	《晚间媒体全搜索》（后并入《晚间新闻报道》）、《有话就说》、《温暖》、《北京新发现》

续 表

频道名称	开办时间	播出时间	主要节目栏目设置	2012年新增节目栏目
BTV卡酷少儿	2004年9月10日开播动画频道，2007年1月1日更名为卡酷动画卫视，2012年1月1日调整为卡酷少儿频道，频道标志变更为“BTV卡酷少儿”	06:00—次日06:00	《幼乐园》、《蹦蹦跳跳》、《闪天下》、《七色光》、《和自己对话》、《男生女生GO》、《十分开心》、《笑口常开》、《动漫地带》、《卡酷全卡通》	《幼乐园》、《蹦蹦跳跳》、《和自己对话》、《男生女生GO》
纪实高清频道	前身为2008年7月30日正式播出的奥运高清频道，2011年7月1日全新推出纪实高清频道	10:00—24:00	《剧苑》、《影事》、《昨天的故事》、《口述》、《全景》、《全纪实》、《经典》	《昨天的故事》、《全纪实》
长城平台北京电视台频道（国际频道）	2004年10月1日	每天首播7.22小时、24小时滚动播出	以北京电视台自制节目为依托，精编具有首都特色和文化品质的各类优秀节目，涵盖资讯、文化、生活、旅游、科技、娱乐等类别。如每天50分钟《北京新闻》国际版。	

北京北广传媒数字电视有限公司频道一览表

频道名称	开办时间	播出时间	节目栏目设置
京视剧场（有线）	2003年9月1日	14:00首播12小时全天24小时轮播	
爱家购物（有线）	2003年9月1日	21:00首播12小时全天24小时轮播	《健康桥》、《时尚轩》
动感音乐（有线）	2003年9月1日	21:00首播4小时全天24小时轮播	《华语至尊地带》、《谁比我原创》
车迷频道（有线）	2003年11月1日	21:00首播4小时全天24小时轮播	《八卦车坛》、《汽车影院》
考试在线（有线）	2003年11月1日	16:00首播8小时全天24小时轮播	《学习法》、《高考易错题解析》
优优宝贝（有线）	2004年1月1日	8:00首播6小时全天24小时轮播	《第一宝贝》、《贝因美全球育儿资讯》

续　表

频道名称	开办时间	播出时间	节目栏目设置
四海钓鱼（有线）	2004年1月1日	21:00首播4小时全天24小时轮播	《渔我同行》、《游钓天下》
弈坛春秋（有线）	2005年3月18日	21:00首播4小时全天24小时轮播	《美嘉围棋时间》、《尖峰对决》
环球旅游（有线）	2005年4月8日	21:00首播4小时全天24小时轮播	《魅力世界》、《环球览胜》
新娱乐（有线）	2005年7月22日	17:30首播4小时全天24小时轮播	《影视风云榜》、《音乐风云榜》
置业（有线）	2005年7月28日	21:00首播4小时全天24小时轮播	《置业资讯》、《置业观点》、《租房客》、《75黄页》、《家具大讲堂》、《二手房指南》、《访谈》
戏曲广播（有线）	2003年11月1日	全天	《述评联播》、《梨园金曲》
爵士乐广播（有线）	2003年11月1日	全天	《爵士经典》、《爵士列车》
北京之窗主频道	2009年4月30日	17:00—17:00	“公益北京”系列节目：《公益播报》、《爱心公益行》、《真情手递手》、《彩讯及时通》、《彩票收藏》、《Q逗彩票》、“爱心雨花”北京首届老年才艺大赛等 “生活资讯”系列节目：《美食汇》、《玩乐集》、《演艺罗盘》
北京之窗首都政务频道	2009年4月30日	17:00—17:00	《政风行风》、《科技生活》、《数说北京》、《健康播报》、《百姓就业》
天气出行（图文栏目）	2008年5月15日	12:00—12:00	一周天气、国内城市、国际城市、出行提示
美食特惠（图文栏目）	2010年5月1日	17:00—17:00	《美食汇》视频节目的同步图文刊播，推荐热点餐厅，发布美食优惠资讯
旅游精选（图文栏目）	2010年5月1日	17:00—17:00	《玩乐集》视频节目的同步图文刊播，介绍各大旅行社的优惠游玩路线和京城游玩项目
福彩开奖（图文栏目）	2010年9月15日	17:00—17:00	福彩公告、北京市福利彩票各个彩种开奖信息
收视指南（图文栏目）	2011年2月18日	17:00—17:00	“北京福彩”系列节目介绍及收视提示

北京北广传媒移动电视有限公司频道一览表

频道名称	开办时间	播出时间	主要节目栏目设置	2012年新增节目栏目
北广传媒移动电视	2004年5月28日	5:58—23:00	《整点播报》、《路况直通车》——路况直播、《今天提示》、《法制进行时》、《环球财讯》、《剧情推动力》、《北京空气质量播报》、《绿动北京》、《畅行北京》、《尚周刊》、《百姓就业》、《96310纪事》、《一路同行》、《网事》、《国家大剧院》、《教育新闻》、《乐影磁场》、《环球影讯》、《我家有玥星》、《我的工会我的家》、《演艺罗盘》、《中歌榜》、《棒球周刊》、《美丽俏佳人》、《北播秀场》《十分开心》、《体育新闻》、《新华A股收评》、《饭饭团》	《北京好人》、《卡惠民生》、《我的小康计划》、《职场猎头》、《体育新闻》、《新华A股收评》、《微电影》、《悠悠团》、《娱乐现场》、《青春风格汇》

北京北广传媒城市电视有限公司频道一览表

频道名称	开办时间	播出时间	主要节目栏目设置	2012年新增节目栏目
北广传媒城市电视	2005年8月1日——2012年12月31日	6：59—22：00	《城市播报》、《图片新闻》、《体育新闻》、《演艺罗盘》、《我的工会我的家》、《书香北京》、《城市之家》、《百姓就业》、《中歌榜》、《教育新闻》、《环球财讯》、《96310纪事》	《北京好人》、《卡惠民生》、《我的小康计划》、《职场猎头》、《体育新闻》、《新华A股收评》、《微电影》、《悠悠团》、《娱乐现场》、《青春风格汇》

北京北广传媒地铁电视有限公司频道一览表

频道名称	开办时间	播出时间	主要节目栏目设置
北广传媒地铁电视	2010年8月10日	5：00—23：30	《新闻地铁报》（一）、《新闻地铁报》（二）、《新闻地铁报》（三）、《法治进行时—地铁》、路况播报—《移动直通车》、《新闻地铁报—体育》、《美食0换乘》、《潮流现场》、《国家大剧院》、《光影随行》、《中歌榜》、《环球影讯》、《美丽俏佳人》、《超级访问》、《音乐风云榜》、《影视风云榜》、《娱乐现场》、《最佳现场》、《梦想孵化器》、《微电影》、《剧情推动力》、《小羊肖恩》、《请您欣赏》、《环球财讯》、《新华A股收评》、《生活一点通》、《十分开心》、《军情解码》

2012年区县广电机构频率频道设置情况

北京市朝阳区广播电视新闻中心频率频道一览表

频率频道	开办时间	播出时间	主要节目栏目设置
朝阳801数字频道	2007年8月	6：00—24：00	《朝阳新闻》、《一周新闻综述》、《和谐在线》、《朝阳名师讲堂》、《人口视窗》、《聚焦电子城》、《地税你我他》、《迈向城市化》、《走进朝阳教育》、《郎咸平说》、《爱车空间》、《幸福2+1》、《同在蓝天下》、《陪你逛街》、《与法同行》
BTV公共·新闻频道朝阳时段	2003年1月	首播19：30—21：00 重播次日7：30—9：00、12：30—14：00	《朝阳新闻》、《一周新闻综述》、《和谐在线》、《朝阳名师讲堂》、《人口视窗》、《聚焦电子城》、《地税你我他》、《迈向城市化》、《走进朝阳教育》、《郎咸平说》、《爱车空间》、《幸福2+1》、《同在蓝天下》、《陪你逛街》、《与法同行》

北京市海淀区新闻中心频率频道一览表

频道名称	开办时间	播出时间	主要节目栏目设置	2012年新增节目栏目
BTV公共·新闻频道海淀时段	2003年1月	首播19：30—21：00；重播次日7：30—9：00、12：30—14：00	《海淀新闻》、《海淀教育》、《城管视点》、《海淀1时间》、《红盾时空》、《人口与家庭》、《公共服务在身边》、《中国书画鉴赏》、《警方在线》、《海检播报》、《陪你逛街》、《消费向导》、《海淀文艺》、《文明海淀》、《火线》、《自在海淀》	《文明海淀》、《火线》、《自在海淀》
海淀802数字频道	2009年6月	每天早6：30—晚24：30共18个小时	《海淀新闻》、《海淀1时间》、《海淀教育》、《警方在线》、《中国书画鉴赏》、《明天成长》、《文明海淀》、《法治中国》、《影视界》、《健康第一线》、《郎咸平说》、《环保前线》、《海淀文艺》、《全民健身舞》、《时尚汇》、《时尚健康》	《文明海淀》、《城管视点》、《时尚汇》、《时尚健康》

北京市丰台区广播电视中心频道一览表

频道名称	开办时间	播出时间	主要节目栏目设置	2012年新增节目栏目
BTV公共·新闻频道丰台时段	2003年1月	首播19：30—21：00 重播次日 7：30—9：00 12：30—14：00	《丰台新闻》、《聚焦丰台》、《人大在线》、《政协视窗》、《清风苑》、《丰台警方》、《百姓与法》、《丰台故事》、《成长的天空》、《真情零距离》、《情系银龄》等	《花卉与文化》、《人口与家庭》、《丰台经济报道》、《幸福生活大讲堂》

续 表

频道名称	开办时间	播出时间	主要节目栏目设置	2012年新增节目栏目
丰台803数字频道	2009年11月	首播 19：30—00：55 重播次日 6：30—19：30	《丰台新闻》、《聚焦丰台》、《人大在线》、《政协视窗》、《清风苑》、《真情零距离》、《丰台警方》、《百姓与法》、《丰台故事》、《成长的天空》、《情系银龄》、《法制中国》、《环保前线》、《金碟时尚》、《影视剧场》、《移山》等	《花卉与文化》、《人口与家庭》、《丰台经济报道》《幸福生活大讲堂》、

北京市石景山区广播电视中心频率频道一览表

频道名称	开办时间	播出时间	主要节目栏目设置	2012年新增节目栏目
BTV公共·新闻频道石景山时段	2002年12月20日	首播：19：30—21：00 重播：7：30—9：00 12：30—14：00	《石景山新闻》、《记者视线》、《新闻盘点》、《生活与信息》、《走进演播室》、《艺海星光》、《教育新视线》、《法治聚焦》、《娱乐者》、《人口视窗》、《政协之窗》、《区县风采》	
石景山804数字频道	2009年11月9日	6：00—24：00	《石景山新闻》、《记者视线》、《新闻盘点》、《生活与信息》、《走进演播室》、《艺海星光》、《教育新视线》、《法治聚焦》、《娱乐者》、《人口视窗》、《政协之窗》、《百姓明星》、《804影视剧场》、《环保前线》、《健康第一线》、《法制中国》	《工商视点》、《石景山服务》、《少图花苑》、《百姓DV》、《未解之谜》、《挑战名人墙》

北京市门头沟区广播电视中心频道一览表

频道名称	开办时间	播出时间	节目栏目设置
BTV公共·新闻频道 门头沟时段	2002年 12月20日	首播19:30—21:00 重播次日 7:30—9:00 12:30—14:00	《节目导视》、《门头沟新闻》、《视点关注》、《信息高速路》、《相约健康》、《电视门诊》、《京西科技》、《京西人口》、《工商在线》、《公共城管》、《永定河文化访谈录》

北京市房山区广播电视中心频率频道一览表

频率频道	开办时间	播出时间	节目栏目设置	2012年新增节目栏目
房山人民广播电台FM107	1989年9月	6:00—24:00	《都市晨曲》、《音乐旅途》、《乐活乐购》、《乐活气象》、《96.9乐活书场》、《96.9资讯畅听》、《乐活丽人》、《周末慢时光》、《中华典故》、《好剧天天播》、《午休音乐坊》、《微博大家谈》、《LOHAS时间（乐活时间）》、《养生我知道》、《LOHAS Talk Show（乐活脱口秀）》、《知味男女》、《静夜思》	新增广播节目1、《FUNHILL时间》播出时间8:00。2、《生活广场》，播出时间8:20。3、《早安随声听》、《乐动乐轻松》每天不同时段播出。
房山人民广播电台FM96.9	2010年7月			
BTV公共·新闻频道 房山时段	2003年1月	6:00—9:00 12:30—14:00 19:30—21:00	《房山新闻》、《早安房山》、《午后真谈》、《都市生活》、《曲苑大观》、《今古传奇》、《星火音乐放松》	新增电视专题节目《法治与生活》、《健康一点通》，开办时间均为2012年10月；

北京市大兴区广播电视中心频率频道一览表

频率频道	开办时间	播出时间	节目栏目设置
大兴人民广播电台FM98.6	1995年1月	6：25—24：00	转播中央台和北京电台新闻、《健康与生活》、《大兴新闻》、《娱乐大排档》、《选我喜欢》、《资讯BBS》、《播客王国》、《情感魔方》、《夜故事》、《评书》等
BTV公共·新闻频道大兴时段	2003年1月	首播：19：30—21：00；重播次日07：30—09：00、12：30—14：00	《大兴新闻》、《女子别动队》、《爱我新区大讲堂》、《天天剧场》、《经典剧场》、《社会·大兴——社会关注、经济直通车、医林医道》等

北京市通州区广播电视中心频率频道一览表

频率频道	开办时间	播出时间	主要节目栏目设置	2012年新增节目栏目
通州人民广播电台FM107.7	1991年12月	6:20—次日01:00	《通州新闻》、《走进中年》、《靖楠心语》、《华彩通州》、《运河泛舟》、《时尚健康生活》等	
BTV公共·新闻频道通州时段	1994年2月	首播19:30—21:00重播次日8:00—9:00 2:30—14:00	《通州新闻》、《看通州》、《经济生活》、《安全》、《劳动保障》、《漫画计生》、《健康人生》、《红盾之光》、《普法园地》、《潞电之光》、《通州科技》、《古韵新绿》、《周末大舞台》等	《艺术宋庄》

北京市顺义区广播电视中心频率频道一览表

频率频道	开办时间	播出时间	主要节目栏目设置
顺义人民广播电台FM92.9	1998年1月20日	5：55—22：30	转播中央人民广播电台《新闻和报纸摘要》、《新闻60分》、《燕京书场》、《全球醉音乐》（直播）、《中国笑星》、《顺心顺意》（直播）、《家庭教育大讲堂》、《越聊越开心》（直播）、《百年听书时间》、《纪实60分》、《西部往事》、《汽车天天会》、《悦耳聆听》《爱生活》、《时尚生活》、《电台情歌》《人之初》等
顺义电视台一套	1994年9月2日	10：10—23:00	《顺义新闻》、《情动绿港》、《师说日》、《顺义时空》、《歌唱部落》、《音乐地带》、《时尚风景线》、《是非方圆》等
BTV公共·新闻频道顺义时段	2003年1月1日	首播19：30—21：00 重播次日：7：30—9：00、12：30—14：00	《顺义新闻》、《天气预报》、《顺义时空》、《情动绿港》、《师说日》、《歌唱部落》、《时尚风景线》、《音乐地带》等

北京市平谷区广播电视中心频率频道一览表

频率频道名称	开办时间	播出时间	节目栏目设置	2012年新增节目栏目
平谷人民广播电台频率FM89.2	1992年3月11日	6：30—8：20 11：00—12：00 18：30—19：30	《平谷新闻》、《绿谷风采》、《老年之友》、《戏曲选粹》、《法制园地》、《相声集锦》、《岁月如歌》、《评书联播》、《健康》	

续 表

频率频道名称	开办时间	播出时间	节目栏目设置	2012年新增节目栏目
BTV公共·新闻频道平谷时段	2003年1月1日	首播 19:30—21:00 重播次日 7:30—9:00、12:30—14:00	《平谷新闻》、《气象预报》、《区县风采》、《旅游精点》、《警法在线》、《平谷卫生》、《药监长廊》、《生活周刊》、《希望田野》、《平谷医疗》、《走近医学》、《时尚消费》、《现代中医》、《视点》	《政府与市民》

北京市怀柔区广播电视中心频率频道一览表

频率频道名称	开办时间	播出时间	节目栏目设置
怀柔人民广播电台 FM101.3	1996年11月	06:29—15:35 17:29—21:23	《怀柔新闻》、《行风热线》、《科普园地》、《今日三农》、《快乐游怀柔》、《法制时刻》、《文化怀柔》、《安全在线》、《文明在身边》、《今日三农》、《新视野》、《特别报道》、《成长》、《健康伴你行》、《音乐无限》、《政策导读》、《快乐60分》、《故事会》、《空中书场》、《生活百事通》等
BTV公共·新闻频道怀柔时段	2003年1月	首播 19:30—21:00 重播次日 07:30—09:00 12:30—14:00	《怀柔新闻》、《生活大观园》、《周日特别报道》、《法制时刻》、《文化怀柔》、《安全在线》、《文明在身边》、《今日三农》、《新视野》、《健康有约》、《发展与改革》、《怀柔人口》、《怀柔环境》、《女性时代》等

北京市昌平区广播电视中心频率频道一览表

频率频道	开播时间	播出时间	主要栏目节目设置
昌平人民广播电台 FM103.1	1987年7月	6:28—15:30 16:58—23:30	转播中央人民广播电台《新闻和报纸摘要》、转播《北京新闻》、《昌平新闻》、《音乐前沿》、《与法同行》、《评书开讲》、《环球旅行家》、《名家书场》、《听电影》、《经典小说》、《名家讲坛》、《今古传奇》、《空中笑林》、《心情追忆》、《咖啡时光》、《戏曲天地》、《健康罗盘》、《现代小说》、《长书剧场》、《奥秘全接触》、《景波说故事》、《晚间书场》
BTV公共·新闻频道 昌平时段	2003年1月	首播 19:30—21:00 重播次日 7:30—9:00 12:30—14:00	《昌平新闻》、《劳动就业信息》、《天气预报》、《真情故事》、《法治纪事》、《古今昌平》、《视角》、《相约》、《百姓话题》、《时空关注》、《农民课堂》、《走进三农》、《信息直通车》、《周末21点》、《健康大讲堂》、《法治中国》

北京市密云县广播电视中心频率频道一览表

频率频道	开播时间	播出时间	主要栏目节目设置
密云人民广播电台 FM94.1	1989年	6:30—23:30	转播《新闻与报纸摘要》、《密云新闻》、《教育园地》、《最佳现场》、《法治传真》、《我的社区我的家》、《今日密云》、《密云经济报道》、《三农有约》、《身在异乡》、《天气预报》、《生活百叶窗》、《平安伴你行》、《空中俱乐部》、《经典相约50分》、《小说与评书联播》、《天下故事会》、《我爱国粹》、《每周一歌》等
BTV公共·新闻频道 密云时段	2003年1月	首播19:30—21:00 重播次日 7:30—9:00 12:30—14:00	《密云新闻》、《事事关心》、《经济一刻钟》、《檀州大舞台》

北京市延庆县广播电视中心频率频道一览表

频率频道	开办时间	播出时间	主要节目栏目设置	2012年新增节目栏目
延庆人民广播电台FM92.8	1997年1月1日	6：29—22：10	转播中央人民广播电台《新闻和报纸摘要》节目、转播北京人民广播电台《北京新闻》、《延庆新闻》、《生活导航》、《今日农村》、《快乐调频928》、《小说连续广播》、《广播书场》、《百佳书场》、《名家讲坛》、《工商进万家》、《检察在线》	《佳作欣赏》、《轻松驿站》
BTV公共·新闻频道延庆时段	1994年7月1日	19：30—23：30	《延庆新闻》、《生活全方位》、《一周新闻综述》、《一路平安》、《绿色家园》、《妫川说法》、《法庭内外》、《金盾之光》、《延庆教育》、《卫生新视野》、《检察视点》服务类：《天气资讯》、《消费风向标》	《魅力新农村》、《水润妫川》

节目栏目

2012年北京市属广电机构重点节目栏目简介

北京人民广播电台

《请跟我回家》新闻访谈节目。北京电台故事广播AM603频率2011年12月12日播出，时长25分钟。

《请跟我回家》主持人刘慧

该节目记述了中国远征军士兵回家的故事。2011年是中国远征军出国作战70周年，专访“老兵回家”活动发起人孙春龙，就是源于这一重要新闻事件，是一次很有新闻价值与时代特色的访谈。节目从远征军老兵杨建达的珍贵录音切入，真实再现身在异国他乡的远征军老兵的痛楚。在激起听众收听兴趣点之后，开始展现那些不为人知的老兵生活境况和心愿，孙春龙以其平实不乏感人的讲述再现了他作为“老兵回家”发起者和亲历者的心路历程。整个节目意在通过孙春龙这个人物的讲述，道出“请跟我回家”这一体现尊重人性、尊重历史的召唤，使听者在感受到人性温暖一面的同时，也试图通过孙春龙这个人物和今天的人们共同抚慰那段远去的历史，告诉那些曾经为民族浴血奋战、又在历史夹缝中饱受委屈的远征军老兵们，祖国和人民从来没有忘记和抛弃他们。该节目获第二十二届中国新闻奖广播访谈类一等奖；“北京市广播影视奖”广播新闻访谈一等奖；2011年度“北京市优秀广播电视节目”一等奖。作者刘慧。

《微博打拐，见证公民力量的成长系列报道》评论节目。北京电台城市服务管理广播FM107.3、AM1026频率2011年《七点早新闻》栏目播出，时长7分25秒。

《微博打拐，见证公民力量的成长系列报道》主持人张锋

该系列报道针对2011年春节期间的社会公共事件“微博打拐”展开分析和评论，从微博打拐的“实际效果”、“微博显现出的社会力量”、“微博与网站等媒体的优势”等角度论述，观点鲜明、论述有力，论据充分，层层深入，凸显了评论的主题：微博不仅仅是在“围观社会”，而且成为推动公民意识觉醒、见证公民力量成长的“正能量”。该节目获2012年度北京新闻奖一等奖。作者董婉苏、张锋。

《寻访红色档案》系列报道。北京电台交通广播FM103.9频率2011年6月16日至6月30日，10月1日至7日播出，时长7分钟。

该系列报道以历史文献档案为依据，相关人物故事、历史事件为叙事形态，充分展现一个多世纪前马克思思想传入中国，生根、发芽，直至中国共产党成立，最终找到中国革命正确出路的光辉历程。该节目获2012年度北京新闻奖一等奖、北京市优秀广播电视节目广播新闻二等奖、2011年度北京市广播影视奖二等奖。作者李秀磊、罗霄兵、延安、张丽。

《寻访红色档案》记者顾一菲、程艳正在拍摄档案资料

《家政公司总经理和他的“爹妈”们》 社教类对象性节目。北京电台故事广播AM603频率《故事悬谈会》栏目2011年6月17日播出，时长1小时。

《家政公司总经理和他的“爹妈”们》作者小丹

该节目讲述家政公司经理王志强从事助老服务二十几年，认的“爹妈”有上百人。在他的感召下，保姆们尽心照顾老人，还成立了志愿服务队无偿做助老服务并且成为入党积极分子。节目抓住老龄化日益加深，老年人对养老非常关心的大背景，选取典型案例，讲述居家养老服务的提供机构和老人们的故事。既弘扬了中华民族传统的孝道美德，又解答了老人们对雇佣家政人员的顾虑。该节目获2011年度北京市优秀广播电视节目社教类对象性一等奖，选送参加2011年到2012年中国广播影视大奖。作者小丹。

《路况信息》 专题服务类栏目。1993年12月开办，北京电台交通广播FM103.9频率每天早7：00到晚21：30，每15分钟播出一次，遇有紧急情况随时插播。

《路况信息》信息处理中心工作人员

《路况信息》是北京交通广播一档重要栏目，为司机出行提供及时信息。内容包括实时路况、路况分析、路况预测等；范围包括本市城区、高速路况、周边省份高速路况；还延伸至航班信息、出租车调度信息等。该栏目获历届北京电台名牌栏目、历届中国交通广播奖优秀栏目。

《日坛边上的大型会所，你到底从哪儿来？》 专题节目。北京电台新闻广播FM100.6、AM828频率《记者视线》栏目2011年8月24日播出，时长14分05秒。

《日坛边上的大型会所，你到底从哪儿来？》记者秦鲁一

该节目报道了一桩文物保护的事。日坛是全国重点文物保护单位，然而一个建筑面积超过2万平方米的大规模高档会所，正在日坛公园东北角建设。这栋大型现代风格建筑的西墙离日坛宰牲亭仅有十多米。而记者在采访中发现，不仅会所的建设单位神秘莫测，各政府监管部门对这处全国重点文物保护单位内的大型在建工程也态度微妙。记者多次深入建设工地，了解工程背后错综复杂的关系，并对工人、保安、附近居民、游客、园林绿化局相关负责人、国家文物局原顾问等进行了采访，提出了保护国家重点文物单位需要保护、需要完整的建议，对国家文物单位的保护具有积极意义。该节目获第二十二届中国新闻奖广播专题二等奖。作者秦鲁一。

《警民共同救治断指少年》长消息。北京电台交通广播FM103.9频率《交通新闻》栏目2011年2月23日播出，时长4分钟。

《警民共同救治断指少年》节目记者张琪悦在采访

该节目详细记录了断指少年被送往积水潭医院的紧张过程。通过声音媒介将事件还原再现，结合122报警台和《一路畅通》节目的实时录音，恢复当时现场的紧急情况。记者第一时间采访到的事件所涉及的少年家人，主治医生，护送警察，122报警台警官等相关人员。用他们的叙述，将当晚情景描述完整。在体现事件的特殊、紧急性的同时，还表现出市民，交警，电台齐心联手的温暖一面。同时，也为之后多个部门联动，救助紧急情况病人打下了基础。该节目获2012年度北京新闻奖一等奖、2011年度北京市优秀广播电视节目三等奖、中国交通广播长消息一等奖，北京人民广播电台2011年度优秀节目新闻类一等奖。作者张琪悦。

《伟大的转折》广播剧节目。北京电台文艺广播FM87.6频率2012年11月播出，共三集，第一集30分49秒，第二集23分34秒，第三集23分43秒。

广播剧《伟大的转折》CD封面

该剧讲述了晚年的孙中山先生在中国共产党的帮助下，重新解释了三民主义，实现了第一次国共合作，使得中国革命有了一个伟大的转折，迎接了反帝反封建大革命高潮的到来。该节目获第十二届精神文明建设“五个一工程”奖、第十二届中国广播剧专家奖“连续剧”特等奖。

《高晓松成为醉驾入刑以来最高量刑第一人》短消息。北京电台城市服务管理广播FM107.3、AM1026频率2011年5月18日播出，时长1分30秒。

《高晓松成为醉驾入刑以来最高量刑第一人》
记者高波

该节目真实记录了名人高晓松“醉驾入刑”案件的宣判过程。自从“醉驾入刑”实施以来，对于这一判罚的量刑标准一直受到关注。高晓松醉驾案之所以受到高度关注，一是看法律对于名人如何量刑，二是名人的认罪态度如何。节目中采用了“倒叙”的方式，首先把听众最关心的最后判决情况、高晓松认罪态度表现了出来，再来回放案件过程，和判罚原因解释为什么给高晓松最高的量刑。节目录音效果犹如当面采访的效果，现场性极强。节目获2012年度北京新闻奖二等奖、2012年度北京市优秀广播电视节目广播新闻类短消息一等奖。作者高波。

《母亲的希望》社教类公众性节目。北京电台新闻广播《资讯早八点》FM100.6、AM828频率2011年11月30日播出上集、12月1日播出下集，时长14分钟30秒。

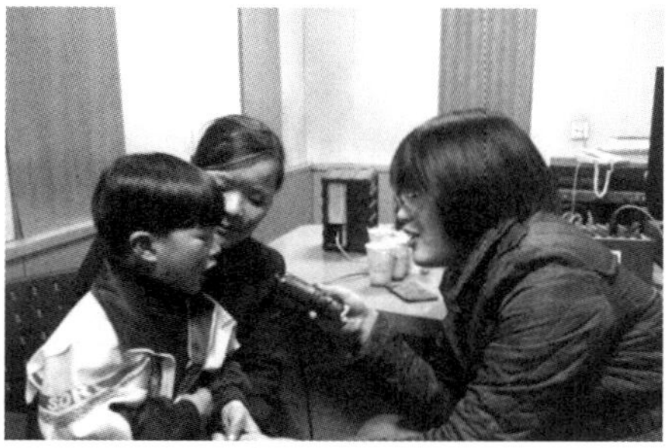

《母亲的希望》记者刘慧采访王晓伟母子

该节目讲述了河北农村母亲王晓伟给患有先心病的儿子筹措手术费的故事。王晓伟绣制了一幅面积达4平方米的巨幅十字绣，她带着十字绣勇闯京城，在好心人的帮助下，最终在北京的一场慈善拍卖会上筹得7万元善款。该节目获2011年度北京市优秀广播电视节目广播社教类公众性一等奖。作者刘慧。

《马法官家的二小子》社教类公众性节目。北京电台交通广播FM103.9频率《警法时空》2011年12月5日播出，时长22分钟。

《马法官家的二小子》马家二小子和主持人合影

节目讲述了一个特殊的18年“母子情”的故事。节目通过几条线索平行交叉、蒙太奇手法展现二小子的身世和家庭，画面感强，主持人提问精确善意、语言自然亲和、节目内敛含蓄，注重被采访人的隐私和情感，有思想深度。更重要的是，该节目没有停留在对法官夫妇人格魅力的描写、对二小子成长的关切上，而是进一步的关注了和二小子有同样身世的“在押服刑人员未成年子女教育抚养问题”的求解上。该节目获2011年度北京市优秀广播电视节目广播社教类一等奖。作者姚博。

《一列绿皮车带来的希望》专题节目。北京电台外语广播AM774、美国洛杉矶1300电台、加拿大中文台、澳大利亚广播电台、纽约中国广播网、新西兰华人之声广播电台、悉尼2AC中文电台等6个国家的10个华语电台的《今日北京》栏目2011年11月播出，时长7分钟。

《一列绿皮车带来的希望》作者张琦

节目讲述了由香港同胞捐助的一列眼科手术列车，深入中国的偏远山区云南楚雄自治州，停靠在铁路的盲端给当地老百姓免费做白内障手术的事迹。该节目获2011年度北京新闻奖二等奖、2011年度北京市优秀广播电视节目广播对外播出类一等奖。作者张琦特别编辑制作了英文版和中文版本两个语言版本。

《马兰的琴声》音乐节目。北京电台音乐广播FM97.4频率2011年6月播出，时长20分钟。

《马兰的琴声》作者冯健

在中国共产党成立90年之际，北京电台推出《美丽马兰，歌声嘹亮》大型活动。该节目讲述了邓小岚帮助马兰村孩子们学习音乐的故事，记录了八年来她用音乐对孩子们进行心灵的感召和人格的重塑，把每年工资的三分之二都用在孩子们身上。这部作品自然纯朴，立意深刻。将语言、音乐、音响塑造成一幅幅生动的画面，听起来真实，感人，呈现了邓小岚高尚的人格魅力和无私奉献的精神。该节目2011年度北京市优秀广播电视节目广播文艺一等奖。作者冯健。

《他们是真诚面对信仰的人——阳和平教授回忆父亲母亲的故事》谈话节目。北京电台爱家广播AM927频率《说那过去的事》栏目2011年8月21日播出，时长1小时。

《回忆父亲母亲的故事》节目作者　马维

该节目以访谈的形式，生动讲述了两位参与新中国缔造和建设的外国友人——阳春、寒早的故事。主持人提问到位、准确，有机串联了一个个生动的故事；主持状态轻松自然，嘉宾讲述幽默生动，节目既有浓郁的亲情，又有不乏引人深思的人生哲理。该节目获2011年度北京市优秀广播电视节目广播播音类一等奖。作者马维。

《新麻辣姻缘》片花广告。北京电台各专业广播2012年春节期间播出，时长33秒。

《新麻辣姻缘》作者马笑宇

该作品突出渲染了广播剧中丰富的电子音效和录音制作技巧技术特点，利用全新手法对人声部分进行处理，搭配悦耳沉稳的电子音乐使整个片花亮点颇多时代感强，悦耳动听，加重体现了录音艺术的美感，起到很好的推广和宣传作用。该片花作品获2011年度北京市优秀广播电视节目技术质量奖一等奖。作者马笑宇。

《稻香村——记忆篇》片花广告。北京电台各专业广播2011年至2012年播出，时长1分50秒。

《稻香村——记忆篇》作者贾洪波

该广告是为宣传北京老字号食品店稻香村所制作的，选用了具有老北京风味的叫卖声来表现旧时代的北京，同时还能够和充分表现时代特点的音效进行交替变换，突出体现了时间的跨度，以表达老字号稻香村的长盛不衰，并且采用京味音乐贯穿其中，诠释了北京的地域特点。该广告获2011年度北京市优秀广播电视节目广播节目技术质量一等奖。作者张校茵、贾洪波。

《整点快报》新闻资讯栏目。2006年1月1日开办，北京电台新闻广播AM828　FM100.6频率周一到周日 9：00、10：00、11：00、12：00、13：00、14：00、15：00、16：00、17：00、20：00、21：00、22：00播出，时长15分钟。

《整点快报》栏目组

该栏目设有国内新闻、国际新闻、本市新闻、天气预报等栏目，为听众提供多样化的服务性资讯。强调报道及时迅速，随时在直播中插播重大、突发新闻事件，给听众带去更新鲜、有用的新闻资讯。该栏目曾获北京电台“听众喜爱的名牌栏目”优秀栏目。

《早安北京》文化资讯类栏目。1996年开办，北京电台文艺广播FM87.6频率8：00—8:30播出，时长30分钟。

《早安北京》栏目组

《早安北京》关注文化娱乐界的新鲜动态，提供演艺市场、影视、文博、展览、图书出版、明星动态等多方面的资讯和服务信息。该栏目曾获2011年第五届“听众喜爱的优秀栏目”。

《男左女右》音乐类栏目。2007年开办，北京电台音乐广播FM97.4频率22：00—24：00播出，时长两小时。

《男左女右》主持人韩力

该栏目颠覆夜晚悲伤的调子，营造全新温馨幽默氛围；颠覆传统选歌曲方式，男女主持人各自挑选自己喜欢的风格音乐；颠覆节目模式化，男主持人每晚一个冷笑话，女主持人每晚一篇暖文章，冷暖结合，成为都市夜猫族最爱的晚间音乐节目。该栏目获2012年第五届“听众喜爱的名牌栏目奖”。

（北京人民广播电台）

北京电视台

《北京新闻》新闻资讯类栏目。BTV北京卫视、BTV新闻（并机）周一至周日18:30播出，时长：25分钟。

北京电视台最主要的一档新闻栏目，具有政治性强、收视率高、影响力大的特点。栏目宗旨为“权威发布政策信息，悉心关怀百姓冷暖”。曾多次获中国新闻奖、中国广播电视新闻奖等国家级奖项。

2012年，北京地区收视率6.12%（BTV北京卫视）、0.72%（BTV新闻），获2012年度中国电视满意度博雅奖。由栏目策划、组织、制作、播出的“温暖一家亲——大型记者关爱公益行动”获北京新闻奖组织策划奖。此外，在党的十八大、市党代会、抗击“7·21”特大自然灾害等宣传报道中，《北京新闻》不断突破创新，改进时政报道，增强报道时效，进行动态编排，同时融合现场消息、新闻特写、SNG直播、本台短评等多种报道形式，以对媒体社会责任、大台风范和文化品位的坚守，赢得了市领导和观众的认可和好评。主编：陈楠、李光军；责编：谢小岩、田涛、石云、李晓军；主持人：王晔、杨硕、王小佳、聂一菁等。

《大家说法》专题服务类栏目。BTV科教频道周一至周日12:20首播，时长：20分钟。

该栏目遵循“关注法制进程、聚焦热点事件、剖析法理人情”的定位，一直致力于运用纪实手法记录发生在北京百姓身边的法制事件，追踪当事人亲历案件的全过程，把观众带入当事人最生活化的状态中，对法治事件进行深度剖析和提出警示参考意见，从而达到普法、守法、用法和宣传法律精神的目的。2012年，北京地区收视率5.23%，获司法部2010—2011年度全国电视法制创优节目评析评论类节目一等奖。制片人：陶继忠。

《特别关注》新闻资讯类栏目。BTV北京卫视、BTV新闻（并机）周一至周日12:30首播。时长：28分钟。

以“关注社会发展、贴近百姓生活”为栏目宗旨的民生新闻栏目。力求用特快速度、特别视角、特色电视手段，真实客观地报道新闻事件，真诚细致地关注百姓生活，为百姓排忧解难，搭建市府与市民沟通的桥梁。该栏目在北京观众群中有很好的美誉度和受欢迎程度。因为坚持民生定位，坚持民生话题、坚持民生语言，多次获“全国十大品牌电视民生新闻栏目”称号。2012年，北京地区收视率2.76%（BTV北京卫视）、0.18%（BTV新闻）。主编：刘晓隽、李颖；主持人：桑朝晖、王巍、赵彬彬、曹一楠、范奕。

《大戏看北京》综艺访谈类栏目。BTV北京卫视周六21:28播出，时长：60分钟。

该栏目以深受北京观众关注的影视剧首映、文化演出活动和经典影视剧回眸为契机，通过生活化的演播室综艺互动和充满亲和力的演播室访谈反映生活的时代。力求通过这种源自生活高于生活的艺术提炼和荧屏呈现，引领社会公众发现闪光的人性，呼唤关爱他人、奉献社会的公共美德。2012年，北京地区收视率2.33%。制片人：王旭东；主持人：王旭东、栗坤。

《养生堂》专题服务类栏目。BTV北京卫视周一至周日17:20首播，时长：57分钟。

以“传播养生之道　传授养生之术”为宗旨，融合中西医文化，演播室访谈加专题片形式的电视日播栏目。栏目抓住中老年观众的需求，突出权威性、实用性、贴近性、娱乐性，普及科学的健康养生知识。从2011年4月开始，该栏目的收视率一直牢固地占据着全国同时段收视率第一和全国同类节目收视率第一的位置。2012年，北京地区平均收视率为2.14%。栏目与中国中医科学院签订了战略合作协议，约定共同策划、开展中医药养生、保健以及疾病防治领域的相关活动，让更多的专家学者走向台前。该栏目继获得全国广播电视优秀栏目奖和北京市广播影视奖电视社教类一等奖以及第三届《综艺》年度节目奖后，2012年相继获电视民生类年度品牌节目、年度制片人、优秀主持人，全国健康品牌栏目、全国金牌主持人、第六届记录中国创优栏目、2012全国电视生活服务栏目影响力制片人、TV地标2012上星频道十大优秀栏目、在“2012生活方式大典”　上获得“优化生活贡献榜之健康养生大奖”、　2012新浪健康年度盛典“最具影响力媒体奖”等多个奖项。制片人：伍力；副制片人：李玉国、王泓；主持人：刘洪悦、刘婧。

《法治进行时》新闻专题类栏目。BTV科教周一至周日12：00播出，时长：20分钟。

栏目致力于法治类民生新闻报道，关注百姓身边的法律故事，以独特的新闻视角和第一时间的现场报道，真实记录一个个鲜活的案例，帮助广大观众学法、守法、用法。2012年，北京地区收视率5.11%。制片人：王勇；主持人：徐滔、王振龙。

《第三调解室》访谈类栏目。BTV科教周一至周日12：49播出，时长：30分钟。

该栏目与北京市司法局、北京市各级人民法院合作，以人民调解工作为宣传核

心，让普通百姓和基层调解员、法官走进演播室，展现百姓最真实的矛盾与冲突，并调动各方力量化解矛盾，从而体现出构建和谐社会的重要意义。2012年，北京地区收视率2.70%。制片人：王壮壮；主持人：刘佳、王振龙；嘉宾主持：杨延超、张小童。

《天下收藏》综艺访谈类栏目。BTV北京卫视周五22：31播出，时长：50分钟。

集知识性和故事性于一体，传承中华传统文化、又极具现代感和悬疑性的寓教于乐的文化收藏类栏目。由表演艺术家、主持人王刚先生与观众一道领略顶级藏品的风采，在金锤舞动的瞬间与观众一道体会收藏的乐趣与真谛。2012年，北京地区收视率2.17%。制片人：韩勇；嘉宾主持：王刚。

《选择》专题服务类栏目。BTV北京卫视周一至周五21：41；周六、周日21：22播出，时长：周一至周五45分钟；周六、周日75分钟。

该栏目以真诚服务为宗旨，全方位、全年龄段地关注普通人的婚恋交友需求，通过现场真人出镜，展现不同人群选择或者被选择的过程，带给观众正确的人生启迪。2012年，北京地区收视率2.14%。责编：刘继东；主持人：王芳、晓艳。

《谁在说》访谈类栏目。BTV青年周一至周日19：30播出，时长：55分钟。

大型日播谈话类栏目。每期节目以当事人的真实经历加嘉宾的论辩分析为主要表现形态，混合了脱口秀与真人秀两种节目样式，倾诉真情实感，分享喜怒哀乐，引发广泛思考，力图打造一个草根群众广泛参与的话语平台。2012年，北京地区收视率2.00%。责编：马光辉；主持人：王芳、阎品红。

《好人故事》专题类栏目。BTV北京卫视周二22：21播出，时长：30分钟。

道德建设类新闻专题纪实栏目。栏目走出演播室，跟随故事主人公，用新闻纪实的镜头报道感人故事，在行进中记录真实的生活，用真实的力量推动社会良知的进步。2012年，北京地区收视率1.88%。制片人：邵晶。

《今日京华》专题类栏目。BTV北京卫视周一至周日18：21播出，时长：4分钟。

该栏目用镜头记录北京优秀传统、历史巨变及创新壮举，与《北京新闻》共同构建傍晚的多形态组合新闻大板块，做强世界了解北京的窗口，立体、全景展示北京昨天、今天和明天。2012年，北京地区收视率1.87%。制片人：李志兵；副制片人：华剑雄。

《生活2012》新闻资讯类栏目。BTV生活周一至周五18：29；周六至周日18：29播出，时长：周一至周五90分钟；周六至周日60分钟。

该栏目以当天发生或正在发生的事件为话题，为观众提供人们普遍关注的生活动态和资讯。2012年，北京地区收视率1.85%。制片人：高燕；副制片人：刘春艳；主持人：高燕、李向显、吴冰、卢文龙、秦天。

《周末喜乐汇》综艺类栏目。BTV文艺周六21：20播出，时长：50分钟。

一本立足北京、辐射全国，新锐时尚的电视周刊；一档拥有都市气质、剧场风格、人物访谈、原创喜剧、流行音乐等创新形态的大型喜剧综艺类栏目；一个表现形式多样、选题角度全面、融各类表演艺术于一身的“好心情电视”。制片人：段嵘；主持人：春妮、谭江海。

《现场说法》栏目剧。BTV科教周一至周日11：30播出，时长：25分钟。

以栏目短剧形式表现法案题材，配合专业法律人士评述，对北京地区发生的有影响的案例进行深度挖掘，剖析案件的内在根源、探究当事人的真实心理，给公众以警示，讲述法律故事，普及法律知识。2012年，北京地区收视率1.81%。制片人：王壮壮；副制片人：刘佳。

《生活广角》专题谈话类栏目。BTV生活周一至周五22:29；周五、周六22:40播出，时长:周一至周五30分钟；周五、周六50分钟。

该栏目记述了在专家的帮助下，让当事人说出自己的心语，引领观众探寻事件背后的真实，分享心灵深处的感悟，树立公民道德规范，促进社会和家庭和谐。责编：刘继东；主持人：魏羽彤、阎品红。

《北京您早》新闻资讯类栏目。BTV卫视、BTV新闻周一至周日7：00播出，时长：90分钟。

早间新闻资讯栏目，涉及本市和国内外新闻消息，选读当天即将上市的报纸内容，提供出行服务信息以及日常的生活服务资讯。节目形式多样，气质活泼，为观众提供了最新的新闻集锦。2012年，北京地区收视率1.58%。制片人：赵欣；主持人：杨硕、孙扬、方亭、胡筱、邬晔纬、魏鹏、李杨薇、孙天旭、西鸥、陆放、孙颖。

《每日文娱播报》资讯类栏目。BTV文艺周一至周日18：45播出，时长：45分钟。

业界领先的文娱资讯平台。栏目核心竞争

力为：时效性、娱乐性、文化性。2012年，北京地区收视率1.50%。副制片人：杨行、顾扬；主持人：赵韦至、晨阳、陈竞、王向真、顾杨、陈晨。

《档案》专题类栏目。BTV卫视周一至周五21：23播出，时长：50分钟。

以真实的历史档案和历史史料为核心，用大众喜闻乐见的故事讲述的方式，在栏目特定的演播空间，结合现场的各种视听手段，给观众呈现一个个看得见、听得到、摸得着、感同身受的历史故事。2012年，北京地区收视率1.44%。制片人：吕军；副制片人：黄炜；主持人：谭江海。

《非常夫妻》访谈类栏目。BTV科教周四20：00播出，时长：50分钟。

以主持人与嘉宾夫妇的访谈为载体的大型谈话节目。遵循轻松探讨严肃话题、真诚讲述真实故事的原则，在尊重嘉宾的首要前提下，讲述嘉宾自己的情感故事，共同探讨普遍存在的恋爱、婚姻、家庭、情感方面的社会话题。2012年，北京地区收视率1.44%。制片人：穆彤；嘉宾主持：英达。

（北京电视台）

北京北广传媒数字电视有限公司

《彩讯及时通》资讯播报栏目。2012年2月开播，每周一期，每期25分钟。

《彩讯及时通》栏目截图

该栏目是一档报道北京彩票市场动态、国内外彩票市场要闻、彩票市场热点解读及玩法讨论的综合节目，以正确指导彩民。下设三个板块：“彩市新闻”——汇聚各类彩票资讯，“媒体聚焦”——推荐彩票热门号码，“彩市趣谈”——多视角深度解析彩市焦点。

《公益播报》新闻资讯栏目。2012年2月开播，每周1期，每期10分钟。

《公益播报》栏目截图

该栏目以主持人播报的形式，及时报道各级政府管理部门公益与民生举措，公益组织、公益企业的公益活动信息，介绍公益人物典型；发布公益项目、社会活动的志愿者招募信息，以及各类受助对象求助信息，起到为公众提供一个参与公益活动的机会。

《爱心公益行》新闻专题节目。2012年2月开播，每周1期，每期10分钟。

《爱心公益行》联盟截图

该栏目以“公益组织巡礼”为主题，通过实地走访，与首都公益组织建立联系，以专题片形式介绍首都公益组织情况，让观众直观了解福彩、基金会、社会组织等助力社会公益事业发展和公益组织运作项目情况。

《海钓玩家》专题类栏目。2010年2月开播，每周1期，每期25分钟。

该栏目主要以海钓为主，是一档集真人秀、纪录片等多种节目形式的新概念型节目，以户外海钓、休闲旅游、民俗风情、当地美食等为对象，多名户外运动专家、游钓专家等为主角，游遍中国整个海岸线，为大家展现中国丰富的海钓资源；走进海钓人的生活，告诉大家一个真实的海钓世界；组织海钓PK活动，为大家呈现一场精彩的“渔”乐盛宴。

《科技生活》科普专题节目。2012年9月开播，每周1期，每期30分钟。

该栏目以大众科普教育为宗旨，编排系列节目，科普内容丰富，知识性、趣味性为一体，分为“科普新闻”和“科普大讲堂”两个部分。

《“爱心雨花”北京首届老年才艺大赛》专题节目。2011年10月开播。

《“爱心雨花”北京首届老年才艺大赛》截图

该节目是一档观众互动参与的大型公益活动，由北京市福彩、北京市体彩和北京市社区服务中心与数字电视公司共同组织开办。活动以在首都营造尊老、敬老、爱老、助老的和谐氛围，促进老年人的精神文明建设为目标，为老年人提供展示技艺、传递爱心的大舞台。大赛于2011年9月启动报名，10月17日起通过数字电视“公益北京”系列节目全程播出，并于2012年10月23日（重阳节）由北京电视台生活频道（BTV-7）播出年度总决赛。

“爱心雨花”是首个为首都老年人打造的文艺竞赛节目，利用电视新媒体为大量老有所乐、老有所学、老有所为的老年朋友搭建才艺展示和爱心奉献的舞台。大赛通过54场才艺比拼，让144组、846位老年朋友登上舞台，放歌喉、展舞姿、秀绝活。节目注重欣赏性外，更突出公益性，老年朋友还在特别设计的爱心行动环节担当爱心大使，向12位需要帮助的人送出爱心行动基金。“爱心雨花”大赛在展示老年风采的同时，为普通的才艺选秀节目注入更深刻的内涵。

《画中话》文化专题栏目。2006年1月28日开办。环球旅游频道每周四、五、六日，

22：00播出，时长30分钟。

《画中话》栏目截图

该栏目采用书画与山水结合相辅相成的方式，引领观众游览于山水间，领略各地不同的文化和风俗，给观众耳目一新的感受。全方位、多角度、深层面、风趣灵动的介绍交流和系统推介的访谈方式，对国内外书画界大家、知名人士、传世名画的传承者、著名专家、当代著名书画家、新人新秀做出精彩访问。

（北京北广传媒数字电视有限公司）

北京北广传媒移动电视有限公司

《整点播报》新闻资讯类栏目。2005年8月15日开办，2009年7月改版，周一至周日整点播出，时长5分钟。

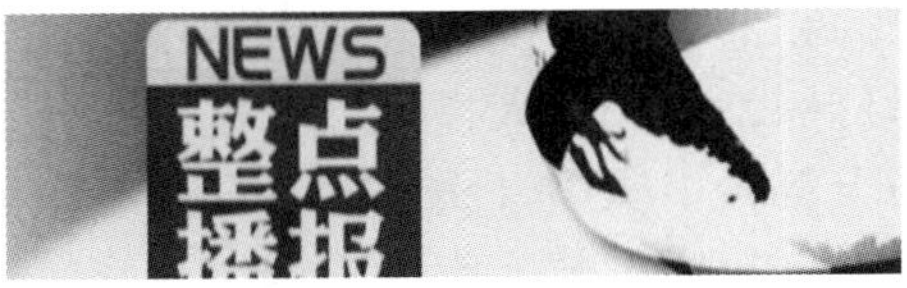

该节目是移动电视力推的自制节目之一，每天4档，全天共播出13次，集时政、民生、生活、娱乐、趣闻、自制新闻为一体。每期节目充分利用北京各大媒体新闻资源，从服务的视点出发，快速、全面地为移动人群提供最新的新闻报道和实用的服务信息。

《北京好人》专题类栏目。2012年3月12日开办，每周播出一期，每天2次，时长5分钟。

该栏目通过当事人讲述的一个个小故事，展现普通人平凡生活中的善心、善举，营造了助人为乐、尊老爱幼的温暖舆论氛围，诠释了北京精神的实质和内涵，弘扬了中华民族传统美德和社会主义核心价值观。

《卡惠民生》专题节目。2012年8月30日开办，节目共制作12期，每周播出1期，每天6次，时长5分钟。

该节目以“卡惠民生”为题，讲述老百姓身边各种各样的卡给他们带来的便捷与实惠，从一张张小卡片的发展来展现群众的生活方式和质量发生的大变化，由此揭示各行各业近十年来的巨变，进而反映北京市经济社会发展所取得的巨大成就，为迎接党的“十八大”召开营造喜庆的舆论氛围。

《我的小康计划》专题节目。2012年11月26日开办，每周播出2期，共播出10期，每期时长4分钟。

该节目是移动电视特别制作的一档系列报道，以配合党的“十八大”宣传，结合2020年

实现全面小康这一话题，从访问对象自述并结合现实工作和生活的形式，解答人们眼中小康的目标和标准是什么。节目短小精悍，适合移动人群观看。

《百姓就业》专题栏目。2009年5月15日开办，每周1期，每天2次，时长5分钟。

该栏目以北京市人力资源和社会保障局政策和信息资源为背景制作推出，力求及时、准确、权威发布保障资讯、解读社保政策，同时包括北京市职业介绍中心提供的就业岗位信息、公益资讯，提供服务信息，让需求的人们在出行途中快速知晓。

《饭饭团》生活服务类栏目。2011年12月5日开办，时长3分钟。

该栏目是移动电视推出的一档展示美食、分享美食的节目，以参与免费试吃的观众为主角讲述用餐感受。百姓参与是此节目的一大特色，节目中出镜的观众，均来自于参与“饭饭团免费品大餐”活动的美食达人，让节目充满亲近感，节目短小、轻松而愉悦。

《悠悠团》真人秀栏目。2012年4月2日开办，时长3分钟。栏目作为移动电视创新的生活真人秀类服务性电视节目。

该栏目的宗旨是“免费带观众畅游北京，悦享生活”。拍摄从参与体验的观众的视角出发，实施“体验式营销方式”的战略选择。通过关注受众的真实综合体验，实施体验营销策略，为受众打造符合他们收视需求的电视节目，从而进一步体现电视节目的“三贴近”原则。

（北京北广传媒移动电视有限公司）

北京北广传媒城市电视有限公司

《城市播报》新闻资讯栏目。2009年1月开播，时长3分钟。

《城市播报》栏目截图

该栏目以“好看、实用、服务”为特色，结合新媒体户外播出的特点，选取每日各类新闻资源中的重大新闻事件、重要资讯信息，第一时间发布，随时更新，全天高频次滚动播出。在内容编排上，每条新闻都控制在20秒左右，每条新闻资讯之间加入了新闻标题导视字幕板，更适合户外短暂收视，让观众在30秒之内就可以简单了解到三条标题新闻和一条新闻的简要解读，给受众带来耳目一新的信息集锦。

《体育新闻》专题栏目。2009年8月开播，时长2分钟。

《体育新闻》栏目截图

该栏目是一档全新的集成类体育节目，超级浓缩了当天最重要体育消息。栏目内容丰富，配以标题提示板，让受众在最短的时间内了解体坛重要资讯。

《教育新闻》新闻资讯栏目。2010年6月开播，时长5分钟。

该栏目内容由北京教育新闻中心提供，分为“新闻快报”、“魅力师生”、“小贴士”三个板块，包括政策发布、重要会议、优秀教师、优秀学生事迹介绍。其中，“小贴士”包括政策解读、学生行为规范教育、紧急事件应急处理等，起到提示和警醒观众的作用。

《路况直通车》生活服务类栏目。2012年3月开播，时长3分钟。

《路况直通车》栏目截图

该栏目采用北京市交管局直播间现场直播的方式，邀请交管局新闻办公室的民警对路面上的交通状况进行实时介绍，并配合交管局的路况监控的画面，第一时间将路面交通状况传递给正在出行当中的交通参与者，引导市民出行。

《环球财讯》新闻资讯栏目。2011年6月开播，时长3分钟。

该栏目立足中国视角，洞察世界前沿，网罗全球热点，纵览天下新闻。汇聚新华社国内、国际各分社的经济财经新闻，秉承大资讯、信息总汇的理念，以全方位的视角，报道国际、国内最新的经济脉动，深度解读财经新闻。

《演艺罗盘》生活服务类栏目。2009年 1月开播，时长10分钟。

《演艺罗盘》栏目截图

该栏目与北京市文化局合作推出的一档文化信息服务节目，在楼宇电视、户外大屏电视和移动电视同时播出。节目以公益性为宗旨，服务首都文化市场和百姓文化生活。栏目主要围绕北京文化市场，以视频、图片、文字等多种形式相结合的电视手法，将首都丰富的文化演艺信息详细、全面地介绍给广大观众，营造首都浓厚的文化氛围。

《96310纪事》专题栏目。时长10分钟。

《96310纪事》栏目截图

该栏目以“报道城市管理，倾听百姓心声”为宗旨，主要以行业新闻、热点追踪、案例分析为主，所有新闻报道贴近百姓、平时有趣。通过独特的报道视角、运用生动的表现形式，向广大市民讲述“城管的事”，在“平民新闻”及与市民互动中力求使百姓与政府进行有效地沟通。

（北京北广传媒城市电视有限公司）

北京北广传媒地铁电视有限公司

《十分开心》动漫类栏目。2011年5月16日开办，时长5分钟。

《十分开心》栏目画面

该栏目作为人们的一种减压爆笑内容，力求适合各个年龄层的观众收看。动画主持人脱口秀全新演绎，雷人的笑话、网络爆笑话题、动画大片，为观众奉上一份开心的电视幽默集锦，让出行的人们感到愉悦。

《潮流现场》生活服务类栏目。2011年6月27日开办，时长5分钟。

《潮流现场》栏目截图

《潮流现场》是一档全新的综合性生活服务、消费指南类电视栏目，紧密围绕都市群体日常消费领域，提供全面资讯服务，内容丰富，视觉性强。

《环球影讯》生活服务类栏目。2011年6月6日开办，时长5分钟。

《环球影讯》栏目截图

该栏目是百度旗下奇艺网推出的一档高品质原创节目，通过独家解读的方式探秘热门电影和电视剧，以视频方式来解读国内外票房排行榜。栏目短小，信息大，为观众提供最新的影讯。

《剧情推动力》生活服务类栏目。2011年9月18日开办，时长5分钟。

该栏目与北京电视台联合推出的一档全新节目，作为剧迷们了解电视剧的窗口，抢

《剧情推动力》栏目截图

鲜播出新剧的精彩看点，成为观众与电视剧之间互动的平台。

《生活一点通》生活服务类栏目。2011年5月16日开办，时长5分钟。

《生活一点通》栏目截图

该栏目记录百姓生活小发明、小窍门，通过快乐家庭的日常生活一一展现，使观众在轻松诙谐的家庭气氛中，便可学到简单实用的生活窍门。 一个个奇思妙想，让生活充满幸福快乐；一个个新法窍门，让生活变得趣味无穷，是栏目的一大特点。

《微电影》短剧类栏目。2012年5月28日开办，时长5分钟。

该栏目是地铁电视2012年引进的一档全新节目，节目创造性地采用了时下最新颖时

《微电影》栏目截图

尚的“微电影”形式，题材朴实无华，感人，公益性强，适合在移动状态和短时休闲状态下观看。其内容融合了幽默搞怪、时尚潮流、公益教育等主题，有的为单独成篇，也有的为系列剧，内容丰富，更新量大。

《小羊肖恩》动漫类节目。2011年12月23日开播，时长5分钟。

《小羊肖恩》栏目截图

该栏目是一部动画幽默哑剧，讲述了小农场上一只机智幽默的小羊肖恩和伙伴们的疯狂故事。该片无厘头式的英式幽默和对后工业化时代西方写意的田园生活的设定，有成为具有中国影响力的“都市休闲文化符号”的潜力。

（北京北广传媒地铁电视有限公司）

北京光线传媒股份有限公司

（2012年投资制作并发行的电视节目栏目）

（一）日播节目

节目名称	播出长度／频次
《娱乐现场》	30分钟／每日
《音乐风云榜》	30分钟／每日
《最佳现场》	30分钟／每日

节目名称	播出长度／频次
《影视纪》	30分钟／每日（由影视风云榜改版）
《我爱看电视》	30分钟／每日
《我爱看电影》	30分钟／每日
《笑傲江湖》	30分钟／每日
《健康宝典》	30分钟／每日
《大学生音乐联盟》	30分钟／每日
《时尚风云榜》	30分钟／每日
《天方夜谈》	30分钟／每日
《养生一点通》	健康资讯类　　30分钟／每日
《麻辣看天下》	热点娱乐事件评说30分钟／每日
《生活魔法师》	娱乐时尚生活资讯30分钟／每日

（二）周播节目

节目名称	播出长度／频次
《大牌生日会》	60分钟／每周
《音乐现场》	60分钟／每周
《音乐学院》	60分钟／每周
《王牌群星汇》	60分钟／每周
《全能综艺班》	30分钟或60分钟／每周
《激情唱响》	辽宁卫视播出，90分钟／每周
《梦想合唱团》	第二季，中央电视台一套播出，120分钟／每周
《天才童声》	辽宁卫视播出，90分钟／每周
《势不可挡》	安徽卫视播出，80分钟／每周
《加油少年派》	中央电视台一套播出，50分钟／每周

（三）颁奖典礼节目

典礼名称
音乐风云颁奖盛典
电视剧风云榜颁奖盛典
娱乐大典
时尚风云榜颁奖盛典
新人盛典
CCTV网络春晚

（四）专题节目

《电影往事》（30集大型电影人物专题系列节目）
《欢笑60年》（10集大型娱乐人物专题系列节目）

2012年区县广电机构重点节目栏目简介

北京市朝阳区广播电视新闻中心

《朝阳新闻》新闻资讯类栏目。1995年1月开播，北京电视台BTV公共·新闻频道朝阳时段及朝阳有线801数字频道每天19：33首播，时长30分钟。

该栏目继续围绕区委、区政府的中心工作，坚持“三贴近”新闻报道原则，关注时政、关注民生、关注生活，深度挖掘重要新闻事实，全方位、多角度播报时政新闻和本区域要事要闻，为推动全区社会经济大发展发挥了重要作用。2012年，栏目继续按照准确反映政府声音，不断改进和完善报道方式，不断满足观众的需求，成为人们了解朝阳的窗口之一。

《和谐在线》新闻访谈栏目。2005年4月开播，北京电视台BTV公共·新闻频道朝阳时段及朝阳有线801数字频道每周日19：50首播，时长30分钟。

该栏目采用主持人与嘉宾访谈的形式，直接传递人大代表、政协委员的真知灼见，解析人民群众关心的热点难点问题，搭建起政府与百姓之间沟通的平台，为构建和谐社会发挥舆论引导作用。2012年，栏目做了进一步的调整和改进，成为广电中心的品牌栏目之一。

（北京市朝阳区广播电视新闻中心）

北京市海淀区新闻中心

《海淀新闻》新闻资讯类栏目。1995年5月开播，北京电视台BTV公共·新闻频道海淀时段及海淀有线802数字频道每晚19：30播出，时长15分钟。

2012年，该栏目继续围绕区委、区政府的中心工作，坚持“三贴近”新闻报道原则，深入宣传全区经济和各项社会事业的发展与成就，及时报道老百姓关心的热点问题，不断完善报道形式，成为新闻中心的品牌栏目。

《文明海淀》文化专题类栏目。2012年5月开播，北京电视台BTV公共·新闻频道海淀时段及海淀有线802数字频道每周六晚19：40播出，时长15分钟。

栏目定位于贴近百姓生活、树立文明典范，让海淀人民了解当地人文资源、历史文化，继承发扬文明美德，宣传海淀文明新亮点，展示海淀文明新形象。结合创建全国文明城区，该栏目秉承“举区域之力　聚万众之智　共创全国文明城区”的宗旨，集中报道海淀人民讲文明、树新风、做文明有礼海淀人的新风尚。

《警方在线》法治专题类栏目。2002年5月开播，北京电视台BTV公共·新闻频道海淀时段及海淀有线802数字频道每周日晚20：00播出，时长：15分钟。

该栏目包括“警方新闻”、“本期视点”、“治安播报”等多个板块，是海淀公安服务群众、展示人民警察良好形象的一扇窗口。通过一个个鲜活的案(事)件的报道，一个个治安案件的预警提示，深入浅出地向观众剖析违法犯罪成因，揭露违法犯罪手段，传播抵御违法犯罪活动，得到了广大观众的认可。

（北京市海淀区新闻中心）

北京市丰台区广播电视中心

《丰台新闻》新闻资讯类栏目。1986年12月开播，北京电视台BTV公共·新闻频道丰台时段及丰台有线803数字频道周一至周五19：36首播，时长25分钟。

该栏目旨在服务大局，关注民生，快捷播报时政新闻，全方位宣传全区政治、经济及社会各项事业的新发展、新成就、新变化。2011年至2012年，加强了时政、经济、文化、社会、民生新闻及资讯、媒体链接等内容。周六“聚焦丰台”综述本周要闻、热点新闻、来自兄弟区县的报道等，节目时长20分钟。新闻 “拆迁未动，就业先行”获2011年度北京广播影视奖“华彩杯”优秀栏目二等奖。

《幸福生活大讲堂》生活专题类栏目。2012年11月30日开播，北京电视台BTV公共·新闻频道丰台时段及丰台有线803数字频道周五20：21首播，时长30分钟。

该栏目以“学知识 明道理 爱生活”为宗旨，以“我学习、我收获、我幸福”为主题，立足百姓生活，集观赏性、知识性、参与性为一体。栏目主要邀请幸福生活讲师团的讲师，就观众朋友感兴趣的“健康与生活”、“环境与生活”、“法制与生活”、“理财与生活”、“旅游与生活”等10多个专题进行讲解，受到观众的好评。

《人口与家庭》生活专题类栏目。2012年5月4日开播，北京电视台BTV公共·新闻频道丰台时段及丰台有线803数字频道周五20：02首播。

该栏目是与区人口计生委联合制作播出，宗旨是全面宣传人口计生政策，传播婚育文明，关注计生家庭，宣传先进事迹，普及优生优育、避孕节育、生殖健康等科普知识，倡导健康生活方式，打造和谐计生。栏目先后制作播出“幸福家庭之星”、“世界人口日”、“阳光计生标兵”、“政协委员调研幸福家庭工程”等内容。

《丰台经济报道》经济类栏目。2012年3月16日开播，北京电视台BTV公共·新闻频道丰台时段及丰台有线803数字频道周五8：22首播，时长15分钟。

该栏目与科技园区总部基地、区工商联合办的周播栏目，旨在及时报道经济亮点，纪实反映企业风采，为财经新锐和民营企业家提供宣传平台。2012年，对中原开泰有限责任公司、高娃钢琴幼儿园、万丰志欣大连海鲜农家菜餐饮有限公司等六家诚信民营企业进行系列报道，受到民营企业的重视和欢迎，得到合作方的认可。

（北京市丰台区广播电视中心）

北京市石景山区广播电视中心

《石景山新闻》新闻资讯类栏目。1994年1月开播，北京电视台BTV公共.新闻频道石景山时段及石景山有线804数字频道每周一至周五的19:30播出，次日7:35、12:35重播，时长12分钟。

该栏目围绕区委、区政府工作重心，坚持服务大局、团结稳定鼓劲、正面宣传为主的方针，深入宣传落实科学发展观，全方位报道石景山区打造北京CRD，建设现代化首都新城区等重要时政新闻。2010年栏目成功推出大型新闻系列报道《话说永定河》；为展示“十一五”期间本区域繁荣发展突出成果，精心策划编播系列报道《这五年》。2012年，栏目进一步增强报道力度，改进报道方式，全年播发新闻2202条，获得北京广播影视奖“华彩杯”电视节目技术质量奖标清新闻类三等奖。

《法治聚焦》法制专题类栏目。2009年6月开播，北京电视台BTV公共·新闻频道石景山时段及石景山有线804数字频道每周四20:10播出，每周五8:10、13:10重播，时长15分钟。

该栏目以普及法律，推进法制建设，维护公众合法权益为宗旨，注重法、德、情的融合，展现政法战线的风采与业绩，突出本地特色，为全区经济社会发展营造了良好的法治环境。栏目主打板块有“直击现场”、“举案说法”、“法在身边”、“法制人物”、“警情提示”等。2012年，栏目经改版完善，内容鲜活，形式多样。该栏目曾获2010年度北京广播影视奖“华彩杯”优秀栏目奖。

《记者视线》新闻深度报道栏目。2001年3月开播，北京电视台BTV公共·新闻频道石景山时段及石景山有线804数字频道每周一、三、五播出。2012年4月1日进行改版，改为从周一到周五每晚19:54播出，时长15分钟。

该栏目以记者深入一线的采访报道为出发点，并以记者的独特视角，对新闻事件进行深入挖掘，对时事进行独到点评。特别是面对突发事件，如汽罐车卡车事件、北京“7·21”大雨等，记者不管危险，奋战在一线，带来最新、及时的报道。栏目曾获北京广播影视奖“华彩杯”优秀栏目奖。

（北京市石景山区广播电视中心）

北京市门头沟区广播电视中心

《门头沟新闻》新闻资讯类栏目。1995年开播，北京电视台BTV公共·新闻频道门头沟时段每天19：30首播，次日7：30、12：30重播，时长15分钟。

该栏目以全区中心工作为宣传重点，坚持“三贴近”新闻报道原则，关注民生，服务大局，全面、及时、准确报道发生在全区的新闻事件。2012年，栏目经改版完善，进一步加强了时政、经济、文化、社会、民生新闻及资讯、媒体链接等内容。栏目曾获“2008年度北京广播影视奖“华彩杯”电视节目技术质量奖标清新闻类三等奖。

《视点关注》时政专题类栏目。2010年7月开播，北京电视台BTV公共 新闻频道门头沟时段每周一、三、五19：50首播，时长13分钟。

该栏目以“配合中心工作，宣传重点建设，多视角的关注身边变化”为宗旨，结合全区重点、中心工作进行政策解读，为群众释疑解惑，成为搭建政府与群众沟通的平台。

《京西风景线》生活服务类栏目。2009年7月开播，北京电视台BTV公共·新闻频道门头沟时段每天19：10首播，时长15分钟。

该栏目对全区旅游景区、民俗风情、农家乐、采摘、本地土特产等进行深度介绍和推介，涵盖吃、住、行、游、乐、娱全方位的旅游消费资讯。通过主持人在旅游现场亲身体验吃、玩、行、游、乐等全方位独特感受，并在节目最后喊出 “京西欢乐行，我在门头沟”

的响亮口号，体现节目挖掘本土旅游资源，推介旅游品牌，打造特色旅游的宗旨。

《文明进行时》专题栏目。2010年1月开播，北京电视台BTV公共·新闻频道门头沟时段每月最后一周的周三18:00首播，时长15分钟。

该栏目与区文明办联合开办，以建设社会主义核心价值体系、弘扬社会主义荣辱观为根本，以培育城市精神、共建公共环境、塑造城市文明形象为定位，以“做文明有礼的北京人”为主线，以“绿色出行、文明交通从我做起”和“垃圾减量、垃圾分类从我做起”三题宣传实践活动为重点，全面推进精神文明建设“五大工程”，通过广泛的视角介绍全区精神文明建设工作动态。

（北京市门头沟区广播电视中心）

北京市房山区广播电视中心

一、广播栏目

《FUNHILL时间》新闻资讯类栏目。2012年12月开办，房山人民广播电台FM107、FM96.9频率每天8:00播出，时长10分钟。

该栏目围绕区内热点新闻及为公众所瞩目的热点人物确定选题，深入挖掘新闻事件和新闻人物背后的故事，通过典型引领，讴歌正气。内容以记者自采为主，采取录音报道等形式，突出广播节目特色。立足于本地区发展实际，为建设“一区一城”新房山营造良好的舆论氛围。

《都市晨曲》音乐栏目。2010年7月开播，房山人民广播电台FM107、FM96.9频率每天6:00播出，时长60分钟。

该栏目是一档以音乐为主、穿插早间操时间为特色的早间录播节目，整体基调悠扬舒缓。宗旨是用轻松、靓丽、自然、灵性的音乐把听众的耳朵唤醒，并通过收听节目有个好的心情投入到一天的工作和生活中去。节目在情绪与风格的把握上，是从轻松、自然、舒缓、调整呼吸逐步过渡到愉悦全身心。

《周末慢时光》生活服务栏目。2010年7月开播，房山人民广播电台FM107、FM96.9频率每周末10:00播出，时长60分钟。

该栏目以“慢”为核心理念，更像是一家“电波中的咖啡屋”，通过聆听美妙的旋律，引领听众享受都市慢生活。节目注重营造一种放松、舒适的氛围，使都市人群从日常的忙碌中暂时抽离出来，通过格调鲜明、视角独特的书影音推荐，从精神层面提供更具文化气息的思考空间。

二、电视栏目

《房山新闻》新闻资讯类栏目。1988年7月开播，北京电视台BTV公共·新闻频道房山时段每天19：36首播，时长15分钟。

该栏目是市郊区县中开播较早、影响较为广泛的一档日播新闻节目。作为房山区权威性的新闻发布平台之一，栏目始终坚持正确舆论导向，宣传党和国家的大政方针，宣传全区“三化两区”发展战略。围绕区委、区政府的中心工作，全面报道房山区经济社会发展，服务全区改革发展大局；密切关注社情民意，反映民生，点滴记录房山百姓生活变化。节目涉及区内时政消息、经济焦点、民生热点、百姓生活，信息量大，服务性强。2010年7月栏目全面改版。2012年，栏目做了进一步的调整和改进，根据内容分类设置了时政、经济、民生、综合等，从形式到内容实现了新跨越，节目质量全面提升。

《法治与生活》专题类栏目。2012年9月开播，北京电视台BTV公共·新闻频道房山时段每周六19：55首播，时长15分钟。

该栏目与区政法系统联合开办，以加大法治宣传为己任，着力营造普法、学法、用法的良好社会氛围，以提升人们的法律素养为宗旨，着力构建和谐法治舆论环境。栏目以案说理，关注民生，传达法治理念。注重贴近百姓生活，凸现房山地方特色。栏目设立“法治现场”、“法治连线”、“法治剧场”三个板块。

《都市生活》生活服务类栏目。2010年7月开播，北京电视台BTV公共·新闻频道房山时段每周一、三、五19:55首播，二、四、六重播，时长10分钟。

该栏目以面向都市民众，服务都市生活，凸显都市风采为定位，把时尚与消费以及健康生活理念有机地结合在一起，内容贴近百姓，服务百姓，是观众的消费指南和生活的好帮手。包含“美食美客”、“购物我开心”、“开心档”、“健康故事”、“我的低碳生活”五个板块。2012年，栏目做了进一步的调整和改版，形式灵活多样，内容涉及科技、教育、商业、建筑、旅游、饮食、流行时装、娱乐健身、养生生活经验和技巧，让受众多角度的感受现代都市生活的点点滴滴。

（北京市房山区广播电视中心）

北京市大兴区广播电视中心

一、广播栏目

《选我喜欢》生活服务类栏目。2010年7月开播，大兴人民广播电台FM98.6频率周一至周日12：00—13：00播出，时长60分钟。

该栏目以生活服务为主要内容，结合当下的流行元素，将广播可视化元素与生活服务信息相结合，帮助听众处理闲置物品，同时在网络音视频播出，打造全国首档可视化闲置物品交换节目。2012年，栏目进一步做了调整和改进，在节目尾声长期提供拼车信息，热心帮助上班族解决出行问题。

《音乐克拉步》音乐节目。2010年7月开播，大兴人民广播电台FM98.6频率周一至周日17：00—18：00播出，时长60分钟。

该栏目旨在展现最全面的流行音乐文化，其内容涵盖港台、内地、日韩和欧美各地区流行音乐，以及摇滚、爵士、独立音乐。2012年，节目主要有话题音乐（如世界杯之歌、情歌女王等）、榜单情况介绍（美国billborad榜、台湾G-music榜及英国榜等榜单）、新歌推荐和音乐资讯等，力求更全面、更丰富、更有趣地贴近听众。

《播客王国》音乐节目。2006年5月开播，大兴人民广播电台FM98.6频率周一至周日18:00—19：00播出，时长60分钟。

2012年，该栏目整合播客、博客和微博，通过筛选播报“博客”和“微博”内容，选取新鲜、时尚、有趣的元素，打造博客也可广播的特色品牌。同时，收集、播放有声音频，给听众搭建一个用声音展示才艺、发表观点的平台，形成大家播、播大家的全新广播形式。节目聚集大众的智慧，内容思想性强，形式新颖独特，颇受听众喜爱。

二、电视栏目

《大兴新闻》新闻资讯类栏目。1995年1月开播，北京电视台BTV公共·新闻频道大兴时段周一至周日19：35—19：55播出，时长20分钟。

该栏目以时政新闻为主要内容，通过时政新闻的“民本化”处理，突出“我们跟您最近”的节目理念，追求新闻报道更贴近、更迅捷、更生动之效果。2012年，栏目重要新闻报道配发“新闻背景”、“新闻链接”、“记者感言”等附加内容，以满足受众对资讯的深层次、多样化的需求，使时政新闻更具震撼力和影响力。

《女子别动队》新闻专题栏目。2007年10月29日开播，北京电视台BTV公共·新闻频道大兴时段周一至周日20：00—20：23播出，时长23分钟。

该栏目以民生新闻为主要内容，颇具地方特色并融合众多时尚和娱乐元素。2012年，该栏目进一步改进提高。由于记者长期深入基层，创作出大量且有一定社会影响力的新闻作品，曾获首届全国新农村电视艺术节“优秀对农电视栏目”一等奖。

《爱我新区大讲堂》访谈栏目。2012年5月开播，北京电视台BTV公共·新闻频道大兴时段每周日20：40播出，时长45分钟。

该栏目在形式上力求创新，在国内率先推出了零距离演播室的概念，把访谈现场搬出了传统演播室，放到了老百姓身边，以充分体现与观众的贴近性，拉近与观众的距离。主要内容是用身边人的故事展示新区悠久的历史，讲述新区发展的辉煌成就，描绘新区的美好未来。

（北京市大兴区广播电视中心）

北京市通州区广播电视中心

一、广播栏目

《华彩通州》专题栏目。2011年5月9日开播，通州人民广播电台FM107.7频率每日播出，时长15分钟。

该栏目是一档介绍通州古老历史、通州发展脉络，展望通州未来发展前景的广播节目，选材大多来自于通州本土作家、知名学者的著作。内容从通州的发展历史、文物特产介绍、名人传记、民风民俗等多个方面入手，力求真实、全面、质朴的反映整个通州的历史、现状以及未来发展走向。

《靖楠心语》访谈栏目。2011年5月31日开播，通州人民广播电台FM107.7频率每日播出，时长15分钟。

该栏目是一档为主持人石靖楠量身打造的节目，以主持人的名字命名，在节目中，主持人以第一人称“我”的形式出现，和听众朋友们直接交流，或讲述动人的情感故事、或分享励志的寓言哲理、或探究敏感的心理、家庭话题。在每一期节目中，主持人除了按照编导安排的主题内容为听众朋友进行娓娓讲述外，还会在主题内容过后，加入一些自己对于事件的看法、评论或者是建议，以期达到和听众朋友们切实交流、真诚沟通的目的。

二、电视栏目

《通州新闻》新闻资讯类栏目。1994年2月6日开播，北京电视台BTV公共·新闻频道通州时段每天19:30播出，时长10分钟。

该栏目开播以来，始终以时政新闻为主要内容，重点围绕区委、区政府中心工作，按照“三贴近”的新闻报道原则，对重要题材、重大事件、重要节日、重大活动等展开了全方位、多角度报道。2011年至2012年，充分发挥广播电视特色优势，以坚持为发展大局服务为宗旨，深化“走转改”系列活动，实现在围绕中心、服务大局上有新亮点；在面向基层、服务群众上有新创造；在提高质量、改进风格上有新突破，特别是在围绕建设现代化国际新城建设、庆祝中国共产党成立90周年、新农村建设等方面的宣传报道工作中做到宣传有高度、稿件有深度、观点有力度、播出有速度、事件有角度、短评有态度。

《看通州》新闻评论类栏目。2007年9月6日开播，北京电视台BTV公共·新闻频道通州时段每周一19：45播出，时长20分钟。

该节目设置“记者视点”、“通州故事”、“聚焦新城”和“本周话题”四个板块。2011年至2012年，《看通州》节目深入实践“走转改”，围绕“三贴近”新闻报道原则，加强策划，创新力度，提高采访深度和广度，围绕群众关心关注的问题，推出社区卫生服务站调查、垃圾分类调查、农药包装物回收调查等一系列调查性节目；为庆祝建党90周年，迎接党的十八大召开，策划拍摄了“走进乡镇，关注基层党建”特别节目，反映乡镇基层党组织建设情况和党员风采；为加大通州现代化国际新城建设的宣传，开设 “聚焦新城”板块，采取解读新闻+评论的形式多角度宣传新城建设。栏目开播四年来已逐渐发展成为品牌节目，2009年曾获得北京广播影视奖“华彩杯”优秀栏目奖。

《周末大舞台》文化专题类栏目。2010年6月开播，北京电视台BTV公共·新闻频道通州时段每周五19：45播出，时长20分钟。

该栏目致力于打造运河岸边的百姓秀场，搭建百姓舞台，丰富广大群众的业余文化生活。栏目开办以来，不仅通州百姓积极踊跃报名参加，还有很多来自本市顺义、密云甚至河北、黑龙江、吉林、内蒙古等省区的选手不远千里前来参加。2010年底《周末大舞台》举办的首届通州百姓歌手大奖赛取得成功；2011年底举办的通州区第二届百姓戏曲大奖赛，年龄最小的选手仅仅7岁，最大的选手已经82岁高龄。截至2012年底，栏目已经播出85期。

《健康365》专题类节目。2011年8月14日开播，北京电视台BTV公共·新闻频道通州时段每周日播出，时长20分钟。

该栏目是一档关注民生、为百姓服务的节目，内容涵盖健身、美食、医疗养生等内容。主要包括“快乐健身”、“周周美食”、“健康快车”或“中医养生”板块。演播室以两位主持人聊天对话方式播出，同时每一期节目都配外景采访、出境主持。整体节目加入内容提要，技术包装突出节目角标、主持人头像等，展现栏目各板块全新背景。

（北京市通州区广播电视中心）

北京市顺义区广播电视中心

一、广播栏目

《新闻60分》新闻资讯类栏目。2009年开播，顺义人民广播电台FM92.9频率每天7：00首播，11:30、18:00重播，时长60分钟。

2012年，该栏目进一步围绕“贴近实际、贴近生活、贴近群众”的“三贴近”新闻报道原则，力求精准报道本区政治、经济、社会生活等各个领域的大事、要事，同时关注国内外要闻及生活资讯。栏目设置“顺义新闻”、“新闻博览”、“新视野”、“天气预报”等板块，形成60分钟集锦，内容丰富，以满足不同听众的需要。

《悦耳聆听》音乐栏目。2010年10月开播，顺义人民广播电台FM92.9频率每天16:30播出，时长60分钟。

该栏目旨在让悦耳的声音给受众带来最惬意的温暖，让动听的故事为受众送去最久违的感动，与受众相约一起用耳朵呼吸温暖的声音。2012年，该栏目继续围绕既定宗旨，播放悦耳的声音、动听的故事吸引听众。

《越聊越开心》生活服务类栏目。2008年1月开播，顺义人民广播电台FM92.9频率每天12:00首播，时长 60分钟。

2012年，该栏目继续以直播访谈聊天方式，为忙碌的都市人提供有关时事要闻、工作和学习、休闲与娱乐等各类资讯服务信息，受到听众的欢迎。

二、电视栏目

《顺义新闻》新闻资讯类栏目。1994年9月2日开播，北京电视台BTV公共·新闻频道顺义时段及顺义电视台周一至周六19:40播出，周日为一周综述，时长12分钟。

该栏目以有效联通政府百姓，广泛关注区情民生为主旨，注重从百姓视角解读新闻事件和大政方针，记录顺义变化，讴歌发展成就，关注群众生活，反映社情民意，成为品牌栏目。随着顺义经济社会各项事业的发展，2012年，栏目更加注重从百姓视角解读新闻事件和大政方针，更加关注人民群众生活，立足顺义，突出贴近性，受到观众的欢迎。

《情动绿港》专题类栏目。2007年12月开播，北京电视台BTV公共·新闻频道顺义时段及顺义电视台每周三19:50首播，时长15分钟。

该栏目定位为感人的题材、感动的故事、感慨的回味，以浓厚的人文关怀为宗旨，以各阶层的人物生存状态、奋斗经历中寓含的感人故事为主要内容，通过记录亲情、爱情、友情、社情、民情、敬业情、爱国情，表现人物在现代社会背景下的命运与情感，并以平实的视角和关怀的眼光去关注他们的喜、怒、哀、乐，以真情实感感动荧屏前的观众。2012年，栏目进一步增强感人的题材收集、整理、播报，受到观众的欢迎。

《顺义时空》专题类栏目。2005年1月开播，北京电视台BTV公共·新闻频道顺义时段及顺义电视台每周一19:50首播，时长15分钟。

该栏目定位于新闻评述，围绕区委、区政府中心工作，报道和评述区内发生的各类重要事件、社会现象和经济现象，推进顺义的城市化进程，以展现顺义区日新月异的变化。2012年，栏目进一步突出节目采访、主持、评论等多种形式的综合运用，同时大胆的提出问题，面对问题，特邀专家、领导和普通百姓共商解决社会热点、难点问题之策，使栏目成为百姓和政府沟通的桥梁。

（北京市顺义区广播电视中心）

北京市平谷区广播电视中心

一、广播栏目

《评书连播》文艺类专题。1992年3月11日开播，平谷人民广播电台FM89.2频率每天19：30播出，时长30分钟。

2012年，该栏目已播出整整20年，一直以评书名家播讲的经典名作为主要内容，多年来所播节目深为广大听众喜爱，拥有一大批忠实的听众，经久不衰。栏目多次获得区内优秀节目奖，成为平谷电台的品牌之一。

《绿谷采风》专题类栏目。2006年开播，平谷人民广播电台FM89.2频率每周一、周三、周五18：50分播出，时长5分钟。

该栏目以“宣传乡风文明，倡导农村新风尚，塑造新型农民”为宗旨，注重播报农民自主创业、崇尚科学、健康娱乐、和谐邻里等典型事迹，深层次、多视角地报道新农村建设取得的成果，为营造和谐的新农村建设氛围发挥了重要作用。2009年度栏目成功推出“文明平谷人”板块，让一个个可亲、可敬、可信、可学的文明使者走近人们的视野。2012年，栏目加强典型事迹的收集、整理和播报，继续受到听众的欢迎。

《老年之友》专题类栏目。1995年开播，平谷人民广播电台FM89.2频率每周一 18：55播出，时长5分钟。

该栏目与平谷区民政局老龄办联合开办，以贴近老年人生活，关注老年人健康，提倡健康的生活方式和养老方法，传播各类健康知识和提出老年人生活建议为宗旨，节目内容涉及老年人生活的方方面面，为老年人的身体和心理健康提供科学知识，丰富了老年听众的精神生活。2012年，栏目根据老年人的需要，改进和完善播出内容，成为老年朋友的益友。

二、电视栏目

《平谷新闻》新闻资讯类栏目。1992年5月开播，北京电视台BTV公共·新闻频道平谷时段每天19：35播出，时长15分钟。

该栏目以“关注社会发展、贴近百姓生活”为宗旨，突出平民化、地域性、服务性的特点，围绕区委、区政府的中心工作，全面、快捷地播报全区各个领域的重大事件及事件动态，为百姓和政府搭建沟通理解的桥梁。2012年，栏目进一步注重从百姓视角解读新闻事件和大政方针，广泛关注区情民生，记录平谷变化，讴歌发展成就，栏目继续保持平谷电视台重要品牌位置。

《政府与市民》专题类栏目。2012年开播，北京电视台BTV公共·新闻频道平谷时段每周一20：00播出，时长20分钟。

该栏目是一档大型周播“电视问政”节目，在京郊电视台中首开先河。每期节目采取现场提问的形式，邀请一位区政府组成机构的行政“一把手”在演播厅与150名民众代表对话、真诚沟通，进而施政于民、疏导民意、为民解忧。截至2012年12月31日，已播出27期，共有5500多名民众现场参与，从法治的角度体现了民众对政府工作的知情权、参与权、监督权、评判权。

《警法在线》专题类栏目。2001年6月3日开播，北京电视台BTV公共·新闻频道平谷时段周日20：05播出，时长15分钟。

该栏目与平谷区政法委联合开办，采用纪实手法，叙述发生在百姓身边的警法故事，普及法律知识，树立政法机关形象。尤其是2007年设置的律师连线子栏目，采用通过旧案例讲解法律条文的形式，传播法律知识。律师免费热线开通后，达到了与观众互动的效果，深受广大群众的欢迎，栏目成为一块重要的普法阵地。2012年，栏目完善播出内容，加强与观众的互动，继续受到广大群众的欢迎。

（北京市平谷区广播电视中心）

北京市怀柔区广播电视中心

一、广播栏目

《科普园地》社教类栏目。2012年7月开播，怀柔人民广播电台FM101.3频率每周二中午10：55播出。

该栏目以关注三农，服务三农为宗旨，依托区域特点服务怀柔广大农民朋友。栏目设置了“农广天地”、“三农热线”、“农林大讲堂”、“科技快报”等板块，以活泼明快、通俗易懂的报道方式，赢得农民朋友的好评。2012年获得北京广播影视奖“华彩杯”优秀栏目奖。

《成长》社教类栏目。2010年4月1日开播，怀柔人民广播电台FM101.3频率每周四中午12：00播出。

该栏目以开展未成年人思想道德教育为宗旨，分设“一事一议”、“青青校园”、“青少年求助信箱”等板块。栏目就未成年人在成长过程中遇到的问题展开分析，帮助青少年走出困惑。如“青青校园”邀请青少年朋友走进直播间以互动形式交流，起到答疑解惑目的。2012年，栏目进一步完善播出内容，加强与观众的互动，受到青少年朋友的欢迎。

《行风热线》时政类栏目。2005年5月9日开播，怀柔人民广播电台FM101.3频率每周一、三、五7：20播出。

该栏目是京郊广播电台中第一个时政类直播节目，通过区政府29个职能部门主要领导轮流上线，倾听民众在热线电话中提出的问题，直接受理投诉，成为民众与政府间互动、理解与沟通的桥梁，以期达到优化执政环境、督察政府工作的目的。截至2012年，栏目共接听热线电话1480余个，其中对600多民众反映的问题给予满意答复或解决。栏目曾获2006年度、2007年度、2008年度、2009年度北京广播影视奖“华彩杯”优秀栏目奖。

二、电视栏目

《今日三农》电视专题栏目。2008年4月25日开播，北京电视台BTV公共·新闻频道怀柔时段每周五播出，时长12分钟。

该栏目与区农委联合开办，主要以传播各类农业信息、解读各级农业政策、指导农民生产、介绍典型农事为内容，分为“三农报道”、“三农亮点”、“农业科技”、“市场行情”等板块。2012年，栏目进一步完善播出内容，加强为农民服务，受到观众欢迎。栏目曾获北京广播影视奖“华彩杯”优秀栏目奖。

《健康有约》专题类栏目。2009年8月10日开播，北京电视台BTV公共·新闻频道怀柔时段每周一播出，时长12分钟。

该栏目与区卫生局联合开办，以科学的态度把握前沿的健康动态，传递最新医疗资讯，答疑解惑为宗旨，以用通俗易懂的方式，把健康理念、医药知识传播给大众。2012年，栏目进一步完善播出内容，成为大众的益友。

《怀柔环境》电视专题栏目。2011年9月13日开播，北京电视台BTV公共·新闻频道怀柔时段隔周周二首播，时长10分钟。

该栏目重点关注怀柔城乡市容环境、设施环境、生态环境、秩序环境的建设成就和经验，把握区域环境发展动向，点击环境热点话题，报道环境建设创新成果，在政府部门与民众之间建立沟通交流的平台，促进怀柔经济和社会发展，提升区域环境水平。

（北京市怀柔区广播电视中心）

北京市昌平区广播电视中心

一、广播栏目

《与法同行》法治专题栏目。2009年1月开播，昌平人民广播电台FM103.1频率每天7:50播出，时长10分钟。

该栏目以普及法律知识，解释法律规则，弘扬社会正气，警示违法行为为宗旨，每期节目采取主持人与嘉宾对话的形式，讲述发案经过，追溯犯罪根源，诠释法律法规，点评案例争议，让法制观念深入人心，让知法、懂法、学法、守法成为人们日常行为的规范准则。所有案例均为本区发生的交通违法肇事、夫妻伤害赔偿、网络诈骗等刑事、民事案件。2012年，栏目进一步完善播出内容，成为昌平区传播法律知识的窗口之一。

《戏曲天地》戏曲专题栏目。2010年1月18日开播，昌平人民广播电台FM103.1频率每天20:00播出，时长60分钟。

该栏目以弘扬中华传统文化，尽显民族艺术瑰宝为宗旨，以重温梨园经典唱片为特色，精选播放戏曲作品中的优秀唱段，让听众感受戏曲舞台的艺术境界和人物形象，感悟中国戏曲作品的艺术魅力。栏目设置“梨园咚咚锵”、“玉振金声”、“梨园留声机”、“粉末人生”、“戏迷俱乐部”等板块，成为戏迷的乐园。

二、电视栏目

《昌平新闻》新闻资讯类栏目。1984年9月30日开播，北京电视台BTV公共·新闻频道昌平时段周一至周六19：30首播，次日07：30，12：30重播，每期15分钟。

该栏目是京郊区县开播最早的电视新闻栏目。以围绕区委、区政府中心工作，报道大事要闻，传播舆情资讯，聚焦昌平发展，关注民生民情为宗旨。栏目总体框架分为时政新闻和民生新闻两大部分，追求时政新闻的严谨性、经济新闻的生动性、社会新闻的思想性，报道及时，内容新颖，信息量丰富全面。除了“传播最新最快的资讯、进行权威客观的报道”外，还注重倾听百姓心声，报道百姓生活，反映社会热点。2012年，栏目进一步完善播出内容，继续成为昌平电视台品牌栏目之一。

《真情故事》专题类栏目。2008年3月开播，北京电视台BTV公共·新闻频道昌平时段周一19：50首播，次日早7：50、20：20、周三8：20重播，每期10分钟。

该栏目贴近百姓、贴近生活，弘扬主旋律，以人物为主线，讲述人与人、人与社会之间的真情故事。节目以平民姿态说百姓事、讲百姓话、让百姓说话，重视对生活细节的刻画，展现普通人的内心情感。节目以情感人，以故事吸引人。栏目开播4年多来深受观众喜爱，是昌平电视台一档品牌栏目，继连续三年获得北京广播影视奖优秀栏目奖之后，2012年又获得全国十佳电视栏目奖，并获2011-2012中国最具品牌价值电视栏目。

《古今昌平》专题类栏目。2008年3月开播，北京电视台BTV公共·新闻频道昌平时段周三19：50首播，次日7：50、周五20：20、周六8：20重播，每期10分钟。

该栏目旨在探寻人文古迹，留住文化根脉，传承历史文明，记录今日昌平。通过影像，对昌平建县2000多年的历史和文化，进行分系列、多层次梳理，特别是让观众朋友对明十三陵以及明朝历史、文化有更加系统深入的了解，力求让观众对昌平有更多的认识，从而激发大家热爱昌平，建设昌平的热情。截至2012年底，该栏目已制作播出122集系列片《探秘十三陵》，并翻译制作成英文版并刻录光盘。同时，又推出《古城探幽》、《塔寺寻踪》、《民俗风情》、《文物纪事》、《六十年回顾》、《天下第一雄关》等多个系列。

《走进三农》专题类栏目。2012年5月开播，北京电视台BTV公共·新闻频道昌平时段每周五19：50播出，次日7：50重播，每期10分钟。

该栏目以宣传富民政策，推广先进致富经验，传递致富信息，面向昌平农村、报道昌平农业、服务昌平农民为宗旨，用亲切、纯朴、自然的节目手段和风格，报道农村发展的大变化，为农民致富奔小康提供全方位服务。

（北京市昌平区广播电视中心）

北京市密云县广播电视中心

一、广播栏目

《今日密云》专题类栏目。1990年1月开播，密云人民广播电台FM94.1频率每周一7:10首播，时长20分钟。

该栏目侧重于对密云的自然生态环境、历史文化和旅游业发展进行宣传，树立青山绿水生态密云的形象，努力为密云的物质文明、精神文明和生态文明建设营造舆论氛围。2012年，该栏目进一步完善播出内容，继续成为密云电台的品牌栏目之一。

《三农有约》专题类栏目。密云人民广播电台FM94.1频率每周六7:10首播，时长20分钟。

该栏目着眼于密云县“三农”热点问题，聚焦农业发展、关注农村变化、反映农民生活，为听众随时了解密云的农业发展、农村环境变化和农民致富经验搭建平台。2012年，栏目进一步完善播出内容，继续受到听众的欢迎。

《教育园地》专题类栏目。2002年1月开播，密云人民广播电台FM94.1频率每周三7:10首播，时长20分钟。

该栏目从学校教育、家庭教育和社会教育三结合的角度，着力宣传密云教育事业的发展成果。2012年，栏目进一步完善播出内容，成为人们的益友。

二、电视栏目

《事事关心》新闻资讯类栏目。2006年1月开播，北京电视台BTV公共·新闻频道密云时段每周三20:11首播，周四重播；密云二套每周四首播，周五重播。

该栏目始终以“发生在百姓身边、与百姓生活息息相关的事，就是我们关注的”为宗旨，围绕县委、县政府的中心工作，尤其是为民办实事工程，解读政策，关注民生。栏目口号“事事关心，关心您身边的大事小事”已经在密云百姓中耳熟能详。2012年，制作播出了《农村居民的三个工程》、《代表委员建言献策，认真办理共促发展》、《关注校园安全，共筑成长防线》、《百姓DV》的系列报道，发挥了桥梁纽带作用，受到观众的欢迎。

《檀州大舞台》专题类栏目。2008年1月5日开播。北京电视台BTV公共·新闻频道密云时段每周五、周六20：11播出，节目时长30分钟。

《檀州大舞台》以“弘扬文化传统，挖掘文化底蕴，展示大众才艺，丰富百姓生活”为宗旨，服务文化建设，实施文化惠民。依托音乐协会、曲艺协会、摄影协会等艺术团体，塑造文艺名人、名家、名品牌。2012年，制作播出《百年檀营蕴华章》、《冰花绽放 墨韵飘香》、《游山水石城 品古韵民风》、《古今神韵 京东北口》等69期节目，推出了《密云文化名人录》专题系列节目。2012年获得北京广播影视奖“华彩杯”优秀栏目奖。

《区县风采》专题类栏目。2011年3月开播，北京电视台BTV公共·新闻频道密云时段播出。

该栏目展现密云文化、宣传密云品牌。内容主要以县域内的经济发展、密云品牌以及进一步加大旅游文化的建设为主线。通过关注县域内旅游资源开发建设、各种旅游主题活动等内容，制作播出了《凝心聚力抓民俗，打造精品快致富》、《实施品牌战略，发展品牌经济》系列节目、《冬季旅游好去处——北京·密云·河南寨》、《培育农村实用人才，推进新型农村建设》等多期精品节目，紧密配合了密云的投资环境和旅游环境建设。

（北京市密云县广播电视中心）

北京市延庆县广播电视中心

一、广播栏目

《延庆新闻》新闻资讯类栏目。延庆人民广播电台FM92.8频率每天18:00首播，重播时间为当日21:00、次日7:20、10:30、11:30，时长10分钟。

该栏目以围绕县委、县政府的中心工作，迅速准确及时报道全县物质文明、精神文明、政治文明和生态文明情况为主，充分发挥广播特色。在报道中采取文字、现场报道、录音报道、专题报道等不同形式，增强宣传效果，及时准确传达县委、县政府的声音，当好桥梁和纽带。2012年，《延庆新闻》栏目深入贯彻"走转改"精神，在栏目中增加"百姓直通车"板块，增加了新闻的参与性与可听性，拉近了新闻与百姓之间的距离。

《今日农村》农村题材栏目。2005年9月9日开播，延庆人民广播电台FM92.8频率周日20：40首播，次日7：30，11：40，16：00重播，节目时长18分。

该栏目从《农村天地》改版而来，是一档面向农村、服务三农、统筹城乡、服务大众的栏目，是城市了解农村的窗口，农村走向城市的桥梁。内容包括"妫川新貌"、"百姓大舞台"、"农民连心桥"、"短讯速递"四个板块。栏目开办十七年来，赢得了不同受众的喜爱,成为延庆电台的一档品牌。2012年获得北京广播影视奖"华彩杯"优秀栏目奖。

《生活导航》生活服务类栏目。2005年1月1日开播，延庆人民广播电台FM92.8频率20：40首播，每周三期，次日7：30，11：40，16：00重播，时长18分30秒。

该栏目是一档生活服务类节目，为听众朋友提供生活资讯、健康指南、疑问解答、二手买卖信息等全方位的生活服务。每期节目以嘉宾访谈、现场报道、短信互动等多种形式，赢得了不同年龄段听众的喜爱。该栏目开办十七年来，一直保持时尚、轻松的节目定位和听众参与互动的节目形式播出，成为延庆电台的品牌。2012年，栏目进行全新改版，内容包括"生活资讯"、"疑问解答"、"生活新知"、"二手商品信息"等板块。

二、电视栏目

《延庆新闻》新闻资讯类栏目。1991年1月开播，北京电视台BTV公共·新闻频道延庆时段每周一至周五20:00首播，时长15分钟。

该栏目以围绕县委、县政府的中心工作，报道大事要闻，传播舆情资讯，聚焦延庆发展，关注民生民情为宗旨。栏目包括重要"时政新闻"、"社会新闻"、"简讯"、"短讯快报"、"百姓直通车"、"摄影图片展播"六大板块。其中"百姓直通车"是栏目中的子栏目，重点关注民生，每周一播出。"摄影图片展播"板块是新闻节目的又一创新，每期展播两张以上摄影图片，通过摄影图片展现延庆大美风光和风土人情。2012年，栏目进一步完善播出内容，继续成为延庆电视台品牌栏目之一。

《魅力新农村》专题类栏目。2012年8月1日开办，北京电视台BTV公共·新闻频道延庆时段每周三20：41首播，周四20：41重播，时长15分钟。

该栏目以服务延庆新农村建设为宗旨，紧紧围绕新农村建设的20字方针"生产发展、生活宽裕、乡风文明、村容整洁、管理民主"进行宣传报道，随时关注新农村建设中的新理念、新产业、新机制、新农民的题材，通过电视荧屏展示延庆新农村建设的成果，为创建县景合一的绿色北京示范区营造良好的舆论氛围。栏目播出的"康庄镇话说有机蔬菜"、"延庆镇葡萄园区"、"张山营镇特色文化墙"、"四海镇第二届赏花季"等节目，社会反映良好。

《水润妫川》专题类栏目。2012年7月30日开办，北京电视台BTV公共·新闻频道延庆时段每周一20:40首播，每两周一期，时长10分钟。

该栏目与延庆县水务局联合开办，内容

紧紧围绕延庆水务工程建设、水资源“三道红线”管理等水务热点、焦点问题，宣传延庆水资源情况，通过电视荧屏展示延庆水务风采。栏目下设“水务动态”、“城乡水务”、“工程采风”、“蓝剑行动”、“水保绿韵”、“水法园地”、“防汛抗旱”、“水风景水文化”八个版块，成为县水务工作的窗口。

（北京市延庆县广播电视中心）

产业发展

2012年北京市广播影视产业发展情况

2012年4月26日，第二届北京国际电影节电影洽商签约仪式隆重举行

2012年，北京市广播影视产业发展迈出了新的步伐。全市广播影视资产总额801亿元，同比增长40.3 %。广播影视创收收入258.47亿元，同比增长41.2%。其中，广告创收108.2亿元，同比增长41%；节目销售收入43.9亿元，同比增长52.3 %；网络收入32.13亿元，同比增长48.1 %；电影票房收入16.12元，同比增长19.4%。北京广播电视台创收80.4亿元，其中，北京人民广播电台创收12.63亿元；北京电视台创收34.16亿元；北京北广传媒集团公司创收33.61亿元，同比增长11.4 %。全市持有广播电视节目制作经营许可证机构1678家，比上一年增加348家。网络视听网站129家。从业人口3.93万人，同比增长27.6 %。

一、广播电视节目交易情况

2012年，北京市广播电视节目交易市场日趋活跃。“第二届北京国际电影节”和“北京电视节目交易会”两个在国内外电影电视界已经产生广泛影响的品牌活动的成功举办，进一步开辟了广播影视节目的销售渠道，扩大了广播影视节目的销售市场，有力地促进了广播电视节目的销售和交易。

为了鼓励更多企业走出国门，北京市广电局于2012年4月1日至4日组织全市12家企业赴法国戛纳电视节参展，共展出电视剧31部、纪录片16部、动画电影1部，实现交易金额120万美元，达成合作（含意向）约440万美元，为历年之最。此外，市广电局还组织北京海润影业、京都世纪、新浪网等影视文化制作、传播单位，首次参加班芙世界媒体节，积极扩大与国际同行的交流合作，受到广泛关注。

北京电台积极拓展广播节目外销业务，节目销售范围及渠道逐年稳步增加。截至2012年底，电台已经成功地销售到全国75家省、市级广播电台及频率，销售范围覆盖全国26个省、自治区、直辖市，其中包括江苏、山东、福建、黑龙江、陕西、上海、浙江、江西、重庆、安徽、广东、香港、山西、辽宁、云南、河北、北京、贵州、新疆、海南、四川、河南、广西、吉林、内蒙古、湖南，全年总销售额达到35万元。这一年，北京电台还尝试新的节目营销模式，根据客户的需求为客户定制节目，并成功为江苏武进广播电视台量身打造了一档幽默笑话类节目《开心一刻》，获得客户好评。与此同时，为了更全面的了解广播节目市场特性与需求，节目销售团队于2月至9月在全国范围内进行了“2012年广播节目销售市场问卷调查”。本次调研覆盖全国24个省份的91家地方电台，其中省级频率39家，市级频率49家及县级频率3家。通过调研，进一步了解到广播节目交易市场上最热门畅销的节目类型、需求量最大的节目类型以及购买方式等情况，为扩大节目销售奠定了基础。

北京电视台2012年全年版权发行收入突破3218万元，其中传统媒体栏目版权发行收入2018万元，新媒体发行收入991万元，电视剧发行收入209万。在传统媒体节目销售方面，将北京电视台卫视、文艺、科教、生活、财经、体育、新闻、青年8个频道的近50档栏目发行覆盖至全国50多家电视台。扩大了北京电视台在全国的影响力，实现了栏目品牌价值的最大化。在新媒体节目销售方面，重点推广发行了50档节目，发行平台包括视频网站、IPTV、数字电视等海内外30余家，合作网站包括新浪、搜狐、优酷、奇艺在内约20家。为了应对竞争，牢牢守住电视栏目发行的全国领头羊地位，北京电视台京视传媒深度开发市场、发掘资源潜力、并勇于创新发行模式，占据了市场的主动，突出表现为：海南地区签约实现零突破、广东地区签约较去年增长390%，浙江地区签约较去年增长211%，江西地区签约较去年增长121%，其中《每日文娱播报》、《养生堂》、《档案》、《非常故事汇》、《大城小事》五档栏目2012年签约额突破1300万元，占总签约的57.4%，较2011年增长27%。

北京电视台《每日文娱播报》栏目扩大发行

2012年北京电视台电视栏目图书音像出版工作也获得新突破，与中共党史出版社、当代中国出版社等多家出版单位成功合作，出版多档栏目图书，并首次提出“图书音像制品招标”计划，通过招标形式寻求有实力的出版单位合作，最大限度地实现电视节目价值。

二、电视剧制作情况

2012年，北京电视剧创作通过向党的十八大献礼，纪念北京电视剧辉煌30年、春秋两季首都电视节目推介会等一系列活动的开展，有力地推动了京产电视剧的生产。

全市获得国家广电总局备案公示的电视剧达到289部8293集，共有98部3408集国产电视剧经市广电局审查通过并取得国产电视剧发行许可证。为迎接党的十八大胜利召开，经北京市广电局审核，上报国家广电总局46部献礼剧，32部被总局列为十八大优秀献礼剧，其中《青海花儿》、《铁血男儿夏明翰》、《火蓝刀锋》等3部电视剧被中宣部、国家广电总局列为十八大献礼重点剧目，占全国总量的30%。

另外，国产电视剧《誓言今生》、《北京青年》、《连环套》、《幸福向前走》、《木府风云》、《大家庭》、《正者无敌》、《枪神传奇》等8部优秀主旋律电视剧作为推优剧向总局和社会进行推荐。

同时，电视剧《誓言今生》、《木府风云》、《北京青年》、《正者无敌》、《青海花儿》、《铁血男儿夏明翰》、《火蓝刀锋》等一批思想性、艺术性、观赏性俱佳的电视剧先后在央视一套、八套以及北京、上海、浙江、江苏等卫视黄金档播出，收视率在全国名列前茅，并收到了很好的社会反响。

电视剧《幸福向前走》剧照

2012年7月，“由中共北京市委宣传部、国家广电总局电视剧管理司、北京市广播电影电视局联合主办了北京电视剧辉煌30年”系列活动。该活动全面回顾北京电视剧发展30年的辉煌历程，总结梳理30年来北京电视剧的发展脉络、成功经验和艺术成就，反映改革开放30年来北京在政治、经济、文化等方面所取得的辉煌业绩。

活动在广泛征求相关领导以及业内最具权威专家、学者意见和电视剧创作者的基础上，共评选出了四个荣誉表彰项目，分别是35部“经典电视剧”、30名“优秀电视剧工作者”、32个“经典荧屏形象”、30首“经典电视剧歌曲”。

举办北京电视剧辉煌30年主题晚会

同年5月中旬，围绕进一步加强首都影视精品创作，组织召开了影视沙龙，邀请了国内著名导演、编剧，对繁荣首都影视精品创作在题材挖掘、内容拓展、创作方向等方面进行了深度研讨，为今后首都影视精品创作明确了方向。6月中旬，组织召开了“青少、老年、女性等题材影视剧及贺岁剧的创作座谈会”，邀请了北京市影视机构持（甲种证）单位的法人代表，与会代表结合首都影视剧创作实际情况对以上题材的下一步创作提出了建设性的意见，为北京电视剧制定相关推优扶持政策提供了遵循。

9月份组织了《北京青年》、《正者无敌》两部优秀电视剧的研讨会。会议肯定了两部剧制作单位对北京电视剧精品创作做出的贡献，剖析了两部剧高收视率所产生的社会效益，总结梳理了电视剧精品创作应该遵循的一般规律，优秀电视剧研讨会为北京今后电视剧精品创作搭建了互动交流平台。

三、动画片生产交易情况

2012年，北京电视台卡酷传媒有限公司加大力度，在原创动画片、动画电影、动画片产权交易等方面都取得了较好成绩。

卡酷传媒有限公司自主原创百集动画片《飞越五千年》，是一部讲述中华五千年历史文化的史诗型巨制。该片立足于中华五千年的文化宝藏，以真实历史为基础，进行艺术创作，是北京市文化创意资金扶持并重点打造的文化精品项目。截至2012年底已完成全部100集剧本创作和近50集动画片制作，受到业界广泛好评，顺利入围中国动画学会“美猴奖”，并被国家广电总局列入优秀动画片推荐作品。

百集动画片《飞越五千年》剧照

北京卡酷传媒有限公司还主动调整主营业务，积极参与动画电影的制作出品。2012年暑期，卡酷传媒参与出品两部动画电影《我爱灰太狼》和《摩尔庄园海妖宝藏》。其中，《我爱灰太狼》凭借近7200万票房荣登2012年暑期国产动画电影票房排行榜冠军，成为除“喜羊羊”系列贺岁动画电影以外票房最高的国产动画电影；《摩尔庄园海妖宝藏》票房也超过2500万，在2012年暑期上映的国产动画电影中票房排行名列前茅。

卡酷传媒出品的动画电影不仅在票房上取得较好收入，在业界各大奖项的评选中也得到专家的一致好评。《摩尔庄园冰世纪》入围中国动漫界的最高奖项——中国文化艺术政府奖首届动漫奖“最佳动画电影”，同时还夺得2012中国国际动漫节“金猴奖”最佳剧本优胜奖和2012中国动画学会“美猴奖”的“最佳动画编剧大奖”。《我爱灰太狼》也同时入围“美猴奖”的最佳动画音乐奖。

2012年，北京卡酷传媒有限公司在动画片版权发行方面也进行了有益尝试：以独家授权方式，将公司自有版权的26集动画系列片《星游记》与百度旗下视频网站奇艺网达成首播协议，创下了新媒体动画片最高购片价格记录；与上海炫动、江苏优漫两家卫星频道就《星游记》、《嘻哈乐翻天》两部动画片签订了电视播映权授权协议；积极开拓海外市场，成功就公司制作出品的52集普法题材动画片《我们小孩有力量》与马来西亚和文莱电视台签订播出发行协议，这是继《福娃奥运漫游记》之后再次走出国门，进入海外市场。

四、广播电视广告经营创收情况

2012年北京电台凭借良好的管理机制和不断创新的经营举措，广告收入依然越过8亿大关，达8.12亿元，继续保持全国广播媒体收入第一的排名。

在经营方面，他们继续深度开发广告资源，不断提升市场竞争力：推进新产品

2012年北京电台广告招标会现场

开发，推出2012资讯联播产品、“金秋畅签”系列组合产品，得到市场热捧；充分利用资源和商机，在饱和度不高的段位推出企业冠名的公益提醒广告产品，利用伦敦奥运商机，开发出体育广播的奥运广告产品；开展活动营销，借助“4.22”世界地球日和第七届中国国际节能展览会，进行活动营销，效果明显；加强自我宣传，搭建电台与代理公司、广告主之间的沟通平台。经过半年多筹备，北京广播广告网正式上线，受到代理公司和客户好评；在管理方面，面对保健品广告严峻的整治形势，北京电台明确了尽快减少广告违规率、尽快研究新的宣传方法两项原则。在此基础上，继续加强专业广播、工商局、主持人、代理公司及客户等多方面的联系沟通，并及时制订实施了一套翔实合理的保健品审查方案。通过一系列努力，北京电台保健品广告违规情况得到有效遏制。在2012年中国广告“长城奖”，中国公益广告“黄河奖”的评选中，北京电台不仅拿下“黄河奖”一银一铜的好成绩，而且在商业广告领域取得了新的突破，夺得一个“长城奖”铜奖。

2012年，北京电视台广告创收31亿元，完成了预定任务。年初,北京电视台广告收入下滑得厉害,广告经营面临着前所未有的困难，台领导先后四次与广告部一起分析形势、研究对策,广告经营团队迅速制定了工作计划，确定了“广告收入3月企稳，4月、5月见效，6月至8月淡季不淡，年底实现冲刺的奋斗目标。”

为了加大客户开发力度，丰富广告营销手段，4月，推出了促销季政策，吸引国内直接客户进行合作；8月，选取了70家客户，由业务员揭榜认领，进行一对一的开发；9月，提出了“签约预售”的经营模式，针对北京卫视最优质的资源，设计了14个特选项目，提前进行签约预售； 10月底至11月初，先后举行了广告招商会和VIP客户答谢会，加强了客户与节目生产部门的互动；12月，《养生堂》招标，六家客户参与竞标，为广告经营拓宽了思路。

2012年北京电视台《养生堂》栏目

广告招标会现场

为了调动广告经营的积极性，北京电视台于4月出台了《北京电视台融合增量奖励方案》，5月底修订了《北京电视台植入式广告管理规定》，9月出台了《节目创新管理办法》。这三项政策推进了广告经营与内容生产融合发展，构建了生产营销的完整体系，为促进广告经营起到了重要作用。同时，广告部还制定了《广告部财务预算管理制度》、《广告费催缴管理规定》、《业务员客户服务工作手册》以及《广告部签单规则及撤播管理规定》，制定了“奖金二次分配政策”，奖优罚劣，确保了广告经营顺畅进行。

2012年，北广传媒地铁电视有限公司加大广告经营力度，千方百计增加广告收入。

全年实现广告收入6628.75万元，比预算增加614.19万元，增幅达到10.21%；净利润2663.39万元，比预算增加1470.53万元，增幅达到123.28%。

五、有线电视网络发展经营情况

2012年，北京歌华有线电视公司全面实施“一网两平台”战略规划，加快战略转型，圆满完成了各项任务。公司实现营业收入22.02亿元，比上年增加了3.04亿元，增长了16.03%；实现净利润2.97亿元，比上年增长6.66%。截至2012年底，公司有线电视用户达到498.6万户，高清交互数字电视用户达到310.85万户，个人宽带用户19万户，飞视家庭用户12万户，集团数据业务2万线以上。

2012年歌华有线和华数签署合作协议

（一）积极推进高清交互推广工作

2012年，公司积极制定并上报了2012-2015年高清交互推广方案，获市政府批准。公司积极开展非居民用户数字化工作。截至2012年底，累计实现了358家宾馆酒店、医院的数字化工作。同时，公司积极推动与电视机厂家合作开发一体机，取得了阶段性进展。

（二）大力推进基础网络建设

一是累计开通双向网450余万户；二是完成了城区169条道路的架空线入地工作；三是完成了十余个二级机房的整备、扩容和UPS系统升级；四是全年各区县共有179个新建住宅项目向公司申请办理《信号接入证明》，覆盖9.3万户；五是完成数据业务接入任务近1400项；六是在全国率先完成了直播卫星“户户通”工作，涉及6个区县、4500余户，完成了2012年有线广播“村村响”工程，涉及4个区县、155个行政村。

（三）积极推进技术研发和系统平台建设

一是完成了支持330万用户规模的高清交互数字电视平台系统的优化扩容工作；完成了高清交互30K系统的升级改造；完成了高清交互数字电视平台综合网管系统和综合审计平台系统的一期建设工作。二是综合业务运营支撑系统（IBOSS）二期投入使用，大客户管理系统一期正式上线运行。三是完成了可支持300万用户规模的CM网络管理系统（CMNS）升级改造工作，实现了与飞视网管系统的对接。四是缴费渠道方面，开通了工行、农商行自助缴费终端缴纳个人宽带业务和付费节目费用的渠道，与有关银行合作开发的网上银行也已上线。五是完成了资源信息管理系统（MIS）的优化升级工作。六是完成了GIS二期系统与GIS一期系统的整合工作。

（四）做大做强做优高清交互新媒体平台

2012年，高清交互平台共收转167套数字电视节目（包括14套高清节目）、16套数字广播节目和1套3D频道；在线视频节目超过2.1万小时，2012年新增了“北广高清”付费节目，新增了“北京数字学校”、“新

歌华有线高清交互平台上线

闻纵览”、“综艺荟萃”、“交通罚款”、“数字文化社区”、“街道资讯”、“电视银行”和“读书林”等应用栏目，累计上线应用三十余项；完成了“收视统计系统”的开发部署工作，为公司将成立的“大样本收视数据研究中心”奠定了基础。数据统计显示，“歌华点播”日点击量达到70余万次，“电视回看”的日点击量突破190余万次，北京的有线电视用户在全国率先实现了个性化看电视。2012年，公司全业务体验厅正式建成并投入使用。

（五）积极稳妥推进三网融合相关工作

一是申请了有关电信业务牌照。2012年10月，工信部批复同意公司开展基于有线电视网的互联网接入业务、互联网数据传送增值业务、国内IP语音业务。

二是个人宽带业务实现突破。在电信宽带不断提速、市场竞争日趋激烈的情况下，公司通过制定宽带业务奖励机制、丰富内网资源、加强优惠促销和组合营销力度，对宽带进行免费升级，适应市场需求推出30M高带宽和两年长账期等产品多项措施，实现了个人宽带用户的平稳发展。截至2012年底，公司个人宽带用户超过19万户。公司下放宽带业务后，两年来分公司的实际操作，建立了机制、锻炼了队伍、树立了信心，为下一步宽带业务的发展打下了坚实的基础。

三是集团数据业务稳步发展。2012年完成了多个专网项目的签约和建设工作，全年实际开通2000多条线路。此外，积极推进三网融合云服务平台项目建设，融合通信平台、视频资源采集系统等子项目已启动建设。启动了云图书馆系统平台搭建工作。

四是飞视业务快速发展。公司成立了专门的领导小组和飞视办公室。飞视家庭业务于2012年3月正式走向市场，截至2012年底已发展用户超过12万户。飞视热点业务于2012年1月正式推出，年底已自主建设300余个飞视热点。与北京移动签署在4000个公共场所热点覆盖合作的框架协议；完成了热点覆盖建设子协议、传输服务子协议和热点带宽租赁协议的签署，并启动了热点建设。公司还加大了飞视走出去力度，已与广东省网、河北省网达成飞视合作协议。

五是“数字学校”广受好评。该项目是2012年市政府为民办实事工程，总台与市教委签署合作协议，于9月1日在公司高清交互平台正式上线，栏目提供由3000多位名师参与录制的从小学一年级至初中三年级9个年级9500课时的课堂点播服务。截至2012年12月31日，栏目总播放次数160万人次，总播放时长37万小时。通过“北京数字学校”，实现了优质教育资源进入千家万户，广受各方好评。

六是数字文化社区建设稳步推进。项目被列入2012年市政府为民办实事工程，由公司配合市文化局与首都图书馆共同建设，依

2012年歌华有线“电视图书馆”栏目上线

托高清交互平台，将有线网络引入街道社区文化站。截至年底已在100个社区文化站中提供该服务。

七是语音业务尝试突破。已搭建了IP语音及多媒体通信试验平台，试验了可视电视电话业务，尝试开展了集团融合通信业务，为进一步在IP语音业务上创新和寻求突破奠定了基础。

六、文化会展情况

2012年，歌华集团在文化展览、演出以及大型文化活动方面表现突出，取得重大成果，并形成了全国巡展、巡演的创新模式。集团先后承办了“古典与唯美——西蒙基金会收藏雕塑、绘画展”、“美国当代写实油画展”等大型文化展览项目，同时成功举办了杰森•玛耶兹（Jason Mraz）首次内地巡演、BIGBANG中国巡演、2012中国乐谷·北京国际流行音乐季、北京国际设计周、北京国际电影节电影洽商以及“北京之光”迎新年倒计时活动等大型文化活动，获得积极的社会反响。

“北京之光”迎新年倒计时活动在中华世纪坛成功举办。12月31日晚，活动由广场群众联欢、新年倒计时、点亮“北京之光”、敲响新年钟声等内容组成。活动传递的“梦想中国的复兴之光，凝心聚力的能量之光，人民期盼的幸福之光，世界城市的北京之光”四大理念，紧扣了党的十八大精神和北京建设世界城市的时代主题。表现形式实现了灯光艺术与当代艺术的融合创新，深受各界好评。活动吸引了首都各界群众约三万余人自发前往世纪坛，共同迎接新年的到来，成为首都新年活动的一大亮点。

2012年，集团积极探索文化项目的全国巡展、巡演模式，取得重要突破。由中华世纪坛世界艺术馆主办的“古典与唯美——西蒙基金会收藏雕塑、绘画展”成为新中国成立以来欧洲艺术专题展在全国城市巡展参观人数超过百万的首个品牌展览。“古典与唯美——西蒙基金会收藏雕塑、绘画展”圆满完成在国内6个省市的巡展。先后在中华世纪坛世界艺术馆、深圳博物馆、重庆中国三峡博物馆、浙江省博物馆、湖北省博物馆和河南博物院进行了为期14个月的巡展，观众总数达到100万。各馆在媒体宣传、营销推广、教育活动等各方面均投入了很大精力，并取得了很好的社会效益，提升了经济效益。此外，世界艺术馆与美中油画家联盟合作举办的“美国当代写实油画展”；与英国曼彻斯特大区博物馆联盟、英国国际巡展联盟合作举办的“走向现代——英国美术300年展”在北京首展后也开始了在全国范围内10个城市的巡展，并将延续到2013年年底。世界艺术馆近年来在建立艺术展览展示、推介、交流、交易的运营模式方面进

2012年“北京之光”迎新年倒计时活动图片

行了积极的探索并初见成效，为配合集团打造文化精品项目、扩大品牌传播与影响、增强文化领域的对外开放，以更好地发挥北京文化中心作用，起到了积极的示范作用。

2012年歌华集团承办的
中国乐谷·北京国际流行音乐季现场

由北京歌华文化发展集团所属北京歌华莱恩文化体育发展有限公司主办的BIGBANG ALIVE GALAXY TOUR世界巡回演唱会中国站演出分别在上海、广州、北京三地举办，现场上座率近100%，巡演票房收入3000万元人民币。

（北京市广播电影电视局史志办、
北京广播电视台办公室）

新媒体

2012年北京广播电视台直属新媒体发展情况

2012年，北京市广播电视新媒体通过资源整合，完善产业链，进一步推进数字付费电视、移动电视、城市楼宇电视、地铁电视、鼎视传媒电视、手机电视以及数字广播、网络电台等业务的发展，增强了新媒体的传播力度。

一、数字付费电视

数字付费电视由北京北广传媒数字电视有限公司承办。自2003年开办以来，继续发挥"北广传媒数字电视节目集成平台"的优势，为数字电视用户提供视频、广播、数据业务等三大类内容，搭建完善的家庭信息平台，内容构架形成体系。

数字电视《爱心公益行》节目截图

视频服务：开播自办付费电视频道《京视剧场》、《爱家购物》、《动感音乐》、《车迷频道》、《考试在线》、《优优宝贝》、《四海钓鱼》、《弈坛春秋》、《环球旅游》、《新娱乐》、《置业》11套，数字音频广播频道2套，其中覆盖全国6套，覆盖北京5套，每个频道每天24小时循环播出。

《考试在线》频道的《高考易错题解析》、《新概念英语精讲》、《优优宝贝》频道的《谢宏真道理》、《置业》频道的《非常设计》、《环球旅游》频道的《画中话》、《车迷》频道的《名车档案》、《四海钓鱼》频道的《钓具博览汇》等栏目继续受到观众的欢迎。

音频服务：开办了戏曲广播、爵士音乐广播等2套付费广播频道。同时，还集成付费音频广播节目16套。

数据服务：北京之窗和电子节目指南（EPG）等信息服务。开办了北京数字电视多媒体平台《北京之窗》。该平台继续为市民提供全面、权威、及时的电视政务服务，以及衣、食、住、行、游、娱、购等生活消费相关电视导购服务，采用"多路视频24小时轮播+互动图文"的播出方式，用户可自主选择观看节目或查询图文信息。《北京之窗》共设置"公益北京"、"首都政务"和"生活资讯"3个电视系列节目和5个图文栏目。

2012年，北京北广传媒数字电视有限公司加大力度将《北京之窗》建设成为专业化、数字化公共信息服务平台。年内，与北京市福利彩票发行中心联合开办互动娱乐节目《彩票大擂台》、《九华温泉大闯关》；在北京歌华有线播出"3D"节目为特色的"北广高清"品牌付费点播节目包，片库节目存储达到1000小时，每周实现内容更新80小时。

二、移动电视

移动电视由北京北广传媒移动电视有限公司承办。自2004年开播以来，积极挖掘广电系统内多种文化产业资源，形成完整的视听节目传输网络，充分发挥自身传播优势，努力成为政府管理的公共信息平台、城市管理的应急平台和百姓生活的资讯平台，扩大了移动电视的受众面。

移动电视继续采用先进的数字电视地面广播技术进行传播，由中央电视塔统一发射无线信号，全网络终端同步接收，实时播放节目。全网络已在中央电视塔、京广中心、名人广场、491发射台建设了一主三辅4个数字发射机站，并完成多个信号直放站建设，形成全面覆盖北京六环路以内地区的地面数字电视单频网，每日受众超过1300万人次。移动电视节目包括新闻资讯、时事热点、时尚娱乐等，每天播出时间17小时，公交电视终端屏幕总量达2.4万块。

移动电视栏目“悠悠团”活动现场

2012年，移动电视以品牌建设为总领，以技术创新为突破，寻求新品类、新业态、新模式，推动了移动电视事业可持续发展。节目建设上，打造了《北京好人》、《职场猎头》、《网事》3档新栏目，通过与各委办局共同策划的方式对原有《百姓就业》、《教育纵横》、《96310》、《畅行北京》等节目进行了优化。同时，引进新华社08财讯的《新华A股收评》、中央电视台的《文化中国》等节目，并首次播出《微电影》、《悠悠团》系列，有效提升了移动电视节目品质，节目可视性进一步增强。技术改造与创新上，继续开展北京地面数字电视单频网国标转换工作，完成通州、大兴、良乡、昌平和顺义等5个郊区发射台的基础设计；开发第三代智能互动机顶盒“全媒体智能交互系统”、“节目共享整合营销平台”；探索电视直销业务，《惠购物》于12月上线试播。综合管理上，完成ISO9001认证，成为全国首家获得ISO质量管理体系认证的移动电视运营商。

三、城市电视

城市电视由北京北广传媒城市电视有限公司承办。自2005年开播以来，继续加强楼宇电视联播网、户外大屏电视联播网业务的发展，增强了城市楼宇电视的影响力。

城市电视继续采用地面数字电视广播技术进行传播，由中央电视塔统一发射无线信号，全网络终端同步接收，实时播放节目。节目包括新闻资讯、时事热点、时尚娱乐等，每天播出时间15小时，城市电视终端屏幕总量近8000屏。

联播网终端分布在北京市政府机关、金融系统、医疗系统、商业系统、餐饮休闲等数十个行业。户外大屏电视联播网是一个户外LED大屏幕电视的联网播出平台，巨型LED大屏电视分布于城区重要商业地点和人流聚集区。

2012年，北京北广传媒城市电视有限公司进一步加强节目建设和技术创新力度，推动了新媒体电视事业可持续发展。节目建设上，新增《法制进行时》、《今天》、《路况直通车》、《文化中国》、《绿动北京》、《我家有明星》、《美丽俏佳人》、《剧情推动力》、《娱乐现场》、《北京好人》等十余个节目栏目。《城市播报》、《体育新闻》、《演艺罗盘》、《城市之家》、《96310纪事》等评为年度优秀节目栏目。

新换装的城市楼宇电视横屏

技术改造与创新上，完成终端机顶盒软件开发签约和转换项目的启动，实现国标信号的接收、本地图片内容播出、多画面播出等功能，WI-FI技术通过初步测试。新国标机包括32寸竖屏、32寸横屏及42寸落地式竖屏三种机型，通过软件进行画面分割。竖屏显示屏上部实时播放精彩节目，下部播放本地个性化内容，其中WI-FI数据分发技术的植入成为城市电视在国标转换项目中的最大亮点。户外大屏幕电视建设进一步推进，中汇大屏于2月1日亮屏试运行，富力广场大屏项目完成营建，春平广场大屏完成合同签署。

四、地铁电视

地铁电视由北京北广传媒地铁电视有限公司承办，自2008年开播以来，继续加强地铁电视平台的建设，扩大了地铁电视的受众面。

地铁站台上的电视显示屏

地铁电视与公交车、楼宇和户外大屏幕电视组成联播网，内容涵盖新闻资讯、生活服务、法制、娱乐资讯和公益宣传等，播出时间与列车运营时间同步，日播出18.5小时，地铁电视终端屏幕总量达2.17万块。

2012年，北京北广传媒地铁电视有限公司继续加大地铁电视的建设力度，在原有线路1、2、5、8、10、13号线、八通线、亦庄线、昌平线、房山线、15号线的基础上，又开通了8号线二期北段、10号线二期。在节目制作上不断创新，按照“短、平、快”的原则，在原节目均为引进节目的基础上，增加集成、自制节目占到播出节目的70%。根据地铁电视的特点，年内新增、调整了《十分开心》、《闪天下》、《潮流现场》、《奇艺环球影讯》、《环球财讯》、《剧情推动力》、《小羊肖恩》、《快乐生活一点通》、《微电影》等十几个节目栏目，播放各类天气等文字预警出行信息160余次。在伦敦奥运会期间，临时开辟《直击奥运》、《奖牌榜》、《赛事预告》、《体育新闻-奥运版》、《奥运直播间》5档新栏目，共集成奥运相关新闻及赛事近500分钟，转播相关赛事近2700分钟。年内，地铁电视公司获得北京、清华等10所大学联合主办的中国传媒2012评选活动中获得“金长城传媒奖·2012中国最具影响力移动电视奖”；还取得北京市高新技术企业证书。

五、鼎视数字电视

鼎视数字电视由鼎视数字电视传媒有限公司承办，自2005年运营以来，向全国数字电视用户家庭提供付费电视节目。

2012年，鼎视数字电视传媒有限公司继续巩固节目落地区域，共集成传输33套数字标清、7套高清卫视节目、8套购物节目。付费频道在全国落地销售区域211个，覆盖用户10218.31万户。电视购物频道在全国落地销售区域 84个，覆盖用户 4787万户。

传输的33套数字标清节目有：“鼎视多”节目包、“鼎视家和”节目包、“鼎视风尚”节目包、“鼎视单选频道”和“鼎视自选套餐”等，共包含《四海钓鱼》、《收藏天下》、《证券资讯》、《央广健康》、《时代家居》、《时代美食》、《时代出行》、《时代风尚》、《碟市》、《职业指南》、《家庭理财》、《车迷》、《读书》、《新娱乐》、《环球旅游》、《人物》、《考试在线》、《快乐宠物》、《优优宝贝》、《财富天下》、《家政》、《电子体育》、《数码时代》、《中国气象》、《百姓健康》等25个数字付费频道。

鼎视传媒展台

同时，还为《快乐购物》、《央广购物》、《优购物》、《时尚购物》、《风尚购物》、《家有购物》、《家家购物》、《环球购物》等10个数字电视购物频道提供集成传输及发行服务。传输的7套数字高清卫视节目有：北京卫视、湖南卫视、深圳卫视、广东卫视、黑龙江卫视、山东卫视、湖北卫视。

六、CMMB手机电视

CMMB手机电视由北京中广传播有限公司承办，自2009年开播以来，继续加强手机电视平台的建设，增强了手机电视的传播力度。

CMMB手机电视采用中国自主研发的移动多媒体广播（CMMB）技术，通过自身运维的多媒体广播覆盖网向在北京地区的手机、PDA、MP4、GPS、笔记本电脑等小屏幕接收终端传送高质量广播电视节目和提供数据增值服务。内容上实现对CCTV-1、CCTV-5、CCTV-新闻、北京卫视、“晴彩”电影、“晴彩北京”、中央人民广播电台、中国国际广播电台视听节目的传送，每天播出18小时。

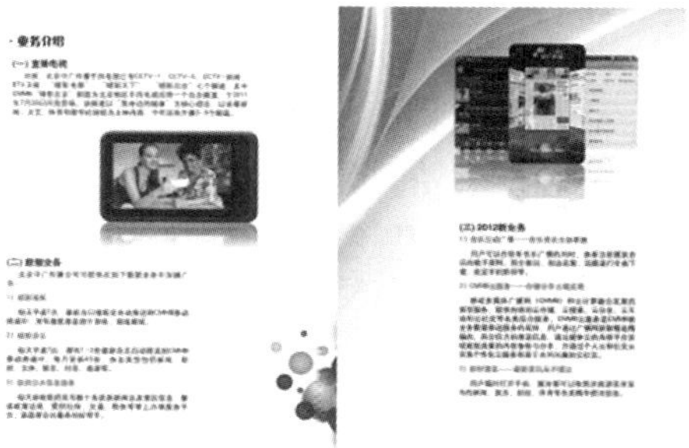

CMMB手机电视宣传册

2012年，CMMB手机电视在北京地区在建成大功率单频网站点17处的基础上，进一步加强网络运行维护工作，与各发射站点签署站点租赁及电费合同，与各链路提供商签署链路租赁合同。年内，CMMB手机电视累积发展双向终端用户69.4万户，在网付费用户39.1万户，新增单向终端用户10万户。新增《音乐互动广播——音乐资讯全部掌握》、《CMMB云服务——存储分享云端实现》、《即时资讯——最新资讯从不错过》业务。

（北京广播电视台办公室）

北京电台新媒体发展情况

一、北京交广传媒

北京交广传媒系北京人民广播电台开办的新媒体之一，也是“公众服务信息平台”，由北京交广传媒有限公司进行运营。

2012年，北京交广传媒利用北京人民广播电台的媒体资源，推进了新媒体机、活动及自驾游、金融服务等三大核心业务的整体传播。同时还推进公司品牌形象VI设计及VI应用规划工作，并对公司品牌标志进行了新的演绎策划，有效运用宣传媒介，为北京交广传媒开发的系列产品起到助销作用。其中，重点加强了BTOC平台的合作，推进与多家网络平台进行产品宣传合作，取得优秀的营销效果。

在新媒体机方面： 对1039亿付通、1039导航仪、1039听爱易用手机以及1039行车记录仪等产品进行全方位的包装及策划。根据新媒体机产品的特性，明确产品定位，进行受众分析及竞品分析，制定阶段性市场推广策略，完成产品销售话术以及产品培训、节目话题营销等策划工作。

1039导航仪截图

营销方面，制定了传播策略及效果分析，对电台媒体资源进行了深入运用，在各专业广播平台阶段性发布新媒体产品广告，同时，定期参与《汽车天下》栏目宣传，实现了产品发布、促销信息的深度传播。对1039行车记录仪产品进行重点宣传，并进行了新媒体机组合营销，对产品销售起到了助推作用。1039听爱易用手机还与电脑之家网、手机观察网进行测评合作，在测评和评论频道进行软文宣传推广。2012年下半年，公司与京东商城进行了深入合作，成功开设了1039Etoday品牌旗舰店，实现了新媒体产品网络商城销售渠道的开拓，结合系列促销活动的开展，1039新媒体产品取得了优秀的销售成绩。

在活动及自驾游方面： 作为公司传统的优势业务，配合推出多个精品访谈策划，包括：北京交通广播与北京市委农村工作委员会合作推出的“最美乡村路”项目，结合京郊短途游的特点，进行了多次的专题策划。把“最美乡村路”与“1039自驾游”项目做了很好的衔接。在传统的自驾游业务方面，如：对中石化易捷项目进行了整体的包装，并且结合电台广告、《汽车天下》栏目访谈以及自驾游活动报名等环节，在前期的策划组织、媒介排期等方面做到了电台媒介的立体传播。随着自驾游项目的转型，并着手研究常规团体游和深度自驾游的策划，对境内游和境外游进行了系列栏目话题的策划执行。

在金融服务（即易通卡销售）方面： 推进与卡务销售部门合作开发大客户的计划。在对行业大客户销售环节，根据销售部门反馈的信息，企划中心结合客户所在的行业特点，有针对性的策划整体的产品营销方案，把原先单一的卖卡，转移到交广传媒整体的产品营销，并把公司相关的业务打包销售，这一方案得到多个大客户的积极支持。此外，在中秋礼品册项目方面，企划中心配合卡务中心，进行了产品设计规划、产品选择，以及产品及宣传落地等工作。此次项目的成功运营，为下一阶段公司在礼品卡项目上的发展提供了基础经验。

在公司品牌形象VI设计及VI应用规划方面： 结合交广传媒三大核心业务，公司完成了全新的1039Etoday整体VI设计工作，推出公司全新的年度品牌广告语，此项工作的推进，为下一阶段公司整体的品牌营销打下了坚实的基础。

北京交广传媒获得了2012年北京科技周“最佳贡献”荣誉证书。通过系列社会性公关活动的参与，公司运营的新媒体机、活动及自驾游、金融服务等三大核心业务成果得到了扩散性的传播。2012年，通过制定市场策略的顺利执行，为北京交广传媒各方面业务发展做出了相应贡献，公司在各行业领域的产品线日渐丰富，同时，也渐渐步入了市场销售正轨。

二、悦龙数字广播

悦龙数字广播系北京人民广播电台开办的另一新媒体之一，由悦龙数字广播传媒科技有限责任公司进行运营。

2012年，悦龙数字广播继续利用数字广播平台播出音频和视频节目，加强研发应用，经过两年的磨合，在前端、终端、节目等方面都逐渐成熟起来，并推动商业运营。主要进行了以下工作：

1.着力打造自制的主打节目。在原来推送式广播大量集成节目的基础上，重点打造了两档自制节目——《乐活在北京》和《快人快语》，经过近五个月的试播初步形成自己的节目定位和节目风格，并拥有了一定数量的固定用户。

2.建设具有吸引力的播出平台。为尽快拓展用户，在大力推广听立方的同时，着力建设新的播出平台。《快人快语》累计收听数达到10万人次，《乐活在北京》累计收听数达到2万人次。

3.广告运营艰难起步。虽然作为新媒体平台，数字广播的广告价值还远无法与传统广播相比，但经过努力推广，取得一定的进展。

4.通过多种方式宣传推广。通过广播、网络、微博、彩信、报纸等多种途径宣传推广数字广播，如参加深圳文博会、北京电台第五届“听众喜爱的名牌栏目”评选、北京科技周主会场活动以及北京国际广播电影电视设备展（BIRTV），现场介绍、演示新一代推送式广播接收机“听立方”，并通过年初创作台标歌曲《身在北京城》，进一步提升数字广播的知名度。

5.整理业务规范和推进商业运营。对前端播控系统进行升级，全新开发广告播控系统以及可以接收全新服务的终端软件。同时，与不同行业和机构进行节目合作和市场活动等方式进行商业运作。

6.研发灾难紧急报警系统。基于推送式广播的技术特点，与重庆邮电大学合作，研发一套灾难紧急报警系统。该系统在灾难来临之前，可以将预警信息在第一时间内同时传递给北京市各行政村、紧急避难场所、人群聚集场所。

7.培养节目制作和广告运营队伍。通过培训和工作实践，帮助员工从没有相关专业知识和经验，逐步达到独立完成草拟选题、联络访谈对象、录制节目、编辑节目的广播节目编辑，从不知如何向陌生人推介媒体，不知如何与广告客户谈价格，逐步成为独当一面的广告销售。

三、北京广播网

北京广播网系北京人民广播电台开办的又一新媒体之一。2012年，北京广播网充分发挥新媒体特色，舆论宣传做到正确有效；新媒体推广多样广泛，品牌影响力提升；技术支撑有力，移动客户端升级。截至年底，北京广播网全年独立用户数达1263.1万人，同比增长10.3%。

1.重大报道不缺位，网络宣传有特色。参与了北京市两会、市党代会、地球日连线地球、伦敦奥运会、北京国际电影节、北京国际车展、听众喜爱的名牌栏目评选等重要报道，制作完成各类67个专题；《播播会客厅》正式上线。报道充分发挥网络特色，视频制作水平进一步提升，独家花絮“詹姆斯·卡梅隆意外发现阿凡达中国亲戚”单段视频点击量超2万次，“走基层过端午”系列视频点播量近10万次，《奥运天天报》栏目点击率近5万次。

2.品牌推广效果好，社会影响力再提升。通过加大内容建设及整合营销手段，在知名门户网站的重要位置及移动终端网、移动电视等媒体进行推广。北京广播网制作的专题《北播新光影》在北京国际电影节上引起境外媒体关注。此外，第三届亲亲宝贝网络征集活动也成功举办，专题浏览量环比增加45%，参赛作品和入围作品环比都增加17%，受到社会各界——尤其是孩子家长和儿童教育从业者——的关注。自主研发的栏目《创意菠萝台》在“第五届赢在创意广播栏目大赛”获得金奖。

3.网络电台人气足，技术领先受关注。2011年8月上线的北京广播网菠萝台经历一年的市场推广和新功能研发后，已经成为北京广播网拓展市场空间的重要部分，能够满足个体的收听需求。截至年底，共有11000多名网友注册使用了互动平台，搭建了4600多个菠萝台，总播放次数达到28万次，网站访问量400万多次。

——模板进行全面升级。全新的模板从“收听”和“互动”两方面丰富了菠萝台功能——台长信息展示更加全面；收听节目可随意点播回放；网友与台长可以通过聊天、微博、圈子等多种方式进行互动。在实现功能最大化的同时，还推出 “菠萝园”概念，并通过积分兑奖的方式，拉动用户的兴趣度，提高用户注册量和参与量。

——网络曝光度得到提高。在百度知道、搜搜问问、新浪爱问、雅虎知识堂、天涯问答五大知识问答平台搜索关键词“菠萝台”，结果呈现26.5万条有关菠萝台的问题及解决答案；在百度、谷歌两大搜索引擎中搜索“菠萝台”，搜索结果都已经突破百万级大关。

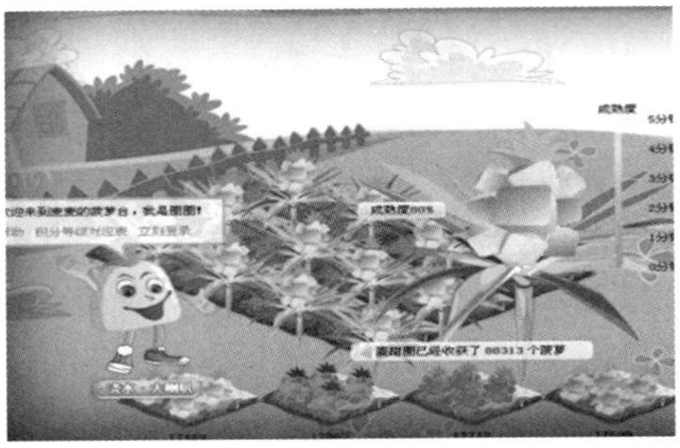

2012升级版菠萝台互动界面“菠萝园”

——技术创新得到专家认可。2月1日，通过了北京市广播电影电视局专家对北京广播网菠萝台项目的技术鉴定。专家一直认为，该项目整合了国内音视频直播点播、用户网络电台等方面的先进技术，形成了目前国内及已知国外的独一无二的网络电台新技术平台，达到了国内领先水平。9月，菠萝台荣获北京市广播电影电视局2012年度科技创新奖科技成果应用与技术革新奖一等奖。

——开发苹果和安卓系统客户端。针对北京电台的具体需求开发了博客系统，升级了CMS系统。

4.加强队伍建设。积极履行主流媒体社会责任，创建公益频道，集中反映走转改、倡导“雷锋精神”、报道“北京好人”等主题活动，频道上线以来点击量近8万次；参与市多媒体行业分会主办的 “身边的感动”，并作为官网负责作品收集、推荐和展示，共收集作品462件，官网点击达7万人次。

（北京人民广播电台）

北京电视台新媒体发展情况

北京电视台新媒体演播室

2012年，北京电视台所属京视中信公司克服种种困难，在努力维护北京移动、北京联通、北京电信等北京地方视频平台运营的基础上接入中国电信天翼视讯平台，为BTV手机电视争取到第一个全网独立计费点，可以面向全国的电信用户提供手机电视收费服务。BTV手机电视客户端也进行了全面改版，并推出了安卓版客户端。同时，北京IPTV业务正式签署合作协议。

一、BTV手机电视

1．**中国电信天翼视讯业务**。BTV手机电视接入中国电信天翼视讯全网业务名称为“BTV产品包”，拥有全网独立计费点。“BTV产品包”共有2路直播，分别为北京卫视频道、北京生活频道。点播节目精选北京电视台自有版权节目及汇聚优势资源。

BTV手机电视在完成自有业务“BTV产品包”的同时，也为天翼视讯“全能看”业务提供每日精选的优质节目。BTV手机电视为天翼视讯垂直频道提供定制节目，垂直频道分别为：生活频道、娱乐频道、法制频道、音乐频道、传奇频道、综艺频道。BTV手机电视在天翼视讯平台定期举办营销活动，线上线下与用户进行互动，为新老用户赠送品，增加用户的使用黏性。

BTV手机电视在中国电信天翼视讯平台主要收入类型为信息费，2012年天翼视讯平台收入逾百万。

2．**BTV手机电视客户端改版**。BTV手机电视客户端于2010年在“IOS”苹果端正式上线。2012年，BTV手机电视重新改版，加入众多流行元素，在保持“IOS”苹果端的基础上，同时推出安卓版。在“三网融合”的大背景下，BTV手机电视客户端作为北京电视台节目播出的第三屏，将北京电视台“天涯共此时”的理念进行了完美诠释。通过BTV手机电视客户端，用户能第一时间观看到北京电视台的优质节目（点播与直播）。同时，BTV手机电视客户端设置互动专区，拉近电视栏目与观众的距离，用户参加BTV手机电视与栏目组联合举办的活动，可获得精美礼品与北京电视台栏目录制门票。为此，手机客户端改版后越来越受手机用户的喜爱。

BTV手机电视截图

3．BTV手机电视发展现状。截至2012年12月，BTV手机电视共拥有4个自主运营平台（北京移动、中国电信、中国联通、北京联通），1个手机客户端（IOS、安卓），4家合作CP（央广、国视、腾讯、北京联通手机报）。

直播平台包括：卫视、文艺、生活、新闻公共频道4路，点播节目分为：娱乐、生活、体育、影视、音乐、北京、专题焦点等板块。

安卓与IOS客户端以及3GBTV客户端共有8路直播：卫视、文艺、科教、影视、财经、生活、青少、新闻公共频道，点播节目大致分为：娱乐、生活、体育、影视、音乐、北京、专题焦点等板块。

在开展自有平台业务的同时，也与其他全网牌照方以及运营商合作，拓展收入来源。公司为央广提供影视频道和生活频道直播，设立BTV专区提供点播节目包括：《法治进行时》、《光荣绽放》、《每日文娱播报》、《时尚装苑》等；为移动搞笑垂直频道提供的节目包括：《笑动2012》、《周末喜乐汇》等；为国视提供文艺频道和科教频道直播；为移动娱乐垂直频道提供的节目包括《天天影视圈》、《大城小事》等；为腾讯每周提供特定自制改编节目20条至25条；与联通产创部合作，创办联通视频多媒体杂志，每期设置13条节目，包括新闻、娱乐、生活、专题等，每月24期。

二、IPTV业务

2012年7月6日，北京电视台与中国网络电视台、北京联通正式签署IPTV业务合作协议，标志着北京IPTV业务即将按照国家三网融合和IPTV建设与管理的相关政策要求正式展开。

北京电视台IPTV集成播控分平台

协议约定，中国网络电视台和北京电视台主要负责IPTV业务中内容的集成和播控平台的建设，北京联通主要负责IPTV传输分发网络的建设。IPTV集成播控总平台由中国网络电视台负责建设，北京IPTV集成播控分平台由中国网络电视台和北京电视台联合建设。全部内容由两级播控平台集成后，经北京IPTV集成播控平台接入到北京联通的IPTV传输网络送达IPTV用户终端。

北京IPTV协议的签署，对全国IPTV业务的发展具有里程碑式的意义，将对国家三网融合试点的推进起到很大作用。北京IPTV的发展，不仅为北京电视台拓宽了传输平台，创新了节目样态，丰富了节目内容，也将全面开拓北京电视台新媒体事业的崭新局面。

（北京电视台）

技 术

2012年北京市广播电视科研项目和科技创新获奖情况

2012年，北京市广播电视科技工作围绕广播电视安全优质播出，进一步推进数字化、网络化、高清化进程以及加强技术队伍建设和科技人才培养，全市广电系统科技创新和技术进步取得新的成绩。

一、科研项目完成情况

（一）完成科技项目技术鉴定

北京市广播电影电视局先后四次组织广电系统科技项目技术鉴定会，邀请国家广电总局和行业专家，完成6家单位13个科技项目的技术鉴定。鉴定结果： 12个科技项目为国内领先、1个科技项目为国内先进（详见表1）。

表 1　北京市广播电视科技项目鉴定结果一览表

序号	项目名称	项目单位	鉴定结果
1	广播电视安全播出管理体系规范及实践	北京市广播电影电视局	国内领先
2	北京广播网菠萝台	北京人民广播电台	国内领先
3	基于多种媒体的互动式应急采集发布平台	大兴区广播电视中心	国内领先
4	基于全域变换播出单的自动下变换高标清同播系统	北京电视台	国内领先
5	首届环北京职业公路自行车赛高清航拍及空中微波中继电视转播	北京电视台	国内领先
6	北京电视台高可靠性智能化高清制播网络	北京电视台	国内领先

续　表

序号	项目名称	项目单位	鉴定结果
7	媒体素材3G回传系统平台	北京电视台	国内领先
8	北京电视台财务信息管理系统	北京电视台	国内领先
9	北京高清交互基础设施建设及应用工程	北京歌华有线电视网络股份有限公司	国内领先
10	开放式交互电视元数据接口转换系统	北京歌华有线电视网络股份有限公司	国内领先
11	歌华有线边缘机房VOD信号集中监测系统	北京歌华有线电视网络股份有限公司	国内领先
12	歌华有线用户地址信息标准化	北京歌华有线电视网络股份有限公司	国内领先
13	新广播管理运营平台——基于互联网和移动互联网的新广播编辑制作及用户互动传播系统	北京交广传媒有限公司	国内先进

（二）完成总局课题研究

由北京市广播电影电视局承担的“2012年国家广电总局科研计划项目”——《北京市广播影视媒体资料共享模式的研究和应用》课题研究，局专门成立项目组，开展对媒资共享平台相关使用单位媒体系统应用现状的调研，收集相关资料，完成了媒资共享平台共享交换应用现状分析、制定项目框架、实施方案等相关文档工作。

二、科技创新取得新成绩

（一）北京市获总局科技创新奖

2012年，北京市广播电影电视局向“2011年度国家广电总局科技创新奖”择优推荐的8个科技项目全部获奖（详见表2）。其中，获得一等奖3个，二等奖4个，三等奖1个。《北京市广播影视媒体资产管理共享交换平台》、《北京电视台网络化节目制播体系在线全面高清化改造》和《数字电视内容集

表2　北京市获2011年度国家广电总局科技创新奖一览表

序号	奖项名称	获奖项目	获奖单位	获奖人员
1	科技创新奖科技成果应用与技术革新奖一等奖	北京市广播影视媒体资产管理共享交换平台	北京市广播电影电视局、北京中科大洋科技发展股份有限公司	安凭、石磊、毕江、王立冬、宋琳、叶建君、刘晓红、朱惠强、刘晓梅、高譪、邹娟、纪雅莉

续 表

序号	奖项名称	获奖项目	获奖单位	获奖人员
2	科技创新奖科技成果应用与技术革新奖一等奖	数字电视内容集成和分发系统	北京北广传媒数字电视有限公司	何公明、许严、艾禾、张元涛、张艺书、薛圆、王祎
3	科技创新奖工程技术奖一等奖	北京电视台网络化节目制播体系在线全面高清化改造	北京电视台、成都索贝数码科技股份有限公司	田方、李迅、佘江、毕江、林平、王立冬、陈宇、王学奎、韩益亚、孙波、周宏、刘帮国
4	科技创新奖科技成果应用与技术革新奖二等奖	北京电视台广告业务管理系统(BAMS)	北京电视台、北京特雷森信息中心	王澎、章泽群、赵宏伟、徐鸣、张晓耕、李伟、于旻、孟大欣
5	科技创新奖工程技术奖二等奖	北京电视台制播网数据安全交换系统	北京电视台、新奥特（北京）视频技术有限公司	田方、佘江、毕江、王学奎、李程、陈奇、赵涛、王燕青
6	科技创新奖软科学奖二等奖	北京市高清交互数字电视需求与发展战略研究	北京市广播电影电视局	何桂芝、陈煜、安凭、赵曙光、石磊
7	科技创新奖标准奖二等奖	GY/T243—2010《标准清晰度电视数字视频通道技术要求和测量方法》	北京电视台、国家广电总局广播电视规划院	田方、李迅、徐冬丽、邓向冬、曲瑞庆、薛频、陈蕾、宁金辉
8	科技创新奖工程技术奖三等奖	宾馆饭店视频点播监管系统	北京市广播电视监测中心	魏利明、朱祥锋、吉春、王涛、王克、黄海

成和分发系统》获一等奖，在省（自治区、直辖市）中获一等奖数量第一。同时，市广电局被授予“2011年度国家广电总局科技创新奖组织奖”。

（二）北京市广电局科技创新奖

在2012年度北京市广电局科技创新奖评奖中，共评出科技成果应用与技术革新奖、工程技术奖、软科学奖和标准奖等四类17个奖项（详见表3）。其中北京市广电局“广播电视安全播出管理体系规范及实践”、北京人民广播电台“北京广播网菠萝台”、北京电视台“首届环北京职业公路自行车赛高清航拍及空中微波中继电视转播”、北京歌华有线电视网络股份有限公司“北京高清交互基础设施建设及应用工程”和大兴广电中心“基于多种媒体的互动式应急采集发布平台”等9个获奖项目

表 3　北京市获2011年度国家广电总局科技创新奖一览表

序号	项目名称	申报单位	完成人或作者（按贡献大小排序）	奖励类别	奖励等级
1	广播电视安全播出管理体系规范及实践	北京市广播电影电视局	李春良、何桂芝、陈煜、邓永斌、唐志敏、刘旭东、王季平、田方、何拥军、王建	软科学奖	一等奖
2	歌华有线用户地址信息标准化	北京歌华有线电视网络股份有限公司	吴建林、王霍南、翟立飞	软科学奖	二等奖
3	北京广播网菠萝台	北京人民广播电台	汪良、席伟航、王秋、常青、蔡明可、边江、李晓晖、焦楠、严玉鹏、王林光、吴易洋、刘燕锦	科技成果应用与技术革新奖	一等奖
4	北京电视台高可靠性智能化高清制播网络	北京电视台	田方、毕江、李湧、陈广鑫、陈宇、刘盼、柴焱、赵涛、金小健、张贤良、居小森、叶建君	科技成果应用与技术革新奖	一等奖
5	开放式交互电视元数据接口转换系统	北京歌华有线电视网络股份有限公司	曾春、李清、林霖、卢宝丰、陈卫、赵宇、董波、张婕、顾晓亮、赵丽丽、高巍、马晓光	科技成果应用与技术革新奖	一等奖
6	基于多种媒体的互动式应急采集发布平台	大兴区广播电视中心	李岭涛、巴洪栓、汪俊涛、玉亮、孙岩、张雪琦、鲍晓鹏、郑滨、杨涛、韩钢、赵于平、张宏义	科技成果应用与技术革新奖	一等奖
7	媒体素材3G回传系统平台	北京电视台	毕江、栾花、李程、王燕清、孙蒙西、未立广、杨桂明、苏爽、欧阳瑜、王海琨、许莉娜、曲瑞庆	科技成果应用与技术革新奖	二等奖
8	北京电视台财务信息管理 系统	北京电视台	毕江、孙成刚、冯新春、齐学耕、孙立国、李婷、毛海京、王燕清、苏爽、未立广、张永毅	科技成果应用与技术革新奖	二等奖

续 表

序号	项目名称	申报单位	完成人或作者（按贡献大小排序）	奖励类别	奖励等级
9	WAP网站手机视听节目传播监管系统	北京市广播电视监测中心	魏利明、朱祥锋、吉春、黄海、唐研科、顾然、刘哲、黄永、孙强、伍烨、康博识、马丽	科技成果应用与技术革新奖	二等奖
10	新广播管理运营平台—基于互联网和移动互联网的新广播编辑制作及用户互动传播系统	北京人民广播电台、北京大学、北京交广传媒有限公司	汪良、李秀磊、王洪波、陈晓鸥、杨德顺、罗霄兵、延安、王志伟、孙建勋、赵亮、万先曙、朱玉虎	科技成果应用与技术革新奖	三等奖
11	高清交互数字电视信道资源信息管理系统	北京歌华有线电视网络股份有限公司	石江明、张健、于洋、黄国安、张静、魏瑞、丁敏、史磊	科技成果应用与技术革新奖	三等奖
12	北京电视台首届环北京职业公路自行车赛高清航拍及空中微波中继电视转播	北京电视台	田方、王喆、卢志森、焦少波、孙清君、朱雨稼、刘开平、叶志云、王国辉、谢原、李吉、韩世聪	工程技术奖	一等奖
13	北京高清交互基础设施建设及应用工程	北京歌华有线电视网络股份有限公司	王振华、刘磊、石江明、唐文伟、曾春、满全安、马麟祥、黄国安、卢春梅、王野秋、吴建林、李清	工程技术奖	一等奖
14	基于全域变换播出单的自动下变换高标清同播系统	北京电视台	田方、李迅、金强、陈蕾、肖春艳、董秀琴、杨导南、程宏、祝志超、王立冬、贾京蓉、武文举	工程技术奖	一等奖
15	歌华有线边缘机房VOD信号集中监测系统	北京歌华有线电视网络股份有限公司	曾春、董原、张城瑞、高云、邵桦、丁敏、文柳、邹海川、熊学涛、林鑫、鲍俊峰、李宁	工程技术奖	一等奖
16	无线转播站监测监控系统	北京市广播电视监测中心	魏利明、朱祥锋、吉春、王涛、段鹏涛、刘哲、孙强、唐研科、康博识、伍烨、殷悦、王静	工程技术奖	三等奖
17	《有线广播电视系统工程》（09BD11）图集	北京歌华有线电视网络股份有限公司	王振华、关小敏、解龙、夏奕、杨海霞、刘义卓	标准奖	二等奖

获得一等奖。

三、获得广播电视节目技术质量奖情况

（一）获得总局金鹿奖、金帆奖

在国家广电总局2011年度金鹿奖评奖中，北京市获得录制技术质量奖一等奖4个、二等奖2个、三等奖6个，北京人民广播电台获得播出技术质量奖一等奖，并获得金鹿综合奖。在国家广电总局2011年度金帆奖评奖中，北京市获得录制技术质量奖一等奖3个、二等奖3个、三等奖4个，北京电视台获得播出技术质量奖三等奖，并获得金帆综合奖。

（二）获得华彩杯技术质量奖

在2012年度“北京市优秀广播影视奖”（华彩杯）广播电视节目技术质量奖评奖中，有62个项目获奖。其中，广播节目技术质量奖一等奖4个，二等奖7个，三等奖13个，通州区广电中心获得综合奖；电视节目技术质量奖一等奖6个，二等奖11个，三等奖20个；房山区广电中心获得综合奖。

四、获得中国新闻技联新闻科技优秀论文情况

在“中国新闻技术工作者联合会2012年新闻科技优秀论文” 评奖中，北京市广电系统共获得优秀论文26篇，占全国广电系统获奖论文近三分之一。26篇优秀论文中，一等奖4篇，二等奖6篇，三等奖16篇。其中《北京市广播影视媒体资产管理共享交换平台建设》、《传统媒体的移动互联网实践》、《如何建设北京电视台安全高效的网络化与文件化播出备播系统》和《有线网络企业发展互联网接入业务的战略分析》获得优秀论文一等奖。

（北京市广播电影电视局科技处）

2012年北京电台技术工作及新技术应用和设备改造情况

2012年，北京人民广播电台圆满完成安全播出、技术保障、技术建设和改造、技术管理和服务等各项工作任务，荣获国家广电总局和北京市广电局颁发的多项技术奖项。

一、安全播出及技术保障工作

北京电台安全播出及保障工作确保了全台9套开路广播节目的播出，全年累计播出时间共计70547.5小时，同时还确保了15套有线调频广播、16套数字广播和DAB广播中的4套多媒体视频广播、17套数字音频广播的播出以及其他公共信息服务数据播发。安全播出及保障工作与往年相比有两个特点：一是重要保障期次数多。二是保障期时间长。全年除了对北京市两会，全国两会以及重大节日的安全播出重要保障以外，还增加了北京市党代会，伦敦奥运会以及党的十八大的重要保障。特别是开展 “十八大安全播出百日竞赛”，圆满完成了上级要求的零事故、高质量播出的工作任务，并取得1个先进单位，2个先进集体和7个先进个人的好成绩。特别是在伦敦奥运会直播《龙腾不列颠》节目，采用项目管理的模式，圆满完成长达17天、共34场的境外直播任务。

此外，通过卫星、光缆、ISDN和电话线路等传输方式完成台内外大型实况转播、录播166场次，包括“北京市两会”、市党代会、《城市零距离》市民对话一把手系列节目、“春节特别节目”、地球日连线地球、《教育面对面》高招咨询、2012北京第十二

届国际汽车博展会、北京电台第五届听众喜爱的名牌栏目颁奖典礼、“畅行中国——文明交通在行动”、“2012北京榜样”大型评选活动颁奖典礼、“北京交通广播开播19周年台庆晚会”、“第七届中国北京国际文化创意产业博览会”、“北京国安俱乐部成立20周年庆典”、在台北小巨蛋体育馆举办的“中国歌曲排行榜群星演唱会”等。完成每年例行的高考、中考英语听力试题录制、播出的技术保障工作。完成音乐广播多次转播或录播境内、外大型音乐会的技术支持工作。同时，保障了所有录制机房、音频工作站系统、采访机及话筒，以及电台所有会议扩声设备的技术保障和维护。完成台外录音、扩声71场次、会议室扩声135场次、外协录音81场次、多轨录音31场次、刻录光盘500余张。

二、技术建设和改造项目

1.完成的播出系统技术建设和改造项目

为主控机房加装玻璃隔断，将值班区与设备区分隔开；完善播出机房工艺电配电系统；为播出机房热线电话系统更换具备自动录音功能的电话机；完善主控停播告警系统；完成技术楼空调系统备用电源接入改造工程，完善了播出配电保障能力；主控机房更新4台一播四工作站；更新新闻广播、城市服务管理广播、故事广播直播机房播出工作站共3台；更新改造主控机房显示大屏系统设备。

2.完成的计算机软硬件及网络系统建设和改造项目

完成制播系统的服务器、存储阵列等网络设备的升级、更换工作；完善、优化异地容灾备份系统；完成台内无线网络的搭建、调试工作，在技术楼、主楼铺设无线路由接入点60个，实现了办公区域的无线全覆盖，使有线网络的资源不足问题得到有效缓解；完成了互联网接入设备的更换、升级工作；完成全台计算机及周边设备的维护工作，网络机房更新服务器3台，更新存储阵列3个，为全台更新台式计算机近170台、便携笔记本29台、打印机28台；完成全台9个专业广播的广告系统升级、各网络设备、应用软件、数据库的维护工作。

3.完成的录制、扩声系统建设和改造项目

完成85套新购采访机的调试、设置；安装调试了60台笔记本工作站及65套桌面音频工作站；历经三年的时间完成对广告制作、管理、上单等系统软件的第二次开发升级；完成广告经营部客户监听系统的安装；为广告管理部解决保健品播出内容监听、审核，听打广告词功能；解决了节目制作中心的音频网节目交换存储、添加办公网问题。

4.完成的传输发射系统建设和改造项目

完成100.6MHz和107.3MHz调频同步广播系统备份改造工作，增加了两部1KW一体式发射机，在微波机房的发射点组成了100.6MHz和107.3MHz两部主机和两部备机的主、备模式，完善了此发射点的构成，提高了播出安全可靠性；完成同步调频广播100.6MHz和107.3MHz备用GPS同步源的配置安装，分别为两个同步调频广播的主、备系统对应提供GPS同步源，使两个同步调频广播的主、备系统脱离相干性，实现主、备系统分别独立互为备份的功能，使同步调频广播避免因同步失锁影响安全播出；完成微波机房UPS电源维修工作，保障了机房供电安全及播出安全；完成16路广播节目经编码、复用送入歌华网络的传输系统改造，增加8通路编码器两台，复用器一台，构成主、备双路传输系统结构，完善了传输系统，保障全台的节目在歌华网络中的播出安全；为微波机房微波传输设备加装检测系统，实现微波设备工作状态监看；利

用BTV新址大楼到中央发射塔光缆传输路由，为三套调频广播信号增加备用光缆传输通路；完成卫星转播车、主控机房、804发射台机房卫星音视频发射、接收设备安装配置，在广播大厦楼顶安装4.5米卫星天线，对卫星转播车上星系统信号进行了测试；更换同步编码器，解决100.6MHz播出中停顿问题； 协调解决100.6MHz建外站点天线损坏问题，更换并调整其他两副天线的馈线阵子，使每一副天线都工作在最佳频率点，解决了107.3MHz发射机掉高压问题；针对皂君庙发射台周二代播衔接问题，提出将建国门外大街接收到的同频干扰信号反送皂君庙发射台，供值班员监听判断； 完成2011年建成的通州、房山、怀柔、密云四个数字广播站点的验收工作；完成数字广播无线覆盖三期项目通州、怀柔城区、密云城区、房山城区四个站点的开通试运行等相关工作。

三、技术管理与服务

重新修订并完善质量管理体系中有关技术方面的管理规定及相关文件；完成为部分工作流程修订作业指导书的工作；通过计算机进行管理，采用自主研发软件系统的技术服务热线电话，今年继续发挥它的重要作用，2012年共受理电话1323次，较好地完成了各项技术服务工作；每月从全台约210个独立节目中选取72个节目进行监听考评，对节目技术质量评分并定期公布排名情况，此项工作的实施，已得到各专业广播的高度重视，从而促进了播出节目技术质量的提高，目前我台节目的播出质量已经在一个比较高的质量平台上平稳运行；继续为数字广播推送式业务提供项目实施所需要的技术支持；为台属各部门完成所需技术设备的咨询、选型与购置工作；完成电台技术工作年会的组织工作，以及各种技术奖项的报送工作。完成主持人、值班员共计216人上岗证的重新登记和换发新证工作。

四、技术培训与考核

技术部门组织完成部门内部各种业务培训18次，299人次接受培训；完成对新员工录音、外出采访设备的操作及注意事项、编辑器的使用等培训工作；完成对主持人、值班员23人次的培训与考核；组织进行热线电话和延时器系统、安全播出相关内容及播出设备使用注意事项培训，共143人次接受培训；完成对全台所有主持人关于节目制作编辑故障处理的技术培训；完成广告经营部新软件系统升级改造培训工作；完成广告管理部节目审听操作技术培训；完成对节目制作中心“关于录音技术与录音技术的发展动态”的培训；完成对拉萨市广播电视技术人员一行18人为期3天的培训工作；完成对北京郊区县编播人员的节目质量和节目制作标准的技术培训。

五、其他工作

配合计财部完成财政预算专项资金的申报工作；组织完成17个项目进口设备的专家论证工作，以及政府采购招标项目；配合北京电台“三下乡”慰问演出的扩声工作；完成北京电台井冈山培训基地——“井冈山红色电台”技术系统建设项目；为井冈山干部管理学院校园广播站音视频演播室、校园扩声系统改造提供技术指导；为北京电台培训中心会议扩声、音视频系统设计提供技术指导；完成《基础信息系统平台》、《人事信息与基础信息平台接口》、《人事信息采集系统》等软件的研发工作，上述软件或已进入测试阶段或投入使用；针对各部门提出的需求，对《节目监审系统》、《电台体检资料系统》、《紫光采编平台》等软件进行补充和完善。

（北京人民广播电台总工办）

2012年北京电台数字化“制播存”一体网应用情况

2012年，北京人民广播电台技术中心根据国家广电总局提出的：“不间断，高质量，既经济，又安全”的要求，围绕北京市广电局《关于开展2012年安全播出自查工作的通知》，进行深入细致的自查自纠工作，对制播网络所有环节逐项进行排查，针对检查出的不足，对系统进行了软、硬件升级改造，主要有以下几点：

1．搭建无线网络，实现对包括直播机房的全覆盖，为提供多元化的播出节目素材奠定了基础。

2．完善、优化制播网灾备系统，简化网络结构、缩短数据备份间隔，对于重点栏目进行及时且多次备份，为安全播出提供保障。

3．更换工作时间较长、稳定性较差的服务器3台、存储阵列2台，新增服务器2台，新增或更换录制工作站20余台、播出工作站10台，保证了网络设备的运行稳定可靠。

4．全面完成9个专业广播的广告系统升级工作，解决了多年以来原广告系统运行不稳定的问题，也为完成制播网系统升级改造工作奠定了基础。

5．尝试采用北京联通的3G VPDN技术，为体育广播现场直播体育赛事提供节目信号回传线路，包括北京男女排主客场比赛、中超联赛等，使节目信号质量得到改善。

截至年底，北京电台制播网在保持原有网络结构不变的情况下，音频录制工作站和审听站约有220台；各播出机房及主控机房播出工作站约有30台，全部采用一主一备的工作方式，承担全台16套节目的播出；存储阵列19个，容量约80TB，用于存储9个专业广播音频数据及音频素材。

（北京人民广播电台技术中心）

2012年北京电台传统音频广播节目覆盖情况

北京人民广播电台制作的16套传统音频广播节目，分别采用无线调频广播、无线中波调幅广播、无线数字音频广播DAB、卫星广播DVB-S、有线调频广播、有线数字广播DVB-C、互联网广播的方式进行播出。具体情况详见下表：

北京电台传统音频广播节目覆盖一览表

节目频道名称	播出频道参数				
	无线广播			有线广播	
	中波广播	调频广播	数字音频广播DAB	有线调频	有线数字DVB-C
新闻广播	828KHz	100.6MHz	新闻广播	90.4MHz	301
城市服务管理广播	1026KHz	107.3MHz	城管广播	91.9MHz	302
故事广播	603KHz		故事广播	89.1MHz	303
体育广播		102.5MHz	体育广播		304
交通广播		103.9MHz	交通广播	95.6MHz	305

续 表

节目频道名称	播出频道参数				
	无线广播			有线广播	
	中波广播	调频广播	数字音频广播DAB	有线调频	有线数字DVB—C
文艺广播		87.6MHz	文艺广播	93.8MHz	306
音乐广播		97.4MHz	音乐广播	94.6MHz	307
外语广播	774KHz		外语广播	97.8MHz	311
爱家广播	927KHz		爱家广播	92.7MHz	316
古典音乐广播			古典音乐	98.6MHz	308
通俗音乐广播				97.0MHz	309
有线教学广播				99.4MHz	310
长书广播			长书广播	104.3MHz	312
有线戏曲曲艺广播				105.1MHz	313
欢乐时光广播			欢乐时光	106.5MHz	314
怀旧金曲广播			怀旧金曲	107.5MHz	315

新闻广播和城市服务管理广播上星播出，播出平台参数为中星6B、 C波段、 垂直极化、频率3951MHz、符号率9520、纠错方式3/4、PID为1、音频ID为257、左声道为新闻广播节目、右声道为城市服务管理广播节目。

互联网用户可以登录www.rbc.cn在线实时收听全部十六套广播节目

一、无线调频广播覆盖

1．交通广播、文艺广播、音乐广播三套调频立体声节目分别使用103.9MHz、87.6MHz、97.4MHz三个频率在中央广播电视发射塔播出，发射功率为10千瓦，使用车载接收机或手持接收机在室外接收，在北京市行政区域内的平原地区都能进行良好接收。

2．新闻广播、城市服务管理广播、体育广播三套调频单声道节目分别使用100.6MHz、107.3MHz、102.5MHz三个频率在皂君庙发射台播出，发射功率分别为200瓦、100瓦和3千瓦，同时100.6MHz在建国门外北京电台进行同步调频发射。由于天线高度低和发射功率小，故采用单声道模式播出，使用车载接收机或手持接收机，在市区六环路内室外都能良好接收，在北京市行政区域内的平原地区接收效果也能达到可听的水平。

2010年经过对调频100.6MHz同步调频发射系统信号传输分配设备进行升级改造，以及对同频覆盖网络各站点运行参数进行反复测试调整，使得城区皂君庙、建国门两个站点与远郊五个村村通转播站同步工作的精确性和稳定性大大提高，使得调频100.6MHz在全市行政区域内的覆盖效果改善明显。尤其在延庆、房山、密云、怀柔的深山区接收调频100.6MHz的信号远远好于中央广播电视发射塔发射的其他10KW调频信号。

3．北京三面环山，山区地形对于无线广播信号的传播有很大影响。中央广播电视塔发射的信号经百望山（海拔220米）阻挡后损耗达到20dB,经香山（海拔550米）阻挡后损耗达到40dB，而继续进入山区后层峦叠嶂的阻隔使得信号无法覆盖到远郊山区。

4．为使新闻广播和城市服务管理广播真正达到无线覆盖村村通，北京市广电局2010年启动了在远郊区对两台节目信号进行深度无线覆盖的庞大项目，计划使用财政经费5000余万元建设500余个转播点。项目已经完成设备招标采购。2011年，北京市广电局组织实施了“行政村公共广播信号无线覆盖工程”，针对北京市边远、深山等广播覆盖盲区，在门头沟区、房山区、大兴区、平谷区、通州区、顺义区、怀柔区、昌平区、密云县、延庆县等十个区县的570个行政村，新增了“北京新闻广播”调频100.6MHz、“城市服务管理广播”调频107.3MHz两套节目的小功率补点覆盖，结束了这些行政村长期收不到调频广播的历史。

二、中波调幅广播

中波信号的辐射不仅受到山势地形的阻碍，地表土壤被建筑物和道路遮盖导电率下降和城市高大密集建筑物对中波信号造成严重损耗，再有各种电气设备、交通工具产生的电磁干扰使得中波频段本体噪声增大。到了晚间，几百甚至上千公里外的外地同频率或邻近频率中波电台的天波信号带来干扰，这些使得中波在城区的覆盖效果有所劣化。

北京人民广播电台中波广播全部在804发射台进行发射，其中新闻广播828KHz,城市服务管理广播1026KHz采用50千瓦功率发射，故事广播603KHz、爱家广播927KHz采用25千瓦功率发射、外语广播774KHz采用10千瓦功率发射。如果使用车载接收机或使用手持接收机在室外进行接收，在北京市郊区的平原地区接收效果良好，在城区内上述五套节目也能达到可以收听的水平。由于接收地点周围出现强电磁干扰信号，无法正常收听的情况也时有发生。中波发射台位于东北四环外，受信号穿越高大密集建筑影响，中波广播的接收效果四环外强于四环内，城东、城北好于城西、城南。

三、无线数字音频广播DAB

数字音频广播DAB是当今先进的广播技术，在北京有15个发射站点，包括中央广播电视发射塔、亚运村名人广场、国家广电总局491发射台、北京广播大厦发射站点、顺义区广电中心、大兴区广电中心和房山、延庆、怀柔、密云、平谷五个村村通高山发射站点以及房山城关、密云城关、怀柔城关、通州城关四个区县城区发射站点。

覆盖范围和接收质量远远好于调频广播，从市区到卫星城再到远郊山区信号覆盖无缝衔接，可同时解决十七套广播节目、四套多媒体节目、1039公共信息服务以及推送式数字广播服务等多媒体数据业务的同步覆盖，真正实现信号城乡一体化覆盖，成为北京地区覆盖效果最好的无线广播覆盖系统。

四、有线广播覆盖

对于在室内接收广播信号的听众，由于所处位置的楼层、房屋结构布局、墙体材料、房屋的进深、窗户朝向等众多因素影响，无线信号的衰耗情况与室外相比差异从几倍到甚至成千上万倍，故接收效果差别较大。

北京电台全部十六套广播节目均已通过有线调频广播或有线数字广播的方式送入北京歌华有线电视网络。

有线调频广播均采用立体声模式播出，具有信号稳定，不受外界干扰的优势，接入音响的调频天线端口，节目的收听质量非常好。有线数字广播需要使用有线数字机顶盒接收，由于采用256Kbps高码率播出，声音完全可以达到CD质量。

五、互联网实时音频广播

北京人民广播电台十六套广播全部接入北京广播网。对于喜爱北京电台节目的听众，只要登录北京广播网（网址：www.rbc.cn）都可以在线实时收听到北京电台全部十六套广播。

六、调频广播受到干扰的情况

2012年，非法电台使用与北京电台节目相邻的频点，违法发射调频广播信号，对北京电台正常广播造成干扰的情况以及周边省市电台违规增大发射功率和节目调制度造成对北京电台正常播出信号干扰的情况依然时有发生。对此，台总工办采取多种手段跟踪监测、及早发现，对非法电台进行定位，并上报北京市广电局、北京市无线电管理委员会及国家广电总局协助查处取缔，避免北京电台利益受到侵害。

（北京人民广播电台总工办）

2012年北京电视台技术发展情况

2012年，北京电视台围绕安全优质播出，进一步推进数字化、网络化、高清化进程以及加强技术队伍建设和科技人才培养，技术发展及保障能力得到了长足发展，取得了显著的成绩。

一、节目生产的技术保障坚实有力

1.安全播出进步明显，安全水平稳步提升

全台播出总时长再创新高，14个频道共播出110023.7小时，停播率为0.05秒/百小时，远低于国家广电总局62号令5秒/百小时的要求。

2.节目生产保质保量、可圈可点

全台节目后期制作工作量约达112万小时，节目生产量约3.46万小时，特技制作24500万秒，演播室录像、录播、直播共计约25664万小时，剧院演出42场次、约9900小时，转播车直播、录播共计665场次，总制作效益额3.44亿元。

3.制播网络运行渐入最佳状态

制播网经过标清、高清两个发展阶段，通过软件功能、业务流程的不断调整、补充和完善，整体运行渐入最佳状态。高标清节目制播体系包含18个子系统，共计约900台服务器、1000个工作站，承载栏目约120个，编导用户超过2000人，业务范围涵盖了与台内节目制播相关的所有工作流程。截至年底，高标清节目制播体系节目日均首播数量近1500条、首播时长约230小时；后期制作、媒资、收录、演播共享等子系统间日均交换节目素材量共计约1000条、时长400小时；媒资系统共储存高标清资料约100万条，时长约40.3万小时。

4.参与业界评比，荣获多个奖项

获奖项目主要包括：

国家广电总局2012年度电视节目技术质量奖（金帆奖）的金帆综合大奖、标准电视录制技术质量奖一等奖2项、二等奖3项、三等奖1项，高清电视录制技术质量奖一等奖1项、二等奖3项、三等奖3项、视频图形制作技术质量奖片头类二等奖2项、播出技术质量奖一等奖。

国家广电总局科技创新奖工程技术奖一等奖1项、二等奖1项、科技成果应用与技术革新类二等奖1项、标准类二等奖1项。

中国电影电视技术学会电视美术、灯光设计工程奖演播室类三等奖2项，剧场类二等奖1项，三等奖1项。

中国电影电视技术学会第四届“高清晰度影视节目优秀制作奖”专题类一等奖1项，体育类一等奖1项。

其中，两人获得2012年“中国电影电视青年科技奖”。

在“确保十八大安全播出百日竞赛”中被评为先进单位，技术部门9个科室获得先进集体荣誉，42名员工被评选为先进个人。

二、重大项目建设稳步推进

1. 高清建设有序推进

高清项目作为北京市委、市政府的折子工程，从2009年启动至2012年，已经进入到检验成果的阶段。截至年底，完成了高清

一期8大项、34小项、42包的验收测试，并配合北京市广电局完成对北京电视台高清一期项目的审计工作；完成高清二期8大项、31小项的技术方案深化设计；完成高清二期7大项、21小项的招标工作，累计招标金额约3.2亿元；完成高清二期远程节目上载传输系统、高清综合制作网、高清新闻网改造等10余个小项的搭建、调试和启用；完成支持新闻频道高标清同播的技术准备工作。至此，已完成高清一期总工作量的95%，完成高清二期总工作量的80%。

2. 网络台技术系统初具规模

2011年4月，国务院三网融合协调小组办公室通过了北京市三网融合试点实施方案。为此，北京网络广播电视台技术系统开始筹建。该项工作于2012年7月完成IPTV合作协议签订。到年底，共完成"网络架构和基础安全系统项目(一期)"、"门户网站项目"、"北京IPTV集成播控平台二期项目"、"内容生产服务平台"、"云技术支撑基础平台"等技术方案的专家论证，以及相关招标采购。

3. 信息化工作成效逐步显现

信息化工作在完成基础网络和数据中心搭建的基础上，成效逐步显现。

2009年，广告业务系统上线，通过广告销售、编播与监控、业务分析等系统，很好的支撑了我台广告业务的营销和发展。从2011年12月至2012年12月，共完成订单近10万条，广告销售近100万条。

2010年，节目生产管理系统上线，承担着高清节目代码的发放、栏目的全流程管理和监控、高清频道周单编排等应用业务。截至2012年12月，该系统共建档近223个栏目，发放各类节目代码8.7万余条，创建卫视、文艺、纪实等高清频道周单近2000余条。

2012年，机房和配线间的物理监控系统上线，实现对全台19个网络机房和106个楼层配线间设备安全及动力环境的监控。截至2012年7月，已处理机房及配线间温度湿度报警近百起，对全台的节目生产安全和资产安全起到了保障作用。

2012年4月，《北京电视台办公行政管理系统(OA系统)使用手册》制定出台；5月OA系统上线试运行，至12月的两个月期间，全台用户共发起设备维修流程24条，设备购置流程120条，会议室预定1000余次，因公出访审批流程25条，车辆维修申请流程324条，车辆加油流程216条，车辆租赁流程82条。

三、完善制度，强化管理

1. 加强安全播出管理体系建设

进行《北京电视台安全播出管理体系手册》的编制工作，参照ISO 9000质量管理体系的理念，将全台涉及安全播出的技术工作划分为37个既相对独立、又相互联系的工作程序，并组织编订相应的程序管理控制文件。

2. 新版规章制度手册陆续出

制定或修订《北京电视台播出部规章制度操作流程应急预案(2012年版)》、《北京电视台信息网络管理部工作手册汇编》、《北京电视台制作部技术管理框架》、《北京电视台安全播出奖评审办法》、《制作部固定资产负责人工作内容及管理办法》、《北京电视台技术系统设备验收管理办法》、《技术设备维修管理规章》等规章制度。

四、积极大胆跟进新技术的创新和应用

1. 3D立体电视节目生产加快

该项工作从2011年底开始筹办，并参加中国3D立体电视实验频道实验，承担每天生产1小时首播3D立体电视节目的任务。到2012年12月初，累计送中国3D实验频道300余小时的3D节目，形成150余小时的3D节目储备，创立了"天涯共此时3D版"、"BTV 3D秀场"等栏目，录制了"2011BTV时尚大典"、"2011 北京影响力颁奖晚会"、

"2012 BTV春节晚会"、"2012 BTV环球春晚"、"2012 CBA篮球联赛全明星赛"等诸多重要节目。

2. 自主研发4K制作技术，亮相天安门大屏

探索4K超高清节目制作技术，自主研发了成套的4K拍摄、制作、分发流程，解决了大屏幕、高质量制作过程中诸多技术难题，完成了《最美北京》8分钟、《魅力北京》8分钟、《幸福绽放五一特别节目》5分钟等天安门大屏幕宣传片。

（北京电视台总工办）

2012年北京电视台数字化"制播存"一体网应用及设备改造情况

北京电视台新台址制播业务的网络化进程大致分为三个阶段：第一阶段是标清网络化节目制播体系的建设，从2004年底开始，2009年初完成，覆盖BTV1、2、3、4、6、8共6个标清频道；第二阶段是在第一阶段系统框架基础上进行的高清网络化节目制播体系一期建设，从2009年下半年开始，2010年底完成，覆盖BTV1、2两个高清频道；第三阶段即高清二期建设，作为高清一期建设的延续，从2011年初开始，2012年底完成，在现有基础上再覆盖三个高清频道，并实现台内高标清业务的全面融合。

制播网络系统包括新闻节目制播网络、体育节目制播网络、收录网络系统、媒资管理网络系统、总编室编播网络系统等大型制播系统共计18个，地跨新老台址，设备共计约2000台。能够完成节目的上载、编辑、配音、审查、演播、包装以及节目演播室录制、完成外来信号收录、资料检索/调用、节目单编排和备播库管理等工作。从正式投入运行至2012年底一直运行平稳，使北京电视台各部门工作紧密地结合在一起，生产业务实现高清化、规范化、流程化，成功支撑了北京电视台卫视、文艺等5个高清频道及青少、海外、影视等7个标清频道的节目制作、播出，提高了节目生产效率，为全台业务进入高清化、信息化网络时代奠定了良好基础。

2012年，高标清节目制播体系的业务运行基本数据如下：

节目首播和备播情况：节目日均首播数量约715条、首播时长约125小时。

资料管理和收录情况：制作系统日均归档节目约110条、归档时长约65小时。媒资系统调用资料日均约160条、调用时长约50小时。收录系统日均收录素材约80条、收录时长约35小时。

演播室素材准备和回采情况：演播室日均素材准备量约61条，时长约1小时；演播室日均节目回采约82条，时长约30小时。

此外，本年度高标清节目制播体系的库存业务数据保有量如下：

总编室系统节目备播库：储存高标清节目约58万条、时长约11.6万小时、占用存储空间约1.06PB。

媒资系统资料管理库：共储存高标清资料约50万条，时长约30.7万小时、占用存储空间约5.67PB。

2012年，北京电视台继续完善全程数字化、文件化、网络化的高标清兼容制播一体化网络，先后进行了主干平台、高清演播室、十讯道转播车、收录、媒资、新闻网等四十余项技术设备采购与系统建设、改造项目，完成技术改造投资越过2.5亿元，进一

步提升了北京电视台高标清节目制播网络的业务生产能力，并着力对业务生产流程优化和高端节目生产等方向进行重点探索，努力建立起一套符合全台业务生产需求的技术系统与管理体系。

（北京电视台总工办）

北京电视台与十四个区县广电中心实现高、标清节目素材传输

从2008年起至2011年，北京市广播影视媒体资产管理共享交换平台通过三期项目建设，完成了北京市各广电系统主要单位之间的互联互通，实现了标清资料的共享与交换。2012年，逐步完成对该平台的高清化改造，分别升级了系统中的中心共享平台部分与各区县节点媒资部分。中心共享平台通过增加硬件设备，升级高标清兼容功能软件等措施，实现中心共享平台高标清资料信息的统一发布与相关查询检索、上传下载、高标清数据处理服务的整合与集成。此外，通过对各区县节点媒资系统的改造升级，实现了高、标清素材和节目资料的数据化存储、整理、编目、审核和使用管理，并支持通过中心共享平台与其他节点媒资系统完成高、标清资料的共享和交换。在使用过程中该系统发挥了高效、便利的特点，除平时为各区县广电中心与北京电视台资料交换提供服务外，还为2012年7月21日特大暴雨报道以及新闻频道全天新闻大直播提供了大量的一线素材。

（北京电视台总工办）

2012年北京卫视覆盖情况

北京电视台北京卫视自1998年1月上星起到2012年，已由一个区域性频道，逐步成长壮大到一个全国约有8.6亿观众可以收看到的全国性频道。截至2012年底，北京卫视已在31个省会、直辖市全部落地，333个地级城市的覆盖率超过70%，区县级城市的覆盖率超过95%，达到全国性频道的标准，占据省级卫视覆盖传播力五强。2012年12月20日，北京卫视正式通过香港有线（Cable TV）以及香港电讯盈科（Now TV）两家有线电视传输机构实现在香港地区的落地传输，香港特别行政区陆续将有超过225万户观众能够清晰收看到北京卫视的各档栏目。

（北京电视台总工办）

2012年北京歌华有线新技术开发应用情况

2012年，北京歌华有线电视网络股份有限公司紧紧围绕有线电视安全传输和网络信息安全、高清交互新媒体平台建设和三网融合相关工作，积极开展技术交流，加强技术应用创新取得新的成绩。

一、高清交互数字电视平台和技术研发平台建设

完成支持330万用户规模的高清交互数字电视网络及系统的优化与扩容建设，完成高清交互内容分发网络（CDN）系统扩容承

载网的建设和升级改造，完成高清交互数字电视资源管理系统、高清交互数字电视前端综合网管和监视监测系统及高清交互数字电视综合审计平台系统的一期工程建设。上述项目，提高了系统稳定性、安全性，提升了首都市民的收视体验，为高清交互应用示范二期工程打下坚实基础。

二、科技项目管理工作及成果

自主研发的“科技项目管理系统”正式投入应用，科技项目的申报、管理、执行、结算已实现电子化、网络化。当年申报项目包括：向国家广电总局申报的国家科技支撑计划项目《互动电视媒体应用聚合云服务应用示范》，向北京市广电局申报的《支持网络视频与跨屏服务的家庭多媒体智能终端研发》和《服务于儿童与老年群体的跨媒体智能终端的研制》项目。基本完成的项目包括：由国家广电总局于2011年批准的《开放式VOD业务平台关键技术研究与应用示范》项目。该项目的主要成果包括建设基于内容分发（CDN）网络架构的开放式VOD业务平台，解决了异地节目内容共享、分发与本地运营商点播平台的集成对接等一系列关键技术问题。并成功推出了优质、丰富的“高清-SiTV”点播交互节目。

三、自主知识产权管理工作及成果

制定并颁布《歌华有线公司科技创新奖励管理办法》，规定了知识产权方面的奖惩办法，调动了广大员工保护、挖掘知识产权的意识。全年开展了5项专利和2项计算机软件著作权的申报工作，并获得一项实用新型专利证书。

四、高清交互数字电视机顶盒升级工作

完成全网高清交互数字电视机顶盒的“性能优化”新版本软件升级工作，升级涉及4个厂家、5类芯片、9款型号、310万台在线机顶盒，解决了操作缓慢和主要死机等故障，大大改善了机顶盒在使用过程中的用户体验问题，提升用户满意度。同时，还完成了4款型号、130余万台机顶盒“功能升级”工作，实现家庭网关功能，为用户提供了无线宽带、歌华飞视等新业务，提升了市场和技术竞争力。

五、高清交互应用开发工作

完成 “北京数字学校”和“数字文化社区”这两项2012年市政府为民办实事工程项目。

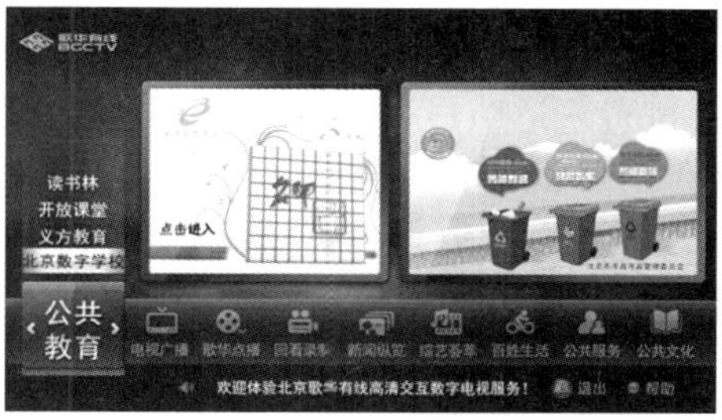

高清交互平台“北京数字学校”栏目正式上线

“北京数字学校”项目是公司配合北京市教委在高清交互平台上开通的以名师同步课程为基础，为首都广大中小学生、家长和教师提供的全新教与学的数字化平台和服务。通过此平台，在家中用户可充分共享首都名师资源，打破课上与课下，学校与家庭，时间与空间的差异，使教育氛围更好地融合，最大程度实现“教育均等化”和“教育科技化”。“数字文化社区”项目是公司配合市文化局在高清交互平台上开通的为社区文化站用户提供包括视频、图片、文字多种格式信息的交互电视应用服务。社区文化站通过此系统，用高清交互机顶盒呈现在大屏幕电视机上，整合利用首都图书馆、艺术院团、文化共享工程等多渠道的文化信息资源，成为融信息查询、艺术欣赏、文化传播、交流互动为一体的公共文化数字新平台。

（北京歌华有线电视网络股份有限公司）

2012年北京歌华有线频道入网及网络覆盖情况

2012年，北京歌华有线电视网络股份有限公司大网中传输59套模拟电视节目，其中中央电视台节目15套、北京电视台节目10套、中国教育台节目2套、外省卫视节目32套。

平移网中传输168套数字电视节目和16套数字广播节目，168套电视节目中含标清数字电视节目153套（中央电视台节目16套、北京电视台节目10套、中国教育台节目2套、外省卫视节目38套、购物频道节目8套、区县节目4套、付费频道节目75套）、高清数字电视节目14套、3D试验频道1套。平移网中模拟电视节目数量35套，包含中央电视台节目10套，中国教育台节目2套，北京电视台节目10套（区县自办1套），省级卫视13套。

高清交互数字电视平台在线视频节目超过2.1万小时，2012年新增 “北广高清”付费节目，新增“北京数字学校”、“新闻纵览”、“综艺荟萃”、“交通罚款”、“数字文化社区”、“街道资讯”、“电视银行”和“读书林”等应用栏目，累计上线应用30项。

网络覆盖方面：2012年，累计完成双向网建设450余万户，实现了城六区和远郊中心城镇双向网络的基本覆盖；完成了城区169条道路、224公里的架空线入地工作；完成光缆敷设2000公里，全市光缆总长约4.17万公里，电缆总长12.73万公里；有线电视注册用户数498.6万户，其中：高清交互数字电视用户310.85万户。完成了十余个二级机房的整备、扩容和电源系统升级；完成了22个三级传输机房的整备和3个机房的搬迁工作；各区县共有179个新建住宅项目向公司申请办理《信号接入证明》，覆盖9.3万户。配合北京市广电局在全国率先完成直播卫星“户户通”工作，涉及6个区县、4500余户；配合市广电局完成了2012年有线广播“村村响”工程，涉及4个区县、155个行政村。

（北京歌华有线电视网络股份有限公司）

2012年北广传媒数字电视“制播存”一体网新技术平台启用情况

数字电视公司播出机房

2012年，北京北广传媒数字电视公司根据业务发展规划，完成“采制、播出、存储” 新技术平台建设。新建技术平台在国内首家采用ASI码流和SDI基带双制式播出方式，其中ASI码流播出方式具备50套标清和8套高清节目的播出，SDI基带播出方式具备2套标清和4套高清的播出能力。同时支持多屏同播技术，并预留交互电视开发接口。平台建成后，可在标清节目播出的基础上发展高清节目播出，面向承接更多的代播业务，实现与演播室的直播信号对接，更好地支持播出时效性高的节目。平台支持各种新媒体业务的多格式转码及播出，并具备良好的扩充能力，在设计结构上具备更高的安全播出等级，并实现系统级备份。2012年7月，开始对环球文化生活资讯频道——《环球奇观》进行技术代播服务。

（北京北广传媒数字电视有限公司）

2012年北广传媒地铁电视覆盖情况

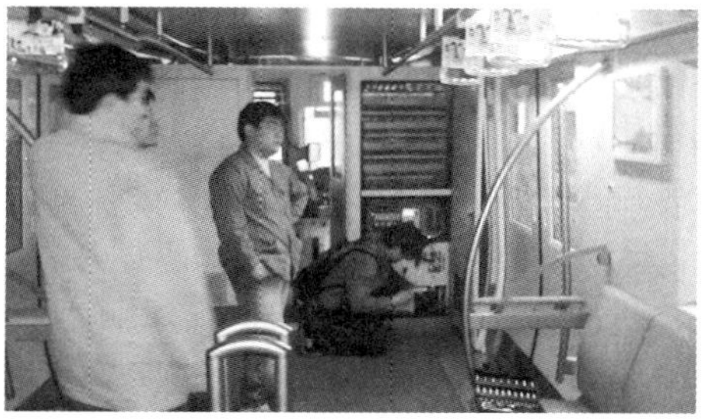

员工在新线地铁列车上调试地铁电视

2012年，北京北广传媒地铁电视有限公司继续加大地铁电视的建设力度，在原有线路1、2、13、5、8号线、10号线、八通线、亦庄线、昌平线、房山线、15号线的基础上，又开通了8号线二期北段、10号线二期，并完成地铁1号线古城车辆段车库场强补充覆盖、2号线太平湖车辆段车库场强补充覆盖。截至年底，地铁电视具有经营权的地铁线路上的列车车厢、站台站厅内的地铁电视终端屏，总量达到2.17万块。

（北京北广传媒地铁电视有限公司）

北京市大兴区广电中心 多媒体互动应急采集发布平台建成

2012年，北京市大兴区广播电视中心历时五年研发建设的“基于多种媒体互动式应急采集发布平台”通过北京市广播电影电视局组织的技术鉴定，并获得2012年度国家广播电影电视总局科技创新奖三等奖。

一、平台概况分析

平台以手机等各类移动设备、电视、广播、计算机、户外大屏幕等全媒体为基础，采用多种智能终端采集现场信息，通过多种传输通道即时传送现场情况对外发布。在整个过程中，平台内部之间、平台与外部之间实现实时互动。

平台的工作流程，首先利用手机、ipad等民用智能移动终端采集信息，然后通过广电网、电信网、互联网等传输通道把采集到的音视频信号即时传送到相应媒体的信号处理系统，将音视频信号由电信标准转换为与对应媒体相适应的标准（如广播电视标准等），最后再将信号送到各媒体的播出平台，受众就可以即时接收到手机、电视、广播、网络、户外大屏幕等媒体传送来的现场信息。

二、平台特点分析

第一，整个流程的实现跨越电信和电视两个行业，是两个行业不断交叉、互相融合的体现。

第二，能够满足电视、电信两种技术标准，是两个行业互相利用的有益探索。

第三，整合电视、手机、网络等传统媒体与新媒体的功能，验证了“三网融合”的必要性和可行性。

第四，以直播（音视频信号的实时传输）为主要目标，特别是为电视媒体 “多点异地直播”的难题提供解决方案。

第五，支持新业务的开展，提供面向“三网融合”运营的技术支撑。

第六，节约人力，优化资源配置，实现成本的最小化。

三、平台创新分析

（一）实现全媒体渠道整合

平台从最前端的多种智能终端信息采集，到3G、Wi-Fi、互联网等渠道信号传输，再到广播、电视、网络、手机、户外大屏幕等多渠道信息发布，在每个环节和层次都以全媒体的整合为基础，体现了全媒体功能的多样性和渠道的丰富化。平台基于移动通讯网、宽带互联网和广播电视网，具备支持各种移动终端通过多种信道进行视频实时拍摄、实时传输、实时审核发布、实时播放浏览，并将图像、声音、文字等形式的内容通过多种信道发布至电视机、手机、计算机、平板电脑等。

（二）实现全贯通流程再造

平台涉及广播、电视、手机和网络等多种媒体，涉及广播电视和电信多个领域、多种行业标准，涉及民用和专业两种技术，整个流程从多种技术手段采集信息开始，通过多种通道传输信号，然后利用多种媒体专业设备转换处理和播出信号。借助平台的技术创新，整个流程全面贯通，信号能够在各个环节、各个层次不间断、无障碍地流动。面对种种复杂的突发情况，不需准备就可以随时随地将移动终端设备拍摄的内容通过多种途径回传到应急平台，同时与远端应急指挥中心实现视音频交互通讯，在其指导和控制下开展工作。这使得普通民用设备具备了转播车的部分功能，弥补了传统的卫星、光缆和数字微波传输系统存在的造价高、系统庞大、操作复杂以及“异地多点直播”等缺点，可以使应急直播深入到各种原来难以到达的区域，是对传统方式的有益补充。

（三）实现无滞后信息传播

平台以直播为目标，实现音视频信号实时采集、实时传输、实时审核发布、实时播放浏览的功能。利用手机等智能终端可以随时随地拍摄事件现场、即时传送至后方平台，而且能够通过手机端实时观看后台开放的内容并与后方实现视音频交互通讯。

（四）实现民用设备与专业设备的有机结合

平台采用手机和ipad终端等移动通讯设备、配备8倍变焦镜头套装和智能支架并内置高性能视频编解码器，其播出质量可满足电视台的播出需要。终端设备连接专业高保真扬声器，采用Air-Wired无损耗传输技术，支持无压缩的大流量数字音频传输，为媒体及政府管理机构提供高质量的信源处理能力。配备各种专业灯光处理设备，增强现场的呈现能力。提供便携式信号中继放大变频设备，保证复杂电磁环境下的持续传输能力。

（五）实现安全播出的统一机制

平台在应用传统设备及工作模式开展应急处理的同时，实现各种新媒体设备、内容及应用的汇聚，移动终端设备采集的内容通过IP流的方式进入应急平台控制的流媒体服务器，并与传统的信号流播出体系相融合。系统支持播出延时控制、实时监看、垫片保护、多重主备设备、切换保护机制、自动技审、录播等方式，能够无缝地与传统的安全制播体制相融合，丰富了媒体应急播出的手段。

（六）实现人员设备的一体化管控

平台统一采用轻量目录存取服务技术建构用户信息数据库，以树状的层次结构来存储数据，实现对服务、组织、人员、策略以及其他资源的集中、分层、分组管理。在信源端使用私有加密技术，保障了内容的安全。在信道传输中借助CDMA提供的扩频和跳频技术，每个用户可以在同一时间使用相同的频带通信，提高系统容量和数据传输的安全性及可靠性，大幅提高信道利用率。由于智能终端设备具有体积小、重量轻、容易遗失、在突发情况下，以及在设备失控、冒用、病毒感染、非法入侵的情况下，创新性地采用中心统一设备管控技术，实现启动联网报警、删除全部或部分内容、话音呼入和呼出接管、短信的发送和接受接管、终端设备功能屏蔽、设备功能强制运行、新功能植入、信息强行推送等能力。

四、平台效益分析

（一）社会效益

1．给媒体带来的效益

第一，将提高媒体的快速反应能力，以更高的时效性把各种信息传播给受众。

第二，将降低电视媒体直播的成本，使真正意义上的对各类不可预测性事件的直播具有更高的可行性。

第三，使广播电视节目生产的时空概念发生质的转变，极大拓展演播室的空间和内涵，使只要有无线通信信号的地方就能成为演播室的重要组成部分。

第四，丰富电视媒体与受众互动的渠道和手段，使媒体与受众的关系有飞跃性提升。

2．给社会带来的效益

第一，为推动“三网融合”带来示范效应和经验。

第三，为受众参与媒体、表达意见提供方便，提高受众对媒体的作用力和影响力。

第四，能够为应急指挥、城市管理提供先进的手段。

（二）经济效益

1．市场竞争力

平台在系统规模、体系架构、应用技术、服务能力、管理水平、相应速度等方面与传统系统相比都有极大提高，创新性显著，独特性突出，功能性全面，具有非常强的市场竞争力。

2．应用前景

（1）适用于广播、电视媒体的业务发展需求。

（2）适应于网络、手机媒体的业务发展需求。

（3）适应于政府机构应急指挥的需求。

（4）适应于企事业单位的内部监督管理等方面的需求。

五、平台实用分析

（一）利用手机进行直播

2012年5月4日，大兴区广播电视中心在国内率先利用手机进行电视直播试验并获得成功，标志着一种新的电视传播模式的出现，将拓宽观众参与电视传播活动的渠道。

（二）率先实行互动式直播

2012年5月8日，大兴电视台再次全新改版，并在北京地区率先实现3名主持人互动式直播。

（三）开辟零距离演播室

大兴区广播电视中心推出“零距离演播室”，把演播室设在百姓炕头、蔬菜大棚、社区公园等场所，能够原汁原味地将群众的生产、生活状态表现出来。

（四）实现广播节目可视化

大兴区广播电视中心的广播节目在北京市区县率先实现自办节目网络视频直播，受众由原来的“听”向 “看”转变。

（北京市大兴区广播电视中心）

2012年顺义电视台
数字化“制播存”一体网应用情况

2012年，顺义区广电中心加强数字化“制播存”一体网建设与应用，使顺义电视台综合业务网络系统提升到新的水平。综合业务网络系统由非编系统、文稿系统、媒资管理系统、收录系统、播出系统、新媒体系统共6个节目生产系统和管理子系统、户外大屏幕播出及远程控制系统组成。所有节目生产业务系统和管理控制系统全部连接到媒体服务总线平台上。各个业务系统既可独立工作，又能通过媒体服务总线平台进行所有的数据和信息交换，从而实现各个业务孤岛之间的互联互通。

综合业务网络系统承担全部广播、电视节目的制作和播出任务；同时实现了电视制作网络系统与互联网的互联互通，承担了顺义区广电中心多种媒体内容在顺广传媒网站上的发布任务。在一年的使用过程中，系统运行稳定，总体情况良好，各项技术指标和功能均达到了设计要求，为日后的系统升级和功能的扩展做了充分的考虑，为将来的业务发展需求打好了基础。

新一代的非编制作系统具有科学、高效、安全、稳定、制作手段更加丰富的特点，提高了节目的制作水平。顺义电视台开办的节目种类逐年增加，特别是城市形象宣传片、专题片、电视广告和大型晚会的制作能力和制作质量得到了明显提升。

媒体资产管理系统作为整个网络的核心存储部分，将电视、广播、报纸、网络的各种资源整合在一起，为节目制作提供了快速共享平台，不仅电视台各个栏目间素材可交互使用，来自电台和网络的大量音像及图片素材也可以随时调用，极大提高了节目制作效率，充实了节目的信息量，提升了节目质量，使节目形式更加新颖多样化。

综合业务网络的建立大大提高了管理效率和工作效率，实现了三个统一，全台设备统一管理，全台节目统一管理，全台素材统一管理。尤其是技审系统投入使用以来，降低了人员审片的工作量，提高了审片质量，提高了管理效率和安全性。自该系统投入使用以来未发生过因设备故障引发的播出事故。

（北京市顺义区广播电视中心）

2012年丰台区广电中心数字化“制播存”一体网应用及设备改造情况

2011年，丰台区广电中心开始高标清同播系统建设方案修订工作，通过走访市台和其他区县广电中心，充分调研论证，聘请专家指导完成方案。2012年，两次组织力量对原有的方案进行重新修订，完成7个版本的修改和11个附件文档的添加工作。“制播存”一体网项目改造全年总投资385万元，购置摄像设备4套、编辑网络中心存储和核心交换部分及编辑站点8套，高清编辑网络建设完成40%左右，基本实现前期设备高清化，后期编辑、存储部分实现高清化，播出及其他各技术系统基本实现数字化、网络化目标。为较好地实现应用，中心多次开展技术培训，学习相关业务知识，使效益达到最大化。

（北京市丰台区广播电视中心）

电 影

2012年北京市电影制作、发行放映情况综述

2012年11月25日，影片《一九四二》全体演职人员在首映礼合影

2012年，北京市电影制作、发行和管理机构以“出精品、促繁荣、大发展”为核心，学习贯彻党的十八大精神，大力实施电影精品工程，扩大市场规模，开展节展交流活动，电影事业产业取得新发展。

实施精品工程，推进电影创作

北京地区电影创作呈现出创意活跃、类型丰富、佳作不断、持续繁荣的良好态势。据不完全统计，北京市创作生产电影《一代宗师》、《飞越老人院》、《冰雪十一天》等243部，在产量稳步增长的同时，电影作品的艺术质量进一步提升，类型化、多样化的创作格局进一步巩固。《一九四二》、《飞越老人院》、《冰雪十一天》等重点影片注重主流文化价值与普通观众欣赏需求相结合，实现了思想性、艺术性、观赏性的有机统一。《人再囧途之泰囧》、《十二生肖》、《四大名捕》、《大魔术师》、《黄金大劫案》等商业影片赢得良好市场业绩，特别是《人再囧途之泰囧》，以3000万成本获取了10个多亿票房，显示出中小成本电影的巨大潜力，为国产影片创作积累多方面经验。

市广电局重点策划组织了《徽班进京》、《定都北京》、《北京媳妇》、《北京时间》等重点影片拍摄，推出《一代宗师》、《飞越老人院》、《许海峰的枪》、《冰雪十一天》等一批重点影片。举办2012年青少题材影视作品推介会，集中向公众和媒体推介了2011至2012年创作生产的《小小升旗手》等作品21部。开展“吉祥欢乐 电影贺岁——北京贺岁影片推介会”活动，对贺岁电影《人再囧途之泰囧》、《十二生肖》、《爱情不NG》进行了集中推介。开展“五个一工程”、广播影视奖电影作品的评奖和优秀作品推荐工作，推出一批优秀作品。《钢的琴》、《失恋33天》等3部影片获得第七届北京文学艺术奖，《钢的琴》、《杨善洲》等5部影片获得北京市广播影视奖，《惊

沙》、《杨善洲》获得全国精神文明建设“五个一”工程奖，北京市被评为全国组织奖。

加大影院建设，增强产业实力

北京市支持影院建设的政策措施，带动了影院建设和电影市场的进一步繁荣。在京建影院的院线增加1家，全市院线已达17家；新增影院17家，影院总数达135家；新增银幕109块，银幕总数达726块，人均银幕数位居全国首位；新增观影座位1.4万个，座位总量达12.84万个，3D影厅244个，IMAX影厅5个。平均近3万人拥有一块银幕，约160人拥有一个观影座位。全国票房收入前10名影院中，北京影院有5个，分别为北京耀莱成龙国际影城、首都华融电影院、北京UME华星国际影城、北京UME国际影城双井店、北京万达国际电影城CBD店，其中耀莱成龙国际影城以8169万元票房位居全国影院首位。影院数量快速增长、品质不断提升、排片能力和服务水平不断提升，为电影产业奠定了坚实基础。电影档期常态化趋势明显，影片上映排片趋于更加均衡与合理。截至年底，北京城市院线累计放映电影119.87万场，比上年增加22.56万场，增长23.2%；观影人次3752.61万人次，比上年增加546.5万人次，增长17.1%；电影票房收入16.12亿元（占全国总票房收入170.73亿元的9.4%），比上年增加2.62亿元，增长19.4%。

组织观影活动，营造文化氛围

紧密围绕庆祝党的十八大等宣传大局，协调首都影院联盟影院，开展形式多样的电影放映活动，放映形式多样，影片类型丰富。春节期间在北京各影院组织开展 “光影盛宴百部影片春节惠民活动”，各影院共放映惠民影片198部，放映1286场，人次接近10万。“六一”期间在全市首都影院联盟影院，组织开展“在希望的田野上”儿童影片展映活动，共放映国产经典影片103部，放映场次558场，是北京有史以来集中放映儿童影片最多、规模最大的一次儿童影片展映活动。为迎接党的“十八大”，在全市城市影院组织开展“党在我心中”国产影片展映活动，印制10万张观影券通过本市各系统发放到位，鼓励市民观看国产影片，提高国产影片观影率，组织福利院、打工子弟、航天人模范党员、武警四个专场放映活动。这些放映活动提高了更多的国产影片、特别是精品佳作的上映率和观影率，丰富了首都居民的文化生活，展示了中国优秀电影的艺术魅力，形成新的银幕亮点。

推进电影节展活动，推动中外电影交流

北京市广电局对第19届北京大学生电影节、青少年公益电影节、民族电影展等电影节展活动给予大力支持，并将其纳入第二届北京国际电影节，为电影节丰富了内容和形式，同时也为这些电影节展活动壮大了声势和规模，扩大了群众参与度，丰富北京的电影文化活动；支持举办北京国际体育电影周，推进体育与电影文化的融合；大力支持国际电影节展在京举办，先后有韩国、新西兰、日本等电影展以及日本青春电影周在京举办，增强北京电影文化氛围，为群众欣赏世界多样电影魅力创造条件。大力推动电影“走出去”步伐。参加戛纳国际电影节系列活动，推动北京国际电影节申报竞赛型非专门类电影节，协调北京电影协会组织北京电影代表团参加美国电影市场，提升北京电影的整体影响，推进北京国际电影节国际嘉宾、国际影片邀请工作，促进北京电影业提升国际化水平和国际影响力。

加强行业管理，履行“一备二审”

北京市广电局认真履行属地电影剧本（梗概）备案、电影片审查和拍摄管理工作。加强宏观调控，强化政治意识、导向意识和管理意识，充实审查力量，建立联审机制，对出现的倾向性、规律性不良现象及时加以规范，把好产品准入关。截至年底，共受理电影剧本（梗概）备案申请1289件，批准电影剧本（梗概）的备案公示792余部，初审并上报中外合拍影片43部；审查国产电影片243部，调阅剧本300余件，办理影片变更等申请批复800余件。加强电影发行放映市场管理，完成3家中外合资影院审批，审核办理16家影院编码和加入院线手续，换发5家电影放映许可证；推进新建影院补贴发放工作，对2010年8月至2011年12月新建的符合条件的14家影院开展补贴发放工作，共发放补贴近3000多万元；积极开展安全检查，对16家影院售票系统设备进行检查；开展电影专项资金征缴、核查和上缴工作，自2011年12月至2012年11月上缴电影专资7641.7万元；加强院线影院和市场数据库体系建设。

（北京市广播电影电视局电影管理处）

2012年部分电影制作机构作品统计表

华谊兄弟传媒股份有限公司

片名	出品单位	联合摄制单位	制片人	编剧	导演	主要演员
爱	华谊兄弟传媒股份有限公司、 红豆制作股份有限公司	华谊兄弟传媒股份有限公司、红豆制作股份有限公司	王中磊	曾莉婷 汪启楠 钮承泽	钮承泽	赵　薇、舒　淇 阮经天、赵又廷 郭采洁、陈意涵 彭于晏、钮承泽 等
逆战	北京乾坤星光文化传媒有限公司、 华谊兄弟传媒股份有限公司、 英皇电影有限公司、 北京麦特文化发展有限公司	北京乾坤星光文化传媒有限公司、 华谊兄弟传媒股份有限公司、 英皇电影有限公司	苏志鸿 王中磊 利雅博	林超贤 吴炜伦	林超贤	周杰伦、谢霆锋 林　鹏、白　冰 安志杰、廖启智 吴嘉龙、洪天照 姜皓文、李馨巧 金燕玲、吴浩康 等

续 表

片名	出品单位	联合摄制单位	制片人	编剧	导演	主要演员
画皮Ⅱ	宁夏电影集团有限公司、鼎龙达（北京）文化发展有限公司、华谊兄弟传媒股份有限公司、麒麟网（北京）影视文化传媒有限公司、华谊兄弟国际有限公司、杭州文化广播电视集团、华数传媒网络有限公司、欢瑞世纪影视传媒股份有限公司、四川中蓝文化传媒有限公司、北京光线影业有限公司、北京鱼化龙文化传媒有限公司、北京华影文轩影视文化有限公司、北京大桥唐人影视传媒有限公司	宁夏电影集团有限公司、鼎龙达（北京）文化发展有限公司、华谊兄弟传媒股份有限公司、麒麟网（北京）影视文化传媒有限公司、华谊兄弟国际有限公司	庞　洪 王中磊	冉　平 冉甲男	乌尔善	赵　薇、陈　坤 周　迅、杨　幂 冯绍峰、费　翔 等
太极1从零开始	华谊兄弟传媒股份有限公司 、华谊兄弟国际有限公司、上海馨石文化产业投资合伙企业（有限合伙）、湖南富坤文化传媒投资基金（有限合伙）	华谊兄弟传媒股份有限公司、华谊兄弟国际有限公司	王中磊	程孝泽 张家鲁	冯德伦	梁家辉、杨　颖 袁晓超等
太极2英雄崛起	华谊兄弟传媒股份有限公司 、华谊兄弟国际有限公司、上海馨石文化产业投资合伙企业（有限合伙）、湖南富坤文化传媒投资基金（有限合伙）	华谊兄弟传媒股份有限公司、华谊兄弟国际有限公司	王中磊	程孝泽 张家鲁	冯德伦	梁家辉、杨　颖 袁晓超等

续 表

片名	出品单位	联合摄制单位	制片人	编剧	导演	主要演员
一九四二	华谊兄弟传媒股份有限公司、华谊兄弟国际有限公司、中国电影股份有限公司、重庆电影集团有限公司、英皇影业有限公司、寰亚电影制作有限公司、银都机构有限公司、一壹投资基金管理有限公司、浙江影视（集团）有限公司 、安徽广播电视台、湖南广播电视台 、上海尚世影业有限公司北京电视台	华谊兄弟传媒股份有限公司、华谊兄弟国际有限公司、 北京一帆风顺影视文化工作室	王中磊	刘震云	冯小刚	张国立、陈道明李雪健、张涵予范 伟、冯远征徐 帆、主演阿德里安.布洛迪、蒂姆.罗宾斯姚静宜、彭家乐李 倩、袁惠芳张少华、王子文张 默、赵 毅张 述、田小杰柯 蓝、张国强于 震、张晨光林永健、段奕宏等
十二生肖	东阳一房子影视制作有限公司、华谊兄弟传媒股份有限公司、成龙影业有限公司 、英皇影业有限公司、上海电影（集团）有限公司北京唐德国际电影文化有限公司、北京耀莱国际文化产业有限公司、北京龙苑堂文化艺术有限公司	北京耀莱国际文化产业有限公司、华谊兄弟传媒股份有限公司英皇影业有限公司		唐季礼 邓景生 陈勋奇 成龙	成龙	成 龙、权相佑廖 凡、姚星彤张蓝心、Laura Weissbecker等。

北京紫禁城影业有限责任公司

片名	出品单位	联合摄制单位	制片人	编剧	导演	主要演员
飞跃老人院	北京紫禁城影业有限责任公司、中国电影股份有限公司、麦颂影视投资（上海）有限公司 大盛国际传媒（北京）有限公司、北京电影学院现代创意媒体学院 青年电影制片厂、力辰光国际文化传媒（北京）有限公司	北京紫禁城影业有限责任公司、中国电影股份有限公司、麦颂影视投资（上海）有限公司、大盛国际传媒（北京）有限公司、北京电影学院现代创意媒体学院、青年电影制片厂、力辰光国际文化传媒（北京）有限公司	韩三平 安晓芬 李　力	张　杨 霍　昕 张　翀	张　杨	许还山 吴天明 李　滨 颜丙燕
我愿意	中国电影股份有限公司、浙江凤仪影业有限公司、北京紫禁城影业有限责任公司、北京传世荣耀传媒文化有限公司、深圳电影制片厂有限公司、北京百合在线科技有限公司、北京聚思传媒广告有限公司	中国电影股份有限公司、浙江凤仪影业有限公司、北京紫禁城影业有限责任公司、 北京传世荣耀传媒文化有限公司、深圳电影制片厂有限公司、 北京百合在线科技有限公司 北京聚思传媒广告有限公司	许建海	陈　彤 孙　周	孙　周	李冰冰 孙红雷 段奕宏
大海啸之鲨口逃生	云南电影集团有限责任公司、北京诚信联盟国际影视文化有限公司、学者国际多媒体股份有限公司（中国台湾） 、北京光线影业有限公司、南京仙中影视有限公司、北京紫禁城影业有限公司、浙江天鹏传媒有限公司、奥山影视文化有限公司、北京国映盛世文化传媒有限公司、	云南电影集团有限责任公司、北京诚信联盟国际影视文化有限公司、学者国际多媒体股份有限公司（中国台湾）、北京光线影业有限公司、北京紫禁城影业有限公司、浙江天鹏传媒有限公司、南京仙中影视有限公司、北京国映盛世文化传媒有限公司、奥山影视文化有限公司	张　蕾 沈　宪 钱重远	拉塞尔·马尔卡希、 约翰·金、 牛兴安 蔡松林	金波·兰道、 赵治平	沙妮·文森、 沙维尔·赛缪尔、 朱利安·麦克马洪、 菲比·托金、 释小龙 戚玉武

北京小马奔腾影视文化发展有限公司

片名	出品单位	联合摄制单位	制片人	编剧	导演	主要演员
黄金大劫案	北京小马奔腾影视文化发展有限公司				宁　浩	陶　虹 雷佳音 黄　渤 郭　涛 范　伟 刘　桦 王　文

北京光线影业有限公司

片名	出品单位	联合摄制单位	制片人	编剧	导演	主要演员
新天生一对	星美(北京)影业有限公司 柏合丽影业股份有限公司、 安徽广播电视台、北京光线影业有限公司、 宽银幕电影制作有限公司、台湾文创一号有限公司		邱黎宽	简士耕 刘书桦 古书榕	朱延平	周渝民 陈嘉桦 杨　幂 陈楚生 小小彬
新龙门客栈		潇湘电影制片厂、香港思远影业公司	曹敬文 吴志明 陈　振	徐　克 张　炭 何冀平	李惠民	张曼玉 林青霞 梁家辉 甄子丹
情谜	欢乐电影（上海）有限公司 太阳娱乐文化有限公司、北京欢乐文化艺术有限公司电影频道节目中心		董海泓	黎妙雪 历　河	黎妙雪	舒　淇 余文乐 陈　数

续 表

片名	出品单位	联合摄制单位	制片人	编剧	导演	主要演员
匹夫	全景影业 光线影业	全景影业 逆光影视 永续影视	燕　子 李晓萍 徐秉熙 徐　林 黄　斌	杨树鹏 张小北 老　晃	杨树鹏	黄晓明 张　译 张歆艺 王　烈 倪景阳 孙　磊 包小柏 张　粤
百万巨鳄	北京歌亮传媒有限公司、乔尼影视（上海）有限公司、华强方特影业投资有限公司		李　瑞	林黎胜 马　华 马　郁	林黎胜	徐熙媛 郭　涛 林　雪 蒲巴甲
四大名捕	北京光线影业公司、安徽广播电视台、精英制作公司		李晓萍 赵红梅	原著小说 温瑞安 编剧 王思敏 谭广源	陈嘉上	邓　超 刘亦菲 邹兆龙 郑中基 黄秋生 江一燕
神探亨特张	北京缘鑫国际文化传媒有限公司、北京盟将威影视文化有限公司、上海银润传媒广告有限公司、北京光线影业有限公司、北京新浪互联信息服务有限公司 湖南若水文化传媒有限公司	北京市公安局海淀分局	张　弛 王　睿	代　雁 高群书	高群书	张立宪 作业本 周云蓬 王小山
乐翻天	星光国际传媒集团、北京星光国际传媒有限公司、北京金鹰芒果映画国际文化传媒有限公司	北京大安映画文化传媒有限公司	马　毅 李　湘	高　飞 王岳伦	王岳伦	姜　武 宁　静 姚　橹 郑京虎（韩国）
伤心童话	北京光线影业有限公司		刘　同 岳　峪	徐正超	徐正超	刘诗诗 胡　夏 谢　楠 大　左

续 表

片名	出品单位	联合摄制单位	制片人	编剧	导演	主要演员
铜雀台	长影集团有限责任公司、共和智力影业（北京）有限公司、北京光线影业有限公司、华夏电影发行有限责任公司、广东电视台		娄 毅	汪海林	赵林山	周润发 刘亦菲 玉木宏 苏有朋 伊能静
大海啸之鲨口逃生	云南电影集团有限责任公司、北京诚信联盟国际影视文化有限公司、学者国际多媒体股份有限公司（中国台湾）、北京光线影业有限公司、南京仙中影视有限公司、北京紫禁城影业有限公司、浙江天鹏传媒有限公司、奥山影视文化有限公司、北京国映盛世文化传媒有限公司、	云南电影集团有限责任公司、北京诚信联盟国际影视文化有限公司、学者国际多媒体股份有限公司（中国台湾）、北京光线影业有限公司、北京紫禁城影业有限公司、浙江天鹏传媒有限公司、南京仙中影视有限公司、北京国映盛世文化传媒有限公司、奥山影视文化有限公司	张 蕾 沈 宪 钱重远	拉塞尔•马尔卡希、约翰•金、牛兴安 蔡松林	金波•兰道、赵治平	沙妮•文森、沙维尔•赛缪尔、朱利安•麦克马洪、菲比•托金、释小龙 戚玉武
人再囧途之泰囧	北京光线影业有限公司、北京影艺通影视文化传媒有限公司、北京真乐道文化传播有限公司、黄渤工作室		陈祉希 徐 林	束 焕 丁 丁	徐 峥	徐 峥 王宝强 黄 渤

2012年北京市电影院一览表

按：截至2012年底，北京市拥有电影院线17条，新增影院17家（“★”为新增影院），影院总数达135家；新增银幕109块，银幕总数达726块，人均银幕数位居全国首位；新增观影座位1.4万个，座位总量达12.84万个，3D影厅244个，IMAX影厅5个。全年累计放映电影119.87万场，比上年增加22.56万场；观影人次3752.61万人次，比上年增加546.5万人次；电影票房收入16.12亿元，比上年增加2.62亿元。

全市影院名称、地址、订票电话或联系电话等情况列表如下：

东城区（12家）

序号	电影院名称	地址	邮编	订票电话或联系电话
1	北京市电影公司影联东环电影城	东城区东中街9号东环广场B座地下1层	100027	64185949
2	长虹电影院	东城区隆福寺街75号	100010	64050442
3	东城区图书馆会议中心	东城区交道口东大街85号	100007	64042764
4	东四工人文化宫	东城区隆福寺街47号	100010	84028490
5	北京影联百丽宫影院有限公司	东城区金宝街88号6～7层	100005	85221977
6	万国城百老汇电影院有限公司	东城区东直门香河园1号院北区4号楼	100028	85185804
7	北京中影联安乐新东安影院	东城区新王府井大街138号新东安市场6层	100006	65281898
8	中影恒乐新世纪影院有限公司	东城区东长安街1号东方广场地下1层、2层及夹层	100738	85186778
9	北京横店影视电影城	东城区王府井大街253号王府井百货8楼	100006	65231588
10	北京京站国运实业开发总公司	东城区北京站大楼综合楼内	100059	85236159
11	花市影联百老汇影院有限公司	东城区崇外大街18号国瑞购物中心首层、地下1～2层	100062	67171338

续 表

序号	电影院名称	地址	邮编	订票电话或联系电话
12	北京搜秀影城有限公司	东城区崇外大街40号搜秀城9层	100062	51671298—608/609

西城区（19家）

序号	电影院名称	地址	邮编	订票电话
1	北京地质礼堂	西城区西四羊肉胡同30号	100034	66178928
2	北京青年宫电影城	西城区西直门南小街68号	100035	66152207
3	红楼电影院	西城区西安门大街156号	100304	66036309
4	胜利电影院	西城区西四东大街55号	100034	66160370
5	首都华融影院	西城区西单北大街131号，大悦城购物中心9～11层	100032	66018177
6	新影联首都时代电影城	西城区长安街88号首都时代电影城地下一层首都时代电影城地下1层	100031	83913644
7	西城区工人文化宫	西城区月坛南街24号	100045	68583461
8	新街口电影院	西城区西直门内大街69号	100034	62256713
9	北京华利佳合实业有限公司西宫宾馆	西城区月坛南街24号	100045	68583461
10	北京华业伟成文化发展有限公司	西城区西单北大街180号西单文化广场B1层4D	100031	66011347
11	北京市工人俱乐部	西城区虎坊路7号	100052	63533121
12	大观楼影城	西城区大栅栏街36号	100051	63037361
13	北京市广安门电影院	西城区白广路8号	100053	63522472

续　表

序号	电影院名称	地址	邮编	订票电话
14	中华电影娱乐宫	西城区天桥市场85号	100050	63034486
15	北京慧发隆超市数字影院	西城区半步桥街14号	100059	83157582
16	邦克实业公司鑫荣文化俱乐部	西城区白纸坊街16号	100054	63564401
17	北京春晖剧场	西城区陶然亭路51号	100054	63525826
18	★北京金融街影院有限责任公司	西城区金融大街18号地下一层	100140	66222046
19	★北京耀莱腾龙国际影城管理有限公司马连道电影院分公司	西城区马连道路25号新年华生活购物广场5层	100055	63252722

朝阳区（40家）

序号	电影院名称	地址	邮编	订票电话
1	中国电影博物馆	朝阳区南皋路9号	100015	64348100
2	UME国际影城安贞店	朝阳区北三环东路36号安贞桥环球贸易中心3期商场一层	100013	58257733
3	UME国际影城双井店	朝阳区东三环中路65号富力广场5～6层	100022	59037171
4	北辰实业集团公司北京剧院	朝阳区安慧里三区10号	100101	64910516
5	北京博纳优唐国际影城	朝阳区朝外大街三丰北里2号楼地下1层	100020	59775660
6	北京朝阳剧场	朝阳区东三环北路36号	100026	65072421
7	朝阳区文化馆影剧院	朝阳区朝外小庄金台路17号	100026	85993958
8	北京传奇时代影城	朝阳区朝阳公园路6号蓝色港湾国际商区SA—42	100025	59056868
9	世纪东都国际影城有限公司	朝阳区东四环中路195号华腾新天地（法国天地）5层	100022	87952960/64/67

续　表

序号	电影院名称	地址	邮编	订票电话
10	北京枫花园露天电影院	朝阳区亮马桥路21号	100016	64329884
11	金典苹果派电影院有限公司	朝阳区黄渠东路二号院14号楼会所一层102	100024	65484467
12	北京电影家俱乐部（金鸡百花影城/影协电影院）	朝阳区北三环东路22号	100013	64203483
13	北京劲松电影院	朝阳区劲松中街404号	100021	67709306
14	世界城星美国际影城	朝阳区金汇路8号B1层02室	100020	85907677
15	万达国际电影城CBD店	朝阳区建国路93号北京万达广场B座3层	100022	59603399
16	望京星美国际影城	朝阳区望京街9号望京国际商业中心A座4层	100102	59203788
17	北京新影联阳光电影城	朝阳区安立路68号阳光广场北门首层	100101	64896314
18	中关美嘉欢乐影城朝阳分公司三里屯店	朝阳区三里屯路19号B1	100027	64176118
19	木偶艺术剧院有限责任公司	朝阳区安华西里一区甲1号	100011	64247888
20	北京市紫光影城	朝阳区朝外大街10号（蓝岛西区5～6层）	100020	65992229
21	北京新影联华谊兄弟影院有限公司	朝阳区广顺北大街16号华彩商业中心B1F	100102	57620488
22	北京嘉裕金逸国际电影城有限公司朝阳分公司	朝阳区朝阳北路101号大悦城商场8层DD01号	100080	82486806
23	北京希杰星星国际影城有限公司	朝阳区湖景东路11号新奥购物中心地下一层	100101	84260800
24	北京橙天嘉禾三里屯影城管理有限公司	朝阳区工人体育场北路甲2号裙房4层403—2单元	100027	85715566
25	中国科技馆影院	朝阳区大屯北路5号	100012	59041542

续 表

序号	电影院名称	地址	邮编	订票电话
26	北京跃活世纪文化传媒有限公司	朝阳区北苑路42号四层	100012	84939887
27	北京郎乐科技开发有限公司	朝阳区农展南路1号	100026	65958034
28	北京奥斯卡国际影城有限公司	朝阳区工体东路20号5层502	100020	65936538
29	北京新影联天宝国际影城	朝阳区祁家裕子8号健翔大厦地下一层	100029	82994670
30	北京百丽宫影院有限公司国贸店	朝阳区建国门外大街1号国贸商城三期地下一层3B120	100020	85351808
31	北京今典比如影院管理有限公司	朝阳区京顺路111号	100102	64304175
32	北京万达国际电影城有限公司望京店	北京市朝阳区望京西路41号NOVO广场C座6层	100102	59778687
33	北京数字光魔影院管理有限公司望京DMC国际影城	朝阳区望京新城A3区宝星生活广场5层1号	100102	64319608
34	★北京市曙光影剧院	朝阳区化工里5号	100026	85993950
35	★四川卢米埃影业有限公司北京卢米埃影院分公司	朝阳区芳草地北巷2号侨福芳草地购物中心地下1层112号、地下2层229号	100020	59792396
36	★北京高高山国际影城	朝阳区汤立路201号院6号楼1层F—102、F—103	100111	64127668
37	★北京今典今通苑影城管理有限公司	朝阳区京通苑30号楼L307	100024	62218877
38	★北京希杰星星国际影城有限公司将台分店	朝阳区酒仙桥路18号四、五层	100016	84372280
39	★北京橙天嘉禾凤凰城影城管理有限公司	朝阳区曙光西里甲5号院24号楼L311、L312	100028	56383227
40	★鲁信影城北京立水桥店	朝阳区立清路7号院地下一层	100107	84671861

海淀区（22家）

序号	电影院名称	地址	邮编	订票电话
1	北京UME华星国际影城	海淀区双榆树科学院南路44号	100086	82111601—106/107
2	国安剧院	海淀区花园东路甲16号	100083	62026328
3	北京国图音乐厅	海淀区中关村南大街33号	100081	88545520
4	海淀剧院	海淀区中关村大街28号	100086	82533588
5	海淀区工人文化宫	海淀区万柳华府北街2号	100089	82567215
6	今典花园影院	海淀区文慧园北路9号今典花园9号楼空间蒙太奇大厦2层	100082	62211599—102
7	北京今日时代数字影院有限公司	海淀区西翠路5号今日家园8号楼F101室	100039	88283459
8	北京嘉裕金逸国际电影城	海淀区中关村大街19号新中关购物中心地下1层	100080	82486806—808/809
9	北京华诚美映影院有限公司（上地美麟影城）	海淀区农大南路1号院上地华联购物中心4层	100084	62667799—700
10	五道口工人俱乐部	海淀区成府路23号	100083	62329810
11	北京名翔国际影院管理有限公司（星美国际影城）	海淀区远大路1号金源时代购物中心5层	100097	88878696
12	中美美嘉欢乐影城中关村店	海淀区中关村大街15号中关西区购物中心E区三层	100082	59863777
13	（北京中影电影有限责任公司）中影电影院	海淀区新外大街25号	100082	62215069
14	北京耀莱国际影城管理有限公司	海淀区复兴路69号华熙乐贸5层	100039	68188877
15	北京嘉禾万贸影城管理有限公司	海淀区巴沟路2号万柳购物中心5层	100089	4000080888

续 表

序号	电影院名称	地址	邮编	订票电话
16	北京嘉华美瑞影城管理有限公司	海淀区学清路甲8号圣熙8号购物中心五层	100083	82732228
17	北京今典四道口影院管理有限公司	海淀区四道口2号三层北侧	100081	62115530
18	北京嘉裕金逸国际电影城有限公司海淀分公司	海淀区建材中路6号新都购物广场一层	100096	82936951/52
19	洛阳新华角川国际影城有限公司北京大钟寺分公司	海淀区北三环西路甲18号	100098	68432655
20	★北京博纳晶品影院管理有限公司	海淀区复兴路51号北亚国际中心四层04—06、五层05—19	100036	88178880
21	★洛阳新华角川国际影城有限公司北京清河分公司	海淀区宝盛北里西区28号楼五层、六层	100092	68432655
22	★希界维（北京）国际影城有限公司	海淀区清河中街68号华润五彩购物中心二期项目7层	100085	18612207623

丰台区（12家）

序号	电影院名称	地址	邮编	订票电话
1	保利万源影城	丰台区东高地万源西里航天万源广场5楼	100076	68198833
2	丰台青少年剧场	丰台区西四环南路86号	100071	63814286
3	观唐佳影电影放映有限公司（糖人街影院）	丰台区太平桥华源一街2号楼B1层	100076	63333755
4	北京金华建娱乐有限责任公司特别乐历险城	丰台区花乡大葆台世界公园内	100071	83612930
5	北京正华佳宇商城有限公司	丰台区政馨园三区5、6号楼—1层	100079	87688666
6	保利影业投资有限公司北京马家堡影城	丰台区南三环西路16号1楼	100077	87578532

续 表

序号	电影院名称	地址	邮编	订票电话
7	北京博纳汇鑫影院管理有限公司	丰台区蒲黄榆28号	100078	67699909
8	北京恒英世纪文化传媒有限公司	丰台区莲花东路118号北京西站内三楼西四房间	100055	51933622
9	北京阳光星美国际影院管理有限公司	丰台区成寿寺路2号	100164	67698585
10	北京摩威秀科技有限公司	丰台区政馨园三区5号楼2层商业东区	100079	87640188
11	北京紫燕娱乐中心	丰台区科兴路5号		63744181
12	★北京华谊兄弟环球影院管理有限公司	丰台区马家堡东路101号院10号楼F6	100068	56530888

石景山区（3家）

序号	电影院名称	地址	邮编	订票电话
1	古城电影院	石景山区古城南路15号	100043	68874790
2	万达国际电影城石景山店	石景山区银河大街鲁谷万达商业广场娱乐楼三层及夹层	100043	68663399—807
3	北京萨姆娱乐公司山姆电影院	石景山区石景山路42号—1	100043	68879106

门头沟区（1家）

序号	电影院名称	地址	邮编	订票电话
1	门头沟区影剧院	门头沟区新桥大街12号	102300	69842686

房山区（3家）

序号	电影院名称	地址	邮编	订票电话
1	良乡影剧院	房山区良乡拱辰大街31号	102401	69352415

续 表

序号	电影院名称	地址	邮编	订票电话
2	洛阳新华角川国际影城有限公司北京房山分公司（新华国际）	房山区良乡北关西路14号华冠购物中心5层电影院	102488	69351155—505
3	房山区燕山影剧院	房山区燕山岗南路3号	102500	69344034

大兴区（4家）

序号	电影院名称	地址	邮编	订票电话
1	大兴区影剧院	大兴区黄村西大街15号	102600	69252566
2	洛阳新华角川国际影城有限公司北京大兴分公司	大兴区黄村火圣庙商业中心E座5层	102600	81297050
3	★北京保利国际影城绿地缤纷城店	大兴区黄村镇金星西路3号及3号院3号楼4层07商铺	102600	80255600
4	★北京嘉华美映影院有限公司	大兴区旧宫镇小红门路39号	100076	58310528

通州区（4家）

序号	电影院名称	地址	邮编	订票电话
1	通州区电影院	通州区西塔胡同1号	101100	69542229
2	西部牛仔汽车影院有限公司	通州台湖镇创业园路8号	100116	61539193
3	★北京博纳天时影院	通州区杨庄北里天时名苑14号楼F4—01	101100	56351916
4	★北京百尚乐园玩具设备租赁中心有限公司	通州区马驹桥镇	101102	15311968955

顺义区（2家）

序号	电影院名称	地址	邮编	订票电话
1	顺义区影剧院	顺义区新顺北大街3号	101300	69447548
2	北京博纳顺景影院管理有限公司	顺义区新顺南大街18号	101300	60406016

平谷区（1家）

序号	电影院名称	地址	邮编	订票电话
1	平谷区影剧院	平谷区平谷镇府前街3号	101200	69962434

怀柔区（2家）

序号	电影院名称	地址	邮编	订票电话
1	北京炫影丽声电影放映有限公司	怀柔区富乐大街8号一层（怀柔区图书馆）	101400	89681640
2	北京银虹电影城有限公司	怀柔区青春路15号（亿万达商厦四层）	101400	69627035

密云县（1家）

序号	电影院名称	地址	邮编	订票电话
1	密云大剧院	密云县鼓楼西大街1号	101500	69041575

昌平区（6家）

序号	电影院名称	地址	邮编	订票电话
1	昌平区影剧院	昌平区鼓楼南大街6号	102200	无

续 表

序号	电影院名称	地址	邮编	订票电话
2	回龙观星美国际影城	昌平区回龙关镇西大街111号华联3层	102208	80771188
3	万达龙德电影城	昌平区立汤路186号龙德广场5层	102218	84844742
4	北京中影环银电影城有限公司（中影国际影城北京永旺店）	昌平区北清路1号永旺国际商城购物中心3F	102206	80700848
5	大地影院发展有限公司北京昌平分公司	昌平区水库路平菓岭假日广场四楼	102200	80100211
6	北京东方明姜影院管理有限公司昌平国际影城	昌平区鼓楼南大街6号佳莲时代广场4层	100076	51654966

延庆县（2家）

序号	电影院名称	地址	邮编	订票电话
1	圣世苑培训中心影剧院	延庆县城东外大街71号	102100	69102121
2	广东大地影院建设有限公司北京延庆电影放映分公司	延庆县延庆镇妫水北街39号1幢H座一层	102199	87129439

北京市经济技术开发区（1家）

序号	电影院名称	地址	邮编	订票电话
1	北京大料国际影院有限责任公司	亦庄经济技术开发区文化园东路6号	100176	67859009

（北京市广播电影电视局电影管理处提供）

2012年度北京市部分重点电影简介

《一九四二》

电影《一九四二》剧照

历史故事片。上映时间：2012年11月，由华谊兄弟传媒股份有限公司、华谊兄弟国际有限公司出品。

本片反映的是一九四二年的一场灾难。太平洋战争进入第二年，中国抗日战争处于战略相持阶段，此时河南大旱，千百万民众背井离乡，外出逃荒，故事分两条线索展开：一条是逃荒路上的民众，主要以老东家和佃户瞎鹿两个家庭为核心，展现他们的挣扎和痛苦，他们的希冀和愤怒，他们的临危不惧和善良。另一条是国民党政府，他们面对灾难的冷漠和腐败，他们对日本侵略者的妥协和退让，他们对人民的忽视推动和加深了这场灾难，并最终导致自己失败的命运。本片是对民族顽强生命力的悲壮讴歌，逃荒的浩大人群孤立无援地在大地上涌动，灾难如山，压碎了无数生命，但是，在最艰难、最惨痛的时刻，人心中不灭的善、勇气和人性尊严愈发闪耀着眩目的光芒，人是卑微的，人也是高大的，他们在残酷的命运中镇静地存续着希望和梦想。追昔抚今，使当代的年轻人，更知道今天幸福生活的来之不易

2012年该片获第七届罗马电影节青年评审团佳最佳影片金蝴蝶奖、第七届罗马电影节意大利摄影家协会最佳摄影奖吕乐。

该片总制片人王中磊，编剧刘震云，导演冯小刚，主演张国立、张涵予、徐帆、陈道明等。

《飞越老人院》

励志、喜剧故事片。上映时间：2012年5月，由北京紫禁城影业有限责任公司、中国电影股份有限公司、麦颂影视投资（上海）有限公司、大盛国际传媒（北京）有限公司、青年电影制片厂等联合摄制。

电影《飞越老人院》剧照

电影《飞越老人院》描述的是一所养老院的老人们积极、热情、乐观生活的故事。故事发生在一个民营的老人院里，老葛和其他老人的生活像一潭死水，无论谁踏进这里，都会闻到一股死亡的气息，直到有一天，老葛的朋友老周也加入到他们当中。老周乐观开朗、幽默大方，为了令自杀未遂的老葛振作，他组织大家做更有意义的事情，借助老人们喜欢的电视节目，唤醒大家沉睡的勇气和参与精神，组织大家一起排练节目去天津参加比赛。老人们充满热情地集体排练、在排练中相互逗趣、设计逃离老人院，驾车“飞越”驰骋公路。人生的热情再一次

被点燃，生命的层层意义也被逐步揭开……直到如愿以偿登上了梦想的舞台，但他们谁也不知道，外表健康、乐观幽默的老周已经到了生命的终点……

影片所表达的核心情感提升至更高的社会话题，希望这个话题能够引起社会各界的关注。影片在2012年8月25日第十一届长春电影节上获得评委会特别荣誉奖。

制片人韩三平、安晓芬、李力，编剧张杨、霍昕、张翀，导演张杨，领衔主演许还山、吴天明、李滨、颜丙燕等。

《冰雪十一天》

灾难故事片。上映时间：2012年11月，由博纳影业集团出品，公安部宣传局、广州市公安局联合摄制。

电影《冰雪11天》剧照

电影《冰雪11天》根据2008年初中国南方遭受雨雪冰冻灾害，公安民警成功疏散蜂拥而至的百万春运旅客的真实事件改编而成。影片讲述了这场百年不遇的雨雪冰冻灾害袭击了中国南方诸省，导致了部分省区的交通瘫痪，致使正值春运高峰期的广州火车站遭遇了前所未有的旅客滞留危机事件。

从不同群体的视角和心理，客观再现这场雪灾背后的春运故事，展示春运承载的爱之能量。在长达11天的时间里，数百万归心似箭的旅客聚集在设计容量最多为5万人的火车站广场上。在绵绵冬雨中，在人潮如海的站前广场，群死群伤的大规模踩踏事件随时可能爆发。在这关键时刻，广州公安民警、解放军、武警官兵及民兵预备役人员、志愿者等近两万人一道，以忠诚的信念、卓越的智慧和顽强的意志，成功化解了这场共和国治安史上史无前例的公共安全危机，他们的信念只有一个：确保百姓平安回家过年。

该片作为党的十八大重点献礼影片之一。导演陈国星、王小列，编剧思芜、苏小卫，主演刘桦、冯远征、黄奕、郭家铭、奚美娟、柳岩、梁丹妮等。

《人再囧途之泰囧》

喜剧、贺岁故事片。上映时间：2012年12月，由北京光线影业有限公司、北京影艺通影视文化传媒有限公司、北京真乐道文化传播有限公司、黄渤工作室、ENLIGHT MEDIA联合摄制。

电影《人再囧途之泰囧》剧照

电影《人再囧途之泰囧》讲述发生在泰国的囧事。主要描写了商业成功人士徐朗用了五年时间发明了一种叫“油霸”的神奇产品——每次汽车加油只需加到三分之一，再滴入2滴“油霸”，油箱的汽油就会变成满满一箱。徐朗的同学，兼项目有分歧的竞争对手高博想把这个发明一次性卖给法国人。但徐朗坚决不同意，他希望深入开发研究，把“油霸”发扬光大，得到更大的收益。两个人各抒己见，争论不休，一直无果；由于两人股份相同，唯有得到公司最大股东周扬的授权书，方可达到各自目的。当得知周扬在泰国后，徐朗立刻启程寻找。而高博获悉后将一枚跟踪器放在徐朗身上一起去了泰国。飞机上，徐朗遇到了王宝，别有心机地想利用他来摆脱对手高博的追赶，可他不仅没甩掉王宝，还成了他的“贴身保姆”……究竟徐朗和高博谁会最终拿到周扬的授权书？而三个各怀目的的人，又将带来如何爆笑的泰国神奇之旅。

出品人王长田、李晓萍、丁宇昂，制作人陈祉希、徐林，导演徐峥，编剧徐峥、束焕、丁丁，主演徐峥、王宝强、黄渤、陶虹、范冰冰、谢楠等。

《十二生肖》

现代动作故事片。上映时间：2012年12月，由东阳一房子影视、华谊兄弟传媒、成龙影业、英皇影业出品。该片是成龙的第101部影片。

电影《十二生肖》剧照

电影《十二生肖》是部夺宝影片，外景地包括巴黎、北京、台湾、香港、澳洲等。影片讲述了中国晚清时期被列强欺凌，大量文物、财宝被掠夺，在国际上公开拍卖，无数爱国志士为寻回“十二生肖”，与国际上的黑势力展开了生死较量。影片中杰克为领取国际文物贩子劳伦斯开出的巨额奖金，四处寻找“圆明园”十二生肖中失散的最后四个兽首。在寻宝过程中，他被关教授父女的爱国情怀所感动，一向惜金如命的杰克在最后关头放弃了金钱，转而帮助Coco全力挽救国宝，最终将寻回的兽首归还中国的故事。

该影片由成龙导演，领衔主演成龙，主演权相宇、廖凡、姚星彤、张蓝心、Lauya weiss becher(白露娜）等。

《四大名捕》

古代动作故事片。上映时间：2012年7月，由北京光线影业有限公司、安徽广播电视台、精英制作公司联合摄制。

电影《四大名捕》剧照

电影《四大名捕》讲述了 明代“神侯府”与“六扇门”之间为破一件大案斗智斗勇，最后齐心协力查出真相的故事。《四大名捕》中六扇门队伍规整，纪律严明，是朝廷最强大的破案抓捕机构，在捕神的统领下守卫着京师的安全。六扇门等级森严，立大功者才可升级上位，其中最有能力者则可成为京城“四大名捕”，六扇门上千捕快为了得到这个显赫头衔都夜以继日，不择手段破案。与严苛的六扇门风格迥异的是神侯府，神侯府直接受命于皇帝，由诸葛正我统领，他带着一群奇人异士，天天吃吃火锅逛逛街，但是每逢大案则总能先六扇门一步破获，这也屡次让捕神恼羞成怒，“能在京城办案的从来只有六扇门”，可诸葛正我有御赐金牌在手，捕神无可奈何。一山不容二虎，为维护自己破案神速的尊严与统治京城的权利，捕神开始与神侯府为敌，然而窝里斗的同时一股黑暗势力正在凶猛袭来。因而三方势力各派间谍相互渗透，内部关系更为纷繁复杂，动魄惊心……

制片人李晓萍、赵红梅，导演陈嘉上，编剧王思敏、谭广源，主演邓超、刘亦菲、郑中基、邹兆龙、黄秋生、江一燕、吴秀波、邓萃雯。

《大魔术师》

爱情、动作、喜剧故事片。上映时间：2012年1月，由博纳影业集团、英皇娱乐集团有限公司联合摄制。

电影《大魔术师》剧照

电影《大魔术师》根据张海帆的同名小说改编。该剧讲述了一个用魔术改变命运的传奇故事。民国北洋时期，袁世凯死后，军阀混战，北京天桥上来了一名留英归国的大魔术师张贤。张贤系中国传统魔术传人，凭借精湛的技艺引爆北平。权贵段士章宠爱喜欢戏法的小妾柳荫，张贤因此得到段的青睐。段推荐张贤参加在英国举办的万国魔术大会。回国后，张贤陷入段士章布置的陷阱中。原来张贤和柳荫青梅竹马，因意外两人分开，柳荫的父亲也被段软禁。张贤花十年练就魔术，来到北京发生的一切尽在他的计划中。最终，张贤和柳荫终成眷属，远走高飞……

制片人杨受成、于冬、李锦文，编剧尔冬升、秦天南、刘浩良，导演尔冬升，主演梁朝伟、周迅、刘青云、方中信、闫妮、秦沛、吴刚、林雪等。

《黄金大劫案》

喜剧、动作冒险故事片。上映时间：2012年4月，由北京小马奔腾文化传媒股份有限公司、东阳映月影视文化传播有限公司联合出品。

电影《黄金大劫案》剧照

电影《黄金大劫案》讲述在20世纪30年代的中国，时逢日本人入侵，国人备受欺辱，民不聊生，几个年轻人去劫伪满洲国银行金库的故事。具体剧情是：

一个出身贫寒的小混混，与疯掉的爹金镖十三郎相依为命，在伪军和日本人的欺凌下苟活，无意中卷进一桩救国会策划的劫金大案。期间，他误打误撞结识了押运人大和银行行长顾宪明的女儿顾茜茜，搞到了押运黄金的路线，他与救国会合力将这批黄金劫下。分得黄金的小东北将一块黄金作为房钱交给房东，却被举报捕获。救国会在将被一网打尽之际，金镖十三郎出手相救。各方为了各自利益，围绕黄金再次展开了一场激烈的对抗……

据2012年4月到5月上映三周的有关统计报道，影片票房达1.4亿元。影片在2012年8月25日第十一届长春电影节上影片获得最佳编剧奖、最佳男演员奖，还获最佳导演奖、最佳摄影奖、最佳电影作曲奖、最佳女配角多个奖项提名。

制片人张一白，导演宁浩，编剧宁浩、邢爱娜、岳小军，主演雷佳音、程媛媛、陶虹、王文、山崎敬一、范伟。

《爱情不NG》

爱情、喜剧故事片。由星美(北京)影业有限公司、北京热麦国际传媒有限公司联合出品，渔阳集团、福德(天津)投资集团有限公司联合摄制。

电影《爱情不NG》剧照

电影《爱情不NG》讲述了娱乐圈的两对恋人经过重重误会之后，有情人终成眷属的故事。影片俊男靓女的组合十分吸引眼球，而双生双旦的特别设置也将左右影片剧情的发展，为这场爱情喜剧蒙上了一层神秘的面纱。而一个叫做川子的群众演员，来剧组是为了找回他青梅竹马的恋人三妮。凭借着一张童年照与珍贵的记忆，川子认定当红女星苏妮娜就是他的三妮，小心呵护之余，他用自己的方式向已经有了高富帅男朋友Peter的苏妮娜表达着爱意。于是，四个不同背景的人在片场发生了一连串的争吵、矛盾，更有不少欢乐与热闹。原来，郑直与导演吴迪曾是恋人，《小城往事》正是那段爱情的纪念。在经历了各种争吵和误会后，两人终于解开心结。在吴迪的点醒下，郑直下决心体验穷小子的生活，与川子等群演混在一起。随着电影拍摄临近结尾，郑直和吴迪，川子和苏妮娜两对恋人都迎来了他们爱情的新开始……

出品人覃宏、闫国强，制片人武亚辉，导演朱时茂，编剧秘天慧 、李冲，主演信、钟欣桐 、李小冉、佘少群 、袁成杰。

《一代宗师》

史诗功夫故事片。由银都机构有限公司、泽东电影有限公司、保利博纳电影发行公司、华夏电影发行有限责任公司等联合出品。

电影《一代宗师》剧照

电影《一代宗师》讲述的是香港武术家叶问的传奇故事。叶问年少时家境优渥，师从咏春拳第三代传人陈华顺学习拳法，师傅“一条腰带一口气”的告诫，支持他走过兵荒马乱、朝代更迭的混乱年代。妻子张永成泼辣干练，二人夫唱妇随，琴瑟合璧。1936年，佛山武术界乱云激荡。八卦拳宗师宫羽田年事已高，承诺隐退。其所担任的中华武士会会长职位，自然引起武林高手的关注与觊觎。包括宫羽田的独生女宫二在内，白猿马三、关东之鬼丁连山、咏春叶问等高手无不将目光聚焦在正气凛然的宫羽田身上。拳有南北，国有南北乎？最有德行之人才堪会长重任，然这浮世虚名却引得无数迷乱之人狂醉奔忙，浪掷残生。生逢乱世，儿女情长埋藏心底，被冷若寒冰的车轮碾作碎泥……

导演王家卫，编剧邹静之、徐皓峰、王家卫，主演梁朝伟、章子怡、赵本山、宋慧乔、张震、小沈阳、张智霖、王庆祥。

《许海峰的枪》

传记、励志故事片。上映日期：2012年10月，由安徽电影集团、安徽演艺集团、北京光影四季文化传播有限公司等联合出品。

电影《许海峰的枪》剧照

2008年北京奥运会上，许海峰作为运动员代表第一个擎着火炬跑进鸟巢赛场。这位曾经的安徽省和县供销社社员，凭借本人不懈的努力在1984年为中国夺得了第一枚奥运金牌。电影《许海峰的枪》讲述的正是他的故事。时间回溯到1979年，当时还是下乡知青的许海峰，拿着一支业余气枪参加了安徽省第四届运动会并赢得了气步枪组冠军，但由于年龄超过国家规定，省射击队并没有录取他。三年后，在和县供销社上班的许海峰第二次参加了安徽省运动会的射击比赛，并再次赢得冠军，但最终还是因为年龄过大没有拿到省队的录取通知。更不幸的是许海峰在工作中，为保卫国家财产，致伤双眼，险些失明。不料这时，吴全清教练却带来了省队的借调通知，去还是不去，许海峰陷入了艰难的抉择中。1984年美国洛杉矶奥运会上，许海峰的状态一直很好，成绩位列第一，在比赛还剩下最后三枪的时候，突然他的眼疾旧伤复发，不得不下场休息。此时的许海峰坐在休息室中百感交集……

该片作为党的十八大重点献礼影片之一。总制片人王浙滨，编剧：王兴东、王放放，导演王放放，主演李东学、陈逸恒、蔡宜达、娜仁花。

《小小升旗手》

儿童、励志故事片。上映：2012年6月，由中国电影家协会、北京魔山影视文化有限公司联合出品。

电影《小小升旗手》剧照

电影《小小升旗手》讲述的是新中国少年儿童成长故事。剧情以西山小学五年级学生宋小贝为背景，描述了全班同学、班主任积极向上的过程。宋小贝是有名的淘气大王，他和豆芽、胖墩在学校是大名鼎鼎的三剑客，只要有他们三个在，班里的纪律就成了最大的问题，也成了几任班主任最头疼的事。但宋小贝他酷爱足球，崇拜贝克汉姆，一直怀揣着一个在世界杯升起五星红旗的梦想，为了当上学校的升旗手他决心竞选班长。新上任的班主任丁老师鼓励小贝竞选，小贝发生了巨大的转变……

导演郑大为，主演常宝华、董浩、孙德林。

《我愿意》

电影《我愿意》剧照

都市、爱情故事片。上映时间：2012年2月10日。由中国电影股份有限公司、浙江凤仪影业有限公司、北京紫禁城影业有限责任公司、北京传世荣耀传媒文化有限公司、深圳电影制片厂有限公司、北京百合在线科技有限公司北京聚思传媒广告有限公司联合摄制。

电影《我愿意》讲述了一位漂亮能干的大龄女青年在旧情人回头追求和新认识的相亲对象殷勤对待之间，一点点做出选择的故事。具体情节是：都市白领唐微微从前只谈过一场刻骨铭心的恋爱，大学恋人王洋在不辞而别七年后突然又出现在她面前，两人的“战火”随即复燃。物是人非，此时的王洋已腰缠万贯，而事业有成的唐微微也已步入剩女行列，正在为自己的情感着落而奔忙着。在众多相亲对象里，有一个百合网为她推荐的男人杨年华逐渐引起微微的注意。这个看似与唐微微不相称的杨年华对唐微微展开了几乎是全天候的追求，于是三人上演了一段又令人感动又笑料不断的浪漫恋爱争夺大战……

制片人许建海，编剧陈彤、孙周，导演孙周，主要演员李冰冰、孙红雷、段奕宏、薛佳凝、张俪、夏立薪

《铜雀台》

电影《铜雀台》剧照

历史古装故事片。上映时间：2012年9月26日。由长影集团有限责任公司、共和智力影业（北京）有限公司、北京光线影业有限公司、华夏电影发行有限责任公司、广东电视台联合出品，长春电影制片厂、共和智力影业联合打造。

电影《铜雀台》讲述了三国年代历史人物曹操晚年的故事，涉及权谋、军事、父子、爱情等方面，通过这些故事表现大爱与大和谐主题。影片中曹操的形象在生命的终点得到了全新的阐释。他不是一个想要篡权当皇帝的野心家，而是一直追求统一的英雄，他在晚年一直在追求平息战争，他的理念是友爱、和平……

制片人娄毅，编剧汪海林，导演赵林山，主要演员周润发、刘亦菲、玉木宏、苏有朋、伊能静。

《逆战》

警匪、枪战、动作、剧情故事片。上映时间：2012年1月19日。由北京乾坤星光文化传媒有限公司、华谊兄弟传媒股份有限公司、英皇电影有限公司联合出品。

电影《逆战》剧照

电影《逆战》讲述的是一对自幼失散的兄弟，当多年后弟弟找到哥哥时，却发现两人竟是一警一匪，立场对立，兄为匪弟为警，兄弟之间的战斗不可避免，一场正义与亲情之间的抉择，考验着彼此。该片耗资2亿元人民币，于中国、约旦、马来西亚、新加坡等多地取景，动用坦克、直升机及大量的飞车爆破场面营造出磅礴阵势。

制片人苏志鸿、王中磊、利雅博，编剧林超贤、吴炜伦，导演林超贤，主要演员周杰伦、谢霆锋、林鹏、白冰、安志杰、廖启智、吴嘉龙、洪天照、姜皓文、李馨巧等。

（北京市广播电影电视局史志办公室）

电 视 剧

2012年北京电视剧制作发行情况综述

2012年9月，北京市委宣传部、北京市广电局
召开电视剧《北京青年》研讨会，推进精品创作

2012年，全市电视剧制作发行机构全面贯彻“二为”方向、“双百”方针和“三贴近”原则，大力弘扬北京精神，重点围绕党的十八大献礼剧、北京电视剧辉煌30年系列活动、春秋两季首都电视节目推介会以及精品建设等工作，创作生产了一批深受观众喜爱的优秀电视剧，取得良好的艺术成就和社会效益。

年内，全市获得国家广电总局备案公示的电视剧达257部8293集，共有98部3408集通过审查并取得电视剧发行许可证。为迎接党的十八大召开，经北京市广电局审核，上报国家广电总局46部献礼剧中32部榜上有名。其中《青海花儿》、《铁血男儿夏明翰》、《火蓝刀锋》3部电视剧被中宣部、国家广电总局列为党的十八大献礼重点剧目，占全国总量的30%。另外，《誓言今生》、《北京青年》、《连环套》、《幸福向前走》、《木府风云》、《大家庭》、《正者无敌》、《枪神传奇》8部电视剧作为推优剧向国家广电总局和社会进行推荐。同时，《誓言今生》、《木府风云》、《北京青年》、《正者无敌》、《青海花儿》、《铁血男儿夏明翰》、《火蓝刀锋》等一批思想性、艺术性、观赏性俱佳的电视剧先后在央视一套、八套以及北京、上海、浙江、江苏等卫视黄金档播出，收视率在全国名列前茅，并收到了很好的社会反响。

为加强电视剧的精品创作工作，开展了“精品电视剧创作沙龙”、“北京电视剧辉煌30年”、“优秀电视剧研讨会”等系列活动。2012年5月中旬，邀请国内著名导演、编剧和影视制作机构持（甲种证）单位的法人代表，举办创作沙龙和研讨会，共商题材挖掘、内容拓展、创作方向等议题，特别是关于青少、老年、女性等题材剧及贺岁剧的创作等方面进行了深度研讨。同年7月，由北京市委宣传部、国家广电总局电视剧管理司、北京市广播电影电视局联合主办的北京电视剧辉煌30年系列活动，总结梳理了30年来北京电视剧的发展脉络、成功经验和艺术成就。该活动评选出四个荣誉表彰项目，分别是35部“经典电视剧”、30名“优秀电视剧工作者”、32个“经典荧屏形象”、30首“经典电视剧歌曲”。这些系列活动，对电视剧的发展繁荣起到积极作用。

年内，北京市动画片备案公示30部3048集43336分钟，生产23部735集9952分钟。为推动动画片的生产，经向国家广电总局申请，朝阳区三间房动漫产业园成功获批国家动画产业基地，并于6月18日举行了隆重的挂牌仪式。组织了第七届北京市文学艺术奖动画片类的评比推荐，7部动画片参评，最终《星游记》和《魔角侦探》两部入围。组织多家动画公司参加“迎‘六一’未成年人优秀影视作品推介会”和优秀影视剧本征集评比工作。推荐《生日梦精灵》、《天天好孩子》等7部优秀动画片参评国家广电总局2012年度推荐优秀动画片。

（北京市广播电影电视局宣传管理处）

2012年北京市电视剧和动画片制作发行许可证颁发目录

（1）2012年北京市广电局《国产电视剧发行许可证》颁发目录

序号	剧名	集数	制作单位	合作单位	发行许可证号	发证日期
1	血雨母子情	36	北京盛世富华文化有限公司	北京盛世凯华文化投资有限公司	(京)剧审字(2012)第001号	2012/1/6
2	正者无敌	36	北京中联华盟文化传媒投资有限公司	无	(京)剧审字(2012)第002号	2012/1/6
3	南国有佳人	39	北京中北电视艺术中心有限公司	无	(京)剧审字(2012)第003号	2012/1/6
4	西施秘史	41	北京京都世纪文化发展有限公司	无	(京)剧审字(2012)第004号	2012/1/6
5	我为出嫁狂	32	中航新视界影视文化（北京）有限责任公司	上海泽润影业有限公司	(京)剧审字(2012)第005号	2012/1/9
6	兵法乡村	26	北京森林奇艺影视文化传媒有限公司	信阳市文化大市建设和文化体制改革工作领导小组办公室	(京)剧审字(2012)第006号	2012/1/13
7	身边的幸福	28	北京世纪传承文化传播有限公司	东阳英明影视文化传播有限公司	(京)剧审字(2012)第007号	2012/1/19

续 表

序号	剧名	集数	制作单位	合作单位	发行许可证号	发证日期
8	小白菜奇案	33	亚太盛世文化传播（北京）有限公司	国立联盟投资股份有限公司	(京)剧审字(2012)第008号	2012/1/19
9	皇粮胡同十九号	26	北京乐韬世纪文化传媒有限公司	无	(京)剧审字(2012)第009号	2012/1/29
10	誓言今生	32	中国国安文化传媒有限公司	无	(京)剧审字(2012)第010号	2012/2/3
11	摩登女婿	28	北京响巢国际传媒有限责任公司	无	(京)剧审字(2012)第011号	2012/2/3
12	戎装女人	32	海润影视制作有限公司	润亚影视制作有限公司	(京)剧审字(2012)第012号	2012/2/3
13	杨光的夏天	33	北京泰和百联传媒广告有限公司	天津意库杨义影视文化传播有限公司、上海久润文传播有限公司	(京)剧审字(2012)第013号	2012/2/6
14	红线俱乐部	12	北京东方飞云国际影视策划有限公司	浙江大旭飞云影视制作有限公司	(京)剧审字(2012)第014号	2012/2/15
15	假如我是真的	31	北京东方天星文化传媒有限公司	无	(京)剧审字(2012)第015号	2012/2/15
16	黎明绝杀	36	北京幸福影视有限公司	东阳奇景影视文化传播有限公司	(京)剧审字(2012)第016号	2012/3/21
17	民国烟雨	104	北京东方飞云国际影视策划有限公司	无	(京)剧审字(2012)第017号	2012/4/6
18	烈焰	29	北京大唐辉煌影业投资有限公司	无	(京)剧审字(2012)第018号	2012/4/9
19	婆婆也是妈	24	北京诚成时代国际文化发展有限公司	无	(京)剧审字(2012)第019号	2012/4/13

续表

序号	剧名	集数	制作单位	合作单位	发行许可证号	发证日期
20	刑名师爷	30	北京华影盛世文化传播有限公司	无	(京)剧审字(2012)第020号	2012/4/27
21	小男人遇上大女人	30	北京金英马影视文化有限责任公司	无	(京)剧审字(2012)第021号	2012/4/29
22	木府风云	40	海润影视制作有限公司	云南润视荣光影业制作有限公司	(京)剧审字(2012)第022号	2012/5/2
23	冬雪	28	北京电视艺术中心有限公司	无	(京)剧审字(2012)第023号	2012/5/7
24	儿女英雄传	30	北京东方飞云国际影视策划有限公司	无	(京)剧审字(2012)第024号	2012/5/15
25	奇异家庭	30	北京联盟影业投资有限公司	无	(京)剧审字(2012)第025号	2012/5/15
26	将爱进行到底	30	北京小马奔腾壹影视文化发展有限公司	无	(京)剧审字(2012)第026号	2012/6/1
27	青海花儿	31	北京朝盛文化传播有限公司	无	(京)剧审字(2012)第027号	2012/6/12
28	时尚女编辑	30	北京电视台	无	(京)剧审字(2012)第028号	2012/6/13
29	京城后街	50	北京大众环球影业有限公司	无	(京)剧审字(2012)第029号	2012/6/15
30	大家庭	30	北京大唐辉煌影业股份有限公司	无	(京)剧审字(2012)第030号	2012/6/18
31	连环套	39	北京华谊兄弟娱乐投资有限公司	无	(京)剧审字(2012)第031号	2012/6/26

续 表

序号	剧名	集数	制作单位	合作单位	发行许可证号	发证日期
32	激情永远燃烧	32	星美（北京）影业有限公司	无	（京）剧审字（2012）第032号	2012/6/29
33	狂奔的左左	27	北京雨花石影视投资有限公司	无	（京）剧审字（2012）第033号	2012/6/29
34	江湖正道	40	北京唐德国际文化传媒有限公司	无	（京）剧审字（2012）第034号	2012/6/29
35	怪医文三块	33	北京紫禁城影业有限责任公司	无	（京）剧审字（2012）第035号	2012/7/9
36	铁血男儿夏明翰	30	北京星光联合传媒有限公司	无	（京）剧审字（2012）第036号	2012/7/6
37	北京青年	36	北京鑫宝源影视投资有限公司	无	（京）剧审字（2012）第037号	2012/7/12
38	大地情深	40	北京金英马影视文化有限责任公司	无	（京）剧审字（2012）第038号	2012/7/16
39	买房夫妻	34	北京北广传媒影视有限公司	无	（京）剧审字（2012）第039号	2012/7/18
40	刀出鞘	40	北京电视艺术中心有限公司	无	（京）剧审字（2012）第040号	2012/8/1
41	天下人家	30	北京希世纪影视文化发展有限公司	无	（京）剧审字（2012）第041号	2012/8/2
42	枪神传奇	32	北京中联华盟文化传媒投资有限公司	无	（京）剧审字（2012）第042号	2012/8/8
43	幸福向前走	30	北京大唐辉煌传媒股份有限公司	无	（京）剧审字（2012）第043号	2012/8/14

续　表

序号	剧名	集数	制作单位	合作单位	发行许可证号	发证日期
44	而立之年	35	北京韶华映像文化传媒有限公司	无	(京)剧审字(2012)第044号	2012/8/16
45	微博达人	30	北京世纪博英影视传媒有限公司	无	(京)剧审字(2012)第045号	2012/8/22
46	岳母的幸福生活	38	北京银河昊星文化传媒有限责任公司	无	(京)剧审字(2012)第046号	2012/8/24
47	重返大福村(第二季)	35	北京东王文化发展有限公司	无	(京)剧审字(2012)第047号	2012/8/27
48	重返大福村(第一季)	35	北京东王文化发展有限公司	无	(京)剧审字(2012)第048号	2012/8/27
49	姐姐立正向前走	30	北京希世纪影视文化发展有限公司	无	(京)剧审字(2012)第049号	2012/8/24
50	武林猛虎	34	北京金天地影视文化有限公司	无	(京)剧审字(2012)第050号	2012/9/5
51	香木虎	38	北京双华嘉聿影视文化有限公司	无	(京)剧审字(2012)第051号	2012/9/5
52	民国风雨	48	北京东方飞云国际影视策划有限公司	无	(京)剧审字(2012)第052号	2012/9/6
53	火蓝刀锋	33	北京星梦工场文化传媒有限公司	无	(京)剧审字(2012)第053号	2012/9/19
54	大抉择	43	北京盛世凯华文化投资有限公司	无	(京)剧审字(2012)第054号	2012/9/20
55	玫瑰炒肉丝	40	北京唐德国际文化传媒有限公司	无	(京)剧审字(2012)第055号	2012/9/21
56	老严有女不愁嫁	40	天罡风华(北京)影视文化有限公司	无	(京)剧审字(2012)第056号	2012/9/21

续　表

序号	剧名	集数	制作单位	合作单位	发行许可证号	发证日期
57	劝和小组	32	海润影视制作有限公司	云南润视荣光影业制作有限公司	(京)剧审字(2012)第057号	2012/10/17
58	大兵小将	35	北京春秋时代文化有限公司	无	(京)剧审字(2012)第058号	2012/10/18
59	暗花	36	北京东方飞云国际影视策划有限公司	无	(京)剧审字(2012)第059号	2012/11/13
60	妯娌的三国时代	36	北京东方在扬文化传播有限公司	无	(京)剧审字(2012)第060号	2012/11/16
61	山河恋	37	华夏视听环球传媒（北京）有限公司	无	(京)剧审字(2012)第061号	2012/11/26
62	妈祖	38	北京网连八方文化传媒有限公司	无	(京)剧审字(2012)第062号	2012/11/26
63	我的极品老妈	30	北京大唐辉煌传媒股份有限公司	无	(京)剧审字(2012)第063号	2012/11/27
64	内线前传	31	北京中北电视艺术中心有限公司	无	(京)剧审字(2012)第064号	2012/11/30
65	光荣使命	30	天罡风华（北京）影视文化有限公司	无	(京)剧审字(2012)第065号	2012/11/30
66	真爱惹麻烦	40	华夏视听环球传媒（北京）有限公司	无	(京)剧审字(2012)第066号	2012/12/19
67	等待绽放	32	北京金英马影视文化有限责任公司	无	(京)剧审字(2012)第067号	2012/12/26
68	上阵父子兵	28	北京水木高清影视文化发展有限公司	无	(京)剧审字(2012)第068号	2012/12/25

续 表

序号	剧名	集数	制作单位	合作单位	发行许可证号	发证日期
69	家事也是事	32	华视影视投资（北京）有限公司	无	（京）剧审字（2012）第069号	2012/12/26
70	全家福	48	北京天星亿源影视文化传媒有限公司	无	（京）剧审字（2012）第070号	2012/12/27
71	女刑警李春春	57	北京响巢国际传媒有限责任公司	无	（京）剧审字（2012）第071号	2012/12/27
72	学堂故事	60	北京连鹏影视文化传播有限公司	无	（京）剧审字（2012）第072号	2012/12/27
73	大水井风云	28	中视鸿歌（北京）影视文化传播有限公司	无	（京）剧审字（2012）第073号	2012/12/28
74	瀛寰之志	42	中视星娱国际文化传媒（北京）有限责任公司	无	（京）剧审字（2012）第074号	2012/12/28
75	像火花像蝴蝶	35	华夏视听环球传媒（北京）有限公司	无	（京）剧审字（2012）第075号	2012/12/28
76	好家伙	45	北京小马奔腾壹影视文化发展有限公司	无	（京）剧审字（2012）第076号	2012/12/28
77	四手妙弹（第一季）	34	北京响巢国际传媒股份有限公司	无	（京）剧审字（2012）第077号	2012/12/28
78	独生子女的婆婆妈妈	40	北京电视台	无	（京）剧审字（2012）第078号	2012/12/28
79	秀秀的男人	40	北京华谊兄弟娱乐投资有限公司	无	（京）剧审字（2012）第079号	2012/12/28

（北京市广播电影电视局宣传管理处）

（2）2012年北京市广电局《电视剧制作许可证（乙种）颁发目录》

序号	许可证号	电视剧名称	集数*分钟	制作机构
1	01545	《潜龙翻江》	20集*43分	北京中新世纪文化传媒有限公司
2	01546	《龙迷凤店》	35集*40分	北京东方今鸣文化传媒有限公司
3	01547	《你好岳父大人》	30集*45分	华视影视投资（北京）有限公司
4	01548	《京城后街》	50集*24分	北京大众环球影业有限公司
5	01549	《老严的女儿不愁嫁》	35集*45分	天罡风华（北京）影视文化有限公司
6	01550	《没有硝烟的战斗》	25集*45分	立卓兴宇影视传媒广告（北京）有限公司
7	01551	《女刑警李春春》	60集*47分	北京响巢国际传媒有限责任公司
8	01552	《盾神》	30集*45分	北京艺龙天地文化传播有限公司
9	01553	《谁是爸爸》	25集*42分	北京国宇凤凰文化传播有限公司
10	01554	《宝贝妈妈宝贝女》	37集*47分	北京春秋风云影视策划有限公司
11	01555	《微博达人》	30集*45分	北京世纪博英影视传媒有限公司
12	01556	《浪漫超市之西施奇缘》	30集*45分	北京华娱年华文化传媒有限公司
13	01557	《美容院的故事》	20集*25分	紫龙信都（北京）国际影视文化传媒有限公司
14	01558	《水席》	30集*45分	北京华人天地影视策划有限责任公司
15	01559	《烽火似水流年》	30集*46分	北京嘉禾政通国际影视文化有限公司
16	01560	《初为人母》	26集*45分	北京金逸盛典文化传播有限公司
17	01561	《学堂故事》	60集*25分	北京宸泰影视文化传播有限公司
18	01562	《正阳门下》	35集*42分	大前门（北京）文化艺术有限公司

续 表

序号	许可证号	电视剧名称	集数*分钟	制作机构
19	01563	《奇异家庭》	30集*23分	北京联盟影业投资有限公司
20	01564	《谋圣鬼谷子》	30集*45分	北京纵横捭阖文化传媒有限公司
21	01565	《以继父的名义回家》	30集*45分	北京康乾光澍影视投资有限公司
22	01566	《姐姐立正向前走》	30集*45分	北京希世纪影视文化发展有限公司
23	01567	《女相》	40集*45分	北京希世纪影视文化发展有限公司
24	01568	《说书人》	35集*45分	北京小马奔腾壹影视文化发展有限公司
25	01569	《妯娌的三国时代》	34集*45分	北京东方在扬文化传播有限公司
26	01570	《菜鸟日记》	20集*45分	北京市木火通明影视文化传媒有限公司
27	01571	《一诺千金诚信》	25集*45分	北京华源之星文化传播有限责任公司
28	01572	《老子传奇》	30集*45分	金和泰道（北京）影视文化有限公司
29	01573	《好家伙》	40集*45分	北京小马奔腾壹影视文化发展有限公司
30	01574	《战场上的蒲公英》	30集*47分	北京广电影视传媒有限公司
31	01575	《新神探联盟（第一季）》	36集*45分	北京响巢国际传媒股份有限公司
32	01576	《梦想在线》	30集*45分	北京瑞格嘉尚文化传播有限公司
33	01577	《永远别错过》	25集*45分	北京龙儿文化传播有限责任公司
34	01578	《博士县长》	29集*45分	北京天星亿源影视文化传播有限公司
35	01579	《兵王》	30集*45分	北京汇滢电视制作中心有限公司
36	01580	《独生子》	36集*45分	北京泰合百联传媒广告有限公司
37	01581	《谁解女人心》	30集*45分	光延时代（北京）文化传媒有限公司

续 表

序号	许可证号	电视剧名称	集数*分钟	制作机构
38	01582	《小菜向前冲》	20集*10分	北京星银河文化传播有限公司
39	01583	《犬王传奇》	30集*45分	完美世界（北京）影视文化有限公司
40	01584	《龙门镖局》	40集*45分	北京小马奔腾壹影视文化发展有限公司
41	01585	《我的极品婆婆》	38集*45分	北京华影盛视文化传播有限公司
42	01586	《打狗棍》	50集*45分	完美世界（北京）影视文化有限公司
43	01587	《追求幸福的日子》	30集*45分	北京利群影视文化发展有限责任公司
44	01588	《环保局长的故事》	22集*45分	北京利群影视文化发展有限责任公司
45	01589	《平凡的世界》	46集*45分	华视影视投资（北京）有限公司
46	01590	《黄元帅》	30集*45分	北京尚品全如文化传媒有限公司
47	01591	《燃情密码》	30集*43分	华星铭基（北京）影视文化传媒有限公司
48	01592	《风花雪月》	30集*45分	北京纽音国际文化传媒有限公司
49	01593	《刀客家族的女人》	35集*45分	华视影视投资（北京）有限公司
50	01594	《爱在盲区》	30集*45分	北京山水世爵国际文化投资有限公司
51	01595	《结婚的秘密》	40集*45分	北京中视和展投资有限公司
52	01596	《点石成金》	36集*45分	北京亚视联合文化发展有限公司
53	01597	《失恋33天》	30集*47分	北京金盛信马影视文化有限公司
54	01598	《老爸回家》	30集*45分	完美世界（北京）影视文化有限公司
55	01599	《下一代》	30集*45分	北京合天文化传媒有限公司
56	01600	《养儿防老》	25集*45分	北京天下华语影视文化传媒有限公司
57	01601	《六扇门》	30集*45分	北京时代先锋影艺投资有限公司

续 表

序号	许可证号	电视剧名称	集数*分钟	制作机构
58	01602	《铁血尖刀》	36集*45分	北京金天地影视文化有限公司
59	01603	《远得要命的爱情》	26集*45分	北京天下华语影视文化传媒有限公司
60	01604	《迷局1927》	40集*45分	北京康乾光澍影视投资有限公司
61	01605	《龙门村的故事》	30集*40分	北京东方圣歌文化发展有限公司
62	01606	《结婚，你想好了么》	25集*45分	时代宝船影视制作（北京）有限公司
63	01607	《新陆小凤传奇》	24集*45分	北京金奥尼影视文化传播有限公司
64	01608	《说好不流泪》	36集*47分	中视联盟文化投资（北京）有限公司
65	01609	《开往春天的地铁》	30集*47分	北京春秋风云影视策划有限公司
66	01610	《远方来的茶客》	30集*45分	坤良聚和（北京）文化传媒有限公司
67	01611	《玲珑局》	25集*45分	北京博扬昆仑文化传媒有限公司
68	01612	《青春时代》	40集*45分	响想时代娱乐文化传媒（北京）有限公司
69	01613	《狼和羊的故事》	50集*15分	北京强润影视有限公司
70	01614	《军训的故事》	50集*15分	北京强润影视有限公司
71	01615	《斥候之剑》	30集*45分	华昌传媒（北京）有限公司
72	01616	《梆板春秋》	30集*45分	华昌传媒（北京）有限公司
73	01617	《战歌》	26集*45分	北京天雨视觉文化传媒有限公司
74	01618	《小两口》	25集*45分	北京阳光盛通文化艺术有限公司
75	01619	《加油，金多宝》	20集*45分	北京展卓明玉影视文化传媒有限公司
76	01620	《青春不够用》	40集*41分	北京大汗天下传媒有限公司
77	01621	《迷你爸爸》	30集*45分	北京华美时空文化传播有限公司

续 表

序号	许可证号	电视剧名称	集数*分钟	制作机构
78	01622	《我的绝密生涯》	36集*46分	中广联盟文化投资（北京）有限公司
79	01623	《燕子李三之门徒》	30集*45分	北京强润影视有限公司
80	01624	《哑父与花花》	30集*45分	馨一晓（北京）国际影视文化有限公司
81	01625	《我心灿烂》	36集*47分	北京响巢国际传媒股份有限公司
82	01626	《今生是亲人》	32集*45分	北京天星亿源影视文化传播有限公司
83	01627	《世界上的另一个我》	40集*47分	北京春秋风云影视策划有限公司
84	01628	《情定滨河》	25集*45分	北京红色世纪影视文化传播有限公司
85	01629	《爱嫁不嫁》	40集*42分	北京红色世纪影视文化传播有限公司
86	01630	《天亮请睁眼》	30集*45分	北京圣田嘉禾文化传媒有限公司
87	01631	《七九河开》	36集*45分	北京泰合百联传媒广告有限公司
88	01632	《辣妈俏爸》	33集*41分	北京艺百合影视制作有限公司
89	01633	《远亲近邻》	32集*45分	万达影视传媒有限公司
90	01634	《看守所日记》	30集*45分	北京万恺通文化传媒有限公司
91	01635	《决不突围》	33集*45分	北京红色世纪影视文化传播有限公司
92	01636	《爱情的十字路口》	30集*45分	北京红布衫文化发展有限责任公司
93	01637	《迷城》	28集*45分	御嘉世星影业（北京）有限公司
94	01638	《老子传奇》	30集*45分	北京和昌正道影视文化有限公司
95	01639	《最后的危险》	20集*45分	北京艺龙天地文化传播有限公司
96	01640	《朝霞红满天》	4集*45分	北京影视研修学院

续　表

序号	许可证号	电视剧名称	集数*分钟	制作机构
97	01641	《晋地烽烟》	30集*45分	盛世燎原（北京）国际影视文化有限公司
98	01642	《今夜天使降临》	20集*45分	北京金色池塘影视文化有限公司

（北京市广播电影电视局宣传管理处）

（3）2012年北京市广电局《国产电视动画片发行许可证》颁发目录

片名	集数	分钟	长度	制作单位	审查单位	许可证号	发证时间
魔角侦探2大三角计划	52	12	624	北京禹田文化艺术有限责任公司	北京市广播电影电视局	京动审字2012001	2.29
小绿豆的秘密	13	13	169	北京迪生动画制作有限公司	北京市广播电影电视局	京动审字2012002	3.19
红色动漫经典专辑	10	10	100	北京东方万象文化有限公司	北京市广播电影电视局	京动审字2012003	3.20
生日梦精灵(1—13)	13	13	169	恒大动漫产业有限公司	北京市广播电影电视局	京动审字2012004	3.22
生日梦精灵(14—26)	13	13	169	恒大动漫产业有限公司	北京市广播电影电视局	京动审字2012005	5.15
大明王朝（第八季）	12	60	720	北京万豪天际文化传播有限公司	北京市广播电影电视局	京动审字2012006	6.20
大明王朝（第九季）	12	60	720	北京万豪天际文化传播有限公司	北京市广播电影电视局	京动审字2012007	6.20
侠岚(53—104)	52	25	1300	北京若森数字科技有限公司	北京市广播电影电视局	京动审字2012008	6.26
“小喇叭”之抱抱熊365晚安故事	100	6	600	央广江通（北京）文化传播有限公司	北京市广播电影电视局	京动审字2012009	7.10

续 表

片名	集数	分钟	长度	制作单位	审查单位	许可证号	发证时间
生日梦精灵(27—39)	13	13	169	恒大动漫产业有限公司	北京市广播电影电视局	京动审字2012010	7.10
文明漫谈	50	10	500	北京顺广文化传媒有限公司	北京市广播电影电视局	京动审字2012011	8.01
大鲁鲁与小可可	16	9.3	150	北京达人文化传播广告有限公司	北京市广播电影电视局	京动审字2012012	8.10
生日梦精灵(40—52集)	13	13	169	恒大动漫产业有限公司	北京市广播电影电视局	京动审字2012013	8.16
熊小米系列(1—39集)	39	7.5	292	北京铁皮青蛙创意文化传播有限公司	北京市广播电影电视局	京动审字2012014	8.31
野生动物宝宝(第二部)	28	13	364	北京万方幸星数码科技有限公司	北京市广播电影电视局	京动审字2012015	8.31
飞跃五千年(1—20集)	20	12	240	北京卡酷传媒有限公司	北京市广播电影电视局	京动审字2012016	10.9
七彩乐园第一部	50	12	600	联慧华媒(北京)科技有限公司	北京市广播电影电视局	京动审字2012017	10.9
小鼠和大象的创意(36—60集)	25	14	350	北京张琦动画制作工作室有限公司	北京市广播电影电视局	京动审字2012018	10.31
天天好孩子(1—52集)	52	12	624	北京万豪天际文化传播有限公司	北京市广播电影电视局	京动审字2012019	11.27

续 表

片名	集数	分钟	长度	制作单位	审查单位	许可证号	发证时间
果果骑侠传（1—18集）	18	14	252	恒大动漫产业有限公司	北京市广播电影电视局	京动审字2012020	12.18
熊小米系列（40—52集）	13	7.5	97.5	北京铁皮青蛙创意文化传播有限公司	北京市广播电影电视局	京动审字2012021	12.20
生日梦精灵（53—78集）	26	13	338	恒大动漫产业有限公司	北京市广播电影电视局	京动审字2012022	12.20
呼家将（1—95集）	95	13	1235	北京万豪天际文化传播有限公司	北京市广播电影电视局	京动审字2012023	12.28

（北京市广播电影电视局宣传管理处）

2012年部分电视剧制作机构作品统计表

北京电视艺术中心有限公司

剧名	集数	出品单位	联合摄制单位	制片人	编剧	导演	主要演员
新编辑部故事	40	北京电视艺术中心有限公司、北京电视台、东阳市花儿影视文化有限公司	北京电视艺术中心有限公司、北京电视台、东阳市花儿影视文化有限公司	曹　平	巩向东	郑晓龙	陈　好 黄海波 吕丽萍 王千源 井柏然 焦俊艳
冬雪	28	北京电视艺术中心有限公司	北京美环球文化传媒有限公司	孙伟锋	边立民 王　玉	总导演 田原鸿 导演 陈　烈	秦海璐 吕颂贤 刘雪华 刘　丹

续 表

剧名	集数	出品单位	联合摄制单位	制片人	编剧	导演	主要演员
刀出鞘	40	北京电视艺术中心有限公司、北京瓯越文化传媒有限公司、北京风华时代影视文化传媒有限公司	北京瓯越文化传媒有限公司	林兵	廖一梅	总导演 林　兵	聂　远 丁志诚 陶　红 杨　旸

北京中北电视艺术中心有限公司

剧名	集数	出品单位	联合摄制单位	制片人	编剧	导演	主要演员
内线前传	31	北京中北电视艺术中心有限公司	——	陶玲玲		陶玲玲	孙耀威 孙菲菲 吴京安 马德钟
南国有佳人	39	北京中北电视艺术中心有限公司	——	陶玲玲	张　巍	陶玲玲	刘　灿 陈怡蓉 焦恩俊 何美钿 翁　虹

北京北广传媒影视有限公司

剧名	集数	出品单位	联合摄制单位	制片人	编剧	导演	主要演员
买房夫妻	34	北京广播电视台、北京电视台、北广传媒影视有限公司、浙江燕风影视制作有限公司	浙江燕风影视制作有限公司	刘国华	何晴	张永新	陶　虹 王千源 吴　冕 方子春 马书良
姥爷的抗战	35	北广传媒影视有限公司、上海颁德影视有限公司	上海颁德影视有限公司	刘国华 傅奇琪	鲍光满	蒋钦民	王学圻 蒋勤勤 李子雄

北京紫禁城影业有限责任公司

剧名	集数	出品单位	联合摄制单位	制片人	编剧	导演	主要演员
怪医文三块	33	北京紫禁城影业有限责任公司	北京紫禁城影业有限责任公司、西安金画面影视传媒有限公司、北京宏宝源投资有限公司	张旸	牛静 张旸	唐大年	冯远征 杨立新 孙茜

华谊兄弟传媒股份有限公司

剧名	集数	出品单位	联合摄制单位	制片人	编剧	导演	主要演员
唐山大地震	38	浙江华谊兄弟影业投资有限公司	湖北电视台 河北电视台 山东电视台 辽宁电视台	庄立奇 杨善朴	霍昕	姚晓峰	陈小艺 张国立 张涵予 佟丽娅 袁文康 吴越 许亚军
连环套	39	北京华谊兄弟娱乐投资有限公司、浙江华谊兄弟影业投资有限公司	云南电视台 江西电视台	吴晓	柳烨 唐宇	孙文学	于和伟 张志坚 王丽坤 郑晓宁 王洛勇
追捕	30	北京华谊兄弟娱乐投资有限公司	四川电视台 南方电视台 浙江电视台	郝琳	辛克	林龙	海清 吴秀波 邵兵
我的孩子我的家	45	华谊兄弟传媒股份有限公司	四川电视台 辽宁电视台	葛卫东	周涌	毛卫宁	萨日娜 刘佩琦

续 表

剧名	集数	出品单位	联合摄制单位	制片人	编剧	导 演	主要演员
生死归途	30	北京华谊兄弟娱乐投资有限公司	河南电视台 北京电视台	石钟山	石钟山	虎子	孙 逊 吴 军 张晶晶
石光荣和他的儿女们	40	浙江华谊兄弟影业投资有限公司	无	石钟山	石钟山	张汉杰	孙海英 吕丽萍
秀秀的男人	40	北京华谊兄弟娱乐投资有限公司	安徽电视台、安徽华星传媒有限公司	张海东	杨曼娟	刘逢生	秋瓷炫 张 博
我们的生活比蜜甜	44	华谊兄弟传媒股份有限公司、浙江华谊兄弟影业投资有限公司、安徽华星传媒投资有限公司	无	高群书	王 鹏	王 鹏	冯恩鹤 王 姬 杨立新

海润影视制作有限公司

剧名	集数	出品单位	联合摄制单位	制片人	编剧	导演	主要演员
劝和小组	32	海润影视制作有限公司、云南润视荣光影业制作有限公司	海润影视制作有限公司、云南润视荣光影业制作有限公司	周亚平 蒋晓荣	劝和小组	于荣光	于荣光 归亚蕾（中国台湾） 潘 虹 高 明 鲍起静（中国香港） 吕 中 杜雨露 朱晓渔 苏倩薇 孙 玮 高 亮 郭 金 吕易珊 李梓萌 等

续 表

剧名	集数	出品单位	联合摄制单位	制片人	编剧	导演	主要演员
戎装女人	32	海润影视制作有限公司	润亚影视制作有限公司	张　森		张国立	徐　帆 高　明 郭冬临
向着炮火前进	40	海润影视制作有限公司	海润影视制作有限公司、江苏海润影视制作有限公司	张　彦 张小军 徐　健	杨　超 杨林彦 王　璋 孙　璇	林建中（中国台湾）	吴奇隆（中国台湾） 甘婷婷 王　新 张少华 谢孟伟 等
下辈子还嫁给你	35	海润影视制作有限公司	海润影视制作有限公司、江苏海润影视制作有限公司	蒋译霆	路玉清	罗灿然	陈德容 陈昭荣 陈莎莉 张若昀 李雨泽 斓　曦
艾乐乐的罗曼蒂克	35	海润影视制作有限公司、广东阳美满堂彩影视投资有限公司、北京兄弟时代影视文化有限公司、金斗影视投资有限公司	海润影视制作有限公司、广东阳美满堂彩影视投资有限公司、北京兄弟时代影视文化有限公司、金斗影视投资有限公司	习　辛 阎　旻	羽　笛 顾舒怡	习　辛	刘　芸 陈楚河
狙击部队	37	海润影视制作有限公司	海润影视制作有限公司、江苏海润影视制作有限公司	赵浚凯 段未名	赵浚凯 刘　岩 邢键钧	赵浚凯	王　珂 鲍　琨 刘　鑫 赵　聪 腾　砹 张　慧 齐　峰 王冠琪 纪永清

续 表

剧名	集数	出品单位	联合摄制单位	制片人	编剧	导演	主要演员
武工队传奇	42	海润影视制作有限公司、上海克顿影视有限责任公司	海润影视制作有限公司、上海克顿影视有限责任公司	赵浚凯	孙　铎 常潇湘 陈逸星	赵浚凯	谷智鑫 赵子惠
狼烟	40	海润影视制作有限公司	海润影视制作有限公司、北京市润亚影视制作有限公司	陈铁铭 张　森	王学伟	孙小光 刘　笑	连奕名 王　珂 杨若兮 王　新 许紫青 张亚坤 宋　军 张京海 芦垭宁 李　杰 寒　丰 丁嘉旭 张蒲薪
爱的相对论	34	海润影视制作有限公司	海润影视制作有限公司、海南海润影视制作有限公司	罗小凤	姜德新 李小丹 董　珊	庞　好	罗　晋 王媛可 王思思 李勤勤 林京来 张蓓蓓 赵正阳 孙　熙 于莎莎

续 表

剧名	集数	出品单位	联合摄制单位	制片人	编剧	导演	主要演员
向着胜利前进	45	海润影视制作有限公司	海润影视制作有限公司	张 彦 张小军 徐 健	孙 璇 李 亮 彭鹏华 郭媛媛	林建中（中国台湾）	吴奇隆（中国台湾） 甘婷婷 王 新 赵会南 谢孟伟 张少华 杨婷婷 叶祖新 施 羽 胡 洋 张 凯 陈 迪 于荣光
穿越火线	42	海润影视制作有限公司	北京嘉印尚品影视制作有限公司	赵浚凯 台娅彤	张 建 赵浚凯	赵浚凯	王 挺 谷智鑫 连奕名 何政军 赵子惠 赵会楠
走，打鬼子去	35	海润影视制作有限公司、贵州广播电视台、北京华夏盛禾文化传媒有限公司	海润影视制作有限公司、贵州广播电视台、北京华夏盛禾文化传媒有限公司	蒋译霆	刘海静	焦晓雨	曹云金 林伊婷 姜 帆 李雨泽 高 斯 杜志国
冲天炮	32	海润影视制作有限公司、北京润讯文化传媒有限公司、中视传媒股份有限公司	海润影视制作有限公司、北京润讯文化传媒有限公司、中视传媒股份有限公司	陈国辉	王 络 陶 可	张立东	王伟光 邓丽欣 洪天明 刘小辉 魏骏杰 吴孟达

续 表

剧名	集数	出品单位	联合摄制单位	制片人	编剧	导演	主要演员
恋歌2012	30	海润影视制作有限公司、西安梦舟影视文化传播有限责任公司	海润影视制作有限公司、西安梦舟影视文化传播有限责任公司	蒋译霆	张 健	王利兴	吴 婷 陈奕龙 周庭伊 石 兰
二叔	30	海润影视制作有限公司、北京阿鑫影视文化发展有限公司、广东阳美满堂彩影视投资有限公司	海润影视制作有限公司、北京阿鑫影视文化发展有限公司、广东阳美满堂彩影视投资有限公司	习 辛	聂 欣	习 辛	于晓光 史 可 宋运成
媳妇的美好宣言	33	上海海润影视制作有限公司、上海贯一文化传播有限公司、上海尚世影业有限公司、北京华录百纳影视股份有限公司	上海海润影视制作有限公司、上海贯一文化传播有限公司、上海尚世影业有限公司、北京电视台、北京华录百纳影视股份有限公司	赵文靖 董浩宇 蒋译霆	王丽萍	周小刚	姚芊羽 辛柏青 刘 佳 牛 莉

北京鑫宝源影视投资有限公司

剧名	集数	出品单位	联合摄制单位	制片人	编剧	导演	主要演员
北京青年	36	中共北京市委宣传部、北京市广播电影电视局、完美世界（北京）影视文化有限公司、北京鑫宝源影视投资有限公司	北京电视台、完美世界（北京）影视文化有限公司、上海宝宏影视文化传媒有限公司	彭晓林	常　琳 孙建业	赵宝刚 王　迎	李　晨 马　苏 杜　淳 王丽坤 姚　笛 任　重 张　俪 曾泳醍 贺　刚
青瓷	40	电广传媒文化发展有限公司、北京友联兄弟国际文化传媒有限公司、完美世界（北京）影视文化有限公司、北京鑫宝源影视投资有限公司、北京卓越东方文化发展有限公司	电广传媒文化发展有限公司、北京友联兄弟国际文化传媒有限公司、北京鑫宝源影视投资有限公司、北京卓越东方文化发展有限公司	许　东 何　文 彭晓林	浮　石 朱洪波	李　骏 杨竞泽	王志文 张国立 韩雨芹

北京京都世纪文化发展有限公司

剧名	集数	出品单位	联合摄制单位	制片人	编剧	导演	主要演员
西施秘史	41	北京京都世纪文化发展有限公司	——	杨群	李晓明 柯章和 曹靖生 蒋卓原 斐斐	尤小刚	马景涛 靖　靖 陈浩民 马德钟 万妮恩 吴京安 赵志瑶 周庭伊

北京中联华盟文化传媒投资有限公司

剧名	集数	出品单位	联合摄制单位	制片人	编剧	导演	主要演员
正者无敌	36	北京中联华盟文化传媒投资有限公司	——	宏　胤	石小克	张国庆	陈宝国 赵奎娥 陈　数 张　檬 陈月末 姚　刚 修宗迪 唐一菲 曹　操 付甲义
枪神传奇	32	北京中联华盟文化传媒投资有限公司	——	万　荣	黄伟明 张　磊 贾东岩	颢　然	何政军 张光北 陈丽娜 李成儒 王奎荣 范　雷 李依玲 羿　坤 王　唯 高蓓蓓

北京金英马影视文化有限责任公司

剧名	集数	出品单位	联合摄制单位	制片人	编剧	导演	主要演员
小男人遇上大女人	30	北京金英马影视文化有限责任公司	西安金画面影视传媒有限公司	刘春丽	林　密 高　恬	杨　影	梁爱琪 鲁　诺 卢思思 杨　青 张嘉禾 康　静 李　解 夏立薪 徐岑子 齐　志 魏　翔 陈希光

续 表

剧名	集数	出品单位	联合摄制单位	制片人	编剧	导演	主要演员
大地情深	40	北京金英马影视文化有限责任公司	——	刘建立	曲丽君	曲丽君	宋春丽 陈　瑾 冯宪珍 张小磊 奚美娟 宋　佳 杜　源 孙　铁 朱怀旭 贾延鹏 贾延鹏 刘佳佳 贾延龙 李欣桐 陈海亮
等待绽放	32	北京金英马影视文化有限责任公司	——	严　静	冯　俐	蒋家骏 宋　洋	江铠同 赵楚仑 李　曼 张　翰 侯　晓 韩　立

华夏视听环球传媒(北京)有限公司

剧名	集数	出品单位	联合摄制单位	制片人	编剧	导演	主要演员
山河恋	37	华夏视听环球传媒(北京)有限公司	——	于　正	沈芷凝	梁胜权	袁姗姗 刘恺威 韩　栋 张　檬 蔡少芬 周牧茵

续 表

剧名	集数	出品单位	联合摄制单位	制片人	编剧	导演	主要演员
真爱惹麻烦	40	华夏视听环球传媒(北京)有限公司	——		葉鳳英	沈 怡	吕 一 袁 弘 林佑威 孙骁骁 秦 沛 李 颖
像火花像蝴蝶	35	华夏视听环球传媒(北京)有限公司	——	于 正	李顺慈	李慧珠 邓伟恩	胡 军 江一燕 王 艳 郑国霖 霍政谚 江宏恩 张 茜 王仁君 苑新雨 包贝尔

北京小马奔腾壹影视文化发展有限公司

剧名	集数	出品单位	联合摄制单位	制片人	编剧	导演	主要演员
将爱进行到底	30	北京小马奔腾壹影视文化发展有限公司	——	王 雷		王 雷	张 航 屈 菁 洪 音 马梓涵
好家伙	45	北京小马奔腾壹影视文化发展有限公司	——	李立功	兰小龙	简川訸	张 译 李 晨 高 捷 王 烈 瑛 子 王双宝 张殿仑

2012年北京部分重点电视剧简介

2012年，电视剧《青海花儿》、《铁血男儿夏明翰》、《火蓝刀锋》3部电视剧被中宣部、国家广电总局列为党的十八大献礼重点剧目。《誓言今生》、《北京青年》、《连环套》、《幸福向前走》、《木府风云》、《大家庭》、《正者无敌》、《枪神传奇》8部电视剧经北京市广播电影电视局作为推优剧向国家广电总局和社会进行推荐，其中《北京青年》、《正者无敌》、《民兵葛二蛋》、《劝和小组》、《火蓝刀锋》荣获第七届北京市文学艺术奖。下面介绍部分电视剧。

《青海花儿》

31集现实题材电视连续剧。2012年9月中央电视台八套播出，制作单位北京朝盛文化传播有限公司，（京）剧审字（2012）第027号。

电视剧《青海花儿》剧照

《青海花儿》取材于20世纪60年代初期中国科研工作者在青海从事高爆试验的事迹。通过沈毅、林文馨、魏明华等人，艰苦奋斗、忍辱负重、一心为国、无私奉献的故事，歌颂了他们的高尚品质、纯真感情与可贵精神。因而，可以称之为一部向国防科研工作考致敬的影视佳作。该剧风格质朴，主题鲜明，人物形象真实可信。2012年该剧被中宣部、国家广电总局列为党的十八大献礼重点剧目。

编剧张岱、张良学、刘跃军，导演安战军，主演何琳、果静林、张璇、蒋小涵、潘之琳。

《铁血男儿夏明翰》

30集革命历史题材电视连续剧。2012年9月中央电视台八套播出，制作单位北京星光联合传媒有限公司，合作单位衡阳市委宣传部，（京）剧审字（2012）第036号。

电视剧《铁血男儿夏明翰》剧照

《铁血男儿夏明翰》以革命先烈夏明翰为原型，以历史真实与艺术虚构的手法，讲述了他短暂而辉煌的一生。全剧以“衡阳三杰”，即夏明翰、章承基、孙越泽不同的人生发展道路为主线，重点讲述了夏明翰从一个反封建、反军阀、积极组织学生运动的热血青年，经结识毛泽东、何叔衡后，加入中国共产党。夏明翰在党的领导下，组织人力车夫大罢工，参加发动秋收起义等一系列革命活动，后来由于叛徒出卖而英勇就义的故事。该剧塑造了一位中国共产党早期革命活动家，为了国家民族的前途，不惧艰险、忘我工作，甚至不惜牺牲自己的生命的奉献精神及义无反顾的英雄气概。特别是他临刑前吟诵的那首大义凛然、气壮山河的战斗诗篇，更是激励和影响了一代又一代的后人，特别是对青少年了解中共早期的历史，感知烈士的英雄事迹，培养远大理想，树立正确的价值观均具有积极的启示作用。2012年该剧被中宣部、国家广电总局列为党的十八大献礼重点剧目。

编剧牛伯成，导演沈好放，主演严宽、苏青、黄轩、池程、李东恒、王伯昭、李璟等。

《火蓝刀锋》

33集军旅题材电视连续剧。2012年9月中央电视台八套播出，制作单位北京星梦工场文化传媒有限公司，合作单位海政电视艺术中心，（京）剧审字（2012）第053号。

电视剧《火蓝刀锋》剧照

《火蓝刀锋》以当代中国海军建设发展为背景，讲述了海军陆战队官兵学习、训练、生活以及与国际海盗进行殊死斗争的故事。全剧通过蒋小鱼、鲁炎、张冲三个新兵及武钢、龙百川、乌云、巴郎等典型人物的塑造，展现了海军官兵热爱人民、崇尚荣誉、报效祖国。献身使命的坚定信念和伟大精神，全剧展示的主题思想，对观众净化心灵、提升素质、树立正确的人生观、价值观具有很好的积极意义。2012年该剧被中宣部、国家广电总局列为党的十八大献礼重点剧目。

编剧冯骥、徐速，导演张国庆，主演杨志刚、郑凯、樊昊仑。

《誓言今生》

32集谍战题材电视连续剧。2012年2月央视一套黄金档播出。国家安全部正式授权的首部国安题材电视剧。制作单位中国国安文化传媒投资有限公司。（京）剧审字（2012）第010号。

《誓言今生》反映的是1948年国民党为对大陆各地做最后抵抗，筹集了一批黄金计划由香港晏先生旗下远东航运公司的轮船“大丰号”送往国军总部，而负责押运这批黄金的人便是中共当地下情报员黄以轩的父亲，在黄以轩的劝说下，黄父决定在押运这批黄金的途中领船投奔中国共产党的故事。该剧以中共反间谍人员黄以轩和台湾情报官孙世安两人长达五十年的斗争为主线，以这两人为代表的两岸秘密斗争以及间谍和反间谍的殊死搏杀为主要内容，通过曲折复杂的故事情节和层层推进的悬念逐一展开。同时，剧情围绕黄以轩和孙世安之间的复杂渊源与千丝万缕的关联，在上海，香港，北京等地的广阔空间里，展现两个人物及家庭的复杂命运……2012年该剧作为向国家广电总局和社会推荐的优秀剧目。

电视剧《誓言今生》剧照

编剧：钱滨　易丹，导演：刘江　，主演：郭晓冬、姜武、李雪健、王彤、白庆琳、王媛可。

《北京青年》

36集现代生活电视连续剧。2012年8月北京卫视播出，制作单位北京鑫宝源影视投资有限公司，（京）剧审字（2012）第037号。

《北京青年》讲述的是北京何姓四个“80后”堂兄弟追求人生理想和爱情生活的故事。他们家庭背景不同，成长经历有别，性格志向也有很大差异。老大何东不愿在父母羽翼下过按部就班的生活，与相恋了3年的博士女友权筝分手还辞掉了公务员工作，要“青春走一回”。老二何西刚当上骨科大夫，正在苦追美女医生丁香。留学国外的老三何南带着专利发明回京踌躇创业。没上过大学的老四何北“啃爹”混日子，梦想发财。面对着现实社会、家庭生活和个人成长的困惑与迷茫，为了探索人生，焕发青春的力量，何家四兄弟集体“离家出走”，踏上了奔烟台、下深圳、转云南的“青春走一回”之旅。在异地生存和生死考验中，他们打过架，吵过嘴，犯过错，受过挫折，在吃苦头、长见识中，思考人生，改变自我；在挣脱束缚后，他们体验生活的真谛，学会珍视生命、珍重情感、珍爱生活。经过历练、挫折和考验，成长了的何家四兄弟不仅最终收获了各自爱情和事业，还以全新的精神面貌和脚踏实地的努力，对家人和社会做出回报。该剧立意新颖，主题积极健康，演员阵容齐整靓丽，表演真实自然，主、配角性格特征鲜明，情感细腻，人物语言富有特色，画面鲜亮，极具时尚感，是一部思想性、观赏性很强的电视连续剧。2012年该剧作为向国家广电总局和社会推荐的优秀剧目。

电视剧《北京青年》海报

编剧常琳、孙建业，导演赵宝刚，主演李晨、杜淳、马苏、姚笛、王丽坤、张俪等。

《连环套》

39集抗战题材电视连续剧。2012年10月山东电视台影视频道播出，制作单位北京华谊兄弟娱乐投资有限公司，（京）剧审字（2012）第031号。

电视剧《连环套》剧照

《连环套》讲运在1938年中国抗日战争战略防御阶段的武汉会战中，为有效抵御日寇东久军团十万大军南侵，保护数百万人民群众和数千万吨战略物资安全转移，由国民党军统和中共高级特工组成的“谎言计划”小组，历时四个多月，实施了秘密扰乱日本人战略部署的惊心动魄的“连环套”行动，并最终完成任务全部捐躯的传奇故事。表现了为国家民族根本利益，国共两党及其领导的军队，在合作抗日的旗帜下，协同作战，对日军进行有效抗击，使日军实力受到比较大的消耗，从而打破日本政府攻占武汉、早日结束战争的企图，使战争形势发生重大变化的抗战爱国主题。

该剧崇敬先烈、追忆历史、珍爱和平的爱国主义主题主线突出，塑造了孟庆凡、黄主任、谢庚杨、马小茴、杨杰、李正宣、杨谷昌等国共双方抗日精英及爱国官兵、人民群众，面对日敌入侵，在与佐藤、松本、九菊、“休眠者”等日军将佐、特工的残酷斗争中，气势如虹始终如一的坚忍决绝、智勇无敌、兄弟联手、为国捐躯、有气节敢担当的爱国者形象。2012年该剧作为向国家广电总局和社会推荐的优秀剧目。

编剧柳桦、唐宇，总导演孙文学，主演王洛勇、于和伟、郑晓宁、鲍大志、张志坚、文江、王丽坤、冯嘉怡。

《幸福向前走》

30集都市情感题材电视连续剧。2012年10月天津一套播出，制作单位北京大唐辉煌传媒股份有限公司，（京）剧审字（2012）第043号。

电视剧《幸福向前走》剧照

《幸福向前走》是一部以中年人的奋斗历程为主线，从多角度诠释其情感、生活和事业的都市情感剧。全剧通过几个代表人物的工作、生活，以及他们之间的矛盾和纠结，反映了城乡之间、老中青之间观念上的差异和冲突，展示了社会变革时期人性的美好及宽容，揭示了百姓生活的艰辛和坚持。该剧主题积极健康，主线清晰明确，故事一波三折，塑造的人物性格鲜明。2012年该剧作为向国家广电总局和社会推荐的优秀剧目。

编剧杨敏、蔡郁苇，导演周耀杰，主演冯远征，梁丹妮，秦卫东，李建义，黄曼，杨明娜。

《木府风云》

40集历史题材电视连续剧。2012年6月中央电视台八套播出，2012年8月中央电视台一套再次播出，制作单位海润影视制作有限公司、云南润视荣光影视有限公司，（京）剧审字（2012）第022号。

电视剧《木府风云》剧照

《木府风云》以明代云南丽江木氏家族的风云变幻为主线，讲述了在当地土司统治时期，其家族内部腥风血雨的权力之争，以及木府内外盘根错节、复杂多变的恩怨情仇。全剧对以阿勒秋、木增为代表人物的善良和宽容，大度和果敢，以及顾全大局、明辨是非，冲破门第、大胆追求爱情等美德进行了充分展示和歌颂；对以西和为代表人物的狭隘和残忍，奸诈与狡猾，进行了有力的揭露和鞭挞。贯穿全剧的主题思想对当今如何化解仇恨，消除矛盾，更好地构建和谐社会具有一定的现实意义。2012年该剧作为向国家广电总局和社会推荐的优秀剧目。

编剧王倦，导演于荣光，主演于荣光、秋瓷炫、吕良伟、潘虹等。

《大家庭》

30集情感题材电视连续剧。2012年10月北京卫视、11月中央电视台一套播出，出品单位北京大唐辉煌传媒股份有限公司，（京）剧审字（2012）第030号。

电视剧《大家庭》剧照

《大家庭》讲述了一个门不当户不对的爱情故事，由这个爱情故事牵扯出三个家庭纠缠不清的恩怨情仇，演绎了三个家庭三代人在改革开放年代的生活变迁和人性的失而复归。

“文革”期间，医学专家陈雨莳被批斗时不忍羞辱自杀，妻子廖静做为“反动学术权威”也险些被整死，幸得转业军人袁长喜帮助才逃过一劫。随后陈家房产被瓜分，住进了文革造反起家、同为医院职工的李美娣和救命恩人袁长喜两家。袁长喜的儿子袁刚，从小喜欢陈雨莳和廖静的女儿陈涵秋，但是公主陈涵秋毫不在意。下乡后，公主爱上了李美娣的表弟李劲松，偏偏遭到李劲松的背弃。陈涵秋未婚先孕含恨自杀却被袁刚救起，为了保护陈涵秋的名誉，袁刚毅然与陈涵秋结婚，陈涵秋身不由己接受袁刚。回城后两个人面临三个家庭纠结的难关。陈涵秋母亲和弟弟不能接受袁刚，袁刚母亲却担心儿子会受公主欺负；而李美娣则因表弟对陈涵秋的纠缠不断介入纠纷；加上外来情感的诱惑和骚扰，使得男女主人公在感情事业两方面苦苦挣扎；最后是千辛万苦企图隐瞒的儿子血缘身世曝光，再次把两人和三个家庭推到风口浪尖。2012年该剧作为向国家广电总局和社会推荐的优秀剧目。该剧还获得北京卫视2012年最佳收视奖。

编剧王宛平、丁丁、张晓芸，导演刘雪松，领衔主演于和伟、刘威葳。

《正者无敌》

36集抗战题材电视连续剧。2012年3月北京卫视播出，出品单位北京中联华盟文化传媒投资有限公司，（京）剧审字（2012）第002号。

电视剧《正者无敌》剧照

《正者无敌》是“英雄无敌”系列继《仁者无敌》、《勇者无敌》、《智者无敌》之后的扛鼎之作。该剧讲述了七七事变抗战爆发后，川军永州守备司令兼66师师长冯天魁率领所属川军走出四川，在补给匮乏，辗转大半个中国，率领川军坚持抗战的故事。剧情重点描述了冯天魁率川军在台儿庄大战期间，兵力不足、武器弹药匮乏的劣势下，和日军两个精锐师团战斗了七天七夜，最后全军覆没，冯天魁也壮烈牺牲。川军的顽强抵抗，为夺取台儿庄战役的胜利赢得了时间。2012年该剧作为向国家广电总局和社会推荐的优秀剧目。

编剧石小克，导演张国庆，主演陈宝国、赵奎娥、陈数、张檬、陈月末、姚刚、修宗迪 、唐一菲 、曹操 、付甲义。

《枪神传奇》

32集抗战题材电视连续剧。2012年8月起在全国地方台轮播，出品单位北京中联华盟文化传媒投资有限公司，（京）剧审字（2012）第042号。

电视剧《枪神传奇》剧照

《枪神传奇》主要记述了抗日战争时期，日军少佐谷野彰和军械专家池田用活人试验定点爆破雷，村民应德在实验中存活，后加入八路军。得知谷野再入龙头沟，应德用两把坏枪拼成了一把怪枪，用锤头引发机关，射杀了谷野。他的造枪才能被八路军师长发现，把他安排进修械所。在修械所期间，应德和神枪手柳宝、留洋回来的兵工专家杨墨、女游击队长姚芳等人默契合作，造出枪榴筒、定时雷等武器，有力地打击了日军的一次次进攻，演绎了中国军兵工业发展史上一段鲜为人知又惊心动魄的发展历程……

2012年该剧作为向国家广电总局和社会推荐的优秀剧目。

编剧黄伟明、张磊、贾东岩，导演颢然，主演何政军、张光北、陈丽娜、李成儒、王奎荣、范雷、李依玲、羿坤、王唯、高蓓蓓。

《民兵葛二蛋》

33集抗战题材电视连续剧。2012年12月北京卫视播出，制作单位北京小马奔腾壹影视文化发展有限公司。

《民兵葛二蛋》讲述了1943年抗日战争期间，三个农村青年面对日寇血洗村庄后分别走上不同人生道路的坎坷经历和命运归宿。

电视剧《民兵葛二蛋》剧照

葛二蛋从一个率性而且懒散不羁的混混，历经挫折和磨炼，成长为一名抗日战士；年幼无知的苗子加入了国民党的队伍；同葛二蛋从小玩到大的伙伴麦子却从一个心思缜密、唯利是图的年轻人一步步滑入了汉奸走狗泯灭良知的罪恶深渊。该剧集悬疑、潜伏、谐谑、异国恋等收视热点元素于一身编缀而成，故事曲折离奇，剧情矛盾凸显，情节跌宕起伏，人物特点突出，是一部观赏性较强的作品。

编剧束焕、朱林，导演韦大军、林柯，主演黄渤、高虎、童谣、阎娜、汤晶媚。

书报刊出版

2012年北京市广播影视书报刊一览表

表 1　　公开出版物(报刊类)

类别	报刊名称	主管单位	主办单位
周报	《北京广播电视报》	北京广播电视台	北京广播电视报社
周报	《北京广播电视报·人物周刊》	北京广播电视台	北京广播电视报社
周刊	《北京电视》周刊	北京广播电视台	北京广播电视报社
周报	《新广播》报	北京人民广播电台	北京人民广播电台
周刊	《音乐周刊》	北京人民广播电台、京报集团	北京广播公司
年刊	2012《北京广播影视年鉴》出版时间：2012.12	《北京广播影视年鉴》编委会	北京市广播电影电视局
年刊	2010《北京人民广播电台年鉴》出版时间：2012.12	北京人民广播电台	北京人民广播电台
年刊	2012《北京电视台年鉴》出版时间：2012.11	北京电视台	北京电视台

（北京市广播电影电视局史志办）

表 2　　公开出版物（图书类）

类别	书籍名称	主管单位	作者	出版单位
图书	《历程》	北京人民广播电台	北京人民广播电台	北京理工大学出版社 出版时间：2012.11
图书	《寻道谋变——广播网络化发展之路》	北京人民广播电台	王秋、蔡明可	华夏出版社 出版时间：2012.3
图书	《中国要淡定》	北京人民广播电台	张国庆、马晓霖、徐立凡、戴占军、牛力	凤凰出版社 出版时间：2011.4
图书	《北京电视台发展研究文集》（2011年卷）	北京电视台	北京电视台编著	中国广播电视出版社 出版时间：2012.9
图书	《全媒体传播视野下的电影生态：2011中国（北京）电影学术年会成果汇编》	中国电影博物馆	中国电影博物馆编	文化艺术出版社 出版时间：2012.12

续 表

类别	书籍名称	主管单位	作 者	出版单位
图书	《北京广播影视发展研究文集(2012年)》	北京市广播电影电视局	北京广播电影电视研究中心汇编	北京出版社

（北京市广播电影电视局史志办）

表 3　　内部出版物

类别	报刊名称	主管单位	主办单位
月刊	《北京广播影视》	北京市广播电影电视局	北京市广播电影电视局 北京市广播电视学会
半月刊	《宣传业务》	北京人民广播电台	北京人民广播电台总编室
半月刊	《听众反映专辑》	北京人民广播电台	北京人民广播电台总编室
月刊	《电视文摘》	北京电视台	北京电视台总编室
月刊	《影博·影响》	中国电影博物馆	中国电影博物馆
月刊	《北京广播影视研究》	北京市广播电影电视局	北京广播电影电视研究中心

（北京市广播电影电视局史志办）

2012年北京市广播影视书报刊简介

《北京广播电视报》

《北京广播电视报》创刊于1979年9月，是面向家庭，以导听导视为主的全方位的生活服务型周报。2011年，报纸的内容进行了调整。进一步强调报纸要在为党的新闻事业服务、为广播电视事业服务的总原则下，强化为总台及所属单位的服务意识与服务自觉性。提出报纸要为主持人和编辑记者成名成家服务；要为提高广播电视节目收听收视率服务；要为听众、观众选择和认知广播电视节目服务。内部服务与市场运作相结合，找到广播电视报生存发展之路。报纸基本读者定位为广播电视的听众、观众。在充分发挥全面满足读者听广播

《北京广播电视报》2012年第33期封面

看电视需要的节目预告功能之外，对其中的重点节目和重点内容进行补充延伸报道，增加报纸的实用性、可读性；此外，报纸的《健康周刊——健康双行线》以其服务于家庭和百姓健康的特色而受到读者的喜爱。4开40—48版。

《北京广播电视报》还办有《人物周刊》。《北京广播电视报·人物周刊》创办于2003年8月，其主要内容为：报道新闻中的人物和人物中的新闻，用故事解读人生，在人生中寻觅故事。介绍真善美的情操感染人，揭示奋斗进取的精神鼓励人，挖掘不为人知的故事讲述给人，暴露丑陋劣质的人生经历警示人。4开28版。

（北京广播电视报社）

《北京电视》周刊

《北京电视》周刊创刊于1998年7月，是一本集文化、娱乐、消费生活于一身的进入大众家庭的杂志，同时是具有中国特色的电视收视精选手册。杂志封面上TVE三个英文字母就是英语“电视精选”的缩写。《北京电视》周刊的内容以收视热点、独家娱乐报道、情感故事、传奇揭秘、时尚生活几方面为主，具备非常明显的可读性、耐读性和很高的传阅率。4开56页。

《北京电视》周刊2012年第30期

（北京广播电视报社）

《新广播》报

《新广播》报2006年1月9日创刊，是北京人民广播电台投资出版的一份周报。

《新广播》报的办报目的是为实现声波与平面媒体的立体传播，进一步提高北京电台的社会影响力，更好地服务听众，并为北京电台的广告客户提供落地服务。主要内容为报道听众所关心的北京电台的动态消息、重点报道活动，推介重点广播节目，介绍广播新技术、新发展，展示广播精品节目，介绍广播人台前幕后的故事，刊登听众对广播电台节目、报道活动的互动评议以及依托广播节目内容的生活服务资讯等。下设主要版面有：“要闻”、“台内台外”、“话筒前后”、“民生服务”、“栏目风采”、“一周节目预告”、“车友出行”、“栏目集萃”、“听友天地”、“文化娱乐”、“秀场时空”等。

《新广播》报全彩印刷，8开24版，每周日出版。在北京五环路内200余家中石化、中石油加油站等处免费赠阅，并实行电话订阅送报上门，目前发行量8万份。

（北京人民广播电台）

FM97.4《音乐周刊》

FM97.4《音乐周刊》由北京广播公司投资，北京人民广播电台出品。是目前全国唯一一本音乐类周刊。国内统一刊号CN11-0191,全彩色豪华纸张印刷，8开44页，公开出版,全国发行。该刊于2004年3月24日创刊，已有十年历史。内容上与FM97.4北京音乐广播携手互动，做到文字与广播相互补充、相互延伸。遵循“时尚音乐资讯大全，青年娱乐消费指南”的编辑定位，锁定音乐目标，主打音乐特色，做好每篇文章，营造品牌周刊。并配合北京音乐广播举办“北京流行音乐典礼”颁奖活动，历年还特别推出“中歌榜特刊”。

FM97.4《音乐周刊》2012年第293期封面

该刊由北京广播公司旗下的北京蓝火花音乐文化传播有限公司经营，这是北京电台的报刊运营公司，2012年继续做好音乐广播、中歌榜及电台节目和广告的内容生产、落地发行和读者服务。同时利用周刊丰富的原创文图内容，拓展了与多家电子媒体的合作，开辟包括手机阅读在内的移动阅读的新平台。

该刊在移动、联通、电信等中国三大通讯网络及苹果iphone、ipad及龙文期刊网、阅读网、人人网等都有内容传播。据中国新闻出版研究院和全球中文电子期刊协会调查数据，2012年，在全国3000家期刊中，974《音乐周刊》的电子阅读居第48位，手机下载居26位。

（北京人民广播电台）

2012《北京广播影视年鉴》

2012《北京广播影视年鉴》是由北京广播影视年鉴编委会编纂（北京市广播电影电视局主持，北京广播电视台、北京人民广播电台、北京电视台、中国电影博物馆、区县文委及广电中心等协编）的一部综合性资料工具书和史料文献的大型年刊，创刊于2005年，每年编印一卷，由中国广播电视出版社公开出版发行。

《北京广播影视年鉴》以马克思列宁主义、毛泽东思想、邓小平理论、“三个代表”重要思想为指导，认真贯彻落实科学发展观，坚持实事求是的编辑方针，贯彻“贴

2012《北京广播影视年鉴》封面

近实际，贴近生活，贴近群众”的编纂原则，全面反映北京市广播影视的基本情况和发展变化风貌，客观记述上一年全市广播影视业的新情况、新资料，为广播影视从业人员、教学科研人员、决策管理人员以及社会各界了解和研究北京市广播影视业提供可靠信息。

2012年版为第8卷，全书共有19个栏目：图片、特载、专项纪事、概况、产业发展、广播电视覆盖、频率频道、节目栏目、新媒体传播、科技发展、电影、电视剧、书报刊出版、受众调查、组织机构、获奖作品、经验、统计、大事记等。刊物为标准16开，全书 65.8万字。国内书号：ISBN 978-7-5043-6753-2。

（北京市广播电影电视局史志办）

2010《北京人民广播电台年鉴》

2010《北京人民广播电台年鉴》是北京人民广播电台编纂的一部综合性资料工具书和史料文献的大型年刊，由中国广播电视出版社公开出版发行。主要记载北京电台的基本情况和发展变化，反映在编一年中的重大事件、各方面工作的情况。从1994年起，每年编印一册。2012年出版的2010《北京人民广播电台年鉴》全书34.2万字，主要内容有：图片、概述、特稿、重要会议、规章制度、宣传工作、节目设置、评奖、论文、经验、体会、听众工作、技术工作、管理与经营、外事外宣、机构、人物、出版物、大事记等。刊物为标准16开，国内统一书号：ISBN978-7-5043-6763-1。

（北京人民广播电台）

2012《北京电视台年鉴》

2012《北京电视台年鉴》是由北京电视台年鉴编辑委员会编纂的一部综合性资料工具书和史料文献的大型年刊，由北京日报报业集团同心出版社公开出版发行。

•2012《北京电视台年鉴》封面

《北京电视台年鉴》以马克思列宁主义、毛泽东思想、邓小平理论、“三个代表”重要思想为指导，深入贯彻落实科学发展观，坚持实事求是的编辑方针，贯彻“贴近实际，贴近生活，贴近群众”的宣传原则，为广大电视工作者及社会各界了解和研究北京电视台提供可靠信息。年鉴以翔实的图文资料，客观记述北京电视台在宣传业务、技术工作、队伍建设、事业发展、产业经营等各个方面的基本情况，反映电视事业的发展变化。于2008年创刊，每年编印一卷，主要记录和反映北京电视台上一年度的宣传情况和事业发展成果。

2012年《北京电视台年鉴》主要栏目有：特载、概况、典型经验、技术管理和新技术应用、专项纪事、组织机构、频道·栏目、观众调查、获奖·表彰、节目播出时间表、广告价目表、大事记等。刊物为标准16开，53.6万字，国内统一书号：ISBN987-7-5477-0597-1。

（北京电视台史志办）

《北京广播影视》

《北京广播影视》是由北京市广播电影电视局和北京市广播电视学会主办的内部刊物，创刊于1988年。原称《北京广播电视研究》（季刊），1994年更名为《北京广播电视》（双月刊），2007年1月改版为《北京广播影视》（月刊）。

《北京广播影视》2012年第12期

期刊定位为北京市广播电视局机关刊物和北京市广播电视学会学术期刊；是北京市广播电影电视行业的政策指导、经验交流、学术探讨的平台。期刊内容具体包括：1、宣传广播电影电视领域的政策，重点介绍北京广播影视界和全国动态；2、国内外广播影视理论探索与研究成果；3、北京市主要媒体单位（含北京人民广播电台、北京电视台及区县媒体单位）和影视改革探讨及工作经验交流；4、优秀广播影视工作者事迹及作品推广。期刊全彩色印刷，刊物为大16开72页，一年出版12期，每月一期。

2012年全年《北京广播影视》共编印12期，稿件300余篇，照片800余张，总字数百万余字。

（北京市广播电视学会秘书处）

《宣传业务》

《宣传业务》是由北京人民广播电台总编室主办，旨在促进台内外业务学习、交流的内部刊物。创刊于1992年1月15日。半月刊、标准16开，到2012年12月共编印24期普刊，出版专刊6期，分别是“走转改”专刊3期和“专业化办台研讨会”专刊3期。刊物下设栏目：专家评议、业务漫谈、探索与研究、体会与心得、听众论坛、业务动态等。

《宣传业务》作为北京人民广播电台的内部业务刊物，既是业务交流的园地，也是学术、理论探讨的阵地。办刊20年来，北京电台广大采、编、播人员及各相关职能部门紧密联系工作实际，全方位开展业务交流、学术探讨，撰写了许多优秀的理论文章。

（北京人民广播电台）

《听众反映专辑》

《听众反映专辑》由北京人民广播电台总编室主办，听众服务中心负责编辑出版，是北京电台唯一反馈听众意见的内部刊物。该刊1984年创刊，半月刊、标准16开。截止到2012年12月，已出版582期。2012年全年出版42期（《听评月专辑》18期），约100万字。

刊物遵循“精说成绩、细挑毛病、善提建议、建言献策”的方针，客观反映听众意见，登载听众对北京电台节目的意见和感受，为北京电台与听众沟通起到了桥梁作用，为北京电台调整节目、提高节目质量提供了积极、客观的参考。2012年刊物以专业广播分类设置栏目，如“新闻广播”、“城市服务管理广播”等，还刊登从热线、论坛、短信平台渠道反馈的“听众服务热线摘编”、“论坛摘编”、“短信精选”栏目，还不定期刊登“正音正字”、“听友交流”、“广告”等栏目。

（北京人民广播电台）

《电视文摘》

《电视文摘》杂志创刊于1998年1月1日，由北京电视台主管、总编室主办,属内部出版刊物。办刊宗旨是荟萃信息精华，浓缩真知灼见。2007年底，该刊从内容编辑、栏目定位、版面设计等方面进行了改版。刊物的主要内容有：动态传真——电视界重要会议、重大改革举措、频道栏目建设以及经营管理等方面的最新动态；理论研究类——媒体改革探索、发展战略研究、节目经营管理、频道栏目理论文章及部分受众包括专家学者对电视发展、建设的建议和评论；业务指导类——电视台具有影响的节目策划、运作、选题和广告经营发展方面的经验；人物介绍类——电视从业人员成长过程、创业经历、个性特点和开拓精神；海外信息类——世界各国电视行业的发展现状、机构设置、管理模式及最新节目动态。刊物现为月刊，大16开，64页，每期印制500册。

（北京电视台总编室）

《影博·影响》

《影博·影响》（中国电影博物馆馆刊）是中国电影博物馆主办的一份独具特色的电影类综合性内部刊物，其宗旨是传播电影文化，拓展电影博物馆公共文化职能，开展电影文化教育和科普教育，服务电影、博物馆观众和行业人士，为电影观众、爱好者和业界搭建沟通桥梁。

2012年，刊物适度改版。栏目由18个精编为8个，内容更加突出刊物的策划性、专业性、史料性、科普性、服务性、互动性等特点，增强刊物对优秀电影文化推介和宣

《影博·影响》2012年第九期

传作用，努力打造公益宣传平台，为国产电影发展鼓与呼。关注电影文化现象，加强与业界动态共振，聚焦关注大型活动。关注、报道国产影片创作动态，加强交流互动。重点推介了《love》、《大闹天宫》（3D动画）、《桃姐》等13部国产新片及幕后创作花絮。采访、报道了50余位电影学界专家、业界一线影人和电影工作者。进一步巩固电影观众研究特色。就影片《金陵十三钗》、《龙门飞甲》、《泰坦尼克号》（3D）、《白鹿原》、《人再囧途之泰囧》等20部重点影片开展观众问卷调查，分析观众观影偏好，为电影研究、创作者提供数据参考。

继续增强刊物史料性，挖掘史料价值，强化藏品故事、老影人回忆录等钩沉类文章，展示了中国电影博物馆8件珍贵藏品的故事和征集笔记，追忆了12位老影人银海往事。加强影评人俱乐部建设，并与《人民日报》文艺部开展合作。每月至少举办1次影评人活动，全年共举办16次，评论影片17部。在2011年度影人公益行动观众推举活动的基础上，进一步创新了活动方式，与中国艺术研究院开展合作，整合资源、优势互补，联合主办“2012年度影人公益行动观众推举”结果发布暨研讨交流活动。2012年，《影博·影响》月发行量为4000册，其中固定读者群已超过75%。读者对刊物的满意率达到100%，许多业界人士和影人普遍认为，《影博·影响》作为电影历史文化知识传播平台、电影业界与观众联系平台、学术研究与观点讨论平台、馆内信息与业界动态发布平台、与读者互动沟通的平台等方面的功能进一步加强。

（中国电影博物馆）

《北京广播影视研究》

《北京广播影视研究》月刊是由北京市广播电影电视局主管、北京广播电影电视研究中心主办的广播影视研究性期刊，内部刊物。

《北京广播影视研究》月刊2012—1期

2009年8月由原广播影视《信息参考》发展而来，以“开拓广电研究领域、探索行业发展规律”为宗旨，设有专稿特载、发展环境、公共服务、产业促进、行政管理、科技交流、区县论坛、境外瞭望、学术动态、观点摘编和小辞典等栏目。2011年9月改版，栏目设置更改为“特别刊载”、“节目创新”、“公共服务”、“产业发展”、“境外观察”、“观点摘编”。2011年12月，列入宣传系统编发一级内刊建议名单。

（北京广播电影电视研究中心）

《北京广播影视发展研究文集(2012年)》

《北京广播影视发展研究文集(2012年)》，是由北京市广播电影电视局主管、北京广播电影电视研究中心汇编、北京出版社出版的理论研究性图书。

文集从2012年度北京市广播电影电视局课题成果、科学发展观调研报告、处级以上干部理论文章和学刊发表的文章中，优选、编辑了来自全市广播影视系统最新优秀研究成果及多项重大课题，总计74篇63万字，共印刷1200册。该书分上下册，含重点课题篇、广播篇、电视篇、新媒体篇、影视剧篇、产业篇、技术篇、管理篇等八部分，较系统地反映了北京市广播影视业的发展状况和研究水平。

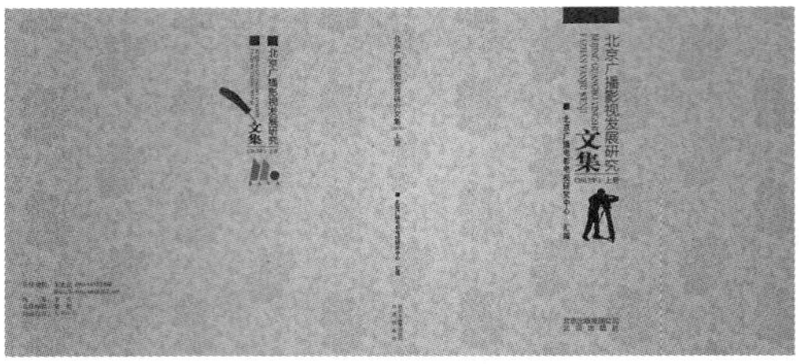

《北京广播影视发展研究文集(2012年)》

（北京广播电影电视研究中心）

《历程》

《历程》一书由北京人民广播电台编著，北京理工大学出版社2012年11月出版。该书共收录了89组、108张照片，通过“艰难岁月”、“勇于探索”、“拨乱反正”、“锐意改革”和“再创辉煌”五个部分，回顾了北京人民广播电台60年的前进历程。

《历程》封面

（北京人民广播电台）

《寻道谋变——广播网络化发展之路》

《寻道谋变——广播网络化发展之路》一书作者王秋、蔡明可，由华夏出版社2012年3月出版。

该书回顾了北京人民广播电台多年来在网站内容建设、资源整合、经营推广、管理方法等方面所做的工作，全面探讨了广播媒体在未来网络化数字化时代所面临的新形势，深入地分析了国内外广播媒体网络化数字化探索的经验与教训，并对未来的发展给出了系统性、开拓性的策略，通过此书使北京人民广播电台的发展之路能成为各级广播电台寻道谋变之途。

《寻道谋变——广播网络化发展之路》封面

（北京人民广播电台）

《中国要淡定》

《中国要淡定》作者张国庆、马晓霖、徐立凡、戴占军、牛力，凤凰出版社2012年4月出版。该书依托北京电台交通广播《行走天下》栏目，由栏目主持人与特邀嘉宾共同完成，从经济、军事、内政、外交等十三个方面，为时代把脉。

《中国要淡定》封面

（北京人民广播电台）

《北京电视台发展研究文集》（2011年卷）

《北京电视台发展研究文集》（2011年卷）于2012年9月编印出版，主要辑录2011年全台干部职工的实践探索与理论研究，共63篇文章，总字数近50万。《文集》所选文章紧扣时代和BTV发展主题，具有一定的学术性、思考性和建设性，是职业电视人勤于思、敏于行、探微求是、学习思考的结晶。根据内容类别，分为专稿、编播心得、传媒科技、媒体融合、创新求索、管理营销和“走转改”手记等七个版块。

《北京电视台研究发展文集》的出版为全台干部职工提供一个思想交流的园地，为建设学习型电视台发挥了积极作用。北京市委常委、宣传部长、副市长鲁炜对该文集批示：“要在思考成果、研究心得的转化上下工夫，要为实践而总结，为推进事业发展而写，实现理论指导实践、实践丰富理论的良性循环。”

（北京电视台办公室）

《全媒体传播视野下的电影生态
——2011中国（北京）电影学术年会成果汇编》

由北京市委常委、宣传部长、副市长鲁炜作序，中国电影博物馆编辑，《全媒体传播视野下的电影生态：2011中国（北京）电影学术年会成果汇编》一书由文化艺术出版社于2012年12月出版。全书40万字，是中国电影博物馆出版的第三部学术年会论文集。

2011年10月26日至27日，以“全媒体传播视野下的电影生态”为主题的中国（北京）电影学术年会在馆内举行。会后主办方将参会者论文结集成册，出版本书。

和前两年相比，2011学术年会论文集的内容更加充实、丰富。从结构上看，除了38篇专家论文，本书还特别收录了年会高峰研讨和专题学术研讨的精华观点，更加全面、深入地展现年会成果，进一步延伸了学术年会的影响力。在文章内容上，与会专家围绕“全媒体传播视野下的电影生态”主题，从全媒体时代电影的发展趋势、创作特征、技术前沿、观众需求、市场趋势、人才培养等方面，进行了多角度、多层次、全面细致的深入研讨和分析。这其中，既有对中国电影产业化改革的回顾与展望，以及在电影美学、产业等方面开展的理论探索，也有紧密结合实践，针对《失恋33天》、《人在囧途》、《老男孩》等影片的个案分析，还有从受众角度就影院观众的微博使用情况进行的实证研究。不仅如此，本书的作者队伍更加壮大，不仅有电影业界、学界的名师、大家，更有许多活跃在电影教学、研究、创作一线的中青年骨干和新锐面孔，他们的真知灼见会对中国电影的大发展大繁荣提供有益的参考借鉴。

（中国电影博物馆）

受众调查

北京电台2012年收听调查分析报告

一、北京广播市场发展情况

2012年北京广播市场收听率为5.751%，较2011年下降了0.31个百分点。全年有678.3万人收听过广播，平均每天有424.1万人收听，较2011年的听众规模上升了0.95个百分点。平均每天听众收听广播时长为146.7分钟，比2011年减少了1分钟。

2012年听众在家收听率为3.3%，较2011年下降了0.476个百分点。而平均每天在家收听广播人数为255.3万人，听众规模比2011年下降了23.4万人。人均收听时长达139.9分钟，较2011年增加了1.2分钟。车上收听率为1.992%，较2011年上升了0.115个百分点，听众车上收听时长为124.3分钟，比2011年下降了2.7分钟。此外，车上听众规模仍然在增加，2012年每天有173.5万听众在车上收听，较2011年增加了22.3万人。

二、北京广播市场三大台竞争情况

北京广播市场主要是北京电台、中央电台、国际台在竞争。2012年，北京电台市场份额为72.397%，较2011年的69.228%相比，上升了3.169个百分点；中央电台市场份额为18.907%，比2011年降低了4.055个百分点；国际台市场份额为6.524%，延续了自2008年以来持续的增长态势，涨幅达10%。

从听众规模来看，北京电台较去年有小幅上涨，平均每天有334.7万人收听。中央电台2012年平均每天有113万人收听，听众规模比2011年下降了19.9万人。国际台听众规模较去年小有上涨，在2012年每天有37.2万人收听国际台。

从听众人均收听情况看，2012年中央电台人均收听时间较2011年下降了3.1分钟，降至104.1分钟；北京电台和国际台人均收听时间都有所上升，北京电台人均收听时间较2011年上升了2.3分钟，达到了134.6分钟。而国际台则上升了8.2分钟，达到了109分钟。

三、北京广播市场各频率竞争态势

2012年，北京广播市场参与竞争的频率主要有19个。北京电台交通广播连续九年稳居市场份额第一，并与其他频率始终拉开较大差距。2012年北京电台交通广播市场份额超过三成，达到30.021%，较2011年上涨了2.915个百分点，创历史新高。北京电台文艺广播依然稳坐市场份额排名第二位的位置，但市场份额略有下降，从2011年的16.932%降至2012年的16.257%。

北京电台新闻广播连续两年居市场份额排名第三，但2012年市场份额较2011年下降0.379个百分点。北京电台音乐广播2012年市场份额较2011年上涨0.771个百分点，市场份额排名上升一位，现居第四位。

中央电台中国之声近两年一直处于下降趋势，2012年市场份额下滑非常明显，从2011年的7.767%跌至5.628%，排名也降至第五位。

其他上涨势头较快的频率还有北京电台体育广播，受2012年欧锦赛、奥运会等大型赛事影响，2012年北京电台体育广播的市场份额从2011年的3.214%上升至4.154%，排名由第九位上升至第七位。国际台环球资讯、轻松调频，北京电台城市服务管理广播排名均上涨两位。

2011年—2012年北京广播市场19个频率市场份额变化（%）

频道	2012年	2011年	差值	2012年排名	2011年排名	排名变化
北京人民广播电台交通广播(FM103.9/CFM95.6)	30.021	27.106	2.915		1	→
北京人民广播电台文艺广播(FM87.6/CFM93.8)	16.257	16.932	-0.675	2	2	→
北京广播电台新闻广播(FM100.6/AM828/CFM90.4)	8.572	8.951	-0.379	3	3	→
北京人民广播电台音乐广播(FM97.4/CFM94.6)	7.645	6.874	0.771	4	5	↑
中央人民广播电台第一套节目中国之声	5.628	7.767	-2.139	5	4	↓
中央人民广播电台第三套节目音乐之声	4.623	4.577	0.046	6	7	↑
北京人民广播电台体育广播(FM102.5)	4.154	3.214	0.940	7	9	↑
中央人民广播电台第二套节目经济之声	3.538	4.924	-1.386	8	6	↓
中央人民广播电台第九套节目文艺之声	3.271	3.464	-0.193	9	8	↓
中国国际广播电台环球资讯广播FM90.5/AM900	2.466	2.393	0.073	10	12	↑
中国国际广播电台劲曲调频(CRI HIT FM)	2.453	2.452	0.001	11	11	→
北京人民广播电台故事广播(AM603/CFM89.1)	1.855	2.674	-0.819	12	10	↓
中国国际广播电台轻松调频(CRI EASY FM)	1.605	1.082	0.523	13	15	↑
北京城市服务管理广播(FM107.3/AM1026/CFM91.9)	1.441	1.068	0.373	14	16	↑
中央人民广播电台第四套节目都市之声	1.058	1.454	-0.396	15	13	↓
中央人民广播电台娱乐广播	0.560	0.465	0.095	13	17	↑
北京人民广播电台爱家广播(AM927/CFM92.7)	0.352	1.221	-0.869	17	14	↓
中央人民广播电台第十套节目老年之声	0.229	0.311	-0.082	13	19	↑
北京人民广播电台外语广播(AM774/CFM97.8)	0.220	0.331	-0.111	13	18	↓

四、北京电台听众构成情况

北京电台2012年男女听众比例是44.6%：55.4%，近两年变化不大。2012年听众的收入阶层进一步优化，中高收入听众比例持续上升。收入2001—3000元的听众比例上升至33%，占总人数的三分之一；收入3001—5000元和5001—8000元的群体占比分别上升3.9%和2.4%，达到21.5%和6.8%；收入3000元以上群体比例达到总人数的三分之一。听众的年龄构成上，30岁以下的听众比重上涨了1.2个百分点，达到25.9%；41岁至50岁的听众比例上升了4.2个百分点，达到了总人数的四分之一； 51岁以上人群比例达32%。听众的职业构成上，退休人员比例下降6.6个百分点，但仍是占比最多的收听人群；比例次多的是公务员和白领阶层，占比上升3.6个百分点，达到23.3%；官员和管理者的比例也上升3.1个百分点，达到14.1%。另外，听众的受教育程度近年来持续提高。2012年，接受过高等教育的听众比例上升3个百分点，达到21.8%。

2012年与2011年北京广播电台听众构成比较及差值

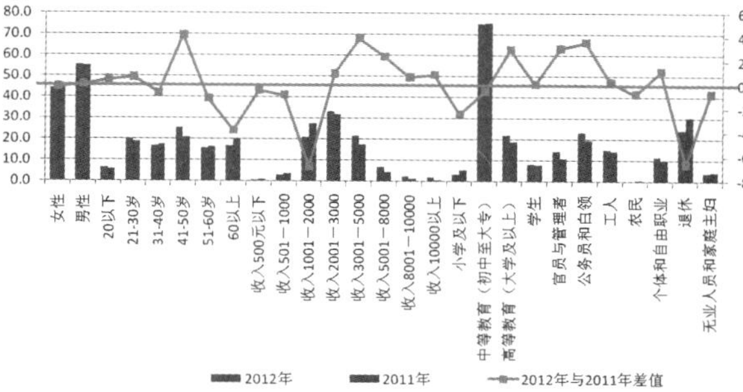

（数据来源：索福瑞北京地区广播收听数据）

（北京人民广播电台广播发展研究中心）

关于北京卫视迎接“十八大”开办系列节目的调查分析

为迎接党的“十八大”胜利召开，北京电视台卫视频道自2012年9月11日起组织60人的报道团队，集合《身边》、《好人故事》、《全景对话》、《档案》等品牌栏目，分层次、分步骤地推出了系列特别报道。为了总结北京卫视开办系列节目的经验，中国传媒大学媒介评议与舆论引导研究中心“北京广播电视节目专家评议研究”课题组对系列报道进行了调查分析。

《身边蹲点日记》展现百姓多彩生活

调查显示，北京卫视《身边》栏目推出的系列节目《身边蹲点日记》，成为在全国都有一定影响力和良好口碑的品牌。为迎接党的十八大，《身边》栏目继续深入基层挖掘选题，坚持蹲点跟拍，创作出《寻找遗失的美丽》、《亲情的力量》、《坚守最后的光明》、《2012相亲进行时》、《国旗班的故事》、《北京的金山上》、《我们结婚吧》等一系列用情、用心、用诚意的佳作，弘扬了北京精神和社会主义价值观。

医患关系是《身边》关注、报道的重点选题之一。引导社会热点、疏导公众情绪，排民之忧、解民之难、造福群众是《身边》进行创作的出发点。系列特别报道中，《身边》派出几路记者蹲点北京肿瘤医院、北京同仁医院，对医患故事进行真实记录，凸显“医患互信、生命共担”的深刻命题。

9月10日播出的《再造遗失的美丽》，讲述了乳腺癌患者靳小玉的故事。五年前，一场突如其来的乳腺癌让靳小玉躺在手术台上。当时医生和靳小玉的爱人王昆说：“命和乳房只能留一样。”丈夫替她签字做了决定：保命，切乳房！一个视乳房比生命还重的女人，却不得不接受乳房被切除的厄运！5年后，她要寻找遗失的美丽，这一路到底有多难？若是放在十年前，这样敏感的话题很难放到电视屏幕上，女主人公更不可能面对镜头公示自己的伤痛。然而通过《身边》编导的努力，这期节目的女主人公靳小玉勇敢面对镜头，为观众展现了十年间女性对自身的完整和心灵的自由做出的改变，展现了中国社会对女体的宽容与爱护。为制作这期节目，《身边》进行了长达3个月的跟踪拍摄，从夏天到秋天，从河南到北京，编导和靳小玉成为了最贴心的闺蜜，进入女主人公的生活，从而让观众在观看时设身处地去体会女主人公的情绪，体会她的切肤之痛。正因为有大量的细节铺垫，有编导深入生活的纪录式拍摄，当看到靳小玉不远千里来到北京做乳房再造手术时，观众才会有深刻的理解和感悟，并对靳小玉“寻回失去的乳房”感到由衷的高兴和感动。

9月11日播出的《亲情的力量》，编导选取的角度不仅仅是治疗疾病，而是在这场与死神赛跑过程中展现出的生命希望和人性光芒。在片中，观众看到不限挂号、一个上午就要看40多个病人的医生李子禹；看到兄妹三人争抢交纳母亲住院费的李春梅一家；看到极端条件下脉脉亲情的温暖传递。这期节目播出后，很多观众在微博、BTV在线等网站纷纷留言，感慨这家人的强烈亲情。人性的美好在《身边》的节目中得到了充分的扩散和延续。

9月17日播出的《换肝救子 两个母亲的抉择》，讲述了两位母亲为救各自的孩子，毅然将自己的肝脏移植给对方孩子的感人故事。在“换肝救子”事件刚刚被平面媒体披露时，《身边》就迅速确定选题，派出记者前往武警总医院进行蹲点拍摄。半个月的拍摄时间并不算长，但《身边》的记者已经和两位妈妈成了朋友，并融入了她们的生活，走入了她们的内心，获得了不少第一手资料。

除关注医患题材外，《身边蹲点日记》还走进当下的火热生活中，解读十年变化，铺陈多彩人生，发现人间美好，传递温暖真情。在9月19日播出的《2012相亲进行时》中，《身边》走进朱芳老人的民间婚介所，完整记录下朱芳帮别人介绍对象的过程。婚恋问题是当下社会的热点，也关系着万千家庭的幸福，在这间小小的民间婚介所里，《身边》通过对不同人的观察记录，解读出不同的人生百态，体现出当下人们丰富多样的爱情观。更为难能可贵的是，《身边》从朱芳老人身上提炼出了积极正面的价值观——人们对幸福生活的向往，从而让《身边蹲点日记》产生出震撼人心的正能量。

10月15日播出的《国旗班的故事》对国旗护卫队国旗班班长兼代理排长高红甫等国旗护卫队战士进行了采访报道。通过对这个特殊群体的蹲点采访，让观众了解了这群可爱的人背后的艰辛和豪情。

10月17日播出的《北京的金山上》对今年9月14名受资助从西藏来北京接受心脏手术的孩子进行了跟踪拍摄，记录下了这第一次离开家乡的他们在北京的10天里的日日夜夜。节目既弘扬了社会各界对西藏孩子倾情关爱的大爱精神，也展现了这群孩子的可爱之处。

《家国十年》以基层党员事迹讴歌北京变化

自9月底开始，北京卫视策划播出了旨在迎接党的十八大、宣传优秀党员事迹的时长为一分钟的系列小片，每天采访播出一个人的事迹，至10月26日已播出近30名优秀基层党员的事迹。调查中观众一致认为，该系列片主题鲜明，通过精心选择的来自各行各业的代表，以小见大，反映十年来国家的进步，讴歌北京改革开放和城市建设在各个方面的成就和发展业绩。

《家国十年》播出代表人物一览表

播出日期	人物	事迹
9.30	张广慧	大兴区留民营村村委委员，再生能源和新能源工作的带头人。由生态第一村的能源循环利用史见证科普惠农、生态兴村的社会主义新农村建设。
10.1	刘锦标	北京建筑设计院摄影师，他和同事们50多年来一共拍摄了7万多张北京的照片，很多都是同角度的取景，这些照片直观地反映了北京这座城市发生的翻天覆地的变化。
10.2	佟　旭	航母模型师，按照1：72的比例制作了中国第一艘航母瓦良格号的模型。
10.3	吴华霞	都一处烧麦第八代传人。老字号传承和发展的见证者。

续 表

播出日期	人物	事迹
10.4	耿国生	平谷的一个普通农民，只识简单简谱的他却制作出售价10万元一把的小提琴。平谷的小提琴产量占到了世界产量的三分之一，他就是平谷小提琴制作的典型代表。
10.5	席桂清	雁栖镇长元村一位60岁的普通农家妇女，六年的时间，她从一个一无所知的“门外汉”变成了北方火龙果种植第一人，更为可贵的是她将自己多年探索的技术毫无保留的传授，带动了更多农民致富。
10.6	陈海铭	天坛社区卫生服务中心中医科医生，作为基层医疗工作者，他见证了医疗环境的变化和医疗政策的成就。
10.7	蔡兰侠	司马台村村民，在村干部的带领下全村居住条件有了巨大改善，生活条件提高。
10.8	刘宝忠	他常年坚守在北京唯一一条只有一趟车的公交线路上，风雨无阻。
10.9	李国平	西城公安分局西长安街派出所社区民警，他所管辖的社区被誉为“北京最安全社区”，二十一年无刑事案件发生。
10.10	魏文斌	北京同仁医院眼科主任，他在眼科暗室里耕耘了二十六年，为数万名濒临失明的患者守住了最后的光明。
10.11	甘相伟	曾是保安的他考进北大后出书《站着上北大》，校长周其凤为其作序，今年7月从北大毕业，被北京一知名中学聘用。
10.12	王　涛	北京百货大楼售货员，见证零售业变迁提升购物幸福感。
10.13	吴长芸	国家大剧院音乐厅领位员，见证国家大剧院这一文化顶级场馆发展变化的基层人物，体现北京文化市场的繁荣与发展。
10.14	王春兰	西城区文化馆副馆长，从事群众文化活动二十年，近十年来不断创新文化活动载体，亲力亲为，成果显著。
10.15	顾兆学	新发地批发市场总经理。从小保安到“北京榜样”，见证了北京“菜篮子”的成就。
10.16	臧慧兰	西城区环卫中心环丽公司机扫一班班长，经历了环卫工作由人工清扫到机械化作业的变化和发展。
10.17	张　寒	京沪高铁的列车员，亲身经历中国铁路的发展历程。
10.18	邵韦平	T3航站楼主设计师，见证中国建筑设计方面从合作到独立操作的全过程。
10.19	孙宝君	万达影院放映员，亲身经历中国电影从胶片时代到数字时代的过渡，见证其间的辉煌。
10.20	柳　宁	天宫一号主任设计师，中国载人航天领域辉煌成就的亲历者。

续 表

播出日期	人 物	事 迹
10.21	陈建生	临危受命的村党支书，大胆创新，带领南苑村村民走上了致富之路。
10.22	张 蔷	北京人工影响天气办主任，体现北京在科技领域取得的巨大成就。
10.23	宋芝平	77岁的低保户，以前天天吃药负担重，一老一小实施后她没有了后顾之忧。
10.24	段世平	花家怡园厨师长，曾经的北漂，他的身上体现了北京这座城市的包容，他的经历也说明，人们生活水平的不断提高。
10.25	焦向东	北京石油化工学院副院长，长年致力于焊接自动化等领域的研究，完成了全位置智能焊接机器人等多项应用，填补国内在该领域的空白。
10.26	刘彦斌	《理财规划师国家职业标准》创始人，亲身见证中国百姓理财市场的发展。

《十年十人》访谈展现党的丰功伟绩

作为北京卫视的一档高端人物访谈栏目组，《全景对话》策划制作了《十年十人》系列特别节目，对精心挑选的10名各界精英进行了独家采访。通过宣传报道这些高端人物的业绩，通过深入挖掘这些中华民族先进代表们的人生观、价值观、全心全意为人民无私奉献的内心世界，展现党在过去十年间的丰功伟业。节目播出后引发了观众的热议和好评。

9月21日播出的《德艺双馨·璀璨人生》，采访了北京京剧院主演、国家一级演员赵葆秀。节目不仅对赵葆秀进行了深入采访，还对二十年来跟赵葆秀同台的老搭档罗长德，与赵葆秀有五十三年同窗情谊的王玉珍，赵葆秀恩师李金泉的长子李思光以及六个专业徒弟和两个业余徒弟都进行了深入采访，涉及的人物多达16人。一丝不苟的准备工作，奠定了节目成功的基础，也反映出节目中耐心、细致、认真的态度。

10月12日播出的《打败时间的舞者》，采访了被誉为“东方舞蹈女神”的陈爱莲。她从漂泊孤寂的孤儿到著名的舞蹈艺术家，历尽千辛万苦。作为新中国培养的第一代舞蹈家，73岁的她依然工作不减、练功不辍，今年6月底主演了大型古典舞剧《红楼梦》，贾庆林、李长春等国家领导人观看演出并对这位“国宝级”艺术家给予高度评价。她在上世纪，十多年来为各大艺术院校和艺术团体输送600余名舞蹈人才。这期节目选取了特别的报道角度——从鲜为人知的陈爱莲于上个世纪90年代亲自创办的北京市第一所民办中等艺术学校舞蹈学校开始，记录这位高龄舞蹈家的日常教学，捕捉陈爱莲和学生互动交流的精彩瞬间，将陈爱莲授课的风采原汁原味地传递给电视观众。

10月19日播出的《成思危的家国情》，采访了原人大常务委员会副委员长、原中国民主建国会中央委员会主席、中国软科学研究会理事长、国家自然科学基金会管理科学部主任成思危先生。采访安排在他在民建中央的办公室里，节目组用灯光和道具将采访环境布置得稳重大方、温馨素雅，为观众呈现了完美的视觉感受。30分钟的主题采访将成思危先生一生中的一段段不平凡经历、一个个艰难抉择、一次次不懈拼搏进行了充分展现，让观众了解到，他有着与同时代人相同的经历，还有与无数仁人志士相同的报国之心，所不同的是他那较为复杂的家庭背景，因而他经历的磨难似乎比一般人更多。节目既报道了他对中国经济的巨大贡献，也反映了他爱党爱国矢志不渝的精神。节目也传达着这样的意蕴：正是因为有了他这样的爱国者，中国的经济才能实现突飞猛进的发展，创造让世界惊叹的奇迹。

《党在百姓心中》倾情讲述百姓心声

从9月10日起北京卫视播出的60集系列片《党在百姓心中》，60名来自社会各基层的百姓宣讲员讲述自己的故事。他们回顾过去十年社会主义祖国日新月异的变化，真情祝愿党和国家更美好，表达自己一心一意跟党走的愿望。系列节目抒发百姓的胸臆，传播百姓的心声，展现百姓对党的热爱，积极弘扬北京精神，弘扬主流价值观，体现了北京卫视作为有影响力的主流媒体的责任和担当。北京卫视著名主持人栗坤也是宣讲团的成员之一，作为一名年轻的主持人和记者，她结合在北京卫视"走转改"的经验，讲述了自己不断学习和成长的过程。

（北京电视台、中国传媒大学媒介评议与舆论引导研究中心）

关于北广传媒移动电视终端运营情况的调查

一、 北广传媒移动电视终端发展基本情况

（一）终端市场覆盖情况

北京市公交车总数为22,049辆，作为国有企业的北京公交集团经营其中95.73%的车辆，余下4.27%的车辆由社会力量兴办的祥龙公交公司经营。北广传媒移动电视终端全部安装在北京公交集团所属公交车内，安装总数12,000辆，占北京市公交车总数的54.44%，终端分布在公交集团9家分公司的468条线路上，市区内主要线路已完成全部覆盖。

（二）终端平台发展历程

北广传媒移动电视终端平台经历了三个发展阶段：第一阶段为初始安装阶段。2004年，15英寸的液晶显示屏正式亮相京城公交车内，当年完成了4,000辆公交车终端的安装；第二阶段为发展壮大阶段。自2007年起，为迎接2008年北京奥运会，公司加快了终端平台建设步伐，陆续启动了第二批终端大规模安装工程，两年内完成了后续8,000辆公交车15英寸显示屏的安装；第三阶段为更新换代阶段。伴随着移动电视终端设备技术的不断进步，公司于2010年开始，启动了第三阶段终端系统的安装，以逐步替代第一批终端。第三阶段终端，显示屏屏幕尺寸升级为19英寸，外观简约大方，富有现代时尚，下边角采用圆弧形的设计突出"微笑北京、和谐公交"的理念，外壳颜色采用新颖的紫色调，与以黄色为主色调的公交新车相得益彰。另外，新终端的信号接收能力、显示屏的分辨率、对比度等技术指标均比前两个阶段有了明显的提升。2010年，公司完成了1,000辆车的终端更新，2012年新型显示屏已完全覆盖1路、52路、728路、99路、

图1：北广传媒移动电视终端开机率统计图

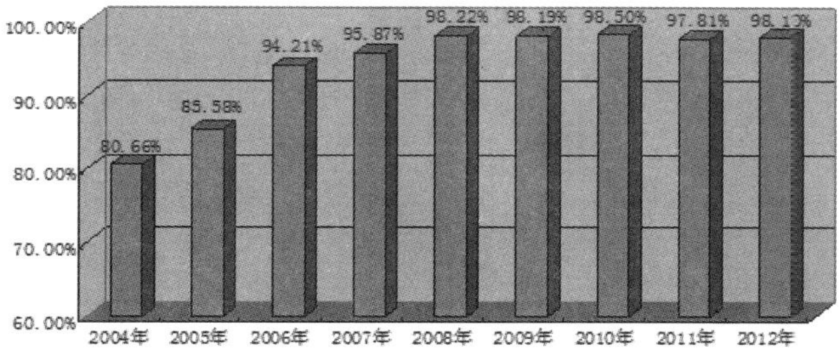

300路等市区主要线路。

（三）终端开机率分析

图1可以清晰的显示出终端开机率也经历了3个发展阶段：在移动电视公司初创阶段，终端的巡检、维修采用的是自己组建队伍运营，由于技术力量薄弱，管理不到位等原因造成工作效率低下，终端开机率仅仅维持在80%−86%之间。2006年初，公司改变终端的巡检、维修运营模式，采用业务外包形式，将此业务外包与专业的技术公司，这一改变使终端开机率提升至94%−96%；2008年开始，随着终端技术的不断完善，管理经验的不断积累，终端开机率上升至98%左右。

（四）终端收听设施客观现状分析

据调查，北京市公交车主要分为单机车、通道车和双层车三种车型，车内扬声器的配置普遍在6−8个左右，专门用于支持乘用客车报站系统。移动电视设备属于公交车出厂后加装的电子设施，为了保持公交车的安全性能及美观度，公交集团不允许再另行加装扬声器，只能借助车内已安装用于报站系统的喇叭发音。而为了保持移动电视节目声音的连续性，公交集团将车内喇叭配置一分为二，一半用于报站系统，一半用于移动电视。因此，安装终端的公交车内实际用于移动电视播音的喇叭只能有3−4个。

二、 终端发展存在的问题

调查表明终端平台历经几年的建设，虽然在市场覆盖面、终端品质、开机率指标等方面都取得了很大的提升，但不容置疑的是，还存在以下两方面的问题。

一是始终无法突破2%左右的黑屏率瓶颈。从图1中可以看出，移动电视开机率近年来稳固在98%左右的水平，每天的黑屏率一直在2%上下徘徊，这也就意味着每天至少有300多辆车的终端无法正常工作。通过对2012年69,000辆次维修总量分析看出，影响开机率的故障原因主要集中在连接故障、机顶盒故障、电源故障、保险故障等方面，这几项故障原因占到设备总故障的79.21%，详细数据见图2。

1．连接故障占全部故障的43.77%。该故障产生的原因是车辆在运动中产生的摩擦力与冲撞力导致线束断裂、接插件松动。

2．机顶盒、电源故障是设备自身发生的死机、短路等故障，占全部故障的25.08%。该故障产生主要有三个原因，一是机顶盒、电源设备老化；二是北京公交127种车型，每种车型存在差异性，相应设备兼容性低；三是车辆自身老化而形成的输出电压不稳定，设备长期受不稳定高电流高电压的冲击，故障频率增加。

3．保险故障占全部故障的10.36%，是保险片因系统内设备发生短路，为起到保护作用而自行烧毁发生的故障。

图2：2012年移动电视终端故障分类统计图

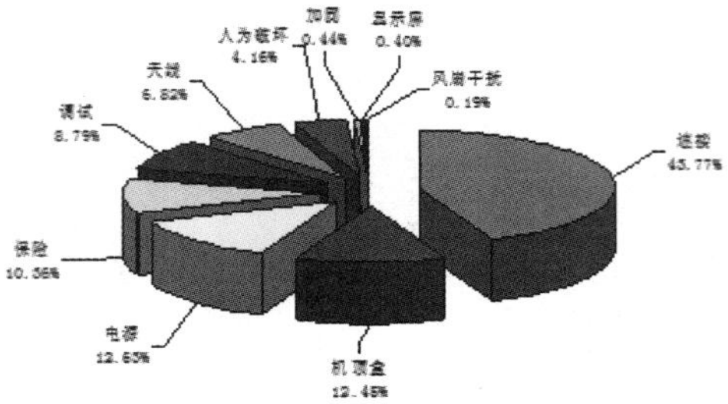

二是收听效果不佳。公交车移动电视声音偏小，音质效果差，音量忽大忽小，这种现象存在着普遍性。分析影响收听效果的因素，主要有：

1．公交车移动电视终端使用的扬声器是车辆厂专为实现报站功能设置的，扬声器的个数、位置分布、朝向均是为满足报站系统需求，并未依据声学原理为移动电视量身定制。

2．车内发动机噪声、车外噪声、行驶噪声、车内人员噪声等干扰，也相应影响了移动电视终端声学传播效果。

三、解决问题的思路

以上两方面的问题，严重制约着移动电视终端品质提升，要彻底消化黑屏率及声音的问题还需要通过技术进步和创新工作等方式来解决。

（一）设备更新

尊重设备自然老化的客观规律，有步骤的推进设备更新，是保持良好开机率的关键所在。12,000辆终端中有约2,500辆是2004年安装的海尔显示屏，这部分设备因超期服役，屏幕的稳定性差、返修率高，故障比例已经占到总故障量的30%以上，严重制约着维修工作效率的提高。随着这部分设备更新，预计届时整体开机率有望提高0.5−0.8个百分点。

（二）技术升级

采用播存机顶盒技术，将车载电源和机顶盒融为一体，减少系统连接点，降低故障发生率。同时开发机顶盒自动故障检测功能模块，通过目前较为成熟的WI-FI技术、无线互联网技术、公交车GPS信号回传通道等技术，将无法正常显示的故障信息实时回传到后台系统，以实现改变故障监测依靠人工统计的局面。

（三）关口前移

努力改变以往公交车出厂后再安装显示屏的工作方式，争取在车辆出厂环节，将线束布置、接口设置、显示屏固定支架列入出厂标准配置。如能实现，车辆厂在线束布置、接头选材和安装都将执行乘用车的国家标准，这将最大限度地降低连接故障的发生，有效提高整体安全性；同时，车辆厂还会从整车电路设计、供电设计等方面综合考虑移动电视终端的需要，从而有效提高整车与移动电视设备的兼容性。标准配置，不仅能有效降低安装成本，而且质量保证风险相应也转移至车辆生产厂商，大大降低移动电视公司的运营风险。

（四）纳入公交信息化管理

公交集团作为公交车使用方，可以实时监测移动电视设备的运行状况，因此公交方面尤其是基层车队能否发挥作用对于移动电视终端的良好运行至关重要。随着车辆电子设施的不断增多，公交集团对于车辆的管理也逐渐趋向智能化和信息化。而争取将终端运行监测纳入公交车辆电子设施管理，对于移动电视终端在资产管理、故障报修、维修维护等工作都将是一个新的里程碑。

（五）参与标准制定

要彻底改变声音效果不佳的局面，就需要对新车扬声器各项参数指标结合移动电视的特点进行重新规范。移动电视作为设备的使用方，应积极开展公交车移动电视终端声音效果的研究，推动公交集团认可并支持修订原有公交车声音控制设施标准，制定考虑移动电视声音效果的声音参数指标。

（北京北广传媒移动电视有限公司 许新德）

关于北京地铁电视受众满意度的调查分析

作为一种新兴的移动媒体，地铁移动电视不仅继承了传统电视的特征，还拥有其独特的受众及传播特点。北京北广传媒地铁电视有限公司通过问卷调查等形式，试图了解这类新型媒体在发展过程中给受众带来的不同影响及存在的发展空间。

北京地铁移动电视平台是集合了HFC网络、宽带以太网络、地面数字电视覆盖网络等多项技术的综合性电视传输播放平台，通过安装在地铁车站站台、站厅以及车厢内的电视终端实现电视节目对地铁乘客的实时播放。

2007年，北京北广传媒地铁电视正式试播，之后短短几个月，它的快速发展势头引起了人们的广泛关注。到2012年北京地铁电视在站厅、站台、车厢共安装21705台移动电视终端。作为一种新型的移动媒体，地铁移动电视不仅继承了传统电视媒体的特征，还拥有其独特的受众及传播特点，是顺应当今民众出行的产物。

一、地铁电视受众调研分析

为了进一步了解受众接触和使用北京地铁电视的具体情况，公司特意参考中国传媒大学广告学院所属IMI市场信息研究所2012年的调研信息进行分析研究。

2012年3月至4月，IMI市场信息研究所对北广传媒地铁电视受众进行拦截式问卷面访。调查对象为在北京居住半年以上，年龄在16岁至65岁之间的居民。有效样本量为328份，他们每周至少乘坐一次地铁。

在生活形态方面，调查重点询问了乘地铁的受众平时外出就餐、旅游、看电影、看演出的情况。调查结果显示，80.2%的人每周至少外出就餐一次，且外出就餐频率为一周3次及以上的占38.4%。77.2%的人在2011年有过旅游经历，超过半数被访者2011年外出旅游1—2次。有过去影院看电影经历的被访者所占比例为82.2%，一个月至少看一次电影的占40.6%。53.4%的人在2011年去场馆看过演出。

从花费上来看，接近半数的被访者平时外出就餐人均花费在51—100元，人均花费为101—200元的占21.0%。39.8%的被访者2011年个人外出旅游花费总额在2001—5000元，花费总额为5001—10000元的接近20%。

由此看来，地铁电视受众的外出活动较为频繁，且消费积极。

二、感兴趣的节目类型分析

地铁电视的平均日客流量在400万到600万，通过数据了解到75%的被访者表示最常在地铁车厢内收看，另有19.8%的人表示在地铁车厢内和地铁站台上收看地铁电视的情况差不多。由此可见，地铁电视的受众群体还是非常庞大的，怎么尽可能地满足乘客的收看需求，也是当下需要解决的问题。

北京北广传媒地铁电视节目主要包括新闻资讯、体育、娱乐休闲、生活服务等几大类。除此之外，还有广告和政府企业宣传。调查数据表明，乘客最为关注的是新闻资讯类和娱乐类节目，接触率均超过40%。其次是生活服务类，接触率在22.5%。新闻资讯类是接触率最高的节目，这类节目包含大信息量，短小精悍，满足了大部分乘客的新闻需求；其次是娱乐类节目，这类节目以轻松流行为主，包含时尚、艺人、动漫等丰富多彩的内容可以短暂的缓解生活、学习、工作压力；生活服务类节目最大的受众多数为女性乘客，《生活一点通》、《潮流现场》、《美食0换乘》等生活类节目集生活和实用性为一体的优势，吸引了多数女性乘客。相比较而言，男性乘客就多倾向于体育类节目，尤其是相关赛事信息，满足了绝大多数体育爱好者的需求。

以上数据分析表明，不同的受众选择收看地铁电视大多数是为了休闲消遣，其次是为了获得自己所需要的相关信息。怎样做到给乘客需要的而不是单纯满足乘客想要的，是提升节目品质的关键所在。

三、对地铁电视播放效果的评价

（一）受众对地铁电视播放声音效果的评价

调查数据表明，超过半数的被访者认为地铁电视声音太小、听不清楚。可见这一技术性问题，已经影响到地铁电视的受众，只有合适的声音才能吸引更多的乘客观看地铁电视。

（二）受众对地铁电视播放图像效果的评价

调查数据表明，有64.2%的被访者认为图像不清晰、播放时断时续，认为图像清晰、播放画面连贯的所占比例为35.8%。可见，地铁电视播放的图像效果仍有待提升。

四、期望的地铁电视整体分析

（一）技术方面

增强信号、改善图像效果、提高音量。调查中，25%的受众认为地铁电视的信号不稳定，需增强，比较有代表性的说法有“信号不稳定，图像常中断，没声音、没字幕”；“信号不稳定，声音与图像不能同时，能看到（地铁电视）的人有限”；“信号不好”，“经常无信号”。调查中，45%的受众提到图像和画面问题，其中比较有代表性的说法有“图像不清晰”；“图像不稳定，需正常一些，技术要提高”；“画面有时不连贯”、“画面不完整”。调查中，35%的人明确提出地铁电视“声音太小”，“希望声音再大点”。有25%的人表示地铁电视声音听不清楚，代表性说法有“声音与报站信息有冲突，有时听不清，噪音太大，不好调节，看不到完整节目”；“地铁里面声音特别大，几乎听不到电视声音”；“声音不清楚”。

（二）节目方面

首先，多实用、多娱乐、多文化、多公益、少广告。调查数据表明，在所有被调查乘客中，有20%的人希望多加一些新闻资讯类、和服务类节目，例如影讯等，具体说法有“希望增加资讯时长”、“希望更具时效性、实用性、比较轻松的内容，例如多播些普法的节目和交通路况”。

其次，多文化、多公益。具体说法有“地铁里面可以看一些跟文化有关的内容，比如说《这里是北京》的节目，还有些影视预告，可以做一些放松的节目，然后还有一些动画片”；“内容上公益多些”。

再次，降低节目内容的重复率，增加节目丰富程度。有15%人明确提出“更新速度不快”“希望节目内容丰富些，少重复”；“多些资讯，少些广告”。

从以上分析来看，北京北广传媒地铁电视在一定程度上满足了受众的需求，比较符合受众的期待，但是从分析中也可以看出，地铁电视在节目设置、内容、技术指标上仍有许多不足，其传播效果没有达到预期的效果。因此，提出以下几个方面的建议和意见。

1．节目内容的知识性、服务性、娱乐性。调查结果表明，北京地铁电视最受欢迎的是新闻资讯类和服务、娱乐类节目。这些节目要做到“短（短小）、频（高频次）、快（第一时间）”。

2．技术，减轻客观环境对节目收视的影响。地铁电视是一种新兴媒体，其传播环境受到许多客观因素的影响，空间狭窄、嘈杂、信号衰减等都是不可避免的技术问题。所以，北京地铁电视，要在节目画面、信号传输、声音传输等方面不断做出改进，提高设备的稳定性和抗干扰性，进一步扩大北京地铁电视的影响力。

相关数据来源：中国传媒大学广告学院所属IMI市场信息研究所

（北京北广传媒地铁电视有限公司）

影片《飞越老人院》观众问卷调查报告

一、问卷调查基本情况综述

相较于暂获国内国际几项电影节大奖的《桃姐》而言，同样是展现老年人题材的《飞越老人院》也在母亲节上映。《飞越老人院》以独特的视角剖析老年人的精神世界，起用众多老戏骨，混搭公路电影的题材，在上映前引发了市场的热议。然而，在近10天的档期内，该片的票房收入仅350万，而光是包装宣传都超600万。针对《飞越老人院》叫“好”不叫座的现象，中国电影博物馆研究部采用了问卷的形式调查，了解观影人对影片的观影行为和观影评价。

本次调查于2012年5月8日至5月15日分别在中国电影博物馆等地举行，共收到有效问卷181份（其中158份来自普通观众，23份来自中国电影博物馆影评人俱乐部成员，以下简称影评人）。

回收样本的基本情况如下：性别比例方面，女性（54.4%）观众所占比例略高于男性（45.6%）；年龄构成方面，20岁至29岁的青年观众占了总样本的59.4%，30岁至39岁的观众也占26.7%；学历层次方面，大学本科学历的观众占45.6%，研究生学历的观众占25.6%，大专学历的观众占25.6%；职业分布方面，学生群体占25.4%，其次是教师等专业技术人员占19.1%，办事人员占14.8%。从基本情况中可以发现，观看《飞越老人院》的观众多为中青年群体。

二、观众的观影行为分析

1．获取影片的信息途径

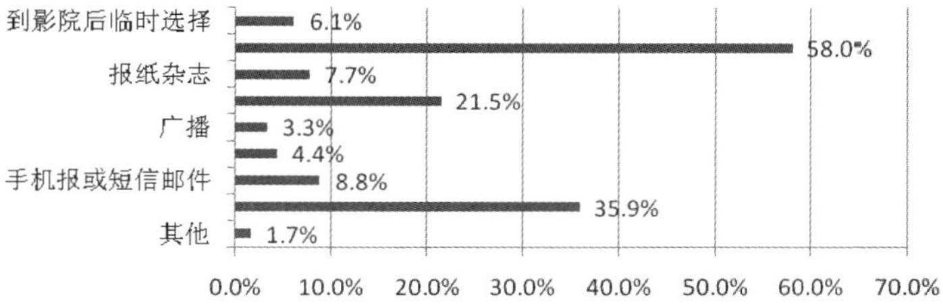

数据显示，超过半数的观众（58.0%）都是通过网络获取了《飞越老人院》的信息。此外，也有一部分观众是通过他人推荐、电视和手机报或短信邮件了解到该影片的信息。

进一步对选择网络渠道的观众进行调查分析发现，50.8%的观众是通过新浪、搜狐等微博网站获取该影片信息，24.6%的观众是通过新浪、搜狐等门户网站了解该片的相关信息，17.1%的观众是通过开心网、人人网等社区网站获取该影片信息，另有少部分观众是通过QQ新闻窗口和时光网等专业电影网站了解影片信息的。

2．观看的主要原因

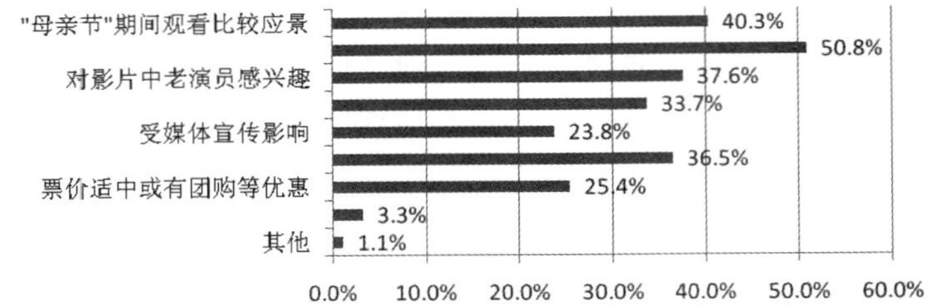

调查显示，50.8%的观众选择了“对影片剧情感兴趣”作为主要观影原因，40.3%的观众是因为“母亲节”期间观看此片比较应景，近37%的观众是因为对影片导演和老演员感兴趣，还有36.5%的观众是因为受到他人推荐的影响。由此可见，本片独特的剧情非常吸引观众，并且在母亲节上映占了“天时”，强大的老演员阵容和导演的功力也为影片增色不少。值得关注的是，除了影片本身的因素，口碑推荐在吸引观众观影上起到了不小的作用。

三、观众观影后的评价

1．与预期比较

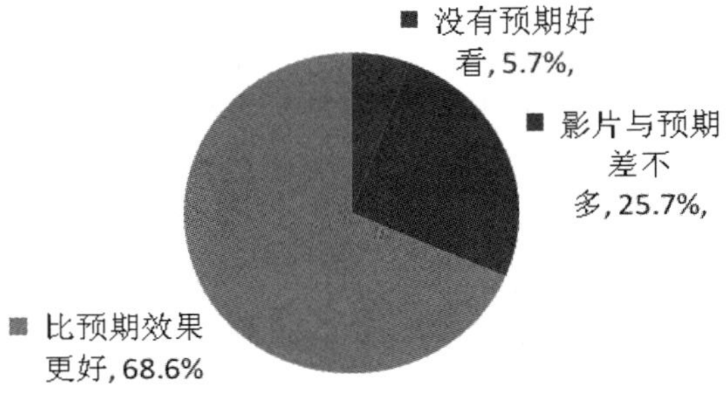

调查结果显示，68.6%的观众在观看完影片后认为影片效果比预期好，25.7%的观众认为影片效果与预期差不多，仅有5.7%的观众认为影片不如预期。可见影片的实际表现是高于预期的。

2．实际花费与预期支付的比较

	愿意支付的金额	实际消费金额
20元及以下	16.8%	53.6%
30-50元	69.8%	46.4%
60-80元	11.7%	0.0%
80元以上	1.7%	0.0%

调查结果显示，53.6%的用户观影购买单张电影票的实际花费在20元及以下，46.4%的用户观影实际花费在30–50元。《飞越老人院》的常规票价为50元。观众的花费相对于50元而言偏低，这是因为部分用户具有影院的会员卡或者代金券，节省了部分费用。

就愿意为影片支付的价格而言，69.8%的观众愿意支付30—50元，基本符合用户的实际花费，16.8%的用户愿意支付20元及以下，愿意支付50元以上的用户占比为13.4%。可见目前《飞越老人院》的定价与观众的心理承受能力基本相符。

3. 最令观众感动的情节

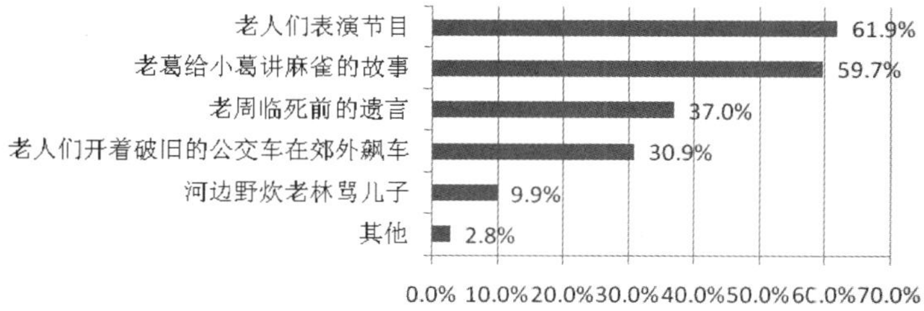

调查结果显示，61.9%的观众认为老人们表演节目的情节最令他们感动，59.7%的观众认为老葛给小葛讲麻雀故事的情节最令人感动。另外，老周临死前的遗言和老人们开着破旧的公交车在郊外飙车的情节也颇具催泪效果。

4. 对影片各项指标的评价

表1：《飞越老人院》各项指标评分（满分10分）

普通观众评分			影评人评分		
排名	指标	平均得分	排名	指标	平均得分
1	思想内涵	9.2	1	影片题材	8.9
2	影片题材	9.1	1	演员表演	8.9
2	演员表演	9.1	3	思想内涵	8.8
4	台词	8.9	4	台词	8.2
5	故事情节	8.6	5	故事情节	7.9
6	导演功力	8.5	5	导演功力	7.9
7	音效	8.3	7	音效	7.4
8	特效	7.8	8	特效	6.8

在普通观众与影评人的评分中，思想内涵、影片题材和演员表演等三项指标均名列前茅，普通观众对此片思想内涵指标评价最高，影评人对此片的题材评价最高：影片的内容要素展现了不俗的实力。另外，普通观众和影评人均对音效、特效做出较低评价。总体上看，普通观众对影片各项指标的评价要高于影评人。

5. 影片“四性”比较

表2：《飞越老人院》各项指标评分（满分10分）

普通观众评分			影评人评分		
排名	指标	平均得分	排名	指标	平均得分
1	思想性	9.4	1	思想性	8.6
2	观赏性	8.8	2	观赏性	7.8
3	艺术性	8.7	3	知识性	7.6
4	知识性	8.3	4	艺术性	7.2

在普通观众与影评人的评分中，思想性的得分都排名第一，而且普通观众的评分比影评人高了0.8。其次是观赏性，都位列第二。此外，普通观众对影片艺术性的评分要高于知识性，而影评人则恰好相反。

6. 与同期上映的其他作品的比较

表3：近期上映电影作品综合评价（满分10分）

普通观众评分			影评人评分		
排名	指标	平均得分	排名	指标	平均得分
1	《泰坦尼克号》(3D版)	9.2	1	《泰坦尼克号》(3D版)	8.8
2	《飞越老人院》	9.0	2	《飞越老人院》	8.5
3	《复仇者联盟》	8.3	3	《复仇者联盟》	8.3
4	《黄金大劫案》	8.0	4	《杀生》	8.0
5	《超级战舰》	7.9	5	《黄金大劫案》	7.7
5	《杀生》	7.3	5	《超级战舰》	7.7

在普通观众与影评人评分中，影片《泰坦尼克号》(3D版)分别以9.2与8.8的综合得分排名第一；影片《飞越老人院》分别以9.0与8.5的高分获得第二名；影片《复仇者联盟》以8.3分的综合得分排名第三名。在评价中，最近档期的多部引进大片呈现出包围国产片的趋势，在数量上占有不少优势，瓜分整个五月档的票房。

7. 导演作品比较

表4：张扬作品评价（满分10分）

普通观众评分			影评人评分		
排名	指标	平均得分	排名	指标	平均得分
1	《飞越老人院》	9.0	1	《洗澡》	8.8
2	《洗澡》	8.6	2	《飞越老人院》	8.5
3	《爱情麻辣烫》	8.1	3	《爱情麻辣烫》	8.0
3	《落叶归根》	8.1	4	《昨天》	7.9
5	《无人驾驶》	7.9	4	《落叶归根》	7.9
6	《昨天》	7.8	5	《无人驾驶》	7.0

在普通观众和影评人评分中，影片《飞越老人院》和《洗澡》的综合评分排在前两位，其次是《爱情麻辣烫》，综合评分分别为8.1和8.0分。从《落叶归根》到《飞越老人院》，张扬导演一直对老人题材和父子关系情有独钟，其驾驭能力有了不小的进步，在深入老人精神世界的同时，糅合了多种展现方式，获得了不俗的评价。

结　语

影片《飞越老人院》是一部“疯狂的励志片”，用具有浪漫主义手法展现老人的内心世界，以飞越的视角，公路故事情节，讲述了一场两代人达成谅解的故事。但由于题材的小众化和众多进口大片的围堵，《飞越老人院》票房成绩无法令人满意。从本调查研究的结果可以看出，小众化定位的影片在满足细分市场上具有大片无法比拟的独到之处，然而如何成功运作并获得商业成功仍然任重道远。

（中国电影博物馆研究部课题组）

组织机构

北京市广播电影电视局

领导成员

党组书记、局长：李春良

党组副书记、副局长：杨淑琴（2012年6月退休）

党组成员、副局长：臧增祥

党组成员、副局长：庞微（2013年1月离任）

副局长:杨培丽

党组成员、纪检组长:王立平

党组成员、副局长：丁百之

党组成员、副局长：王霞

党组成员、副局长:韩昱（2013年1月任）

党组成员、总工程师：何桂芝（2013年1月退休）

党组成员、副巡视员：宋春华（2012年6月退休）

巡视员：洪兵

副巡视员：赵志勇（2012年5月任）

内设机构

办公室(安全监管办公室)、政策法规处（产业促进处）、宣传管理处、电影管理处、传媒机构管理处、网络视听节目管理处、科技处（三网融合协调处）、计划财务处、组织人事处；另设机关党委、工会；市纪委监察局驻市广电局纪检组监察处

处室领导

办公室(安全监管办公室):主任：李伟副主任：刘民武、洪华中（2013年5月任）

政策法规处(产业促进处):处长：单志忠；副处长：李国新、荀菲

宣传管理处：处长：索宇琴（2013年1月退休）、韩云升（2013年7月任）

副处长：石东正（2013年5月任）、柴成（2013年9月任）

电影管理处：处长：王健

副处长：王海楠

传媒机构管理处：处长：马德献

副处长：袁正领（2013年5月离任）、谢杰（2013年6月任）

网络视听节目管理处：处长：丁梅

副处长：夏斐、许立国

科技处(三网融合协调处):处长：陈煜

副处长：安凭、张春彦

计划财务处：处长：秦华

副处长：张秋生、杨燕春（2013年7月任）

组织人事处：处长：秦固生

副处长：解楠

机关党委：专职副书记：杨春青

工会副主席：王学理

纪检监察处：处长：刘学文

地址：北京市朝阳区建外大街14号

邮编：100022

电话：010-65159068

网址：www.bjrt.gov.cn

北京市广播电影电视局工会

领导成员

工会主席：宋春华

工会副主席：王学理

工会委员会委员：宋春华、王学理、李

伟、于娟娟

工会经费审查委员会主任：张大烨

工会经费审查委员会委员：秦华

下属工会单位：

北京音像资料馆工会、北京市广播影视作品审查中心工会、北京市广播电影电视局信息中心工会、北京市广播电视监测中心工会、北京市广播电影电视局后勤服务中心工会

地址：北京市朝阳区建外大街甲14号

邮编：100022

电话：010－85013302

北京市广播电影电视局离退休人员管理服务中心

领导成员

主　任：郭祥庚（2012年7月退休）

钱富奎（2012年9月任）

副主任：车静（2013年1月退休）

郑兵（2013年5月任）

地址：北京市朝阳区建外大街甲14号

邮编：100022

电话：010－65159158

北京市广播电影电视局后勤服务中心

领导成员

主　任：王晶

副主任：邵顺荣、杨子君（2013年5月任）

内设机构

综合科、房管科、保卫科、车管科

地址：北京市朝阳区建外大街甲14号

邮编：100022

电话：010－65159939、85013322

传真：010－65159939

北京市广播电影电视局信息中心

领导成员

主　任：郑新梅（2013年7月任）

副主任：路梅（2013年9月任）

地址：北京市朝阳区建外大街甲14号

邮编：100022

电话：010－65157503

北京市广播电视监测中心

领导成员

主　任：魏利明

副主任：朱祥锋、吉春

内设机构

综合科、监测科、安播科、技术科、网管科

地址：北京市朝阳区建外大街14号

邮编：100022

电话：010－65155241

北京音像资料馆（北京广播电影电视研究中心）

领导成员

馆　长：袁正领（兼研究中心主任）（2013年5月任）

副馆长：谢杰（兼研究中心副主任，2013年6月离任）、马广胜（北京市广播电影电视局史志办主任兼，2012年11月退休）、韩浩（兼研究中心副主任）、段燕燕（兼研究中心副主任)(2013年9月任）

内设机构

办公室、资料部、制作部、研究部、史志部

地址：北京市东城区安乐林路18号

邮编：100075

电话：010－87258004

北京市广播影视作品审查中心

领导成员

主　任：智黎明

副主任：周红彦、刘文东

内设机构

办公室、节目审查科、信息资料科

地址：北京市东城区安乐林路18号

邮编：100075

电话：010－87254792、87259972

北京国际影视交流促进中心

领导成员

主　任：黄培

副主任：崔岩（2013年7月任）

杨志平（2013年9月任）

地址：北京市朝阳区建外大街甲14号

邮编：100022

电话：010—85014679

北京市广播影视协会第六届理事会

领导成员

会　长：杨淑琴（女）

副会长：何桂芝（女）、宋春华

秘书长：智黎明

副秘书长：孙巍（女）、史椰森、何拥军、周红颜（女）

监事长：王立平

监　事：秦华（女）、石鸿印

《北京广播影视》主编：杨淑琴、张晓爱

执行主编：胡亚丽

内设机构

学会秘书处

《北京广播影视》编辑部

地址：北京市东城区安乐林路18号318室

邮编：100075

电话：010－67218198

北京电影协会

领导成员

会　长：刘洪鹏

副会长：于冬、马月庆、王健、王长田、邓永红、叶宁、许建海、陆遥、高军、燕羽

秘书长：阎于京

监事长：刘学文

地址：北京市朝阳区建外大街甲14号

邮编：100022

电话：010-85013326

传真：010-85013326

中国电影博物馆

领导成员

馆长、党委副书记：杨永安

党委书记、副馆长：韩凯

党委副书记、纪委书记：李米莉

副馆长：邢建毅、李志斌

内设机构

办公室、财务部、组织人事部、保障部、保卫部、研究部（馆刊编辑部）、活动管理部（网络信息中心）、藏品部、社会教育部、展陈部、影院部、开发部（基本建设办公室）、服务督察和质量检查部

部室主任：

办公室：主任：许鹰；副主任：孙丽

财务部：副主任：白俊峰

组织人事部：主任：许鹰（兼）

副主任：冯雪梅

保障部：主任：李志斌（兼）

副主任:孙宇

保卫部：主任：曹加辛

副主任：林青

研究部(馆刊编辑部)：主任：邢建毅（兼），副主任：高宁

活动管理部（网络信息中心）：主任：徐曙光

展陈部：主任：　米兆田

开发部：副主任：王小华、赵晓清

影院部：副主任：谢野、马懿

藏品部：张树新

社会教育部：副主任：齐英

服务督查与质量检查部：主任：张浙

地址：北京市朝阳区南影路9号

邮编：100015

电话：010-64311588（办公室）

010－84355959（总机）

010-51654567（服务咨询电话）

传真：010-64311588（办公室）

网址：www.cnfm.org.cn

北京广播电视台

领导成员

党委书记：刘志远

党委副书记、台长：王晓东（兼北京电视台党委书记、台长）

党委副书记、常务副台长：汪良（兼北京人民广播电台党委书记、台长）

副台长：陆莹（2012年4月退休）

副台长：王建琪（兼北京歌华文化发展集团党委书记、董事长）

纪委书记、工会主席：王伟（兼北京北广置业有限公司、北京北广传媒地铁电视有限公司董事长）

副台长：郭章鹏（兼北京歌华有线电视网络股份有限公司党委书记、董事长）

副台长：苏仁先

内设机构

党委办公室、办公室、研究发展部、运营管理部、媒体管理部、技术部（技术资源运行中心）、法律事务部、财务部、纪检监察（审计）部、人力资源部、工会办公室

部室主任

党委办公室：主任：杨秀英

副主任：蔡廷杰；团委书记：李洪兴

办公室：主任：张常珊

副主任：李增明、李剑

研究发展部：主任：蒋虎

运营管理部：主任：陈乐天

副主任：石鸿印（正处级）、曹军（正处级）

媒体管理部：主任：金鹏

副主任：耿雪梅

技术部（技术资源运行中心）：主任：王建

法律事务部：主任：孙辉

财务部：主任：余维杰

副主任：姜春海

纪检监察（审计）部：主任：侯召国

副主任：刘惠

人力资源部：主任：孟庆存

副主任：刘晓辉

工会办公室：主任：罗霄

地址：北京市朝阳区建外大街14号

邮编：100022

电话：010-65157259

传真：010-65157259

网址：www.bmn.net

北京人民广播电台

领导成员

党委书记、台长：汪良（北京广播电视台常务副台长兼）

总编辑、党委副书记：席伟航

常务副台长、党委副书记、副总编辑：王秋

党委副书记：赵泽勤

副总编辑：亢亚志、陈晓海、张松华

总工程师：常青

副台长：陈晓红、秦晓天

内设机构

办公室（保卫部）、总编室、党委办公室、纪检监察审计办公室、人事部、计财部、广告管理部、播音主持管理部、工会、技术中心、总工办、网络信息中心、八零四发射台、广播发展研究中心、节目制作中心、新闻广播、城市服务管理广播、故事广播、体育广播、音乐广播、文艺广播、交通广播、外语广播、爱家广播、广告经营部（属北京广播公司内设机构）

部门领导

办公室：主任：李晓晖

副主任：吴亚非（兼保卫部主任）、丑承培、任怀珠、付昱

总编室：主任：孙巍

副主任：景兵、张苹、范晓茜

党办、纪检监察审计部：主任：周燕玲

纪检副书记：陈云；副主任：平建学

人事部：主任：柴修杰

副主任：游良婕（兼培训中心主任）、孙超、李静

计财部：主任：陈春梅

副主任：李淼、吕放

广告管理部：主任：陈晖

副主任：张秋萍

播音主持管理部：主任：张树荣

工会：主席：牟燕文

副主席：张丽

技术中心：主任：郭励（兼总工办主任）

副主任：刘爽、张旭（兼总工办副主任）、谷会敏

网络信息中心：主任：蔡明可

副主任：边江、刘彤

八零四发射台：台长：张国强

副台长：邓亚程、王春平

广播发展研究中心：主任：许秀玲

副主任：王伟

节目制作中心：主任：李捷（台长助理兼）；副主任：吕雪瑞、王为

新闻广播：台长：罗湘萍

副台长：张红力、李哲勇

城市服务管理广播：台长：李革

副台长：张晶宇

故事广播：台长：李唯唯

副台长：孟庆煜

体育广播：台长：边建

副台长：张友信

音乐广播：台长：陈京英

副台长：郑晓慧

文艺广播：台长：邵军

副台长：唐琼

交通广播：台长：李秀磊

副台长：罗霄兵 、延安

外语广播：台长：纪烈鸿

副台长：陈雪瑾

爱家广播：台长：陶津

副台长：傅珊珊

广告经营部：主任：郑金诗

副主任：李康、陆彤、罗燕萍

地址：北京市朝阳区建外大街14号

邮编：100022

电话：65159125

网址：www.rbc.cn

北京电视台

领导成员

王晓东　党委书记、台长（2013年8月免）

赵多佳　党委副书记、总编辑（2013年9月免）、台长（2013年9月任）

窦晓东　党委副书记、纪委书记、常务副台长

田　方　总工程师

朱　江　副总编辑

张　亮　副总编辑（2013年4月免）

王　澎　副台长

李岭涛　副台长（2013年4月任）

艾冬云　副总编辑（2013年4月任）

徐　滔　副总编辑（2013年4月任）

内设机构

党委办公室、办公室、监察审计办公室、人事部、保卫部、计财部、工会、行政部、基建办、总编室、广告部、研究发展部、经营管理部、总工办、制作部、播出部、转播传送部、动力部、技术设备管理部、信息网络管理部、卫视节目中心、新闻节目中心、文艺节目中心、科教节目中心、财经节目中心、体育节目中心、生活节目中心、青少·海外节目中心、影视剧中心、动画节目中心；艺委会、史

志办、网络信息编辑室、老干部工作办公室、纪实高清频道筹备组、新媒体发展中心筹备组

部门领导

副总工程师：李迅

党委办公室：主任：李志国

副主任：赵国旗、孙书明

办公室：主任：宋莲

副主任：秦新春、王昕

总编室：主任：史椰森

副主任：张冬林、高鎬 、何蔚

研究发展部：主任：蒋虎

副主任：马克燕、宁文茹

总工办：副主任：刘宏亚、林平

人事部：主任：杨建忠

副主任：李迎军

工会：主席：李珍

党支部书记：钱毅

副主席：孟传妍

计财部：主任：孙成刚

副主任：汪红、王京梅

监察审计办公室：副主任：周久兰（主持工作）

保卫部：主任：钟强

副主任：赵修明、马世飞

行政部：主任：王开平

副主任：纪勇、卢英锁、姚大禹

主任助理：李雅涛

基建办：主任：程云泽

副主任：张宇青、朱晓宇

广告部：副主任：张晓耕（主持工作）、刘泓、赵峥峥

经营管理部：主任：孙洪斌

副主任：买剑平、齐学耕

信息网络管理部：主任：毕江

副主任：李湧

播出部：副主任：祝志超（主持工作）、刘晓光（主持工作）、王立冬、金强

制作部：主任：郑星

副主任：鲁高潮、王方、王浩、程军

动力部：主任：王晓龙

副主任：刘颖

技术设备管理部：主任：周旭辉

副主任：章泽群、戴巧玲

转播传送部：主任：王喆

副主任：朱雨稼

卫视节目中心：主任：徐滔

副主任：杨东、张丽、李利影、牛振青

新闻节目中心：主任：艾冬云

副主任：张庆、徐京玲、丁晓阳、刘民、黄瑁、郝洪

新闻节目中心：新闻编辑部：主任：张庆（兼） 副主任：王毅、周永萍

新闻节目中心：要闻采访部：主任：徐京玲（兼）；副主任：张晓鲁

新闻节目中心：新闻评论部：主任：刘民（兼）

新闻节目中心：社会新闻采访部：主任：丁晓阳（兼）；副主任：袁朴

新闻节目中心：新闻专栏部：主任：黄瑁（兼）；副主任：史月光

新闻节目中心：综合管理部：主任：郝洪（兼）；副主任：李大功

青少年节目中心：副主任：袁子勇（主持工作）、李文升、刘虎

海外节目中心：副主任：严崴

文艺节目中心：主任：李兰

党总支专职书记：翟建国

副主任：潘全心、齐建彤、朱礼庆

科教节目中心：主任：杜研；副主任：张宾、陈晔、王勇

影视剧中心：主任：张恒；副主任：曹力宁、郭跃进、严澍；主任助理：于金伟

财经节目中心：主任：宗燕红；副主任：岳民、宗昊、蓝霖

体育节目中心：主任：焦少波；副主任：邱大卫、宋健生、王少华

生活节目中心：主任：赵彤；副主任：刘学军、任友红、白艳军

动画节目中心：主任：张帆；副主任：杨晓轩、曾伟京

史志办：主任：冯平；副主任：闫军才

艺委会：主任：刘冰；专职书记：赵福明

网络信息编辑室：主任：赵志成；副主任：张红

老干部工作办公室：主任：刘绍芬

纪录片频道申办工作组（筹）：陈大立（负责人）；纪实高清片频道副主任：曹征

卡酷传媒有限公司：总经理：帅民；副总经理：李果、高扬

京视传媒有限公司：总经理：马宏

电视产业发展集团：总经理：霍胜

紫禁城影业公司：总经理：许建海

儿童艺术剧院：总经理：刘方平

（截至2012年12月31日）

地址：北京市朝阳区建国路甲98号

邮编：100022

电话：010-85336688（总机转）

传真：010-85338000

网址：www.btv.com.cn

北京歌华文化发展集团

领导成员

党委书记、董事长：王建琪（北京广播电视台副台长兼）

副董事长、党委副书记：姜建秋

副董事长：苏春华

党委副书记、纪委书记、工会主席：黄光显

总经理：李丹阳

副总经理：葛立智、陈工、张莉、黄春雷

总经理助理：石海燕、周卫东、曾辉、王昱东

内设机构

党委办公室、集团办公室、人力资源办公室、计划财务办公室、企业管理办公室、研究宣传办公室

部门领导：

党委办公室：主任：杨志华

集团办公室：主任：杨志华（兼）

副主任：牛海云、焦宁

人力资源办公室：主任：朱会东

计划财务办公室：主任：秦玉良

企业管理办公室：主任：苏春华（兼）

副主任：肖红、李雪

研究宣传办公室：主任：陈工（兼）

直属机构

北京歌华文化中心有限公司：

董事长：姜建秋（兼）

总经理：高颖；党总支书记：张滨

歌华投融资中心：

董事长：苏春华（兼）

总经理：黄春雷（兼）

党总支书记：周卫东

歌华文化贸易中心：

董事长：李丹阳（兼）

总经理：王昱东（兼）

党总支书记：黄光显（兼）

地址：北京市东城区北小街青龙胡同1号歌华大厦14层

邮编：100007

电话：010-84186060

传真：010-84186001

网址：www.gehua.com

北京歌华有线电视网络股份有限公司

领导成员

党委书记、董事长：郭章鹏（北京广播电视台副台长兼）

党委副书记、副董事长、总经理：卢东涛

党委副书记、纪委书记、工会主席：张家祥

监事会主席：黄广泉

副董事长：马健

常务副总经理：王振华

副总经理：吴瞻民、康朝晖

董事、总会计师：胡志鹏

市场运营总监：罗小布

总工程师：何拥军

董事、副总经理、董事会秘书：梁彦军

总经理助理：王奇之

内设机构

董事会办公室、党委办公室、工会办公室、稽核管理部、总经理办公室、人力资源部、财务部、法务部、信息部、客服中心、市场营销部、计划部、设计部、传送部、设备器材部、网络建设部、维护管理部、总工办、网管中心、安全保卫部、战略发展部、数据业务部、媒资运营部、营帐中心

另设：城中、朝阳、海淀、丰台、石景山、门头沟、房山、大兴、通州、顺义、昌平、怀柔、密云、平谷、延庆15个分公司；及北京视宽新创有线信息工程有限责任公司、歌华有线数字媒体公司、北京歌华益网科技发展公司、涿州歌华有线电视网络有限公司、歌华有线投资管理有限公司、北京歌华益网广告有限公司6个子公司

部门领导：

副总工：刘磊、李焕平、吴建林、曾春、唐文伟、石江明、支百山

副总经济师：田秋

党委办公室：主任：黄卫京

副主任：杨云

工会办公室：主任：赵国庆

稽核管理部：主任：王奇之

副主任:余孝纬

董事会办公室：主任：傅蕾红

副主任：于铁静、刘严

总经理办公室：主任：陈慕风

副主任：玉宝华、张宁

人力资源部：主任：方丽

副主任：李云鹏

法务部：主任：彦宏

财务部：主任：王琰

副主任：居冬辉

信息部：主任：吴建林（兼）

副主任：刘夫涛

客服中心：主任：熊英

副主任：孙灵芝、江庆红

市场营销部：主任：高巍

常务副主任：陈锋；副主任：王苑苑

计划部：主任：钱正

设计部：主任：石江明（兼）

副主任：黄国安、权晓宇

传送部：主任：王厚信

副主任：耿玉树、黄美莹、徐长江、葛运平

设备器材部：主任：刘宇明

副主任：张建新、白莹

安全保卫部：主任：李洪

常务副主任：曲伟

网络建设部：主任：支百山

副主任：满全安、卓志祥

维护管理部：主任：赵宏伟

副主任：刘建平

数字电视技术开发部：刘磊（副总工程

师主持工作）；副主任：沈彤

战略发展部：主任：韩霁凯

副主任：黄铁军

数据业务部：主任：成锐

副主任：刘光华、王芳、黄宇东

媒资运营部：主任：姜宏志

副主任：史言、张婕、钟军

营帐中心：主任：孙景红

副主任：吴春燕

网管中心：主任：卢春梅

副主任：王野秋、魏柏林

总工办：主任：曾春（兼）

副主任：林霖、沈彤

城中分公司：总经理：潘铭

副总经理：贾文杰、石连成

朝阳分公司：总经理：于海旺

常务副总经理：王刚

副总经理：孟宇明、邹玉华

海淀分公司：总经理：邱纪

副总经理：贺磊

丰台分公司：总经理：陆野

副总经理：王军、冯玉国

石景山分公司：总经理：卞素霞

副总经理：汤军

大兴分公司：总经理：徐继春

党支部书记：田秋（兼）

房山分公司：总经理：李昌俊

副总经理：郑林、赵寿强

通州分公司：总经理：刘存明

常务副总经理：黄枫

副总经理：宋宝贵

门头沟分公司：总经理：贺春义

副总经理：王艽军

延庆分公司：总经理：许文学

副总经理：王国庆

顺义分公司：总经理：王志亚

副总经理：王晓光、郭国林

昌平分公司：总经理：李仲英

副总经理：刘芳、李庆江

怀柔分公司：总经理：唐文伟（兼）

常务副总经理：綦继东

副总经理：闫宝利

平谷分公司：总经理：姜体兴

副总经理：李明生

密云分公司：总经理：白宝林

北京视宽新创有线信息工程有限责任公司：董事长：王振华(兼)；总经理：鞠维铭

副总经理：黎江

歌华有线数字媒体公司：董事长：吴瞻民（兼）

总经理：刘光华（兼）

涿州歌华有线电视网络有限公司：董事长：马健（兼）

总经理：王法文；副总经理：赵守礼、王景辉、孙广智

地址：北京市东城区北小街青龙胡同1号歌华大厦7层

邮编：100191

电话：96196

网址：www.bgctv.com.cn

北京歌华有线电视网络股份有限公司
城六区用户服务站一览表

编号	用户服务站	联系地址	联系电话
1	东城站	东城区北小街青龙胡同1号歌华大厦1层101	96196

续 表

编号	用户服务站	联系地址	联系电话
2	西城站	西城区西直门南小街133号楼西派国际公寓底商	96196
3	崇文站	崇文区幸福家园9号楼107底商	
4	宣武站	宣武区南华里10—8号楼一、二层底商	
5	团结湖站	朝阳区六里屯西里3号院 （妇产医院东侧团结湖北五条）	
6	劲松站	朝阳区劲松三区328楼营业厅	
7	管庄站	朝阳区朝阳路财满街67号院8号楼0269、0270	
8	香河园站	朝阳区柳芳北里11号楼北侧（海通证券西侧20米）	
9	望京站	朝阳区望京西路首开知语城312号底商106号	
10	苏州街站	海淀区西三环北路21号久凌大厦北座1层	
11	北太平庄站	海淀区新外大街19号京师大厦1层105房间	
12	五棵松站	海淀区西四环中路39号的万地名苑1层	
13	花园村站	花园村8号楼1层	
14	学清路站	清华东路2号农大东校区科贸楼107室	
15	科技园站	丰台区科学城恒富中街2号院1号楼	
16	马家堡站	丰台区角门18号枫竹苑12区1号楼名流未来大厦103室	
17	卢沟桥站	丰台区小屯路109号院6号楼底商	
18	云 岗 站	丰台区四方景园二区商铺2—6号房	
19	方 庄 站	丰台区长辛店镇二七厂路东南街3号	
20	古城营业厅	石景山区古城大街75号院曦景长安底商写字楼1层	
21	首钢站	石景山区苹果园路临时26号（苹果园四区9栋西侧）	

北京电视艺术中心有限公司

领导成员

董事长、总经理：张平

艺术总监：郑晓龙

创作总监：李晓明

运营总监：张斌

项目总监：宋志鹏

内设机构

总经理办公室、计财部、项目部、宣传发行部、技术服务部、剧本创研中心、演艺经纪部、导演工作室、编剧工作室

下属单位：北京电视艺术中心音像出版社有限公司

地址：北京市海淀区皂君庙甲2号

邮编：100098

电话：010—62127625

传真：010—62115814

网址：www.btac.cn

北京中北电视艺术中心有限公司

领导成员

董事长：杨群

总经理：陶玲玲

副总经理：刘沙

内设机构

办公室、财务部、经营部、宣传部、制作部、演艺音乐部、总编室（创作部）、经纪部、影视制作中心（拍摄基地）

地址：北京市朝阳区建外大街14号

邮编：100022

电话：010—65150607

传真：010—65150607

网址：www.zbtvart.com

北京广播电视报社

领导成员

社　长：李浩

总编辑：张彪

工会主席：宋杰

内设机构

办公室(组织人事部、研发部)、财务部、总编室、《北京广播电视报》编辑部、《北京广播电视报·人物周刊》编辑部、《北京电视》周刊编辑部、广告管理部、发行中心

地址：北京市东城区安乐林路18号

邮编：100075

电话：010—67117161

传真：010—67134365

网址：www.bgtv.com.cn

北京音像公司

领导成员

总经理：颜丙利

副总经理：王颖

内设机构

企划出品部、节目制作部、技术工程部、财务部、办公室

地址：北京市东城区安乐林路18号

邮码：100075

电话：010—67262518

传真：010—87268961

网址：www.bavc.com.cn

北京瑞特影音贸易公司

领导成员

总经理：何公明（兼北广传媒数字电视有限公司董事长、总经理）

市场总监：顾炜

工程总监：秦磊

财务总监：孟春敏

内设机构

办公室、财务部、市场部、工程部

地址：北京市朝阳区建外大街14号

邮编：100022

电话：010-65155284/65159086

传真：010-65155285

北京广播电视台服务中心

领导班子

主任：郭长征

副主任：褚天元、常斌

总工程师：于进军

内设机构

办公室、财务部、物业管理部、设备工程部、开发经营部、餐饮部、皂君庙办公区、丰台歌华有线总部基地办公区

下属企业：北京广视华融经贸中心

北京声屏苑培训中心、北京广播电视招待所

地址：北京市朝阳区建国门外大街14号

邮编：100022

电话：010-85012302

传真：010-65159012

北京北广传媒数字电视有限公司

领导成员

董事长、总经理：何公明（兼北京瑞特影音贸易公司总经理）

副总经理：艾禾

内设机构

办公室、财务部、节目部、数据部、市场部、播出部

地址：北京市鼓楼外大街56号

邮编：100022

电话：010-84127979

传真：010-84135890

网址：www.bjdtv.com

北京北广传媒移动电视有限公司

领导成员

董事长、总经理：罗晓军

副总经理：许新德、张楠

内设机构

办公室、财务部、节目部、市场运营部、播出部、技术研发部、品牌策划部、战略管理部

地址：北京市东城区东直门北小街青龙胡同1号歌华大厦A座809室

邮编：100007

电话：010-59260500

热线电话：400 898 8859

传真：010-59260501

网址：www.bj-mobiletv.com

北京北广传媒影视有限公司

领导成员

董事长、总经理：刘亚辉

副总经理：郭涛、张光北

内设机构

办公室、财务部、策划部、制作部、发行部、演出部、演艺经纪部

地址：北京市东城区东直门北小街青龙胡同1号歌华大厦B座821室

邮编：100007

电话：010-59260180

传真：010-59260181

邮箱：bamc_tv@bamc.com.cn

北京北广传媒城市电视有限公司

领导成员

董事长、总经理：张学朝

副总经理：罗艳红

总经理助理：高宇轩

内设机构

办公室、财务部、大屏部、小屏部、工程部、技术部、节目部、广告部

地址：北京市东城区东直门北小街青龙胡同1号歌华大厦A座801室

邮编：100007

电话：010-59260088-8000

传真：010-59260066

客户专线：4007000086

网址：http://www.citytv.com.cn

北京北广传媒地铁电视有限公司

领导成员

董事长：王伟

总经理：阎伟力

副总经理：满向阳

内设机构

办公室、财务部、技术部、运营管理部、节目部

地址：北京市东城区东直门北小街青龙胡同1号歌华大厦A座818室

邮编：100007

电话：010-62232209

传真：010-62232209

鼎视数字电视传媒有限公司

领导成员

总经理：蔡恒平

营销总监：王健

产品总监：吕明杰

财务总监：秦敏

技术总监：曾平

行政总监：郭卫东

内设机构

总经理办公室、营销中心、产品中心、财务部、技术部、行攻中心

地址：北京市东城区东直门北小街青龙胡同1号B座820室
邮编：100007
电话：010-59260099
传真：010-59260138
网址：www.topv.com.cn

北京北广置业有限公司

领导成员

执行董事：王伟（北京广播电视台纪委书记兼）
总经理：裴成虎
副总经理：张克英

内设机构

办公室、财务部、前期部
北京北广传媒集团有限公司授权管理单位：
北京影视城管理中心
北京现代电视艺术发展公司
北京东方艺苑物资仓储服务中心
地址：北京市朝阳区建外大街14号
电话：010-65158885
传真：010-85012070
邮箱：sr6567@yahoo.com.cn

北京中广传播有限公司

领导成员

总经理：张树桐
副总经理：陈炳岩、柳家旺

内设机构

综合部、市场部、技术部、节目部、广告部
地址：北京市朝阳区南皋路129号4号楼
邮编：100015
电话：010-65900262
传真：010-65900262-8099

北京紫禁城影业有限责任公司

领导成员

董事长：张强
总经理、书记：许建海
副总经理：曹力宁、钱重远

内设机构

办公室（财务部）、电影部、电视剧部、第一创作室
地址：北京市西城区北三环中路乙6号伦洋大厦901室
邮编：100120
电话：010-62019597、62014931
传真：010-62019597、62014931
网址：www.fcmovie.com

北京市东城区文化委员会

领导成员

党委副书记、主任：李承刚
党委书记、副主任：杨新
副主任：郑亚东、李志成、魏瑞峰、曾珊
副书记：刘进

纪委书记：杨春兰

工会主席：付东亮

行政执法队队长：杨勇

内设机构

党委办公室、监察科、办公室、公共文化事业科、文化市场管理科、文物管理科、综合审批科、演艺产业发展促进科、人事科、财务科

直属单位：东城区文化委员会行政执法队、东城区第一、二文化馆、东城区第一、二图书馆、东城区文物管理所、北京市袁崇焕祠文物保管所、北京市文天祥祠文物保管所、东城区第一图书馆会议中心、北京市钟鼓楼文物保管所、北京王府井古人类文化遗址博物馆、东城区羊市口文化站、北京市东城区花市电影院、北京市东城区天坛南里文化娱乐中心、东城区文化馆剧场、北京包装资料馆、北京东方国际文化交流中心

地址：北京市东城区崇文门外大街7号正仁大厦二段

邮编：100062

电话：010-67091091、67091092

传真：010-67091093

邮箱：dcqwhw@163.com

北京市西城区文化委员会

领导成员

书记、副主任：张云裳

主任、副书记：李征帆（兼区委宣传部副部长）

纪检组长：李晓红、李海霞

副主任：李兵、孟盼、吕丹、赵晓波、侯志伟、黄群

行政执法队队长：李克刚

工会主席：王来明

内设机构

办公室、政策法规科、公共文化科、非物质文化遗产科、文化产业科、文化市场管理科、文物科、财务审计科、党群工作办公室、人事科、监察科

直属机构：行政执法队、西城区文化馆、宣武区文化馆、西城区图书馆、宣武区图书馆、宣武区文物管理所、西城区青少年儿童图书馆、西城区文物保护研究所、北京历代帝王庙管理处、北京李大钊故居管理处、西城区社会文化管理所、北京市首都电影院、北京市红楼电影院、北京市胜利电影院、北京市新街口电影院、北京新星娱乐城

地址：北京市西城区后广平胡同26号

邮编：100035

电话：66561230、传真： 66561231

网址：wenhua.bjxch.gov.cn（西城文化网）

北京市朝阳区文化委员会

领导成员

书　记：李洋

主　任：黄晓伟

纪委书记：吕玫

副主任：徐伟、倪遥远、马骏

行政执法队队长：吴刚

内设机构

办公室、文化科、文物管理科、出版发行管理科、电视音像管理科、组宣人事科、财务基建科、文化行政执法队

地址：北京市朝阳区呼家楼北街36号
邮编：100026
电话：010-65014855
传真：010-65086844
网址：www.risingsun.org.cn

北京市海淀区文化委员会

领导成员

书　记：刘建朝
主　任：陈静
副主任：王强
副主任（行政执法队队长）：邱文忠
副主任：齐艳艳、柳阑

内设机构

办公室、组织宣传科、公共文化科、审批管理科、法制督察科、文物科

直属单位：文化行政执法队、海淀剧院、区电影管理处、区评剧团、区文化馆、区图书馆、区博物馆

地址：北京市海淀区颐和园路12号区政府综合办公楼
邮编：100080
电话：010-82617811
网址：whw.bjhd.gov.cn

北京市丰台区文化委员会

领导成员

书　记：周衔临
主　任：王虹
副主任：卜荣梅、宋晓春
行政执法队队长：李正平
副调研员：鲜岳

内设机构

办公室、文化科、文物科、文化市场管理科（出版发行科、版权科）、组织人事科、文化行政执法队

直属单位：文物管理所、图书馆、文化馆

地址：北京市丰台区西四环南路64号
邮编：100071
电话：010-83811361
传真：010-83811360

北京市石景山区文化委员会

领导成员

书　记：翟培新
副书记、主任：高洪雁
工会主席：阮起良
纪委书记：郑彬
副主任：郭明（文联主席兼）、刘跃华、董聪慧、杨光
行政执法队队长：王援朝

内设机构

办公室、文化科、文物科、市场科、组织人事科、监察科、行政执法队（下设办公室、执法一、二、三分队）

地址：北京市石景山路18号
邮编：100043
电话：010-68607158
传真：010-88680857

门头沟区文化委员会

主要领导

书记、主任：闫洪亮

副书记：董国岭

副主任：巩旭东、刘向阳

执法队队长：李军朝

副处级调研员：张银星

内设机构

办公室、文化科、文物科、文化市场科、计划财务科、政策法规科、纪检监察科、文化行政执法队

直属单位：文化馆、博物馆、图书馆、影剧院、文化事业管理所

地址：门头沟区门头沟路8号

邮编：102300

电话：010-69843315

传真：010-69860988

北京市房山区文化委员会

领导成员

主　　任：王永年（9月任）、李立新（9月离任）

副主任：马京云、刘开平、郝金英

行政执法队队长：苏文江

纪检组长：姜品英

工会主席：陈光

内设机构

办公室、文物科、文化科、市场科、行政执法队

地址：北京市房山区良乡西潞南大街甲12号

邮编：102488

电话：010-69352012、69352106

传真：010-69352106

网址：whw.bjfsh.gov.cn

北京市大兴区文化委员会

党组成员

党组书记、主任：王健

党组成员、副主任：石铭远

党组成员、副主任：马宪颖

党组成员、副主任：郝泽宏

党组成员、文化执法队长：周武军

内设机构

办公室、人事教育科、文化文物科、文化市场管理科、监察科、内审科、文化执法队

直属单位：图书馆、文化馆、文物所、影剧院、新华书店、万兴歌舞团

地址：北京市大兴区兴华大街3段15号行政服务中心16层、17层

邮编：102600

电话：010-81296732

传真：010-81296734

网址：www.dxwh.gov.cn

北京市通州区文化委员会

领导成员

书记、主任：杜德久

副书记：赵益富

副主任：杨根萌、刘升、王绮茜

纪检书记：李瑞红

执法队队长：贾海科

内设机构

办公室、政工科、公共文化科、产业促进与文化市场管理科、文物保护与非物质遗产保护科、财务科(规划科)、文化执法队

直属单位：通州区文化馆、通州区图书馆、通州区博物馆、通州区文物管理所、通州区电影管理中心、通州区新华书店、通州区电影院

地址：北京市通州区通胡大街23号盛业大厦2-4层

邮编：101100

电话：010-51070319

传真：010-51070137

北京市顺义区文化委员会

领导成员

书记、主任：王颖

副主任：高源、黄海鹏、陈永祥、王宏、赵保东

党组成员：高源、陈永祥、王宏、赵保东、孟云会、张建国、张永山

工会主席：杭志强

内设机构

办公室、政工科、计划财务科、文化文物管理科、文化市场管理科、著作权（广播电影电视）管理科、文化行政执法队、文化创意产业促进办公室、文化创意产业服务中心

直属单位：文化馆、图书馆、文物管理所、北京焦庄户地道战遗址纪念馆、影剧院、电影放映服务中心、新华书店

地址：北京市顺义区光明南街拥军路

邮编：101300

电话：010-69443669

传真：010-69443757

网址：www.wenhw.bjshy.gov.cn

北京市平谷区文化委员会

领导成员

书记、主任：王振国

纪检书记：张东胜

副主任：逯艳敏

执法队长：闫建华

副调研员：刘东彪

内设机构

办公室、政工科、业务科、市场科

直属单位：文化行政执法队、图书馆、文化馆、文物管理所、陈列馆、电影中心（影剧院）、新华书店

地址：北京市平谷区府前西街1号

邮编：101200
电话：010-69962871
邮箱：bgs2871@163.com

北京市怀柔区文化委员会

领导成员

主　任：吕晓国（2013年7月任）、焦安琦（2013年7月离任）

书　记：陈宝明

副主任：郭大鹏、刘岩、田正科、王冠蘅

纪检组长：鲍云贤

执法队长：曾春根

工会主席：武学兵（2013年8月任）、彭春伶（2013年8月离任）

内设机构

办公室、政工科（监察科）、文化科、行政许可和服务科、行政执法队、演艺活动服务中心

地址：北京市怀柔区迎宾北路7号

邮编：101400

电话：010-69623483

传真：010-69633250

网址：www.hrwh.gov.cn

北京市昌平区文化委员会

领导成员

主　任：刘全新

书　记：李志武

副书记：贾月林

纪委书记：王勇

副主任：王宝江、杨广文、刘庆华、胡南

工会主席：史功崎

内设机构

办公室、文化科、文物科、文化市场管理科、文化行政执法队、妇委会、监察科

直属单位：文化馆、图书馆、文物管理所、电影发行放映管理处、影剧院、新华书店

地址：北京市昌平区府学路10号（昌平区图书馆博物馆大楼）

邮编：102200

电话：010-69742257

传真：010-80110182

北京市密云县文化委员会

领导成员

主　任：李洪仕

副书记：邓德喜

副主任：李东雨

行政执法队队长：李卫革

纪检组长：李向红

工会主席：柴军

内设机构

党政办公室、文化活动指导科、文化市场管理科、文化行政执法队

直属单位：文化馆、图书馆、文物管理所、大剧院、电影中心、新华书店

地址：北京市密云县西门外大街2号

邮编：101500

电话：010-69041925

传真：010-69085706

北京市延庆县文化委员会

领导成员

主　任：刘永强

书　记：马健壮

调研员：韩金辉

副主任：赵万里、孙立民、王燕青、刘满利

纪检书记：赵万江

行政执法队队长：王燕青（兼）

副调研员：程金龙、杨喜元

内设机构

政办室、财务审计科、文化科、文物科、文化市场管理科、文化行政执法队

直属单位

文化馆、图书馆、电影发行放映管理处、文物管理所、新华书店、后勤服务中心

地址：北京市延庆县高塔街57号

邮编：102100

电话：010-69182872

北京经济技术开发区社会发展局

领导成员

开发区工委委员、管委会副主任，分管社会发展局工作：王合生

社会发展局局长：郑海涛

社会发展局副局长：袁长友

社会发展局副调研员：李庆彬

社会发展局分管广电工作人员：郑浩、王娜

地址：北京经济技术开发区荣华中路15号

邮编：100176

电话：010-67885647

传真：010-67880347

网址：http://sfj.bda.gov.cn/cms/

北京市朝阳区广播电视新闻中心

领导成员

主　任：潘竞

党委书记：洪建基（2012年9月免）

　　　　　孙帅（2012年9月任）

副主任：洪建斌、李昕宇

专职副总编：王曦

内设机构

办公室、总编室、人事科、财务科、新闻科、要闻内参科、采访部、编辑部、技术部、资料室、专题制作组、朝阳传媒影视技术服务中心

地址：北京市朝阳区六里屯西里3号

邮编：100026

电话：010－65025172

传真：010－65022498

网址：www.chynews.cn

北京市海淀区新闻中心

领导成员

书记、主任：牛爱忠

副主任：张文明、朱晓华、张庆洁、刘德兴

内设机构

办公室、人事科、财务科、总编室、编辑制作部、新闻采访一部、新闻采访二部、专题部、技术播出部、播音主持部、动漫制作部、媒资室、事业发展部、特刊部、要闻部

地址：北京市海淀区西四环北路11号海淀区政府第二办公区

邮编：100195

电话：010－88437116

传真：010－88487250

网址：www.hdonl.com

北京市丰台区广播电视中心

领导成员

书记、主任：何岳飞（区委宣传部副部长兼，2013年3月任），谷卫2013年3月离任

副主任：李晳、卢劼、李三鹏

内设机构

办公室（人事科）、计财科、总编室、新闻部、社会教育部、专题部、制作部、广告部、技术播出部

地址：北京市丰台区西四环南路64号

邮编：100071

电话：010－63821570

传真：010－63814362

网址：www.bjftrt.com.cn

北京市石景山区广播电视中心

领导成员

主　任：魏志安

副主任：刘长成、贺启公

内设机构

办公室、总编室、新闻部、广告专题部、节目部、技术播出部、经营部

地址：北京市石景山区古城大街61号

邮编：100043

电话：010－68849799

传真：010－68840434

北京市门头沟广播电视中心

领导成员

书记、主任：宋奇

副主任：王幸国、苏燕平、班书臣

内设机构

办公室、总编室、新闻部、专题部、制作部、播出部、广告部

地址：门头沟区新桥大街36号
电话：69843348
传真：69843348
邮编：102300

北京市房山区广播电视中心

领导成员

书　记：吕井财
副书记、主任：李中华
副书记、纪委书记：于海军
副主任：朱惠强、武宏、马琳

内设机构

办公室、总编室、时政要闻部、社会新闻部、电视专题部、电视文艺部、广告经营部、电台直播部、电台专题部、网络运营部、评审培训部、新媒体建设部、技术科、播出部、财务科、人事科、后勤事务部、安保部、事业发展部

地址：北京市房山区良乡西潞南大街6号
电话：010－69374235
传真：010－69370104
邮编：102488
邮箱：FTVbangongshi@163.com

北京市大兴区广播电视中心

领导成员

书记、主任：李岭涛（区委宣传部副部长兼）
副主任：巴洪栓、杜桂玲、卫东海、赵长军（2012年9月任）

内设机构

办公室、电台、电视台、网络运营部、全媒体运营部、节目管理部、技术发展部、制作播出部（2012年5月成立）、研发培训部、人力资源部、计划财务部、媒体经营部、媒资管理部、事业保障部（2012年5月成立）

地址：北京市大兴区兴政街7号
邮编：102600
电话：010－69244977
传真：010－69244977
网址：www.zhhxw.com

北京市通州区广播电视中心

领导成员

书　记：陈立军（区委宣传部副部长兼）
主　任：王志刚
副主任：胡亚军、王雪征
副调研员：孙万良

内设机构

办公室、总编室、新闻部、专题部、评论部、技术科、播出部、财务科、广告部、工会

地址：北京市通州区新华西街1号
邮编：101149
电话：010－69545860
传真：010－69545860
邮箱：tzgdbgsh@126.com

北京市顺义区广播电视中心

领导成员

书记、主任：黄海鹏

副主任：李素华、杨文武、张海泉

内设机构

办公室、政工科、财务科、《顺义时讯》报社、广播电台（办公室、新闻专题部、文艺部、经济信息部）、电视台（新闻部、专题部、总编室、文艺部、经济信息部、播出发射部、户外媒体部）、《顺义时讯》报社（办公室、财务科、采编部、事业发展部）

地址：北京市顺义区拥军路4号

邮编：101300

电话：010－69466677

传真：010－69463670

邮箱：sytv1994@yahoo.cn

北京市平谷区广播电视中心

领导成员

主任、副书记：刘义华

书记、副主任：龚士宏

副主任：王久武、于刚

内设机构

办公室、政工科、财务科、总编室、新闻科、专题科、播音科、播出科、技术科、文艺科、广告科、后勤事务科

地址：北京市平谷区旧城街8号

邮编：101200

电话：010－69961255

传真：010－89983716

邮箱：guangdianzhongxin@163.com

北京市昌平区广播电视中心

领导成员

书记、主任：刘晓梅

副主任：刘大宾、王纲

纪委书记、工会主席：王洪

总工程师：王少冲

常务副台长：王江萍

内设机构

办公室、政工科、总编室、财务科、事业科、广播电视台、广播电视节目制作中心、广播电视网络信息管理中心、昌北音像广告中心、永安城影视传媒中心

地址：北京市昌平区南环东路1号

邮编：102200

电话：010－69746088

网址：www.cprt.com.cn

北京市怀柔区广播电视中心

领导成员

主　任：刘晓红

书　记：常金壮

副主任：刘金凯、杨桂霞

工会主席：赵海清

内设机构

办公室、政工科、监察科、总编室、编辑部、新闻部、外宣部、专题部、文艺部、电台部、广告部、影视制作部、技术部、播出部、汤河口分站

地址：北京市怀柔区府前街19号

邮编：101400

电话：010－69632646

传真：010－69644232

邮箱：gdzx@bjhr.gov.cn

北京市密云县广播电视中心

领导成员

书记、主任：孙明朝（县委宣传部副部长兼）

副主任：王慧平、王有利、鲁崇保、陈宝国

内设机构

广播电台、音像资料室、差转台、办公室、党办室、总编室、人事科、财务科、技术科、新闻科、节目制作科、经济科、社教科、法制科、广告文艺科、行政事务科

地址：密云县西大桥路18号

邮编：101500

电话：010－89095645

传真：010－89095645

邮箱：mydt4531@sina.com.cn

北京市延庆县广播电视中心

领导成员

书记、主任：郭东亮

副主任：李桂霞、贺农林、季晓冰、张树清

内设机构

办公室、财务科、总编室、新闻科、专题科、编播科、技术科、播控科、广告部、文艺部、外线事业科、建设科

直属单位

延庆县电视转播站、延庆县广播电视局记者站、延庆县广播电视服务部

地址：北京市延庆县高塔街73号

邮编：102100

电话：010－69103462

网址：www.yqgd.cn

北京光线传媒股份有限公司

领导成员

法人代表：王长田

内设机构

总裁办、财务部、人力资源部、法务部、行政部、品牌部、媒体合作部、艺人经纪部、电视节目事业部、综艺部、活动部、综合运营服务部、艺人关系部、光线影业、电视剧事业部、电视网事业部、发行部、英事达&包装工作室、互联网事业部、上海光线、电视节目事业部销售中心华东大区、电

影事业部发行部华东大区、综合运营部、娱乐现场上海站、广州光线、粤港台办事处

地址：北京市东城区和平里东街11号3号楼3层

邮编：100013

电话：010-64516000

传真：010-84222188

网址：home.netandtv.com

华谊兄弟传媒股份有限公司

领导成员

法人、董事长兼首席执行官：王中军

总　裁：王中磊

副总裁：胡　明

内设机构

电影事业部、电视剧事业部、娱乐营销事业部、艺人经纪事业部、影院事业部、音乐事业部、华谊巨人（游戏）、华谊时尚、实景娱乐；新业务版块：新媒体事业部、财务部、人力资源及行政部、法律部、品牌运营部；签约冯小刚、陈国富、冯德伦等导演；华谊兄弟电视剧事业部总裁杨善朴带领旗下制片人张纪中、吴毅、石钟山、张海东、葛卫东、郝琳、庄立奇、易为平、吴晓、彭三源、高群书组成12个电视剧工作室

地址：①北京市朝阳区朝外大街18号丰联广场A座908室

地址：②北京市顺义区天竺温榆河楼台段

邮编：100020/101312

电话：010－65805800/64579338

传真：010－65881518/64571299

网址：www.huayimedia.com

海润影视制作有限公司

领导成员

董事局主席：刘燕铭

总　裁：赵智江

副总裁：赵志红、张小军

上海海润公司总裁：曲光辉

广东润视公司总经理：闫旻

北京润亚公司总经理：陈铁铭

云南润视荣光公司总经理：蒋晓荣

海南海润公司总经理：罗小凤

黑龙江海润公司总经理：李鸥

西安海润公司总经理：魏鉴

海润影视制作有限公司连奕名工作室

海润影视制作有限公司谭璐璐工作室

江苏海润影视制作有限公司

北京海润影业制作有限公司

海润影视制作有限公司连奕名工作室

海润影视制作有限公司谭璐路工作室

海润影视制作有限公司赵浚凯工作室

海润影视制作有限公司蒋晓梅工作室

海润影视制作有限公司陈铁工作室

海润影视制作有限公司张森工作室

海润影视制作有限公司吴奇隆工作室

海润影视制作有限公司林建中工作室

北京海润演艺经纪有限公司

内设机构

总裁办、制作部、发行部、法务部、文学部、宣传策划部、财务部、新媒体部、行政部

部门负责人

制作总监：蒋晓梅

发行总监：常若艾、陈迪、张培

文学总监：孙允亭

多媒体总监：张春雨
财务总监：陈艳
法务总监：王文彬
行政总监：王存林
地址：北京市朝阳区安慧北里安园5号
邮编：100101
电话：010－64897799
传真：010－64935440
网址：www.hairunmedia.com

金英马影视文化股份有限公司

领导成员

董事长：刘文侃
总经理：滕站
常务副总经理：刘建立
副总经理：侯丽娟、耿双双、陈志康

内设机构

总经理办公室、影视制作中心（含8个工作室）、经纪拓展部、品牌战略合作部、公关企划部、品牌运营部、对外联络部、财务部、行政部、法务部

地址：北京市朝阳区北四环中路6号华亭嘉园E座23层
邮编：100029
电话：010－82858715/16
网址：www.jymys.com

北京京都世纪文化发展有限公司

领导成员

董事长：尤小刚
执行总经理：王正华

内设机构

经营部、宣传部、演艺经纪部、影视基地、办公室、财务部

地址：北京市广渠门南小街1号领行国际2单元901室
邮编：100061
电话：010－67110812
传真：010－67177299
邮箱：jd01@jdshiji.com

北京鑫宝源影视投资有限公司

领导成员

总经理：丁芯
副总经理：王小程、王驿、郃薪羽
总经理助理：焦云飞
财务总监：赵雅丽
艺人总监：刘红梅
宣传总监：焦红艳

内设机构

办公室、财务部、制作部、编辑部、演艺经理部、宣传部、发行部、公关广告部

地址：北京市朝阳区北苑路86号院311号楼
邮编：100101
电话：010－57805288
传真：010－57561288
邮箱：jiaoyunfei4369@163.com

获奖作品

"北京电视剧辉煌30年"获奖情况

2012年，为全面回顾北京电视剧发展30年的辉煌历程，展现改革开放三十年来北京在政治、经济、文化等方面所取得的辉煌业绩，北京市委宣传部、国家广电总局电视剧管理司、北京市广电局联合主办了"北京电视剧辉煌30年"系列活动。专家评委从30年3000余部作品中评选出精品，设置四个表彰项目，分别是"经典电视剧"35部、"优秀电视剧工作者"30名、"经典荧屏形象"32个、"经典电视剧歌曲"30首。

"经典电视剧"35部

（按照剧目出品时间排序）

《四世同堂》、《寻找回来的世界》、《努尔哈赤》、《红楼梦》、《便衣警察》、《西游记》、《渴望》、《编辑部的故事》、《北京人在纽约》、《我爱我家》、《三国演义》、《水浒传》、《雍正王朝》、《贫嘴张大民的幸福生活》、《突出重围》、《长征》、《大宅门》、《空镜子》、《神医喜来乐》、《历史的天空》、《亮剑》、《乔家大院》、《任长霞》、《士兵突击》、《大工匠》、《金婚》、《奋斗》、《解放》、《媳妇的美好时代》、《医者仁心》、《我是特种兵》、《黎明之前》、《风车》、《北京青年》、《正者无敌》。

"优秀电视剧工作者"30名

（按照姓氏笔画排序）

"优秀导演"有：王扶林、尤小刚、孔笙、刘江、杨阳、杨亚洲、沈好放、陈家林、林汝为、金韬、郑晓龙、胡玫、赵宝刚、高希希、康洪雷。

"优秀编剧"有：王丽萍、王宛平、王海鸰、王朝柱、兰晓龙、朱苏进、刘和平、江奇涛、李晓明、邹静之、陆天明、周振天、海岩、高满堂、彭三源。

"经典荧屏形象"32个

（按照剧目出品时间排序）

杜建春　（《蹉跎岁月》女主人公，肖雄饰演）
宋小丽　（《寻找回来的世界》女主人公，宋丹丹饰演）
努尔哈赤　（《努尔哈赤》男主人公，侯永生饰演）
贾宝玉　（《红楼梦》男主人公，欧阳奋强饰演）
林黛玉　（《红楼梦》女主人公，陈晓旭饰演）
王熙凤　（《红楼梦》女主人公，邓婕饰演）
孙悟空　（《西游记》男主人公，六小龄童饰演）

周志明　　（《便衣警察》男主人公，胡亚捷饰演）
刘慧芳　　（《渴望》女主人公，张凯丽饰演）
宋大成　　（《渴望》男主人公，李雪健饰演）
李冬宝　　（《编辑部的故事》男主人公，葛优饰演）
方　言　　（《过把瘾》男主人公，王志文饰演）
王启明　　（《北京人在纽约》男主人公，姜文饰演）
曹　操　　（《三国演义》男主人公，鲍国安饰演）
二愣妈　　（《党员二愣妈》女主人公，斯琴高娃饰演）
康　熙　　（《雍正王朝》男主人公，焦晃饰演）
张大民　　（《贫嘴张大民的幸福生活》男主人公，梁冠华饰演）
毛泽东　　（《开国领袖毛泽东》男主人公，唐国强饰演）
周恩来　　（《长征》男主人公，刘劲饰演）
喜来乐　　（《神医喜来乐》男主人公，李保田饰演）
孙　燕　　（《空镜子》女主人公，陶虹饰演）
姜大牙　　（《历史的天空》男主人公，张丰毅饰演）
任长霞　　（《任长霞》女主人公，刘佳饰演）
李云龙　　（《亮剑》男主人公，李幼斌饰演）
许三多　　（《士兵突击》男主人公，王宝强饰演）
文　丽　　（《金婚》女主人公，蒋雯丽饰演）
米　莱　　（《奋斗》女主人公，王洛丹饰演）
纪晓岚　　（《铁齿铜牙纪晓岚》男主人公，张国立饰演）
毛豆豆　　（《媳妇的美好时代》女主人公，海清饰演）
刘新杰　　（《黎明之前》男主人公，吴秀波饰演）
李大本事　（《永不磨灭的番号》男主人公，黄海波饰演）
冯天魁　　（《正者无敌》男主人公，陈宝国饰演）

“经典电视剧歌曲”30首

（按照剧目出品时间排序）

《一支难忘的歌》　　（《蹉跎岁月》主题歌）
《重整河山待后生》　（《四世同堂》主题歌）
《寻找回来的世界》　（《寻找回来的世界》主题歌）
《月亮之歌》　　　　（《凯旋在子夜》主题歌）
《枉凝眉》　　　　　（《红楼梦》主题歌）
《葬花吟》　　　　　（《红楼梦》插曲）
《少年壮志不言愁》　（《便衣警察》主题歌）
《敢问路在何方》　　（《西游记》主题歌）
《走过花季》　　　　（《十六岁的花季》主题歌）

《渴望》	（电视剧《渴望》主题歌）
《好人一生平安》	（《渴望》片尾曲）
《投入的爱一次》	（《编辑部的故事》主题歌）
《糊涂的爱》	（《过把瘾》主题歌）
《千万次的问》	（《北京人在纽约》主题歌）
《青藏高原》	（《天路》主题歌）
《滚滚长江东逝水》	（《三国演义》主题歌）
《历史的天空》	（《三国演义》片尾曲）
《清官谣》	（《宰相刘罗锅》主题歌）
《好汉歌》	（《水浒传》主题歌）
《得民心者得天下》	（《雍正王朝》主题歌）
《日子》	（《贫嘴张大民的幸福生活》主题歌）
《你快回来》	（《永不瞑目》主题歌）
《大宅门》	（《大宅门》主题歌）
《男人身上有热血》	（《历史的天空》主题歌）
《远情》	（《乔家大院》主题歌）
《爱如空气》	（《幸福像花儿一样》主题歌）
《发现》	（《京华烟云》主题歌）
《阳光男孩，阳光女孩》	（《家有儿女》主题歌）
《中国军魂》	（《亮剑》主题歌）
《净土》	（《木府风云》主题歌）

（北京市广播电影电视局宣传管理处）

2011年度北京市优秀广播电视节目评选获奖作品
（节目、报刊类）

一、广播类作品

广播新闻（27个）

一等奖：6个

短消息：高晓松成为醉驾入刑以来最高量刑第一人

北京人民广播电台　高波

评论：微博打拐，见证公民力量的成长

北京人民广播电台　董婉苏、张锋

新闻访谈：请跟我回家

北京人民广播电台　刘慧

长消息：村民卖瓜难　微博来救援

大兴区广电中心　房晓鹏、袁媛、靳石萌

长消息：养殖能手成为我市首位农民碳汇购买者

密云县广电中心　田晓娟、胡文娟

短消息：全国第一个取得独立民事主体资格的业主大会在怀柔诞生

怀柔区广电中心　谢博识、李晓红、陈琪、黄秋霞

二等奖：8个

评论：汽车过亿我们准备好了么？

北京人民广播电台　王玉玲

专题：日坛边上的大型会所，你到底从哪儿来？

北京人民广播电台　秦鲁一

组织策划：寻访红色档案

北京人民广播电台　李秀磊、罗霄兵、延安、张丽

系列报道：“破解猪肉价格迷局”系列报道

北京人民广播电台　席伟航、连新元、刘萤萤、马骏、霍玥

长消息：小账本记录大发展

房山区广电中心　汪学武、李丹、原婧

长消息：深山区百姓家门口享受政府服务

昌平区广电中心　张金鑫、王颖、杨志来

评论：领导干部也该“走、转、改”

怀柔区广电中心　李晓红、冀莹、郭福利、尹静、王学新、赵红

长消息：小事不出“格”大事不出村——顺义区北小营镇实行“1-1+15”网格管理模式

顺义区广电中心　季元媛、赵福艳

三等奖：13个

短消息：大邱田径世锦赛中国队首次使用申诉权

北京人民广播电台　贾萌

长消息：警民共同救治断指少年

北京人民广播电台　张琪悦

评论：“7·23”特大动车追尾事故：真的是因为“雷击”吗？

北京人民广播电台　程艳

新闻编排：《12:00整点快报》北京今天出现抢盐风潮

北京人民广播电台　郭士荧、王建平、王论论

新闻编排：关注北京楼市调控新政

北京人民广播电台　董婉苏

系列报道：汶川地震三周年，北京援建系列报道——什邡的春天

北京人民广播电台　连新元、兆民、赵鹏

连续报道：公租房被转租，凸显监管漏洞

北京人民广播电台　高傲、王婷婷

现场直播："暴雨"中的"及时雨"

北京人民广播电台　交通广播、新闻广播集体

长消息：与"上帝"零距离接触 延庆"农宅对接"实现双赢

延庆县广电中心　单新荣、刘杨

短消息：八旬离休老人义务编写《密云交通便览》方便市民乘车

密云县广电中心　刘成武、史明月

长消息：农村产权公开交易——"民"、"政"双赢

平谷区广电中心　李冬亮、王健、张云辉

短消息：仨的哥堵逃逸车

顺义区广电中心　徐亚楠、刘连茹

长消息：拆不散的上营社区

通州区广电中心　毕银霞、宇乔、李凡凡

广播社教（18个）

一等奖：4个

对象性节目：家政公司总经理和他的"爹妈"们

北京人民广播电台　于晓丹

公众性节目：母亲的希望

北京人民广播电台　刘慧

公众性节目：马法官家的二小子

北京人民广播电台　姚博

系列报道：说身边小事　做顺义好人

顺义区广电中心　王会永、赵娜、丁越、季元媛、徐亚楠

二等奖：5个

对象性节目：听，春天来了

北京人民广播电台　左小群

公众性节目：成人比成龙更重要

北京人民广播电台　张艳、仇檀

公众性节目：乙肝母婴阻断 成就幸福家庭——访北京佑安医院妇产科主任张华

北京人民广播电台　熊丽

新闻性专稿：深山六载豆浆情

房山区广电中心　王佚、刘兵兵、原婧、王磊、白金慧、孙岩

系列报道：红色记忆

怀柔区广电中心　李晓红、陈琪、崔颖、谢博识、尹静、王德林、闫国强、高秋英

三等奖：9个

对象性节目：关爱空巢老人，让跌倒不再发生

北京人民广播电台　张艳、仇檀

公众性节目：生命奇迹

北京人民广播电台　刘彬、张亮

公众性节目：邮局里的自家人

北京人民广播电台　于晓丹

知识性节目：食品添加剂，您了解吗？

北京人民广播电台　金盛博、李嘉佳

知识性节目：核医学、辐射及相关知识

北京人民广播电台　安杨

特别节目：和“嫦娥”一起奔月的人

北京人民广播电台　刘慧

新闻性专稿：“一事一议、一事一决”——昌平信访推广“一单式”工作法、“5+2”工作模式

昌平区广电中心　张金鑫、王强、李康

新闻性专稿：“厚德村”里人情暖

延庆县广电中心　滕薇、吴佳羽、单新荣、赵倩女

新闻性专稿：《唤醒》——十三年村官，带领村民走上致富路

密云县广电中心　石晓访、吴婷、吕亚红、张鹏、梁爽

广播境外播出（4个）

一等奖：1个

专题：一辆绿皮车带来的希望

北京人民广播电台　张琦

二等奖：1个

专题：紧急集结——访中国国际救援队副领队王志秋

北京人民广播电台　戴蔚然

三等奖：2个

系列报道：情系马兰

北京人民广播电台　刘兴宇、郭士荧、史喻

专题：身边的传奇——纪晓岚故居里的中共秘密联络点

北京人民广播电台　戴蔚然

广播优秀栏目（8个）

新闻广播《新闻天天谈》　北京人民广播电台

城市服务管理广播《中国财经60分》　北京人民广播电台

交通广播《交通新闻热线》　北京人民广播电台

音乐广播《中国歌曲排行榜》 北京人民广播电台
爱家广播《家里家外》 北京人民广播电台
《与法同行》 昌平区广电中心
《今日农村》 延庆县广电中心
《成长》 怀柔区广电中心

广播播音（10个）

一等奖：2个

主持作品：他们是真诚面对信仰的人——阳和平教授回忆父亲母亲的故事
北京人民广播电台 马维

播音与主持：用生命点亮青春
昌平区广电中心 李娜

二等奖：3个

主持作品：忆三毛
北京人民广播电台 宏玖

主持作品：爱心接力救助断指男孩
北京人民广播电台 李莉、杨洋

广播主持：健康伴你行
怀柔区广电中心 李晓红

三等奖：5个

主持作品：“就近入学”的现实尴尬
北京人民广播电台 东方、宋扬

主持作品：用满腔热情，打造美好城市——访美国“五大城市最杰出市长”理查德·戴利
北京人民广播电台 王异戈

播音作品：资讯早八点
北京人民广播电台 彦旭、李锐

播音作品：儿童故事《法莫先生的闹钟》
北京人民广播电台 左小群

广播播音主持节目：“有色眼镜”，您遇到过吗？
顺义区广电中心 刘连茹、焦英杰

广播文艺（11个）

一等奖：2个

音乐节目：马兰的琴声
北京人民广播电台 冯健

广 播 剧：伟大的转折
北京人民广播电台 沈弘、李培建、胡培奋

二等奖：3个

文学节目：人月双清，百年流芳

北京人民广播电台　阿达、罗兵、郝卫群、周海燕、张校茵

综艺节目：日本之殇

北京人民广播电台　才涛、罗兵、齐克健

广 播 剧：没有共产党就没有新中国

北京人民广播电台　沈弘、胡培奋

三等奖：6个

音乐节目：走向喜马拉雅

北京人民广播电台　赵爽、梁言、董珂

音乐节目：星光伴我行

北京人民广播电台　谷悦

娱乐节目：事关男女

北京人民广播电台　王为、闻风

娱乐节目：北京沙燕风筝溯源

北京人民广播电台　徐德亮、张世强、郝冬梅

小说连播：戏单

北京人民广播电台　徐平、张立媛、张璐

公益广告：路——关注山区儿童

北京人民广播电台　夏铭

二、电视类作品

电视新闻（45个）

一等奖：9个

短消息：中国大陆首条自主建设最高世代液晶面板生产线投产

北京电视台　李烨、王晓龙、徐京玲、马国颖

长消息：北京告别91年钢铁生产历史

北京电视台　马国颖、金蕾、王晓龙、李琪、朱江、艾冬云、徐京玲

系列报道：我的中国心

北京电视台　朱江、徐京玲、马国颖、李烨、任效松、代依艳、金蕾、陆放、涂艳

新闻编排：特别关注

北京电视台　袁朴、刘晓隽、尧弘、方园、段忠俊、陈军、李玲、申京辉、徐悦钧、桑朝辉、王巍、曹一楠、赵彬彬

系列报道：《党员在身边》系列报道

北京广播电视台　刘翌、柳秀彬、刘媛媛、赵昊

专题：多种方式解决出行“最后一公里”

北京广播电视台　王莹莹、赵韫、刘军、李信扬

短消息：昌平苹果在全国率先实现“零农残”

昌平区广电中心　王颖、杨志来、王燕平、赵文岩

长消息：90岁老人珍藏16张选民证

昌平区广电中心 王颖、周雨露、赵利

长消息：顺义区保障性住房实现1：1配售

顺义区广电中心　郑彧淼、刘前军

二等奖：13个

短消息：我们在现场：地下甘泉 甜在心间

北京电视台　陆放、张虎

长消息：我在基层—— 雨中道路的“守护者”

北京电视台　李莲、吴迪

长消息：健康一卡通 服务流动人口全保障

北京电视台　贾湧强、雷志军

系列报道：瓜田何以变成挖沙场

北京电视台　宋杰、郭东风

组织策划:温暖一家亲—— 大型记者关爱公益行动

北京电视台　艾冬云、张冬林、周永萍、邵晶、赵波、刘晓隽、张晓鲁、赵欣、胡阳、张文天、周廉洁、李光军、刘玉叶

长消息：党员“医生博客”搭建服务患者新载体

北京广播电视台　赵昊、杜宽

专题：无“障碍”的快乐生活

北京广播电视台　王莹、赵韫、王琛、李信扬

新闻编排：整点播报

北京广播电视台　王莹莹、杨帆、凌晨

短消息：我国首条具有自主知识产权的薄膜晶体管液晶显示器件生产线正式投产

大兴区广电中心　刘聪聪、黄河

长消息：拆迁未动 就业先行

丰台区广电中心　侯明

长消息：老矿工七年创出登山路

门头沟区广电中心　王正、胡金旺

长消息：4万根木棍筑起“鸟巢书屋 ”

怀柔区广电中心　孟阳 、冀莹、雷宇光、杜治平

长消息：六旬老汉冒险施救　四岁男童转危为安

通州区广电中心　王丽丽、高玉强、于亚辉

三等奖：21个

短消息：《安全燃放　平安过年》—— 除夕夜警务直升机空中巡视本市烟花爆竹燃放情况

北京电视台　周宇、张虎

长消息：紧要时刻 民警银行避免群众损失25万

北京电视台　周宇、郝欣

长消息：“打手事件”一波三折 刘翔终获世锦赛银牌

北京电视台　李允、郑磊

系列报道：开局之年走一线

北京电视台　任效松、江峰、曲馥、李琪、王陆华、刘靖

系列报道：“黑救护车”隐患重重　亟待监管“黑救护车”违规运行　医院护工里外勾结　正规120救护人员被打“黑急救车”猖獗

北京电视台　王伟、侯爵、郝欣、何海东

评论：剥下鉴宝的“金缕玉衣”

北京电视台　赵蕾、冯旭、姜建财、舒予、钱瑞泓、秦亚利、侯薇、王鹏、王建、茂森、霍庆海、张阳

专题：又见安德雷斯

北京电视台　林琛、穆鑫、潘文锋

专题：7280万假画的背后

北京电视台　颜匀、王娟、吕剑魁、张轶轶

现场直播：《雨中进行时》“7·21”大雨直播

北京电视台　丁晓阳、赵波、刘钊、楚钊、宋旸、周琼、李爽、王伟、徐珂、刘瑜

新闻访谈：军情解码—— 北约轰炸巴基斯坦，又是误炸？

北京电视台　陈晨、徐士悦、罗旭

长消息：高速路遇火情 980路司机伸援手

北京广播电视台　王莹莹、王超

专题：福彩公益行—— 漆彩人生

北京广播电视台　梁丹、赵琦

专题：福彩公益行—— 石塘路村的幸福之路

北京广播电视台　梁丹、尹长凤、郭晗

组织策划：学习“七一”讲话，憧憬未来美好生活

北京广播电视台　王莹、王莹莹、赵韫、王琛、隗炜、刘军

长消息：种好梧桐引凤来　开发区打造北京南部“人才高地”

大兴区广电中心　郑伟、李凯

短消息：山区农民“北京精神”唱起来

房山区广电中心　王超、杨新宇、古亚楠、靳海燕

长消息：折翼天使王恒：越磨砺，越光芒

海淀区广电中心　刘文婷、尹振

长消息：让文化活起来 让农民乐起来　延庆文化资源管理员催热农村文化

延庆县广电中心　左征、宋红星、王爱华

长消息：王恩礼：山村里永远年轻的宣传员

密云县广电中心　张晓娜、戴琪果

长消息：好心人，你在哪里

顺义区广电中心　赵洁、裴庆生

长消息：公益反哺、哺公益明星

石景山区广电中心　杨卫东、刘宇

电视社教（32个）

一等奖：7个

专题片：《笔墨春秋》第一集呐喊

北京电视台　刘畅、裔欣、刘军、李晋雄、段骏、周溢祺、裔欣、刘军卫、段骏、史慧、杨曼、潘大为、苏全军、徐澎、魏煜晨、耿晓辉、邢程

专题片：石清华 300个孩子一个爸

北京电视台　孟梦、刘佳、张栗坤

系列片：文化北京

北京电视台　周泳、马嘉、刘劼、吴春、肖同庆、王皓、单立、李蓓、杨晓春、曾嵘、王威、李力、王皓、关歌

系列片：生命缘

北京电视台　张丽、邵晶、储光照、马婷、韩靖、王彦、李强、褚文胜、邸秀明、焦建康

短纪录片：用夕阳余晖，照耀教育沃土—— 北京教育学院离休干部温寒江

北京广播电视台　朱丹、张然、白宝林

系列报道：昌平红色记忆

昌平区广电中心　聂淑芳、王强、王江红、赵凯、李斌、于涛

专题：约定

顺义区广电中心　郭金玉、季笑然

二等奖：10个

长纪录片：我与“神八”零距离

北京电视台 蓝霖、李维韦、赵鹏、王健

专题片：水穿街巷话玉河（上、下）

北京电视台　李欣、张妍、张晓达、刘力捷、陈立强、张宁、国嘉

专题片：歼十凌云志—— 纪念新中国航空工业创建60周年

北京电视台 乔鲁京、张苏、罗旭、余文

系列片：《辛亥》

北京电视台 袁子勇、吴群、祝勇、吴群、张泉、陈岳、王宇、王劼、成强、郭景波、柴济东、李淼、李明、孙宇、周建波、马涛、刘民、姚大禹、艾冬云

特别节目：《家国情 长相忆》卫视“七一”特别节目
——周总理、邓大姐西花厅的海棠花又开了
北京电视台 孟梦、郭畅、王潇彤、张栗坤
短纪录片：紫藤深处“刘公馆” ——刘少白与珠市口西大街
北京广播电视台 徐琛、杜宽、程雅纯、白宝林
系列片：伟大历程 辉煌功绩
北京广播电视台 王莹、曲丽、孔源源、凌晨
专题：三问4·25火灾
大兴区广电中心 杨朝杰、吴迪、苏金喆、高吉强、米雪梅
专题：执着的“付电影”
密云县广电中心 石晓访、吕亚红、张鹏、吴婷、梁爽
系列报道：红色记忆
怀柔区广电中心 崔颖、陈琪、谢博识、孟阳、段峥、雷宇光、冀莹、张硕

三等奖：15个

长纪录片：英菲尼迪肇事案
北京电视台 杜研、陶继忠、郭玉林、王旭辉、吴建峰
专题片：诚信传承老字号（上、下）
北京电视台 霍毓峰、路伦一、赵立庄
专题片：我们俩加起来202岁
北京电视台 刘文燕、刘春艳、王钲、郑威
专题片：真实的谎言—— 谁炮制了“拯救女兵林奇”
北京电视台 尤鑫、乔建宁、石冀明、罗旭
专题片：不能没有你—— 用爱唤醒植物人
北京电视台 丁永文、郑新、李丹、祁瑛
系列片：为你而歌
北京电视台 李冰、冷威、韩斗斗、傅琼、郑兵、张迎迎、黄有为、张向红、丁永文、王智、李睿星、田泽兴、刘华、窦焱、徐健、王倩、 王明军、凌青、黄钧业
系列片：人民的货币
北京电视台 岳民、张洪宽、邱桂垣、李谦、何雷宇、李涛
系列片：辛亥档案
北京电视台 杨东、吕军、黄炜、王红、胡杰、许璐、唐晓非、王琳、张健、彭璐萌、刘娟、成诚、赵廉、王潇玄
专题：马栏小院载党史 抗日先锋气长存
北京广播电视台 孟旸、张然
系列片：北京奥运你和我
北京广播电视台 闫新疆、孙宇、何赫

电视科普：解读“灰霾”（原绿动北京）

北京广播电视台　王虹、王莹莹、张馨心

专题：山路弯弯豆浆情

房山区广电中心　贾颖、郭伟、张峭、刘冠楠、李金鹏、郑迪飞、张雪、孟梅、尹鹏

专题：139公里的坚守

门头沟区广电中心　蓝盛斓、刘楠

专题：科技领路人——记平谷区果品办公室闫凤娇

平谷区广电中心　马进、张春艳、张艳平

专题：《高原之行》——石景山区玉树爱心之旅纪实

石景山区广电中心　徐晓洁、穆青、仲然、张玉海

电视境外播出（4个）

一等奖：1个

境外播出：江森海一家的胡同情

北京电视台　周泳、徐剑、吴筠、蒋俐、冯蕾

二等奖：1个

境外播出：无名小镇变身国际乐谷

北京电视台　周泳、严崴 、高晰、肖鹏、沈澜

三等奖：2个

境外播出：“洋娃娃”在中国

北京电视台　徐剑、吴筠、蒋俐、冯蕾

境外播出：拯救生命的勇士—记中国国际救援队

北京电视台　张晓彦、郑晓华、周泳、严崴、沈澜

电视优秀栏目（12个）

养生堂	北京电视台
档案	北京电视台
每日文娱播报	北京电视台
军情解码	北京电视台
体坛资讯	北京电视台
党建新闻	北京广播电视台
整点播报	北京广播电视台
丰台故事	丰台区广电中心
檀州大舞台	密云县广电中心
一路平安	延庆县广电中心
情动绿港	顺义区广电中心
同在蓝天下	朝阳区广电中心

电视播音与主持（13个）

一等奖：2个

电视主持：探梦天宫——“天宫一号”目标飞行器发射直播特别节目

北京电视台　聂一菁

播音与主持：大兴新闻

大兴区广电中心 苏健

二等奖：4个

电视主持：养生堂——程氏针灸养生宝典

北京电视台 刘洪悦

电视主持：《好人故事》—— 300个孩子一个爸

北京电视台 张栗坤

播音与主持：早安房山

房山区广电中心　孙亚琼

播音与主持：《走进演播室》：纪念中国共产党成立90周年特别节目——与党旗对话(二)

石景山区广电中心　　王叶玉

三等奖：7个

电视主持：《雨中进行时》特别直播报道

北京电视台　马迟

电视主持：军情解码—— 利比亚烽烟

北京电视台　罗旭

电视主持：有一说一——《大众电影》谁在乎

北京电视台　向真

电视主持：经济法眼——孽缘

北京电视台　宁晓川

播音与主持：昌平新闻

昌平区广电中心　　武红雪

播音与主持：生态延庆骑乐无穷（原农村新视野）

延庆县广电中心　滕薇

播音与主持：《视点》——关注“中国乐谷首届欢乐节”

平谷区广电中心 张艳平

电视文艺（15个）

一等奖：4个

综艺节目：2011北京电视台春节联欢晚会

北京电视台　集体

综艺节目：2011北京电视台环球春晚

北京电视台　集体

综艺节目：《党在百姓心中》北京市庆祝中国共产党成立90周年主题晚会

北京电视台　集体

歌舞节目：《卢沟晓月 乐动中秋》2011北京月亮歌会

北京电视台　李雪萍、秦岭、马楠、张雪、姜力

二等奖：4个

动画节目：劳拉的星星在中国

北京电视台　集体

综艺节目：2011BTV网络春晚

北京电视台　集体

综艺节目：心悦百姓 行为民生——BTV首届观众喜爱的主持人颁奖晚会

北京电视台　集体

综艺节目：最强阵容——市政路桥控股VS市纺织控股

北京电视台　集体

三等奖：7个

综艺节目：清明赋　家国情——第四届北京清明诗会

北京电视台　集体

综艺节目：迈克尔·杰克逊，爱你就是这样

北京电视台　徐剑、吴筠、蒋俐、魏超

综艺节目：感动——纪念北京市精神文明引导行动十周年晚会

北京电视台　李兰、孙勤、雁翎、郭妍、姜力

综艺节目：绿满京华——首都全民义务植树三十周年纪念晚会

北京电视台　郭树欣、叶蔚宁

综艺节目：2011北京喜剧幽默大赛（排位赛）

北京电视台　集体

戏曲节目：2011北京京剧票友段位评授季

北京电视台　集体

专题节目：老外也爱唱红歌

北京电视台　徐剑、吴筠、蒋俐、单岩柏

三、广电报刊类作品

一等奖：1个

通讯：我们在红色中收获感动

北京广播电视报社　王青、陈文、鄢利平、冷梅

二等奖：4个

通讯：北京广播电视为不和家庭修补伤痕

北京广播电视报社　王青、陈文

评论：赵老师，落地请接地气

北京广播电视报社　张琳

通讯：春妮的泪，主持人的心

北京广播电视报社　马丽、程戈、夏茂平

通讯：北京荧屏中的北京文化三部曲

北京广播电视报社　马丽、程戈、夏茂平、常江、朱子

三等奖：7个

通讯：电视剧广告三大烦

北京广播电视报社　集体

评论：这剧凭什么叫“风车”

北京广播电视报社　张光

通讯：冯远征：到电台说书还真棒

北京广播电视报社　刘颖

通讯：六旬老人电台寻找救命恩人

北京广播电视报社　陈文

通讯：是社区的关怀救了我儿子的命

北京广播电视报社　鄢利平

评论：您忐忑了吗？

北京广播电视报社　张光

通讯：北京电视台这样寻找红色足迹

北京广播电视报社　马丽、程戈、夏茂平

（北京市广播电影电视局宣传管理处）

2012年北京广播电视节目技术质量评比获奖名单

（广播类）

节目名称	类别	单位	主创人员	等级
《最后的猎人》	艺术	北京人民广播电台	孟孟、傅博	一等奖
《新麻辣姻缘》	片花广告	北京人民广播电台	马笑宇	
《稻香村——记忆篇》	片花广告	北京人民广播电台	张校茵、贾洪波	
《她……》	环绕声	北京人民广播电台	曹漫、马笑宇	
《交通安全篇》	片花广告	北京人民广播电台	梁和芝	二等奖
《爱的分贝》	通俗	北京人民广播电台	曹漫	
《春季宣传》	片花广告	北京人民广播电台	梁和芝	

续 表

节目名称	类别	单位	主创人员	等级
《最后一个夏天》	通俗	北京人民广播电台	曹漫	二等奖
《寻找你我的记忆》	片花广告	通州广播电视中心	王姝、宫宝文	
《午夜拍案惊奇》	环绕声	北京人民广播电台	曹漫、张校茵	
《老歌听不够》	片花广告	房山区广播电视中心	杨建国、穆晓凤	
《人月双清》	专题	北京人民广播电台	张校茵、王恭礼	三等奖
《闲看花开花落》	专题	通州广播电视中心	周思思、赵坤	
《新闻周末会》	片花广告	房山区广播电视中心	熊京生、刘玉迎	
《英雄儿女》	专题	北京人民广播电台	罗霄笑	
《沁园春·雪》	美声	北京人民广播电台	陈小斌	
《芦花》	通俗	通州广播电视中心	王延伟、陈颖	
《梅边四梦》	戏剧	北京人民广播电台	马笑宇、孟孟	
《新闻直通车》	新闻	房山区广播电视中心	史可、武逸洋	
《走向喜马拉雅》	专题	北京人民广播电台	董珂	
《春之怀古》	专题	通州广播电视中心	吴小强、王小利	
《绒花》	民族	通州广播电视中心	高宝森、张长龙	
沪剧《燕燕做媒》	戏剧	通州广播电视中心	王姝、宫宝文	
《四合梦》	曲艺	北京人民广播电台	罗霄笑	

（电视类）

节目名称	类别	格式	单位	主创人员	等级
2011 北京电视台春节联欢晚会	综合文体类	标清	北京电视台	视频：李文军、张硕、陈超、叶恺、孟晴、刘文、何雪松、付斌	一等奖
北京新闻	新闻类	标清	北京电视台	视频：顾端、张洋、王健、李岩	
2012 BTV网络春晚	综合文体类	标清	北京电视台	视频：任占辉、王忠泰、韩蒙、汤炳钊、刘旖旎、夏新 颖、张帆、李娜	
《北京精神》片头	片头类	标清	北京电视台	贺文林、匡葵、赵博	

续 表

节目名称	类别	格式	单位	主创人员	等级
《2011北京电视台春节联欢晚会》片头	片头类	标清	北京电视台	赵新生、贺文林、黄锐	一等奖
2011 北京电视台春节联欢晚会	声音类	高清	北京电视台	音频：姚银壮、张志杰、杨宣军、余勇平	
2012环球春晚	综合文体类	标清	北京电视台	视频：李勇、张鹏程、张博、郭丽宏、鲁岩、王笑林、尉光、陈一大	二等奖
绿满京华	综合文体类	标清	北京电视台	视频：梁爽、张鹏程、郭丽宏王笑林、范强、杜月、宋冰、洪贺	
这里是北京	专题类	高清	北京电视台	视频：鲁楠、王祥、吴铮、杨涛、周宇、曹飞	
玉树印象	专题类	高清	北京电视台	视频：赵晨、侯婷婷、张涛、王一、杨莹、张未玟	
笔墨春秋	专题类	高清	北京电视台	视频：赵晨、侯婷婷、范强、王梦羽、李剑宇、李予民	
2012 BTV网络春晚	声音类	高清	北京电视台	音频：姚银壮、张志杰、杨宣军、吴铮	
新闻热线	新闻类	标清	北京电视台	视频：隋如文、李蕾、刘宇萌、徐靖	
2011北京电视台中秋晚会	声音类	高清	北京电视台	音频：姚银壮、张志杰、范强、杨宣军	
《星游记》第二集	动画片	标清	北京电视台	金凯、宁宏立、王崑、刘通	
风车	电视剧类	高清	北京电视台	视频：赵宏伟、蒋红艳、翟小辉何莹、孙海峰、李勇	
《2012 新年全球大直播》片头	片头类	标清	北京电视台	匡葵、赵新生、张晨旭	
《笔墨春秋》片头	片头类	标清	北京电视台	贺文林、匡葵、肖宏耀	三等奖

续 表

节目名称	类别	格式	单位	主创人员	等级
中国职业篮球联赛	体育类	高清	北京电视台	视频：康金萍、谢原、陈志军、李颖、许沛然、侯毅、刘畅、黄玮	三等奖
辛亥革命	专题类	标清	北京电视台	视频：王申为、刘丹丹、王敏敏、高亚美	
房山新闻	新闻类	标清	房山广播电视中心	视频：杨建国 刘玉迎 音频：熊京生 灯光：牛雪锋	
永远跟党走	片头类	标清	房山广播电视中心	刘瑜	
水润龙乡	专题类	标清	房山广播电视中心	视频：穆晓凤、冯明耀 音频：熊京生 灯光：张华	
相约：舞动生命的奇迹——访舞者马丽	专题类	标清	昌平广播电视中心	视频：刘庆娟、任苑 音频：王方园 灯光：孙贺元	
永远跟党走	综合文体类	标清	房山广播电视中心	视频：冯明耀、杨建国 音频：李岩峰、刘振明 灯光：卢双庆、武逸洋、张华、牛雪锋	
少年中国	专题类	标清	北京电视台	视频：周宝伟、刘旖旎、韩蒙、 张博	
2012亚洲足球俱乐部冠军联赛	体育类	高清	北京电视台	视频：叶志云、郝纪、张倞、杨梓江、刘燕伟、杜波、张宁、陈思策	
都市生活	专题类	标清	房山广播电视中心	视频：杨建国、刘玉迎 音频：李岩峰 灯光：武逸洋	
中国职业篮球联赛	声音类	高清	北京电视台	音频：马捷、张磊、李沛、齐伟	
我心中的歌	综合文体类	标清	房山广播电视中心	视频：刘玉迎、冯明耀、穆晓凤 音频：李岩峰、石可 灯光：武逸洋、张华、卢双庆	
平谷新闻	新闻类	标清	平谷广播电视中心	视频：马小林、李东、王旭艳张小娜、王辉 音频：王红艳、杨飞 灯光：段小松	
以己之手 打造绿色和谐平谷	专题类	标清	平谷广播电视中心	视频：马小林、李东、王旭艳张小娜、王辉 音频：王红艳、杨飞 灯光：段小松	

续 表

节目名称	类别	格式	单位	主创人员	等级
《门头沟新闻》	新闻类	标清	门头沟广播电视中心	视频：孙伟、张红 音频：刘越 灯光：梁杰	三等奖
《新闻盘点》	新闻类	标清	石景山广播电视中心	视频：张金勇、刘红波 音频：孙磊 灯光：张艳阳	
《少年中国》	专题类	高清	北京电视台	视频：张硕、周宝伟、刘旖旎、韩蒙、张博、张帆	
《真情故事》	片头类	标清	昌平广播电视中心	视频：明磊	
《精品赏析》	声音类	高清	通州区广播电视中心	视频：王姝、郭兴巍 音频：王建国 灯光：于晴	
综合奖				房山区广电中心	

（北京市广播电影电视局科技处提供）

2012年北京人民广播电台获奖作品一览表

奖项名称	获奖作品	体裁	届数	奖项等级	获奖部门及人员
中国新闻奖 北京新闻奖	请跟我回家	新闻访谈	22届 21届	一等奖 二等奖	故事广播 刘慧
中国新闻奖 北京新闻奖	日坛边上的大型会所，你到底从哪儿来？	专题	22届 21届	二等奖	新闻广播 秦鲁一
中国新闻奖	主流媒体为时政新闻设置一程的路径分析或如何在广播新闻报道中运用目标管理	新闻论文	22届	二等奖	新闻广播 谢先进
北京新闻奖	2011年北京榜样人物评选活动	组织策划	21届	组织策划奖	新闻广播
北京新闻奖	微博打拐，见证公民力量的成长系列报道	评论	21届	一等奖	城管广播 董婉苏、张锋
北京新闻奖	寻访红色档案	系列报道 组织策划	21届	一等奖	交通广播 李秀磊、罗霄兵、延安、张丽

续 表

奖项名称	获奖作品	体裁	届数	奖项等级	获奖部门及人员
北京新闻奖	警民共同救治断指少年	长消息	21届	一等奖	交通广播 张琪悦
北京新闻奖	汽车过亿 我们准备好了么?	评论	21届	二等奖	交通广播 王玉玲
北京新闻奖	破解猪肉价格迷局	系列报道	21届	二等奖	席伟航、连新元、刘萤萤、马骏、霍玥
北京新闻奖	一列绿皮车带来的希望	专题	21届	二等奖	外语广播 张琦
北京新闻奖	高晓松成为醉驾入刑以来最高量刑第一人	短消息	21届	二等奖	城管广播 高波
北京新闻奖	大邱田径世锦赛中国队首次使用申诉权	短消息	21届	三等奖	体育广播 贾萌
北京新闻奖	“7·23”特大动车追尾事故：真的是因为“雷击”吗?	评论	21届	三等奖	交通广播 程艳
北京新闻奖	汶川地震三周年，北京援建系列报道——什邡的春天	系列报道	21届	三等奖	新闻广播 连新元、兆民 交通广播 赵鹏
北京新闻奖	公租房被转租，凸显监管漏洞	连续报道	21届	三等奖	城管广播 高傲、王婷婷
北京新闻奖	“暴雨”中的“及时雨”	现场直播	21届	三等奖	交通广播、新闻广播集体
北京新闻奖	纪晓岚故居里的中共秘密联络点	专题	21届	三等奖	外语广播 戴蔚然
北京新闻奖	紧急集结——访中国国际救援队副领队王志秋	专题	21届	三等奖	外语广播 戴蔚然
精神文明建设“五个一工程”奖、中国广播剧研究会广播剧专家奖	伟大的转折	广播剧	12届	“连续剧”特等奖	文艺广播

注：获得“北京市优秀广播电视节目”的获奖作品未在此表刊登，详见“2011年度北京市优秀广播电视评奖获奖作品名单”。

（北京人民广播电台）

2012年北京电视台获国家级奖项作品一览表

奖项名称	获奖作品	届数	体裁	奖项等级	获奖部门
中国广播影视大奖	文物安全会开成了“瞌睡”会	2009—2010年度	消息	优秀电视节目奖	新闻节目中心
中国广播影视大奖	档案	2009—2010年度	栏目	优秀电视节目奖	卫视节目中心
中国广播影视大奖	吴玉禄和他的“孩子们”	2009—2010年度	对外电视专题	优秀电视节目奖	青少·海外节目中心
中国新闻奖	北京告别91年钢铁生产历史	第22届	电视消息	二等奖	新闻节目中心
中国新闻奖	无名小镇变身国际乐谷	第22届	国际传播电视专题	三等奖	青少·海外节目中心
中国电视金鹰奖	2011北京电视台春节联欢晚会	第26届	电视文艺节目	优秀电视文艺节目	文艺节目中心
中国电视金鹰奖	人民大会堂	第26届	电视纪录片	优秀电视纪录片	纪实高清
中国电视金鹰奖	辛亥	第26届	电视纪录片	优秀电视纪录片	新闻节目中心
中国电视金鹰奖	这里是北京	第26届	电视形象片	优秀电视形象片	卫视节目中心
中国电视金鹰奖	永不磨灭的番号	第26届	电视剧	优秀电视剧	北京电视台 北京华录百纳影视股份有限公司
白玉兰奖	龙行天下	第18届	动画片	最佳中国动画片	卡酷传媒有限公司

（北京电视台）

2012年北京电视艺术中心有限公司获奖作品一览表

奖项名称	获奖作品	体裁	届数	获奖等级	获奖部门及人员
白玉兰奖	甄嬛传	古装宫廷剧	第18届	电视剧单元最佳导演奖	郑晓龙
“十佳电视制片”评选	金婚风雨情 甄嬛传	现代戏 古装宫廷剧	第9届	优秀电视剧奖	北京电视艺术中心有限公司
金鹰奖	甄嬛传	古装宫廷剧	第26届	优秀电视剧奖	北京电视艺术中心有限公司

续 表

奖项名称	获奖作品	体裁	届数	获奖等级	获奖部门及人员
华鼎奖	甄嬛传	古装宫廷剧	第8届	最佳制作机构奖	北京电视艺术中心有限公司
澳门国际电视节	甄嬛传	古装宫廷剧	第3届	最佳电视剧奖 最佳电视剧导演奖	北京电视艺术中心有限公司 郑晓龙

（北京电视艺术中心有限公司）

2012年北京紫禁城影业有限责任公司获奖作品一览表

<table>
<tr><th>奖项名称</th><th>获奖作品</th><th>体裁</th><th>届数</th><th>奖项等级</th><th>获奖部门及人员</th></tr>
<tr><td>北京影视春燕奖</td><td>铁人</td><td>主旋律——人物传记</td><td>第十七届</td><td>最佳故事片奖</td><td>出品方</td></tr>
<tr><td>全国精神文明建设“五个一工程”奖</td><td>第一书记</td><td>主旋律——人物传记</td><td>第十二届</td><td>优秀影片奖</td><td>出品方</td></tr>
<tr><td>全国精神文明建设“五个一工程”奖</td><td rowspan="4">杨善洲</td><td rowspan="4">主旋律—人物传记</td><td>第十二届</td><td>优秀影片奖</td><td>出品方</td></tr>
<tr><td>北京大学生电影节</td><td>第十九届</td><td>最佳男演员奖</td><td>李雪健</td></tr>
<tr><td>北京影视春燕奖</td><td>第十七届</td><td>最佳男主角</td><td>李雪健</td></tr>
<tr><td>北京影视春燕奖</td><td>第十七届</td><td>最佳女配角</td><td>陶　虹</td></tr>
<tr><td>全国精神文明建设“五个一工程”奖</td><td rowspan="4">惊沙</td><td rowspan="4">革命历史体裁</td><td>第十二届</td><td>优秀影片奖</td><td>出品方</td></tr>
<tr><td>中美电影节</td><td>第八届</td><td>金天使奖</td><td>出品方</td></tr>
<tr><td>巫山神女杯艺术电影周</td><td>第一届</td><td>优秀故事片奖</td><td>出品方</td></tr>
<tr><td>艺术电影神女杯</td><td>第一届</td><td>优秀美术</td><td>杨宝成</td></tr>
<tr><td>北京影视春燕奖</td><td>最爱</td><td>爱情体裁</td><td>第十七届</td><td>最佳合拍片奖</td><td>出品方</td></tr>
<tr><td>中国长春电影节</td><td rowspan="2">飞越老人院</td><td rowspan="2">剧情</td><td>第十一届</td><td>评委会特别荣誉奖</td><td>出品方</td></tr>
<tr><td>平壤国际电影节</td><td>第十三届</td><td>最佳剧本奖</td><td>张杨、霍昕、张翀</td></tr>
</table>

（北京紫禁城影业责任有限公司）

2012年北京北广传媒影视公司获奖作品一览表

奖项名称	获奖作品	体裁	届数	奖项等级	获奖部门及人员
北京市文学艺术奖	风车	电视剧	第7届		北京北广传媒影视有限公司

（北京北广传媒影视有限公司）

2012年北京北广传媒数字电视有限公司获奖作品一览表

奖项名称	获奖作品	体裁	届数	奖项等级	获奖部门及人员
首都残疾人事业好新闻奖	彩讯及时通——送教上门 爱心到家	消息	2011年度	消息类节目二等奖	黄晨 郭铮楠 张妍婷
首都残疾人事业好新闻奖	真情手递手——无臂书画家刘京生	演播室访谈	2011年度	专题类节目三等奖	王彤羽 尹长凤 王丹
女性题材优秀电视作品	真情手递手——汉族奶奶和她的“美疆班”	访谈	第五届	三等奖	王彤羽 王丹
女性题材优秀电视作品	福彩公益行——漆彩人生	新闻专题	第五届	优秀奖	梁丹 赵琦

注：获得“北京市优秀广播电视节目” 的获奖作品未在此表刊登，详见“2011年度北京市优秀广播电视评奖获奖作品名单”。

（北京北广传媒数字电视有限公司）

2012年北京广播电视报社获奖作品情况一览表

奖项名称	获奖作品	体裁	届数	奖项等级	获奖部门及人员
全国省级广播电视报好新闻奖	这剧凭什么叫“风车”	评论	21届	一等奖	张 光
中国广播电影电视报刊协会好新闻奖			2011年度	三等奖	
北京市新闻期刊奖	老燕奋飞	评论	2011年度	二等奖	张 光
全国省级广播电视报好新闻奖	电视剧广告三大烦	通讯	21届	一等奖	陈 文 王 青 冷 梅 鄢利平 刘 颖 张 晶
中国广播电影电视报刊协会好新闻奖			2011年度	三等奖	

续　表

奖项名称	获奖作品	体裁	届数	奖项等级	获奖部门及人员
全国省级广播电视报好新闻奖 中国广播电影电视报刊协会好新闻奖	我们在红色中收获感动	通讯	21届 2011年度	二等奖 一等奖	陈　文 王　青 冷　梅 鄢利平
全国省级广播电视报好新闻奖	六旬老人电台寻找救命恩人	消息	21届	三等奖	陈　文
全国省级广播电视报好新闻奖	北京广播电视为不和家庭修补伤痕	通讯	21届	三等奖	陈　文 王　青
全国省级广播电视报好新闻奖 中国广播电影电视报刊协会好新闻奖	守住核心内容 拓展品牌服务——浅谈广播电视报生存之本	论文	21届 2011年度	三等奖 二等奖	冷　梅
全国省级广播电视报好新闻奖 中国广播电影电视报刊协会好新闻奖	冯远征：到电台说书还真棒	专访	21届 2011年度	一等奖 三等奖	刘　颖
全国省级广播电视报好新闻奖	赵老师，落地接地气	论文	21届	三等奖	张　琳
北京市新闻期刊奖	春妮的泪，主持人的心	通讯	2011年度	二等奖	夏茂平 马丽 程戈

注：获得“北京市优秀广播电视节目”的获奖作品未在此表刊登，详见“2011年度北京市优秀广播电视评奖获奖作品名单”。

（北京广播电视报社办公室）

2012年华谊兄弟传媒股份有限公司获奖作品一览表

获奖作品	奖项名称
一九四二	第七届罗马电影节青年评审团最佳影片金蝴蝶奖 第七届罗马电影节意大利摄影家协会最佳摄影奖（吕乐）

续 表

获奖作品	奖项名称
太极1从零开始	第49届台湾电影金马奖最佳造型设计提名（叶锦添） 第49届台湾电影金马奖最佳动作设计提名（洪金宝）
画皮Ⅱ	第49届台湾电影金马奖最佳视觉效果提名（常洪松、许安）
爱	第4届海峡论坛、海峡影视季2011年度最受 两岸观众欢迎的合拍影片 第19届北京大学生电影节 最受欢迎导演奖 钮承泽 第14届台北电影奖最佳女配角 郭采洁 第14届台北电影奖最佳剧情片提名 第49届台湾电影金马奖最佳导演提名(钮承泽) 第49届台湾电影金马奖最佳女配角提名(郭采洁) 第49届台湾电影金马奖最佳女配角提名(陈意涵) 第49届台湾电影金马奖最佳造型设计提名（方绮伦、许力文） 第49届台湾电影金马奖最佳电影原创音乐提名（陈建骐）
星空	第6届亚洲电影大奖最佳新演员提名（林晖闵） 第6届亚洲电影大奖最佳视觉效果提名 （肖洋、常松、老A、李明雄、 李金辉） 第19届北京大学生电影节评委会大奖 第14届台北电影奖最佳技术奖、最佳新人奖、最佳剧情片提名 第49届台湾电影金马奖最佳新演员提名(林晖闵) 第49届台湾电影金马奖最佳改编剧本提名(林书宇) 第49届台湾电影金马奖最佳视觉效果提名 （肖洋、常松、老A 、李明雄、李金辉） 第49届台湾电影金马奖最佳美术设计提名（蔡佩玲）
逆战	第49届台湾电影金马奖最佳男主角提名(谢霆锋)
非诚勿扰Ⅱ	第四届海峡论坛、海峡影视季 2011年度对台交流优秀大陆影片
唐山大地震	第31届大众电影百花奖最佳影片 第31届大众电影百花奖最佳导演（冯小刚） 第31届大众电影百花奖最佳编剧（苏小卫） 第31届大众电影百花奖最佳新人（张子枫）

（华谊兄弟传媒股份有限公司）

2012年海润影视制作有限公司获奖作品一览表

奖项名称	获奖剧名	单位、演职员姓名	获奖日期	授奖单位
北京电视剧辉煌30年经典电视剧	亮剑	海润影视制作有限公司	2012．10	北京市委宣传部、国家广电总局电视剧管理司、北京市广播电影电视局

（海润影视制作有限公司）

2012年北京鑫宝源影视投资有限公司获奖作品一览表

获奖作品	奖项名称
北京青年	2012“北京电视剧辉煌30年”35部经典电视剧 2012华鼎奖“中国百强电视剧最佳导演” 2012年入选国家广电总局30部优秀作品选集 中国电视剧导演工作委员会2012年度优秀电视剧 中国电视剧导演工作委员会2012年度优秀电视剧导演 2012年第七届北京市文学艺术奖
青瓷	2012年中国广播电视协会全国十佳电视剧优秀作品 2012年入选国家广电总局30部优秀作品选集

（北京鑫宝源影视投资有限公司）

经 验

北京交通广播：多渠道营销战略巩固品牌核心价值

北京交通广播开播于1993年，一直致力于为听众提供专业化服务，建设专业化频率。在品牌推广方面，依托优秀栏目，通过主题宣传、公益活动、多媒体推广等多渠道，巩固和开拓“北京交通广播”的品牌核心价值。十九年来，北京交通广播走出了一条社会效益和经济效益“双赢”的成功模式，不仅发展成为京城最受关注和欢迎的广播媒体，也是全国广播电视行业的一面旗帜。从2000年起，连续十二年在全国广播单频率广告创收中名列第一。同时，调查数据显示：自2005年起，北京交通广播一直稳居北京广播市场收听率及同时段市场占有率首位。

一、以节目创优为先导，打出一片天空

北京交通广播自开播起就将目标受众确定为“移动人群”（机动车驾乘人员），无论是新闻类节目、谈话类节目，还是音乐节目，都以为这部分人群提供实用资讯和贴身服务为己任。在这种指导思路下，北京交通广播精心策划推出了两大栏目《路况信息》和《一路畅通》。

20世纪90年代初，北京汽车保有量仅有40万，然而到了90年代末，这一数字已经接近百万，车辆的快速增加导致路面状况逐渐恶化。对于驾车者而言，各类交通政策信息，行驶路段的畅通与否成为关注点，北京交通广播顺应需求和北京市交管局信息中心合作开辟了路况播报平台，进而形成节目《路况信息》，实时报道交管局以及各信息采集点反馈的路面交通信息。到2012年，《路况信息》播报已经扩展到每个整点、一刻、半点时段，收听率和市场占有率以及牵涉的广告报价都位居频率首位。

道路拥堵，驾车人出行时间增加。为了及时播报路况，为了做到心理伴随，2000年，北京交通广播《一路畅通》节目应运而生。年轻活泼的主持人，亲切轻松的交流方式，机智风趣的短信互动，贴近你我的话题设置，及时快捷的路况播报……这些要素成为《一路畅通》节目一炮打响的原因。

依托一早一晚《一路畅通》和整点时段的《路况信息》，北京交通广播赢得了听众的赞誉和广告商们的认可，创出了品牌。在这其中，两档优秀节目起到了领头羊的作用。

搭好了早、晚间节目的大框架后，北京交通广播本着贴近你我，服务受众的思路，陆续在早晚间开设《交通新闻热线》、《汽车天下》、《1039交通服务热线》、《行走天下》、《蓝调北京》、《1039都市调查族》、《有我陪着你》等节目，这些节目经过近10年的磨炼和积累，也都先后成为名牌栏目，听众喜爱的栏目。北京交通广播的品牌价值因而一步步得到巩固和加强。

新闻报道及时、贴近、实用。北京交通广播最早开办的新闻类节目是《交通新闻》，十九年来，《交通新闻》一直坚持着专业、实用的节目宗旨，为听众提供各类行业资讯、政策法规和出行指导。为了记录听众呼声，解决百姓急需，2003年北京交通广播开通了热线65150808，并开办《交通新闻热线》节目。针对听众反映的热点、难点问题，记者深入调查，并督促、协调有关部门进行解决，先后制作了一批叫好又叫座的节目《北京黑车现象系列调查》、《路德大调查》、《老年带步车追踪》……这些节目反映了社会问题，解决了听众实际困难，因而大获口碑。

与此同时，北京交通广播更加强调对突发事件的快速反应，一旦获取新闻线索，记者、主持人迅速出击。很多北京听众在路上遇到莫名堵车时，都会习惯性地打开FM103.9一听究竟。遇有雨雪、大雾、沙尘暴等恶劣天气和影响市民出行的重大突发事件发生时，北京交通广播除了为广大出行者提供最及时、最权威的路况信息外，更是想方设法为百姓出行提供出行引导和贴心服务。

2012年7月21日，一场六十一年未遇的特大暴雨自然灾害突袭京城，北京交通广播第一时间启动突发应急报道预案，所有采编播人员、所属各部门联动，开放强大的宣传平台，创纪录连续直播11.5小时。灾后，交通广播又派出记者深入灾情严重的房山、门头沟区“蹲点”持续报道。从7月21日至29日的9天时间里，交通广播发挥专业优势，全体采编播团队上下齐心，通力合作，播出相关报道400多篇。

7月27日，京城再次遭遇大雨，北京交通广播记者及时赶赴各积水点段采访。在京港澳高速西道口路段采访的记者牛力，遇到了前来检查工作的北京市委书记郭金龙一行。郭书记欣然在交通广播的直播节目中进行连线，与全市市民进行了真诚沟通。

从2001年12月7日的大雪、2002年3月30日的强沙尘暴、2006年1月3日京广桥辅路路面塌陷、2011年6月23日特大暴雨、到2012年7月21日北京遭遇六十一年一遇特大暴雨灾害，每每遇到这样严重考验北京应急能力的时刻，北京交通广播就会及时传递各类服务信息，进行交通疏导和情感陪伴，所有这些得到了听众和上级领导、主管部门的高度肯定，也让北京交通广播这个品牌的吸引力更强，更加无可替代。

加强前期策划，各栏目通力合作发挥合力。作为一个整体，一块品牌，面对着北京上空广播媒体的激烈竞争，北京交通广播更加注重各节目间的沟通协作，以合力进行报道。一个事件、一个主题，如何贯穿全天的节目，如何在紧急时刻打通串联，经过无数次实践，北京交通广播每一位员工已经达成共识，并形成制度。

2012年“中秋”、“国庆”黄金周，假期长达八天，为“史上最长”，全国高速公路首次对七座及七座以下小轿车实施免费通行，大批北京人驾车出游，大批外地游客进京旅行。各条高速公路和城区联络线迎来前所未有的通行压力，北京各旅游景区客流爆满，公交地铁系统运量大增。北京交通广播提前半个月策划制订报道方案。

9月29日到10月7日，20多位编辑记者主持人在北京交通广播台长李秀磊，副台长罗霄兵、延安的带领下，轮班坚守岗位，抽出早晚黄金时段集中直播“‘中秋’‘国庆’两节交通特别节目”，时间总长度达60个小时，在全天各个时段集中播出或动态插播北京交通广播及外地兄弟电台记者现场连线报道424条，采制录音消息24条、“走转改”深度专题报道6篇，动态插播京津冀晋四省市高速公路路况信息近634条。

正是基于这样的节目创作理念以及一代又一代广播人的探索和努力，北京交通广播确立了自己的品牌，一块“金字招牌”！最新数据显示，截至2012年前三季度，北京交通广播平均收听率1.671%，市场占有率29.256%，稳居北京市场第一位。

二、以交通服务为主旨，开展各类主题宣传

十九年来，交通广播坚持“宣传、疏导、服务”的办台方针和“贴近、陪伴、娱乐”的节目宗旨，以“贴近你我，时时相伴”的人文关怀理念，为出行者提供亲切的伴随性服务，并始终以维护首都交通秩序，促进首都交通事业的建设和管理，增强全民的交通法律意识，提升公民道德水准，提高

首都交通的社会效益和经济效益为目标。为实现目标，北京交通广播每年都开展各类主题宣传活动。

2012年，北京交通广播联合北京市委农工委在2012年启动了“北京最美乡村路”大型评选宣传活动。从2月份到9月份，共计在《一路畅通》、《新闻直通车》等名牌栏目、黄金时段播出系列报道92篇。交通广播一线编辑、记者、主持人40多人次先后前往朝阳、昌平、通州、平谷、延庆、房山、怀柔、大兴、门头沟等区县采访。听众反馈说：节目都是记者深入一线的采访，有真实的现场实录声音、有乡村主人动情的故事讲述，还有有号召力的节目特色片花，感觉“收听很亲切”。期间，搜狐汽车、北京广播网、北京交通广播网的相关点击量超过二十万。

除此之外，北京交通广播还每年进行国际车展报道、路德日报道等，这些具有交通专业特色的个性化主题宣传活动，无疑增强了交通广播自身的社会影响力、听众号召力，强调了与同质媒体的差异性，为品牌价值的提升起到推动作用。

三、以服务社会为己任，积极参与公益活动

1993年正式开播以来，北京交通广播一直致力于社会公益事业的推动，并在近二十年的时间中不断践行自身对于媒体社会责任的担当。到2012年，北京交通广播已经在希望工程、植树造林、扶危济困等多个社会公益领域有所建树，公益行为遍及全国各地，并形成“北京的士希望小学”“北京的士爱心公益基金”等多个知名公益品牌。

2012年“7·21”特大暴雨灾害过后第4天，北京交通广播迅速联合共青团北京市委、北京青少年发展基金会，启动“1039青年公益基金”，推出“留住爱，传递爱”系列帮扶活动。得知房山区娄子水村受灾严重的消息后，“1039青年公益基金”在基金总额达到447988元的基础上，将其中的237998元全部通入到小学复建工作中，确保了娄子水村9月1日如期开学。开学当天，市委书记郭金龙、市长王安顺参加了开学典礼，并接见了北京交通广播台长，对交通广播在特大暴雨灾害中发挥的作用予以肯定。

四、以顺应时代为要求，融入新媒体，用好多媒体

融入新媒体。北京交通广播是广播媒介，但是要想顺应时代要求，就必须融入新媒体。于是，北京交通广播网应运而生。通过这个全新的平台，交通广播的节目、主持人、品牌活动得到进一步宣传推广。与此同时，北京交通广播也以数字化的形式进驻到歌华有线的频率中，使受众范围从“移动人群”扩大到“居家人群”。手机移动技术的发展，又让北京交通广播的节目多了更多的出口。

随着微博被广泛应用，北京交通广播也以频率、栏目等为主体加入其中，通报路况、提供实用信息、收集线索、展示北京交通广播员工的风采……通过微博的强大功能，北京交通广播在新媒体中扩大了影响力。

用好多媒体。北京交通广播很注重和各媒体的交流合作，更注重通过各媒体进行自我宣传。北京交通广播还没有开播就在《北京晚报》、电视上做广告宣传，并且自制宣传单、开推介会、送电台标志的纪念品，甚至在大街小巷派发节目单。凭着原始的推销方法打开了当时的广播市场。2012年，推销方式发生了变化，但这种有策划、有目标、有效果的各种自我宣传还在进行着。

在平面媒体方面，北京交通广播和北京市运管局、北京漫步杂志社合作发行杂志《北京漫步》，主要供出租车乘客翻阅；《汽车天下》节目和《精品购物指南》合作推出主题宣传栏目……十九年来，北京交通

广播集体或个人编写各类书籍20余册，包括《敢为路在何方》、《1039北京交通导航》、《1039行车手册》、《交情》、《脚印》、《听大师讲故事》、《重走长征路——1039红色之旅活动纪事》……

在广播电视方面，北京交通广播每年年底都会和电视台合作举办台庆庆典晚会，向听众免费赠票，通过大联欢的方式，拉近和听众间的距离。另外，每隔一段时间，北京交通广播的主持人、记者就参与录制一些公益歌曲或者广播剧，这些作品会通过各种渠道广为传播。

注：该文发表于《传媒》2012年第11期

（北京人民广播电台　王玉玲）

在“走转改”中打好思想政治根底和业务根底

——北京电台“走转改”活动收获与体会

北京电台在“走转改”活动中，以突出实践、注重实效、打造精品、提升素质为目标，通过开展寻根教育和扎根基层活动，使全台干部职工在思想上受到教育，在基层得到历练，在工作中努力转变。很多采编播人员表示，通过“走转改”更深刻地感受到“脚板底下出新闻”、“好新闻是跑出来”的道理。

“走转改”活动伊始，各专业广播、各部门纷纷建立基层联系点，制订方案，领导带头到基层蹲点调研、采写新闻，广大编辑记者踊跃参加，截至2012年 6月底，北京电台参加“走转改”活动人员达2101人次，累计开设专栏28个，专栏发稿1937篇。

北京电台的前身是诞生于北平和平解放之时的北平新华广播电台，她见证了新中国的成立，生动诠释了作为“党的喉舌”的使命所系和职责所在。在“走转改”活动中，北京电台充分挖掘六十多年发展历程的宝贵财富和优良传统，开展寻根教育和扎根基层活动，将坚持马克思主义新闻观与坚持群众路线有机结合在一起，努力打好电台采编播人员思想政治根底和业务根底，确保“走转改”走得实、转得真、改得透。

北京市公安局退休干部邓小岚是曾任中共北京市委书记处书记邓拓和北京电台第一任台长丁一岚的女儿，她九年如一日帮助当年《晋察冀日报》所在地河北省阜平县的马兰小学的孩子们学习音乐、改善学习条件。为了弘扬邓小岚的精神并将其传承下来，2011年8月中旬，北京电台启动了“美丽马兰，歌声嘹亮”——北京电台主持人与革命老区马兰小学生“一帮一”结对子公益行动，确定在太行山区的马兰村建立北京电台基层联系点，组织编辑、记者、播音员、主持人深入基层，开展一系列帮扶革命老区公益行动和宣传教育活动。帮扶行动倡议书特别指出：“帮扶行动是为了让我们的新闻工作者心系群众，始终保持同群众的血肉联系，也是为了更好植根于老百姓，向人民群众学习，真正做出让老百姓能听、爱听的节目。”台领导、主持人与马兰小学的164名孩子结成了“一帮一”的帮扶对子，并要求参与活动的员工每年完成“四个做到”：每年资助500元用做结对子学生的“爱心午餐”费用；每年向对口帮扶的孩子赠送不少于12本课外读物；每年至少访问一次马兰小学；每月至少和对口帮扶的孩子通一次关爱电话或书信往来，做一次深度沟通。2012年5月至6月，总编辑席伟航、常务副台长王秋分批带领100多位电台员工再次来到马兰小学，察看北京电台援建的爱心食堂使用情况，进行结对子见面及家访活动。这项活动开展近一年来，通过实实在在的帮助与联系沟通，加深了北京电台员工与革命老区孩子们的感情。

扎根基层的土壤，才能发掘新闻的富矿。北京电台已建立43个基层联系点，要求各部门每年深入基层联系点不少于24天，要确保每一名采编播人员都能够参与活动，各专业广播在新闻节目中要增加来自基层、来自一线的报道数量，不少于日常新闻报道总量的50%。

为基层单位、为群众办实事，解难事也是“走转改”的重要内容。“走转改”活动开展以来，北京电台为海淀振兴学校、昌平雨竹学校等9所打工子弟学校捐助了电脑、打印机、文体用品等。顺义“光爱之家”是一所专门收养孤残特困儿童的学校，也是新闻广播新增设的“走转改”基层联系点。新闻广播的20位主持人利用自己的专长为孩子们设计了“朗诵课”，并作为“光爱之家”的志愿者老师定期义务承担朗诵课的教学任务。“通州区教委退休教师合唱团”是音乐广播的基层联络点，首席编辑冯健等采编播人员坚持每周去担任合唱团的指挥和指导工作，风雨无阻。外语广播与北京四中共同创办了“校园广播站小记者双语培训班”，由外语广播13位记者主持人参与授课。此外，他们还和团结湖外语协会联合请英语老师每月为团结湖社区居民做一次英语公益讲座。网络信息中心为基层联系点丰台区云岗街道、平谷区大华山镇大峪子村建立网站，指导网站日常维护，帮助他们利用新媒体做好宣传。

在“走转改”中注重长效机制的建立和完善，使之成为日常工作的有机组成部分。新闻广播《北京新闻》等新闻节目中开办“走转改”常设专栏，把开展走基层采访实践活动与日常报道结合起来。电台对深入基层采访的作品进行稿酬倾斜，结合实施精品节目战略，健全和完善“走转改”激励机制，定期开展“走转改”优秀作品和先进个人评选表彰活动。据统计，130多篇“走转改”作品、22名先进个人在市级、电台和各专业广播评选中受到表彰奖励。北京电台11篇作品获得市委宣传部“走转改”优秀作品奖，10篇作品入选《我们在基层》“走转改”优秀作品集。新闻广播设立“走转改”专项奖金，实行所有“走转改”报道的稿酬分值比日常报道高30%的奖励政策。交通广播通过举办热心听众见面活动或热线线人奖励活动，让听众代表评议编辑记者的工作。

“走转改”拉近了媒体与新闻现场的距离、拉近了记者主持人与群众的距离、更拉近了广播节目与听众的距离，这是北京电台开展“走转改”活动以来出现的三大变化。

第一，走基层，拉近了媒体与新闻现场的距离

开展“走转改”活动以来，首先是记者、编辑、主持人、播音员等去基层勤了。走过的地方，有革命老区井冈山、延安，有地处偏远的山区小学，有供暖季开始运行的地下热力井，有空巢老人的家庭，有人满为患的北京医院、儿童医院，有开办养老服务的社区福利院，有将“神九”送上蓝天的酒泉卫星发射中心，有四川成都、浙江舟山等地的军营，有关押传染病犯人的监狱……既记录城市乡村的可喜变化，展现北京发展的崭新风貌，也反映基层面临的困难和问题，为党和政府与人民群众搭建理解沟通和排忧解难的桥梁。“走转改”活动开始时恰逢北京进入汛期，以前遇有大雨，宣传报道主要是关注降雨和积水对道路的影响，对于防汛抢险队员是如何排除险情保障城市运行的，记者关注不够。跑水务、防汛的新闻广播记者陆健在采访中了解到，每逢大雨，全市的

2000多名防汛抢险队员就得泡在积水路段冰冷的雨水中进行排水抢险。得知这一情况后，她多次到抢险现场采访防汛情况，哪块儿积水断路就往哪儿跑。8月26日早上，北京突降大雨，东三环十里河桥积水断路。陆健得到消息后马上赶往现场，在大雨中从地铁劲松站一直走到十里河桥。当时整个桥区一片汪洋，她趟过一米多深的积水去采访抢险队员，站在没到大腿根儿的水中连线报道最新的抢险情况。随后陆健在录音报道中把抢险队员在齐腰深的水里一站就是四个多小时等细节和自己的亲身感受全都展现出来。报道一经播出，就有听众专门写信说被这些细节所打动，特别敬佩抢险人员的辛勤工作。

其次，现场连线报道和录音报道数量增加了。包括在市委宣传部领导的支持帮助下，时政记者对市领导的采访报道也采用同期声录音。各专业广播积极倡导体验式报道、现场报道和调查性报道，强化“我在现场”的新闻理念，精心策划“行走永定河”、“大山里的召唤”、“城南新事”、“来自劳动一线的报道”、“北京最美乡村路”、“永远的雷锋精神”、“帮助的力量”、“寻访最后的老行当”等采访活动，将话筒对着基层，对着群众，采写了大量新闻价值高、贴近百姓、富有感染力的稿件。2012年8月，总编辑席伟航带领记者进村入户，吃住在农家，采制出“破解猪肉价格迷局”系列报道。他们走访养殖户并追踪从生猪屠宰到销售的各个环节，层层深入地进行调查，探究猪肉价格涨跌的深层原因。该报道播出后广受好评，已报送参评中国新闻奖。与此同时，电台还开设“1039走基层”、“身边的感动”、“记者一线体验行动”、“现场直击”、“从基层中来”等“走转改”专栏，举办了打工子弟学校清明诵读、“地球日”连线地球、听众喜爱的名牌栏目评选等大型现场直播和品牌推广活动，参与直播和活动的听众达数十万人次。

第二，转作风，拉近了记者主持人与群众的距离

2012年派驻新疆和田北京记者站的交通广播记者谢雅而，结识一个汉语讲得很好的维吾尔族小伙，几天下来，维族向导带她去许多平时很难采访的地方，有些地方甚至从没有外地人去过。分别时，维族向导告诉记者，其实本来只打算带她去一个巴扎（集市）转转就行，可是当向导在巴扎上递给记者一碗爬过苍蝇看着很不卫生的凉粉时，看到记者竟然全都吃了，这个维族向导才相信记者是真的尊重他们的民族、才相信会客观地报道他的家乡，于是决定带记者再多看看。谢雅而说：“当我端起那一碗被苍蝇爬过的凉粉时，何尝没有想过自己的健康，但是旁边所有的维族老百姓都在吃，如果我不和他们一样，他们会觉得我是在嫌弃，那我又怎么能平等地和他们对话。‘走’基层，不能只是走马观花，得要融入基层甚至成为‘基层’，当我们成为基层的一员时，作风自然而然就会转变了。”

放下身段、贴近群众才能深入基层，才能做好“走转改”。去基层调研采访时台领导带头轻车简从，严格遵守相关要求，不给采访对象增加负担。记者、编辑、主持人自觉注意着装仪表、言谈举止这些细节，力求贴近采访对象的生活环境和氛围。走进农村，他们与农民同吃同住同劳动，促膝谈心，走进校园幼儿园，他们蹲下身来，用平等的视角、用小朋友的语言真诚交流。正是这些作风上的转变换来了农民的心里话和由“记者”到“哥哥”、“姐姐”称呼的转变。

故事广播记者于晓丹春节前和朝阳的心理工作者走访独居老人，在一位老人家里，她遇到了这样的情景：老人家里的几个孩子为继承老人房屋的事打得不可开交，而老人又极其爱面子，不愿向别人提起此事，谈到伤心处老人潸然泪下。这时心理工作者恰到好处地为老人疏导，记者急忙用采访机录下了这个瞬间。即将离开的时候老人请求记者，可不可以不播这一段，他怕邻居听到了对家庭影响不好。尽管记者知道突发内容在采访中非常难得，如果回去剪辑肯定是一期非常精彩的节目，但是看到老人恳求的眼神她立刻决定尊重老人的意见。于晓丹说："正是因为深入基层、走近这些老人，才能够更加深切地感受到一个新闻工作者不光是要记录事实，更要有人文关怀，去传播爱和善良、真诚和宽容，而不是把别人的不幸和痛苦撕裂开来给众人消遣窥探，那样的内容也许能够增加收听率，但却会伤了很多人的心。那位被采访的老人恳切的眼神至今我仍难以忘怀，他让我懂得了尊重别人不仅仅是语言和行动，更重要的是设身处地地替他着想。"

第三，改文风，拉近了新闻报道与听众的距离

"走转改"使北京电台的节目内容和形式发生了显著变化，听众欣喜地发现，电台上群众的语言多了，同期声多了，反映民生、报道实事、"小事"的新闻多了。听众反映说："近来，北京电台有很多可喜的变化，更关心百姓之事了，与百姓生活密切相关的'小事'经常出现了。"还有听众说，听了电台最近的报道，感觉空话套话少了，文风越来越清新质朴了，语言越来越简洁了，场景越来越还原真实了。城市服务管理广播记者黄缘缘到西城环卫集团去采访时，了解到这几年北京市政市容委给环卫工人做免费体检，被查出有各种身体问题的职工占80%。当她采访被评为劳模的垃圾清运班班长孙平时，看到这样一个细节，孙师傅拍了拍双手上的灰尘，在衣服上擦了擦，然后掏出上衣口袋里的药片，边吃边说，"看我还随身带着救心丸"。就是这个动作，这句话，打动了记者，让记者觉得比80%这个数字更有人情味，更有说服力。一个天天跟垃圾打交道的环卫工人，拿药吃的时候，甚至手都没有洗，把这样的画面报道出来，不需要堆砌更多的辞藻。记者不仅仅是做客观报道，也是在传递温暖和感动，"走转改"某种意义上，也是向采访对象，那些在基层辛勤耕耘的劳动者们致敬。

走基层，拉近了媒体与新闻现场的距离，使记者更加"接地气"；转作风，拉近了记者主持人与群众的距离，使报道更加"有生气"；改文风，拉近了新闻报道与听众的距离，使节目更加"聚人气"，从而更好地发挥媒体舆论引导和公共服务职能。开展"走转改"活动以来（2011年8月至2012年5月31日），电台9个专业广播节目收听率和市场份额分别为4.34%和70.92%，同比增长9.39%和5.03%。电台举办的第五届"听众喜爱的名牌栏目"评选活动，共收到听众选票29万多张。

"走转改"带来的不仅是报道方式和节目内容的变化，更重要的是思想作风的转变和队伍素质的提高。通过参加"走转改"，归纳起来有以下体会：

*1."走转改"是对新闻工作本质的还原与回归。*深入一线、深入现场采访报道是新闻工作者最基本的职责。新闻的生命是真实，而了解实情、报道事实的最基本的要求就是深入采访。基层是社会的基石，也是产生新闻的源泉。"与大地贴得更近，看天空才会更远。"这是杂交水稻之父袁隆平说过的话。只有真正脚踩在基层这片土地上，才能挖掘到鲜活的新闻素材。走进基层，思考才能深入；走近群众，才能写出鲜活的稿件。这样的新闻势必会充满生活的气息，在信息量和可听性上远远超出新闻通稿，声音素材的可选择空间也更大，新闻传播效果也会更加贴近实际，贴近生活，贴近群众。

走基层确实改变了以往新闻队伍中存

在的浮躁肤浅之风。要将“走转改”实践活动作为新闻工作的基础和新闻工作者的基本功，不仅要做好“走转改”专栏，而且应该推而广之，将日常报道和“走转改”结合起来，这样即使没有了专栏，“走转改”实践还是会不断地进行下去，深入下去。

2.用心去体验，真心去交流，才能真正做出源自一线的报道。“走基层”不光用腿，更要用心来走。轻车简从走基层，带着感情去采访才能有所收获。“走转改”考验的是记者对群众的真实感情，感情深浅做不了假。新闻的生命，说到底是一种实际而非空泛的人文精神，是否以群众的冷暖为冷暖，以群众的得失为得失，以群众的期盼为期盼，对关乎群众切身利益的问题是否有足够的情感，是丈量新闻工作者与基层与群众距离的标尺。融入了，用心了，新闻才有生命。记者到不到现场，做出节目的情感绝对是不一样的。一名听众打电话向城市服务管理广播《市民热线》反映说，家里房上长了棵树，很危险，希望能够协调解决。记者跑到现场之后，除了核实情况以外，还得知这家男主人十几年前因工伤致残半身瘫痪卧床不起，所以女主人面对一棵长在自家房上的小树无能为力。这样的背后故事，一般很难在电话采访中挖掘出来，但是记者到现场看到了就会带着不一样的感情，为听众跑街道、找绿化队去协调解决。记者通过现场采访深切感受到，新闻是有温度的。这个温度，只有融入才能感知，只有感同才能传达。采访不是问询，写作不是堆砌，需要的是心与心的“同频共振”。感情，不是手段，而是前提，不是技巧，而是品德。

3.开阔视野，增长见识，积累知识。基层不仅是新闻的宝库，也是知识的海洋，“走转改”的过程是向生活学习的过程。对于记者来说，每一次采访都是学习的过程。电台记者在延庆县农村采访时，和农户同吃、同住、同劳动，和老乡一起碾黍子，边干活老乡边向记者介绍黍子的种植、收割、食用知识，让年轻记者进一步体会到了农民朋友的辛苦。记者还在蔬菜大棚里向农民学习“点花”，就是给花授粉。在农村学到的这些农业知识、劳动生产知识虽然在报道中用到不多，但却让记者积累了很多书本上学不到的知识，增长了见识。

4.转变作风、文风，坚定做“人民的记者”的信念。“走转改”是新闻队伍作风建设的一项措施，也是新闻工作者履行社会责任的一个契机。“走基层”的最大意义，在于用自己亲身体会和独特视角，真实感受社会变迁，真心关怀群众冷暖。每一个“走基层”的新闻工作者，都应该带着问题“走基层”，带着责任“走基层”，带着感情“走基层”。“走转改”考验的是新闻工作者与群众的真实感情，培养的是一切从实际出发，脚踏实地、求真务实的工作作风。

（北京人民广播电台）

举全台之力奏响弘扬雷锋精神的最强音

2012年是雷锋同志逝世50周年，北京电台积极响应市委宣传部号召，组织开展系列的学雷锋报道，在全面践行“北京精神”的前提下，大力弘扬“雷锋精神”，并结合电台自身特点用实际行动唤起全社会学习雷锋的意识。

纵观本次北京电台“弘扬雷锋精神”的宣传报道工作，主题明确，思路清晰，始终紧紧围绕“雷锋精神是什么”、“为什么要学习雷锋精神”和“应该如何学习雷锋精神”的主题。从听众反映分析，节目呈现以下特点：

一、杜绝“假、大、空”，感受“雷锋”就在身边

“雷锋精神到底是什么”也许是一些听众在新时期下的困惑，北京电台通过多档节目及时将雷锋精神的涵义宣扬出去。

3月5日交通广播《一路畅通》早间版采访到雷锋生前的战友乔安山同志，从他的视角谈出了“雷锋精神”的真正内涵，并通过鲜活的事例讲述在当下如何将“雷锋精神”与实际结合，极具教育意义。

新闻广播3月1日台庆当天，以“寻找身边的雷锋”为主题，记者在京城寻找身边的活雷锋，通过电话连线呈现出他们的感人事迹，让听众感受到“雷锋精神”就在大家的身边。

城市服务管理广播《京城帮帮团》3月5日制作特别节目“帮助的力量”，盘点几年来帮帮团里的好人好事，专家与听众共同点评分析，通过发生在听众中间的真实事例唤起社会更多的关爱之心，以达到弘扬社会风气之目的。

二、宣传不流于形式，强调落实和效果

往年某些媒体学雷锋宣传报道工作不免存在一定的流于形式的情况，2012年北京电台的学雷锋报道突出践行“走转改”精神，注重宣传效果，强调让广大听众真正参与到学雷锋的热潮中，切实起到应有的效果。

此次电台听众服务热线65661566升级为学雷锋志愿者报名热线，号召听众发扬“雷锋精神”，将学习雷锋落到实处，积极投身公益服务事业，让宣传报道工作有了落点。

交通广播《1039都市调查组》节目3月5日的话题也定为“志愿者服务”，通过数据调查和街头采访的形式，分析百姓对于志愿者的观点意见，从事社会工作的嘉宾引导听众正确树立“学习雷锋”意识，投身公益事业，发挥自己的奉献精神，起到了新闻媒体的舆论导向作用。

三、宣传手段不断创新，成为报道新亮点

在此次整体宣传报道中，创新的报道手段层出不穷。北京广播网公益频道于3月5日正式开通，将电台开展的公益活动进行有机整合，通过微博、论坛等现代互动手段，从而实现了公益活动的资源共享，成为当下弘扬社会正气、传播良好社会风气的又一重要平台。

此外，由音乐广播承办的“雷锋精神主题歌曲征集评选”活动力图运用音乐为载体，面向全社会征集反映“雷锋精神”的原创歌曲，用新时代的眼光、新时代的思维审视雷锋精神，使听众对于学习雷锋精神的感悟得以升华提高。

有听众反映，北京电台弘扬雷锋精神的报道工作在各专业台的通力配合下，通篇布局缜密、报道各有侧重，切实将弘扬雷锋精神内化于心，外践于行，担负起了媒体应有的社会责任。

（北京人民广播电台）

听到的奥运也精彩

2012年伦敦奥运会期间，北京人民广播电台体育广播每天17小时播出奥运特别节目，带给听众及时、新鲜的奥运新闻，与听众畅聊奥运观感，受到广泛好评。在奥运媒体大战中，广播留住了属于自己的风景。

一、从北京到伦敦

北京体育广播开播于2002年，可以说，它是因奥运而诞生。历经七年磨砺、准备，体育广播在2008年北京奥运会的宣传报道中大放异彩，在收听率和广告营销等方面都取得佳绩。传播速度快，伴随性强，互动充分，且成本较低等优点，使得广播在奥运新闻大战中赢得了一席之地。

北京奥运之后的四年里，北京体育广播一直平稳发展，逐渐树立了京城专业体育广播媒体的形象。2012年伦敦奥运会报道的筹备工作是从2011年6月就开始了。2011年7月，北京电台领导批准了《北京电台伦敦奥运会报道方案》，方案中明确了以体育广播为主，北京广播网和其他频率为辅的框架，并决定北京电台将在伦敦搭设直播间、第一次境外直播奥运会。这既是振奋人心的计划，也让我们倍感责任重大。

奥运会报道筹备历时一年，从明确指导思想，制定报道计划，落实技术保障方案，到形成《奥运报道手册》；从争取记者名额，落实伦敦驻地、直播线路，到请国家体育总局新闻司负责人培训，制定前、后方协作方案；从合作媒体谈判，到节目包装、推介、招商，以及团队后勤保障等，形成了一个复杂的工程。因为是首次大规模境外直播，经验不足，走了不少弯路，遇到了很多困难，包括看好了的驻地突然说不能用，直播用的ISDN线路迟迟不能安装，设备运输差点儿就被耽误等等，可以说，筹备期间，大大小小的麻烦不知道从哪里就会冒出来。直到奥运开幕前的最后几天，还出了签证问题，原计划19人的报道团队减少了6个人，给前方报道组的工作带来了不利影响。

好在体育广播有一支团结、敬业、精干、高效的团队，克服了种种困难，终于把各项工作一一落实。

作为北京电台奥运报道的“主力军”，奥运会期间，体育广播每天播出17小时奥运内容，重点关注了中国代表团表现，并兼顾了本届奥运会的焦点人物和重要事件。各档节目均设置了全天候的与听众、网友互动的环节。首次在境外搭设直播间制作的《龙腾不列颠》节目每天直播3.5小时，北京则安排了10小时直播节目《奥运冲击播》，从20点至次日凌晨6点。时间跨度大，也是北京电台历史上境外报道奥运之最。

二、在伦敦直播奥运

这次奥运会，北京电台获得了四个持证记者的名额，在地方媒体中是比较多的。但是，2008年北京奥运会，北京电台一共有九个持证记者名额，而且，中国代表团的夺金点和重要比赛项目依然有50多个。这四名记者苦干、实干加巧干，完成了四年前九名记者承担的任务。除游泳比赛的四块金牌，（由于游泳比赛入场记者人数限制，本台记者只采访了一场）中国队获得的其他金牌以及一些重要比赛，包括开、闭幕式，体育广播都第一时间在现场进行了报道。奥运会前后近20天时间里，前方记者共完成了录音报道296篇，与北京体育广播和北京电台其他频率连线158次，向中国广播联盟供稿平台上传录音报道近60条，还为中央电台，以及湖南、上海、江苏等兄弟电台连线报道33次。

广播的一个传统优势是“快”，但现在“快”已经不是广播独有的优势了，电视、网络、微博都很快。广播只有继续坚持这一点，并发挥声音的特点，一方面突出现场感，一方面营造想象的空间，依然能“快”出自己的特点来。

中国运动员易思玲夺得首枚金牌的时候，伦敦直播间里，《龙腾不列颠》正在直播。主持人和所有在直播间的人都鼓起了掌，为运动员叫好的同时，节目第一时间传递了消息。接着，节目马上电话连线身处射击赛场的记者，报道了现场的情况。听众能够从记者激动的语气和赛场背景声音中，感受到赛场的气氛。

体育广播的奥运报道强调的是进行时，既有前瞻，也有比赛记录，还有赛后全面的报道。尤其是第一时间报道中国运动员争金夺银的表现，记者要在现场及时发回报道。即使是赛后播出的录音报道，记者们也都是现场描述，剪辑最激烈、最激动人心的时刻呈现给听众，力求使听众能有身临其境的感觉。

在前方设立直播间，使得编播人员能亲身感受大赛气氛，制作报道更加鲜活，主持节目和发表评论就更有说服力。大家还有机会在赛场内外，甚至在超市购物时遇到熟悉的运动员，聊起他们的比赛和生活情况，又多了很多生动的素材。

前方报道组还采制了很多“伦敦的声音”，如飞驰的地铁声、大笨钟的钟声、皇家马队的马蹄声、泰晤士河水的声音等，在每期《龙腾不列颠》节目的最后播放，并介绍伦敦的相关情况。这些都突出了广播的声音元素，带给听众遐想与共鸣。

由于人员减少，前方报道组的任务加重了。为了完成报道，记者们每天要跑两、三个场地报道中国运动员的比赛。回到驻地制作节目，忙活完了得夜里两三点。一次，记者晓亮采访结束时已经夜里一点。英国人的习惯是到点儿下班，任何交通工具都没有了。他辗转回到驻地的时候，已经是凌晨4点。除了制作录音报道和电话连线，记者还有发博客和微博的任务，所以他们在比赛现场也是紧忙活。

为了保证前方报道组工作、生活正常，每个人都承担了多项工作。领队张松华副总编当起了记者，看比赛不忘与节目连线。策划干起了编辑，编辑兼任导播，主持人还得当采购员，技术保障有时也得做厨师，还有摄像、安保、外联，等等，大家谁也没有推脱，都主动承担。正是由于这种相互支持、共同分担的精神，前方报道组圆满完成了各项任务。

三、在北京过伦敦时间

从奥运会开幕那一天，北京体育广播后方报道组的20多人就开始过上了伦敦时间。后方报道组的作息时间是这样的：15点—到岗，汇集节目内容；17点—吃晚饭，编前会，确定节目重点；20点至次日早晨6点—10小时奥运直播节目《奥运冲击播》，其间23点加餐；8点——下班，宿舍睡觉；13点——午饭。

按照这个时间表，很多人从奥运开幕坚持到了奥运闭幕。有的人除了在单位编稿、写评论、连线采访外，还承担了去机场采访先期回国的运动员等任务，有时一天才睡两三个小时。奥运赛程过半的时候，已经有四五个人病了，身体不舒服就吃点儿药扛着。上午，在北京体育广播的办公区看不到几个人，到了夜里，办公室和直播间却灯火通明，人员来来往往，异常忙碌。

大型运动会考验团队战斗力和工作效率，工作量大，分工必须明确。这次后方报道组有十几个工种：文字编辑负责整体节目的策划和文稿处理；录音编辑负责各种音响资源的整理和制作；连线编辑负责联络专家、评论员制作点评和评论节目；机房编辑负责与前方记者联络和编辑最新的奥运消息供主持人插播，并随时把主持人、嘉宾的照片以及最快的奥运消息登录微博；片花编辑针对中国军团的每一块金牌制作片花反复播出；背景编辑发掘重点运动员和重要事件的历史素材和音像资料，制作背景报道；资料编辑负责将所有录音报道、评论等音频上传至紫光平台，供北京电台其他频率、节目使用；还有节目监制、主持人、导播、网络编辑等。

按照这样的分工，围绕赛事和奥运重要新闻，体育广播做了细致的策划。包括梳理中国运动员的所有夺金点，对每天的赛程提前分析，对中国运动员竞争对手的分析，对其他国家和地区重点运动员的分析，音像等背景资料的收集、整理，出现突发事件节目及时调整的方案，都做了较为周密的安排。遇到“突发事件”，大家会更忙碌，所有岗位的工作节奏都要临时变更，以最快的时间连线前方记者，电话采访各方人士，对节目内容进行特殊处理。

在这方面，体育广播注重坚持正确的舆论导向，不人云亦云。上级关于奥运报道的宣传精神，体育广播第一时间传达至伦敦报道组和北京报道组。在“消极比赛”事件和刘翔意外摔倒等敏感事件上，体育广播既做了客观报道，听取了各方的观点，同时也做了正面引导，弘扬奥林匹克精神。

四、听到的奥运也精彩

这次伦敦奥运会体育广播的特别节目不仅内容丰富，而且形式多样，注重与听众的互动，注重节目的通俗性。

在体育广播的奥运节目中，既有消息类的《奥运快报》，也有评论类的《奥运纵横》，漫谈式的《奥运茶馆》，还有大版块节目《奥运冲击播》、《龙腾不列颠》、《眺望伦敦》等。此外，体育广播与新浪网、《体坛周报》合作，制作了《奥运体坛之声》，剪辑播出《冠军面对面》、《奥运三健客》等。17天中，体育广播还制作了“夺金一刻”、“选手故事”等48条宣传片花滚动播出，使得节目内容更加丰富多彩。

本次奥运报道，体育广播在体育社会化方面做了很多尝试。体育广播员工、退役的专业体操运动员和排球运动员作为评论员首次参与奥运比赛解说成为节目亮点，丁独伊就是其中的一个。

作为退役的体操运动员，丁独伊现在是体育广播的一名品牌推广人员，这次奥运会她作为体操比赛解说员参与了《奥运冲击播》的直播，受到听众广泛的好评，原因就是她的解说深入浅出，具有很强的知识性和画面感。

丁独伊说：“竞技体操是观赏性很强的项目之一，很多人都喜欢看，但是想看懂门道不容易。听众一般看不到电视，如果解说一个劲儿地用专业术语描述动作（例如反吊转体360度接直体前空翻，团身720度旋下等），对于没有体操经历的人来说就难以理解，甚至厌烦。因此，我采用了动作描述与点评相结合的方式，同时介绍体操运动的知识和运动员的背景，这样即使听众看不到比赛，也不会觉得枯燥。”

体育广播还邀请了游泳、排球、田径等领域的十几位专业人士作为嘉宾参与直播，包括一些长年从事体育报道的记者，一些爱好体育的杂家，不仅从体育的角度，也从社会的角度，解读奥运，号召大家参与到全民健身的行列中来。

游泳名将蒋丞稷的教练许振宇和仰泳亚洲冠军林逸来台做解说嘉宾，除了常规的解说外，他们还针对各国选手带有典型性的游泳技术进行了侧重介绍，对技术动作进行解析。一开始还担心这样的内容听众会觉得枯燥，但是却引起了听众的积极反响和深入互动。比如，美国选手索尼蛙泳划臂为何前伸时不做交叉重合？蛙泳中高低姿势换气哪个对游进速度影响更小？孙杨自由游换气频次和侧身换气的技术特点等，嘉宾从流体力学角度和人体肌肉结构等方面一一解惑，听众在短信平台和微博中都说收获很大。这说明现在的听众或体育爱好者已经不仅仅关注比赛的结果，他们也想在观摩赛事的同时，跟体育明星们学上一招半式，给自己的运动健身增添乐趣。

除了专业人士之外，这次北京体育广播还邀请了其他频率的非体育专业主持人参与节目，如王为、郭炜、罗兵、嘉佳、晓邸等。这些主持人平时爱好体育，有的还是小半个专家，但是参与体育节目的主持，很多人还是头一回。除了辛苦，对主持业务来说，“跨界”主持肯定要比自己的“主业”主持更难，但是，这些主持人们工作热情高涨，态度认真负责，每次上节目前，他们都仔细做案头工作。有的反复学习某个体育项目的竞赛知识，拿不准的专业名词还要多方请教；有的熬夜看奥运转播，了解比赛进程……由于他们的参与，使得体育节目的趣味性、贴近性增强了，听众更广泛了。

注：该文发表于《新闻与写作》2012年09期

（北京人民广播电台 边建）

北京电视台《老楼新生记》系列报道获好评

老旧小区房屋综合改造工程是“北京市2012年为群众办的35件重要实事”之一，是横跨“十二五”、总面积4000多万平方米、涉及100万市民住房、投资额150亿元的重大民生工程。北京电视台围绕全市中心工作，坚持三贴近原则，持续关注民生，精心策划推出了《老楼新生记——来自一线的报道》。该系列报道从东城、西城、朝阳、丰台等区抗震加固小区和筒子楼家庭中，选取有代表性的家庭，采取蹲点驻站方式，运用新闻连续剧形式，全程记录几处房屋由旧到新的巨大变化，真实反映政府相关部门和施工人员的辛苦付出，全景展现老旧小区房屋综合改造工程全貌。3月20日起，系列报道《老楼新生记——来自一线的报道》在《北京新闻》、《特别关注》、《北京您早》、《晚间新闻报道》等多档新闻栏目共播出20余期，以其鲜活的故事、生动的语言、感人的细节赢得了改造小区居民、工程相关人员及广大观众的一致好评，架起了政府和百姓之间沟通理解的桥梁，推动了社会和谐建设。

一、在真实的现场挖掘鲜活的人物

《老楼新生记》系列报道始终坚持走基层深入调查，蹲点记者与改造工程人员同吃同劳动，亲身体验改造工作、全面了解各方想法，将镜头对准普通劳动者，聚焦基层党员干部，挖掘出许多扎根改造工程、为群众办实事的典型人物。编辑记者分三路，进入三个典型社区和简易楼进行蹲点采访。根据蹲点采访获得的情况，报道组把重点确定在朝阳区老旧小区综合改造的试点楼——新源里西11号楼，通过跟踪该项改造工程负责人、社区党委书记姚宁的工作，串联起楼里每一户居民的故事，记录下改造过程中居民们的理解或不理解、烦恼或喜悦，以及从离开老楼到搬回新楼的全过程，生动刻画了基层党员干部朴实、勤劳、一心为民的形象，充分体现出“从群众中来，到群众中去”的报道路线。

《老楼新生记》在“跟踪式采访、全天候记录”的过程中，努力做到“新闻故事化、故事人物化”，贯彻以人为本的理念，凸显人文关怀，着力体现“人”的价值和意义，此外，系列报道给予老年人群体以极大的关注，这些都让报道更具感染力和说服力。

二、用生动的细节描绘难忘的场景

《老楼新生记》系列报道全程记录了工作人员从入户调查、签订协议、攻坚会、到居民家协调等各项事宜，全面反映了居民从签订协议到搬迁等待新楼房的过程。报道在采制过程中注重用细节说话、说真话、说实话，如居民张大妈如何保护精心培育的月季；姚宁像女婿一样帮大妈从柜子顶上搬锅碗瓢盆；李翊龙细心地为断电住户送去手电……当这些点滴细节通过荧屏呈现在广大观众面前，就成为了最有力的语言，基层党员干部真心为老百姓所想，真正为老百姓干实事的场景随着一篇篇报道深入人心，改造工程的意义和政府改善民生的举措也被越来越多的观众所理解和认可。

节目还综合运用多种手段形象、生动、清晰地展示改造工程技术细节，如用动画演示的方式，展现了新源里西11号楼抗震加固改造构成图，便于观众接受，让老百姓对改造工程带来的好处也多了直观的理解。

三、用质朴的语言表达丰富的内容

《老楼新生记》通过记者采访、解说词及背景资料的呈现，以朴实的风格真实再现了改造工程政策背景和老百姓身边的事情。节目中运用大量数字说明了老旧小区综合改造的必要性，如“改造后，楼梯的抗震裂度将达到8度，冬季室内温度可提高3摄氏度至4摄氏度，同时每户居民增加住房面积8平方米到15平方米”等；运用白描的手法，原汁原味地、真实地反映出了事件的变化过程，不粉饰、不卖弄；运用住户自己的语言来表达对改造工程或喜悦或烦恼的真实想法，这些内容和语言使报道更理性、更专业、更为人信服。

节目还注意使用平易近人的语气和生动贴切的文字，把专业词汇解释得通俗易懂，更加贴近群众、贴近生活，使得报道亲和力十足。已播出的100多分钟新闻，源自记者编辑在工地现场昼夜驻守拍摄的近2000分钟素材，丰富的积累和精心的打磨，让报道内容更加充实，分析更加深入。

四、以“连续剧”的方式讲述新闻故事

《老楼新生记》系列报道采取了“新闻连续剧”表现方式，以“故事化”的手法来报道新闻事件或人物，力求做到新闻性与趣味性、知识性的融合，使新闻节目更加富有活力、引人入胜，增强了传播效果。每集都有一个主人公，每集都有一个故事，每集都有“戏剧”冲突。故事发生地点跨越东城、西城、朝阳、丰台各区；故事主题关注抗震加固小区房屋由旧到新的巨大变化，既忠实记录事实，又使新闻有血有肉、生动好看。

节目组还为不同的报道主体赋予不同的故事情节。对于政府工作人员，如，报道讲述了基层干部姚宁完成本职工作，动员住户进行搬迁的故事。对于施工单位的工作人员来说，报道讲述了他们不辞辛苦、保质保量完成工作以确保住户能按期搬回住所的故事；对于需要暂时搬迁的家家户户，报道讲述了他们理解国家政策后为防震加固工程劳心劳力、忧思与憧憬并存的故事。随着报道的推进，冲突情节一一展现在观众的视野中，又一一得以解决，在这一过程中，老旧小区房屋综合改造工程的背后政府执政为民、以人为本的理念得到充分的彰显。

五、于“小处”着笔反映民生“大事”

《老楼新生记》系列节目，主题鲜明，聚焦时事，以连续报道的方式记录下了北京老旧小区的变迁，用人文化的内涵统摄重大的主题，以具体个案作为时事、政策与民生的结合点。

节目从基层出发，挖掘普通人的故事，选取民生化的报道视角，大处着眼、小处入手，既阐述了社会客观事实和国家的大政方针，又为民众提供了充分的信息。除了在施工现场的蹲点，报道小组还广泛深入到北京市重大办、市住建委以及相关区县进行充分调研，关注民众在老旧小区房屋综合改造中的切实利益，既为新闻报道设置了很好的切入点，也能将民生问题与国家政策充分结合起来，报道角度以小见大，报道价值得到凸显。

（北京电视台）

中秋晚会 千里寻梦

北京电视台2012年中秋晚会彰显七大亮点

2012年中秋佳节，北京电视台推出一台名为《天涯共此时——卢沟晓月2012年中秋晚会》，彰显了七大亮点：

一、首次实现两岸四地直播，凸显“中华一家亲、天涯共此时”的团圆主题

2012年北京电视台的中秋晚会，以“天涯共此时”为题，携手香港亚洲电视公司、澳门广播电视公司、台湾中天电视公司实现了两岸四地直播。来自两岸四地的艺术家们将传统与现代相结合的文艺样态演绎得精美绝妙，将“亲情、友情、同胞情、中华情”的情感贯穿始终，实现了“文化同根，情感同源；两岸情，中华心”的主题表达，用文艺的形式表达了各地同胞对“民族同根、文化寻根”的认同感，表达了同为炎黄子孙的骄傲。

其中，具有代表性的节目当推两岸四地古筝演奏家共同演奏的《高山流水》和诗朗诵《光明颂》。两岸四地的艺术家用琴音表达着对民族音乐的崇敬之情，在流淌的琴声中诠释着民族传统艺术的美妙。而这之后，与之衔接的则是由百把二胡配以陈铎、虹云朗诵的《光明行》。这两个单元的节目辉映成趣、融为一体、妙得天生，用诗歌与器乐的双生花表达了两岸四地对月亮的赞颂，也见证了中华民族文明繁衍的历程，浸润着中华民族的深沉而凝重的文化情韵。

再有，谢霆锋演唱的《黄种人》以现代人的方式表达了中华民族同根同族的情感坚守。特别值得一提的是，与谢霆锋同台竞艺的还有来自北京、香港、台北、澳门两岸四地的舞狮团的“狮王”们，他们早就将中华的传统文化扬名于世界，而在中秋这个特别的日子里，他们则用相同的民间技艺表达着同样的中华情。

将“民族同根、文化寻根”这一文化内涵推向极致的节目当属由北京清华大学和台湾清华大学学子们合唱的歌曲《少年强》。两岸的清华大学虽然横跨海峡，远隔万里，但是，他们却秉承着“自强不息、厚德载物”的同样校训，共同鸣唱着“西山苍苍，东海茫茫，我校庄严，巍然中央”同一首校歌。在中秋晚会现场，两校领导携手共贺佳节，两校学子由衷而发《少年强》。“少年强，心飞扬，断了路梦在天上。败不降，最坚强，泪擦干挺起脊梁。天空是地宽阔的胸膛，地让天举起了年轻的力量，选择了荣光，爱需要拼到无尚，人性光芒打亮梦想的路上”，这首气势磅礴的歌曲配以两岸学子的视频互动以无法抵挡的气魄将晚会的民族情、同胞情的主题推向高潮。

二、舞美造型营造“水上生明月”的审美意境

晚会直播主场位于北京市丰台区卢沟桥的“卢沟晓月”景区。卢沟桥是一座拥有八百多年历史的古桥，历史悠久、底蕴深厚。其“卢沟晓月”景致是中国的四大月景、燕京八景之一。2011年，随着永定河生态恢复工程的建设，“卢沟晓月”景观得以重现，晚会得以在卢沟桥畔举办。

晚会舞美造型可谓美轮美奂，“碧水、明桥、古城、皓月”的人文自然景观构成水上舞台极具底蕴的大背景，依水而建的舞台布局有致，巨大荷叶型的主舞台被五个荷叶型小舞台环绕漂浮于湖面，宛若一朵巨大而唯美的水中花。舞台外侧，四艘写意帆船静立水上，象征两岸四地欢聚中秋、携手共进。在舞台周围，还依水造出了很多不同的景致，栩栩如生的仿真荷叶、荷花与根植水底的真荷叶虚虚实实、相映成趣，共同装点着微风轻逐浪的湖面，装满鲜花的花船行游在湖面，与湖畔装有木雕扶廊的观众台遥相呼应，组成游廊画舫的美景。为了保护景区生态，舞台搭建不打桩，整个表演在一个1500平方米的浮台上进行。

晚会舞台的搭建还利用雾森投影、水幕投影、LED大屏幕三层视频影像，构建出“水上升明月”的视觉冲击。放逐水面的河灯将汇聚成灯流，与舞台灯光交相辉映，融合古曲与时尚元素，配以全新编配制作的音乐，渲染唯美浪漫的意境。整个舞美巧妙地

将“卢沟晓月”的人文景观与荷塘月色的自然风光进行融合，营造出“天上宫阙”、“海市蜃楼”一样的仙境，配合融入诗词歌赋的节目，来抒发中华民族独有的“天涯共此时”的中秋情怀。

三、诗情画意般的“民族风”艺术表达

整个晚会如梦似幻，灯光、舞美以及那些配以主题的文艺节目实现了一次充满浓郁民族风情的诗意化航行，打造了“人在画中走，景在梦中生”的艺术效果。

大型舞蹈《天涯共此时》拉开了晚会的序幕。舞蹈的配乐是由中国传统音乐《春江花月夜》和罗大佑的《船歌》改编而成，湖面美景如画，天空中下着花雨，载满鲜花的游船自芦苇荡驶来，营造出“此曲只应天上有”的视听效果。

另外，晚会还通过一系列具有民族风情的歌曲营造了一种民族化的诗意审美意境。比如，李玉刚演唱的《逐梦令》，汉风汉韵的词曲和李玉刚的男女双声的跨界演唱别具情怀；腾格尔演唱的《父亲的草原 母亲的河》，则由台湾女诗人席慕容、蒙古族女中音歌唱家德德玛、蒙古族作曲家乌兰托嘎的联袂合作，传达出游子对草原故乡的思念和对祖国的依恋之情；而降央卓玛的《在水一方》则嵌入水上美景，让观众难分是画中有歌、还是歌中有画。另外，京剧表演一直是最具民族风情的文艺样式，这次中秋晚会还请来了两岸的京剧表演艺术家联袂表演《贵妃醉酒》。

四、“咏月”节目撑起晚会半边天

中秋晚会里的“月亮”一直表达着人们思乡的情怀。这次，北京电视台卢沟晓月中秋晚会也不例外，编导们对“月亮”情有独钟。

整台晚会中，除了主持人直抒胸臆般对月亮的咏怀，还能听到大量有关月亮的歌曲，比如，著名朗诵艺术家殷之光与年轻歌手吴静、孙媛、王诗沂共同合作演绎的节目《卢沟晓月》，融经典歌曲与名篇朗诵于一体，意境优美；而蒋大为则演唱的《月亮》、张也带来的《月上紫禁城》、许志安送上的《上弦月》等，深情饱满地传达了人们对月亮的崇拜。

另外，晚会还设置了VCR视频单元，两岸四地的名家通过大屏幕欢聚一堂，畅谈中秋文化，吟诵明月情怀。而更为具有文化质感的是，晚会还邀请了“嫦娥一号”之父欧阳自远先生，以讲故事的方式讲述了人们对月球的向往与对月亮不懈的科学探索，并以幽默地方式邀请大家在不远的将来去月球找寻那位在广寒宫中居住千年的中华美女嫦娥。

五、亲情的具象化呈现

中秋是亲人团聚的日子，几乎世界上所有的华人都渴望在这一天与家人相守相伴。本次晚会也设置了“亲情”这一单元，并使亲情的表达更加亲切。世界著名华人男高音歌唱家莫华伦一家三代联袂演出。莫华伦的一曲《摇篮曲》献给当天过生日的83岁的老父亲，而他的儿子则为他奏响了大提琴。观众席上，老父亲与儿子一同哼唱《摇篮曲》，那熟悉的音调将人们带入思乡的梦中，而那一声声父母对儿女的呼唤则寄托了这人世间最真挚的情感，父子齐唱，场面甚是感人。而莫华伦的一家又正好代表了北京、香港、台北、澳门四元素，他现在是澳门国际音乐节艺术总监，香港歌剧院艺术总监，而他出生在北京，工作在香港，又娶了一位台湾的太太。晚会借莫华伦家族的情感表达诠释了亲情的可贵

六、演艺群星荟萃，阵容强大

作为两岸四地共同打造的中秋晚会，不仅聚集了蒋大为、张也、腾格尔、李玉刚、萨顶顶等众多内地歌星，还邀请了刘若英、谢霆锋、许志安等港台明星加盟。北京电视台主持人春妮、栗坤、孔洁，香港亚视艺人蔡梓铭，澳门广播电视资深主持人汤耐冬，

台湾艺人曾宝仪等共同主持晚会，为更好地传达晚会的主题起到了至关重要的作用。

七、温情前传，酝酿中秋情绪

本次晚会还特别设置了一个温情前传——“我和月亮有个约会”，这一“前传”在北京电视台文艺频道傍晚开始播出，将北京电视台演播室、卢沟桥晚会现场、京城四合院三地连接起来，互动直播。在主演播室，邀请了文化名人、演艺明星、民间手工艺人、百姓家庭共话中秋。在京城四合院，由著名主持人余声摆“家宴”抒怀。同时，还邀请观众揭秘中秋晚会倒计时阶段的现场情况，与明星家庭共度妙趣横生的中秋文化之约，共享中秋团圆之约，以先声夺人的姿态抢占先机，吸引更多的受众关注当晚播出的中秋晚会。

（北京电视台）

有文化品位和情感共鸣的直播

——北京电视台直播北京人艺成立60周年报道获得成功

为纪念北京人民艺术剧院成立60周年，北京电视台新闻节目中心于2012年6月12日特别推出了全天4个时段、近7个小时的《人民的艺术——北京人民艺术剧院成立60周年》大型直播节目，产生了良好的社会反响。

该节目呈现四大亮点：

一、节目策划思路清晰，内容丰富

这次直播节目，贯穿全天，被清晰地划分为四大时段、四大主题：群贤汇至，戏里戏外，台前幕后，薪火相传。在多路记者的带领下，观众可以看到群星汇聚的人民大会堂座谈会，首次体会到首都剧场台前幕后的艰辛和风采，在内行专家的评析和亲身讲述中欣赏到经典作品的别样之处。在节目的策划和话题的设置上，可以看出节目组事先进行了深度采访，在对人艺的老艺术家、艺术创作者们有了深入了解后，做出了周密细致的直播安排。

直播节目信息丰富。通过很多具有奠基性地位的老一辈艺术家及其后代亲身经历的回顾，以及对人艺创立之初和发展过程中有着重要作用的历史地点的实地调查、直接了解，全方位地把北京人艺的方方面面，包括“戏比天大”等制作、表演理念以及精神气质的代代传承做了充分展现。

直播节目在内容上勾勒出北京人艺从初创到辉煌的60年历史，讲述戏里戏外人艺人的故事，以直播的形式展现北京人艺排练场里的认真严谨以及人艺大戏《茶馆》开演前化妆间里的紧张活跃气氛，还首次把人艺的《茶馆》第一幕以直播的形式搬上电视荧屏；而且，节目组还请来重量级嘉宾，在演播室和主持人以聊天的形式对人艺从不同的角度进行全方位的诠释。演播室气氛十分活跃，如方子春以亲身经历讲述了围绕人艺发生的很多好玩的事情，而学者张颐武则高屋建瓴地阐述北京人艺如何开创新中国文艺新局面，著名人艺演员濮存昕则深情表述作为一个演员如何通过艺术的创作进行心灵的救赎，导演唐烨也用生动的故事让观众体味到人艺戏比天大，心存人民的敬业精神，新一代人艺演员王斑则谈了北京人艺新老相接、代代传承的优良传统等。另外，节目还向观众展示了大量的历史图片、文献资料，以及很多戏剧演出现场，如《虎符》、《蔡文姬》等具有里程碑意义的话剧现场，很有历史感。这些都使得这档直播节目内容丰富，具有深厚的精神内涵和厚重的文化气质。

二、外景记者深入基层，探寻民间鲜活故事

节目组不仅把聚光灯聚焦在人艺的明星大腕和辉煌历史上，还深入挖掘人艺场院里闪光的小人物，把食堂的大师傅、剧场的服务员、剧团的保安都摄入镜头，拍摄关于他们的故事，从他们身上同样体现着人艺人严谨的精神，敬业的品质，以及传统的力量。节目组还派出多路记者深入北京市民中，通过挖掘来自民间的鲜活生动的故事，体现北京人艺的“人民”性，体现艺术高于生活又来源于生活的本质。

节目组寻访到很多有趣的故事：胡同大爷大妈们在自家大院里排练人艺的叫卖组曲以自娱自乐；全聚德的职工自行排演《天下第一楼》只为体会艺术的力量；人艺三部大戏描写的北京现如今的一个普通社区金鱼池居民数十年如一日排演经典话剧，为草根艺术感到骄傲的话语令人为之动容；对著名剧作家后代的现场采访，比如郭沫若的两个女儿等，从亲人的口中听到最接近现实的历史情况以及剧本的创作过程，更具真实性和说服力。不论是人民大会堂前台阶上的采访，还是郭沫若、老舍、曹禺故居前特别纪念活动的报道，都不单单是一个播报式的小片，短短的几分钟可以看出记者们对人艺人的深深敬意，对大师的深沉缅怀，极大地增强了节目的感染力。

三、直播中与观众实时互动，提升观众持续关注度

节目进行中，在屏幕下方实时播报当天各个时段节目的时间安排、节目的大致内容以及参加节目的代表人物等，同时还用字幕显示一些观众的互动短信内容，如“坚守人民性，让艺术更具任期”、“风雨60年，大家一起来见证吧！人艺还有更多个更好的60年”等观众热情的短信留言，可以看到他们对人艺的一份深厚感情和美好祝愿。

除了短信平台，节目进行中还通过微博平台与网友实时互动，潘晶、影子猪、靳嵩等网友的微博留言同样让观众看到了人艺对普通人艺术追求的影响。微博还设置了抽奖环节，如80份幸运奖及20份特别奖，包括话剧《雷雨》的门票奖励等，进一步激发了观众的收视热情。

四、关注细节

节目第三时段的“台前幕后”讲述了在北京人艺六十年历史中扮演重要角色的著名导演、编剧和几代著名演员的故事，彰显了北京人艺在中国话剧史上的重要地位和作用，让戏迷们看到了平时看不到甚至想不到的关于演员、关于剧院的一些细节。比如演员们上台前的化妆过程、道具准备，尤其是服装、点心、茶碗等的精心设计，再加上演播室内主持人曹一楠与演员王斑的交流，都让观众看到了人艺演员们的艰辛和幕后工作人员的聪明才智。

（北京电视台）

北京卫视创新改版打造精品

北京卫视坚持新闻立台、深度立台、精品立台，以“首善媒体”为战略目标，明确“以高尚的文化情趣为基调，秉承大家风范，追求文化品位，依托地缘优势，扩大全国影响”的发展定位，自2012年4月2日起进行改版以来，依托原有黄金时段主框架，创新升级现有新闻品牌栏目，同时推出新形态的新闻纪实栏目，以全新视角、全新题材和全新形态，构建黄金时段主流新闻板块，受到广大观众欢迎和认可。

精心打造新闻纪实专题栏目，在“走转改”中力推精品

“身边”栏目是此次升级改版的重点，通过这档新闻纪实栏目，以“接地气”“聚人气”的精品力作，反映基层火热生活和百姓所思所想。改版后的“身边”以“讲述身边的感动、记录火热的生活、刻画鲜活的人物，展现变化中的活力北京，弘扬主流价值观，弘扬北京精神”为栏目定位，并将首播时间从原来的上午8:30移至晚间21:28的黄金时段。目前已播出的节目中，既包括奔波在城市黎明的北京送奶工、在急诊室临危不乱的80后大夫，也有身患怪病但始终坚强的渐冻人和角膜捐献者。这些以纪实手法忠实记录的百姓故事，以极强的贴近性和可视性，赢得了观众一致好评。如《一个急诊总值班医生的15小时》播出后，节目视频在微博上仅一天就转发了上千次。一位网友这样留言：“这是千百万医生的缩影，重拾职业自豪感，救死扶伤的自豪感不是社会地位或者金钱可以衡量的！”《一瓶都不能少——送奶工的故事》播出的第二天早上，送奶工秦晓红的奶站就被附近的居民包围，很多居民告诉记者，他们是流着眼泪看完节目的。《入殓师》播出之后，很多观众打来电话说，入殓师对于生命和职业的认识也让他们深受感动，没想到80后能有如此的担当。

以特有高端资源打造精品，通过丰富史料展现时代风貌

北京卫视深入学习和持续关注发展文化创意产业的最新动态和丰硕成果，推出一批有政策水平、有战略高度、有人文素养的文化报道佳作。每周五晚推出一档旨在利用北京充足的高端人才资源和政治文化中心地位，对话公众视野中焦点人物、新闻事件中的核心人物、时代变革中的风云人物的访谈栏目“全景对话”。为了用最美的镜头记录流光溢彩的新北京，北京卫视在每天的18:23分推出的人文专题片“今日京华”，成为全国第一个常态播出的城市形象宣传片栏目。节目播出之后，观众纷纷打来热线电话说，他们“看到了一个生动、活力、国际化的北京大都市！”更有年轻观众在网上热议：“今日京华”中不仅有北京城的古韵，更有现代时尚的气息，能生活在北京是他们的荣耀！北京卫视为全面提升文化品质，还分别在午间13:05和夜间23:25开辟两档专题片、纪录片栏目带——“博览”和“光阴”。午间“博览”贴近百姓生活，展现智慧人生；晚间“光阴”主打历史人文、高端探秘，与晚间已有的品牌栏目“档案”，共同构建了省级卫视中的顶级历史人文纪录片平台。

（北京电视台）

北京电视台“书香家庭”特别节目很受好评

北京电视台2012年8月21日、9月17日两次播出《阅读改变人生——北京阅读季“书香家庭”》特别节目。节目以书为载体，挖掘市民爱书读书故事，推动全民阅读活动，引领阅读风尚，传递文化力量，是一个开创新气象的节目。

一、走进家庭，记录百姓阅读故事

北京市委宣传部、北京市新闻出版局联合北京电视台青年频道“书香北京”栏目于2012年4月在北京市开展“书香家庭”评选活动，最终有50个家庭脱颖而出。栏目组深入这些“书香家庭”，实景拍摄这些家庭的读书生活。一对残疾人夫妇，妻子自幼双目失明，丈夫因工伤双腿致残，是阅读使二人结缘。节目现场，主持人展示了丈夫为盲人妻子录制的一盘盘读书的磁带，《文化苦旅》、《毕淑敏全集》……每一盘磁带都是妻子喜爱的书籍文章，妻子说这些磁带是自己最珍惜的书；

丈夫说，他会为妻子读一辈子。视频中还有一个特殊的“家庭”——“民间流动图书馆”，“家长”叫徐大伟，是一个山东小伙，读书改变了他的命运，让他从一个北漂变成了一个策划企业老板。他想让阅读改变更多的人，于是2010年他个人出资建立了一个“民间流动图书馆”。这个图书馆的书，留下姓名和联系方式就能“拿走”，徐大伟和他的图书管理员总会亲切地提醒读者，请看完后传给下一个人。

二、传播书香，推动全民阅读活动

“书香家庭”特别节目展现了京城书香家庭的风采，更为观众传递了一个理念：读书改变命运。节目中，盲人李珍说：“如果世界是有声音和色彩组成的话，那么我只拥有声音的世界，但是这么多年和丈夫在一起读这么多书，我觉得我的世界也是一样充满色彩的。”节目展现了“民间流动图书馆”门庭若市的场景，馆长徐大伟说：“我是农村的孩子，我的学历是大专，今天我能给企业家做顾问，这个跨越中间的桥梁全是书给我弥补的。读书能改变每一个人的命运。希望有更多的人来图书馆借书传阅。”节目中所展示的京城书香家庭，有知识分子家庭，更多的是普通人。他们让观众看到了阅读对于每一个普通人由内而外的改变，也让观众产生强烈的阅读渴望。

三、引领风尚，传递主流文化力量

“书香家庭”以深入浅出的方式引领阅读的风尚，传递文化的力量。“书香家庭”特别节目以走出演播室的创意，使节目走进了北京的千家万户，以创新的方式向不同的人群传递书香，弘扬读书的价值，印发网络上的热议，获得了良好的社会反响。有观众评价说：“娱乐节目的‘好声音’需要有，而这样有人文意义、社会公益性的节目青年人更需要。”

（北京电视台）

平凡人的不平凡事迹　近在咫尺的感动

——北京卫视《雷锋·身边》系列新闻短片亮点多

北京卫视从2012年2月18日到3月4日连续16天播出《雷锋·身边》系列新闻

短片，受到观众和网友的热切关注，在微博上引起了较大反响。该系列新闻片彰显五个亮点：

人物选取：百姓身边的平凡人物

系列短片每天推出一组学雷锋的榜样，每天讲述一个学雷锋的故事。系列短片共报道了16组人物，其简况及主要学雷锋事迹详见下表：

可以看出，系列短片所报道的学雷锋榜样，其实都是百姓身边的平凡人物。他们来自北京各行各业的平凡岗位，有热心肠的雷锋车队的姐王凤进；有被誉为“社区活雷锋”的徐大爷；有坚持八年修成山路的退休老矿工王振明；有十九年坚持不懈的红领巾

《雷锋·身边》系列新闻短片16组人物学雷锋事迹一览表

日期	主人公	年龄段	职业	服务对象	学雷锋事迹
2.19	阿兵	中青年	理发师	老人	十四年义务为老人理发、陪伴聊天
2.20	刘传刚	中年	个体	求医无门者	三十余年义务导医

续 表

日期	主人公	年龄段	职业	服务对象	学雷锋事迹
2.21	王振明	老年	退休老矿工	上山矿工	八年修山路
2.22	胡雅丽	中年	文明引导员	社会大众	十余年引导公众文明乘车、坚持四年为孤寡老人读报
2.23	徐师傅	老年	修车工	社会大众	二十余年义务修理自行车
2.24	少先队员	少年	学生	社会大众	十九年义务打气
2.25	崔澜馨	中青年	个体	患病婴幼儿	放弃年薪15万工作，帮贫困家庭先天性心脏病患儿寻找医疗救助资源
2.26	刘幼青、罗建军、王友灿等	中青年	个体	老人	二十二年义务服务老人，为老人理发、检查身体、聊天
2.27	刘红军	老年	退休小学教师	外国学生	七年成为36位美国孩子的中国爸爸
2.28	恭王府志愿者	老中青	个体	游客	用特殊的方式，为游客讲解历史
2.29	夕阳红接送队	老年	退休个体	小学生	十多年坚持每天义务接送学生
3.1	孙茂华	老年	退休个体	社会大众	学雷锋四十八年如一日，被称为“京城活雷锋”
3.2	李师傅	中年	修脚师	老人	30余年义务接送老人洗澡到义务为老人上门修脚
3.3	首都电力共产党员服务队	中青年	个体	社会大众	为社区安装照明灯，司机、保姆等各角色都有担当
3.4	王争	青年	个体	社会大众	八年志愿者，环保组织、孤儿院，养老院都有他的身影留下，不幸患上白血病受到社会各界的关心和帮助

义务打气队；有帮助贫困家庭先心病患儿寻找医疗资源的微笑姐姐崔澜馨；有三十余年义务接送老人洗澡到义务为老人上门修脚的修脚师李师傅……这些学雷锋模范从少年到中青年再到老年，从学生到普通工作者再到退休老干部，一个个生动鲜活，但就是这些生活在我们身边的平凡人，却在弘扬并践行雷锋精神的过程中，显示出了一种不平凡的存在。

雷锋其人已经不在（今年是雷锋去世50周年），雷锋精神作为一种符号，甚至一种精神信仰，其传承只能依靠现实生活中活生生的人们。通过宣传这些平凡而真实的学雷锋的人物，讲述平凡人给我们的近在咫尺的感动，使得“学雷锋”与普通百姓具有了贴近性、亲近感，弘扬雷锋精神也不再显得“大而空”。

事迹选取：平凡生活中的不平凡事迹

系列短片中不仅主人公是实实在在的平凡人，他们学雷锋的事迹也都是平凡生活中的平凡小事。如雷锋车队帮助需要紧急救助的老人和遇上困难的车主；理发师阿兵和修脚师李师傅常年坚持义务为老人理发、修脚；徐师傅二十余年义务为人们修理自行车；少先队员们长达十九年轮流为社会人提供义务打气服务，等等。这些简单平凡的小事，对任何一个人来说似乎是不值一提的，但“做一件好事不难，难的是一辈子做好事”。尤其是3月2日播出的短片中的修脚师李师傅，有多少人为自己的父母洗过脚、修过脚？更何况是为非亲非故的人坚持义务服务三十余年。李师傅自己的父母不在了，就把其他老人都当成自己的亲人一样，“作为一个修脚工，能够为老人解除痛苦，为老人尽一点我们的力量，我想这是对孝老的一个好的行动吧！”这些平实而令人动容的行为和语言，让我们不得不承认，这真的是平凡的小事，然而坚持做这些小事却需要巨大的内在力量。在这些小事的背后，我们看到的是数十年如一日的坚持和水滴石穿的感动与震撼。

电视表现：捕捉感人细节

虽然每个宣传片只有一分多钟的时间，但是通过对不同报道对象瞬间感人细节的镜头捕捉和汇聚，成功凸显出各个学雷锋人物的感动点，没有宣传说教意味，却在潜移默化中给了观众很强的心灵震撼。如2月19日的节目中，通过理发师阿兵给老人理发、陪老人聊天说笑、锻炼身体以及微笑着说“百善孝为先，善待老人就是善待今后的自己”等镜头的汇聚，一个善良、实诚的主人公就出现在观众的脑海中，镜头下有一种平实而充满感情的张力。又如2月21日的节目中，80岁的退休老矿工王振明老人在用石铲修山路时，镜头由黑白色再到彩色的剪辑方式，有一种跨越式的呈现，仿佛叙述了王振明老人长达八年的漫长修路历史，给观众留下强烈的震撼和感动。

人物语言：简短质朴却真实感人

短短的一分钟里那些学习雷锋的好榜样们的话语极为简短，这些简短的语言质朴平实，然而却给观众带来一种实实在在的感动，也容易在观众中口口相传。

如2月20日短片中坚持三十余年为数万患者义务寻医的刘传刚说：“在我老了走不动的时候，有一个美好的回忆，因为在我年轻的时候做了一个对社会有意义的事儿。”

2月21日短片中80岁老人王振明说：“把大小石头砌成路，给人提供方便，石头的价值就是我的价值。”

2月25日短片中放弃高薪工作的“微笑姐”崔澜馨说：“当我看到孩子那特别纯真的眼睛的时候，我会特别有力量；我从来没有后悔过，我相信我会一直地走下去。”

2月26日短片中坚持二十二年服务老人的房山个体户学雷锋小组说：“每到5号，这些老人都会在门口等我们，一看我们来了，就特高兴”；“听他们说声谢谢，我就特别荣耀，特别高兴。”

3月2日短片中的修脚师李师傅说：“因为我自己父母不在了，我把老人都当自己亲人，很多老人也都拿我当他们的亲人。”

……

主人公这些简短质朴的内心独白，说明他们并没有将学雷锋、做好事上升到很高的高度，他们的目的也许仅仅是希望自己在老的时候有一个美好的回忆，或者感受帮助他人带给自己的内心深处的充实和快乐。平实的语言最能让人感同身受。这样的学雷锋宣传也容易让观众接受，并自觉效仿，身体力行。

节目宣传：积极进行媒体联动并充分利用微博互动

系列短片能取得如此大的影响，与北京卫视此次的积极宣传推广是分不开的。节目在2月18日开播之前，上百家传统主流媒体和知名网站便进行了预告式宣传报道，人民网、新华网、环球网等政府网站和新浪网、腾讯网、搜狐、网易等门户网站，以及辐射全国的地方门户网站，北京卫视“雷锋·身边”的主题新闻稿均有亮相，形成了互联网上“铺天盖地”的宣传效果。在节目播出过程中，又有不少媒体又参与媒体联动，对《雷锋·身边》系列短片所报道过的人物进行追踪或延伸报道。这较大地提升了受众对系列短片的关注度。

同时，北京卫视新浪官方微博及BTV在线网站对该系列短片也加大了宣传推广力度。北京卫视官方微博每天及时发布短片视频，并推出了《雷锋·身边》主题，在北京卫视160余万微博网友中引起了较强烈的反响。从2月中旬到3月中旬，《雷锋·身边》主题不仅多天跻身热门微博之列；而且引发了政府机构如@文明北京（首都文明办官方微博）等的关注；与系列短片互动的加V用户与达人用户超过200人；有超过15000名新浪微博网友参与讨论，纷纷转发并评论系列短片报道及其中的人物；一些主流媒体记者，如《人民日报》记者、《南方都市报》记者、《公益时报》记者、《绍兴日报》首席记者、贵州电视台新闻主播、沈阳广播电视台《直播生活》总制片人等，也积极参与评论。

（北京电视台）

再现盛事背后鲜为人知的历史故事

——“纪念香港回归15周年系列节目”受到好评

2012年7月2日至5日，北京卫视《档案》栏目精心制作播出了4期纪念香港回归15周年系列特别节目：《“铁娘子”撒切尔的荣誉与挫败》、《末任港督彭定康》、《驻港部队背后的故事》、《香港政权交接仪式背后的较量》，从四个不同角度，对香港回归前后的重要历史事件和人物等进行深度挖掘和真实再现。通过解密相关档案中的历史秘密，探寻解读历史人物和事件的缘由脉络，告诉了观众香港回归这一世纪盛事背后一些鲜为人知的故事。节目一经播出，便受到了观众的好评。

一、史料丰富，准备充分

从播出节目的内容看，主创人员在前期做了大量工作，准备充分，史料丰富。在主持人声情并茂的历史讲述中，及时在演播室放映幻灯片，展示相关历史图片、视频资料，给观众朗读相关的报刊资料，聆听当事人的采访录音，大大增强了节目播出内容的真实性和可信度，从而增强了节目的说服力。

例如，主持人谭江海数次拿出《人民日报》，引述当时该报对中英香港政权交接仪式的报道内容等，插播的珍贵视频资料有1997年7月1日中英香港政权交接仪式现场、查尔斯王子在交接仪式上的讲话、升降旗仪式现场英国国歌提前演奏完毕的紧张时刻、中国国旗最终在零点升起的时刻、送别查尔斯王子的场面、CCTV直播香港防务交接仪式的画面、CCTV直播报道彭定康撤离港督府的现场画面等，这些珍贵视频资料的再现同主持人的讲述相配合，推动着节目紧张而有节奏的展开，同时也增强了节目内容的丰富性。

另外，节目还选用了一系列重要当事人的采访录音，如主持人讲述1982年邓小平同志同撒切尔夫人在人民大会堂就香港问题进行会见时，插入小平同志在现场的发言——“主权问题是不能够谈判的，就是说中国1997年收回香港的问题是不能够谈判的，不管用什么方式，谈判的题目就是一个，归属问题。香港归属的问题如果谈不拢，中国将考虑，接收香港的时间和方式”——态度非常坚定，声音铿锵有力，让听众深为小平同志不卑不亢的态度拍手叫好，极具感染力和说服力。

当主持人谈及撒切尔夫人在渐渐接近权力中心时其他男议员对她态度的转变和称呼上的蔑视时，插入撒切尔本人强硬、不服输的采访录音，也极具说服力和感染力。还有来自1997年中英香港政权交接仪式升旗手朱涛谈现场紧张感受的录像；彭定康回忆当时离开港督府时的感受的录音等，都让观众对这些重要历史时刻有了直观感受。

二、活用舞台元素，模拟还原历史场景

在《档案》的演播室中，节目利用各种舞台元素，试图还原部分历史场景，让观众产生强烈的代入感，能够“身临其境”地感受历史中每个震撼人心的瞬间。4期节目都巧妙设计了主持人在演播室内的行动路线，把节目的内容和具有独特风格的演播现场结合起来，营造了具有舞台气质的现场感。例如，在讲述安文彬和休·戴维斯的谈判时，演播室内安放了中英两国国旗的模拟谈判桌椅、长凳、沙发桌；江泽民主席与查尔斯王子会面时，为淡化主客而做出的独特会客厅；主持人讲述彭定康的个人政治生涯，讲到“1992年4月初的一个晚上，梅杰把彭定康叫到唐宁街10号，一直谈到深夜。梅杰向彭定康提出了几项补偿他的提议，香港港督便是其中的一个职位”时，演播室内对唐宁街10号英国首相府内景的模拟再现，有沙发、洋酒、雪茄、茶几、落地灯、报纸、烟灰缸、文件夹等，都极具现场感。主持人还用幻灯机、16毫米放映机把影像资料、图片、道具、历史器物等，变为故事讲述的必要环节和故事推进的关键手段，力图还原历史场景，烘托出现场氛围，强化了节目的视觉元素，增强了观众对历史事件的感受度。

三、悬念设置紧凑，增强对观众的吸引力

在7月2日讲述“香港政权交接仪式背后的较量”时，主持人通过抛出一个个疑问，设置一道道悬念，吊足了观众的胃口，吸引观众跟着主持人的节奏，去寻找一个个答案并层层拨开历史的真相。

例如，对“交接仪式上的五秒真空”，主持人连问“可能有的观众会觉得很奇怪，为什么我要倒数五秒呢？五秒钟之后又会发生什么呢？”“五秒钟，夸张点说不就是一眨眼的工夫，能发生什么呢？”“那么，香港交接仪式上究竟发生了什么导致了5秒真空呢？”……并由此引出关于查尔斯王子的几个疑问：“其实六分钟，对于查尔斯演讲稿上的内容来说可是绰绰有余了，可是查尔斯为什么会超时呢？是因为紧张还是另有文章？”“王子当天到底是怎么了？”“难道真的是因为激动哀伤，让查尔斯喉咙哽咽影响了语速吗？事情真的这么简单吗？”……这些围绕着为了让五星红旗在香港上空于7月1日凌晨准时升起而出现的一系列问题，不断推动着节目紧张进行。

作为演播室节目，由一个特定的、极具个性化的讲述者现场讲述和展示是节目的基本形态，讲述者是拥有资料、道具的现代说书人，是节目的主宰。他依据内容抛出的悬念和疑问，是节目设置的最大卖点。

四、讲述视角独特，细节决定成功

本次系列节目讲述视角独特，通过许多细节之处向观众讲述仪式背后的较量故事。而这些细节，处处体现出国家之间在外交谈判、主权争夺中的种种不易。也正是对这些细节的深入探究，决定了4期系列节目的成功。

如中英双方对交接仪式上短短几秒时间上的争夺、对各国政要的邀请请柬的设计、国旗升起一刹那的时间把握、查尔斯王子和

江泽民主席的现场讲话的顺序安排、江泽民主席与查尔斯王子在仪式前的会面时为淡化主客概念而对会客厅进行的独特双开门设计等。短短40分钟的交接仪式，每一个环节无不让筹备小组的工作人员煞费苦心。中英两国在文化与习惯上的差距比两国在地理上的距离近不了多少，每一个小细节都得照顾到两国的文化与习惯，一个很小的问题都可能带出一连串的问题。而节目对这些平时人们根本不会想到、不会注意到的问题进行深入探究，并利用各种搜集到的绝密档案，让观众深深感受到国家外交的各种玄机和不易。

五、主持人谭江海表现沉稳老练，已逐渐形成自己的风格

主持人谭江海在整个节目中的表现，可以说是沉稳老练，可圈可点。他对节目节奏的把控、演播室内不同场景路线的流畅转移、适时的总结点评等都比较到位。例如，主持人对彭定康的评价："回归潮流的大势所趋，似乎注定了搅局者彭定康这最终的落寞；历史自然不会因为某个人而停止前进，更何况彭定康面对的是一个正在崛起的大国。"这样的评述客观而又充满自豪感。

（北京电视台）

对雷锋精神的精神诠释和创新表达

——北京卫视8小时大型报道《雷锋·身边》反响良好

2012年3月5日是雷锋逝世50周年，也是毛泽东同志号召"向雷锋同志学习"49周年。北京卫视于3月5日隆重推出了8小时大型报道《雷锋·身边》。这一大型报道从13:00开始，首推雷锋电影展映《雷锋》、《雷锋之歌》、《离开雷锋的日子》，并邀请专家对电影的思想性、艺术性进行点评；在黄金时间19:37推出大型主题节目《雷锋在身边》。节目播出后，得到了观众的好评，引起了较大反响。

一、主题鲜明，层次清晰

大型报道《雷锋·身边》包括雷锋电影展映和大型主题晚会，围绕雷锋的生平事迹，当代学雷锋的先进典型以及对学雷锋活动的倡议等内容展开，重点是在雷锋逝世50周年之际宣传雷锋精神，加大对社会主义道德建设的宣传力度以促进社会风气的改善和社会和谐的建设，号召人们参与、投入到学雷锋的行动中。

在编排上，报道清晰地分为了两个部分：第一部分是13:00开始的雷锋电影展映，用影像的方式再现了雷锋的生平，在小银幕上为不同年代的观众奉上了雷锋事迹回顾的文化大餐，让各个年龄段的观众更深入地理解为什么要开展向雷锋学习的活动；第二部分是晚间开始的大型主题节目，以"再学习雷锋、身边的雷锋、好人好报"三大章节为主线，以展现平凡生活中的志愿者为主要内容。整档报道以大型主题节目《雷锋在身边》为重点，以品牌栏目《档案》的形式讲解雷锋生平并将镜头对准人们身边的郭明义式的活雷锋。雷锋电影展映主要侧重于对雷锋事迹的再回顾和再诠释，主题晚会则着力介绍当代的活雷锋和他们表现出来的高尚精神。

整档报道重点突出，层次分明。通过影像资料和现实资料的整合，节目将两个不同时代的人们——历史中的雷锋和现实中的雷锋结合起来，让历史照进现实，达到了全方位、多角度地宣传雷锋精神的目的。

二、内容丰富，以情感人

大型报道《雷锋·身边》，包括影片、访谈、文艺等多种形式，挖掘了雷锋其人以及学雷锋活动的各方面素材。

雷锋电影展映包括《雷锋》、《雷锋之歌》、《离开雷锋的日子》等影片，将观众带入到雷锋生活过的那个年代，以历史的眼光正确看待并了解当时人们对雷锋的感情。

主题节目《雷锋·身边》以品牌栏目《档案》的特殊形态讲述雷锋、回顾雷锋。晚会搭建了庄重的红色的舞台，以雷锋的多幅照片为背景，在主持人的串联下一一讲述了救治云南麻风病人的92岁的老人李桓英、无臂钢琴师刘伟、为乡村小学送去音乐的邓小岚等6位学雷锋的先进个人以及天使妈妈、阳光志愿者、雷锋小学等4组团体的先进事迹，从个体和整体两个维度来思索雷锋精神在当代的践行，也呼唤更多的人加入到学雷锋的行动中。

同时，歌唱家才旦卓玛、祖海、师鹏及著名歌手孙悦、孙楠通过演唱《唱支山歌给党听》、《为了谁》、《把幸福给你》等经典歌曲将各个素材穿插起来并唱响、传递他们心中的雷锋精神，使节目更加灵动。此外，节目组还特地邀请了1000名来自全国各地"学雷锋行动"的实践者并发起公益倡议，号召人们以实际行动践行雷锋精神。

《雷锋·身边》晚会以"有一位叔叔叫雷锋"拉开帷幕，童星王馨怡这么唱道："有一位叔叔叫雷锋，他的名字就在我心中，妈妈说他是了不起的人，爸爸说他是无私的普通一兵。雷锋叔叔勤俭朴实，雷锋叔叔爱憎分明，雷锋叔叔告诉我，热爱祖国永远忠诚。"天真无邪的孩子代表着祖国的希望和未来，孩子的传唱也最能体现出人们对雷锋的敬佩之情和对雷锋精神的赞誉。

节目中最感人的环节，是现场讲述的百货大楼劳模王涛、天使妈妈、无臂青年刘伟、麻风病村医生李桓英等众多在日常生活中践行、传承雷锋精神的平凡人物的故事以及他们心中对雷锋精神的解读。于个人来说，践行雷锋精神不仅仅是帮助他人（如京城活雷锋孙茂芳老人坚持做了近五十年的好事），更是自强不息（如失去双臂的钢琴师刘伟在寻求梦想的道路上并没有止步）。无臂钢琴师刘伟深深地打动了每一位观众，虽然不幸遭遇使他意外痛失双臂，但在几经苦难和徘徊后选择做了游泳运动员，而过敏性紫癜却遮盖了似乎刚出现的曙光，但是他克服了重重困难，用脚趾学会钢琴，并最终站上了维也纳金色大厅。节目对刘伟的故事的叙述没有丝毫的哀凄，让观众不存有可怜之情而是满怀敬佩。

三、形式多样，重视互动

学雷锋活动每年都办，在主题不变——年年岁岁"花"相似的情况下，如何做到岁岁年年"人"不同，叙事手法的改变就显得非常重要。在叙事方面，雷锋电影展映和主题晚会各有特色。

单纯地再去观看《雷锋》等电影对很多观众来说是略显枯燥的。因此，电影展映采用了第一人称的视角，以主持人的视角来观摩与雷锋有关的三部电影，并通过主持人与现场观众问答。在叙述过程中，主持人的作用是非常显著的。三部有关雷锋的电影持续三个多小时，不间断地播放会导致观众的审美疲劳，因此主持人适时的述评式的插话起到了控制节目节奏的作用。另一方面，雷锋电影展映侧重在当前社会条件下解读雷锋，因此主持人的述评性质的插话也起到了正确解读雷锋及雷锋精神、宣扬节目立场的作用。例如，在谈到第三部电影时，主持人说到，改革开放是一个重大的转折，旧的被打破、新的没有建立起来，人们的精神出现了缺失，因此才出现了这部《雷锋之歌》。人要怎么活着？在物欲横行的时代，雷锋精神是否值得被提倡？学雷锋不被重视和肯定怎么办？主持人在节目中一一回答了观众的疑惑。正如他指出的，雷锋这位英雄人物是时代的产物，但是其精神却超越了时代并仍能引领着未来。这一叙事手法也历史地再现了雷锋所在的那个时空，将过去变为现在，由过去引领未来，使节目生动、活泼，意义突显。

《雷锋·身边》主题晚会讲述了10个故事：92岁的李桓英老人坚持在边远村寨治疗麻风病人，邓志新等天使妈妈救助重症儿童，北京活雷锋孙茂芳老人照顾孤寡老人，照顾老师的宋金萍，首都雷锋车队帮助有困难的群众，无臂的刘伟自学钢琴成才，邓小岚为乡村学生送去音乐，北京雷锋小学捐款以及在北京打工的外地人和阳光志愿者团队。这十个事例都是普通人在平淡的生活中和平凡的岗位里学雷锋做好事的典型事例，传达着共同的理念，即雷锋精神就在身边，从身边小事做起就是学雷锋，学雷锋并不求回报、付出爱才是关键。

学雷锋，最重要是学以致用。群众参与既是节目主题的客观要求，也是新闻业“走转改”的必然要求。只有深入一线挖掘鲜活的典型的事例，才能反映出人们对于雷锋精神的肯定、呼唤与践行，将党的政策与人民群众的焦点统一起来，激发更多人学习雷锋的热情。学习雷锋活动是一个互动的活动，不仅仅是媒体与政府之间的互动，也是媒体与民众的互动。

值得注意的是，节目的现场观众中有很多是少年或青年学子，起到了很好的互动作用。在电影展映中，与主持人对话的是北京工业大学的学生，而在主题晚会的现场则有许多不同年龄层次的学生。节目组的设置很有用意，因为随着时间的流逝，很多新一辈的中国人或许已经对雷锋和雷锋精神开始逐渐淡忘甚至漠视了。因此，邀请学子参与节目，能昭示我国重视对承载着祖国未来希望的青少年的道德品质培养的重视。年轻一代对雷锋精神的疑惑也代表了社会的一部分声音。通过良性的互动，也更能为正在蓬勃发展的这一代人科学地解读雷锋精神，起到了解疑释惑的作用。

（北京电视台卫视节目中心）

统 计

2012年北京市广播电视播出情况一览表

指标名称	单位	合计	市级	区县
广播播出	——	——	——	——
公共广播节目	套	25	16	9
播出时间	小时	172179	122012	50157
播出自制节目时间	小时	139461	104692	34769
付费广播节目	套	2	2	—
播出时间	小时	12932	12932	—
电视播出	——	——	——	——
公共电视节目	套	25	11	14
播出时间	小时	113232	84255	28977
播出自制节目时间	小时	67773	45584	22189
电视剧播出数	部	494	464	30
	集	16035	14940	1095
付费广播节目	套	11	11	—
播出时间	小时	96360	96360	—
对外节广播节目	套	1	1	—
播出时间	小时	8760	8760	—

2012年广播电视节目制作情况一览表

项目	单位	广播节目	电视节目
制作广播电视节目时间	小时	135139	236221
新闻咨讯类	小时	15305	57934
专题服务类	小时	28590	93847
综艺类	小时	48340	34211
广播（电视）剧	小时	3349	5381
广告类	小时	18321	5532

续 表

项 目	单位	广播节目	电视节目
其他类	小时	21234	39316
广播（电视）剧部数	部	2	98
广播（电视）剧集数	集	910	3408

注：此表的统计范围是指各类广播影视节目制作机构.

2012年北京市广播电视传输情况一览表

项目	单位	2012年	2011年	增减量	增速(%)
中短波转播发射台	座	1	1	0	0.00%
	千瓦	160	160	0	0.00%
调频转播发射台	座	15	15	0	0.00%
	千瓦	40.95	40.95	0	0.00%
电视转播发射台	座	15	15	0	0.00%
	千瓦	99.3	99.3	0	0.00%
广播综合人口覆盖率	%	100	100	0	0.00%
电视综合人口覆盖率	%	100	100	0	0.00%
有线广播电视传输干线网络总长	万公里	16.90	16.39	0.51	3.11%
有线广播电视用户数	万户	498.6	475.9	22.7	4.77%
数字电视用户数	万户	378.83	345.48	33.35	9.65%
付费数字电视用户数	户	9390	1235	8155	660.32%
农村有线广播电视用户数	万户	70.51	66.4	4.11	6.19%
农村有线广播电视入户率	%	61.31	57.37	3.94	6.87%
总人口	万人	2018.6	1961.2	57.4	2.93%
农村总人口	万人	277.9	268.3	9.6	3.58%
总户数	万户	503.1	495.9	7.2	1.45%
农村总户数	万户	115.0	115.8	−0.8	−0.69%

2012年北京市广播影视创收情况一览表

单位：亿元

项目	2012年	2011年	增减额	增速(%)	占总创收收入（%）
总计	258.47	183.04	75.43	41.21%	100.00%
1、广告收入	108.19	76.75	31.44	40.96%	41.86%
其中：广播广告收入	10.93	9.49	1.44	15.17%	4.23%
其中：电视广告收入	48.39	41.81	6.58	15.74%	18.72%
2、广播电视节目销售收入	43.90	28.83	15.07	52.27%	16.98%
3、有线广播电视收视费	10.04	9.83	0.21	2.14%	3.88%
4、付费数字电视收入	0.47	0.44	0.03	6.82%	0.18%
5、三网融合业务收入	7.50	1.70	5.80	341.18%	2.90%
6、电影票房收入	16.12	13.50	2.62	19.41%	6.24%
7、其他创收收入	72.25	51.99	20.26	38.97%	27.95%

北京市广播影视创收收入构成图

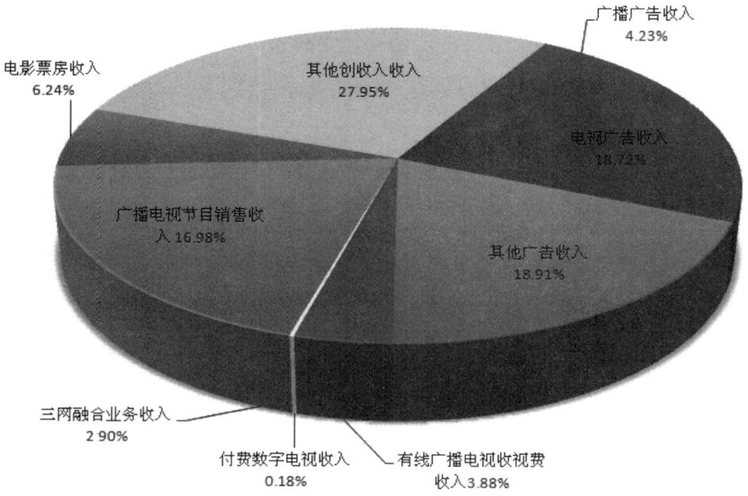

2012年与2011年北京市电影情况对比一览表

项目	计量单位	2012年	2011年	增(减)量(±)	增(减)比率%
电影院线数量	条	17	16	1	6.25%
电影院数量	家	135	118	17	14.41%
影厅数	个	726	617	109	17.67%
银幕数	块	726	617	109	17.67%
其中：IMAX巨幕	块	5	5	0	0.00%
影院座位数	万个	12.84	11.44	1.4	12.24%
院线放映场次	万场	119.87	97.31	22.56	23.18%
院线观众人数	万人次	3752.61	3206.11	546.5	17.05%
院线票房收入	亿元	16.12	13.5	2.62	19.41%
二级市场放映场次	万场	0.12	0.11	0.01	9.09%
二级市场观影人次	万人次	201.95	29.79	172.16	577.91%
二级市场票房收入	万元	245.86	184.5	61.36	33.26%
公益电影放映场次	万场	21.64	24.45	−2.81	−11.49%
流动放映场次	万场	2.19	2.62	−0.43	−16.41%
固定放映场次	万场	19.45	21.83	−2.38	−10.90%
公益电影放映人次	万人次	1314.33	1433.4	−119.07	−8.31%
流动观影人次	万人次	215.99	257.6	−41.61	−16.15%
固定观影人次	万人次	1098.34	1175.8	−77.46	−6.59%

2012年与2011年电影票房收入对比图表

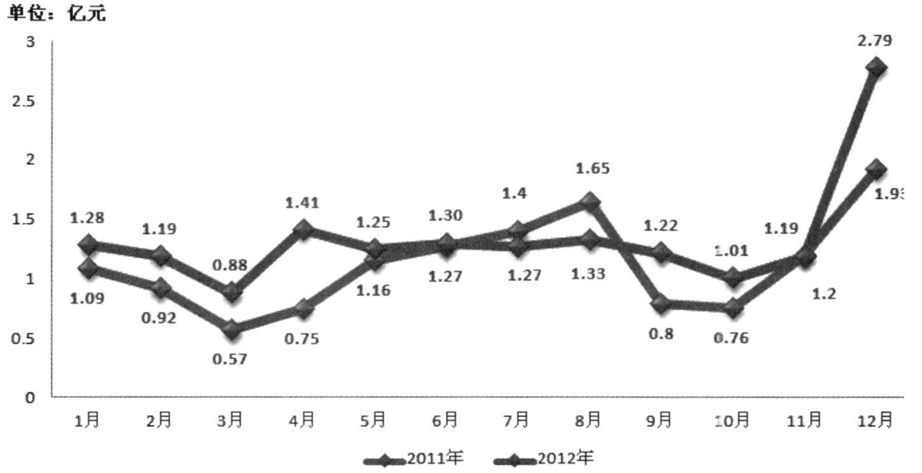

2012年北京市广播影视在全国排位情况一览表

项目	单位	全国总量	北京市	排位数	北京市所占比重(%)
从业人员	万人	82.04	3.93	6	4.8%
资产总额	亿元	7406.71	801.12	1	10.8%
增加值	亿元	1555.55	94.42	5	6.1%
创收收入	亿元	2802.98	242.35	2	8.6%
其中:广告收入	亿元	1270.25	108.19	1	8.5%
有线电视收视费收入	亿元	408.35	10.04	15	2.5%
节目销售收入	亿元	139.51	43.90	1	31.5%
有线电视用户数	万户	21509	498.60	21	2.3%
数字有线电视用户数	万户	14303	378.83	15	2.6%
制作广播节目时间	万小时	178.82	13.52	22	7.6%
制作电视节目时间	万小时	343.63	23.63	1	6.9%
制作电视剧	集	17703	3408	2	19.3%
电视剧投资额	亿元	91.03	37.69	1	41.4%
电视节目国内销售额	亿元	128.11	38.38	1	30.0%
电视节目出口总额	亿元	2.27	0.42	3	18.5%

2012全国省级电台广告收入前十排名情况一览表

单位名称	广告收入(亿元)	2012年排序	2011年排序
北京人民广播电台	7.89	1	1
上海人民广播电台	5.39	2	2

续 表

单位名称	广告收入（亿元）	2012年排序	2011年排序
天津人民广播电台	4.95	3	4
陕西人民广播电台	4.91	4	8
浙江人民广播电台	3.86	5	6
广东人民广播电台	3.79	6	3
江苏人民广播电台	3.47	7	5
黑龙江人民广播电台	3.30	8	7
山东人民广播电台	3.02	9	10
辽宁人民广播电台	2.54	10	15

2012全国省级电视台广告收入前十排名情况一览表

单位名称	广告收入（亿元）	2012年排序	2011年排序
上海电视台（含东方电台）	54.12	1	1
江苏电视台	47.87	2	2
浙江电视台	34.85	3	4
湖南电视台	32.70	4	5
北京电视台	29.04	5	3
山东电视台	28.70	6	8
安徽电视台	27.38	7	6
广东电视台（含南方电台）	22.05	8	7
河南电视台	18.89	9	9
四川电视台	12.95	10	11

2012年北京市广播电视节目交易情况一览表

项目	单位	数量
全年广播电视节目销售收入	亿元	43.9
其中：电视剧销售收入	亿元	27.8
全年电视剧制作投资额	亿元	37.69
全年动画电视制作投资额	亿元	1.62
广播电视节目进出口总额	万元	5819.14
进口总额	万元	1635.25
出口总额	万元	4183.89
广播电视节目进出口量	小时	7453
进口量	小时	1540
出口量	小时	5913

（北京市广播电影电视局政策法规处提供，统计吴彤）

大事记

2012年北京市广播影视大事记

1月

1月1日　北京市委常委、宣传部部长、副市长鲁炜到北京人民广播电台慰问节日期间坚守岗位的采编播工作人员，并进行座谈交流。

1月1日起　根据涿州市政府批复，北京歌华有线电视网络股份有限公司所属涿州公司正式调整有线数字电视基本收视维护费价格，每月由18元调至26元(与河北省内各市县价格同步)。

1月5日至16日　由北京市广播电影电视局领导分成9个检查组，集中10天时间，分别对全市广播影视系统春节期间安全工作进行全面检查。

1月6日　北京市市委常委、宣传部部长、副市长鲁炜对北京电视台春节联欢晚会给予肯定，并对晚会节目、宣传包装等进行具体指导。

1月7日　北京电视台2012年春节联欢晚会“中华欢腾夜,幸福一家亲”　完成前期录制。晚会参演人数达1800多人，为历年最多。

1月7日　北京电视台北京卫视举办的“首届观众节”在大演播厅举行，台总编辑赵多佳为获奖观众颁奖，著名主持人赵忠祥、敬一丹、方明、陈铎等应邀参加。

1月9日　北京人民广播电台　“寻找和美北京人”大型新闻行动圆满收官。节目中记者深入学校、工厂、社区，采取征集、走访、探寻等方式，采集58个市民家庭的故事。

1月9日至13日　北京广播电视台承办的国家知识更新工程高级研修项目《广播影视数字网络制播技术培训班》举行，国家广电总局、中国传媒大学、北京电视台等单位的业内专家、学者分别授课。

1月9日　北京市市委常委、宣传部长、副市长鲁炜参加北京市广播电影电视局离退休人员团拜会，向全体离退休人员拜年。

1月9日　北京电视台承办的《平安北京——第七届北京市“人民满意的政法干警（单位）”揭晓暨春节联欢晚会》在工人体育馆举行。市委书记刘淇、市长郭金龙，市政协主席王安顺、中央政法委副秘书长王其江、市委秘书长李士祥、市公安局局长傅政华、副市长刘敬民等出席，并为荣获第七届北京市“人民满意的政法干警（单位）”荣誉称号的单位和个人颁奖。

1月10日　北京市委宣传部副部长张淼到北京歌华有线电视网络股份有限公司主持会议，专题研究高清交互数字电视后续推广及影视剧节目集成播出工作。北京广播电视台党委书记刘志远、北京市广电局副局长丁百之、北京市广电局总工程师何桂芝、歌华有线公司董事长郭章鹏、总经理卢东涛和市委宣传部文化处、新闻处及首都影视产业联盟秘书处相关负责人参加会议。

1月10日至17日　北京人民广播电台在2012年北京市“两会”期间，共派出编辑、记者、主持人、播音员、技术保障等60多人组成报道组，开设“两会”报道专栏20个。在“两会”会场，开设大型现场直播访谈节目《“两会”直通车》22场。

1月11日　北京市广播电影电视局被国家广电总局评为“2011年度全国收听收看工作先进集体”，连续四年获此殊荣。

1月11日　北京广播电视台领导分别

到台所属重点单位、重点部位进行安全检查。党委书记刘志远到北京台设在中央电视塔播出机房和皂君庙办公区检查安全播出工作，检查播出部门安全隐患的排查整改情况；党委副书记、台长王晓东检查北京电视台BTV大剧院、播出机房、网管机房和基建施工工地等处，对春节期间的安全工作提出具体要求；党委副书记、常务副台长汪良检查北京电台播出机房、直播备播系统；副台长陆莹到北艺公司、中北公司、影视公司，副台长王建琪到歌华大厦、中华世纪坛、歌华开元大酒店，纪委书记王伟到歌华有线丰台总部基地、影视城基地、酒仙桥宿舍区等地，副台长郭章鹏巡查歌华有线总前端机房；副台长苏仁先检查移动电视、城市电视、地铁电视、中广传播、数字电视、鼎视公司、北京广播电视报社等单位的安全生产工作。

1月15日　北京市广播电影电视局联合首都影视产业联盟组织北京电视艺术中心、北广传媒影视公司、慈文、鑫宝源、金英马、小马奔腾、光线传媒影视公司等联盟成员单位和众多影视界知名人士到顺义赵全营镇开展春节大拜年活动。活动中，知名导演、编剧、演员和北京电台、北京电视台播音员、主持人，分别表演了京剧、歌舞、相声、魔术等文艺节目。

1月15日　“2012年BTV环球春晚”在水立方成功录制。国家广电总局国际合作司司长马黎，市委宣传部副部长张淼和市旅游委、北京广播电视台、市侨办、市外办等领导以及澳大利亚、加拿大、法国三国驻华大使，日本、以色列、荷兰、瑞士、美国等国驻华使节出席录制晚会。

1月16日　北京市人大常委会主任杜德印，市委常委、宣传部长、副市长鲁炜等到北京电视台在人民代表大会现场搭建的演播室，看望慰问参加市十三届人大五次会议报道的编辑、记者。

1月16日　北京电视台新闻频道启动“新春走基层　温暖新发现”记者行动。该行动在《北京您早》栏目以《南站有个好姑娘，润秋服务暖人心》为题播出“新春走基层”第一集，用镜头记录全国劳动模范张润秋“春运”期间的工作情况。

1月16日　由新华社主办，新华网、北京电视台和新华社“中国网事”栏目联合举办的“中国网事　感动2011”年度网络人物颁奖典礼在BTV大剧院举行，吴菊萍等10位人物获奖。中央外宣办、国家互联网信息办主任王晨，新华社社长李从军，市委常委、宣传部部长、副市长鲁炜，中央外宣办、国家互联网信息办副主任钱小芊，新华社副社长周锡生以及市委副秘书长傅华、市委宣传部副部长陈冬、市广电局副局长臧增祥等出席颁奖典礼。

1月17日至29日　北京电视台陆续播出《2012年北京电视台春节联欢晚会》、《BTV网络春晚》、《BTV环球春晚》等6台“春晚播出带”系列节目，晚会收视率创历年新高。1月23日（大年初一），以“中华欢腾夜　幸福一家亲”为主题的2012年北京电视台春节联欢晚会在北京卫视频道、文艺频道、青年频道同步播出后，时段收视率合计达到19.13%，市场份额为47.61%，创历届北京电视台春节联欢晚会收视最好记录。

1月18日　北京人民广播电台获得国家广电总局2011年度广播节目技术质量奖“金鹿奖”等多个奖项。

1月19日　北京市委宣传部副部长张淼一行代表市委、市政府到中国电影博物馆检查节日期间文化文物场所及群众文化活动安全措施落实情况。馆长杨永安，党委书记韩凯，党委副书记、纪委书记李米莉，副馆长邢建毅、李志斌参加。

1月20日　北京市直播卫星公共服务工程按期完成，分布在门头沟、怀柔、房山、平谷、密云、延庆等6个区县4500户山区农户和国有林区场站职工用户如期装上了直播卫星设备，赶在春节之前让山区群众收看到了信号稳定、图像清晰的57套电视节目，在全国率先完成中央部署的任务。

1月21日　北京人民广播电台2012年春节大联欢“和美北京人广播过大年”在北京广播大厦演播厅举行。北京电台九个专业广播和北京广播网、新浪网进行同步音视频直播。春节大联欢长达5个小时，以京城十个“和美”家庭为主线贯穿全场，穿插歌曲、相声、小品、舞台剧、戏曲等40余个节目。

1月23日（正月初一）至28日（正月初六）　中国电影博物馆举办2012年影博新春嘉年华系列活动。活动包括：“年度精彩”海报展、剧照展，“电影音乐展示欣赏”主题活动，“阖家欢，庆新春”主题活动，有电影灯谜、影博知识问答、剧照猜猜看、贺岁电影回顾和民俗文化体验等多项内容，7950人参加活动。

1月　北京人民广播电台春节期间组织开展2012年“新春记者走基层”活动。新闻广播展开“新春走基层——除夕温暖行动”，为除夕之夜坚守岗位的人们送去DAB数字收音机、围巾、保温杯等慰问品；《北京新闻》等节目开设“新春走基层”专栏，重点报道春运、三下乡、年货供应、庙会筹备等情况。城市服务管理广播《七点早新闻》推出“新春走基层”专栏，编辑、记者、主持人深入一线采访报道，除夕当天分别进行跟踪报道，组织6个小组志愿者在节日期间为空巢老人服务，陪老人过年。交通广播《1039新闻早报》、《交通新闻》等节目推出春运服务、节日期间坚守岗位人物、直播特别节目《1039年夜饭》等报道，派采访组到交管、公交、地铁、消防等仍在工作的部门进行慰问、报道。交通广播春节期间“走基层”直播互动节目30小时，新闻专题7个，消息、连线约60个。文艺广播、外语广播、故事广播等各系列台及北京广播网也推出春节记者走基层活动。

1月　北京市旅游委、北京市广播电影电视局联合印发《关于推进三星级以上宾馆饭店接收北京电视台各频道电视节目的通知》（京旅发〔2011〕99号），对全市三星级以上宾馆饭店（含三星）提出相关要求，着力提高各大宾馆饭店电视收视质量。

1月22日至31日　首都影院联盟举办百部影片春节惠民活动，在百家影院安排千场放映，惠民影片每张票价统一为2元，放映影厅座位数不少于100座；各区县组织农村影厅、流动放映单位以“进社区、进工地、进军营、进福利院所”为重点，开展电影公益放映惠民活动；由市广电局和影院联盟对影院按公布的影片、场次每场给予4000元补贴。

1月　北京电视台“新春走基层”活动异彩纷呈。新闻频道春节“温暖新发现”记者行动正式启动。《北京您早》、《北京新闻》等相继开辟专栏，以践行“北京精神”的人物故事为线索，展示首都各行各业工作者的良好精神风貌。《2012北京电视台春节联欢晚会》以“平凡人给我最多感动”为情感基准，增强平民节目特点。《魅力科学》新春走基层，联合中国科技馆制作特别节目。《首都经济报道》推出系列节目《走转改，区县行》，深入到朝阳、崇文、石景山、大兴等8个区县进行基层体验采访。卡酷动画频道《幼乐园》、《七色光》节目主持人与北京各大幼儿园小朋友一起做游戏，欢度新春。

1月　据统计，北京电视台2011年向中央电视台《新闻联播》中播出反映北京市经济、文化、社会发展成就的新闻95条，其中《北京医改："五个转移"缓解"看病难 看病贵"》、《文化新气象：北京文化产业成为经济增长新亮点》等15条新闻作为头条播出；《党在百姓心中，百姓宣讲团走进清华、北大》等3个头条新闻是由北京电视台独立制作送播。中央电视台1套和新闻频道各档节目共选用北京电视台提供的新闻1200多条，在全国兄弟台中名列前茅。同时，还加大向中央电视台2套(经济频道)《第一时间》、《经济信息联播》，4套（海外频道）《中国新闻》等栏目的供稿力度，送播新闻数量在全国兄弟台中排名前三位。

1月　北京北广传媒地铁电视有限公司与首都信息发展股份有限公司签订《地铁电视及PIS系统使用北京地铁1、2号线民用通信系统技术服务合同》补充协议，传输费用由原每年650万减少到每年300万元。

2月

2月1日　北京市广播电影电视局召开北京广播网菠萝台项目技术鉴定会。国家广电总局和市广电系统有关专家组成的鉴定委员会认真听取项目单位汇报，现场观看项目演示后，一致同意通过技术鉴定，达到国内领先水平。北京广播网菠萝台实现多用户视音频直播点播在线节目单编辑、播放和收听。局总工程师何桂芝参加鉴定会。

2月1日至2日　北京人民广播电台"美丽马兰 歌声嘹亮"系列帮扶公益行动被评为北京市宣传系统2011年度优秀工作。

2月2日　北京市编制委员会办公室批复同意成立北京国际影视交流中心(京编办市［2012］7号)。

2月3日　全国政协港澳台侨委员会副主任马健、办公室主任吕虹、办公室巡视员徐光华、办公室副主任王珺、市政协副主席沈宝昌、市政协港澳台侨委员会主任孟秀勤、专职副主任杨惠时、办公室主任周方胜等率全国和北京市政协港澳台侨委员会部分领导一行赴北京电台参观调研。

2月5日　北京紫禁城影业有限责任公司、中国电影股份有限公司、浙江凤仪影业有限公司等联合出品的电影《我愿意》在北京举办首映式。导演孙周、主演孙红雷、李冰冰、段奕宏等主创参加。该片在情人节档期取得8548万元的票房成绩。

2月6日　北京市市委常委、宣传部长、副市长鲁炜，北京市广播电影电视局局长李春良、市财政局副局长吴素芳、市广电局副局长臧增祥、市广电局总工程师何桂芝以及市发改委、市财政局、市广电局相关处室负责人在市广电局分会场参加国家广电总局、国家发展改革委、财政部联合召开的全国"十二五"广播电视村村通工作电视电话会议。

2月6日　北京市委常委、宣传部长、副市长鲁炜到北京市广播电影电视局听取第二届北京国际电影季工作汇报。局长李春良代表组委会办公室汇报第二届电影季方案、筹办进展情况及下一步工作思路。市委宣传部副部长张淼和市委宣传部有关处室负责人陪同参加，市广电局领导臧增祥、庞微、杨培丽、王立平、丁百之、王霞、洪兵及电影季组委会办公室部门负责人参加汇报会。

2月6日　北京市政府办公厅副主任吴大仓做客北京电台《城市零距离》节目，第一时间解读2012年市政府为民拟办的35件实事项目与听众展开交流。

2月6日　中央办公厅秘书局音像室主任蒋学文一行到北京歌华有线电视网络股份有限公司调研。调研组对歌华有线公司完成中南海广播电视传输及视频点播系统建设及后期运维任务表示感谢，并就进一步做好中南海有线电视服务工作提出要求。

2月7日　北京市教委罗洁副主任一行到北京歌华有线电视网络股份有限公司调研，与歌华有线董事长郭章鹏就为全市130万中小学生提供全科“数字化名师授课资源服务”工作进行研讨。

2月9日　全国政协教科文卫体委和教育部、文化部、工信部、新闻出版总署等部委组成的全国政协调研组到北京歌华文化发展集团调研。调研组先后走访歌华创产中心、央视动画公司、歌华科意公司、歌华设计公司和歌华会馆，对歌华集团在文化创意产业方面取得的成绩给予充分肯定。

2月11日　“歌华有线2011年度营业厅服务之星总决赛暨优秀服务营业厅表彰会”在中国科技会堂举行。

2月13日　北京人民广播电台进行获奖人员表彰暨首席聘任大会。2011年度共有 7个集体、37名个人获21项荣誉称号，120件（项）节目、广告、课题研究报告、技术领域共302人次获奖，包括“中国新闻奖”、“中国广播影视大奖”、“金话筒”等；北京交通广播获中华全国总工会“工人先锋号”。北京电台聘任的第八届首席编辑为谢先进、首席主持人为杨洋。

2月16日　北京电视台邀请国家信息中心、国家广电总局监管中心、中广电设计院、中国网络电视台、国际广播电台、首都之窗、搜狐视频等单位的技术负责人担任专家，对“北京网络广播电视台技术架构”中“网络架构和基础安全系统项目(一期)”、“网台门户网站项目”、“北京IPTV集成播控平台二期项目”技术方案进行论证。

2月18日　由北京网络媒体协会、北京人民广播电台、北京电视台主办的“第七届原创新春祝福短信微博大赛”举行颁奖典礼。大赛共收到原创短信作品41430条，比2011年增加7765条，专题点击量突破8620万，投票总数突破956万，大赛中产生的优秀短信在中国移动手机平台的转发量达到1500多万条，比2011年增加300万条。

2月19日　北京电视艺术中心有限公司出品的《新编辑部的故事》在京开机，北京广播电视台副台长陆莹和出品方代表参加开机仪式。

2月20日至21日　中国电影博物馆组织召开“中国电影博物馆第五届干部理论研讨会暨2012年中国电影博物馆重点工作研讨会”。馆领导杨永安、韩凯、李米莉、邢建毅、李志斌以及科以上干部、部门骨干等40余人参加研讨会。

2月21日　北京人民广播电台获奖听众表彰大会在北京广播大厦召开，130多名优秀听评员和热心听众受到表彰。其中，10人获得“2011年度北京电台优秀听评员”称号、10人获得“2011年听评月优秀评议稿件奖”一等奖、5人获得“2011年北京电台主持人节目展播听众评议奖”一等奖。

2月22日　北京市农委、北京人民广播电台交通广播联合推出的“北京最美乡村路”主题宣传评选活动正式启动。

2月23日　北京市广播电影电视局召开2012年北京广播影视工作会议。市广电局党组书记、局长李春良做工作报告。会议以《全面贯彻党的十七届六中全会精神，在新的历史起点全力推进北京广播影视大发展大繁荣》为题，在总结回顾2011年工作的基础上，重点围绕新形势、新任务、新挑战、新机遇，进一步统一思想、振奋精神、明确发展思路和发展目标，全面部署2012年工作任务。北京市市委常委、宣传部长、副市长鲁炜出席会议并在讲话。全市广电系统200余人参加会议。

2月23日　列入2012年市政府为民办实事工程“数字文化社区”项目启动仪式在朝阳区举行。该项目由歌华有线公司承办，是将现有的有线电视线路引入街道社区文化站，依托高清交互平台，结合互联网无线技术，创建多媒体、跨平台、多终端的文化信息资源共享平台，整合多渠道的文化信息资源，打造公共文化数字新平台。

2月25日　首都影视产业联盟召开第一届理事会第二次会议暨联盟工作座谈会，共商联盟2012年工作规划。会上，北京市广播电影电视局局长李春良介绍首都影视产业联盟2012年工作思路，听取了海润、慈文、鑫宝源、金英马、联盟影业、小马奔腾等理事单位及华录百纳、大唐辉煌等成员单位主要负责人对联盟组织架构、工作重心等重要问题的意见建议，进一步完善工作规划，促进首都影视产业繁荣发展。副局长丁百之主持座谈会。

2月25日　北京市广播电影电视局组织新影联、中影星美、万达、重庆保利、广东大地等在京主流院线负责人以及首都影院联盟成员单位的十多家影院经理，召开2012年首都影院联盟工作规划研讨会，深入研究《首都影院联盟2012年工作规划（草案）》，针对联盟2012年重点工作、总体要求和目标，以及加强联盟的组织领导等问题进行深入研讨。

2月27日　北京市市长郭金龙主持召开政府专题会议，研究通过第二届北京国际电影节工作方案。市委常委、宣传部长、副市长鲁炜，北京市广播电影电视局局长李春良等参加会议。

2月27日至29日　由北京市广播电影电视局组织的华北五省区市电影合作研讨会在京召开。会议在《华北五省区市文化发展战略合作框架协议》指导下，围绕电影创作、制作、生产、发行和电影院线、影院建设、人才培养和行业组织交流、业务培训等项目内容进行深入洽谈会商，并于4月23日在北京国家会议中心签署《华北五省区市电影发展合作协议》。

2月27日　北京市广播电影电视局召开2012年党风廉政建设工作部署会议。一是传达学习十七届中纪委第七次全体会议和北京市第十届纪委第八次全体会议精神以及国家广电总局党风廉政建设工作会议上的领导讲话精神，把握全年重点工作方向，指导开展党风廉政工作；二是在总结全局2011年党风廉政建设工作基础上，深入分析当前面临的新形势、新挑战，围绕新年度局重点工作和任务要求，全面动员部署2012年党风廉政建设和反腐败七项工作要点；三是根据局领导班子成员职责分工和“一岗双责”要求，明确各自分管的党风廉政建设主责内容。会上，局长李春良分别与各处室、事业单位负责人签订《北京市广播电影电视局党风廉政建设责任书》。

2月27日　北京市广播电影电视局局长李春良带领调研组到北京四达时代通讯网络技术有限公司调研。

2月28日　北京人民广播电台2011年度名牌栏目评选揭晓。九个专业广播及总编室推荐的58个栏目参加评选，共评出9个荣誉栏目、10个名牌栏目、20个优秀栏目。

2月28日　北京人民广播电台城市服务管理广播首次将直播间搬进校园，举办《教育面对面——2012北京高招咨询》新闻发布。

2月28日至3月13日　北京人民广播电台开通“学雷锋志愿者”报名热线，向社会招聘“学雷锋志愿者”。共有37.7万市民、企事业单位、社会团体报名，其中年龄最大的85岁，最小的7岁。

2月29日　北京电视台2012年全员教育培训工作全面启动。全台17个部门163名处科级干部及采编、技术人员参加培训，台长王晓东、常务副台长窦晓东作开班讲话。

2月29日　北京人民广播电台主办的第七届“首都十大的士英雄”暨第二届“魅力

车队长”活动举行颁奖典礼。20位司机荣获“首都十大的士英雄、首都十大魅力车队长”，40位司机荣获“首都的士英雄和首都魅力车队长入选奖”。

2月　在2012年全市宣传部长会议上，北京市2011年广播影视多项工作被评为市宣传系统“十佳”、“优秀”工作。其中，由市文化局、市广电局、市新闻出版局、市文物局联合推荐项目“成立‘五大联盟’打造首都文化资源整合平台”以及市广电局推荐项目“举办首届北京国际电影季”被评为“十佳”工作；北京广播电视台推荐项目“推出面向智能移动终端的‘歌华飞视’”，北京电台推荐项目“推出‘美丽马兰，歌声嘹亮’系列帮扶公益行动”，北京电视台推荐项目“举办‘观众喜爱的主持人’大型评选活动”和“建立台情通报会制度”被评为“优秀”工作。

2月　北京市广播电影电视局、北京广播电视台、歌华有线公司认真做好全国“两会”有线电视传输保障工作。一是制定完善保障工作方案，及时进行工作部署，明确任务分工，严格责任制落实；二是对28个代表驻地进行摸底调研，深入了解有线电视传输情况和驻地内部有线网络情况，及时对存在的安全隐患问题，提出整改意见；三是组织参加重点抽查组和城区检查组的联合检查，对部分驻地存在的问题，督促、协助相关单位落实整改；四是安排专门人员对接驻地有线电视服务保障工作，每天实行零报告制度，确保“与会代表满意、上级领导满意、服务单位满意”。

截至2月　北京卫视微博网友数量从2010年底的1.7万蹿升至148万，增长率居省级卫视首位。北京卫视1月21日通过新浪官方微博发布国内主流媒体首部“微年鉴”（“微博+年鉴=微年鉴”），成为春节期间被大量转发、关注和好评的热门微博。根据“微博风云”工具统计，2012年春节期间，北京卫视官方微博在春节期间“互动率、微博评论转发数”均位列全国卫视之首，其后依次是凤凰卫视、旅游卫视、湖南卫视、辽宁卫视、江苏卫视。

3月

3月1日　北京市广播电影电视局政务微博“首都广电”正式上线运行，截至当日下午15时，“首都广电”已有粉丝7700余人。

3月2日　北京市广播电影电视局邀请全国政协教科文卫体委员会副主任、北京奥促会副会长、原北京奥组委执行副主席蒋效愚，北京人艺院长张和平以及市旅游委主任鲁勇、市外宣办主任王惠、国家广电总局宣传管理司副司长高长力等领导，围绕2012年重点影视创作进行策划论证。北京市广播电影电视局局长李春良、副局长丁百之参加。

3月3日　北京电视台财经频道与北京大学经济学院、交通银行联合主办的“第三届中国经济新春论坛”在北京大学博雅中心隆重召开。论坛以“相信市场力量、启动中国引擎”为主题，前国家统计局总经济师、国务院参事室特约研究员姚景源，中国人民大学经济学院副院长刘元春等学者专家就热点经济话题进行讨论。

3月6日　北京市广播电影电视局纪检组长王立平带领局监察部门到西城区调研，围绕廉政风险防控管理工作的形式、方法、建立长效监督机制等问题进行交流。

3月5日　北京北广传媒移动电视有限公司《百姓就业》及《教育新闻》完成改版。财经资讯类节目《新华A股收评》与电视动画节目《小羊肖恩》同步上播。

3月7日　北京市委常委会会议听取关于第二届北京国际电影节方案及筹备工作情况汇报。经中宣部批准，北京国际电影季更名为北京国际电影节，每年举办一届，设立评奖单元。会议强调，北京国际电影节要以更名为契机，努力打造成为具有“国际水平、中国特色、北京风格”的世界文化交流品牌，为建设具有重大国际影响力的国家文化中心和中国特色社会主义先进文化之都作出积极贡献。

3月11日　文化部批准北京国际文化贸易服务中心（歌华天竺文化保税区）为“国家对外文化贸易基地”。文化部党组副书记、副部长赵少华，北京市委常委、宣传部长、副市长鲁炜出席揭牌仪式。

3月12日　北京广播电视台、北广传媒影视有限公司拍摄的28集电视连续剧《五湖四海》在北京电视台卫视频道上星播出。

3月13日　北京市广播电影电视局党建工作会议召开。会议强调：2012年党建工作将以中心组学习为龙头，以党员教育为基础，进一步加强学习型党组织建设；认真学习贯彻《条例》实施办法，深入开展“基层组织建设年”活动；抓作风、树形象、促和谐，进一步抓好精神文明建设。党组书记、局长李春良出席会议并讲话，党组副书记、副局长杨淑琴主持会议，副局长臧增祥、庞微，纪检组长王立平、巡视员洪兵和各党支部、团支部书记，机关党委、组织人事、工会等政工部门人员参加会议。

3月12日至5月10日　北京人民广播电台2012年度“市民对话一把手”系列访谈节目邀请16个区县、25个委办局和大型国企的41位主要领导走进直播间，以“说民生、汇民意、市民对话一把手”为主题与市民听众直接对话、交流医疗、教育、居住、交通、社会保障等民生话题，解答政策咨询，受到听众肯定。北京日报、新浪网、北京电视台等十多家媒体对系列节目进行报道。

3月15日　北京市广播电影电视局召开广播影视科技工作座谈会，精心谋划全市广播影视科技工作。局总工程师何桂芝参加座谈会。

3月15日　北京市广播电影电视局召开特邀政风行风监督员工作会，审议通过北京广播影视系统2011年政风行风监督检查工作总结，研究部署2012年开展政风行风监督检查工作。局纪检组长王立平出席会议。

3月20日　北京电视台青年频道主办的2012“青春中国·书香讲堂”活动正式启动，该活动为迎接第17个世界读书日而策划。其中“图书漂流”活动漂流点遍布图书大卖场、图书馆及农民益民书屋，免费提供3000多册图书给读者借阅，并征集阅读心得。人民出版社副社长任超，华文出版社副社长李红强、收藏家马未都、学者蒙曼等100余位来自文化界、图书出版界、媒体界的代表及北京电视台相关负责人参加。

3月21日　北京市市委常委、宣传部部长、副市长鲁炜到北京广播电视台、北京紫禁城影业有限责任公司调研。市委宣传部副部长张淼，市广电局局长李春良，北京广播电视台党委书记刘志远、台长王晓东等和宣传部有关部门负责人陪同调研。

3月22日　河北省广电信息网络集团股份有限公司负责人一行到北京歌华有线电视网络股份有限公司交流洽谈，双方就广电数据业务的发展现状、发展方向、合作前景等方面进行探讨，达成资源整合、优势互补、合作联盟等共识。

3月26日　科技部高新司副司长胡世辉，中宣部改革办副巡视员、产业发展处处长朱涛及北京市科委副主任朱世龙、市委宣传部副部长张淼到北京歌华有线电视网络股份有限公司调研科技与文化融合发展相关工作，并参观公司体验馆及总前端机房。

3月27日　北京市广播电影电视局和怀柔区政府联合主办的2012年春季（第十届）首都电视节目推介会揭幕。北京市市委常委、宣传部部长、副市长鲁炜出席推介会并看望影视制作企业的参展代表。第十届推介会集结191家制作机构展出的365部、约11000集电视剧作品，其中新剧280余部，约占剧目总数的77%，吸引全国88家电视台（频道）的310位代表，11家新媒体的21位代表和16家海外电视节目播出机构的20位嘉宾参加。国家广电总局电视剧司司长李京盛、副司长王卫平、宣传管理司副司长王丹彦，市委宣传部副部长张淼、市广电局局长李春良、怀柔区委书记张建东、区长齐静等领导出席会议并讲话。市广电局副局长庞微主持开幕式。

3月28日　北京市广播电影电视局组织中央电视台、中央人民广播电台、农民日报、北京电视台、北京人民广播电台、北京日报、北京晚报、北京青年报等中央和市属媒体深入到怀柔区九渡河镇躺石村、鹞子峪村两个自然村，实地采访市直播卫星工程建设、运行情况。

3月28日　北京北广传媒地铁电视有限公司召开总结部署工作会议，副总经理满向阳主持会议，董事长王伟出席会议，对地铁电视公司2011年度所取得的成绩给予充分肯定，并就经营管理、企业文化以及安全管理等方面的建设提出具体要求。公司全体员工参加会议。

3月29日　国家广电总局纪检组监察局副局长徐灵芳、直属机关纪委书记李晓东一行，到北京市广播电影电视局开展党风廉政建设和案件查办工作调研，听取了王立平同志的汇报，对市广电局抓党风廉政建设取得的成效和案件查办工作取得的成绩给予充分肯定。市检察院二分院、市委宣传部纪检组有关领导参加调研座谈。

3月　全国首个国产动漫新媒体联播平台在中关村科技园区雍和园启动。该平台由4家园区文化创意企业发起，采用云视频分发技术，全面覆盖互联网网站、网络开放平台、移动终端、智能手机、互联网电视等新媒体。

3月　全市广播电视播出机构圆满完成全国“两会”宣传报道和安全播出任务。“两会”期间，北京电台《北京新闻》、《七点早新闻》、《问城时间》等栏目开设“全国‘两会’报道”专栏，以连线、录音、消息等形式报道“两会”及人大北京代表团、北京政协委员的活动，各档节目共播出录音报道75篇，专题15篇，记者连线37条，消息90多篇，开设“两会”专栏7个，编发两会相关报道259篇，完成直播访谈5场，现场转播5场。北京广播网开设“2012全国两会”专题网页一组，下设相关专栏7个。北京电视台新闻节目中心成立20人的前方报道团队，在新闻频道形成全天报道全国“两会”的新闻链。《北京新闻》从3月3日起每天播出两会相关报道，推出“小曹跑两会”专栏报道；《北京您早》、《特别关注》、《都市晚高峰》、《晚间新闻报道》等栏目。各档节目共播出两会相关报道超过90条次，直播5场（总时长近11小时）。北京市广播电影电视局监测广播电视节目信号645163小时，发送预警信息601条，及时发现并提醒播出、传输机构节目异态12次，有效避免安全播出重大事故发生。各区县广电中心协调联动、精心备战、落实到位，实现停播率和劣播率0秒/百小时。

3月　北京广播电视台大力营造“弘扬北京精神、深入开展学雷锋活动”舆论氛围。北京电台开通24小时《学雷锋志愿者报名热线》，新闻广播和交通广播分别推出《学习雷锋精神，倡导首善文明》、《永远的雷锋精神》专栏。北京电视台北京卫视频道3月5日起推出8小时大型主题节目《雷锋·身边》，播出《少年雷锋》、《雷锋》、《离开雷锋的日子》3部影片和大型主题晚会《雷锋·身边》；新闻频道在《北京新闻》中开辟《续写雷锋日记》专栏，在北京雷锋小学直播《续写雷锋日记》大型新闻行动启动仪式；青年频道重点打造《学习雷锋好榜样》和《北京市民讲外语活动颁奖晚会》两档特别节目；卡酷少儿频道以少年儿童喜闻乐见的形式推出4档学雷锋专题节目；总编室、科教频道等制作了一批“学雷锋”主题宣传片，在各频道循环播出。同时，北京广播网、BTV在线和移动电视、城市电视、地铁电视等新媒体集成播出电台、电视台相关节目。

3月至4月　北京市广播电视学会开展2011年度北京市优秀广播电视节目新闻类、社教类、文艺类、播音与主持类、栏目类、境外播出类、报刊类作品评选工作。在各会员单位推荐的近500个作品中，共评选出获奖作品211件，广播电视节目类作品199个，报刊类作品12个。

4月

4月1日　北京人民广播电台、北京大学团委共同举办“北京打工子弟学生2012北京大学清明咏诵会”，主题为“缅怀先贤　燕园立志”。

4月1日　北京歌华有线电视网络股份有限公司与苏宁电器签署“歌华飞视”业务合作协议，标志着此项服务规模化商业应用正式实施。“歌华飞视”是歌华有线推出的一款特色视频服务产品，内容通过有线电视网传输，面向高清交互机顶盒家庭与公共场所提供服务。只要身处歌华飞视的WiFi环境中，均可体验视频服务。

4月2日　北京电视台推出专题片栏目《今日京华》，聚焦北京老街新貌、时尚集聚区、顶级演出场馆、北京新地标等，成为北京的第一部影像日记和常态播出的城市形象宣传片栏目。

4月5日　北京电视台与中国传媒大学召开第一次联席会议，正式启动《北京电视台节目评价和改版报告》研究工作。会议决定成立领导小组和14个工作团队。北京电视台总编辑赵多佳和中国传媒大学党委副书记刘利群以及相关部门负责人、有关专家参加会议。

4月6日　北京电视台大型季播相声综艺节目《一见你就笑》正式开播。该节目以相声为主体，以名人名段的“大聚会”为主要形式表现。

4月7日　中国电影博物馆举办“红色电影与廉洁文化——北京市廉政教育基地建设座谈会”。北京市纪委副书记王海平，北京市纪委驻市委宣传部纪委组组长丁力，著名导演丁荫楠，北京市纪委宣教室主任杜淑华，中国电影博物馆领导班子成员，北京市各廉政教育基地的代表，中国电影博物馆的志愿者代表和会员代表，中国电影博物馆四个党支部的党员、入党积极分子共80人参加了座谈会。国家广电总局电影局党史办原主任解治秀、北京电影学院电影文学系陈山教授、中国人民抗日战争纪念馆副馆长唐晓辉、著名导演丁荫楠，中国纪委监察学院副院长李永忠等在会上发言。

4月10日　北京电视台新闻节目中心与上海、江苏、湖南等13家省级电视台地面新闻、都市频道签署项目合作书，正式成立CPTN（中国公共电视新闻网）伦敦奥运联合报道团。根据协议，13家电视台各派出2至3名主力编辑记者组成一个30多人的联合报道团队，在伦敦奥运会期间，统一采访、编辑、制作《伦敦奥运眼》节目。

4月11日　北京市广播电影电视局召开全市广播影视系统“五五”普法总结暨“六五”普法启动座谈会，全面总结“五五”法制宣传教育工作，表彰荣获全国广播影视系统“五五”法制宣传教育先进集体和先进个人，并对《北京市广播影视法制宣传教育第六个五年规划》编制工作做说明。副巡视员宋春华代表局对受表彰的先进集体和先进个人表示祝贺，并对“六五”普法工作提出要求。北京广播电视台及所属企事业单位、各区县文委、区县广电中心80余人参加会议。

4月11日至12日　北京电视台在中国传媒大学举办第一期电视节目主编、责编培训班，全台15个中心、部、室的77位主编、责编参加培训。来自中国传媒大学四个学院的授课老师，分别以《新形势下媒体宣传政策解读》、《电视频道、栏目的品牌建设》、《电视节目的创新机制与创新趋势》、《创意思维训练》为主题进行教学。

4月11日　贵州省政协副主席、民进贵州省委主委左定超和省政协、省广电局、贵州省网公司领导一行到　北京歌华有线电视网络股份有限公司考察上市融资情况，交流主要经验做法。

4月13日　中宣部新闻局副局长、督导组组长陈陆军一行在市委副秘书长、宣传部副部长严力强的陪同下，到北京人民广播电台和北京电视台督导《关于进一步规范采编工作的意见》等新闻管理文件的贯彻落实情况。督导组对电台、电视台新闻管理文件贯彻落实情况和近期工作给予了充分肯定。北京广播电视台党委书记刘志远，北京人民广播电视台台长汪良，北京广播电视台副台长苏仁先，北京人民广播电台总编辑席伟航，北京电视台总编辑赵多佳、北京电视台常务副台长窦晓东等参加汇报。

4月13日　北京市委常委、宣传部长、副市长鲁炜到小马奔腾影视公司对北京题材影片《北京时间》创作情况进行调研。国家广电总局电影局副局长张宏森、北京市广播电影电视局局长李春良陪同调研。

4月16日　汤加王国大使西亚梅利耶·拉图及大使夫人塞西莉亚·蒙娜丽莎·拉图做客北京人民广播电台，并在外语广播《听世界》节目参与直播。

4月16日　由海润影视制作有限公司、中央电视台电视剧频道等联合出品的“十八大”献礼片——32集电视连续剧《劝和小组》在北京钓鱼台大酒店举行开机新闻发布会。

4月16日　北京北广传媒城市电视有限公司与杭州微元科技有限公司签订“关于开发城市电视国标转换项目中基于地面数字电视数据广播技术多媒体分发系统协议”。

4月18日　北京电视台总编辑赵多佳率大型专题片《人民的艺术》主创团队到北京人民艺术剧院取经，与人艺党委书记马欣、院长张和平就专题片内容、形式、历史内涵等及人艺60周年庆祝活动主题宣传进行交流。

4月18日　北京电视台和北京市总工会、北京志愿者联合会共同启动《幸福绽放——“五一”国际劳动节来自一线的报道》活动。市总工会副主席潘建新、北京电视台总编辑赵多佳、市志愿者指导中心副主任张楠以及劳模代表、首都志愿者代表及电视台编辑、记者、主持人参加。

4月18日　西城区副区长范宝及区社工委、信息办、金融街街道、德胜街道、月坛街道等相关负责人到北京歌华有线电视网络股份有限公司就合作建设西城区15个街道高清交互数字电视“街道资讯平台”进行交流洽谈，公司董事长郭章鹏、总经理卢东涛等参加。

4月19至21日　北京电视台新闻节目中心在平谷区完成3天4档总计9小时的直播报道《最美桃花海——第十四届北京平谷国际桃花音乐节》。直播首次将600平方米、270度钢化玻璃的演播室搬到万亩桃海，采取实时连线、嘉宾访谈、微博互动等节目形式。

4月20日　北京电视台青年频道与团市委联合推出“一本书计划”大型公益活动，全市设立40个捐书点募集图书。

4月21日至28日　第二届北京国际电影节展映活动启动，在全市20家影院展映54个国家和地区的260部影片，包括在奥斯卡、柏林等国际电影节获奖的影片和优秀国产影片。开幕影片为《一次别离》、《飞越老人院》。

4月22日至28日　“精彩在沃·电影嘉年华”在奥林匹克公园中心区启动。7天时间里，在4万平方米的开阔区域内举办展览展示、综合演出、露天放映、科技体验、主题留影、衍生产品销售等6大板块、7个主题日、12部影片放映的综合体验互动活动，数十万市民和中外游客踊跃参与。启动仪式当天，市委常委、宣传部长、副市长鲁炜和国家广电总局副局长张丕民出席，中国电影家协会主席李前宽、中国联通销售部总经理周友盟、电影艺术家祝希娟分别致辞，中国联通总经理陆益民、国际电影制片人协会亚太地区联席会议召集人、澳大利亚影视制片人协会执行董事杰夫·布朗、北京市政协副主席陈平、市政府副秘书长侯玉兰、市委宣传部副部长张淼、市广电局局长李春良等以及20多家媒体500多观众参加。

4月22日　北京人民广播电台9个专业广播及北京广播网、DAB手机等联合推出“地球日”特别节目——《“地球日”连线地球》，节目时长11个小时，推出联合国副秘书长沙祖康及美国、英国、日本、俄罗斯、德国、法国、加拿大、巴西、巴基斯坦、芬兰、冰岛等51个国家驻华大使的主题专访。

4月22日　全国人大常委会副委员长路甬祥到中国电影博物馆考察、观影。

4月23日　北京歌华有线电视网络股份有限公司董事长郭章鹏率队访问上海广播电视台，就进一步加强内容和OTT新媒体合作进行探讨。

4月23至28日　第二届北京国际电影节隆重举办。中央政治局委员、北京市委书记、北京国际电影节名誉主席刘淇，全国人大常委会副委员长路甬祥，全国政协副主席孙家正，中国文联党组书记、副主席赵实，北京市委副书记、市长、北京国际电影节组委会主席郭金龙，国家广电总局副局长、北京国际电影节组委会常务副主席张丕民，北京市政协主席王安顺等中央和北京市领导出席开幕式。开幕式上演大型综艺节目《光影流金》，并为2011年度电影杰出贡献者颁奖，表彰2011年度中国电影走出去突出贡献影片和中国电影人伯乐。国际电影制片人协会总干事班华·吉尼斯提、国际电影制片人协会亚太地区联席会议召集人、澳大利亚影视制片人协会执行董事杰夫·布朗，15位国际电影节主席，中国电影股份有限公司董事长韩三平，德国康斯坦丁电影公司总裁马丁·莫兹科维茨等二百多家电影企业高管，来自世界各国各地区的4000多名中外嘉宾参加开幕式。电影节期间，集中展映经典电影260部；有1000多位业界精英参加论坛；640家中外电影机构进行交易洽谈，交易额达到52.73亿元；上千家海内外主流媒体和各大网站聚焦北京；百万群众亲身参与电影嘉年华活动。出席开幕式的中央有关部门和北京市领导还有：翟卫华、赵少华、鲁培军、田进、王莉莉、李伟、吉林、李士祥、鲁炜、常小兵、陆益民、张和平、孙康林、闫仲秋等。

4月23日　北京、天津、河北、山西、内蒙古等五省区市广电局领导在北京国家会议中心共同签署《华北五省区市电影发展合作协议》。国家广电总局电影局副局长张宏森，五省区市委宣传部、广电局领导，电影管理部门负责人、电影行业代表出席签字仪式。

4月25日　北京歌华文化发展集团和北京天竺综合保税区管委会联合召开“国家对外文化贸易基地促进国际影视产业发展座谈会”，就国际影视贸易与服务平台项目相关的保税监管方式和优惠政策等问题等进行座谈。顺义区委副书记、综保区管委会常务副主任闫立刚，天竺海关副关长青海涛，歌华文化集团董事长王建琪参加座谈会。

4月26日　由第二届北京国际电影节组委会主办，北京歌华文化发展集团承办的第二届北京国际电影节电影洽商签约仪式在国家会议中心举行。来自20多个国家和地区的640家电影机构、2000多名业内人士参与洽商，共有21个项目成功签约，交易额达52.73亿元人民币，创中国电影节展签约交易额的新纪录，与第一届相比增幅高达88.7%。其中，影片类签约额达24.21亿元，电影院线、影视基地及特效基地建设类签约额达19.5亿元，电影项目计划、融资担保与技术类签约额达9.02亿元。北京市委常委、副市长、宣传部长鲁炜出席会议并讲话。国家广电总局电影管理局局长童刚，市政府副秘书长侯玉兰，市委宣传部副部长张淼，市广电局局长李春良，北京广播电视台副台长王建琪及电影专业机构、签约方代表参加签约仪式。

4月26日　北京北广传媒移动电视有限公司举办首次学术沙龙，邀请中国传媒大学新媒体研究院院长赵子忠博士，围绕“移动电视如何在建设首都国家文化中心进程中发挥作用”进行座谈。

4月27日　法国电影资料馆馆长Michel Romand Monnier 和展览部主任Christine Drouin到中国电影博物馆参观考察。双方介绍各自运行情况，展览内容，探讨临展主题等相关事宜。

4月28日　由中国关心下一代工作委员会办公室和中国电影博物馆共同举办的“全国少年儿童电影才艺展示活动暨第三届少年儿童电影配音大赛”公益活动在中国电影博物馆正式启动。中国关心下一代工作委员会办公室主任李幼林、中国电影博物馆馆长杨永安、北京市关心下一代工作委员会秘书长滕毅、中华爱子影视教育促进会会长刘军、中国儿童少年电影学会会长侯克明、中国儿童少年电影学会名誉会长陈锦俶、著名演员苗苗等出席。

4月　中国工商银行北京分行自助缴费终端歌华有线业务缴费渠道正式开通。

4月　国家广电总局2011年度少儿精品发展专项资金及国产动画发展专项资金评审结果公布：北京市广播电影电视局推荐的16部作品获得2011年度4个项目的奖励，奖金总额131万元，获奖数额和奖金分占全国获奖总数和奖励资金总额的9.5%和7%。其中北京广播电视台的《毛毛狗的故事口袋》和《爱星满天》两个栏目分获“优秀少儿广播栏目”一等奖和三等奖；北京广播电视台卡酷少儿频道获“优秀少儿频道、动画频道”二等奖；北京卡酷传媒有限公司的《星游记》和北京浩昊科技发展有限公司的《文字国历险记——浩昊三战怪怪城》分获“优秀国产动画片”一等奖和二等奖；北京电影学院动画学院的

《怕怕不怕》、《知了知道》和《爷爷在天上》等三部动画短片获“优秀学院动画短片”一等奖，中国戏曲学院的《双下山》和北京电影学院动画学院的《阳台》、《寅兔卯虎》、《山林客》等四部短片获“优秀学院动画短片”二等奖，北京电影学院的《糖知道》、《Dec.21ST》、《战士》和中国戏曲学院的《十五贯》等四部短片获“优秀学院动画短片”三等奖。

4月　北京市广播电影电视局巡视员洪兵率团参加戛纳电视节，展出电视剧31部、纪录片16部、动画电影1部，达成合作（含意向）约440万美元。

5月

5月4日　北京人民广播电台常务副台长王秋带率50名员工再次回访革命老区河北阜平县城南庄镇马兰小学，落实四项新的帮扶举措：参加帮扶的职工每年资助500元用于学生的“爱心午餐”；每年向对口帮扶的学生赠送不少于12本（套）课外读物；每年至少访问一次马兰小学；每月至少和对口帮扶的学生通一次关爱电话（或书信）。

5月7日　北京市广播电影电视局为对口支援的拉萨市广播电视技术人员在京举办为期25天的培训班开班。

5月8日　北京市广播电影电视局举办2011年度北京市优秀广播电视节目（电视剧）评奖会。由国家广电总局电视剧管理司司长李京盛，国家广电总局宣传管理司副司长、中国电视艺术委员会秘书长王丹彦，全国政协委员、中国文联原副主席、研究员仲呈祥等9位国内电视剧知名专家评委，对2011年在北京地区首播的31部电视剧进行点评。经过讨论和投票，《我是特种兵》、《雪花那个飘》、《永不磨灭的番号》、《人到四十》、《师傅》、《风车》、《水浒传》、《中国1945》、《夏妍的秋天》、《双城生活》等10部电视剧被评为2011年度北京市优秀广播电视节目（电视剧）。

5月8日　北京歌华有线电视网络股份有限公司与华数数字电视传媒集团有限公司签署战略合作协议，双方将在高清交互数字电视节目内容上实现跨区域对等开放，在三网融合技术的合作发展等方面形成紧密伙伴关系。北京歌华有线电视网络股份有限公司董事长郭章鹏与华数集团总裁曹强参加。

5月8日　北京北广传媒城市电视有限公司播出栏目改版，栏目从18个增加到30个；栏目时长调整为5分钟，贴近受众需求。

5月9日　北京市市委常委、宣传部长、副市长鲁炜到北京歌华有线股份有限公司调研，并参观歌华有线业务体验馆，观看公司宣传片、歌华飞视、高清交互数字电视、高清电视可视电话、新媒体综合信息服务等业务演示，听取歌华有线董事长郭章鹏的工作汇报。市文资委筹备组负责人张慧光、市委宣传部秘书长张成刚、市委宣传部副巡视员吕钦、市广电局局长李春良、北京广播电视台党委书记刘志远、北京广播电视台副台长苏仁先等陪同调研。

5月9日　北京电视台官方网站“BTV在线”全新改版上线。改版后的“BTV在线”有三个特点：首页信息量增长近3倍，浏览点击更加方便快捷；内容分类清晰，重点更加鲜明突出；页面设计风格更加大气时尚。

5月12日　北京市广播电影电视局举办“北京影视创作沙龙”，邀请在京著名编剧、导演、专家学者，围绕打造精品影视剧，制作北京题材作品，进行深入研讨。北京市市委常委、宣传部长、副市长鲁炜出席并讲话。市委宣传部副部长张淼、市文联党组书记陈启刚、市广电局局长李春良、市文物局局长孔繁峙等有关单位负责人参加沙龙。赵宝刚、张一白、邹静之、刘和平、陈彤、阎崇年、田卉群等20余名在京著名编剧、导演和学者参加沙龙并介绍正在创作的影视剧作品。

5月13日　北京人民广播电台文艺广播与北京环境保护基金会、北京市环境保护宣传中心、北京校外教育协会共同主办的“北京市第十六届小学生‘我爱地球妈妈’演讲比赛”圆满结束。该活动于2月28日启动，全市17个区县500多所学校近9000名同学参加活动。经过3个多月的角逐，共有21名同学分获一、二、三等奖。

5月14日　北京人民广播电台文艺广播与共青团北京市委员会、少先队北京市工作委员会共同主办的北京市首届“红通社杯”红领巾广播站评选活动正式启动。活动邀请80余所小学的红领巾广播站成员到北京电台开展节目录制、播出。

5月14日　北京市广播电影电视局新一轮送专家下基层活动在房山展开。本次专家下基层活动邀请中国传媒大学新闻评议与舆论引导研究中心教授，分别围绕《民生新闻的采编》和《电视摄影———需要了解的视觉逻辑》两个课题展开现场教学。房山广电中心组织全区各委办局、乡镇、中央市属驻区单位的宣传工作者近200人参加。

5月15日　北京北广传媒地铁电视有限公司召开第二届第一次董事会，董事长王伟主持会议，第二届董事会、监事会成员听取经营班子所做的工作汇报，并审议通过2011年财务决算报告和2012年财务预算报告等议案，并对公司的发展提出建设性意见和建议。副总经理原增锁作为特邀嘉宾参加会议。

5月16日　北京电视台举办以“青春·奉献”为主题的代际交流联谊活动，以纪念中国共青团建团90周年和北京电视台建台33周年。联谊活动有：观看系列短片《青春奉献》，为先进团支部、优秀团干部、优秀团员代表颁奖，台史知识竞赛等。北京电视台总编辑赵多佳及120余名退休职工和团员青年参加活动。

5月16日　北京电视台举行3D高清转播车接收仪式。北京电视台总编辑赵多佳、常务副台长窦晓东及35家广电媒体参加接收仪式。

5月17日起　北京歌华有线电视网络股份有限公司面向全市有线宽带用户，分阶段分区域进行带宽免费升级：1M产品升级为2M、2M产品升级为4M、4M产品升级为10M。

5月16日至31日　北京人民广播电台为纪念毛泽东《在延安文艺座谈会上的讲话》发表70周年，在新闻广播、城市服务管理广播、文艺广播、音乐广播等推出纪念专题节目、特别专栏及特色活动。音乐广播推出“延安之歌——毛泽东《在延安文艺座谈会上的讲话》发表70周年”特别节目；文艺广播在《早安北京》、《专题文艺》、《演艺群英会》等5个节目中开设专栏；城市服务管理广播启动“魅力社区大舞台”活动，展示首都市民的优秀文艺作品；新闻广播推出“文化北京万里行”大型采访报道，以讲述故事和撰写手记等形式，展示首都文化的发展。

5月17日起　北京歌华有线电视网络股份有限公司面向全市有线宽带用户，分阶段分区域进行带宽免费升级。原有资费标准及业务规则不变，产品带宽升级1倍（或以上），1M产品升级为2M、2M产品升级为4M、4M产品升级为10M。

5月18日　北京市广播电影电视局全面完成2012年《北京年鉴》、《中国广播电视年鉴》、《中国新闻年鉴》、《北京市宣传系统大事记》、《中华人民共和国政务大典（北京卷·广播影视专题）》等各类专项稿件。主要内容有：北京市广播影视基本概况、优秀节目栏目和影视剧、新媒体传播、科技发展、产业发展、受众调查、典型经验、对外交流、行业管理等10余个栏目，共10多万字，较全面地记述了全市广播影视的大事、要事和新事。

5月18日至20日　由北京歌华文化发展集团承办的2012中国乐谷·北京国际流行音乐季在北京平谷举行，三天观众总人数达8万人。

5月18日至20日　北京广播电视台与北京奥运城市发展基金会、北京市体育总会、丰台区委宣传部共同主办的可佳·赛笛芭诗城市观光杯2012北京国际数独大奖赛在北京举行。经过两天的激烈角逐，大赛所有奖项全部揭晓，共有16名选手获得了组委会设置的各类奖项。

5月18日至30日　北京人民广播电台交通广播和市交通运输工会联合主办第二届“北京的士艺术节”，推出“百名的士司机走进汽车博物馆”、“我身边的故事”征文等系列活动。

5月19日　北京人民广播电台在朝阳公园举办大型宣传日活动，推介第五届“听众喜爱的名牌栏目”的评选。

5月20日　北京电视台台与北京奥运城市发展基金会、北京市体育总会、丰台区委宣传部共同主办的可佳·赛笛芭诗城市观光杯2012北京国际数独大奖赛圆满闭幕。共有16名选手获得组委会设置的各类奖项，其中冠军是日本选手森西亨太，亚军是捷克选手雅库布·安德鲁谢克北京。市委副秘书长、宣传部副部长严力强出席闭幕式，北京广播电视台刘志远与北京奥运城市发展基金会理事长张凤朝、世界智力谜题联合会主席威廉·朔茨分别为冠亚季军颁奖。北京电视台还联合北京奥运城市发展基金会、市体育总会等单位申办成立北京市数独运动协会，邀请人大常委会主任杜德印任协会名誉会长；出版《顶级数独》、《麻辣数独》等专业书籍；开通专业网站“数独酷”；与团中央少工委、市教委开展合作，在高校、中小学和社区院校开展培训和讲座，并开设数独选修课等；定于2012年8月举办中国数独锦标赛，并组织中国数独队参加同年10月在克罗地亚举行的世界数独锦标赛和谜题锦标赛。

5月21日　山东省广电网络有限公司董事长刘保聚一行到北京歌华有线电视网络股份有限公司考察。

5月23日　北京电视艺术中心有限公司举办“纪念北京电视艺术中心成立三十周年暨《新渴望》创作研讨会”，全国人大教科文卫委员会委员、原中国文联副主席李牧和北京广播电视台党委书记刘志远以及合作方代表、特邀导演、编剧出席。

5月23日　北京北广传媒数字电视有限公司组织全体党员、积极分子、团员等到密云县黑山寺村开展结对互助和帮扶活动，为黑山寺村周边旅游景点拍摄宣传片。

5月28日　北京市委宣传部、北京市广播电影电视局联合举办“2012年青少题材影视作品推介会”，集中向公众和媒体推介2011年至2012年创作生产的《小小升旗手》、《三峡人家》、《船长！巨人起航》等21部青少题材影视作品。剧作主创人员、影视制作机构、北京主要院线和新闻媒体、网络媒体150余人参加推介会。

5月30日　由北京电视台《身边》栏目摄制的8集电视纪实片《身边蹲点日记—生命缘》播出后，在首都医务界和社会上引起强烈反响。卫生部党组书记、副部长张茅率首都医务工作者代表与主创人员围绕该片进行座谈。北京市委常委、宣传部长、副市长鲁炜，副市长丁向阳，市卫生局长方来英、北京电视台总编辑赵多佳等参加座谈会。

5月30日　北京市委宣传部常务副部长王海平率市委组织部、市委宣传部、市总工会和市商委检查调研组对北京电视台台务公开民主管理工作进行检查调研。北京电视台总编辑赵多佳、常务副台长窦晓东，北京广播电视台总部和北京电视台相关部门负责人及20名职工代表参加调研座谈。

5月30日　美国自由媒体全球公司（LGI）董事David Wargo一行到北京歌华有线电视网络股份有限公司考察。

5月31日　北京人民广播电台邀请部分委办局、区县、市属国企的联络人对2012年“市民对话一把手”系列访谈节目成功经验进行总结。市政府办公厅副主任吴大仓出席。

5月　歌华有线高清交互数字电视平台“电视图书馆”栏目正式上线。

5月　北京电视台《绿染京城》系列报道受好评。《北京新闻》栏目陆续推出《绿染京城》系列报道20多期，多路记者深入造林一线，挖掘感人细节，刻画典型人物；在报道中强化纪实风格，凸显新闻故事等创新手法；学习央视等媒体“走转改”报道经验，将记者送到基层劳动者身边，在同吃、同住、同劳动中发现新闻亮点。

5月　北京电视台信息网络管理部、制作部、体育节目中心三方人员共同组成的体育制播网络高清化改造项目组，制定完成体育制播网络高清化改造项目规划方案。

5月底至6月　北京广播电视台积极做好“六一”儿童节宣传报道工作。北京电视台推出《将百草园还给儿童》、《塑造美丽心灵》、《践行北京精神，争做首都好少年》等30余个专栏专题。北京人民广播电台启动“亲亲宝贝儿”网络征集活动、“青少年外语艺术大赛北京邀请大赛”等。5月30日至6月3日，北京电视台卡酷少儿卫视推出总时长为100小时的《童乐六一，我们一起成长》大型特别系列节目；6月1日到3日，北京电视台与北京儿艺共同出品的大型儿童舞台剧《想飞的孩子》在BTV大剧院举行首轮公演。

5月底　北京北广传媒移动电视有限公司完成19英寸显示屏招标采购工作，完成7种车型的样车安装，同时配合厂家推进一体机的研发和测试工作。

5月　北京市广播电影电视局新版政务网站正式上线运行。新版网站共规划一级栏目7个、二级栏目37个。除保留原必备的服务、公开、互动类栏目外，增加政策法规、惠民服务、网上办事、行业动态、广电科技五个新栏目。

6月

6月1日　北京市广播电影电视局召开“全市有线广播村村响工作会议”，再次动员部署2012年工作任务，与相关区县文委签订工程建设责任书，明确职责任务。副局长臧增祥出席会议并讲话。相关区县文委领导、乡镇领导、歌华有线公司及分公司领导、局村村通技术小组成员、工程设备供货厂商代表等50多人参加会议。

6月1日　北京人民广播电台城市服务管理广播在《城市零距离》节目中推出北京市公立医院改革系列节目。首期节目访谈儿童医院院长，后续几期节目安排积水潭医院、同仁医院、友谊医院、朝阳医院等5家医院院长直播，与听众探讨公立医院改革的走向。

6月1日　北京北广传媒移动电视有限公司承办的“2011年度中国移动电视节目创优评析评审会”在怀柔召开。评审会共评选出获奖作品84件，其中一等作品14件，二等作品26件，三等作品44件（不含论文）。

6月2日　北京人民电台文艺广播承办的北京端午文化节在延庆夏都公园开幕。

6月2日　中国电视艺术家协会主办，北京电视台与中国视协电视纪录片学术委员会承办的电视系列片《文化：中国的故事》新闻发布会暨创作联席会议在北京会议中心举行。全国政协常委、中国电视艺术家协会主席赵化勇，北京市委宣传部常务副部长王海平出席会议并致辞。全国各省、自治区、直辖市电视台及港澳台电视机构相关负责人参加发布会。

6月5日　北京市委宣传部主办，北京电视台和北京人艺共同制作的大型人文纪录片《人民的艺术》首播仪式举行。市委常委、宣传部部长、副市长鲁炜出席仪式，并转达李长春、刘淇、刘云山、刘延东等中央领导及郭金龙同志对北京人艺建院60周年的祝贺和对艺术家们的慰问，对纪录片给予高度评价。市委宣传部、人艺、北京电视台领导王海平、张淼、王珏和张和平、马欣、赵多佳参加。

6月5日　海润影视制作有限公司、中央电视台、云南电视台、联合出品的40集大型民族题材电视连续剧《木府风云》央视首播新闻发布会在北京梅地亚中心举行。

6月5日至8日　国家广电总局安全播出检查组在组长、总局监管中心副主任谢东晖带领下对全市广播电视安全播出进行检查。检查组分别抽查了北京电台（包括804发射台）、北京电视台、鼎视集成平台、歌华有线总公司及通州分公司、房山广电中心等播出部门，针对检查中发现的安全播出薄弱环节提出整改建议。

6月6日　北京人民广播电台总编辑席伟航率50名电台员工再次回访革命老区河北阜平县城南庄镇马兰小学，实地考察北京电台爱心食堂的运行状况，并为捐赠2000册少儿图书。

6月6日至28日　北京广播电视台精心组织市第十一次党代会宣传报道。北京人民广播电台、北京电视台、北广传媒移动电视有限公司分别开设《科学发展，辉煌五年，迎接市十一次党代会》专栏，全面展示全市五年来取得的巨大成就。26日，北京电台新闻广播开设《见证城市发展，讲述生活变迁——我说这五年》；28日，北京电视台卫视频道播出5集大型访谈节目《北京这五年》。29日开始，北京电台、北京电视台共6个频率（频道）2个网站（北京广播网、BTV在线）开设《科学发展辉煌五年》等多个专栏。

6月7日　北京市三网融合协调小组办公室召开三网融合IPTV专题会议。市广电局、市经信委、市通管局、监测中心、北京联通、中国网络电视台及北京电视台相关人员参加会议。会议由市广电局总工程师何桂芝主持，市三网融合协调小组副组长、市广电局局长李春良出席会议，通报全市三网融合工作情况，传达市领导关于加快推进IPTV业务的指示。中国网络电视台、北京电视台、北京联通分别汇报各自工作进展情况。经过协商，就下一阶段工作开展达成共识。

6月9日　北京市广播电影电视局和北京市奥运城市发展促进会联合召开纪录电影《北京奥运会》脚本研讨会。会议由全国政协教科文卫体委员会副主任、北京奥促会副会长、原北京奥组委执行副主席蒋效愚主持。市广电局局长李春良和副局长丁百之分别介绍该片进展情况，中央新闻纪录电影制片厂(集团)导演顾筠介绍脚本创作思路。国家体育总局宣传司司长张海峰，北京人艺院长张和平、西城区委书记王宁、市外办主任赵会民、市旅游委主任鲁勇、市外宣办主任王惠、市旅游委副主任孙维佳、市质监局副局长张巨明、国家广电总局宣传管理司副司长高长力以及原北京奥组委文化活动部、场馆管理部、国际联络部、新闻宣传部、奥运村部、交通部、技术部和市志愿者服务指导中心的相关负责人，围绕影片脚本、观众定位、主线脉络、素材选择等方面提出中肯意见和建议。

6月9日　北京人民广播电台与北京市总工会、北京市体育局、北京市卫生局、北京市委直属机关工委联合主办的北京市职工第九套广播体操比赛展示暨第九套广播体操播出仪式，在工人体育场举行。市总工会主席梁伟出席仪式并启动开播按钮。第九套广播体操每天10：00和15：00由体育广播播出。

6月9日至10日　北京人民广播电台外语广播主办的第四届青少年外语艺术大赛北京邀请赛陕西赛区、石家庄赛区选拔赛，分别在西安市、石家庄市进行，2200多名学生参赛。

6月12日　北京市广播电影电视局与加拿大不列颠哥伦比亚省驻华办事处有关负责人一行举行会谈。加方有关负责人介绍该省影视资源情况，双方深入探讨在电影节、联合制片、人才培训、影展等领域的合作事宜。市广电局局长李春良参加会谈。

6月14日　北京市广播电影电视局召开深入推进廉政风险防控管理专题工作会。会议由局纪检组长王立平主持，局长李春良作思想动员，强调要从严、从实、从细抓好廉政风险防控工作。会上还传达了中央纪委关于刘志军严重违纪违法案件查处情况的通报。局领导班子成员、机关和局属单位副处级以上干部、党风廉政监督员共60余人参加会议。

6月15日　按照市委统一部署，北京市委第五巡视组赴北京市广播电影电视局开展为期1个月的巡视工作。市广电局召开巡视工作动员会，巡视组组长仲兆军出席会议并通报工作。局长李春良向巡视组汇报了三年来市广电局工作情况，同时就有关工作进行动员部署。

6月16日至17日　2012年北京外语游园会在朝阳公园举行。北京人民广播电台外语广播现场搭建直播间，直播游园活动。外语广播特别推出“三分钟体验双语主持”的互动环节，邀请观众现场体验外语广播节目的双语主持，50多位市民报名参与。

6月18日　北京影视动画协会与民生银行签订授信合作协议，就民生银行向北京影视动画协会及所属会员提供金融服务达成合作意向。北京影视动画协会负责向民生银行推荐优秀动漫项目和优秀企业，民生银行则根据相关规定，向协会及协会所属会员提供优惠、全面的贷款授信等业务。

6月18日　北京歌华文化发展集团歌华设计馆公益性设计图书阅览室免费对公众开放。

6月19日　北京国际电影节组委会召开第二届北京国际电影节总结表彰大会。电影节组委会常务副主席、国家广电总局副局长张丕民，电影节组委会常务副主席、市委常委、宣传部长、副市长鲁炜出席会议并讲话。电影节组委会副主席、市政府副秘书长侯玉兰主持会议。电影节组委会副主席、秘书长、市广电局局长李春良代表电影节组委会办公室作第二届北京国际电影节工作报告，电影节组委会副主席、国家广电总局电影局局长童刚宣读关于表彰电影节先进个人的决定，市委副秘书长傅华宣读对电影节参与单位的致谢函，市委副秘书长、市委宣传部副部长严力强宣布电影节优秀宣传报道获奖作品和组织单位评选结果。张丕民、鲁炜等领导向先进个人代表、优秀宣传报道获奖作品代表、优秀宣传报道组织单位和参与单位代表颁发荣誉证书。中国电影集团公司党委书记、总经理焦宏奋，中国电影家协会分党组成员、中国电影出版社社长胡子光，电影节组委会副主席、北京广播电视台党委书记刘志远，电影节组委会副主席、北京演艺集团董事长康伟，电影节组委会副秘书长、市外宣办主任王惠，市委宣传部副巡视员王珏等参加会议。

6月20日　北京北广传媒城市电视有限公司与广州冠众电子科技有限公司签约采购新型32吋液晶屏整机10000台。

6月21日　北京电视台与中国中医科学院在北京电视台举行战略合作签约仪式，旨在进一步发挥北京电视台《养生堂》等品牌栏目影响力，更好地推动中医药文化知识与科学知识的普及与传播。卫生部副部长、国家中医药管理局局长王国强，国家中医药管理局党组成员、中国中医科学院党委书记、副院长王志勇，北京电视台总编辑赵多佳等出席签约仪式。

6月21日　北京人民广播电台“2012文化端午”特别直播节目——“古韵京风端阳情”在东城区菖蒲河公园东苑戏楼拉开帷幕。交通广播、城市服务管理广播现场直播，北京广播网、新浪微博全程视频直播。

6月26日　北京市广播电影电视局召开电影《北京时间》剧本创作座谈会。市广电局局长李春良、副局长庞微，小马奔腾影业公司有关负责人员以及编剧高满堂、导演张一白等参加座谈会。

6月26日　北京北广传媒地铁电视有限公司按照第二届第一次董事会的决议，向各股东分红500万元。

6月27日　国家广电总局副局长田进和网络司、科技司、传媒司相关领导在听取北京市广电局IPTV(网络电视)工作进展情况汇报后，对北京市三网融合工作给予充分肯定，强调北京作为首都和首批三网融合试点城市，做好三网融合工作具有示范效应。中国网络电视台、北京电视台负责人参加汇报。

6月27日　北京市广播电影电视局副局长丁百之率相关人员赴北京北广传媒影视有限公司、北京新影联影业有限公司开展专题调研。

6月27日　北京歌华有线电视网络股份有限公司具体参与承建的“北京市义务教育阶段名师同步课程暨北京数字学校建设试播启动仪式”举行，副市长洪峰、市教委姜沛民主任等出席仪式。

6月29日　北京市广播电影电视局组织召开涉及新闻广播传播站运维管理工作的五个区县广电中心专题会议，局科技处对前阶段工作情况进行讲评、对下阶段工作进行部署。局总工程师何桂芝出席会议。

6月30日　由北京市广播电影电视局主办、北京电视艺术家协会网络视听节目服务行业分会承办的《身边的感动》网络视听作品征集活动结束，共收到征集作品约6000部。经初评、复评、终审，65部作品分别荣获最佳、优秀和单项奖，9家网站荣获集体奖。

6月　北京广播电视台全面推出《科学发展，辉煌五年》主题系列宣传报道。北京电台新闻广播在《北京新闻》、《新闻大视野》开设专栏，并制作16集录音报道《访区县书记，话北京发展》；北京电视台《北京新闻》6月6日起开设专栏，先后播出《老两口眼里的最美北京》、《金融强区，锦绣西城》等新闻专题；户外新媒体移动电视、城市楼宇电视、户外大屏幕电视、地铁电视、中广传播手机电视、数字电视等30多万个终端6月7日起集成播出北京电视台《科学发展，辉煌五年——迎接市十一次党代会》专题。成立新媒体节目策划组，由广播电视台主管领导带队深入采访，制作一档贴近百姓、反映民生、符合新媒体特点的专题节目。

7月

7月1日至8日　北京北广传媒城市电视有限公司与国家大剧院再度携手合作，通过王府井工美大厦、世贸天阶、中关村鼎好电子城、来福士广场、太阳宫桑尼摩尔5处户外大屏电视同步直播国家大剧院2012年“漫步经典”音乐会。

7月3日　北京市广播电影电视局审查中心召开电影审委座谈会，在观看影片《严冬里的春天之情归何处》后进行座谈。副局长杨培丽出席会议并讲话，要求依法审查的同时加强电影审查工作的规范化、制度化建设，全面提高审查和管理水平，更好的服务北京电影市场的繁荣发展。7月4日　中央文资办(中央文化企业国有资产监督管理领导小组办公室)副主任高书生到北京歌华有线电视网络股份有限公司调研。

7月4日　中央文资办(中央文化企业国有资产监督管理领导小组办公室)副主任高书生到北京歌华有线电视网络股份有限公司调研。

7月5日　北京歌华有线电视网络股份有限公司与河北省广电信息网络集团股份有限公司在石家庄签署战略合作协议。协议内容：双方在无线飞视、数据业务、高清交互、内容交流等方面开展跨区域合作。歌华有线董事长郭章鹏、总经理卢东涛和河北省广电网络集团董事长、总经理杨能斌等参加签约仪式。

7月3日至15日　中国电影博物馆特举办“追忆一代大师——陈强”、“永远的李双双——张瑞芳”电影公益展映活动，免费放映20部影片，重温两位电影艺术家在银幕上塑造的经典人物形象。

7月6日　北京电视台与中国网络电视台、北京联通公司正式签署IPTV(网络电视)业务合作协议，北京电视台常务副台长窦晓东代表北京电视台签署协议。

7月7日　北京电视台首次以主持人为中心打造的《春妮的周末时光》播出。该节目每周六19：35在文艺频道播出，成龙携七小福、冯远征、梁丹妮、濮存昕、韩红、撒贝宁等参加前几期节目的录制。

7月10日　北京市广播电影电视局政务信息化联络员培训会召开，推进信息化建设。

7月10日　北京人民广播电台外语广播推出系列报道《感动非洲的中国人》，通过全景纪录的方式反映援非企业及个人的奋斗历程。

7月11日　北京电视台体育节目中心和团市委共同主办的大型竞猜类直播节目《步步为赢——赢在伦敦》在北京奥运大厦举行启动仪式。团市委副书记黄克瀛出席活动并致辞。

7月11日至13日　北京市广播电影电视局学习贯彻市十一次党代会精神培训班在密云举行。局长李春良作开班动员报告，要求组织好多层次的学习，找准着力点和突破口，真抓实干，推动首都广播影视大发展大繁荣。局领导臧增祥、庞微、杨培丽、王立平、丁百之、王霞、何桂芝、洪兵以及局部分党员干部参加培训。

7月12日　由北京人民广播电台和中国广播电视协会联合主办的第五届“赢在创意”全球华语广播栏目大赛评审会圆满落幕，大赛共收到来自国内外50多家广播电台、节目制作公司、大专院校和广播爱好者的242件参赛作品。北京电台台长汪良，总编辑席伟航、常务副台长王秋参加评审。

7月16日　北京电视台完成由市委宣传部、市台办、市文化局共同主办的京台大学生交流活动——“京台大学生‘古风今韵’诗词吟诵会”录制工作。市委书记郭金龙和两地学生共同吟诵中华经典诗词，副市长李士祥、牛有成、赵凤桐、鲁炜，市政府秘书长孙康林，市委宣传部、市台办、市文化局、北京电视台领导王海平、严力强、张成刚和马玉萍、肖培、赵多佳以及来自台湾辅仁大学、淡江大学、北京师范大学、北京交通大学等20余所院校师生500余人参加录制。

7月16日至8月12日　北京人民广播电台在北京广播网和DAB数字多媒体广播频道推出新媒体奥运报道节目《奥运天天报》，受到广大听众和网友的好评。截至8月1日，该节目的点击量达35000多次。

7月17日至18日　国家广电总局传媒机构管理司副司长刘朝荣率有关业务部门负责人一行7人就广播电视频率(道)的专业化发展情况到北京电台进行专题调研。在听取汇报后，就有关内容进行深入交流和探讨，并实地参观北京电视台的制作、播出机房、演播室和大剧院。市广电局副局长臧增祥及北京广播电台、北京电视台有关领导陪同调研。

7月17日至18日　北京市广播电影电视局召集市电影管理六方联席会议，联席会议成员单位市广电、公安、国家安全、工商、海关、文化执法等部门的有关负责人参加会议。各成员单位通报了上半年全市电影发展和管理相关情况以及第二届北京国际电影节举办情况，围绕进一步密切协作、加强联动、提高电影管理水平进行交流。18日，六方联席会议成员出席2012年区县电影发展和管理工作座谈会，分别对电影管理的相关方面提出要求。

7月18日　北京电视台与中国奥委会共同举办“中国奥委会官方形象宣传片”北京卫视频道独家首发仪式。国家体育总局宣传司司长、中国奥委会新闻宣传部部长张海峰，奥运冠军申雪、赵宏博，北京电视台常务副台长窦晓东出席首发仪式。

7月18日　北京市广播电影电视局组织召开2012年区县电影发展和管理工作座谈会，全市各区县文委主管领导和行政许可、市场监管、公益放映、行政执法等方面的负责人60多人参加会议。

7月19日至25日　北京卫视频道由于推出多档抗洪救灾直播报道和特别节目，周收视份额达到10.54%，相比上周提升19%；新闻频道周收视份额达到2.72%，相比前一周提升113%，其中7月21日当天收视份额为4.17%，突破整个频道自成立以来的收视记录；全频道组周收视份额突破40%。

7月19日　安徽省铜陵市委常委、宣传部长李敬明率铜陵赴京招商活动考察团一行9人到北广传媒影视有限公司，共商入驻铜陵市大通影视基地事项，并签署合作意向书。

7月21日、7月28日、8月4日　由北京歌华文化发展集团歌华莱恩文化体育发展有限公司主办的韩国天团BIGBANG2012现场演出项目成功运作，创开票半小时内售罄，北、上、广三地巡演票房收入三千万的记录。

7月22日　北京市委常委、宣传部部长、副市长鲁炜到北京电视台慰问“7·21”特大暴雨灾害中直播的工作人员。

7月22日　北京电视台、北京奥运城市发展基金会共同主办的顺天府学杯“2012中国数独锦标赛”在北京、上海、广州三地同时开赛，来自18个省区市的720名选手参赛，选手的覆盖面更加广泛，参赛人数比2011年增加51%。

7月22日　北京电视台北京卫视频道举行奥运歌曲《北京祝福你》发布仪式。市委常委、宣传部部长、副市长鲁炜，全国政协教科文卫体委员会副主任、北京奥运城市发展促进会副会长蒋效愚和市委副秘书长、市委宣传部副部长严力强，市委宣传部副部长张淼，北京广播电视台党委书记刘志远，北京电视台总编辑赵多佳等领导出席发布仪式，著名演员成龙、谭晶、张梓琳等参加。

7月23日至8月20日　北京电视台奥运前方报道团队16人23日启程前往伦敦。报道团队在伦敦市中心著名电视机构ITN大楼设立工作间，并在奥运会主体育场“伦敦碗”和泰晤士河畔设置2个以上外景直播注入点，在27天的时间里，每天向后方回传30分钟新闻，并运用新媒体技术手段与后方连线。

7月24日　北京电视台、中国电视艺术家协会、中国传媒大学、北京锐创控股集团共同参与打造的国内首个纪录片生产基地——“北京国际纪实影像创意产业基地”合作意向签字仪式及基地揭牌仪式在北京电视台举行。市委宣传部副部长张淼，中国电视艺术家协会分党组书记、驻会副主席张显，中国传媒大学副校长高福安、廖祥忠，朝阳区委宣传部部长、统战部部长谢莹，北京电视台总编辑赵多佳及北京锐创控股集团执行总裁王功贵等出席签约仪式。张淼和谢莹为“北京国际纪实影像创意产业基地”揭牌。

7月24日　北京电视台首次出动3D转播车现场直播北京国安足球友谊赛。

7月25日　“秦皇岛·歌华营地”（一期）建成投入试运营，并成功举办体验中心暑期活动。

7月27日　北京市广播电影电视局局长李春良、副局长王霞到房山区广播电视中心指导抢险救灾宣传工作，并捐赠4000台收音机。

7月27日　北京人民广播电台播出伦敦奥运会特别节目《龙腾不列颠》，内容包括伦敦奥运会开幕式前瞻，记者目击火炬传递，前方记者行动连线，中国军团备战情况，奥运英雄谱，伦敦当地媒体报道概览，以及北京听众的微博、短信互动等。北京体育广播推出连续10小时大型直播节目《奥运冲击播》，直播伦敦奥运会开幕式。

7月27日　北京北广传媒移动电视有限公司、北京联通、腾讯微博共同主办的《盛夏节拍》活动正式启动。

7月28日　北京歌华文化发展集团“秦皇岛　歌华营地体验中心”项目举行开业仪式，正式投入为期一个月的暑期运营。该体验中心占地6000平方米，包括剧场、展览空间、多媒体厅、书吧、大师工作室、DIY 空间以及建筑屋顶绿化和室外活动场地等。河北省委副书记赵勇，原文化部副部长、国家图书馆馆长周和平，秦皇岛市委书记王三堂、市长朱浩文、市委副书记杨泰安，北京歌华文化发展集团董事长王建琪出席开业仪式。

7月28日至8月12日　由北京广播电视台与北京奥运城市体育文化节组委会、中华世纪坛管理中心主办，北京歌华中体文化体育发展有限公司承办的2012“北京节拍”文化广场活动在中华世纪坛隆重启动。活动以“时尚体育文化”为主题，由互动体验、主题活动、时尚演出、休闲娱乐四大板块组成，每天9：00——21:30向社会免费开放。

7月28日　北京北广传媒地铁电视有限公司开辟《奥运播报》、《直击奥运》、《奖牌榜》、《奥运直播间》、《赛事预告》等栏目，第一次参与大型活动报道。

7月29日　北京人民广播电台和首都文明办联合主办，北京新闻广播、北京书法院联合承办的“书写北京榜样、感受身边雷锋——大型书画、摄影作品展”启动仪式暨首场写生活动在北海公园举行。

7月　北京广播电视台充分发挥所属媒体的宣传主阵地作用，全面做好“7·21”强降雨舆论引导工作。7月21日，北京人民广播电台、北京电视台分别进行15小时、17小时多频率、多频道并机直播，通过连线、滚动字幕、口播等方式，第一时间向广大市民宣传市委市政府的决策部署、各部门的应对措施及时通报雨情最新进展、未来走势和道路交通状况，服务抢险工作和市民出行，受到了广大市民好评。7月22日后，北京人民广播电台、北京电视台派出多路记者，深入灾情最严重地区，通过“新闻+专题”的方式，充分运用各专业频率、频道重点报道受灾群众安置、受损基础设施检查修复、山区灾区抢通道路和在抗击强降雨工作中涌现出的感人事迹、先进典型，全面宣传展示北京精神。

7月　“7·21”特大自然灾害发生后，北京人民广播电台组建60人报道组，制定详细的阶段性报道计划，确立以新闻、城市、交通广播三个频率为主，文艺、音乐、外语、爱家、故事、体育广播及广播网配合宣传的总体安排，涉及重点栏目20多个。据统计，7月21日至29日，共派出记者近206人次参与“7·21灾情”一线采访报道，每天在一线持续蹲点的记者达到5人以上，共计播发稿件2236条，播出时长约155小时；新闻广播和城市广播还分别推出特别直播节目：“北京暴雨　我们风雨同舟”和“关注救灾进展，风雨你我同行”；北京广播网7月24日起设置网络专题“北京不会忘记——暴雨之后说英雄”。

7月　北京电视台“7·21”特大自然灾害报道取得良好播出效果。“7·21”特大自然灾害发生后，北京卫视和新闻频道推出多档抗洪救灾直播报道和特别节目，其他各频道多角度、多侧面联动报道，全面、及时地报道了灾情、雨情，展示了特大灾害前“北京精神”的巨大感召力。

7月　北京歌华有线电视网络股份有限公司全力抢通“7·21”强降雨后受损的有线电视网络。电视线路受损范围覆盖城六区及远郊十区县，线杆折断12509根，光缆、分配网受损约620公里，管道受损502公里，井盖丢失80个，光站、光发机损坏约190台，放大器1600台，房屋受损10处，直接财产损失共计7600万元。歌华有线公司调集力量全力抢修，共组织出动抢修人员6000余人次，车辆1700台次。截至7月27日，除房山区个别汛灾特别严重地区2000余户仍在抢修外，其他地区有线电视信号已全部恢复。

7月至8月　北京人民广播电台、北京电视台及北京移动电视、城市电视、地铁电视等户外新媒体通过境外直播奥运、新闻报道、现场连线、专题报道、嘉宾访谈等形式，全面报道中国运动员代表团在伦敦奥运会上的优异表现。北京人民广播电台奥运报道以体育广播和广播网为主，新闻、交通、外语等频率为辅，首次实现境外直播奥运会。北京电视台围绕“助威中国　共享奥运”的主题，以体育频道为赛事直播平台，以卫视、体育、新闻3个频道为主，重点保障前方发回的赛事直播、新闻报道，积极办好后方主办的特别项目、专题节目，形成前后呼应的组合优势。北京歌华有线电视网络股份有限公司在高清交互平台“歌华点播”中开设“2012伦敦奥运会”专题，以视频、文字、图片等多种形式展现奥运盛况。移动电视、城市电视共同推出重点赛事栏目《赛事直播间》及《赛事速递栏目》，每天的《整点播报》除日常民生新闻外，增加奥运快讯及奥运相关内容报道。移动电视特别策划“盛夏节拍”活动，包括奥运视频、图片征集活动，制作《盛夏节拍》日播节目。地铁电视集成播出奥运精彩赛事及金牌榜。

7月30日至8月2日　北京人民广播电台援建的井冈山红色广播电台技术系统通过

验收。该技术系统涵盖了采录、制作、播出到传输、调频发射、卫星接收等全套技术环节；广播信号实现井冈山地区的全部覆盖，并可接收北京的信号。

8月

8月1至2日　首届华北五省区市省级电视台品牌栏目制片人论坛在北京电视台黄金海岸培训中心举办，来自天津、河北、山西、内蒙古电视台的近30个品牌栏目制片人和业务骨干参加论坛。本次论坛的主题是“电视节目的创意实践与新媒体的跨界融合”，各电视台品牌栏目制片人就“电视栏目品牌建设、电视节目创意实践以及新媒体、新技术的跨界与合作”等内容展开互动交流。论坛还邀请中国人民大学、中国传媒大学的业界专家和知名学者作“互联网环境中传媒影响力的建造”、“电视艺术的修辞智慧与创新谋略”专题授课，共同探索电视产业发展趋势。

8月3日　北京人民广播电台和中国广播电视协会联合主办的第五届“赢在创意”全球华语广播栏目大赛举行颁奖典礼及创意论坛，中国广播电视协会、市广播电视学会的相关领导和获奖代表近百人参加典礼。《创意菠萝台》和《职场三国》分获原创奖和创新类广播栏目金奖，《谣言终结者》、《一百种生活》等四件作品获银奖。“赢在创意”广播栏目大赛是国内唯一专门设立原创栏目奖项的广播创意赛事，已成功举办五届，成为国内广播创意活动品牌。大赛组委会主任、北京电台台长汪良、北京电台总编辑席伟航、中广协评奖办主任赵德全出席典礼。

8月7日　北京市广播电影电视局和北京市广播电视学会联合主办“广播电视形态创新座谈会”。

8月8日　北京北广传媒高清电视有限公司在歌华有线点播平台正式推出“北广高清”点播服务，在全国率先实现3D高清节目的随点随看。“北广高清”节目包以“用户体验至上、专业高端视听”为宗旨，包括“炫3D”、“佳影院”、“美剧场”、“全纪录”、“限时免费”5个栏目和“独家策划”板块。片库节目存储达到1000小时，每周可更新内容80小时，节目包推出当日点播量超过1700次。

8月8日　北京北广传媒城市电视有限公司“户外大屏电视联播网”在第六届中国品牌节授予“2012品牌中国金谱奖——十大最受关注（新媒体）奖”。

8月11日　北京人民广播电台第五届“听众喜爱的名牌栏目”评选颁奖典礼举行，现场揭晓10个名牌栏目和20个优秀栏目。北京文艺广播、北京广播网、腾讯视频对颁奖典礼进行音视频直播。中华全国新闻工作者协会党组书记翟惠生，中国广播电视协会会长李丹，中央人民广播电台副总编辑史敏，中国国际广播电台副台长王明华，市委副秘书长、宣传部副部长严力强，北京市新闻工作者协会主席刘牧雨，北京市广播电影电视局副局长庞微，北京广播电视学会会长张晓爱，北京广播电视台常务副台长、北京人民广播电台台长汪良、北京广播电视台副台长苏仁先、北京人民广播电台常务副台长王秋等出席颁奖典礼并为获奖者颁奖。现场还颁发10个幸运听众一等奖。

8月15日　北京电视台高清晰度电视技术系统工程（一期）项目整体功能通过专家评审验收。

8月15日　北京市广播电影电视局科技处组织召开“基于多种媒体的互动式应急采集发布平台技术鉴定会”，经鉴定：该平台在技术和系统集成上有所创新，达到国内领先水平。国家广电总局科技委副主任杜百川担任鉴定委员会主任，局总工程师何桂芝主持会议。

8月16日　北京歌华有线电视网络股份有限公司与广东省广播电视网络股份有限公司签署战略框架合作协议。该战略框架主要内容是：双方共同探讨跨地域、跨运营商的三网融合业务，推进京粤两地广电网络市场合作，以飞视业务合作为突破口，顺应智能终端与Wi-Fi发展潮流，实现家庭与公共场所有线电视全方位服务。北京歌华有线董事长郭章鹏和广东广电网络董事长张健参加签约仪式。

8月16日　北京歌华有线电视网络股份有限公司与广东省广播电视网络股份有限公司签署战略框架合作协议。协议内容：推进京粤两地广电网络市场合作，以飞视业务合作为突破口，顺应智能终端与Wi-Fi发展潮流，挖掘公共场所飞视热点商业价值，创建符合中国国情的广电媒体热点新业态。歌华有线董事长郭章鹏和广东省广电网络董事长张健等双方领导参加签约仪式。

8月19日　北京歌华有线电视网络股份有限公司新增农商行网上银行、农商行自助终端，以及在公司营业厅中增加农商行自助缴费渠道。

8月20日至25日　北京紫禁城影业有限责任公司中国电影股份有限公司等出品的电影《飞越老人院》获第11届长春国际电影节特别奖。

8月21日　北京广播电视台党委书记刘志远主持召开所属媒体专题会，传达8月14日全国影视工作会议精神以及8月20日市委宣传部专题会议精神。会议强调在临近“十八大”召开之际，各单位要进一步提高认识，强化管理，落实责任。各播出平台、歌华有线传输平台严格按照审查流程，强化三审制度，确保内容安全、播出安全、传输安全。电台、电视台和各新媒体单位要进一步深化“走转改”，全力做好迎接“十八大”宣传工作。会议还对获得总局创新创优栏目奖的三档栏目——北京人民广播电台的《毛毛狗的故事口袋》、北京电视台的《选择》、《好人故事》进行通报表扬。北京广播电视台副台长苏仁先、北京人民广播电台总编辑席伟航和北京广播电视台台属各媒体单位主管宣传负责人、新闻节目部门主任、台媒体管理部相关人员参加会议。

8月22日　北京广播电视台以“新媒体技术改变生活”为题，组织北京人民广播电台、北京电视台、歌华有线、移动电视、城市电视、地铁电视、中广传播7家单位以整体形象参加北京广播电影电视设备展。在264平方米的展台上，集中展示歌华飞视、菠萝台、交广传媒新媒体机、新媒体实验室、北京电视台IPTV、网络广播电视台架构等最新业务。北京广播电视台最新设计完成的形象标志BMN也首次亮相展会。

8月25日　北京人民广播电台主办的第四届青少年外语艺术大赛北京邀请赛总决赛隆重举行，来自全国各地的学校代表、学生家长700余人观看了比赛。大赛从2012年4月份开始在北京、大连、西安、沈阳等10个城市展开，近30万青少年报名参赛，50余名选手参加总决赛。北京人民广播电台总编辑席伟航出席并为获奖选手颁奖。

8月26日　北京广播电视台、北京奥运城市发展基金会等单位发起，经市民政局批准，由市体育局主管的国内首家致力于推广普及数独运动的民间社团组织——北京市数独运动协会正式成立。市人大常委会主任杜德印任名誉会长，北京奥运城市发展基金会理事长张凤朝任会长，北京广播电视台党委书记刘志远任法人、常务副会长。协会以“开发智力、陶冶情操、健全心智、促进人的全面发展”为宗旨，研究制定数独运动发展规划、竞赛规则，发展会员，推动普及数独运动，选拔和推荐国家队队员参加每年一度的世界锦标赛等。会议由北京广播电视台副台长苏仁先主持，李颖川、张凤朝，刘志远、吴京汨、赵卫参加会议。

8月27日　由民革中央办公厅、北京歌华文化发展集团和台湾中华杰出青年交流促进会共同主办的“第三届两岸青年创新创业高端论坛”在中华世纪坛举行。国内首个“两岸文化创意人才服务基地”在论坛上揭牌，正式落户北京歌华文化发展集团。

8月28日　北京人民广播电台交通广播联合北京出租汽车暨汽车租赁协会、北京市沐浴行业协会共同主办的公益项目“百姓TAXI的士驿站”正式挂牌成立。首批6500名的士司机成为“百姓TAXI的士驿站”的会员。“1039的士应急救援志愿者车队”也于同日成立。

8月28日　北京广播网对视频系统进行全面升级，实现网络视频高清化、多屏化。

8月29日　北京北广传媒移动电视有限公司通过ISO9001质量管理体系认证证书。

8月30日　全球领先的开放条件接收系统、数字版权管理及集成点播解决方案供应商NAGRAVISION公司董事长兼总经理Andre Kudelski 一行到北京歌华有线电视网络股份有限公司访问，就机顶盒CA系统服务保障、多屏互动及OTT（互联网电视）解决方案等交流。

8月30日　北京市广播电影电视局防范非法无线广播电视信号插播应急演练会议召开。

8月30日　北京北广传媒移动电视有限公司系列节目《卡惠民生》正式在移动电视、城市电视、地铁电视、手机电视同时上播。

8月30日　北京广播电视台结合所属新媒体平台特点策划制作的12集系列专题片《卡惠民生——小卡见证北京10年发展》在移动电视、地铁电视、城市电视、手持电视等新媒体平台同步滚动播出。

8月30日　北京北广传媒移动电视有限公司举办《盛夏节拍》活动颁奖典礼，颁发奥运竞猜大奖、最受关注图片奖及最受关注视频奖，为该活动画上圆满句号。《盛夏节拍》活动历时18天，参与人数达183315人次，收到视频和图片作品3千多件。

8月31日　北京歌华有线电视网络股份有限公司首个自主品牌栏目“新闻纵览”在高清交互平台成功上线播出。

8月　北京电视台青少　海外节目中心制作的专题片《2008-2012:北京从奥运城市走向世界城市》在伦敦举办的第四届北京奥运城市发展论坛上亮相。该片通过实地拍摄采访，以独特的视角记录北京奥运会后北京对奥运遗产的传承，阐述从“人文奥运，科技奥运，绿色奥运”发展为“人文北京，科技北京，绿色北京”的理念，并表达北京对伦敦奥运的祝福。

8月　北京人民广播电台对北京广播网的播播视频系统进行全面升级，升级后系统增加连播功能，加强网站和广播之间的交叉推荐，提升视频收看的流畅性，并兼容多种移动终端。

8月　北京电视台制播网综合性业务支撑平台建设完成，为生产网与办公网的业务联通开辟物理安全通道和业务交换平台。通过该平台，编辑、记者可以在办公网与生产网之间完成媒体资料的浏览、调用。

8月　北京电视台开设“十八大代表风采录”专栏报道，将视角对准全市64位“十八大”代表中来自基层的代表，以“走转改”的报道方式介绍这些代表在各行各业做出的突出贡献，展现“十八大”

代表所具有的先进性和广泛的代表性。该专栏报道于8月底至“十八大”召开前在《北京新闻》每周播出两期。

9月

9月1日　北京歌华有线电视网络股份有限公司高清交互平台“北京数字学校”栏目正式上线播出。该栏目提供从小学至初中9个年级3000多位名师的9500课时点播服务。

9月1日　“7·21”雨灾过后，北京人民广播电台交通广播和共青团北京市委联合发起的“1039青年公益基金”，积极援助房山区周口店镇娄子水小学复建工程，使小学如期开学。北京市委书记郭金龙、代市长王安顺出席开学典礼。

9月3日　北京歌华文化发展集团承担布展任务的《党旗飘扬——党史档案进党校》展览在市委党校正式开展。市委副书记、市委党校校长吉林到场观看，市档案局（馆）党组书记陈乐人、市档案局（馆）长吕和顺，市委党史研究室主任谢荫明、副主任陆兵和市委党校有关负责人观看展览。

9月3日　北京人民广播电台交通广播精心策划开学首日特别报道节目，从早6:30开始派出四路记者前往重点学校周边、路口节点，全面报道开学首日交通情况，对全市女警护送岗、中关村二号桥“学生专用通道”等热点问题进行集中采访报道，并邀请市委副秘书长周正宇等有关领导走进《一路畅通》直播间，和市民共商治堵良策，倡导市民绿色出行。

9月3日　由北广传媒数字电视公司举办的“爱心社区行”——“爱心雨花”老年才艺大赛进社区系列活动在朝阳区小关社区奥林匹克文化广场展开第二场公益汇演。“爱心社区行”是“爱心雨花2011——2012北京首届老年才艺大赛”大型电视活动的线下活动，在市区主要社区展开。

9月3日　北京市委宣传部、北京市广播电影电视局召开电视剧《北京青年》研讨会。市委常委、宣传部长、副市长鲁炜出席并讲话。导演赵宝刚和出品人丁芯，主演李晨、马苏分别介绍创作背景、收视反响和参演情况。国家广电总局宣传管理司副司长王丹彦，市委宣传部副部长张淼、副巡视员王珏，市广电局局长李春良、副局长庞微和部分专家、观众代表参加研讨。

9月3日　由国家体育总局和北京市政府联合主办，北京电视台承办的“一路拼搏——庆祝中国奥运代表团凯旋主题晚会”在国家体育场广场录制。国家体育总局副局长冯建中，市委常委、宣传部长、副市长鲁炜，北京奥运城市发展促进会副会长蒋效愚出席，市委宣传部秘书长张成刚陪同参加。林丹、易思玲、曹缘、陈一冰、张成龙、赵云蕾、陈定、邹市明、雷声、李娜、蔡赟、傅海峰、张楠等13名奥运冠军参加晚会录制，成龙、谭晶、戴玉强等演艺明星为奥运冠军庆功。

9月5日　中共中央政治局委员、中央文明委副主任刘淇审看纪录电影《无与伦比的辉煌——北京奥运记忆》。北京奥运城市发展促进会副会长王伟，全国政协教科文卫体委员会副主任、北京奥运城市发展促进会副会长蒋效愚，北京市委常委、宣传部长、副市长鲁炜，副市长刘敬民等领导参加审看。刘淇对影片给予充分肯定并要求主创人员按照与会领导提出的修改意见，进一步做好影片的修改完善。市委副秘书长、市委办公厅常务副主任崔述强、副主任张利民，市委宣传部副部长张淼、副巡视员王珏，市广电局局长局李春良、副局长丁百之，北京奥运城市发展促进中心主任吴京汨、副主任赵卫，中央新闻纪录电影制片厂总裁高峰、副总裁郭本敏等陪同审片。

9月5日至6日　北京人民广播电台2012年最佳节目评选举行。评出新闻类、社教类、文艺类、播音主持类四个组别的最佳节目和优秀节目共73篇，其中，最佳奖18篇、优秀奖55篇、新人奖4人。

9月10日　北京人民广播电台和田希望小学捐助仪式在新疆和田举行。北京电台向该校捐赠办公桌椅15套、照相机1台、学前双语班幼儿服装80套，并向2011年度优秀班主任、优秀教师、好家长颁发奖金。北京电台已经连续8年为学校捐助款物，解决师生们的实际困难。北京人民广播电台常务副台长王秋、和田地委及地委宣传部有关负责人参加捐助仪式。

9月10日至11日　由北京市广播电影电视局、怀柔区政府联合主办的2012年秋季（第十一届）首都电视节目推介会在京召开。推介会集结200余家制作机构展出的430余部、约15000集电视剧作品，其中推介新剧340余部，约占剧目总数的80%，吸引全国96家主流电视台（频道）的350位代表，15家网络媒体的52位代表和26家海外电视节目播出机构的50位嘉宾参加。国家广电总局电视剧管理司副司长王卫平、网络视听节目管理司副司长魏党军、传媒机构管理司副巡视员黄伯红，市委宣传部副部长张淼、副巡视员王珏，市广电局局长李春良、副局长庞微，怀柔区委书记张建东、区长齐静等参加开幕式并讲话。

9月11日　北京电视台《北京新闻》栏目推出《基层看变化　喜迎十八大》走转改大型采访报道。

9月12日　由首都精神文明办指导，北京人民电台主办的“2012北京榜样”年度大型评选活动投票启动仪式举行，评选出百姓身边乐于奉献、古道热肠、追逐梦想、乐观向上的草根榜样。首都精神文明办、北京广播电视台、北京人民广播电台相关领导及市委宣传部新闻处负责人参加。北京日报、北京电视台、千龙网、腾讯网、搜狐网等十多家媒体现场报道。听众可在北京广播网、腾讯新闻、搜狐新闻“2012北京榜样”投票专题页投票。

9月12日　北京、天津、河北三地交通广播联合发起的“京津冀交通广播信息合作平台”在河北平山正式启动，三方信息传递的网络系统也由北京交通广播设计完成。平台促成京津冀三地交通广播在公路、民航、铁路等多个方面的信息共享。

9月12日　北京人民广播电台新闻广播推出“喜迎十八大、记者走基层”大型专题报道——《文化北京万里行》。活动历时半年，15路记者从北京出发，在国内以及英国、美国、法国、奥地利、匈牙利等国家，跟踪采访2012年北京的重大文化活动、文化人和文化单位。

9月14日　北京市广播电影电视局局长李春良、副局长庞微就电影《北京媳妇》、电视剧《家在北京》的创作情况与著名编剧王丽萍进行座谈。

9月14日　北京市委宣传部副部长、首都精神文明办主任陈冬赴北京广播电视台主持召开协调会，专题研究公益广告规划和公益广告大赛等相关事宜。北京广播电视台党委书记刘志远、首都精神文明办副主任韩龙彬、北京广播电视台副台长苏仁先，以及首都精神文明办宣教处、北京广播电视台媒体管理部及北京电视台负责人参加会议。

9月14日至10月15日　由中国电影博物馆、中国科协、北京市科协、中国科技馆、天文馆等单位联合举办的以“感受科学，享受电影”为主题的第二届北京国际科技电影展映活动在京举行。中国电影博物馆除巨幕影厅展映3部科教类数字巨幕3D影片外，还增加“科技电影海报展览”、“科学讲座”等环节，受到广大观众和科普爱好者的欢迎。

9月17日　北京人民广播电台推出“市民对话国企一把手”节目。邀请污水处理、供暖保障、电力供应等民生领域14位“国企一把手”走进城市服务管理广播直播间，与市民共话“国企的担当”。

9月18日　北京市广播电影电视局副局长臧增祥率传媒机构管理处、网络视听节目管理处处长到丰台区广播电视中心检查指导新媒体建设工作。

9月19日至20日　北京市广播电影电视局参加宣传系统第一届职工运动会组委会先后召开两次会议，专题研究各赛事活动组织筹备事宜。局副巡视员赵志勇出席会议。

9月20日　由市委宣传部、市广电局、中央新闻电影纪录制片厂（集团）联合摄制，北京奥运城市发展促进会特别支持的纪录电影《无与伦比的辉煌——北京奥运记忆》在人民大会堂举行首映式。副市长刘敬民、全国政协教科文卫体委员会副主任蒋效愚、中央文史研究馆馆员李炳华、市政府副秘书长朱炎、市委宣传部副部长张淼等领导出席首映式。市广电局局长李春良介绍影片的创作背景和摄制过程。首映式由中央电视台体育节目主持人张斌主持，张继钢、邓亚萍、刘岩、杨凌、王治郅、王勇峰等社会知名人士回顾难以忘怀的北京奥运记忆。市委宣传部、市广电局、北京奥运城市发展促进会、中央新闻电影纪录制片厂（集团）、2008年北京奥运健儿及参与北京奥运会相关人员600余人参加首映式。

9月23日　北京人民广播电台城市服务管理广播主办的“2012年度魅力社区系列活动——魅力社区大舞台”举行汇演。活动5月23日启动，共收到14个区县提交的节目580个，吸引市民参与超过300万人次。

9月24日　北京市广播电影电视局联合北京视协网络视听节目服务行业分会，组织本市130余家网络视听节目服务持证网站开展的“身边的感动”网络视听节目优秀作品征集评选活动举行表彰典礼。自2011年11月作品征集活动开展以来，共征集到视听节目各类作品5500余部，网络点击量九千万次，经专家评委会对入围的203部作品的最终评审，共有 65部作品（76个奖项）获奖。中华全国新闻工作者协会书记处书记王冬梅、市广电局局长李春良、市网管办常务副主任佟力强及国家广电总局网络管理司、首都文明办、市文联、市广电局等有关领导出席。本市130余家持证视听节目网站负责人和部分员工代表以及新闻单位记者参加典礼。

9月25日　小马奔腾美国（北京小马奔腾文化传媒股份有限公司海外收购主体，以下合并简称小马奔腾）在美国结束关于收购数字王国的最后一轮听证，与印度信实媒体联手以3020万美元成功收购“数字王国”及其子公司“航母传媒”在内的核心资产，及其所拥有的包括视觉特效在内的多项核心技术，小马奔腾美国和信实传媒将分别拥有数字王国70%和30%的股份，双方将通过成立合资公司“小马·信实”共同持有。本次资产收购通过美国法院组织的破产程序竞拍完成。

9月26日　北京市广播电影电视局局长李春良率队开始为期两天的“十八大安全播出百日竞赛”情况检查。竞赛开展9周以来，各参赛单位把安全播出百日竞赛作为提升安全播出保障能力的手段，加强人防和技防，通过抓落实、抓细节、抓培训、抓演练、抓教育、抓思想，确保播出传输安全。领导小组对北京电视台播出机房、新闻演播室等关键部位的安全播出情况进行检查。北京广播电视台党委书记刘志远、市广电局总工程师何桂芝以及市委宣传部、局有关部门负责人参加检查。

9月28日　北京市广播电影电视局召开迎接党的十八大安全保障工作会。国家广电总局科技司副司长孙苏川、市广电局局长李春良、北京广播电视台党委书记刘志远、市委610办公室副主任刘志伟等领导出席会议。会上签订党的十八大安全责任书。市广电局和北京广播电视台领导班子成员，各区县文委、广电中心、影院联盟、影视产业联盟部分成员单位主要负责人和传媒机构代表、视频网站代表等260余人参加会议。

9月28日　北京歌华文化发展集团承办的北京国际设计周隆重开幕，北京市委副书记、代市长王安顺致辞。

9月28日至10月6日　由北京歌华文化发展集团承办的2012北京国际设计周在京举行。

9月30日　北京电视台携手香港亚洲电视、澳门电视台、台湾中天电视共同打造的“天涯共此时”——卢沟晓月2012年中秋晚会举行，首次实现京、港、澳、台四地同步直播。晚会时长近2小时，北京卫视频道和文艺频道同步直播收视合计达8.34%，市场份额达22.44%，创历届中秋晚会收视新高。

9月　北京市广播电影电视局采取“走出去，请进来”方式，加大监看员培训工作，以确保十八大网络信息安全，强化网络视听节目内容审核，进一步提高监看员业务水平。

9月　国家广电总局正式批准《第三届北京国际电影节主竞赛单元和展映单元章程》。“天坛奖”设十个奖项，名称为：最佳影片奖、最佳导演奖、最佳男主角奖、最佳女主角奖、最佳男配角奖、最佳女配角奖、最佳编剧奖、最佳摄影奖、最佳音乐奖、最佳视觉效果奖。

9月至10月　北京市广播电视学会受北京市广播电影电视局委托，圆满完成北京地区广播电视编辑记者播音主持人资格考试。编辑记者执业资格证延续注册2158人，播音员、主持人延续注册90人。

10月

10月1日至11月15日　由北京市委宣传部主办、北京市广电局承办的“党在我心中”　国产影片展映活动启动。该活动是为迎接党的十八大胜利召开而举办的一项文化惠民工程。市广电局印制10万张观影券，通过各系统发放到市民手中。从10月1日至11月15日，市民持观影券，只要再花10元钱，就能在北京各大影院欣赏到在线公映的国产影片。为解决一些群众看电影难的问题，还陆续举办专场活动，把优秀国产影片送到福利院、打工子弟小学、航天员驻地、武警部队等地，并且把观影券送到学生、航天模范手里。

10月8日　北京市广播电影电视局承办的第三届北京国际电影节“天坛奖”邀片工作正式启动。

10月4日　北京电视艺术中心有限公司、海军政治部电视中心联合出品的重大革命历史题材电视剧《刘少奇的故事续集》在北京开机。该剧由国家一级导演王保华执导，著名学者黄峥担任编剧，剧中角色刘少奇由国家一级演员郭连文扮演，王光美由年轻实力派演员俞颖扮演。

10月10日　北京人民广播电台和首都文明办联合主办的“书写北京榜样、感受身边雷锋——大型书画、摄影作品展”写生作品专家评审会成功举办，中国油画学会副主席、中国国家画院油画院副院长兼秘书长张祖英，中国美术馆副馆长、中国画艺委会副主任马书林等8位专家担任评委，对160幅作品进行评审。北京人民广播电台台长汪良参加评审会。

10月10日　由北京市委宣传部、国家广电总局电视剧管理司、北京市广播电影电视局联合主办的“北京电视剧辉煌30年”系列活动举行“春华秋实北京电视剧辉煌30年”主题晚会。国家广电总局副总局长田进，市委常委、宣传部长、副市长鲁炜等领导出席晚会，并与业内知名专家学者和著名编剧、导演、演员进行座谈。晚会表彰了35部“经典电视剧”、32个“经典荧屏形象”、30名“优秀电视剧工作者”、30首“经典电视剧歌曲”。国家广电总局电视剧管理司司长李京盛，市委宣传部副部长张淼、副巡视员王珏，市广电局局长李春良等参加晚会。

10月10日　由北京紫禁城影业有限责任公司、北京光线影业有限公司、云南电影集团有限责任公司联合出品发行的中澳合拍3D灾难电影《大海啸之鲨口逃生》在北京首映。该片由《阿凡达》原班视效团队打造，在中国大陆上映期间取得1.6亿元的票房佳绩。

10月11日　北京市广播电影电视局召开2012年《北京广播影视年鉴》评稿会，局巡视员洪兵出席，局机关各处室、局属各单位、北京广播电视台及所属单位，各区县广电中心及部分民营影视机构特约编辑共80余人参加会议。

10月12日　北京北广传媒城市电视有限公司投资建设的LED户外大屏——富力广场大屏正式亮屏。

10月16日　北京歌华有线电视网络股份有限公司与首钢集团总公司签署《首钢有线电视高清交互数字化建设合作协议》和《有线电视委托维护管理协议书》。协议主要内容：歌华有线将为首钢居民区投资建设有线电视双向网络，为首钢4.7万户居民发放高清交互机顶盒；拓展包括个人宽带、歌华飞视等在内的增值业务。

10月16日　中国电影博物馆主办的“电影文化交流——苏格兰影片《幸福家园》观摩研讨会”举行。英国大使馆文化教育处作为支持单位参与本次活动，以苏格兰戏剧工作室首席执行人、影片《幸福家园》导演罗伯特·雷（Robert·Rae）为团长的电影代表团一行7人专程来华参加研讨会。

10月16日　北京歌华有线电视网络股份有限公司与首钢总公司正式签署《首钢有线电视高清交互数字化建设合作协议》和《有线电视委托维护管理协议书》。歌华有线公司董事长郭章鹏和首钢总公司党委书记、董事长王青海等参加签字仪式。

10月17日　2008年北京奥运会后第一次大规模的航拍北京活动启动。航拍制定6条主要线路，由北京市广播电影电视局组织实施，北京市公安局警航总队承担飞行任务，北京电视台负责拍摄任务。

10月19日　国家广电总局人事司副司长张宏率队到北京市广播电影电视局调研广播电视编辑记者资格考试工作。张宏副司长在听取北京考区相关准备情况汇报后，对北京市广电局全力以赴做好资格考试工作给予充分肯定。北京市广电局副局长杨培丽及相关部门负责人陪同调研。

10月19日　北京市广播电影电视局召开“党的十八大广播电视安全播出传输工作会”。会议强调：各单位要在前期安全播出风险梳理和隐患排查的基础上，进一步对人员教育培训、制度措施落实、系统设计漏洞等环节的梳理和自查检查，确保广播电视信号播出传输安全，特别要针对信息源可能出现的极端情况提出应急方案，确保信息安全。局总工程师何桂芝主持会议。

10月18日至19日　北京市广播电影电视局会同市国家安全局、市文化市场行政执法总队等相关单位组成联合检查组，对全市设置卫星地面接收设施接收卫星传送电视节目的29家宾馆饭店进行依法联合检查。

10月23日　北京市广播电影电视局局长李春良、副局长丁百之、副巡视员赵志勇赴沙河机场慰问并看望航拍北京电视台剧组人员。

10月25日　北京市市委常委、宣传部长、副市长鲁炜带队检查北京望京星美国际影城等文化娱乐场所安全管理情况。听取属地区政府及影城的情况汇报，并要求要切实增强工作责任感和使命感，紧紧围绕“一丝不苟、滴水不漏、准确无误、万无一失”的工作目标，加强矛盾隐患和突出问题排查整治。市委宣传部副部长张淼、秘书长张成刚，北京市广播电影电视局局长李春良、副局长王霞，以及公安局、安监局、市政市容委、消防局、中影集团等相关单位负责人陪同检查。

10月26日　北京人民广播电台在第二十二届中国新闻奖、第十二届长江韬奋奖中获奖，三篇作品荣获第二十二届中国新闻奖：故事广播刘慧制作的《请跟我回家》荣获广播访谈一等奖，新闻广播秦鲁一制作的《日坛边上的大型会所，你到底从哪儿来？》荣获广播专题二等奖，新闻广播谢先进撰写的《如何在广播新闻报道中运用目标管理——北京新闻广播管理模式的新突破》荣获新闻论文二等奖。

10月26日至11月26日　为迎接党的十八大胜利召开，由中共中央宣传部、国家发展和改革委员会、解放军总政治部、北京市委共同举办“科学发展　成就辉煌”大型图片展览在北京展览馆举行。该展览系北京歌华文化发展集团受中宣部的委托，负责展览外环境和部分展览的搭建工作，展览取得圆满成功。

10月27日至28日　由北京市广播电影电视局承办的2012年全国广播电视编辑记者、播音员主持人资格考试（北京考区）在京举行。北京考区共有考生2661名，设置4个考点，88个考场。考生中广播电视从业人员占67%，其中，中央在京单位从业人员占28.67%，市属单位从业人员占28.56%，外省市及其他单位从业人员占9.77%，应届毕业生和社会其他人员考生占33%，本科及以上学历人员占82.8%。国家广电总局纪检组副组长、监察局局长范玉刚，总局人事司司长邹伟、副司长张宏到部分考点巡视，对北京考区的工作给予充分肯定。市委宣传部纪检组长丁力，市广电局领导李春良、杨培丽、王立平等陪同巡视。

10月27日至28日　由中国电影博物馆和北京大学艺术学院共同主办的“2012中国（北京）电影学术年会”在北京大学英杰交流中心举行。年会主题为“电影：文化力和影响力”，设开幕式、主旨演讲和十场研讨交流活动。

10月28日起　北京歌华有线电视网络股份有限公司启动“十八大”安全保障工作应急机制，认真落实重要保障期保障预案和各项工作部署，全面加强巡查维护、安全防范、值班值守和应急调度，确保“十八大”期间全市有线电视网络安全传输和优质服务。

10月28日　北京电视台卫视频道、新闻频道同步播出全新国际新闻周刊节目《环球时评》。该栏目定位于“北京人看天下事儿”，是北京电视台首档以国际新闻为主要报道内容的周刊类栏目，每期时长30分钟，每周日21:45在新闻频道播出，22:36在北京卫视频道播出。

10月31日至11月7日　北京国际电影节组委会办公室评奖部赴美国电影市场开展选片、邀片的工作，选片小组与30余家电影发行、制片机构就邀片事宜进行会谈，确认参赛影片65部。

10月31日至11月7日　北京市广播电影电视局委托北京电影协会组织小马奔腾等10家北京电影企业组成北京电影代表团，赴美国参加电影交易市场电影交流和推广活动。《我愿意》等20部电影作品在展会上进行推广销售，取得良好反响。

10月　北京歌华文化发展集团受中共中央宣传部的委托圆满完成“科学发展成就辉煌”大型图片展搭建工作，十七届中共中央政治局常委李长春，十七届中共中央政治局委员、中央书记处书记、中宣部部长刘云山视察展览布展工作。

10月　《中国广播影视》主办的“TV地标（2012）——电视媒体覆盖传播力”调研成果公布，在所有省级卫视中，北京卫视跻身省级卫视覆盖传播力五强。

10月　北京广播电视台充分发挥市主要媒体的宣传阵地作用，围绕迎接党的十八大胜利召开的主题，组织广大编辑、记者和主持人深入开展“走转改”大型采访活动，北京人民广播电台、北京电视台相继推出了“喜迎十八大”，“记者走基层”、“一线看变化”等成就宣传专栏和“十八大代表风采录”、“我们的党代表”等人物专栏，播出《党在百姓心中》、《家国十年》、《信仰》、《红色传奇》等大型专题片、纪录片。移动电视、城市电视、地铁电视等新兴媒体在集成播出电视台相关节目的同时，高频次播出以城市笑脸和欢乐群像为主体的宣传片，受到市民群众的好评。

10月　北京电视台卡酷少儿卫视立足频道特点，筛选近10部国产动画片，开辟两个“十八大”主题剧场并结合日常栏目，推出一系列喜迎十八大的特别节目。

10月　北京广播电视报社结合《北京广播电视报》和《北京电视》周刊自身定位，推出重点选题“迎十八大广电成就特别报道”，“名人明星话今昔”、“图说今昔”等重点栏目，梳理10年来全市广电发展的突出成就。

10月　北京北广传媒地铁电视有限公司完成与华视传媒集团就5、8、10号线广告经营终止协议的谈判、签订工作，华视退出3条线路的广告经营。同时，完成昌平、房山、亦庄以及15号线地铁电视广告经营协议的洽谈和签署工作，实现广告收益同比20%以上的增长。

11月

11月2日　北京歌华文化发展集团大山子文化保税中心一期建设启动，北京市委常委、宣传部部长、副市长鲁炜和副市长程红为大山子文化保税中心揭牌。

11月2日　北京电视台播出历时3个月拍摄制作完成《空中看北京》系列片播出。该片分为城市景观、城市交通等9个专题片。此外，还制作3D电影片供全市各大院线放映。

11月2日　北京人民广播电台新闻广播、城市服务管理广播、交通广播、总编室在北京市宣传报道工作表彰暨十八大宣传报道工作部署动员大会中获7·21特大自然灾害宣传报道工作先进集体称号，霍玥等27人获先进个人称号、《大雨之后说英雄》等6篇作品被评为优秀新闻报道。

11月4日　北京广播电视台发挥北京

人民广播电台、北京电视台和户外新媒体等即时快捷的报道优势，通过现场直播、现场连线等形式，及时报道市委市政府各部门和各区县积极应对暴雪灾情的举措。北京人民广播电台推出暴雪特别直播节目《迎战入冬首场雪，用爱温暖回家路》，派出27路记者深入一线采访，共发出各类录音、连线报道260多条，持续直播20余小时。北京电视台在卫视频道与新闻频道并机播出长达6小时的《风雪同行 温暖北京》直播特别节目，共抽调100名编辑记者投入应急直播，播发雪情报道100多条。

11月4日 小马奔腾与美国著名特效公司数字王国就签约合作项目落户北京召开新闻发布会。北京市市委常委、宣传部长、副市长鲁炜在签约前会见各方代表及电影界人士，表示北京积极支持中外影视企业强强联合，大力发展影视文化产业，为发挥首都全国文化中心示范作用贡献力量。国家广电总局电影局副局长张宏森、市委宣传部秘书长张成刚、市广电局局长李春良、市文资办副书记赵磊等参加。

11月7日 北京电视台召开“青春的纪录”——2012年首都大学生纪录片创意实践年总结研讨会。“青春的纪录”首都大学生纪录片创意实践年——微纪录作品征集活动是由共青团北京市委、中国电视艺术家协会纪录片学术委员会、北京电视台共同主办。北京电视台总编辑赵多佳、团市委副书记杨海滨出席会议，光明日报出版社、工人日报社会周刊有关负责人和部分纪录片业内专家学者及北京电视台相关部门负责人参加研讨会。

11月8日 北京市委宣传部和北京市广播电影电视局联合召开电影《定都北京》（暂定名）创作研讨会，围绕剧本创作方向进行研讨。市委宣传部副巡视员王珏和市广电局局长李春良、副局长庞微出席，毛佩琦、倪宁、李建平、郭超、张金奎、董哲、彭鸣宇等专家学者、编剧参加研讨。

11月8日 党的十八大召开前夕，北京市广播电影电视局针对城乡一体化进程中的新情况新问题，按照特事特办原则，为丰台、门头沟、密云、延庆因搬迁遗留、养蜂种植等多种因素收看不到电视的282户安装了直播星户户通设备。由于施工迅速、服务到位，丰台区草桥居民为表达感激之情赠送一面锦旗，副局长臧增祥代表局接受锦旗。

11月8日至14日 北京人民广播电台推出“我在十八大现场”、“党代表时间”、“解读十八大报告系列访谈”、“市民寄语十八大”、“大使眼中的十八大”等45个专栏；全台投入记者300多人次，播发十八大报道600多篇，其中十八大代表同期声的录音报道230多条。

11月8日至15日 北京人民广播电台和首都文明办联合主办的《书写北京榜样、感受身边雷锋——大型书画、摄影作品展》在中华世纪坛举行。

11月9日 北京市广播电影电视局举办影视动画制作机构海外发行补贴评选会，以表彰近十年来为北京市影视文化项目出口做出贡献的优秀企业。会议邀请国家广电总局宣传管理司司长金德龙、电视剧管理司司长李京盛以及部分国内知名专家教授担任评委，对参选的18个电视剧制作机构和8个动画制作机构进行评选。经评定， 10家单位获得外销项目海外发行及字幕补贴各20万元。市广电局局长李春良主持会议。

11月9日 华谊兄弟股份有限公司出品的电影《一九四二》在第七届罗马电影节获青年影评金蝴蝶奖，摄影师吕乐获得意大利国家摄影师协会最佳摄影奖。

11月15日　由北京北广传媒影视有限公司和上海颁德影视有限公司共同投资拍摄的电视连续剧《姥爷的抗战》在浙江横店影视城正式开机。

11月17日　由中共北京市纪委、市委宣传部主办，中国电影博物馆承办的“风清气正扬宗旨——北京市反腐倡廉教育影像展览”圆满落下帷幕。期间，还举办主题影展、公益观影团活动和“红色电影与廉洁文化——北京市廉政教育基地建设座谈会”。展览历时一年，共接待观众179,563人次。

11月21日　北京广播网菠萝台注册用户突破一万大关，页面浏览量和菠萝台收听量也有明显的增长，总播放量已达27万次，页面点击量突破400万次。

11月24日　华谊兄弟股份有限公司出品的电影《逆战》在第49届台湾电影金马奖颁奖典礼获最佳男主角提名(谢霆锋)。

11月26日　北京歌华有线电视网络股份有限公司自主品牌栏目“综艺荟萃”在高清交互平台上线。

11月28日　北京市残疾人联合会主办、北京电视台承办的《消除障碍，促进融合——2012国际残疾人日特别节目》在北京电视台录制。节目定于12月3日“国际残疾人日”播出。市委常委陈刚、市残联理事长吴文彦以及市委办公厅、市委宣传部、市残联、北京电视台相关领导出席录制活动。

11月28日至12月6日　北京紫禁城影业有限责任公司出品的电影《飞越老人院》参赛第35届开罗国际电影节，获人权竞赛单元特别提名奖。

11月29日　由中国文学艺术界联合会、北京市政府主办，北京电视台、中国曲艺家协会、中国杂技家协会、北京市文学艺术界联合会、北京曲艺家协会、北京杂技家协会承办的2012北京国际幽默艺术周暨2012北京喜剧幽默大赛开幕式在北京电视台大剧院举行。开幕式以“幽默丰富生活、欢笑连接世界”为主题，来自法国、德国、希腊、瑞士、白俄罗斯等许多国家的幽默艺术家和国际魔术大奖获得者带来精彩节目。中国文联党组书记、副主席、全国妇联副主席赵实，北京市委副书记、代市长王安顺在北京电视台BTV大剧院出席《2012北京国际幽默艺术周暨北京喜剧幽默大赛》开幕式。

11月30日至12月2日　北京电视台新闻频道出动高清转播车全程直播首届中国北京国际魔术大会。高清转播车与新闻频道《特别关注》、《都市晚高峰》、《晚间新闻报道》总计对播10次，为各档栏目供稿总计32条。

11月下旬至12月底　北京国际电影节组委会办公室评奖部走访土耳其、美国、英国、澳大利亚、智利、埃及等17个驻华使馆，发出国际影片和评委的邀请信息，征集到一批优秀参赛影片，同时扩大对设置“天坛奖”的宣传。

11月　在由国家广电总局主办的2012年中国电视长城平台工作会议上，北京电视台国际频道在长城平台所有地方台频道组中被评为双A频道，名列第一。北京电视台国际频道每天首播7.22个小时、滚动播出24小时，2012年全年首播2635小时，滚动播出总量8760小时。

11月　北京广播电视台精心组织学习宣传党的十八大精神。党的十八大闭幕后，北京广播电视台结合各专业广播频率、电视频道的自身特点推出一系列专栏、节目，宣传报道全市各级干部以实际行动贯彻落实十八大精神的新面貌、新举措、新思路、新成绩。移动电视、城市电视、地铁电视等新兴媒体在集成播出电视台相关节目的同时，策划推出10集专栏节目《我的小康计划》，掀起组织学习十八大精神的新高潮。

11月　北京人民广播电台和首都精神文明建设委员会办公室联合主办、北京新闻广播承办的《书写北京榜样、感受身边雷锋——大型书画、摄影作品展》在首轮为期7天的展出中，吸引来自国内外、市内外不同年龄不同职业的观众近5千人，日均参展人数达600多人。

12月

12月1日　中国电影博物馆和《人民日报》文艺部共同举办《一九四二》影评人观影评论活动。中国电影评论学会会长、中国艺术研究院研究员、博士生导师章柏青，知名影评人周黎明，中国电影博物馆副馆长邢建毅出席。

12月2日　北京人民广播电台参加公安部交通管理局、中央文明办协调组、中国广播电视协会交通宣传委员会联合主办的“畅行中国——文明交通在行动”百城百台大联播活动。活动以交通广播为主播，通过卫星与百城百台交通广播进行联播互动，向全国听众普及交通安全常识、共同树立文明出行的理念。公安部交管局副局长刘钊、中广协会交通宣传委员会常务副会长兼秘书长潘力等领导参加特别直播节目。

12月5日至6日　北京市广播电影电视局组织离退休干部学习党的十八大精神观看了辅导报告录像，通读了十八大报告全文，并对十八大报告展开热烈讨论。

12月6日　“吉祥欢乐 电影贺岁——北京贺岁影片推介会”召开，重点推介2012年12月陆续上映的三部北京地区出品贺岁电影《人再囧途之泰囧》、《十二生肖》和《爱情不NG》。北京市委宣传部副部长张淼、北京市广电局局长李春良出席，并提出要求。光线传媒董事长王长田、星美传媒集团董事局主席覃宏，影片主创人员朱时茂、武亚辉、刘仪伟等以及60余家媒体参加推介会。

12月7日　北京广播电视台召开2012年度创新节目表彰大会。全台共有20件作品分获创新节目奖、创新栏目奖、节目形态创新奖、节目制作创新奖、主题宣传创新奖。北京市委副秘书长、市委宣传部副部长严力强，中国广播电视协会秘书长张莉，国家广电总局宣传管理司副司长高长力，北京市广电局长李春良，北京市记协主席刘牧雨，北京市广播电视学会会长张晓爱出席大会，并为获奖者颁奖。

12月11日　北京市委常委牛有成、副市长夏占义、市委副秘书长赵玉金、市农工委副书记张贵忠一行到北京电视台听取2013年美丽乡村主题晚会筹备情况汇报。北京电视台副总编辑朱江、新闻节目中心负责人等相关人员参加汇报。

12月12日　北京广播电视台会同北京市委宣传部文化处组织召开“首届华北五省区市文化周” 活动方案研讨会，对文化周年度音乐人物、音乐作品的推荐评选和文化周开幕式晚会等工作进行研究。北京市委宣传部副巡视员王珏主持会议，北京广播电视台副台长苏仁先、北京市音乐家协会、北京人民广播电台、北京电视台相关负责人参加会议。

12月12日　北京广播电视台召开党建节目审片会，对《党建进行时》、《晚晴》、《人才》栏目板块设置、节目包装、选题确定等内容进行审核研讨，提出改进意见。北京市委组织部原常务副部长史绍洁、北京市老干部局副巡视员刘冰和北京广播电视台副台长苏仁先以及相关部门负责人参加审片会。

12月12日　北京人民广播电台新闻广播举行“2012北京榜样”年度大型评选活动颁奖典礼。典礼以“北京榜样　传递正能量”为主题，分为五个篇章。刘刚等9人和红蜡烛教育小组荣获“2012北京榜样”称号。首都精神文明办主任陈冬，北京电台台长汪良、总编辑席伟航，著名表演艺术家蓝天野等领导和社会知名人士出席评选活动并为榜样人物颁奖。

12月14日　中国电视艺术家协会主办，中视协纪录片学术委员会、北京电视台发起并承办的电视文化活动《文化：中国的故事》展映仪式在北京电视台大剧院举行。全国政协常委、中国文联副主席、中国电视艺术家协会主席赵化勇和北京市委宣传部常务副部长王海平为展映仪式揭幕。北京电视台总编辑赵多佳接受现场采访。该活动共收到全国各省市电视台34部、百余集优秀纪录片作品。中国文联党组成员、书记处书记夏潮，中国电视艺术家协会分党组书记、驻会副主席、秘书长张显，中央电视台副台长、中央新影集团董事长兼总裁、中国电视艺术家协会常务理事高峰，以及中国电视艺术家协会有关领导和部分省市电视台总编辑出席展映礼。

12月15日　北京人民广播电台交通广播举办19周年台庆晚会，以“相伴·最美”为主题，回顾“1039青年公益基金”、“7·21”风雨同舟报道、“11·4”抗击自然灾害、“北京最美乡村路系列采访”等重点工作。北京广播电视台党委书记刘志远、北京电台台长汪良等出席晚会。

12月18日　北京市广播电影电视局召开“学习贯彻党的十八大精神，推动首都广播影视精品创作”座谈会，北京市委宣传部副巡视员、文化处处长王珏，北京市广电局局长李春良、副局长臧增祥以及全市26家影视制作单位、电影院线和视听网站负责人参加座谈会。

12月19日　北京市广播电影电视局和首都影院联盟召开全市影院会议，对“元旦”、“春节”两节电影惠民放映活动进行安排部署，要求影院集中做好贺岁影片排映工作。

12月20日至23日　第七届中国北京国际文化创意产业博览会广播电影电视展在中国国际展览中心1号馆1B厅举办。北京市广播电影电视局作为展览主办单位，紧密围绕“学习宣传贯彻十八大精神，推动首都广播影视科学发展”的主题，突出创新创意和亮点特色，全面展示广播电影电视最新发展成就，成为本届文博会展览中最耀眼和最具人气的展馆之一。北京广播电视台、北京电台、北京电视台、歌华文化、歌华有线、各区县广电中心、部门民营企业和城市电视、地铁电视、手机电视等参展，一批新技术、新设备、新栏目、新剧目全面呈现。

12月20日　第七届中国北京国际文化创意产业博览会广播电影电视展在开展当日，举办北京银行支持文化创意产业发展暨银企战略合作签字仪式。中关村海淀支行与北京大唐辉煌影业投资有限公司、中轴路支行与御嘉影视集团有限公司的签约，分别签约1亿元。北京市广播电影电视局副局长丁百之、北京银行党委副书记、副行长张东宁、北京世贸中心总裁王鹏出席签字仪式并致辞。

12月20日　北京人民广播电台九台一网、总编室、技术中心、交广传媒、悦龙数字、策划中心等部门的131名主持人、编辑、记者和后勤技术保障人员参展第七届中国北京国际文化创意产业博览会广播电影电视展，通过直播、互动、展示等形式，在200平方米的展区内多角度展现北京电台在文化创意产业方面取得的最新成果。爱家广播、文艺广播、城市服务管理广播、故事广播进行五场现场直播。

12月21日　中共中央政治局委员、市委书记郭金龙到第七届中国北京国际文化创意产业博览会广播电影电视展展区视察，对北京广播影视的发展成果给予肯定。市委副书记、代市长王安顺，市委常委、秘书长赵凤桐，市委常委、宣传部长、副市长鲁炜，副市长程红等陪同。广播电影电视展区共有58家单位参加展出。

12月21日　第七届中国北京国际文化创意产业博览会广播电影电视产业发展论坛举行。论坛主题是“融合与创新-新形势下中国影视产业发展”，由香港卫视副总裁兼执行台长、资深媒体人杨锦麟和北京电视台主持人向真共同主持，著名导演郑晓龙、阎建钢，业内资深人士慈文影视董事长、国家一级编剧马中骏，派格太合环球文化传媒投资有限公司总裁孙健君作为主讲嘉宾，新影联院线副总经理、北京盛世华锐电影投资管理有限公司总经理高军，就贯彻党的十八大精神，加快影视产业与其他产业融合发展，加快文化创新与科技创新进行深入探讨，围绕影视题材选择、影视创作生产、影视营销发行、影视产品出口等热点话题进行热烈讨论。

12月21日　海润影视制作有限公司获商业部、中宣部、财政部、文化部、国家广播电影电视总局、出版总署颁发的2011—2012年度“国家文化出口重点企业”证书。

12月25日、26日　北京市广播电影电视局分两批组织召开2012年度广播电视节目制作经营机构管理工作会议，结合党的十八大精神，传达贯彻总局关于广播电视节目制作经营管理工作的要求；布置2012年度业绩审核工作，并就广电总局制作经营机构管理系统使用操作进行培训，落实业绩审核网络填报工作。市属1611家和中央属120余家广播电视节目制作经营机构负责人参加会议。

12月26日　中国电影博物馆组织召开“纪念中国电影诞生107周年暨中国电影（2006−2015）十年成就展研讨会”。研讨会对策划中国电影（2006−2015）十年成就展的指导思想、布展思路，展览内容、方式和规模、结构，布展的组织机构、经费和场地利用等问题进行探讨。国家广电总局电影局、市委宣传部以及有关主管部门的领导、电影和文博方面的专家、学术研究机构和大专院校的学者近30人参加研讨。

12月28日　北京电视台举行新闻大直播启动仪式。北京电视台新闻频道实行全天新闻滚动直播，播出总时长达17小时。

12月31日晚　由北京歌华文化发展集团承办的“北京之光”迎新年倒计时活动在中华世纪坛成功举办。

12月　第三届北京国际电影节主竞赛单元影片邀片工作取得显著成果。自10月初邀片工作启动以来，组委会办公室广辟渠道、深度挖潜，全力组织影片邀请征集工作，吸引全球众多电影企业踊跃报名参与。截至12月31日报名截止日，共有六大洲、56个国家和地区的531部影片报名参赛，其中国际影片394部、国内影片137部。

12月　2012《北京电视台年鉴》正式出版发行。年鉴共分为十四个章节，收录文字54万字，图片255张，全面系统地记述2011年北京电视台在节目创新、体制创新、技术创新、管理创新方面的新成就、新特点、新经验，完整充分地汇集本年度全台发生的大事、要事、新鲜事。

12月　北京歌华有线电视网络股份有限公司顺利完成2012年度银行代收费业务，参加代收费业务的10家银行批扣划款总额首次突破7亿元，总计达到7.5亿元，比2011年度增长8000万元，划款成功率达到87.8%。

12月　北京歌华有线电视网络股份有限公司正式启动营业厅“2012年度十大服务明星”评选活动。活动特别设置大众评选环节，即用户可通过歌华宽带官方网站、高清交互平台、96196短信平台、营业厅等多种便利的投票评选渠道为服务明星进行投票。此活动为歌华有线2012服务质量建设年的压轴活动。

12月　北京电视台召开2013年新闻节目中心工作规划暨新闻频道改版规划研讨会，研究2013年工作规划、频道改版方案及《北京您早》、《特别关注》、《晚间新闻报道》、《锐观察》等栏目改版方案。北京电视台副总编辑朱江、新闻节目中心负责人、科长、制片人、主编和业务骨干近80人参加研讨会。

12月　北京北广传媒移动电视有限公司与捷成世纪、光线传媒合作开展的“节目共享整合营销平台”项目获得北京市500万元文创资金的支持。

12月　北京北广传媒地铁电视有限公司在由中国人民大学、复旦大学、北京大学、清华大学、厦门大学、中国传媒大学、武汉大学、华中科技大学、暨南大学、南京师范大学等10所国内顶级大学的新闻学院联合主办的中国传媒2012评选活动中，公司获得“金长城传媒奖·2012中国最具影响力移动电视奖”。

12月　北京北广传媒地铁电视有限公司完成与华视传媒集团就5、8、10号线广告经营终止协议的谈判、签订工作，华视退出3条线路的广告经营，并正式重新开始3条线路的广告经营。

年内　2012年，北京广播电影电视局作为全市境外卫星电视整治的牵头部门，认真贯彻落实中央、北京市委市政府的各项工作部署，结合首都所处的特殊地位和作用，注重日常监管，建立并完善多部门齐抓共管的工作协调机制，加强综合整治，坚持依法查处，积极稳妥地开展境外卫视管理工作，为保持首都良好的境外卫星电视节目传输秩序做出了积极贡献。特别是党的十八大召开前夕，集中开展了为期两个月的卫星整治专项行动，取得了显著成效，获得广电总局给予的通报表扬。据不完全统计，2012年全市检查设置卫星电视地面接收设施单位2500余家次，检查综合电子器材市场38个，立案查处196起，结案115起，罚没款41.45万元，处理非法网络服务器5台，收缴、拆除非法销售、安装和使用的卫星接收设施383套（件），取缔非法卫星电视地面接收设施销售摊点15家次。

年内　北京音像资料馆（北京广播电影电视研究中心）在完成2006年到2011年2万余张照片的筛查、冲印、信息整理及登册以及整理2007年到2011年35次会议、活动视频的基础上，重点推进研究工作。全年完成《首都影视快报》200期，编辑出版《北京广播影视研究文集（2012）》、《北京广播影视研究》12期，协助局宣管处完成北京电视剧辉煌30年系列活动评选工作。

年内　北京北广传媒地铁电视有限公司在节目制作上不断创新，按照“短、平、快”的原则，在原节目均为引进的基础上，集成、自制节目已经占到播出节目的70%。同时，加大地铁电视的建设力度，开通8号线二期北段、10号线二期、6号线和9号线，终端屏幕达到2.63万块。

年内　北京电视艺术中心有限公司拍摄的76集电视剧《甄嬛传》获第四届澳门国际电影节暨第三届澳门国际电视节“最佳电视剧奖”，导演郑晓龙获“最佳电视剧导演奖”。

年内　北京中北电视艺术中心有限公司投资拍摄的39集电视连续剧《南国有佳人》和31集电视连续剧《内线前传》面向全国发行销售。公司荣获“2011年度文化创意十佳企业”。

年内　北京广播电视报社强化对北京电台、北京电视台大型活动、名栏目、节目及主持人的报道，全年独家采访19位电视主持人、12位广播主持人。策划推出的《走近京城新媒体——系列报道》受到读者欢迎。

年内　北京中广传播有限公司加大发展用户力度，截至12月25日，累积发展双向终端用户694658　户，在网付费用户391329户，新增单向终端用户10万户。

年内　北京音像公司重点加强与张艺谋团队印象艺术有限公司合作，采访制作《印象》系列产品，中标承担北京市广电局《2012年影视精品》制作和《影院安全片》动漫项目，承接维修终端视屏、数字机顶盒、新国标屏换装工程，全年公司实现经营收入584万元，同比去年增长75%。

2012年北京市区县广播影视大事记

1月

1月4日　海淀区副区长陈双一行到海淀文委进行调研，就文化事业和产业发展、“三馆”新馆建设工作及反映中关村发展历程作品创作等问题进行座谈。

1月4日　海淀区副区长陈双一行到海淀文委进行调研，就文化事业和产业发展、“三馆”新馆建设工作及反映中关村发展历程作品创作等问题进行座谈。

1月9日　通州区文化委员会、通州电视台联合举办的第二届百姓戏曲大奖赛决赛揭晓：范艳玲演唱的《杨门女将》选段《佘太君巡营》获京剧组一等奖，王宝英演唱的《花为媒》选段《报花名》获评剧组一等奖。区领导王杰群、宋京璋、李亚兰、韩振幅和观众一起观看了决赛。

1月10日下午　门头沟区副区长洪家志到区广播电视中心调研，要求新闻宣传工作进一步做到导向正确、宣传准确、报道及时。

1月12日　怀柔区政协主席武占刚到旦子山广播电视转播站慰问坚守岗位的值班员工。

1月15日　王颖任顺义区文化委员会主任；黄海鹏继任顺义区广播电视中心主任。

1月18日　大兴区广播电视中心承办“大兴区迎新春团拜会”，自主研发的多媒体互动平台在团拜会上试用，大兴区委书记林克庆等领导观看平台运营情况。

1月19日　海淀区委常委、宣传部部长陈明杰到海淀区新闻中心调研。

1月20日　平谷区区委书记邱水平到区广播电视中心慰问全体干部职工，区委常委、宣传部长韦小玉陪同参加。

1月22日　怀柔区广播电视中心记者杜治平跟随中共中央总书记胡锦涛走进渤海镇田仙峪村采写《总书记与村民共迎新春佳节》的新闻，在怀柔电视台播出。

1月28日　海淀区政协主席彭兴业到海淀区新闻中心调研。

1月　昌平电视台每天播出“创建国家环保模范城市，展示昌平绿色生态风采”宣传语，并利用永安公园LED全彩大屏幕每天滚动播出24次。

1至4月　大兴区广播电视中心开发的新媒体“大兴手机台”开始测试运营。手机台收集机用户信息6000多个，建立起终端信息库。

2月

2月4日　大兴区广播电视中心为践行“北京精神”，策划组织帮扶农村学生的公益活动“春雨行动”在庞各庄镇启动。

2月6日　平谷区广播电视中心完成第二届中国乐谷欢乐节实况制作并播出。

2月6日至7日　韩国KCTV济州电视台社长吴昌秀一行到昌平考察，与昌平区广播电视中心签订业务合作框架协议。

2月18日至22日　《昌平新闻》栏目中开设“每日盛况”、“记者新发现”、“我在草莓园”、“游园小贴士”等板块，报道第七届世界草莓大会相关新闻117条、专题节目21期、上传图片450余张，视频节目175条。

2月29日　海淀区人大常委会主任关成启到海淀区新闻中心调研。

2月　平谷区广播电视中心制作完成专题片《依法推进攻坚克难，加快夏各庄新城拆迁建设步伐》和《夏各庄新城新生活》，每天播出4次。

2月　密云县开展“光影盛宴春节电影惠民放映活动暨密云县第二十二届艺术节数字电影乐民心”放映活动，全县344个固定影厅、22个流动放映队共放映电影2216场，观众153900人次。

3月

3月1日至20日　房山区广播电视中心全面展开3.15宣传活动，采取多种形式，结合消费与安全主题进行深入、全方位的宣传报道。

3月3日　延庆县广播电视中心到县光荣院开展“学雷锋　树新风，践行北京精神”活动，为老人们献上一场精彩演出，并赠送给老人50余台收音机。

3月6日　由顺义区妇联主办、区广播电视中心承办的《绿港文明伴我行》——妇联庆“三八”晚会在顺博苑剧场举行。

3月6日　大兴区广播电视中心大型采访活动“新区边缘行’在青云店镇启动。

3月15日　房山区副区长曹蕾到区广播电视中心就广播电视事业发展情况进行调研。

3月22日　朝阳区委区政府积极参与电影节各项筹备工作，成立第二届北京国际电影节朝阳区指挥分部，并正式挂牌。

3月22日　昌平区电影发行放映管理处学雷锋志愿服务队走进农村，来到崔村镇农村数字影厅并对全镇13个农村数字影厅放映员进行培训。

3月26日至30日　昌平区电影发行放映管理处携手区职介，为兴寿镇、南口镇、东小口镇、小汤山镇等地的外地来京务工人员开展公益电影放映周活动。

3月29日　大兴区广播电视中心首次独立开展电视直播——安定镇河北梆子剧团的群众演出，大兴电视台、大兴手机台、中华兴网、千龙网同步直播。

3月　通州区广播电视中心五套SONYPDW-700高清摄像机及配套设备交货，并投入使用。

3月　房山区广播电视中心记者站与北京电视台联合制作的《红色地图》系列报道——“没有共产党就没有新中国”、“七旬老人免费送豆浆，坚持六年村民称赞”获2011——2012年北京电视台记者站优秀作品奖，房山记者站被评为优秀记者站。

4月

4月1日　昌平电视台《农民课堂》栏目改版，以传播实用科普知识，介绍种植、养殖等实用技术，讲述最新农业科技成果为主要内容。栏目每期10分钟，18：35播出。

4月11日　平谷区广播电视中心举办

专业技术培训班，对全体编辑记者、部分技术人员进行摄像机使用和节目录制知识培训。

4月13日　丰台区广播电视中心召开街乡镇通联工作会，部署《丰台新闻》“寻访文化”主题系列报道和“丰台故事”栏目选题工作，同时对通讯员进行新闻报道业务培训。

4月18日　西城区副区长范宝带领相关部门负责人到北京歌华有线电视网络股份有限公司围绕西城区15个街道合作建设高清交互数字电视“街道资讯平台”进行交流。

4月中旬至10月　密云县启动“2012年夏季定点露天公益电影”放映活动，设法制公园、密虹文化广场2个定点放映点，共放映电影258场，观众49020人次。

4月25日　朝阳广播电视新闻中心参与承办的首届亚运村文化艺术节暨“践行北京精神，携手传递文明”2012·朝阳传媒社区行首站活动上演。

4月25日　石景山区广播电视中心成功录制《劳动创造幸福》工会晚会。

4月25日　密云县广播电视中心召开记者站工作会议，表彰2011年度先进记者站和优秀记者，县委常委、宣传部部长徐芳出席。

4月26日　顺义区总工会主办、区广播电视中心承办的《传承劳模精神，劳动伟大光荣》——顺义区庆祝“五一”国际劳动节主题活动在区工会举行。

4月26日　昌平区区委书记侯君舒、区长金树东、宣传部长余俊生到区广播电视中心调研。

4月28日　大兴区广播电视中心民生新闻《女子别动队》周末版首次启用“零距离演播室”。

4月　房山区文委荣获2006—2010年全国广播影视系统法制宣传教育先进办公室。

4月　大兴区广播电视中心微博群、百度贴吧、QQ群等互动渠道开通。

4月　平谷区广播电视中心协助北京电视台《最美桃花海》直播节目组制作小片28个。

5月

5月1日　丰台区广播电视中心在《丰台新闻》中开设《劳模风采》专栏，每天播出一期，每期4分钟。

5月1日　“五一”期间，房山区广播电视中心播出《提升绿化美化水平，打造多彩靓丽新房山》等一批广播电视专题节目，营造节日氛围。

5月4日　昌平电视台《走进三农》栏目开播。栏目每周五19：50播出，次日7：50重播，每期10分钟。

5月8日　大兴区广播电视中心新闻节目全面改版，《大兴新闻》和《女子别动队》实现直播，《女子别动队》还采用　“三人制互动主持”模式。

5月9日　石景山区卫生局主办、区广播电视中心承办的纪念“5·12”国际护士节100周年《天使之歌》晚会在广电中心大演播室成功录制。

5月10日　延庆县人大常委会副主任盛桂荣一行到县广播电视中心调研。

5月12日　房山区广播电视中心首次全程直播在房山区长沟镇举行的2012北京春季国际长走大会。

5月14日至19日　丰台区广播电视中心拍摄“我的丰台我的家”系列文化活动启动仪式，并在北京新闻中播出。

5月18日至20日　平谷区广播电视中心圆满完成中国乐谷国际流行音乐季宣传报道任务。期间，共派出记者50余人次，播出新闻40余条，专题《旅游精点》和《区县风采》各1期。

5月21日　门头沟区广播电视中心在《门头沟新闻》中开办　“改善民生推进棚户区改造”专题栏目。

5月26日　大兴区广播电视中心大型广播旅游互动直播节目《寻宝总动员》开播。

5月27日　大兴区广播电视中心大型访谈节目《爱我新区大讲堂》开播。

5月28日　顺义区广播电视中心开办的《绿野新发现》栏目首播。

5月　怀柔区广播电视中心投资38万元对电台播出、旦子山发射台设备进行升级改造，增加电台和电视台的监测系统，实现播出系统的数字化，确保信号源的备份和自动切换。

5月　密云县电影中心在全县举办“生态密云科技电影月”放映活动，共放映科教影片3662场，观众219640人次。

6月

6月2日　朝阳广播电视新闻中心参与承办的首届“快乐将台”广场文化节暨“践行北京精神，携手传递文明”朝阳传媒社区行在将台乡举行。

6月6日　顺义区广播电视中心录制啤酒节开幕式，并在随后三天利用现场大屏直播啤酒广场活动。

6月11日至17日　丰台区广播电视中心播出专题报道《生态强区，助力城南》、《寻访文化》等一批节目迎接党的十八大和市十一次党代会。

6月26日　石景山区广播电视中心成功录制《走进演播室——先锋》三期系列访谈节目。节目从不同的侧面介绍各级党组织和党员在基层组织建设和创先争优活动中的典型经验和先进事迹。

6月27日　昌平区电影发行放映管理处开展“庆七一”电影放映活动，为区北七家镇第二社会福利院送去数字电影。

6月中旬　昌平电视台《昌平新闻》开播“走基层，进农村”系列报道，每周播出3至4期，每期4分钟。

6月　昌平区广播电视中心电视节目《农民课堂》、《走进三农》，广播节目《农科时空》获市广电局专项基金奖励。

6月　平谷区广播电视中心《科学发展，辉煌五年》专题栏目开播。

6月　密云县电影中心“六一”期间在全县范围内开展“春苗行动——少儿影片展映”活动，全县共放映电影710场。

6月至7月　密云县电影中心会同县建委开展“安全生产月——百场电影进工地”放映活动，为外来务工者放映安全题材的影片102场，观众11220人次。

7月

7月3日　怀柔区政协副主席史宗祥一行到区广播电视中心调研。

7月6日　顺义区广播电视中心举办“电视采访报道”专题业务培训班。

7月9日　丰台区广播电视中心在《丰台新闻》中开设“学习贯彻党代会精神，迎接十八大胜利召开”专栏，播出全区学习贯彻市党代会精神新闻，并上送北京电视台在《北京新闻》中播出。

7月10日　海淀区新闻中心与驻区大学电视台举行新闻工作者联谊会。

7月13日　大兴区广播电视中心举办大兴区首场“爱在新区，我们在行动”慈善晚会，大兴区四套班子和数百名企业家出席。

7月16日　昌平电视台每周一至周六在《昌平新闻》中以游动字幕形式，推出“尼彩手机”有奖问答活动。

7月18日　海淀新闻中心举办第二期新闻理论与实践提高班。

7月20日　通州区首个门户网站——“大运通州网” www.dayuntongzhou.com正式开通上线。“大运通州网”是通州区继广播、电视、报纸之后，由区委区政府投资建设，区委宣传部主办的又一新型媒体。区领导王云峰、岳鹏、张文山、王春元、王杰群、李亚兰出席网站开通仪式。

7月21日　石景山区广播电视中心面对突发的罕见大雨，及时启动新闻宣传采访应急预案，编辑记者冒着危险，兵分多路，第一时间冲在采访报道第一线，及时、准确的报道抢险救灾的事迹。

7月21日　密云县广播电视中心接到暴雨预警讯息后，迅速制订方案、调配记者，及时有效地应对强降雨的宣传报道。在抢险救灾的过程中，大城子镇李建民镇长英勇殉职，电视台及时拍摄县领导慰问李建民家属、指导抗洪救灾的新闻，并协调北京电视台在《北京新闻》中播出。中央电视台也播出“7·21大雨中密云县大城子镇镇长李建民因公殉职”的报道。

7月23日　平谷区广播电视中心《政府与市民》电视谈话栏目播出，每周1期，周一首播，周二、周三重播。

7月下旬　“7·21”特大自然灾害发生后，截至7月25日　丰台区广播电视中心共派出记者40余人次，派出车辆20台次，在全区20个点位采制反映区委区政府、驻区部队、武警、公安、消防和水务、卫生、气象等部门在救灾、善后方面的新闻近30余条；向北京电视台上送新闻6条，其中《大树压民房，有关部门抢修》、《丰台区长辛店街道开展抢险救灾清淤工作》等5条新闻在北京电视台新闻频道直播。

7月下旬　“7·21”特大自然灾害发生后，门头沟区广播电视中心迅速部署，组织编辑记者对全区抗洪救灾及灾后重建工作加强宣传报道，播出一批专题节目。

7月30日　延庆县广播电视中心与延庆县水务局联合制作的《水润妫川》电视专题栏目播出，每两周1期，每期10分钟，周一20:40首播。

7月　丰台区广播电视中心在《丰台新闻》播出区委办局、街乡镇书记围绕贯彻市党代会精神和区委提出的“六个更大作为”相关报道。截至7月12日，已采访报道各单位书记20多人。

7月　通州区广播电视中心组成“2012年世界台球团体锦标赛”报道团队，派出五组记者，对赛事进行全面报道，并制作专题纪录片。

7月　昌平区广播电视中心在北京市第十一次党代会会前的《昌平新闻》中开设“科学发展，辉煌五年”系列专栏；会中开设“来自市十一次党代会的报道”系列专栏，会后开设“谈体会，话发展”系列专栏。

7月至8月　房山区广播电视中心在“7·21”特大自然灾害期间，利用飞播字幕、通告等形式，对全区防汛抢险各类信息予以第一时间报道。同时组成若干记者小组，全方位、多角度直击房山暴雨最新动态。其中房山电视台《房山新闻》先后播发新闻1000余条；房山电台各档直（录）播节目全天18小时不间断播出，播发相关消息2300条次。开设抗灾救灾特别报道专栏《风雨同舟　众志成城——房山区应对“7·21”特大自然灾害特别报道》。截至8月19日，《风雨同舟·众志成城——房山区应对“7·21”特大自然灾害特别报道》节目制作播出28期，节目时长1120分钟（不包括重播）；播发飞播字幕累计17250条次，公告1265条次。

7月　朝阳区广播电视新闻中心设立《学习贯彻党代会精神，迎接十八大胜利召开》专栏。

7月　朝阳区广播电视新闻中心在“7·21”特大暴雨后推出两期专刊：《抗击强降雨，大爱涌朝阳》和《众志成城 携手同心》。

8月

8月1日　延庆县广播电视中心电视专题栏目《魅力新农村》开播，每周1期，每期10分钟。

8月2日　门头沟区广播电视中心接受北京北广科技股份有限公司为门头沟区“7·

21”受灾地区群众捐赠收音机600台，价值5万余元。

8月3日　丰台区广播电视中心《丰台新闻》自“7·21”特大自然灾害发生以来，播发相关新闻稿件72条、357分钟。重点新闻有：市区领导指挥防汛抢险、社会各界捐款捐物援助灾区、为京港澳高速通车甘做泄洪区等。

8月8日　怀柔区区委书记张建东到区广播电视中心调研。

8月10日　朝阳区广播电视新闻中心举办2012麦子店地区第二届国际社区文化节暨践行“北京精神　携手传递文明朝阳”传媒社区行麦子店站活动。

8月11日　石景山区广播电视中心推出新栏目《百姓DV》，栏目以展示最基层的社区新变化、百姓身边新鲜事，拍摄者均来自本区DV爱好者。

8月15日　昌平区电影管理处举办2012年放映员培训班，全区17个镇街的300余放映员参加培训。

8月24日　密云县副县长郭洪泉到豆各庄村、娄子峪村检查“村村响”工程进展情况。

8月28日　房山区广播电视中心两个节目在第五届中国旅游电视周上获奖：《徜徉花海，品味古镇新貌》获旅游报道类好作品三等奖，《<穿越之城幸福之山>之圣莲山一日游》获电视专题类好作品三等奖。

8月至9月　大兴区广播电视中心录制现代评剧《银杏庄》，被列为北京市向党的十八大献礼的文艺作品之一。

9月

9月4日　石景山区广播电视中心《走进演播室》推出四期系列访谈节目“身边的好人”，邀请党员、群众走进演播室，讲述自己的感人故事。

9月4日　石景山区广播电视中心向共建单位先锋小学赠送并安装音响系统一套，帮助学校解决多功能厅音响设备问题。

9月5日　延庆县政协主席赵双利，副主席宋献坤、谷艳兰、李满，秘书长丁铁生等领导到县广播电视中心调研。

9月10日　怀柔区广播电视中心制作的51集电视系列报道《科学发展，成就辉煌》播出。报道分为6个篇章，每集时长约6分钟，并出版印刷书稿及光盘3000套。

9月16日至21日　门头沟区广播电视中心组成“第三届北京国际山地徒步大会”宣传报道团队，对赛事进行全面报道。

9月16日至21日　丰台区广播电视中心组建“北京国际铁人三项赛”宣传报道团队，派出10组记者对赛事进行全面报道。

9月20日　通州区广播电视中心策划的“感动通州”第二届通州道德模范颁奖典礼成功举办。典礼设“助人为乐模范”、“见义勇为模范”、“诚实守信模范”、“敬业奉献模范”和“孝老爱亲模范”五个奖项。

9月21日　内蒙古乌兰察布市察右中旗广播电视局到房山区广播电视中心开展共建活动，房山广电中心向察右中旗广播电视局捐赠价值约50万元的广播电视设备。

9月22日　房山区广播电视中心《法治与生活》栏目开播。栏目分为“法治现场”、“法治连线”、“法治剧场”三大板块，每周播出1期，每期播出时长15至20分钟。

9月26日　东城文委组织对东环电影城、万国城百老汇电影院、长虹电影城、东四工人文化宫等电影放映场所经营单位进行执法检查。

9月26日　顺义区广播电视中心承办的“第十一届中国（北京）菊花展览会倒计时一周年暨第四届北京菊花文化节开幕式”活动开展。

9月28日　顺义区广播电视中心承办的

"喜迎十八大，歌颂新顺义"——顺义区首届文化艺术节大型开幕式活动开展。

9月30日　昌平电视台与区旅游委合办栏目《爱上昌平》改版，节目时长由原来的5分钟增加至10分钟，并新增有奖竞猜项目。

9月　昌平区广播电视网开办《昌平区创建优美环境，喜迎十八大召开》图片专题。

9月　朝阳区广播电视新闻中心专题栏目《走近商务节》和《聚焦商务节》开播。

9月　平谷区广播电视中心在《平谷新闻》中开办"深入走转改　喜迎十八大"新闻专栏，把"记者走基层"和"科学发展，辉煌五年"两个栏目整合播出。

10月

10月1日　房山区广播电视中心推出全新栏目《健康一点通》，每天播出30分钟。

10月10日　昌平电视台成立"2012年环北京职业公路自行车赛"报道小组，每天在《昌平新闻》中播发新闻7至8分钟。

10月11日　房山区区委书记刘伟到区广播电视中心调研。

10月11日　怀柔区广播电视无线覆盖转播站配套道路工程破土动工。

10月13日　密云县广播电视中心出动5个摄像报道组，圆满完成"2012年环北京国际职业公路自行车赛第五赛段"密云段新闻报道。

10月15日　顺义区广播电视中心承办"感动顺义"顺义区第四届道德模范评选活动。

10月18日　通州区广播电视中心策划的通州区首届"勤廉之星"颁奖典礼举行。

10月18日　延庆电台、电视台在《延庆新闻》节目中开通新闻热线——《百姓直通车》69145559。

10月24日　重阳节期间，昌平区电影发行放映管理处为区第三福利院、爱地老年颐养中心的老人们送去数字电影，全区共放映电影50多场，2000余老年人观看。

10月31日　通州区政协教文卫体委员会委员视察"大运通州网"。

10月　昌平电视台在《昌平新闻》中推出"喜迎十八大，展示新成就"系列报道。

10月　门头沟区广播电视中心在新闻节目中开设"科学发展成就辉煌，喜迎十八大特别报道"和"喜迎十八大　党在我心中"栏目，制作播出"科学发展　成就辉煌"——《视点关注》系列报道共18期。

10月　通州电视台开展"走基层"活动，将《周末大舞台》栏目办到马驹桥镇郭村、北京预备役高炮师、永顺镇语岸澜花社区等地，受到欢迎。

10月　昌平电视台制作的122集系列片《古今昌平——探秘十三陵》播出完毕，并制作英文版。

10月　怀柔区广播电视中心投资64万元对广播电视编辑制作网进行维修升级。

10月　平谷区广播电视中心投资安装的电视播出监测系统完工。

10月　平谷文委查处非法销售卫星电视地面接收设施7起，收缴设备34套。

11月

11月1日　石景山区委宣传部长王文光，副区长司马红到区广播电视中心进行十八大前期的各项安全检查。

11月3日至4日　延庆县广播电视中心在延庆特大暴雪中及时启动应急机制，组织策划抗雪救灾宣传工作，开播《风雪同行温暖妫川》特别节目，时长60分钟左右，每天播出6次。

11月7日　顺义区广播电视中心召开"激荡智慧，创新未来"庆祝记者节大会，区委常委、宣传部长肖承继出席。

11月7日　"2012年昌平新闻奖优秀新闻工作者颁奖典礼暨第13届记者节文艺汇演"在昌平区广播电视中心大演播厅举

行，区委常委、宣传部长余俊生等领导为获奖代表颁奖。

11月8日　密云县广播电视中心派出十多路记者奔赴机关、企事业单位全方位报道社会各界收听收看十八大的情况，推出《十八大精神解读》、《学习贯彻十八大精神——实事惠民》、《美丽密云》等栏目。

11月8日　延庆县县委书记李志军到县广播电视中心慰问干部职工，对中心抗雪救灾宣传工作给予充分肯定。县委常委、宣传部部长、常务副县长张素枝，县委常委、县委办公室主任吕桂富，副县长谢文征参加慰问。

11月9日　海淀区新闻中心出版100版《海淀报》创刊20周年纪念特刊《责任与梦想》，“书写海淀简史”。

11月17日　大兴区广播电视中心联合中国记协国内工作部在钓鱼台国宾馆举办“行走在路上——基层媒体践行‘走转改’论坛”。

11月19日　昌平电台为配合“12·4”全国法制宣传日宣传活动，录制“践行北京精神，做讲法制守纪律的北京人”，“做守法公民·塑幸福人生”等宣传片头，每天13：20，17：40播出。

11月22日　延庆县广播电视中心召开“11·4”抗雪救灾总结表彰会，为43名先进个人颁发荣誉证书。据统计，从11月3日到9日，全中心出动采访人员1000余人次，采访行程达10000多公里。配合中央台、北京台等市级以上媒体播发抗雪救灾新闻近百条，在报纸、广播和网络等媒体刊载延庆抗雪救灾相关信息1000多条次。

11月26日　大兴区委常委、常务副区长邵恒，区委常委、宣传部长姜泽廷、副区长俞华峰等领导到区广播电视中心调研。

11月30日至12月2日　昌平区广播电视中心播发“首届中国北京国际魔术大会”新闻近30条，拍摄照片2000余张，制作图片新闻6条，上传照片140余张。

12月

12月12日　《通州区传媒大厦建筑设计方案》进行专家评审。传媒大厦与区档案馆合建，建筑规模在10000平方米左右，包括一个1000平方米大型演播厅、一个300平方米小型演播厅、和两个150平方米新闻专题演播室。

12月18日　丰台区机构编制委员会批复：核定区广播电视中心内设职能科室10个，将计财科更名为财务科，增设新媒体部。

12月27日　怀柔区广播电视中心投资270万元建设的高清演播室竣工，分虚拟与实景两部分。

12月29日　石景山区广播电视中心完成北京军区“多彩军营”文艺汇演的网络直播及录制工作。

12月　房山电台、电视台在《房山新闻》和相应主题栏目中，对宣传党的十八大、区委全会及区两会、长沟第三届花田音乐节、2012春季北京国际长走大会、第五届琉璃河梨花文化节、房山区2012年元旦越野赛等重大活动进行重点报道。

12月21日　大兴区广播电视中心“全媒体互动平台”在“第七届中国北京国际文化创意博览会”受到北京市委书记郭金龙等领导的关注，郭金龙还利用该平台与大兴瓜农进行实时视频互动。

12月　海淀区新闻中心出版《幸福的基因——城市周刊视野中的海淀社区》。

12月　密云县广播电视中心开设《党代表风采》等系列栏目，全面报道区党代会、人代会、政协会和“京港洽谈会”。

12月　延庆电台《轻松驿站》栏目开播，每晚19:40首播，21:10、次日8:30、12:30重播，节目时长60分钟。

年内　朝阳有线电视与多家单位合作，制作播出《和谐在线》、《与法同行》、《人力社保》、《幸福2+1》、等11个栏目、380期节目，总时长10000多分钟。

年内　门头沟区广播电视中心《门头沟新闻》共播出3620条，开设专题栏目16个，拍摄电视专题片202部（期），其中《视点关注》104期。

年内　怀柔电视台制作播出《怀柔新闻》243套，播发本台记者稿件1245篇，通讯员稿件1798篇。电台播出新闻255套，稿件2708篇；直播节目213套，专题节目2078套。全年制作播出　“北京精神”、“学雷锋志愿活动”、“建党91周年　七一献礼”、“端午节”、“节约用水”等公益广告30余条。

年内　密云县全年　“农村电影放映工程”放映场次19438场，观众人数1437080人次，其中：各乡镇流动放映设备放映电影1115场，农村固定影厅放映设备放映电影18323场。电影中心全年共放映公益电影518场，观众人数81960人次。

索 引

索　引
INDEX

汉语拼音索引

数字索引

字母索引